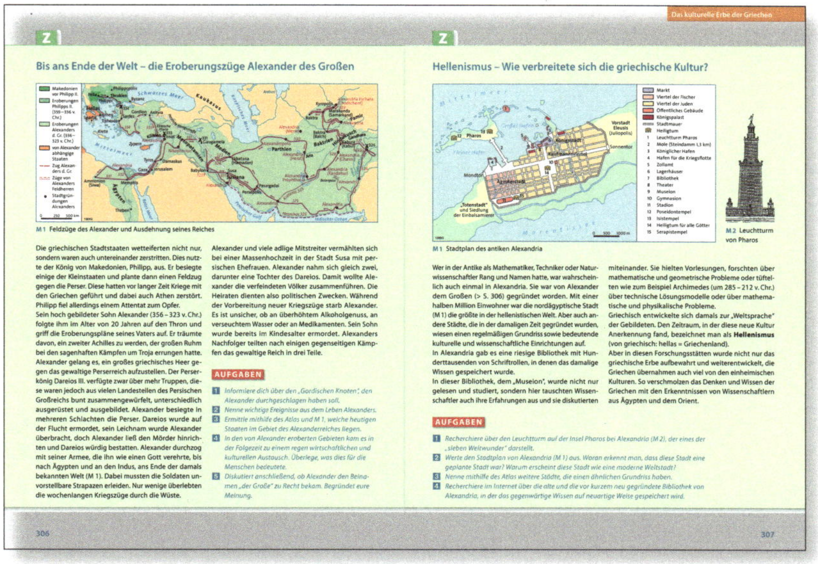

Zusatzseiten

Vielleicht möchtet ihr manchmal das Gelernte noch vertiefen oder euer Wissen erweitern. Der Hinweis **Z** zeigt euch, bei welchen Themen dies spannend sein könnte.

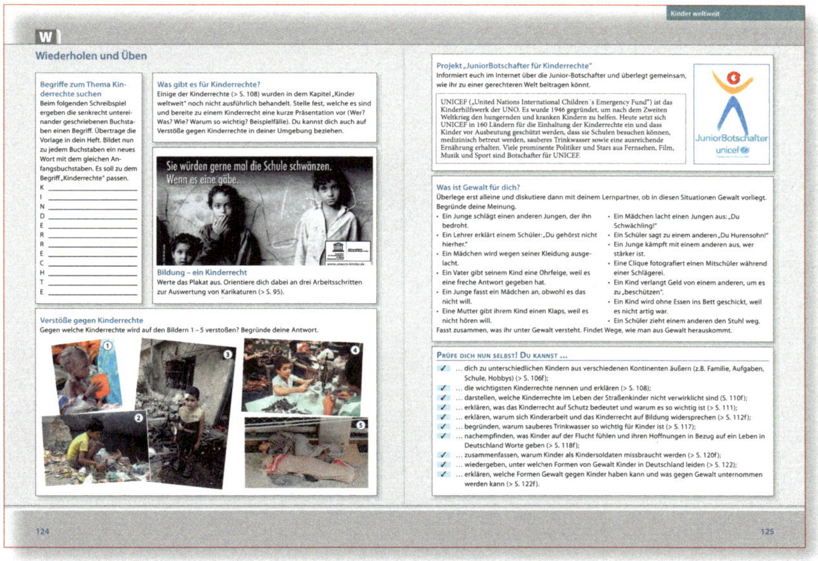

Wiederholen-und-Üben-Seiten

Zum Abschluss der Hauptkapitel findet ihr auf den mit **W** gekennzeichneten „Wissens-Seiten" Hilfen und Anregungen, Gelerntes zu wiederholen, einzuüben und zu verknüpfen.
Mithilfe der Box „Prüfe dich nun selbst" könnt ihr prüfen, ob ihr den Lernstoff des Kapitels verstanden habt. Wenn ihr merkt, dass ihr dazu nochmals etwas nachlesen müsst, dann findet ihr hier einen Verweis auf die geeigneten Buchseiten.

Mithilfe der **Aufgaben** am Ende jedes Einzelkapitels könnt ihr euer Wissen überprüfen. Die Aufgaben schulen eure Sachkompetenz, Analysekompetenz, Urteilskompetenz, Handlungskompetenz und Methodenkompetenz.

1 Die Aufgaben in blauer Schrift unterstützen euch beim Erreichen des Grundwissens. Diese Aufgaben sollte jeder von euch bearbeiten können.

1* Bei Aufgaben in roter Schrift und mit einem Stern (*) findet ihr eine Starthilfe am Ende des Buches (Seite 310 – 314). Versucht aber immer zuerst, die Aufgaben ohne Hilfe zu bearbeiten!

1 Durch die Aufgaben in grüner Schrift könnt ihr euer Wissen erweitern. Die Fragen sind zum Selbstinformieren, Grübeln, Diskutieren. Meist braucht ihr dazu zusätzliche Informationen, z. B. aus dem Atlas oder Internet.

Wenn ihr selbstständig mit dem Buch arbeitet, dann ist das „Trio-Lexikon" eine Hilfe für euch. Denn ihr findet auf den Seiten 315 – 317 Erläuterungen sowie Seitenverweise zu den wichtigen Grundbegriffen.

Viel Freude beim Lernen mit dem Buch! Eure Autoren

trio 2

GESELLSCHAFTSLEHRE

HESSEN

Autorinnen und Autoren

Christa Forster, Hofheim
Egbert Klöckner, Wiesbaden
Annegret Müller, Lich
Monique Großmann, Budenheim
Sven Weinhold, Lich
Hartmann Wunderer, Wiesbaden

Schroedel®

Mit Beiträgen von:

Stefanie Bacigalupo, Thomas Bauer, Thomas Braun, Frank Broscheit, Bernd Dieffenbacher, Joachim Dietz, Nadja Drabinski, Christa Forster, Stefanie Fürstenberg, Walther Grosser, Anja Hebel, Gunnar Hermann, Egbert Klöckner, Evelyn Kuchler, Renata Libera, Hartmut Meier, Harald Mertins, Hans-Michael Mingenbach, Katrin Pammer, Hans-Jürgen Pandel, Marion Raffelsiefer, Christiane Rein, Frank Rüther, Manfred Sander, Nicole Sauper-Happ, Heiner Schlußnus, Susanne Schubert, Astrid Senft, Jürgen Spanger, Zdena Steffen, Frank Stewen, Gerhard Sutor, Dieter Vorrath, Herbert Wagner, Volkmar Weinhold, Dagmar Wolf, Heinz-Ulrich Wolf, Hartmann Wunderer, Reinhard Ziegler

Druck A[1] / Jahr 2015
Alle Drucke der Serie A sind inhaltlich unverändert.

Redaktion: Jasmin M. Repplinger, Lektorat Eck, Berlin
Satz: Konrad Triltsch Print und digitale Medien GmbH, Ochsenfurt
Druck und Bindung: westermann druck GmbH, Braunschweig

ISBN 978-3-507-**36186**-7

1 Das römische Weltreich und seine Einflüsse auf die Anfänge Europas

2 Wir in der Welt – die Welt bei uns

3 Mittelalterliche Lebenswelten

4 Jugend und Recht

5 Menschen verändern die Umwelt

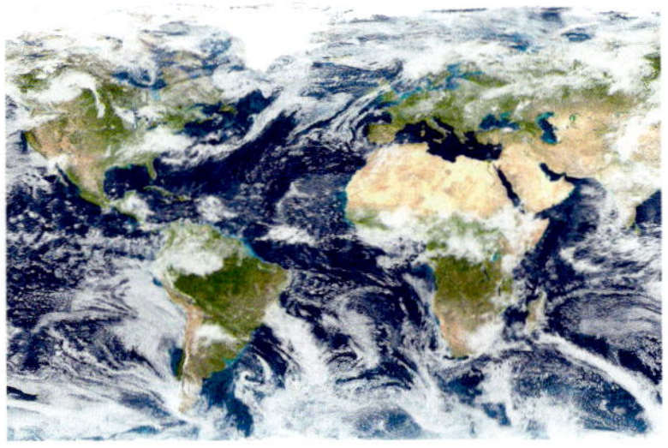

6 Unsere Demokratie

7 Zeitenwende

8 Herr-liche Zeiten – heute vorbei?

9 Unberechenbarer Planet Erde?

Anhang

1 Das römische Weltreich und seine

M 1 Das römische Leben auf dem Forum Romanum

Einflüsse auf die Anfänge Europas

M 2 Das „Weiße Haus" in Wiesbaden

M 3 Das Weiße Haus in Washington

- **Vergleiche die Bauweise der in M1 bis M3 abgebildeten Gebäude.**
- **Welche Ähnlichkeiten weisen die drei Städte hinsichtlich ihrer politischen Bedeutung auf? Welchen Einfluss könnte das auf die Gestaltung der Bauwerke gehabt haben?**

Rom – vom Dorf zur Weltstadt

Rom – Stadt auf sieben Hügeln

Um 4 v. Chr. schrieb ein römischer Geschichtsschreiber: *„Roms Kriegsruhm ist so überwältigend, dass die Völker der Erde glauben, der Vater seines Gründers sei der Kriegsgott Mars gewesen."*

Der Sage nach soll die Gründung Roms durch Romulus und Remus im Jahr 753 v. Chr. gewesen sein. Deshalb lautet ein alter Merksatz:

7–5–3: Rom schlüpft aus dem Ei.

Tatsächlich aber war Rom zu dieser Zeit noch ein kleines Bauerndorf auf einem Hügel im Sumpfgebiet des Flusses Tiber. Die ersten Römer, die aus verschiedenen italienischen Volksstämmen stammten, lebten in einfachen Hütten mit Strohdächern und Lehmfußböden. Sie züchteten Schafe und bauten auf den fruchtbaren Feldern Getreide an. Um dieses Dorf herum ragten noch weitere sechs Hügel aus dem Sumpfgebiet. Auch dort siedelten Hirten und Bauern.

Später wuchsen diese Dörfer zu einer Stadt zusammen. Zur besseren Verteidigung wurde um die sieben Hügel eine Steinmauer gezogen. Ein großer Fortschritt war der Bau eines um Abwassersystems. Durch Kanäle wurden die sumpfigen Ebenen trockengelegt.

Die Lage der neuen Stadt war für die weitere Entwicklung sehr günstig: Eine Fernhandelsstraße führte vorbei und mit Schiffen konnten die Römer auf dem Tiber das nahe Meer erreichen.

Innerhalb weniger Jahrhunderte wurde durch zahlreiche Eroberungen aus dem ehemaligen Hirten- und Bauerndorf am Tiber der Mittelpunkt eines mächtigen Weltreichs. In den von Rom eroberten Gebieten übernahmen die Menschen häufig die römische Lebensweise.

M 1 Rom als kleines Dorf (900 v. Chr.)

AUFGABEN

1 *Gestalte die Sage M5 als Bildergeschichte oder Comic.*

2 *Vergleiche die Sage M5 von der Gründung Roms mit dem Sachtext.*

3 * *Stelle Vermutungen an, warum die Sage M5 über die Gründung Roms entstanden ist.*

M 2 Rom entwickelte sich zum Zentrum eines Weltreiches. Zeugnisse dieser Zeit findet man in der ganzen Stadt.

M 3 Ausgrabungen bringen in Rom noch heute zahlreiche Fundstücke zur Geschichte der Stadt ans Tageslicht.

M4 Heute ist Rom eine bedeutende Großstadt und bietet Touristen Sehenswürdigkeiten aus verschiedenen Epochen.

Die Sage von Romulus und Remus

In Italien lebte einst der gütige und friedliche König Numitor. Aber sein gewalttätiger Bruder Amulius stürzte den König und vertrieb ihn. Außerdem bestimmte er, dass Rhea Silva, die Tochter des gestürzten Königs, Priesterin werden sollte. Priesterinnen mussten ehelos bleiben. So versuchte Amulius, das Erbe seines Bruders und die Herrschaft als König für sich zu sichern.
Doch Rhea Silva heiratete heimlich den Kriegsgott Mars. Sie wurde schwanger und brachte die Zwillinge Romulus und Remus zur Welt. Gleich nach der Geburt ließ der grausame Amulius die beiden Zwillinge in einem Schilfkorb auf dem Fluss Tiber aussetzen.
Der Schilfkorb blieb aber an einer Stelle am Ufer hängen. Dort fand eine Wölfin die Zwillinge und säugte sie. Schließlich entdeckte ein Hirte die Jungen. Er nahm sie zu sich und zog sie auf.
Romulus und Remus wuchsen zu kräftigen jungen Männern heran. Als sie von ihrer königlichen Herkunft erfuhren, verjagten sie den grausamen Großonkel Amulius. Ihr Großvater Numitor wurde wieder rechtmäßiger König im Land.
Die Zwillinge beschlossen, am Tiber eine Stadt zu gründen. Aber wer sollte der Namensgeber sein? Sie beschlossen, ein Adlerflug-Orakel einzuholen: Remus sah dabei sechs Adler, Romulus jedoch zwölf. Als Romulus mit der Anlage von Stadtmauern begann, sprang Remus über das noch niedrige Mäuerchen. Darauf erschlug Romulus seinen Bruder mit den Worten: „So möge es jedem ergehen, der über meine Mauern springt!"

M6 Die römische Wölfin ist das Wahrzeichen Roms. Die Bronzeplastik stammt aus der Zeit um 500 v. Chr. Erst viel später wurden die Zwillinge Romulus und Remus hinzugefügt.

M5 Die Sage von der Gründung Roms

Rom – Zentrum der Macht

Rom war die Hauptstadt des Römischen Reiches. Sie lag verkehrsgünstig am Fluss Tiber. Viele Straßen führten nach Rom. „Alle Wege führen nach Rom", heißt es deshalb in einem Sprichwort. Zur Zeit des Kaisers Augustus hatte die Stadt über eine Million Einwohner. Rom war Sitz des Kaisers und Mittelpunkt der politischen Macht. Augustus begann deshalb, seine Hauptstadt prächtig auszuschmücken. Er baute neue Paläste, Tempel und Straßen.

Auf dem Marktplatz, dem Forum Romanum, trafen sich Menschen aus aller Welt. Hier wurde die Politik des Weltreiches gemacht, hier wurden Geldgeschäfte erledigt, Handelsverträge abgeschlossen und Gerichtsprozesse abgehalten. Rom bot in Theatern und im Zirkus viele Vergnügungen. Der Kaiser sicherte sich durch Getreidespenden das Wohlwollen der breiten Unterschichten.

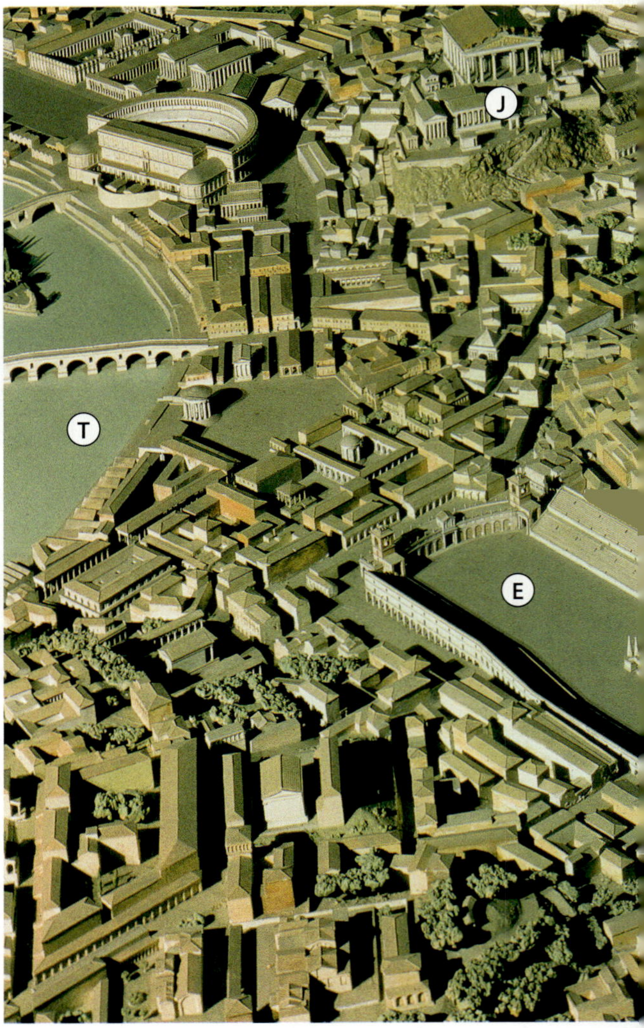

AUFGABEN

1 *Kaiser Augustus tat viel für die Stadt Rom. Beschreibe. Ordne dazu die Ziffern der Textquelle den Buchstaben in M2 zu. Daraus ergibt sich ein Lösungswort.*

2 *Nenne mögliche Gründe, warum Augustus seine Hauptstadt so ausschmückte.*

3 * *Erläutere, was Rom zum politischen sowie kulturellen Zentrum machte.*

M1 Das Forum Romanum war der Mittelpunkt der Weltstadt Rom. (Holzschnitt, 19. Jahrhundert)

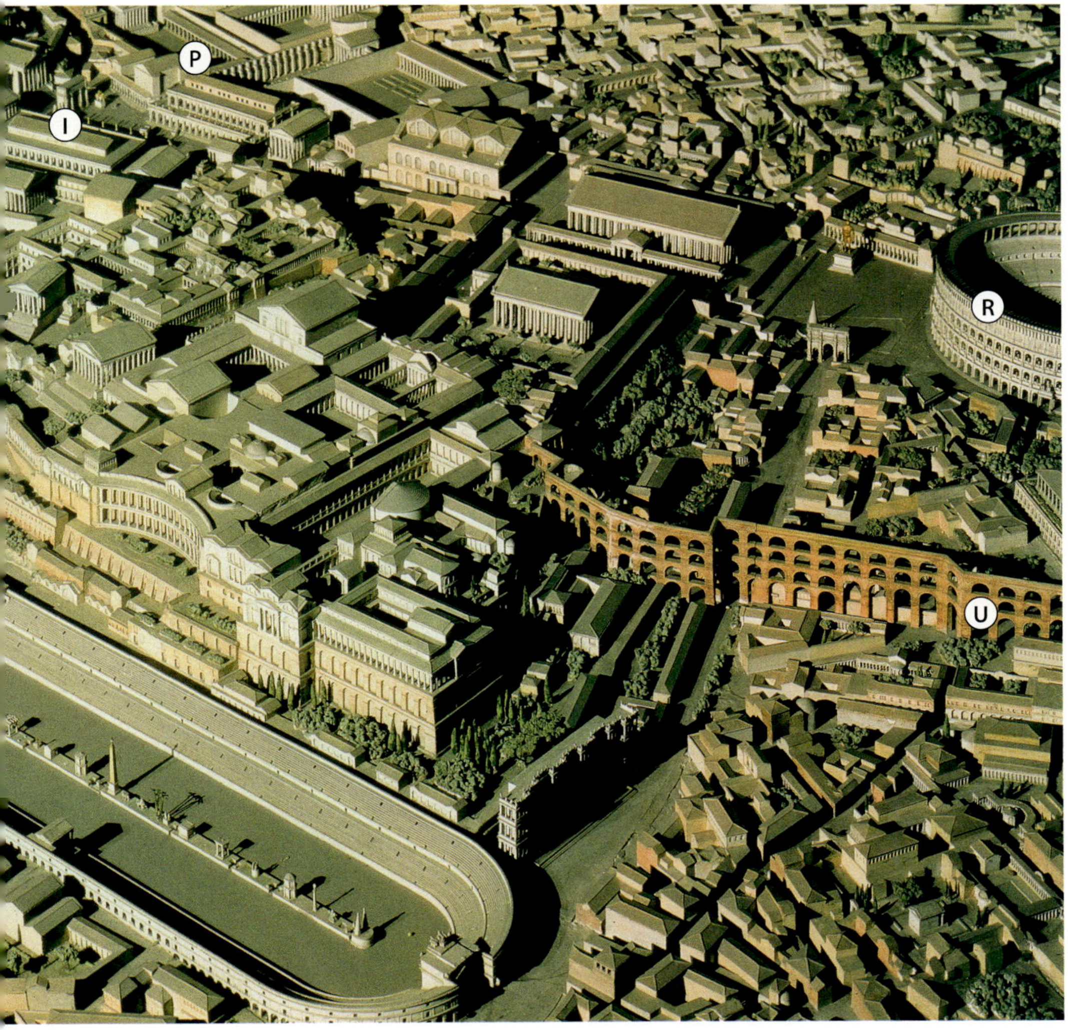

M2 Rom zur Kaiserzeit (Modell)

Augustus, aus dem Tatenbericht, vor 14 n. Chr.

„Der Bevölkerung in Rom habe ich pro Kopf dreihundert Sesterzen (römische Münze) aufgrund des Testaments meines Vaters und zwölf Getreidespenden zuweisen lassen, wobei das Getreide mit meinen eigenen Mitteln gekauft worden war ... den kapitolischen Tempel (1) und das Theater des Pompeius, beide Bauwerke ließ ich mit großem Aufwand wiederherstellen, ohne dass irgendeine Inschrift mit meinen Namen angebracht wurde.
Die Wasserleitungen (2), die bereits Altersschäden aufwiesen, habe ich wiederherstellen lassen ... Das Forum Julium (3) und die zwischen den Tempeln des Castor und Saturn gelegene Basilika (4) habe ich fertiggestellt ... 82 Heiligtümer der verschiedensten Gottheiten habe ich in der Stadt durch den Senat wiederherstellen lassen ... ich ließ die Via Flaminia von der Stadt Rom bis hin nach Ariminium erneuern, sowie sämtliche Brücken (5) ...
Dreimal habe ich in meinem eigenen Namen Gladiatorenspiele veranstaltet ... Zweimal bot ich dem Volk ein Schauspiel mit von überall hergeholten Athleten, ... Tierhetzen mit afrikanischen Raubtieren habe ich in meinem Namen im Zirkus (6) oder auf dem Forum oder im Amphitheater (7) für das Volk 26mal durchführen lassen, wobei ungefähr 3 500 Tiere erlegt wurden. Das Schauspiel einer Seeschlacht veranstaltete ich für das Volk jenseits des Tibers ...
Bei dieser Gelegenheit fuhren dreißig mit Rammspornen versehene Schiffe, Drei- oder Zweiruderer, und noch eine größere Anzahl kleinerer Schiffe gegeneinander los; auf diesen Flotten kämpften ungefähr 3000 Mann, abgesehen von den Ruderknechten."

(Quelle: Weber, E. (Hrsg.): Augustus – Meine Taten. München, 1975, S. 23 ff)

Z

Von der Republik zur Kaiserzeit

Patrizier und Plebejer: Wer hat die Macht?

Um 500 v. Chr. vertrieben römische Adelige den König. Über Angelegenheiten der Stadt entschieden nun die römischen Bürger (lat. = res publica). Noch heute nennen wir deshalb einen Staat ohne Königsherrschaft **Republik**. Doch nicht alle Bürger besaßen den gleichen Einfluss. Die Macht lag bei den reichen Landbesitzer (**Patrizier**). Sie bildeten die Ratsversammlung, den Senat. Hier fielen die meisten politischen Entscheidungen. Aus den Reihen der Patrizier kamen auch die Regierungsbeamten, die Magistrate. Die wichtigsten Beamten waren die beiden Konsuln. Sie leiteten für ein Jahr den Staat und befehligten das Heer. Über Kriege und wichtige Gesetze entschied die Volksversammlung. Hier hatten die Patrizier die Mehrheit. Denn je größer der Besitz war, desto mehr zählte die Stimme.

Kleinbauern, Handwerker und Kaufleute stellten die Mehrheit der römischen Bürger. Die Patrizier nannten sie herablassend **Plebejer** (lat. plebs = das Volk) und hielten sie von wichtigen Ämtern fern. Die Plebejer kämpften gegen die Willkür der Beamten. Sie erreichten, dass sie eigene Vertreter, die Volkstribune, wählen durften. Diese konnten Einspruch gegen Amtshandlungen des Senats (Vetorecht) erheben.

Die Republik in der Krise

Zunächst waren die meisten Soldaten im römischen Heer Kleinbauern. Aufgrund der ständigen Kriege konnten sie ihre Höfe aber nicht bewirtschaften. Die Großgrundbesitzer nutzten die Notlage aus und kauften das Land der Kleinbauern billig auf. Viele besitzlos- und arbeitslos gewordene Bauern zogen nun nach Rom.

Immer weniger Bauern wollten in den Legionen dienen. Deshalb wurde um 100 v. Chr. das Bürgerheer in ein Berufsheer umgewandelt. In dieses wurden arbeitslose Männer eingestellt. Der Feldherr rüstete sie aus, bezahlte und versorgte sie nach ihrer Entlassung. So fühlten sich die Soldaten ihrem Heerführer mehr verbunden als dem Staat. Erfolgreiche Heerführer gewannen deshalb Einfluss. Es kam zu Machtkämpfen zwischen Feldherren und Politikern und schließlich zu Bürgerkriegen.

Ein erfolgreicher Heerführer war Gaius Julius Caesar. Nachdem er Gallien erobert hatte, besiegte er das Heer des Senats. Der Senat, in den Caesar anschließend viele politische Freunde aufgenommen hatte, ernannte ihn zum Diktator (Alleinherrscher). Er hatte aber viele Feinde. Sie befürchteten, er könne die politischen Ämter ganz abschaffen und wolle König werden. 44 v. Chr. wurde Caesar daher von Anhängern der Republik ermordet.

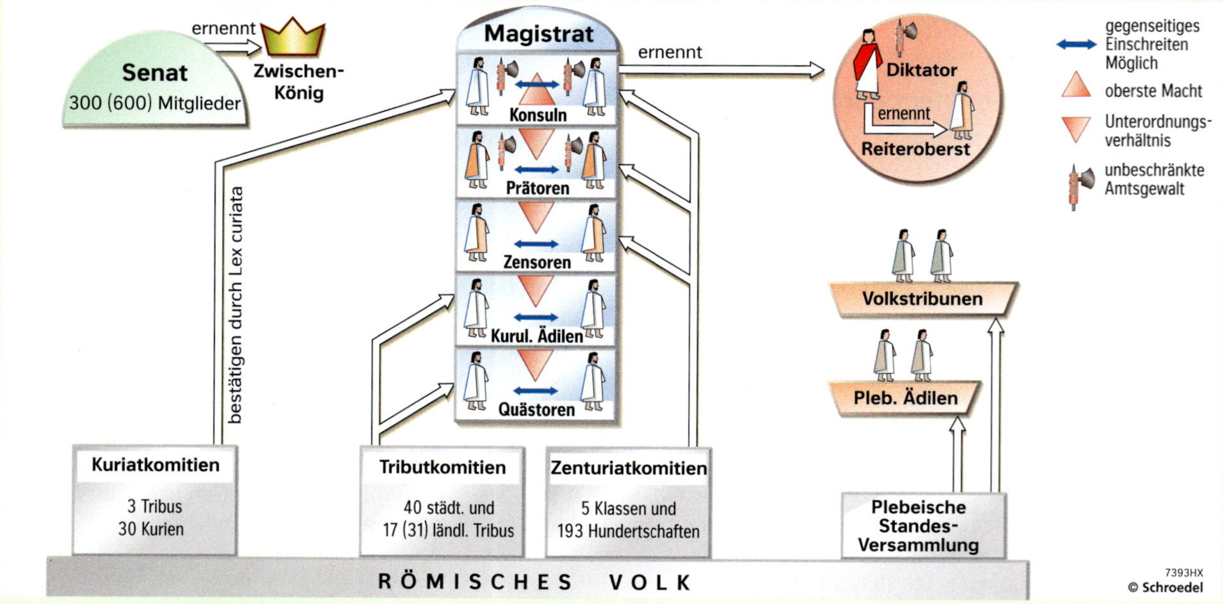

M1 Verfassung der römischen Republik

Augustus – Roms erster Kaiser

Nach Caesars Tod brach ein neuer Bürgerkrieg aus, den sein Adoptivsohn Octavian gewann. Er zeigte großes Geschick in der Kriegskunst und Soldatenführung. Doch die Menschen hatten viel unter diesen Kriegen gelitten. Octavians Ziel war es nun, dem Reich Sicherheit und Frieden zu bringen. Als Zeichen dafür ließ er einen Tempel errichten. Dessen Pforten sollten immer dann geschlossen bleiben, wenn im Reich Frieden herrschte. Es gelang ihm, dieses Tor jahrelang geschlossen zu halten. 27 v. Chr. ernannte ihn der römische Senat zum alleinigen Herrscher des Römischen Reiches. Jetzt verlieh man ihm den Ehrentitel Augustus, was „der Erhabene" bedeutet. Er galt als fleißiger Herrscher. Er kümmerte sich um die Regierungsgeschäfte selbst. Seine Reden verfasste er ohne fremde Mithilfe. Stets war er durch Boten informiert, was in seinem Reich geschah. Sich selbst nannte er nicht Kaiser (von Caesar), sondern Princeps, der Erste. In dieser Stellung vereinte er alle wichtigen Ämter des Römischen Reiches auf sich. Er war Verwalter des Reiches (Tribun). Er hatte den Oberbefehl über das Heer (Imperator). Er erließ alle neuen Gesetze und verfügte über den größten Teil der Staatsgelder. Außerdem war er der oberste Priester (Pontifex Maximus).
Bis zum Zerfall des Römischen Reiches herrschten nun Kaiser in Rom.

M2 In Rom wurden über 80 Statuen zu Ehren Augustus' errichtet. Auf dem Brustpanzer sind seine Heldentaten dargestellt. Die Höhe der Statue beträgt 2,04 m. Ursprünglich war die Statue farbig.

Der römische Schriftsteller Sueton (70 – 140 n. Chr.) beschreibt Augustus so:

„Im Alter sah er auf dem linken Auge weniger gut. Seine Zähne standen weit auseinander und waren klein und unsauber. Die Nase war oben hervorspringend und unten gebogen ... Seine Figur war klein, doch gibt (man) sie immerhin mit ein Meter siebzig an. Sein Körper war, wie berichtet wird, voller Flecken und Muttermale ... Hüftgelenk, Ober- und Unterschenkel auf der linken Seite waren etwas schwach, sodass er oft hinken musste ... Auch fühlte er bisweilen im Zeigefinger der rechten Hand eine solche Schwäche, dass er das starre und wie erfrorene Glied selbst mit Hilfe eines Ringes kaum gebrauchen konnte ... Durch große Vorsicht konnte er seinen schlechten Gesundheitszustand etwas verbessern ... Auf Reiten und Waffenübungen verzichtete er."

(Quelle: Sueton, Leben der Caesaren. dtv, Artemis, Zürich 1955, S. 103 – 105)

AUFGABEN

1 *Erkläre, auf welche Weise sich die Patrizier die größte Macht sicherten.*

2 *Beschreibe Person, Werdegang und Herrschaft des Kaisers Augustus (siehe auch Zeitleiste S. 34).*

3 *Nenne die Ämter, die Augustus innehatte und die ihn mächtig machten.*

4 *Vergleiche die Statue von Augustus und die Beschreibung Suetons über ihn. Nenne die Unterschiede und stelle Vermutungen an, warum sich der Kaiser als jungen Mann darstellen ließ.*

Alltagsleben in Rom

M 1 Modell eines Mietshauses aus Ostia

Unterschiedliche Wohnverhältnisse

Nur die reichen und wohlhabenden Römer konnten sich eine Villa mit fließendem Wasser, Dampfbädern sowie mit Fußbodenheizung leisten und ihre Wohnräume mit Wandbildern oder Mosaikfußböden ausstatten lassen. Die Masse der Bevölkerung lebte dagegen in großen mehrstöckigen Mietshäusern.

Ein Geschichtsforscher, der solche Mietshäuser in der Stadt Rom ausgegraben hat, berichtet über die Wohnverhältnisse: *„Fast immer befand sich in einem Winkel eine schmale Ziegel- oder Steintreppe, die durch eine Holzleiter verlängert wurde. Über sie erreichte man einen Hängeboden, dem ein einziges Fenster Licht gab. In diesem Verschlag stand dem Inhaber für sich und seine Angehörigen nur ein einziger Raum zur Verfügung. In diesem Raum wurde gearbeitet und gekocht, gegessen und geschlafen.*

Bei den Mietern der obersten Stockwerke ging es allerdings noch viel enger zu.

Eine Heizung war in den Mietshäusern nicht vorhanden. Trinkwasser gab es nur in der unteren Etage, Abfälle und Fäkalien mussten nach draußen auf die Straße gebracht werden."

(1) Haustür
(2) Korridor
(3) Vorratsraum
(4) Atrium
(5) Regenbecken
(6) Seitenflügel
(7) Schlaf-, Wohn- und Wirtschaftsräume
(8) Esszimmer
(9) Gesellschaftsraum
(10) Gang
(11) Garten

M 2 Querschnitt durch die Villa einer wohlhabenden Familie

„Brot und Spiele"

Um die Bevölkerung bei Laune zu halten, ließen die Herrscher in Rom häufig kostenlos Weizen an die Armen und Arbeitslosen verteilen. Außerdem sorgten sie durch kostenlose Attraktionen auch für die Unterhaltung ihrer Untertanen. Häufig fanden daher in den Stadien blutige Kampf- und Wettspiele statt. Dabei wurden zahllose Tiere und Menschen getötet, die dann in Massengräber geworfen wurden. Besonders beliebt waren die Wagenrennen im Circus Maximus. „Brot und Spiele" war also ein wichtiges Motto, um Herrschaftspositionen zu gewinnen und zu erhalten. Um diese sehr teuren Spiele zu finanzieren, plünderten einflussreiche Römer die von ihnen verwalteten Provinzen oder beuteten Sklaven auf den großen Landgütern aus. Andere gewannen ihren Reichtum durch zahlreiche Mietshäuser.

M3 Wagenrennen im Circus Maximus

Ein römischer Gelehrter berichtet über die Spiele im Colosseum:

„Zufällig geriet ich in eine Mittagsvorstellung. Ich erwartete Unterhaltung und ein wenig Entspannung, aber was erwartete mich? Alle Kämpfe zuvor waren harmlos im Vergleich zu dem, was nun kam. Nichts haben die Kämpfer, um sich zu schützen. Mit ihrem ganzen Körper sind sie den Hieben ausgesetzt. Wozu Fechtkünste? All das verzögert nur den Tod. So ist jedenfalls die Meinung des Publikums. Morgens werden die Menschen den Löwen und Bären vorgeworfen, nachmittags den Zuschauern. Die rufen: „Töte! Töte! Schlag zu! Warum läuft er so furchtsam ins Schwert seines Gegners? Warum tötet er so zaghaft? Warum stirbt er so ohne Begeisterung?"

(Quelle: Seneca, Moralische Briefe 7, gekürzt)

M4 Kampfspiele im Colosseum

AUFGABEN

1. *Erkläre das Motto „Brot und Spiele" im alten Rom.*
2. * *Nenne mögliche Gründe, warum die Römer häufig Wettkämpfe besuchten.*
3. *Beurteile dieses Freizeitangebot.*
4. *Auch bei uns gibt es heute viele Freizeitangebote, die Spaß und Unterhaltung, Sensationen oder manchmal den besonderen „Kick" bieten. Sammelt Beispiele und erstellt in der Klasse eine Rangliste.*

M5 Kampfsport heute

Auswerten von Geschichtskarten

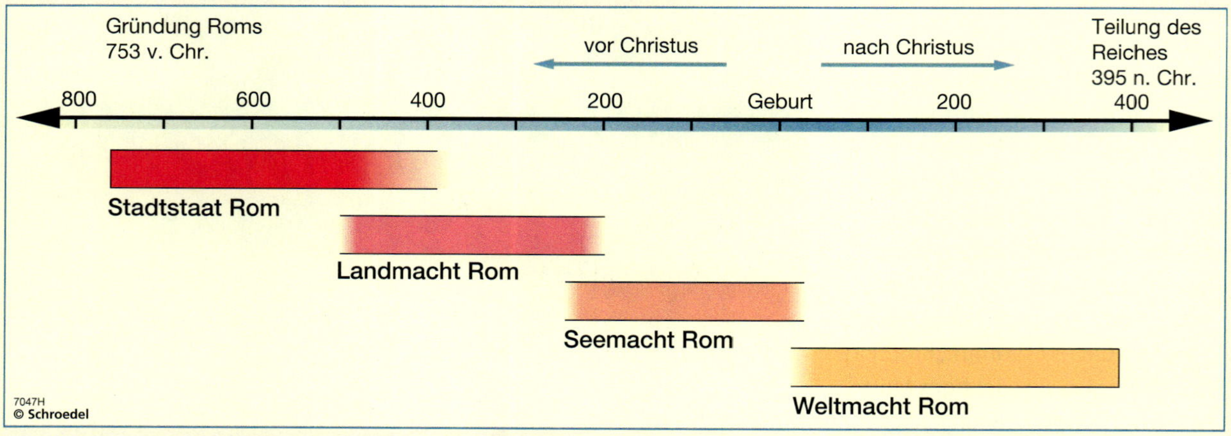

M1 Zeitleiste zur Entwicklung des Römischen Reiches

M2 Die Entwicklung des Römischen Reiches: vom Stadtstaat zum Weltreich

Geschichtskarten gehören zu den thematischen Karten. Sie unterscheiden sich von denen, die ihr aus dem Erdkundeunterricht kennt. So wird in der Karte M2 die Ausdehnung des Römischen Reiches über einen Zeitraum von mehr als 600 Jahren dargestellt.
M3 zeigt das gleiche Thema. Hier wurde jedoch die Entwicklung des Römischen Reiches in vier einzelne Karten zerlegt.
Beim Auswerten von Karten kannst du in zwei Schritten vorgehen. Den ersten Schritt solltest du grundsätzlich bei allen Karten vornehmen. Der zweite Schritt ist hingegen vom Thema der Karte abhängig. Zusätzliches Arbeitsmaterial (z. B. Bilder, Texte, Zeitleisten) helfen dir, den dargestellten Sachverhalt noch besser zu verstehen.

1. Schritt: Orientierung auf der Karte und Klären der Kartensymbole

a) Ermittle den Kartenmaßstab.
b) Stelle anhand des Atlas fest, welchen Ausschnitt der Erde die Karte behandelt.
c) Stelle mithilfe der Legende fest, welche Bedeutung die Farben und Zeichen der Karte haben.

2. Schritt: Erfassen des Inhalts

a) Karte 1 zeigt dir die Lage der Stadt Rom. Du erfährst, wann und von welchem Ort aus sich das Römische Reich entwickelte.
Ermittle in M2 den Stadtstaat Rom. Ordne die Karte 1 dem Zeitabschnitt der Zeitleiste M1 zu.
b) Karte 2 zeigt die Entwicklung des Reiches innerhalb des heutigen Italiens. Du erfährst, wie und wann sich Rom zur Landmacht entwickelte.
Bestimme mithilfe der Legende, wie diese Entwicklung in M2 dargestellt ist. Ordne die Karte 2 der Zeitleiste M1 zu.
c) Karte 3 und 4 zeigen die Eroberungen Roms im Mittelmeerraum und in der damals bekannten Welt.
Du erfährst auch mithilfe von M2, wann welche Länder von Rom erobert wurden und wie sich Rom zur Weltmacht entwickelte. Arbeite heraus, wie weit der Machtbereich Roms zur Zeit von Kaiser Augustus (14 n. Chr.) reichte.

AUFGABE

1 *Nenne heutige Länder, die das Römische Reich umfassten (M2, Atlas).*

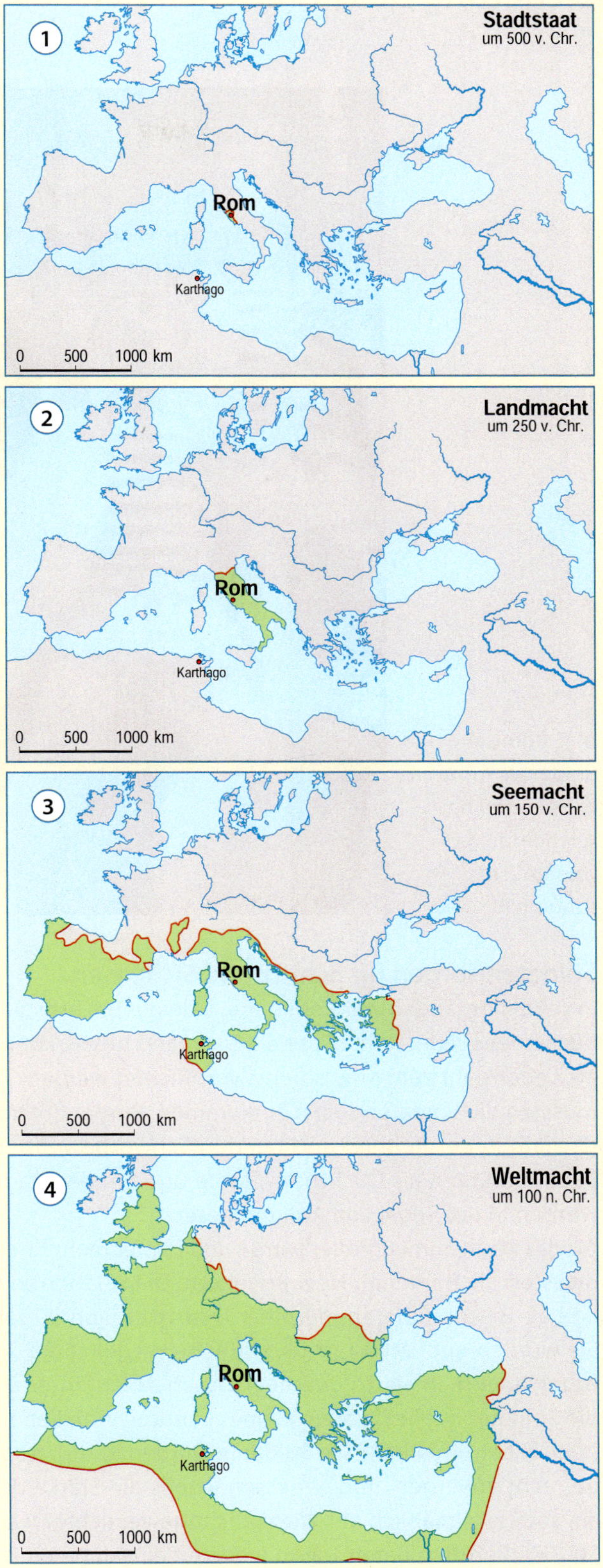

M3 Vom Stadtstaat zur Weltmacht

Sicherung des Römischen Reiches durch das Militär

M 1 Römische Soldaten. Ärmere Soldaten hatten allerdings diese Ausrüstung nicht.

Soldaten sorgen für Schutz und Sicherheit

In seinen Anfängen war Rom nur ein kleiner Bauernstaat. Das Heer war ein Bürgerheer. Jeder Römer, der eigenes Land besaß, konnte vom 17. bis zum 46. Lebensjahr zum Kriegsdienst verpflichtet werden. Für ihre Ausrüstung mussten die Soldaten selbst aufkommen. Bürger mit Vermögen kämpften deshalb in der Reiterei und bei den Schwerbewaffneten. Ärmere Kleinbauern dienten als Leichtbewaffnete und bei der Marine. Offiziersstellen wurden in der Regel von Adligen besetzt.

Als das Reich immer größer wurde und immer mehr Kriege geführt wurden, mussten die Römer ihr Heer erweitern. Die Feldherren begannen, Freiwillige als Berufssoldaten mit einer Dienstzeit von 20 Jahren anzuwerben. Sie wurden gut verköstigt und erhielten regelmäßig Sold (solch ein Heer bezeichnet man als Söldnerheer). Nach Ablauf ihrer Dienstzeit bekamen die Soldaten schließlich ein kleines Landgut zum Lebensunterhalt.

Auch Nichtrömer konnten Soldaten werden und sich so das römische Bürgerrecht erwerben. Infolgedessen wuchs die Stärke der Truppen ständig an, sodass allmählich auf Wehrpflichtige verzichtet werden konnte. Rund 300 000 Berufssoldaten waren jederzeit einsatzbereit.

Dieses große Heer erforderte eine gute Organisation: Unter Augustus bestand eine Legion aus etwa 6 100 Mann Fußvolk und 700 Reitern sowie leicht bewaffneten Truppen. Die ganze römische Armee umfasste 25 Legionen. An der Spitze einer Legion stand der Legat, der die Befehlsgewalt vom Kaiser erhalten hatte. Er war für die Verwaltung des Legionslagers und des Heeres zuständig. Je erfahrener und tüchtiger ein Legat war, desto schwierigere Aufgaben wurden ihm erteilt, z. B. ein Einsatz in umkämpften Gebieten oder in neu erworbenen Provinzen. Dafür wurde er vom Kaiser gut entlohnt.

Aufbau, Ausrüstung und Stationierung des Heeres

Die Soldaten waren einheitlich gekleidet und mit Wurfspeeren und Schwertern ausgerüstet. Als Schutz trugen sie Beinschienen, Panzer und Helm. Die Legionäre konnten zu Fuß etwa 25 km am Tag zurücklegen. Dabei schleppten sie 40 kg mit: Rüstung, Waffen und Verpflegung. Wurfmaschinen und Rammböcke gehörten ebenfalls zur Ausstattung des Heeres. Mit ihrer Ausrüstung und ihrer Disziplin waren die römischen Truppen ihren Gegnern meist überlegen.

Um ihre Macht zu sichern, bauten die Römer an den Grenzen und in den Provinzen **Kastelle** und Verbindungsstraßen. In den Kastellen waren die Soldaten einer ganzen Legion stationiert, um im Kriegsfall sofort einsatzbereit zu sein. In Friedenszeiten wurden die Soldaten als Bauarbeiter an wichtigen Baustellen eingesetzt, z. B. an Brücken, Straßen, Wasserleitungen, Amtsgebäuden.

Das Heer spielte in Rom eine wichtige Rolle: Es eroberte ein riesiges Reich und sorgte dann für Sicherheit und Zusammenhalt der Provinzen.

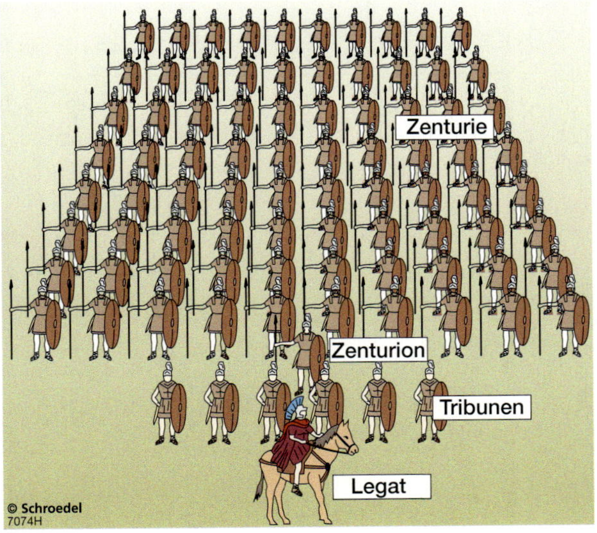

M 2 Aufbau des römischen Heeres: eine Zenturie

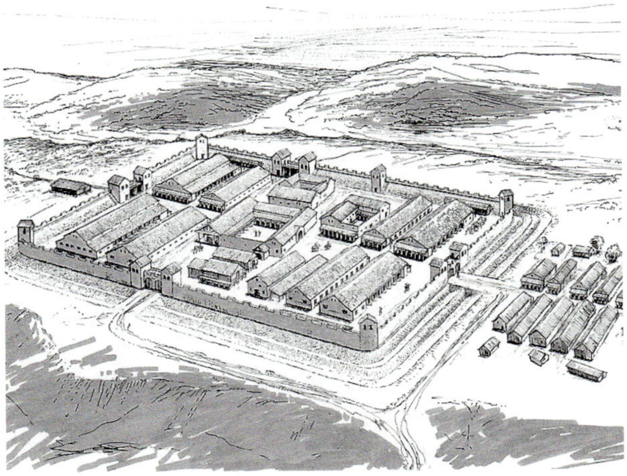

M 3 Römisches Kastell

Das römische Heer gründete sich auf die Legion. Eine Legion bestand aus 10 Kohorten, die jeweils in 6 Zenturien zu je 80 Mann unterteilt waren. Je eine Gruppe von 8 Legionären teilte sich ein Zelt. Ein Zenturion bildete die Soldaten aus und sorgte für Disziplin. Er erhielt seine Anweisungen vom Tribun. Die Legion wurde von einem Legaten angeführt.

Ein Kastell ist ein befestigtes Heerlager. Grundform ist ein durch Mauern gesichertes Rechteck, das von zwei Straßen gekreuzt wird. An der Kreuzung liegen Wirtschaftsgebäude, Bad und Lazarett. Im größten Gebäude ist der Sitz des Kommandanten. Daneben befindet sich das Fahnenheiligtum. Tore und Lagerecken werden meist durch Türme zusätzlich gesichert.

M 4 Römisches Kriegsschiff

Den Bau ihrer Schiffe hatten die Römer ihren Feinden abgeschaut. Mit ihrer Flotte gewannen sie die Herrschaft über das Mittelmeer. Die Schiffe besaßen einen Rammsporn am Bug und eine bewegliche Enterbrücke. So konnten sie die feindlichen Schiffe erstürmen. An Bord der Schiffe waren 120 Soldaten und 300 Ruderer. Diese unmenschliche Ruderarbeit wurde als Strafe verhängt und musste von Sklaven verrichtet werden.

AUFGABEN

1 *Arbeite aus dem Text den Weg des römischen Heers vom Bürger- zum Berufsheer heraus.*

2 *Erkläre den Vorteil des Berufsheeres.*

3 *Beschreibe Aufbau, Ausrüstung und Stationierung des römischen Heeres.*

4 *Recherchiere weitere Informationen zum römischen Heer, z. B. zur Bewaffnung, Verpflegung und zu Aufstiegsmöglichkeiten.*

5* *In allen Teilen des Römischen Reichs war die Soldatenausbildung gleich. Erläutere die Vorteile dieses Systems.*

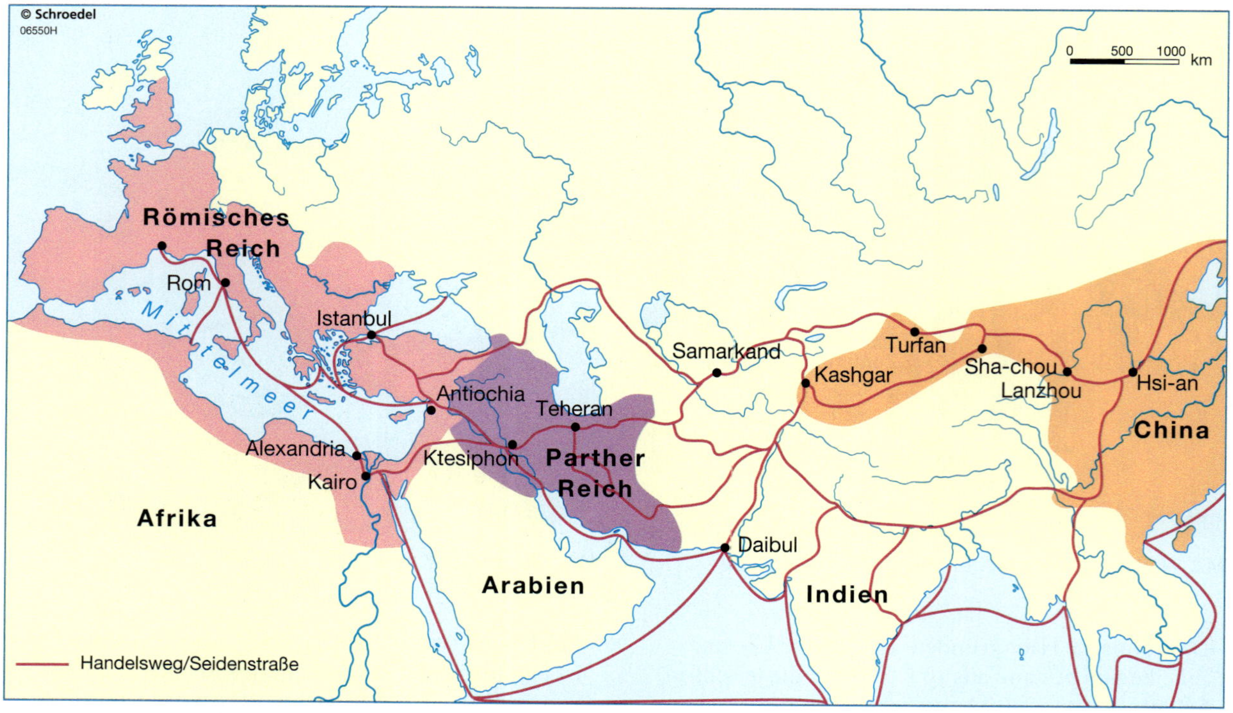

M 1 Die Seidenstraße in der Antike

Welthandel schon in der Antike

Der ausgedehnte Handel mit fernen Regionen ist kein Kennzeichen unserer Zeit, es gab ihn bereits in frühgeschichtlicher Zeit und in der griechischen und römischen Antike. Manche wertvollen Produkte wurden bereits vor Tausenden Jahren über weite Strecken gehandelt. Ohne diesen Fernhandel hätten weder die Stadt Rom noch das römische Imperium existieren können.

Ohne die beträchtlichen Getreidelieferungen aus Nordafrika, insbesondere aus Ägypten, wäre die Metropole Rom kaum überlebensfähig gewesen. Um diese Getreidelieferungen sicherzustellen, führten manche Konsuln im Mittelmeer Kriege gegen politische Rivalen und Piraten.

Soziale Abgrenzung der Eliten

Die adelige und reiche römische Oberschicht wollte sich von der Masse der Bevölkerung absetzen, durch ausgewählte exotische Speisen und Gewürze, durch ihre Bekleidung (Seide), durch teuren Purpur, durch die Ausgestaltung von Tierhetzen und Spiele mit gefährlichen Tieren wie Löwen und Leoparden, durch besondere Grabdenkmäler aus Porphyr aus Ägypten oder anderen wertvollen exotischen Materialien. Eingeführt wurden darüber hinaus auch Luxusgüter wie Perlen, Edelsteine, Gewürze oder Parfüms. Diese Produkte mussten teilweise aus fernen Ländern herbeigeschafft werden. Aus der Schwarzmeerregion kamen z. B. Kaviar, Pelze und Honig, Seide aus dem fernen Indien und China.

Abhängigkeit von der Ausbeutung der Provinzen

Auf diese Weise strömte sehr viel Kapital aus Rom ins Ausland. Erwirtschaftet wurde dieses Kapital durch die Ausbeutung von Hunderttausenden von Sklaven und durch die systematische Ausplünderung der römischen Kolonien. Wären diese Kolonien weggefallen, wäre Rom in eine existenzielle Finanzkrise geraten. Denn die Stadt Rom konnte nicht aus eigenen finanziellen Mitteln existieren, sie lebte von den Leistungen abhängiger und schwächerer Bundesgenossen.

INFO

Als Seidenstraße wird ein Netz von Karawanenstraßen bezeichnet. Es verband das Mittelmeer auf dem Landweg über Mittelasien mit Ostasien. Auf den Seidenstraßen verkehrten Händler, Heere und Wissenschaftler. Waren und Wissen wurden auf diese Weise zwischen Ost und West ausgetauscht.

M 2 Nachzeichnung der antiken Weltkarte des Ptolemäus aus dem 2. Jahrhundert n. Chr. (1482)

Marcus Aurelius Antoninus [204 – 222 n. Chr., genannt Elagabalus] hatte vielmehr exzentrische Vorlieben: Die Bevölkerung Roms ertrug harmlose Streiche und fürchtete seinen Jähzorn, der oft genug in Grausamkeit umschlug. Und sie zerriss sich das Maul über den jungen Mann, der junge Männer liebte – und chinesische Seide.

Göttlicher Stoff. Was dem gewöhnlichen, auch dem wohlhabenden Römer an Stoffauswahl zur Verfügung stand, war nicht viel: schwere Tierhäute, kratzige Wollstoffe oder knitteriges Leinen. Die weiche, geschmeidige Seide hätte jedem Zeitgenossen gefallen. Aber der edle Stoff war absoluter Luxus. Man stellte sich das Gewebe als den Stoff vor, in den sich die Götter kleideten. Seide war so teuer, dass bislang niemand gewagt hatte, was der junge Kaiser tat, sich nämlich sein ganzes Gewand daraus schneidern zu lassen, von der Tunika, dem Unterkleid, bis zur wallenden Toga.

(Quelle: Eder, F.: www.welt.de/finanzen/globalisierung-kinder/article3084035/Als-China-noch-fuer-betoerenden-Luxus-stand.html; 24.01.2009)

M 3 Der Journalist Florian Eder über römischen Luxuskonsum

Nach den niedrigsten Schätzungen entziehen Indien, die Serer* und die Halbinsel Arabien unserem Staate alle Jahre 100 Mio. Sesterzen**: Soviel kosten uns Luxus und Frauen! Denn welcher Teil von ihnen (den Sesterzen), frage ich, wird für die Götter aufgewandt, oder für die Verstorbenen?

(Quelle: Plinius Naturalis Historia XII, 84)

* Seres war der antike griechische Name für den Nordwesten des heutigen China, in dem Seide hergestellt wurde.

** Der Tageslohn eines Arbeiters betrug etwa vier Sesterzen, zwei Sesterzen reichten für die Deckung des unmittelbaren täglichen Lebensbedarfs.

M 4 Der antike Historiker und Schriftsteller Plinius d. Ä. zu den Kosten des Luxuskonsums

AUFGABEN

1. *Erkläre mit eigenen Worten, warum ein kleiner Teil der römischen Gesellschaft Luxusprodukte konsumierte.*
2. *Recherchiere, was Porphyr ist und wie dieser in der Antike nach Rom kommt.*
3. *Erläutere die Abhängigkeit Roms vom Fernhandel.*
4. *Berechne die Länge der Route von Marseille bis Hsi-an.*

Die Römer in Süddeutschland

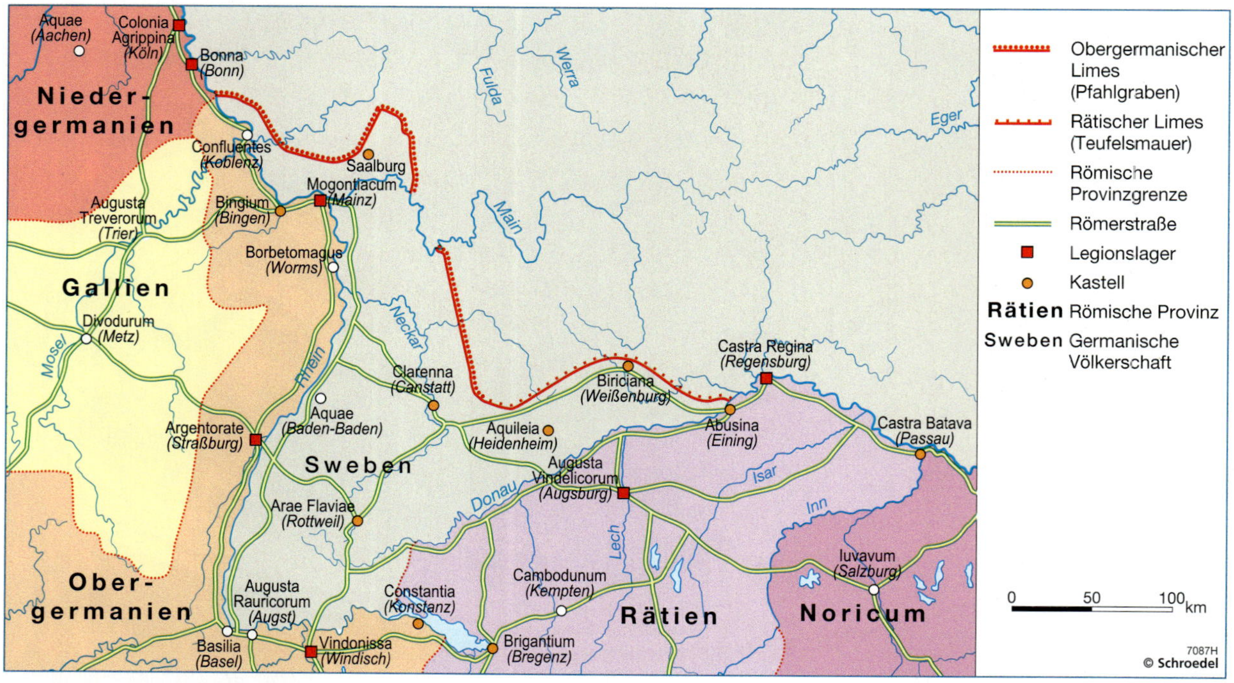

M 1 Verlauf des Limes

Die Römer dehnen ihr Gebiet aus und sichern ihre Eroberungen

In die römisch besetzten Gebiete Galliens (Frankreich) fielen immer wieder Germanen und Kelten ein. Diese hatten kein einheitliches Reich wie die Römer aufgebaut. Sie lebten in viele Stämme zergliedert, hatten aber Gemeinsamkeiten – z. B. Sprache, Kunst und Religion. Um sich vor den Kelten und Germanen zu schützen, entschlossen sich die Römer, bis zum Rhein und zur Donau vorzudringen. Die beiden Flüsse sollten eine sichere und natürliche Grenze zu den Stämmen im Norden des Reiches bilden. Außerdem sollten so die für den Handel wichtigen Alpenpässe nach Gallien und Süddeutschland sowie die Salzvorkommen in den Nordalpen gesichert werden.

15 v. Chr. wurden unter Kaiser Augustus die keltischen Stämme zwischen Alpen und Donau von den Römern besiegt und ihr Gebiet zu den römischen Provinzen Rätien und Noricum ernannt.
Um das neu eroberte Gebiet zu sichern, errichteten die Römer einen Grenzwall, den **Limes**. Er war rund 550 km lang. Im Abstand von 300 – 1 000 m erhob sich jeweils ein Beobachtungsturm. Dieser war nur über eine Leiter und eine Falltür zu erreichen. Oben hielten vier bis sechs Soldaten Wache. Bei Gefahr zündeten sie Fackeln an, um die Besatzung der anderen Türme zu warnen oder Verstärkung aus dem nächsten Kastell anzufordern. Der obergermanische Limes (M2) wurde als Holzpalisade mit Wall und Graben errichtet, der rätische Limes (M3) war eine etwa 3 m hohe Steinmauer. Am Limes entstanden auch zahlreiche Kastelle, z. B. die Saalburg.

AUFGABEN

1 *Trage den Limes in eine stumme Karte von Europa ein (Atlas).*

2 *Nenne Gründe, warum die Römer die Gebiete im heutigen Süddeutschland erobern und sichern wollten.*

3 *a) Nenne Maßnahmen, mit denen die Römer neu erworbene Gebiete sicherten und verwalteten.*
b) Beschreibe den Aufbau des Limes (M2, M3).

4 * *Erkläre, warum der Bau des Limes den Römern sinnvoll erschien.*

5 *Ein Junge aus Germanien sieht zum ersten Mal den Limes. Was könnte ihn überraschen? Denke dabei z. B. an die Kleidung, die römischen Bauwerke, die Waffen, die Ernährungsweise. Verfasse einen Ich-Text.*

M 2 und 3 Der obergermanische und der rätische Limes

In Hessen sind bis heute zahlreiche römische Spuren zu finden

Wie die Perlen an einer langen Kette reihen sich zahlreiche römische Befestigungsanlagen entlang des Limes. Hier liegen auch viele spätere hessische Städte bzw. Burganlagen: z. B. Kemel, Alteburg-Heftrich, der Feldberg, das römische Kastell Saalburg, Friedberg, Butzbach, Arnsburg, Echzell, Ober-Florstadt, Altenstadt, Marköbel, Groß-Krotzenburg, Seligenstadt. Die Gründung vieler dieser Orte geht vermutlich auf ehemalige Römerlager zurück.

Ein Beispiel: Auf dem Friedberger Burgberg (etwa 25 km nördlich von Frankfurt gelegen) errichteten die Römer um Christi Geburt ein großes Militärlager – dort, wo später die Burganlage gebaut wurde. Hier waren wahrscheinlich 1 000 Legionäre stationiert, unter anderem auch berittene Truppen für Erkundungszüge. Man vermutet, dass das Römerlager ungefähr so groß wie die spätere Burg war.

Bei Ausgrabungsarbeiten fand man ein Bad, das vermutlich zum Haus des Truppenkommandanten gehörte. Man kann diese Badeanlage heute im Kellergeschoss des Friedberger Burggymnasiums besichtigen. Ferner wurden Reste von Heiligtümern des Gottes Mithras entdeckt, den viele Legionäre verehrten. Und schließlich fand man Töpferöfen, die wohl zum Brennen von Ziegeln genutzt wurden. Südlich der Burg kamen Gräberfelder zum Vorschein.

Der Limes war nicht nur eine gefährliche militärische Grenze. Hier wurde vielmehr intensiv gehandelt und friedlich getauscht. Auf diese Weise gelangten zahlreiche römische Konsumgüter und Handwerkstechniken in den germanischen Bereich.

M 4 Römische Badeanlage im Keller des Friedberger Burggymnasiums

AUFGABEN

1 *Ermittelt, welche Orte vor allem in der Wetterau entlang des Limes errichtet wurden. Die folgende Internetadresse kann euch dabei nützlich sein: www.deutsche-limeskommission.de*

2 *Diskutiert gemeinsam, wo später vor allem Burgen errichtet wurden, um die herum oft Städte entstanden. Denkt daran, welche Bedeutung die Reste der römischen Befestigungsanlagen für den späteren Burgen- und Städtebau spielen konnten.*

M 1 Lateinische Wörter als Ursprung für deutsche Wörter

M 2 Römische Münzen waren ein weitverbreitetes Zahlungsmittel.

Der Einfluss der römischen Kultur

Kultur prägt den Lebensstil im gesamten Römischen Reich

Die Menschen im römischen Weltreich genossen manche Neuerung, welche die Römer brachten.
Mit der Herrschaft über ein Gebiet wurde die lateinische Schrift dort verbreitet. Diese Schrift hatte gegenüber den anderen Schriften der Zeit, z. B. gegenüber den Hieroglyphen, einen großen Vorteil: Das älteste lateinische Alphabet bestand aus lediglich 27 Zeichen. Die Schrift war einfach und klar, jeder konnte sie lernen. Wir verwenden sie im Wesentlichen bis heute.
Die Bewohner schätzten außerdem sehr, dass sie im gesamten Reich mit gleicher Münze bezahlen konnten. So konnten die Händler stets überall bezahlen, Waren kaufen und verkaufen sowie die Preise vergleichen.
Die Römer waren zudem hervorragende Baumeister. Mit einfachsten Werkzeugen errichteten die Legionäre in Friedenszeiten Brücken, gepflasterte Straßen, Aquädukte (Wasserleitungen), Kastelle und Grenzmauern. Jeder Bürger durfte die öffentlichen Gebäude benutzen. Beim Bau setzten die Römer als billige Arbeitskräfte vor allem Sklaven ein.
Zwischen den einzelnen Provinzen herrschte ein lebhafter Austausch. Die Römer verbreiteten ihre Kultur und Errungenschaften im ganzen Reich. Sie griffen die Erfindungen und das Wissen der eroberten Länder auf und nutzten diese. Ebenso handelten die Völker in den eroberten Provinzen. Sie griffen die Sprache, die Sitten, das Rechtssystem, die Kunst und Kultur der Römer auf und nahmen sie an. Man bezeichnet diesen Prozess auch als **Romanisierung**.

Lateinische Wörter in unserer Sprache

Die Völker und Stämme, mit denen die Römer im Austausch standen, übernahmen viele Gegenstände und Techniken. Da sie in ihrer eigenen Sprache dafür keine Bezeichnungen hatten, benutzten sie die lateinischen Begriffe der Römer. Sie entliehen also diese Wörter (sogenannte Lehnwörter).
Im Laufe der Jahrhunderte wurden diese Wörter an die Muttersprache angepasst und natürlich verändert. Trotzdem ist bei vielen Begriffen der lateinische Ursprung noch zu erkennen. Das Lateinische hat auch heute noch Bedeutung. So wurde der Fachwortschatz für Ärzte, Apotheker oder Biologen in Latein festgelegt.

AUFGABEN

1 *Erkläre mit eigenen Worten den Begriff „Romanisierung".*

2 *Erstelle eine Tabelle und ordne die lateinischen Wörter in M1 den entsprechenden deutschen Begriffen zu.*

Z

Umweltverschmutzung in Rom

Man solle nachts nicht aus dem Haus gehen, ohne sein Testament gemacht zu haben, warnte ironisch der Schriftsteller Juvenal. Denn viele Römer entsorgten ihren Müll und ihre Fäkalien durch die Fenster auf die Straße. Man könne zufrieden sein, so Juvenal, wenn es nur der Inhalt eines Nachttopfs wäre.

Bereits seit dem 6. Jahrhundert v. Chr. gab es in Rom das Abwassersystem der cloaca maxima sowie weitere Abwasserkanäle. Aber nicht alle Stadtteile oder Häuser waren an das System angeschlossen. An den Straßen gab es daher herausragende Trittsteine, so konnte man als Fußgänger dem Dreck und Kot auf den Straßen ausweichen.

Der Wandel Roms von einer Kleinstadt zu einer Großstadt ging mit zahlreichen Umweltbelastungen einher: Ein Teil der Abfälle wurde über die cloaca maxima in den Tiber entsorgt. Bei besonderen Wetterlagen muss daher großer Gestank geherrscht haben. Hinzu kamen noch die Gerüche von Abdeckereien, die tote Tiere entsorgten, von den Färbern und Gerbern, die mit scharfen Chemikalien hantierten und von den Leichenverbrennungen. Bei den Kampfspielen fielen Tausende von toten Tieren und menschlichen Körpern an, die in Massengräber entsorgt wurden. Wenn Archäologen heute auf ein solches Massengrab stoßen, können sie nur mit Atemmasken arbeiten.

Die Luftverschmutzung über der Stadt wurde durch die zahlreichen Kohlefeuer verursacht.

Der Wasserverbrauch war gewaltig, er lag in der Antike mit vermutlich 500 l pro Kopf deutlich höher als heute. Über Bleirohre gelangte das Wasser in die Häuser, die an die Aquädukte angeschlossen waren. Zahlreiche Römer litten aus diesem Grund an Bleivergiftung.

Und schließlich war der Holzverbrauch enorm, etwa für die Baugerüste für die zahlreichen Monumentalbauten, aber auch für den Bau von Kriegsschiffen. In der Antike wurden im Mittelmeerraum zahlreiche Wälder bedenkenlos abgeholzt.

Die ganze Stadt teilte Augustus in Bezirke und Stadtkreise ein und traf die Einrichtung, dass über die ersteren jährlich durch das Los zu bestimmende Beamte die Aufsicht zu führen hätten, über die letzteren von der Bevölkerung der Stadtkreise selbst gewählte Vorsteher. Als Abwehr gegen Brände schuf er Nachtwächter und Feuerwehr; zur Behebung der Überschwemmungen ließ er das Tiberbett, das seit langer Zeit durch Abfälle aufgefüllt und durch Vergrößerung der Gebäude eingeengt worden war, verbreitern und reinigen.

(Quelle: Lambert, André (Hrsg.): Sueton, Leben der Caesaren. München 1972, S. 72.)

M1 Umweltmaßnahmen von Augustus nach Sueton

M2 Überreste eines römischen Aquäduktes

M3 Überreste einer römischen Straße mit Trittsteinen

AUFGABEN

1 *Stelle wichtige Umweltprobleme im antiken Rom dar.*

2 *Diskutiert, was Augustus veranlasst haben könnte, verschiedene Aufsichtspersonen einzusetzen.*

3 *Erörtere, welche Ziele mit der Verbreiterung des Tibers verfolgt wurden.*

Ausbreitung des Christentums

M 1 Christus – dargestellt als guter Hirte

M 2 Himmelfahrt Christi. Elfenbeinschnitzerei um 400

Fast eine Milliarde Menschen bekennt sich heute zum Christentum. Diese Weltreligion entstand vor etwa 2000 Jahren im Römischen Reich. Ihre Wurzeln liegen im Judentum. Zur Zeit des Kaisers Augustus wurde in Bethlehem, in der römischen Provinz Judäa, Jesus Christus geboren. Als junger Mann lehrte er: „Es gibt einen allmächtigen Gott, der die Menschen wie ein guter Vater liebt." Von Pontius Pilatus, dem Statthalter Jerusalems, wurde Jesus zum Tod am Kreuz verurteilt.

Seine Anhänger verbreiteten die Lehre von Jesus, das Evangelium, überall im Römischen Reich: Einer der Wortführer war der Apostel („Bote") Paulus. Die christliche Lehre wurde auch schriftlich festgehalten. Viele Menschen konnten diese in Griechisch verfasste Schrift lesen. Somit blieb die christliche Religion nicht auf ein Volk begrenzt. Sie wurde von Menschen verschiedener Kultur angenommen.

Wer sich zum neuen Glauben bekennen wollte, wurde getauft. Die Getauften lebten in einer Gemeinschaft. Nach den Geboten sollten alle gleich geachtet werden: Arme wie Reiche, Frauen wie Männer. Auch Sklaven wurden in die Gemeinde aufgenommen. Die Mitglieder der Gemeinde fühlten sich füreinander verantwortlich. Sie sollten auch anders als ihre Mitbürger leben. Von ihnen wurde erwartet, dass sie maßvoll aßen und tranken, die grausamen Schauspiele verabscheuten, keine Tiere opferten und das Töten von Menschen als Verbrechen betrachteten. Der Sonntag sollte ihnen heilig sein. Am Tag des Herrn trafen sie sich, um die Heilige Schrift zu hören und das Abendmahl zu feiern.

Christen werden verfolgt

Mit ihrem Glauben an nur einen Gott nahmen die Christen im Römischen Reich eine Sonderstellung ein. Durch ihr Anderssein misstrauten viele Mitbürger den Christen. Beim Ausbruch von Seuchen, bei Kriegen oder bei Überschwemmungen gab man ihnen die Schuld. Sie dienten als Sündenböcke. Als im Jahre 64 in Rom ein Brand ausbrach, ließ Kaiser Nero öffentlich verkünden, die Christen hätten das Feuer gelegt. Hartnäckig weigerten sie sich, den Kaiser als einen Gott zu verehren. Deshalb wurden sie verfolgt und zur Abschreckung öffentlich gefoltert, ans Kreuz geschlagen, verbrannt und wilden Tieren zum Fraß vorgeworfen.

Als Märtyrer (Glaubenszeugen) dienten sie den anderen Christen als Vorbild, treu an ihrer Überzeugung festzuhalten. Heimlich trafen sie sich an verborgenen Orten. In Rom feierten sie daher teilweise in den Katakomben, in unterirdischen Begräbnisanlagen, ihre Gottesdienste.

Das Christentum setzt sich durch

Zunehmend bedrohten fremde Völker das Reich. Politische Machtkämpfe sorgten zusätzlich für Unruhen. Allmählich änderte sich die Einstellung der Regierenden zu den Christen. Im Jahre 313 verfügte schließlich Kaiser Konstantin, dass „künftig jeder, der sich entschieden hat, sich zur Religion der Christen zu bekennen, dies frei und ohne irgendeine Belästigung tun kann."

Nach und nach stärkte sich die Position der Kirche. Mit der zunehmenden Mitgliederzahl musste sich Kirche organisieren. Es wurden Bezirke eingeteilt, an deren Spitze Bischöfe standen. Der jeweilige Bischof von Rom war als Papst das Oberhaupt der Gesamtkirche. Auch der Staat förderte das Christentum: Die Kreuzigung der Menschen wurde abgeschafft, der Sonntag zum Ruhetag erklärt, die Verehrung aller anderen Götter verboten. Aus den verfolgten Christengemeinden war die Staatskirche geworden.

AUFGABEN

1 *Fasse zusammen, was du über Jesus, über sein Leben und Wirken weißt.*

2 *Erläutere die Ausbreitung des Christentums. Durch welche Phasen ist sie gekennzeichnet?*

3 *Beschreibe die besondere Lebensweise der Christen gegenüber der der Römer.*

4* *Zeige auf, warum sowohl römische Mitbürger als auch Herrscher den Christen misstrauten.*

„Alle, die sich offen zum Christentum bekannten, wurden zuerst ergriffen, dann auf deren Aussagen hin eine weitere große Menge. Da man sie nicht der Brandstiftung überführen konnte, verurteilte man sie wegen allgemeinen Menschenhasses. Mit ihnen trieb man grausames Spiel. Sie wurden in Tierfelle eingenäht und den Hunden vorgeworfen. Wenn der Tag sich neigte, dienten sie als Fackeln. Nero gab für dieses Schauspiel seinen Park frei."

(Quelle: Geschichtliche Quellenhefte. Heft 2. Frankfurt 1972)

M3 Der Schriftsteller Tacitus über Christenverfolgungen

M4 Zum Erfrieren verurteilte Christen

M5 Katakomben

Zerfall des Römischen Reiches

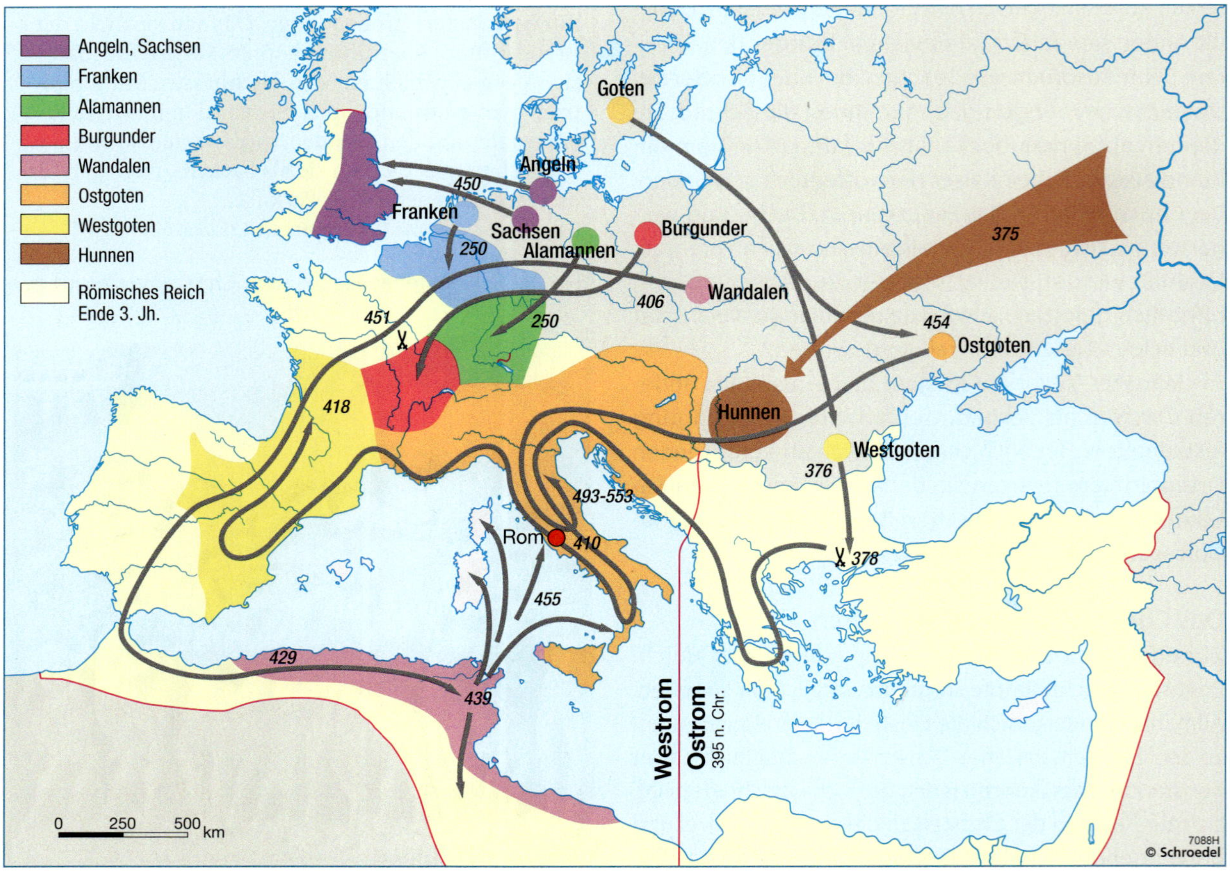

M 1 Wanderungen germanischer Völker und germanische Reichsgründungen

Im Jahre 395 wurde das gewaltige römische Imperium in ein westliches und östliches Reich geteilt (M1). Während das östliche Reich noch lange existierte, wurde das westliche Reich nach und nach geschwächt und zerfiel schließlich. Dabei wurde das Weströmische Reich von außen von Germanen bedroht. Diese Stämme hatten auch aus klimatischen Gründen ihre Heimat verlassen und wanderten nach Süden. Neben dieser **Völkerwanderung** trugen auch innere Faktoren zum Zerfall bei: Die Christen und viele reiche Patrizier standen nicht immer hinter dem Staat. Das Militär, in dem auch viele Soldaten aus fremden Völkern dienten, entzog sich der Kontrolle des Kaisers. Durch den Verlust mancher reicher Provinzen, z. B. Nordafrika, sanken die Steuereinnahmen. Und schließlich waren viele Kaiser mit ihrer Rolle überfordert.

Germanische Reiche entstehen

Viele germanische Stämme drangen in das Gebiet der Römer ein und errichteten dort eigene Herrschaftsgebiete. Darüber berichtet ein römischer Geschichtsschreiber:

„Zahllose Völkerschaften, und zwar solche von äußerster Wildheit, haben ganz Gallien in Besitz genommen! Die Franken durchstreifen Gallien; die Alamannen kommen sogar bis nach Italien herüber. Die Goten überschwemmen Griechenland. Alles Land zwischen den Alpen und den Pyrenäen, zwischen dem Ozean und dem Rhein haben diese Völker verwüstet. Mainz, die einst hoch berühmte Stadt, ist erobert und zerstört. Die mächtigen Städte Reims, Speyer und Straßburg sind Teile Germaniens …"

(Quelle: Lautemann/Schlenke (Hrsg.): Geschichte in Quellen, Altertum. München 1978, S. 790)

Im Jahr 476 n. Chr. setzte der germanische Feldherr Odoaker schließlich den letzten weströmischen Kaiser ab. Die meisten der neuen Reiche hielten jedoch nicht lange. Sehr schnell vermischten sich die germanischen Eroberer mit der einheimischen Bevölkerung.

Byzanz, das zweite Rom

Immer schwieriger wurde es, das gesamte Großreich von Rom aus zu kontrollieren. Der Osten des Reiches war dicht bevölkert. Dort sprachen die Menschen, anders als in Rom, griechisch. Kaiser Konstantin gründete dort eine neue Hauptstadt: Neu-Rom. Bald wurde sie nach ihm in Konstantinopel umbenannt. Später erhielt sie den alten griechischen Namen Byzanz.

Die beiden Teile des Reiches entwickelten sich unterschiedlich. Im Jahre 395 kam es zu einer endgültigen Aufteilung in ein Westreich und Ostreich.

Die mit der Teilung des Römischen Reiches verbundene kirchliche Trennung dauert bis heute an: Die römisch-katholische Kirche im Westen spricht lateinisch. Ihr Oberhaupt ist der Papst. Die Ostkirche dagegen nennt sich orthodox (griechisch = rechtgläubig) und spricht griechisch.

Schon wenige Jahre nach der Teilung des Römischen Reiches zerfiel das Westreich unter dem Ansturm der Germanen. Das Ostreich konnte sich hingegen noch jahrhundertelang behaupten. Im Byzantinischen Reich lebte der östliche Teil des Römerreiches fort.

Unter Kaiser Justinian erlebte das Byzantinische Reich seine höchste Blüte. Er ließ die Hauptstadt prächtig ausstatten. Die Hagia Sophia gilt als bedeutendes Bauwerk byzantinischer Kunst. Justinian setzte alle Kraft daran, das Römische Reich wieder in seinen alten Grenzen herzustellen, konnte dieses Ziel aber nie erreichen. Ihm gelang es, die Herrschaft der Wandalen zu zerschlagen, Sizilien zu besetzen, Rom einzunehmen und die Gebiete der Ostgoten zu erobern.

Außerdem bemühte sich Justinian um die Neuordnung des Rechts. Juristen (Rechtsgelehrte) zeichneten alle damals gültigen Gesetze auf und stellten ein Gesetzbuch zusammen. Dieses galt im ganzen Reich von Byzanz.

AUFGABEN

1 *Beschreibe den Zerfall des Römischen Reiches. Nenne dabei die Ursachen.*

2 *Werte die Karte M1 aus. Erstelle dazu eine Übersichtstabelle mit folgenden Merkmalen: Name des Volksstammes, ursprünglicher Lebensraum, Beschreibung des Wanderungsweges, neues Herrschaftsgebiet.*

3 *Recherchiere die Ursachen, die zur Völkerwanderung führten (Lexikon, Internet).*

M2 Hagia Sophia: Im Jahre 326 wurde die unter Kaiser Konstantin gebaute Kirche zu Ehren der Heiligen Weisheit (Hagia Sophia) geweiht. Nach einem Brand ließ sie Kaiser Justinian noch prächtiger wiederaufbauen. Mit der Eroberung der Stadt durch die Türken im Jahre 1453 wurde sie in eine Moschee umgewandelt. Heute ist die Hagia Sophia ein Museum.

Z

Das Erbe des Römischen Reiches

Das römische Erbe beeinflusst bis heute unseren Alltag

Fast alle Europäer benutzen die sehr einfache lateinische Schrift. In vielen Berufen ist die Fachsprache durch das Lateinische geprägt und viele Begriffe unserer Sprache sind aus dem Lateinischen entlehnt. Doch auch in anderen Bereichen könnt ihr im Alltag immer wieder auf Antikes aus der römischen Zeit stoßen.

Bis heute benutzen wir den römischen Kalender und römische Monatsnamen. Caesar ließ 45 v. Chr. den Kalender reformieren: Er stellte ihn vom Mondjahr auf das Sonnenjahr um und führte Schalttage ein. Mit kleinen Verbesserungen hat dieser Kalender bis heute Bestand. Auch die Monatsnamen sind ein Erbe der Römerzeit: So kommt der Name März von Mars, dem römischen Kriegsgott, Juli von Julius Caesar, August von Kaiser Augustus. Die Monatsnamen September bis Dezember sind von lateinischen Zahlwörtern abgeleitet. Aus ihnen können wir erkennen, dass das römische Jahr ursprünglich im März begann: September von septem (= sieben), Oktober von octo (= acht), November von novem (= neun) und Dezember von decem (= zehn).

Kaiser Justinian hatte den Auftrag gegeben, alle Prozessurteile in einem Buch zu ordnen. Dadurch sollten die Richter möglichst einheitlich Recht sprechen. Diese Rechtssammlung beeinflusst bis heute unsere Gesetze. Immer noch muss jeder, der mit der Rechtssprechung zu tun hat, sich mit dem „Römischen Recht" beschäftigen. Denn das Bürgerliche Gesetzbuch, das seit 1900 in Deutschland gilt, fußt auf Rechtsgrundsätzen, die bereits die Römer aufstellten. Der Grundsatz „in dubio pro reo" (lateinisch = im Zweifel für den Angeklagten) bedeutet beispielsweise, dass im Strafprozess ein Angeklagter nicht verurteilt werden darf, wenn ein Gericht Zweifel an seiner Schuld hat.

Auch Bauwerke in vielen Teilen Europas bezeugen eindrucksvoll das römische Erbe. Bis in die Gegenwart wird der römische Baustil nachgebaut.

AUFGABE

1 *Ermittle mithilfe von Wörterbüchern, wie die Monate in anderen europäischen Sprachen heißen. Stelle deine Ergebnisse in einer Tabelle zusammen.*

M 1 Römische Grenzsoldaten badeten einmal in der Woche. Nördlich von Hesselbach bei Würzberg (im Odenwald) wurde ein römisches Bad teilrekonstruiert.

M 2 Römischer Triumphbogen in Volubilis (heute in Marokko). Solche Torbogen bauten die Römer zum Ruhm siegreicher Feldherren.

M 3 Arbeit in einer Kelterei. Sklaven treten im Takt Weintrauben. Der Weinanbau wurde durch die Römer auch nach Deutschland gebracht.

M4 Der Mittelmeerraum um 750

Das Ende des Weströmischen Reiches im Jahr 476 n. Chr. bedeutete nicht den endgültigen Untergang römischer Herrschaft und römischer Kultur.

Die Dreiteilung des Mittelmeerraumes

Nach der Völkerwanderung hatte sich die Mittelmeerwelt sehr verändert. Es kam allmählich zu einer Dreiteilung und Neuordnung des Mittelmeerraumes:

Das Frankenreich: Die Franken übernahmen im Westen das Erbe Roms. Sie nahmen den römisch-katholischen Glauben an und der Frankenkönig Karl (747 – 814) unterstützte den Papst in Rom. Im Jahr 800 ließ sich Karl sogar vom Papst in Rom zum Kaiser krönen. Damit trat der Frankenkönig Karl (mit Beinamen „der Große") die Nachfolge der römischen Kaiser im Westreich an.

Das Oströmische Reich: Der römische Kaiser Konstantin hatte im Jahr 330 in Konstantinopel eine neue Hauptstadt begründet. Später bekam die Stadt den griechischen Namen Byzanz, heute heißt sie Istanbul. Kaiser Justinian gelang es, z. B. durch die Rückeroberung Italiens, zeit- und teilweise das Römische Reich in seinen alten Grenzen wiederherzustellen. Das Oströmische Reich konnte sich noch rund 1 000 Jahre behaupten, bis es schließlich 1453 durch die Türken erobert wurde.

Einfluss des Islam: Mit Ausbreitung des Islam in Arabien und Nordafrika trat eine dritte Kraft auf, die ein neues Weltreich begründete. Gründer des Islam ist der Prophet Mohammed. Er vereinte seit 622 die arabischen Stämme durch seine Lehre von dem einzigen allmächtigen Gott Allah. Seine Nachfolger, die Kalifen, eroberten innerhalb von 100 Jahren ein Weltreich, das von Indien bis Spanien reichte.

Über das islamische Herrschaftsgebiet in Spanien gelangten über Jahrhunderte hinweg Erkenntnisse der arabischen Kultur und Wissenschaften ins übrige Europa, wie in Medizin, Landwirtschaft und Baukunst.

AUFGABEN

2 *Beschreibe mithilfe des Textes und der Karte M4 die Dreiteilung des Mittelmeerraums nach dem Ende des Römischen Reiches.*

3 *Erstelle einen Zeitstrahl von Christi Geburt bis zum Jahr 1500 und trage die Jahreszahlen und bedeutende Ereignisse zur Dreiteilung ein.*

Wiederholen und Üben

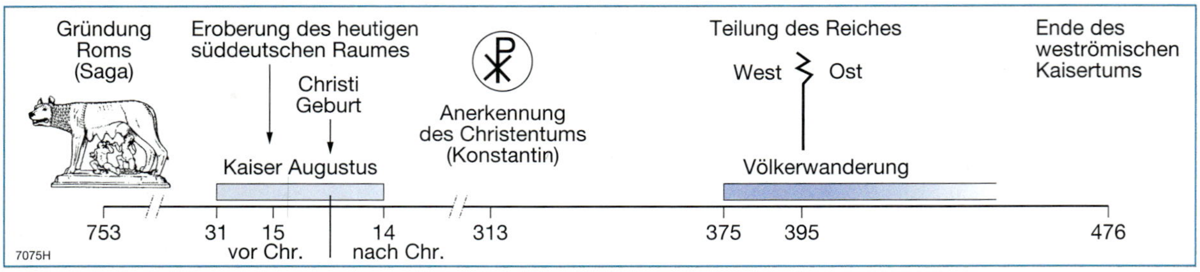

M 1 Zeitleiste

Erarbeite mithilfe der Zeitleiste und der folgenden Stichworte einzelne Teilkapitel zum Thema „Begegnung zwischen Römern und Germanen" zu einem Referat. Dein Text kann z. B. so beginnen: Aus einer kleinen Bauernsiedlung am Tiber entstand ein riesiges Weltreich. Die Römer gliederten zuerst die umliegenden Orte in den Stadtstaat ein, unterwarfen dann Italien und …

Das Römische Reich

Die Römer in Süddeutschland

Zerfall des Römischen Reiches

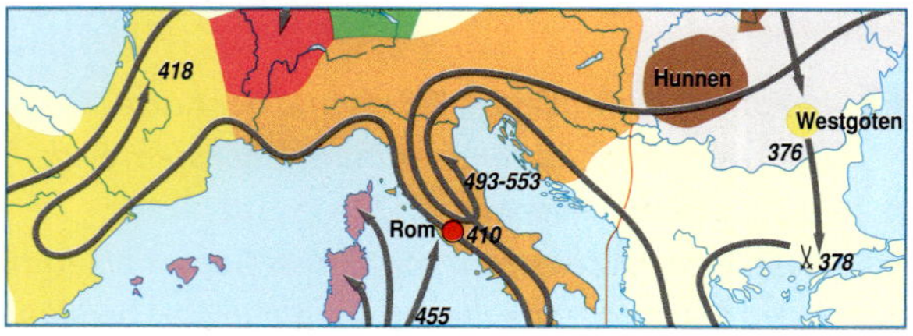

Die Entwicklung des Reiches
Eroberungen: Stadtstaat / Landmacht / Seemacht
Ausdehnung: umliegende Städte / Italien / damalige Welt
Rom: Hauptstadt / Mittelpunkt / Kaiserstadt

Zusammenhalt des Reiches
Militär: Schutz und Sicherheit
Verwaltung: Zentrale Regierungsstelle
Wirtschaft: Handel und Güteraustausch
Kultur: Ausbreitung römischer Lebensart

Begegnung mit den Römern
Eroberung: 15 v. Chr. / Roms militärische Überlegenheit
Sicherung des Landes: Limes / Kastelle
Ortsgründungen: z. B. Mainz / Saalburg

Handel und Romanisierung
Warenaustausch: Naturprodukte / Luxusgüter
Neuerungen: Architektur / Anbaupflanzen
Vorbildrolle: Lebensart / Sprache

Das Christentum
Verfolgung: Leben in den Christengemeinden
Anerkennung: Toleranzedikt / Staatsreligion

Völkerwanderung um 400 n. Chr.
Grenzüberschreitungen: germanische Stämme
Reichsteilung: Westrom/Byzantinisches Reich

Das römische Weltreich

a) Beschreibe die Ausdehnung des Römischen Reiches.
b) Erstelle eine Liste von heutigen Staaten, deren Gebiet im Römischen Reich lag.
c) Erkläre Aufbau und Funktion des Limes aus der Sicht eines römischen Grenzsoldaten.

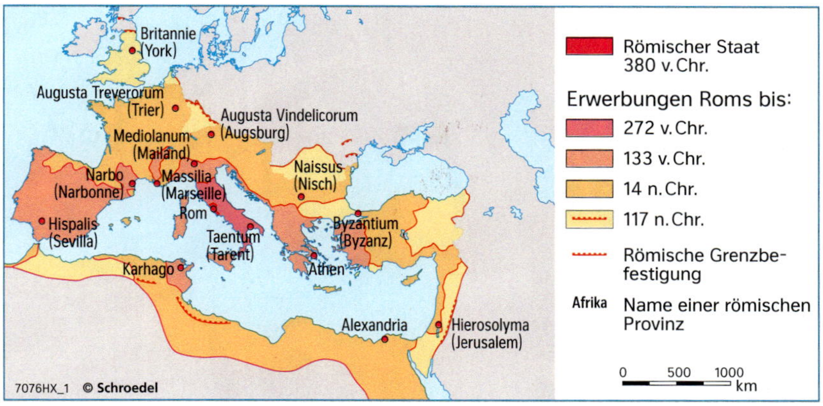

Richtig oder falsch?

Sind die folgenden Aussagen zutreffend oder falsch?
Korrigiere die falschen Aussagen in deinem Heft.

	richtig	falsch
Die Mitglieder des Senats waren Plebejer.		
In der römischen Republik herrschte ein König.		
Die Mitglieder einer Klientel konnten ihren Patron absetzen.		
Der Konsul amtierte bis zu seinem Tod.		
Die römischen Kaiser wurden alljährlich neu gewählt.		
In der Zeit des Augustus kehrte Frieden ein.		
Einen Besuch der Gladiatorenkämpfe und der Wagenrennen konnten sich nur die wohlhabenden Bürger leisten.		
Jede Wohnung in Rom hatte dank der Aquädukte einen eigenen Wasseranschluss.		
Romanisierung bedeutet, dass alle Menschen im Römischen Reich Latein sprechen mussten.		
Der Limes war eine undurchdringliche Grenze.		
In der Kaiserzeit herrschte die allgemeine Wehrpflicht.		
Das Christentum wurde in der Kaiserzeit allmählich geduldet.		

Prüfe dich nun selbst! Du kannst...

✓ ... zwischen Gründungssage und Gründungsgeschichte Roms unterscheiden (> S. 11);
✓ ... die Begriffe Patrizier und Plebejer unterscheiden und erklären (> S. 14);
✓ ... mindestens zehn heutige Staaten benennen, die in der Antike zum römischen Imperium gehörten (> S. 18);
✓ ... die Begriffe Republik und Kaiserreich unterscheiden (> S. 14/15);
✓ ... erläutern, warum die römische Armee besonders schlagkräftig war (> S. 20/21);
✓ ... erklären, warum manche Herrscher kostenlos Getreide verteilten und Spiele veranstalteten (> S. 17);
✓ ... Gründe nennen, warum die Christen im Römischen Reich zunächst verfolgt wurden (> S. 28/29);
✓ ... den Prozess der Romanisierung an mindestens vier Beispielen erläutern (> S. 26);
✓ ... Gründe für den Untergang des Weströmischen Reiches benennen (> S. 30).

2 Wir in der Welt – die Welt bei uns

M 1 Punktschweißen durch Roboter im Automobilwerk

M2 Containerhafen Shanghai

- Werden bei der Automobilproduktion keine Menschen mehr benötigt?
- Wie ist die Welt verbunden?
- Welche Auswirkungen hat unsere Lebensweise auf die Welt?

Die Automobilindustrie – ein wichtiger Industriezweig

Der Bau eines Autos ist ein komplizierter technischer Vorgang, der aus unzähligen Arbeitsschritten besteht. Ganz am Anfang stehen die Rohstoffe. Aus ihnen werden die verschiedenen Autoteile, wie z. B. Blech, Glas, Kunststoffe oder Lacke, hergestellt. Am Ende setzen Mitarbeiter und Maschinen aus Tausenden von Teilen ein Auto zusammen.

Ihr erfahrt auf den nächsten Seiten, wie aus den verschiedenen Rohstoffen ein Auto entsteht und dass der Automobilbau zu einem der größten Industriezweige in Deutschland gehört. Viele Arbeitsplätze hängen daher von dieser Sparte ab. Deutschland ist der größte Automobilproduzent der Welt und der größte innerhalb Europas.

Dieses Kapitel könnt ihr auch als Projekt bearbeiten und am Ende eine Power-Point-Präsentation vorbereiten. Auf Seite 176/177 wird euch diese Methode genau erklärt.

M 1 Ein Auto entsteht

Viele Rohstoffe für ein Auto

Stahlbleche aus Eisenerz sind für die Automobilindustrie wichtige Zwischenprodukte. Doch viele weitere sind beim Autobau notwendig. Hast du dir schon einmal überlegt, aus wie vielen Teilen ein Auto besteht? Über 10 000 Einzelteile sind für den Bau eines Autos nötig. Da nicht alle **Rohstoffe** für diese Einzelteile überall verfügbar sind, sind die Hersteller auf Einfuhren (Importe) aus verschiedenen Ländern der Welt angewiesen. So kommt das Aluminiumerz Bauxit bei uns in Deutschland fast nicht vor.

Unsere Autos sollen immer besser werden und dabei weniger Treibstoff verbrauchen. Aus diesem Grund müssen sie leichter sein. Zahlreiche Autoteile bestehen deshalb mittlerweile aus Kunststoff, der viele Teile aus Metall ersetzt hat. Die chemische Industrie, die diese Teile herstellt, ist ein wichtiger Partner der Automobilindustrie. Sie produziert beispielsweise auch die benötigten Lacke und Schmiermittel.

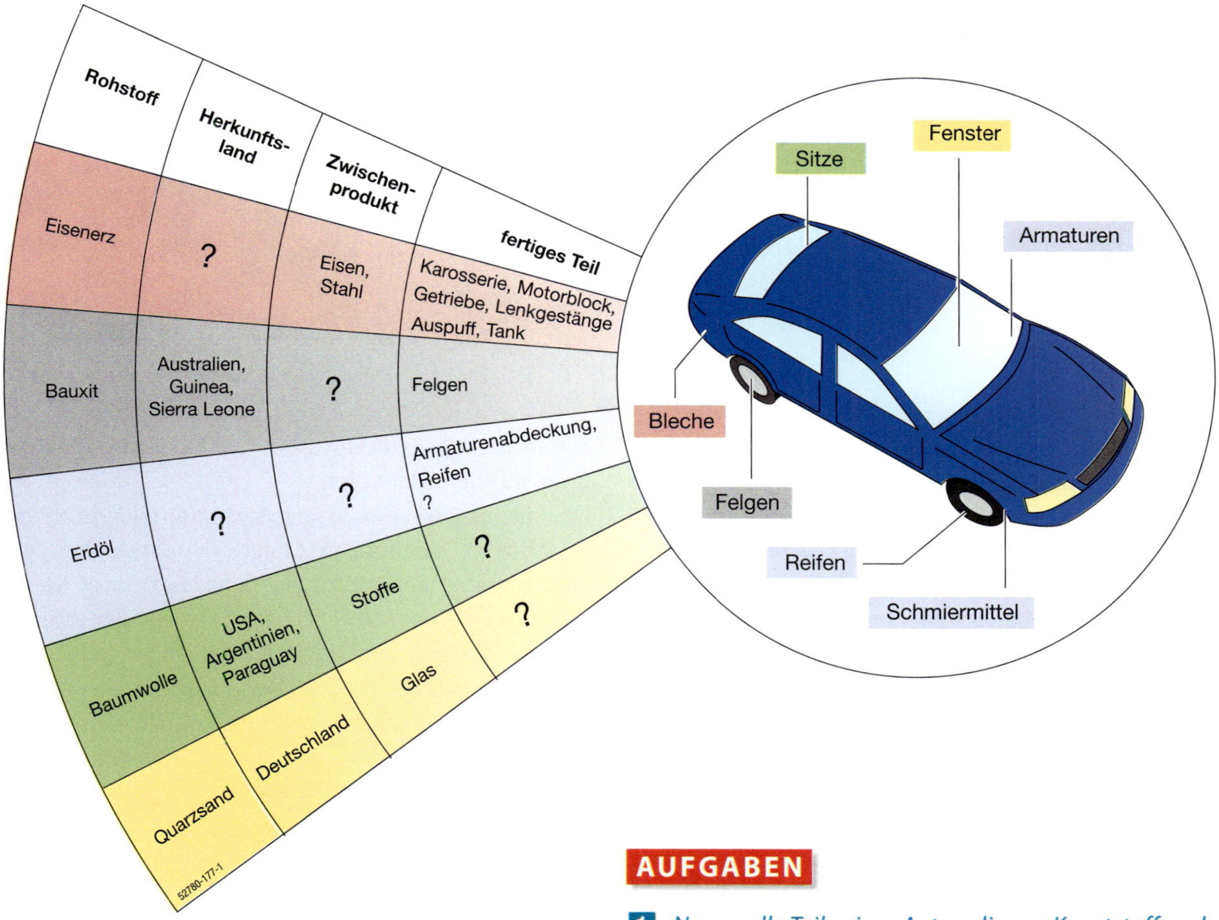

M2 Rohstoffbedarf der Automobilindustrie

AUFGABEN

1 *Nenne alle Teile eines Autos, die aus Kunststoff und aus Eisen oder Stahl hergestellt sind.*

2 *Nenne weitere Materialien, die beim Automobilbau verwendet werden.*

3 *Erstelle eine Tabelle: Rohstoff – Herkunftsland – Zwischenprodukt – fertiges Teil. Nimm M2 sowie thematische Karten (Wirtschaftskarten) im Atlas zu Hilfe.*

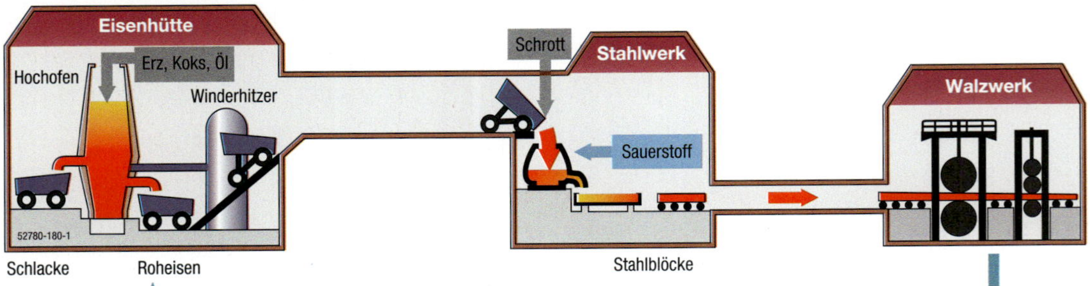

M 1 Die Produktionsschritte vom Eisenerz zum Autoblech

Vom Eisenerz zum Autoblech

Deutschland importiert Eisenerz vor allem aus Übersee (Brasilien) sowie Spanien und Frankreich. Dieses wird z. B. im Ruhrgebiet oder im Saarland zu Eisen oder Stahl verarbeitet. Obwohl in Deutschland Eisenerz vorkommt, ist der Abbau viel zu teuer, denn das eisenhaltige Gestein enthält nur geringe Mengen Eisen.

Roheisen oder Stahl werden aus Eisenerz gewonnen, das dazu in einem Hochofen auf über 1 600° C erhitzt wird. Um diese Temperaturen zu erreichen, muss Koks zusammen mit Erdöl verbrannt werden. Koks ist eine besonders reine Form von Steinkohle ohne Wasser, Gase und andere Fremdstoffe. Durch Zuführen von Luft aus einem Winderhitzer wird die Verbrennung verbessert. Schließlich entstehen glutflüssiges Roheisen sowie Schlacke als Abfallstoff. Ein Hochofen muss Tag und Nacht arbeiten, um nicht abzukühlen. In einem einzigen Hochofen können so täglich etwa 6 000 t Roheisen hergestellt werden.

Alle vier bis sechs Stunden wiederholt sich am Hochofen ein spannender Vorgang: Arbeiter mit feuerfester Kleidung richten einen wassergekühlten Bohrer auf das Abstichloch am Hochofen. Funken sprühen und in einem 10 – 20 cm dicken Strahl schießt weißglühendes Eisen aus dem Hochofen.

Das flüssige Eisen wird in Spezialwaggons gegossen und zur Weiterverarbeitung ins Stahlwerk transportiert. Dort wird Altmetall (Schrott) zugegeben, das dadurch wieder verwertet wird. Durch Hinzufügen verschiedener Stoffe wird das Eisen zu Stahl veredelt. Je nach Kundenwunsch können etwa 2 500 verschiedene Stahlsorten gekocht werden. In der Gießerei und in Walzwerken werden die gewünschten Stahlerzeugnisse, z. B. Schienen, Drähte, Stahlträger, Rohre oder Autobleche, hergestellt.

AUFGABEN

1. *Beschreibe die Eisen- und Stahlherstellung (M1).*
2. *Ein Spezialwaggon für flüssiges Eisen fasst 20 t. Berechne, wie viele Waggons täglich gefüllt werden, um das Roheisen zum Stahlwerk zu transportieren.*
3. *Errechne, wie viel Roheisen ein Hochofen während einer Lebensdauer von zehn Jahren erzeugt.*
4. *Auch im Ausland wird Stahl erzeugt. Benenne Produktionsstandorte (Atlas).*

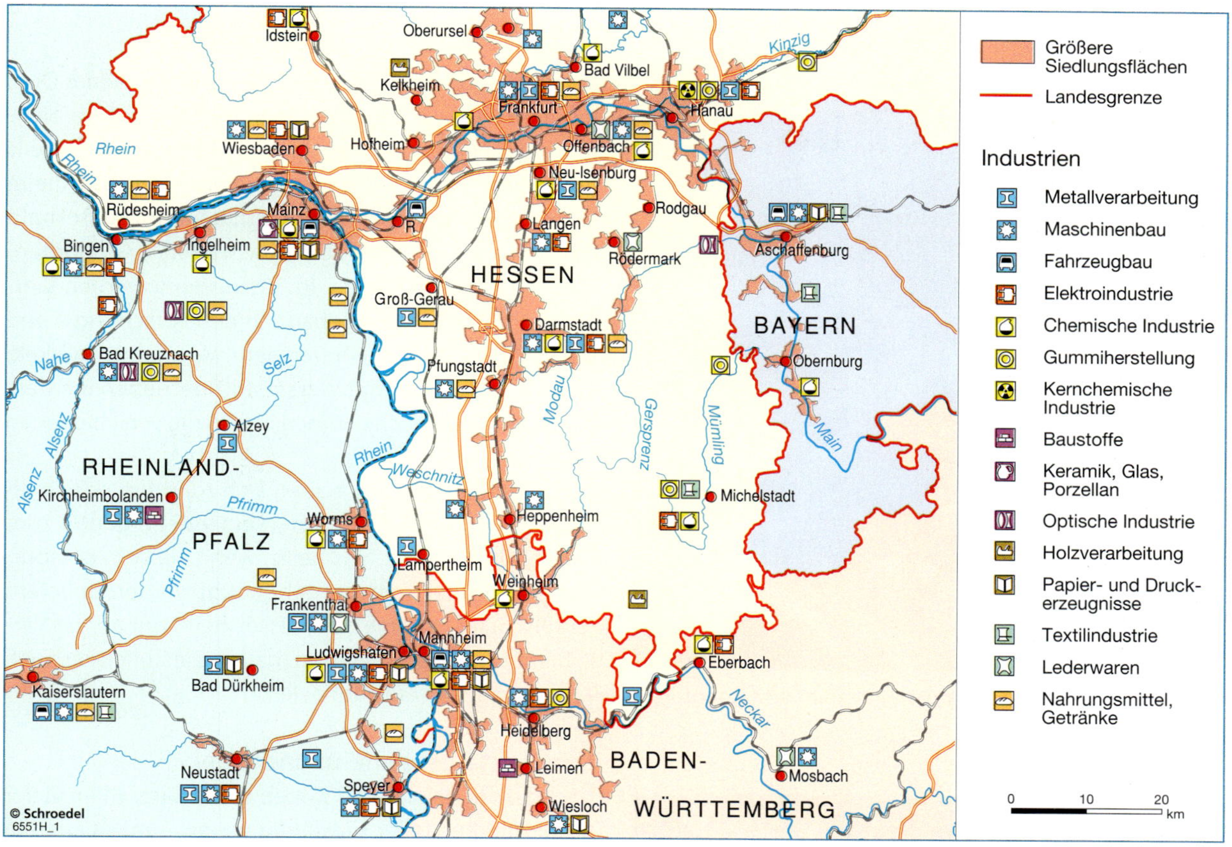

M2 Die Wirtschaftsregion Rhein-Main-Neckar

Flüsse – ein Standortfaktor der Industrie

In der Regel haben sich Industrie- und Wirtschaftsräume dort entwickelt, wo Bodenschätze/Rohstoffe vorhanden waren, wie im Ruhrgebiet. Hinzu kamen aber noch andere wichtige Faktoren, die zu Industrieansiedlungen führten: günstige Verkehrsanbindungen durch Straßen, Autobahnen, Flüsse und Flughäfen. Alle Faktoren, die zur Ansiedlung eines Industriegebietes führen, nennt man **Standortfaktoren**.

Es entstanden aber auch große Industriegebiete ohne wichtige Rohstoffvorkommen, wie das Rhein-Main-Gebiet. Es ist das wirtschaftliche Herz Hessens und erstreckt sich von Bad Nauheim bis nach Heppenheim und von Bingen bis Aschaffenburg. Damit schließt es auch Gebiete von Rheinland-Pfalz und Bayern mit ein. Hier leben rund 3,5 Mio. Menschen in 50 Städten. Nach der Wirtschaftsregion Rhein-Ruhr bilden das Rhein-Main-Gebiet und das Rhein-Neckar-Gebiet zusammen die zweitgrößte Wirtschaftsregion Deutschlands.

Ein wesentlicher Standortfaktor für die Entwicklung und die ständige Erweiterung der Industrie war auch hier die günstige Verkehrslage. Die Wirtschaftsregion liegt an den Flüssen Rhein, Main und Neckar und ist durch eine Vielzahl von Autobahnen, Eisenbahnlinien sowie durch den Flughafen Frankfurt gut erschlossen. Zu nennen sind insbesondere weiterverarbeitende Industrien in den Bereichen Chemie, Automobil- und Maschinenbau, Elektrotechnik, Nahrungsmittel, Metallverarbeitung, Druckerzeugnisse. Die drei größten Arbeitgeber der Region sind die Fraport AG, die BASF in Ludwigshafen und Opel in Rüsselsheim.

Flüsse sind aber nicht nur Transportwege. Viele Fabriken entnehmen große Mengen Kühlwasser und leiten gereinigte Abwässer wieder in die Flüsse zurück.

AUFGABE

1 *Ermittle mithilfe einer Wirtschaftskarte von Europa, welche großen Industriegebiete sich an Flüssen angesiedelt haben. Erstelle eine Tabelle.*

Rüsselsheim – undenkbar ohne Opel?

M 1 Karosseriebau: Die Stahlteile werden von Robotern zusammengeschweißt.

Vor 140 Jahren begann der Firmengründer Adam Opel mit dem Bau von Nähmaschinen und Fahrrädern. Heute ist Opel einer der wichtigsten Arbeitgeber Hessens und ein wichtiger Autohersteller Europas. Rüsselsheim ist der größte Standort in Deutschland. Außerhalb Deutschlands gibt es Produktionsstätten in Großbritannien, Spanien und Polen. In Rüsselsheim werden jährlich ca. 150 000 Autos gebaut. In den Forschungs- und Entwicklungszentren werden neue Motoren entwickelt, die mit Strom oder mit Wasserstoff betrieben werden. Viele unterschiedliche Firmen liefern die verschiedenen Bauteile.

Diese Zulieferbetriebe haben sich rund um das Opel-Werk angesiedelt. Sie können Einzelteile genau zum richtigen Zeitpunkt, das heißt, wenn sie zum entsprechenden Produktionsschritt benötigt werden, anliefern (englisch: just in time). Da Rüsselsheim gut an das Verkehrsnetz angeschlossen ist, bauen die Zulieferer auch Teile für andere Autohersteller.

M 2 Endmontage: In die fertige und lackierte Karosserie werden alle restlichen Teile eingebaut.

Die Stadt Rüsselsheim und Opel

Nachdem in den letzten Jahren die Absatzzahlen vieler Automobilhersteller rückläufig waren, kam es auch in Rüsselsheim zum Abbau von Arbeitsplätzen, zur Verlagerung der Produktion und zur Abwanderung von Zulieferbetrieben. Zudem werden immer mehr Arbeitsplätze automatisiert.

Wo Ende der 1970er-Jahre noch 42 000 Mitarbeiter beschäftigt waren, arbeiten heute noch 12 500. Die Abhängigkeit Rüsselsheims von einem einzigen großen Arbeitgeber zeigt hier ihre Nachteile. Diese sind in der gesamten Stadt sichtbar: weniger Pendler. Dadurch halten sich weniger Menschen in der Stadt auf, weniger Leute kaufen ein. Das bedeutet deutliche Kaufkraftverluste für den Einzelhandel: Viele Geschäfte mussten schließen, da neue Kunden ausbleiben. Die ehemaligen Opel-Mitarbeiter waren gezwungen, sich neue Arbeitsplätze zu suchen. Auch die Gewerbeeinnahmen für die Stadt sanken dramatisch. Viele Bürger, der Bürgermeister und die Gemeindevertretung fürchteten eine dauerhafte wirtschaftliche Schwächung der gesamten Region.

AUFGABEN

1 *Erkläre die Begriffe „Zulieferbetrieb“ und „Just-in-time-Lieferung“ mit eigenen Worten.*

2 * *Nenne die Vor- und Nachteile, die ein einziger großer Arbeitgeber (z. B. Opel) für eine Region und ihre Bewohner mit sich bringt.*

Der Weg aus der Krise mit neuen Standbeinen

Die Industrie benötigte früher viel mehr Flächen für Produktion und Lagerung. Diese werden heute in dem Umfang nicht mehr gebraucht. Städte und Gemeinden stehen damit vor der Aufgabe, neue Unternehmen für die Nutzung der großen Gewerbegebiete zu finden.

Die Stadt Rüsselsheim hat einige neue, kreative Möglichkeiten zur Um- oder Weiternutzung der Gewerbegebiete gefunden. Heute werden diese Flächen von sogenannten Ingenieursdienstleistern genutzt. Direkt vor der Haustür bildet die Hochschule RheinMain den Nachwuchs für zahlreiche Berufe in den Bereichen Maschinenbau, Physik, Informationstechnologie, Elektro- und Umwelttechnik aus.

Um den Verlust der Arbeitsplätze in der Produktion auszugleichen, hat die Stadt weitere Flächen entwickelt und gefördert. Mit dieser Steigerung der Standortattraktivität sollen neue Unternehmen in der Region angesiedelt werden. Auch kam es zur Ausweisung des neuen Gewerbegebietes Blauer See Business Park.
In Rüsselsheim haben sich inzwischen auch andere Automobilhersteller wie Hyundai, Kia und Mitsubishi mit ihren Forschungszentren angesiedelt. Neben der Ansiedlung von Logistikunternehmen und Hightech-Unternehmen sowie verschiedenen Dienstleistungsfirmen entstand hier eines der modernsten Druckzentren für Zeitungen in Europa, das Druckzentrum Rhein-Main.

Die neuen Branchen profitieren von den vielfältigen Standortvorteilen, die Rüsselsheim nun zu bieten hat. Auch Opel hat sich den neuen Wirtschaftsstrukturen der Stadt angepasst. Heute befinden sich viele Arbeitsplätze bei Opel nicht mehr in der Produktion, sondern im Bereich Forschung und Entwicklung.

M3 Das neue Druckzentrum Rhein-Main

- in der Mitte Deutschlands und Europas
- optimale Verkehrsanbindung in der Stadt und in die Region
- Aufbau eines flächendeckenden Glasfasernetzes (...)
- traditionell einer der weltweit führenden Automobilstandorte
- hohes Innovationspotenzial als Standort internationaler Forschungs- und Entwicklungszentren wie Opel, Hyundai und Kia sowie IT- und Ingenieursdienstleistungen
- Standort von Weltunternehmen und Weltmarktführern
- internationale Bevölkerung aus 120 Nationen
- moderne, kostengünstige Gewerbeflächen und -räume
- günstige Gewerbesteuerhebesätze
- vielfältiges Sport-, Kultur- und Freizeitangebot
- viele Grünflächen
- attraktive Wohngebiete für alle Wünsche und Bedürfnisse
- zentrale Anlaufstelle für alle Wirtschaftspartner vor Ort, Interessenten und Investoren sowie Existenzgründer ist die Wirtschaftsförderung Rüsselsheim

(Quelle: www.ruesselsheim.de/Standort-Ruesselsheim.html, Zugriff: 09.03.2015)

M4 Der Standort Rüsselsheims

AUFGABEN

1 * *Erläutere, warum sich die Ansiedlung neuer Branchen auf Dauer für Rüsselsheim auszahlen könnte.*

2 *Verfasse einen Werbetext für Rüsselsheim, in dem du mit den Standortvorteilen der Region neue Unternehmen anlocken möchtest. Überlege zuerst, welche Unternehmensbranchen du dabei ansprechen möchtest.*

Wichtige Industrieräume in Europa

Paris ist das bedeutendste Wirtschaftszentrum Frankreichs. Ein Viertel aller Betriebe des Landes haben hier ihren Sitz. Da Paris als größte Stadt Frankreichs einen großen Absatzmarkt bietet, werden vor allem Konsumgüter, aber auch Schmuck und Mode hergestellt und verkauft. Alle großen Dienstleistungsbetriebe, vor allem die Banken, haben ihren Hauptsitz dort. Daneben gibt es chemische Industrie, zu der auch die Kosmetikbranche gehört, Maschinenbau sowie Elektro- und Autoindustrie.

Mailand ist die Industriemetropole Italiens. Viele Industriebetriebe haben hier ihren Sitz. Seit 1910 produziert dort Alfa Romeo, daneben der Reifenhersteller Pirelli. Außerdem finden sich in der Stadt viele Betriebe, die sich mit der Vermarktung und dem Design von Mode beschäftigen.

Großbritannien war im 19. Jahrhundert aufgrund von reichhaltigen Steinkohlevorkommen in ***Mittelengland*** zur führenden Industrienation geworden. Hier siedelten sich zahlreiche metallverarbeitende Betriebe an. Bedingt durch die steigenden Kosten bei der Kohleförderung kam es in den letzten 50 Jahren zu einem Niedergang der Metallindustrie. Deshalb wurden Arbeitsplätze in anderen Bereichen geschaffen, z. B. im Dienstleistungsgewerbe, in der Hightech-Industrie und der Elektroindustrie. Reiche Erdöl- und Erdgasfunde vor der schottischen und mittelenglischen Ostküste in der Nordsee waren zudem der Auslöser für die Ansiedlung der chemischen Industrie.

M1 Wichtige Industrieräume (lila) und ausgewählte Industriestädte in Europa

AUFGABEN

1 *Beschreibe die industriellen Schwerpunkte der aufgeführten Industrieräume.*

2 *Ermittle mithilfe des Atlas weitere Industrieräume und beschreibe deren industrielle Schwerpunkte.*

In ***Moskau*** gibt es an die 1 500 internationale Unternehmen. Etwa ein Viertel davon beschäftigt sich mit dem Maschinenbau. Außerdem werden Autos gebaut, es gibt eisenverarbeitende Industrie und chemische Industrie. Besonders wichtig sind die Dienstleistungsunternehmen: 1 200 Banken und 60 Versicherer haben sich hier niedergelassen.

Im ***Donezbecken*** gibt es etwa 300 steinkohlefördernde Betriebe. Daneben wird Eisenerz gefördert. Die Stahlindustrie produziert überwiegend für den Maschinenbau. Der Raum hat nicht nur mit großen Umweltproblemen zu kämpfen, sondern auch mit politischen. Das Donezbecken ist Grenzgebiet zwischen der Ukraine und Russland, und eine Vielzahl der Bewohner im ukrainischen Teil sind Russen.

Die Bedeutung des ***Ruhrgebietes*** basierte auf dem Steinkohlenabbau. Obwohl sich der Abbau kaum mehr lohnt, ist der Raum aufgrund seiner guten Verkehrsanbindung ein beliebter Standort für Betriebe. Nach wie vor finden sich hier die Hauptwerke der deutschen Stahlindustrie (z. B. Thyssen-Krupp). Das Ruhrgebiet ist jetzt Dienstleistungshochburg mit Hightech-Firmen, Verkehrs- und Tourismusbereich. Viele Handelskonzerne haben hier ihre Zentralen. In Oberhausen befindet sich das CentrO, eines der größten Einkaufszentren Europas. Es entstand auf dem Gelände eines ehemaligen Stahlwerkes.

Verkehrsprobleme im Ballungsraum

M 1 Stau auf der A5

M 2 Frankfurter Umweltzone

M 3 Carsharing-Station

Vor elf Jahren habe ich meinen Arbeitsplatz gewechselt. Seitdem fahre ich täglich 67 km von Gießen in die Frankfurter Innenstadt. Die Fahrt ist sehr anstrengend und teuer, aber meine Arbeit als Kaufmann wird sehr gut bezahlt. Um die Benzinkosten zu senken, habe ich mit Arbeitskollegen, die in Friedberg wohnen, eine Fahrgemeinschaft gebildet. Das Lästigste aber sind die kilometerlangen Staus während der Rushhour, wenn Zehntausende am Morgen zur Arbeit in die Stadt drängen und am Abend wieder nach Hause wollen. Mein Freund hat sich jetzt ein schadstoffarmes Auto gekauft, weil große Teile des Frankfurter Stadtgebietes seit Oktober 2008 zur Umweltzone erklärt wurden. Seit Januar 2010 dürfen in diese Zone nur Fahrzeuge mit gemäßigtem Schadstoffausstoß hineinfahren, welche mit einer grünen oder gelben Plakette gekennzeichnet sein müssen. Wie viele andere Städte versucht auch Frankfurt, auf diese Weise die für den Menschen gefährlichen Feinstaubpartikel und den CO_2-Ausstoß zu verringern. Seit 2012 darf man nur noch mit grüner Plakette in die Umweltzone fahren. Unsere Überlegungen gehen aber dahin, gemeinsam ein Elektroauto zu kaufen oder das Auto ganz aufzugeben und mit der Bahn zu fahren. Denn auf der Straße droht bald der „Verkehrsinfarkt".

M 4 Ein Pendler berichtet

Weil es im Rhein-Main-Gebiet fast drei Millionen Arbeitsplätze gibt, besitzt dieser **Ballungsraum** eine wichtige wirtschaftliche Bedeutung und ist daher für viele Arbeitssuchende attraktiv. Da viele Pendler auch den Öffentlichen Personennahverkehr (ÖPNV) nutzen, ist es notwendig, die Fahrpläne der über 4 000 Busse und Bahnen aufeinander abzustimmen. 1995 schlossen sich die zuvor 153 unabhängig voneinander arbeitenden Verkehrsbetriebe aus 15 Landkreisen und vier kreisfreien Städten zu einem großen Unternehmen, dem Rhein-Main-Verkehrsverbund (RMV), zusammen. Somit ist er der größte Europas. Weil die Zahl der Pendler und die in der Freizeit getätigten Fahrten weiter steigen werden, ist es zwingend erforderlich, den Ausbau des ÖPNV und das **Park-and-ride-System** zu optimieren.

	Umland	Frankfurt/ Offenbach
Pkw Selbstfahrer	55	42
Pkw Mitfahrer	5	3
Bus / Bahn	19	28
Fahrrad	11	15
zu Fuß	8	9
andere	2	3

M 5 Verkehrsmittel der Arbeitspendler (in Prozent)

1996	2000	2010	2014
530	610	667	708

M 6 Fahrgäste des RMV (in Millionen)

AUFGABEN

1 *Nenne Vor- und Nachteile des Individualverkehrs und des ÖPNV. Erstelle dazu eine Tabelle.*

2 *Beschreibe die Ausdehnung des RMV-Gebietes (www.rmv.de).*

3 * *Entwickle Ideen, wie die Verkehrssituation im Rhein-Main-Gebiet verbessert werden könnte.*

4 *Carsharing entlastet die Umwelt ebenfalls. Erkläre, wie Carsharing funktioniert (Internet).*

M

Wir führen eine Verkehrsbefragung durch

Die Kinder der Klasse 7 der Adolf-Reichwein-Schule in Neu-Anspach im Hochtaunuskreis kommen aus verschiedenen Stadtteilen, Gemeinden oder Städten:
17 aus Neu-Anspach, drei aus Weilrod, zwei aus Usingen, einer aus Schmitten, vier aus Wehrheim.

Elf von ihnen kommen mit dem Schulbus zum Unterricht, 13 zu Fuß, einer fährt mit der Bahn, aber kein Schüler kommt mit dem Fahrrad. Zwei werden von den Eltern mit dem Auto gebracht. Auch ihre Lehrerinnen und Lehrer erreichen auf unterschiedliche Weise die Schule.
Um herauszufinden, wie eure Lehrerinnen und Lehrer den Schulweg zurücklegen, könnt ihr bei euch in der Schule eine Verkehrsbefragung durchführen.

M3 Während der Befragung

Was ist bei einer Verkehrsbefragung zu beachten?

- Was wollt ihr erfahren? (Wohnort, Entfernung, Verkehrsmittel)
- Wo wollt ihr die Befragung durchführen? (Schulhof, Eingangshalle, vor dem Lehrerzimmer)
- Was benötigt ihr dazu?
- Wer macht was?

Auswertung und Präsentation

Nach der Befragung wertet ihr die Fragebögen aus. Dabei zählt ihr für jede Frage die Anzahl der jeweiligen Antworten aus.
Es gibt zahlreiche Möglichkeiten, wie ihr eure Ergebnisse präsentieren könnt. Ihr könnt z. B. ein Säulendiagramm erstellen oder eine Karte zeichnen. Die richtige Darstellung ist wichtig, damit jeder schnell ablesen kann, was bei der Umfrage herausgekommen ist.

AUFGABE

1 *Entwickelt einen Fragebogen zu dem Thema: „Wie kommen unsere Lehrerinnen und Lehrer zur Schule?" Führt damit eure Befragung durch.*
Zählt die Antworten aus und überlegt euch, wie ihr die Ergebnisse präsentieren könnt. Diskutiert anschließend die Ergebnisse in der Klasse und stellt sie auch den befragten Lehrerinnen und Lehrern vor.

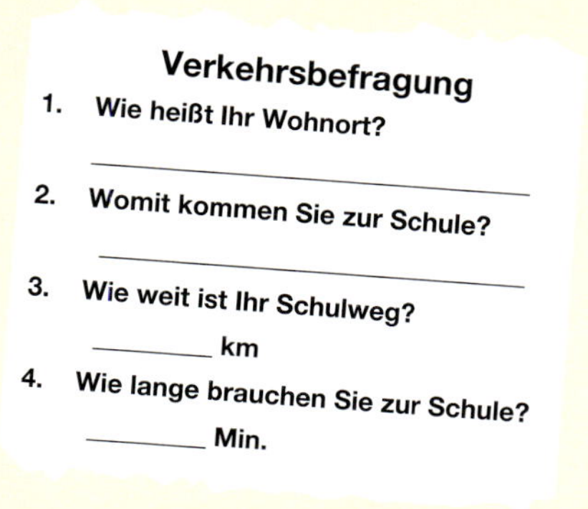

Verkehrsbefragung

1. Wie heißt Ihr Wohnort?
   ____
2. Womit kommen Sie zur Schule?
   ____
3. Wie weit ist Ihr Schulweg?
   ________ km
4. Wie lange brauchen Sie zur Schule?
   ________ Min.

M1 Aus dem Fragebogen

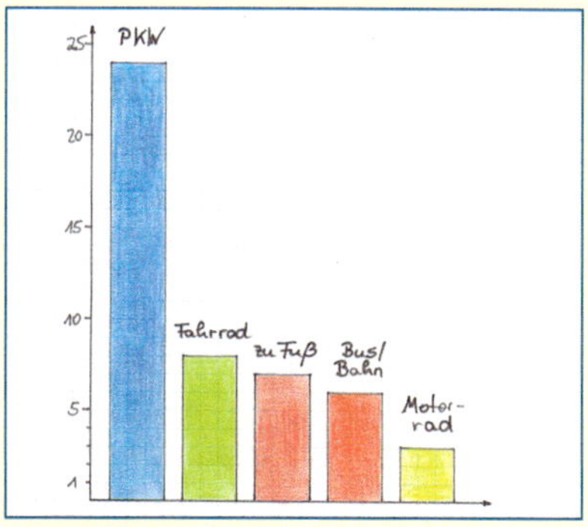

M2 Befragte nach Verkehrsmitteln

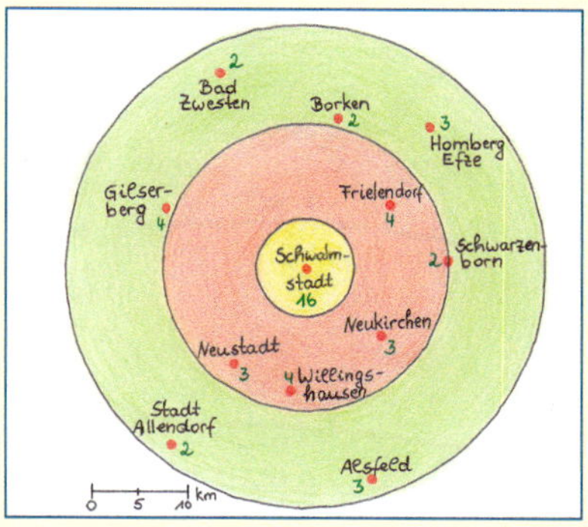

M4 Wohnortbefragung

M2 The Squaire

M1 Der Flughafen Frankfurt Rhein-Main

Der Flughafen Frankfurt Rhein-Main – Ausbau um jeden Preis?

Flughafen	Passagiere (in Mio.)	Fracht (in Mio. t)
Atlanta	94,4	0,66
Peking	83,7	1,48
London	72,5	1,51
Tokio	68,9	0,80
Chicago	66,9	1,42
Los Angeles	66,7	1,81
Dubai	66,4	2,43
Paris	62,1	1,87
Dallas	60,4	0,65
Jakarta	59,7	0,50
Hongkong	59,6	4,17
Frankfurt	58,0	2,13

M3 Wichtige Flughäfen im Vergleich (2013)

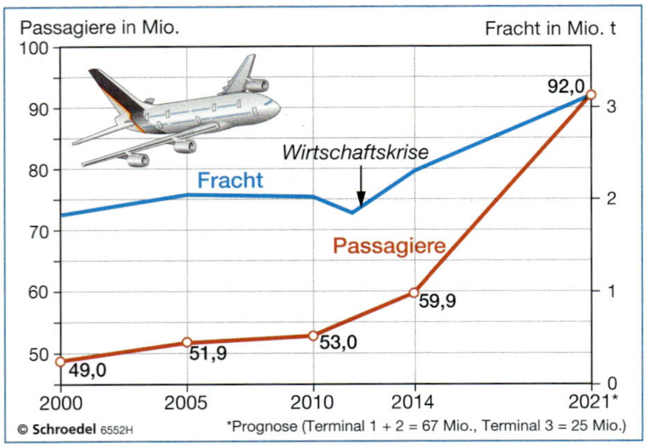

M4 Entwicklung der Passagierzahlen und Frachtzahlen

Gemessen an den Passagierzahlen ist der Flughafen Frankfurt Rhein-Main der größte in Deutschland und der zwölftgrößte weltweit. 108 internationale Fluggesellschaften sind auf dem Flughafen vertreten, die Lufthansa ist die größte von ihnen. Jährlich finden 700 000 Starts und Landungen statt. Pro Stunde entspricht das 125 Flugbewegungen.
Das Gelände umfasst ca. 1 940 ha (das entspricht etwa 4 000 Fußballfeldern) und stellt mit all seinen Gebäuden quasi ein eigenes Stadtviertel dar.

Für die Zukunft erwartet der Flughafeneigentümer, die Fraport AG, dass der Flugverkehr in den nächsten Jahren sehr stark zunehmen wird. Immer mehr Waren werden dann per Luftfracht nach Deutschland transportiert. Beim Frachtaufkommen belegt der Flughafen Platz 8 weltweit. Auch der weiterhin boomende Ferntourismus trägt zu einer Ausweitung der Flugbewegungen bei.

Eine weitere Entwicklung im Flugverkehr ist die zunehmende Größe der Flugzeuge. Das derzeit größte Passagierflugzeug, der Airbus A380, bietet Platz für über 800 Passagiere, sodass die Betriebskosten des Flugzeuges pro Person und Kilometer gesenkt werden konnten. Für diese modernen Großraumflugzeuge mussten die Abfertigungs- und Wartungshallen modernisiert werden. Über 600 Mio. Euro hat Fraport investiert, um das Terminal 1 auszubauen. Komplett neu gebaut wurden die riesigen Wartungshallen für den A380 im Südwesten des Flughafengeländes.

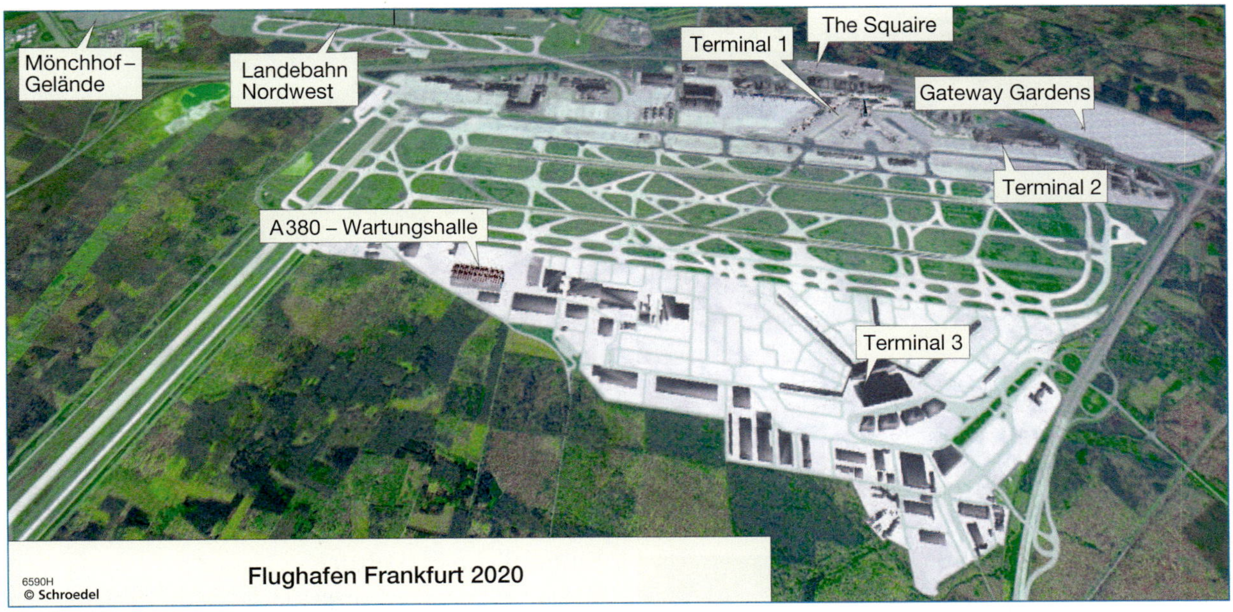

M5 Möglicher Endzustand des Flughafens

Ausbau des Flughafens

Die Fraport AG befürchtet, dass der Flughafen im internationalen Wettbewerb auf Dauer nicht mithalten kann, zumal überall auf der Welt (vor allem in Asien und im Nahen Osten) große Flughäfen wachsen.

Der Neubau der umstrittenen Landebahn Nordwest, für die 216 ha Wald abgeholzt werden mussten, ist seit 2011 abgeschlossen. Bürgerinitiativen aus den umliegenden Städten und Gemeinden, die wegen Lärm- und Umweltbelastung klagten, konnten den Neubau nicht verhindern. Für viele Experten war wegen der internationalen Konkurrenz und des Vorteils für die gesamte Wirtschaft der Region der Ausbau von entscheidender Bedeutung. Um den erwarteten Anstieg der Fluggäste bewältigen zu können, soll bis 2021 ein neues Terminal für jährlich etwa 25 Mio. Reisende zusätzlich im Südosten entstehen. Die Hessische Landesregierung hat die Genehmigung dazu schon erteilt. Die Verbindung zwischen Terminal 1 und 2 und dem Terminal 3 wird unterirdisch sein. Weiterhin sind ein Bahnhof und zwei neue Abfahrten über die A5 geplant.

Der Flughafen ist mit etwa 78 000 Beschäftigten (Stand: 2014) die größte Arbeitsstelle Deutschlands. Die zwei größten Arbeitgeber sind Lufthansa (ca. 35 000 Beschäftigte) und Fraport (ca. 20 700). Insgesamt sind über 500 Firmen und Behörden in den Bereichen Verwaltung, Logistik, Gastronomie, Wartung und Sicherheit tätig. Neben den direkten Arbeitsplätzen hängen noch viele weitere von ihm ab (Bauwesen, Zulieferung, Personenverkehr). Laut Fraport würde ein Bedeutungsverlust des Flughafens der gesamten Region zukünftig schaden und Arbeitsplätze gefährden. Nach ihrer Schätzung könnten durch den Ausbau bis 2021 viele weitere Arbeitsplätze hinzukommen. Um den Flughafen attraktiver zu gestalten, wurde das längste Bürogebäude der Welt, The Squaire, gebaut (Länge: 660 m, Nutzfläche: 140 000 m^2, Hotels, Tagungsräume und Einkaufspassagen). Fernzüge und Nahverkehr werden vom integrierten Bahnhof aus betrieben. Dazu soll im Nordwesten ein neues Logistikzentrum entstehen. Gateway Gardens (ehemalige Gebäude der US-Airforce) soll einen S-Bahn-Anschluss bekommen und ein eigener Business-Standort werden. Viele Kritiker bezweifeln die Prognosen von Fraport (90 Mio. Passagiere bis 2030), sodass der Ausbau weiterhin für Streit sorgt.

AUFGABEN

1 *Erläutere die wirtschaftliche Bedeutung des Frankfurter Flughafens für den Rhein-Main-Neckar-Raum.*

2 *Informiere dich im Internet über den aktuellen Stand des Flughafenausbaus und über die Aktivitäten der Bürgerinitiativen.*

3 *Führt ein Rollenspiel zum Ausbau des Flughafens durch. Ermittelt zuerst die Akteure der Diskussionsrunde und deren Argumente.*

M 1 Exportierte „Esskultur" in Russland

M 2 IKEA-Filiale in China

Kultur und Lebensstil – weltweit bald gleich?

M 3 Das gleiche Produkt – überall in der Welt

M 4 Filiale einer bekannten Modekette in New York

Einheitliche Esskultur?

Überall auf der Welt gibt es McDonald's-Filialen. Auch Coca Cola bekommt man scheinbar überall zu kaufen. Experten sprechen schon von der sogenannten „McDonaldisierung" und „Cocacolisierung" der Welt. Weltweit wird Coca Cola in 206 Ländern vertrieben. Einen BigMac kannst du in 119 Ländern bestellen. Dank einer vereinheitlichten Zubereitung und Rezeptur schmecken die Burger sogar überall gleich.

Im Supermarkt gibt es täglich frisches Obst und Gemüse – egal zu welcher Jahreszeit. So bekommen wir Bananen das ganze Jahr über aus Südamerika. Erdbeeren werden im Sommer aus Polen und im Winter aus Israel importiert. Auch viele Produkte aus fernen Ländern finden sich in unseren Regalen.

Weltweite Trends und Lebensstile?

Es ist für uns selbstverständlich, internationale Filme im Kino und Fernsehen zu schauen. Vor allem die US-amerikanischen Hollywood-Stars sind auf der ganzen Welt berühmt. Ihre Blockbuster werden weltweit vermarket. Mit den US-amerikanischen Filmen und Serien bekommen die Zuschauer einen kleinen Einblick in den amerikanischen Lebensstil, der von vielen zum Vorbild genommen wird. So wollen viele die gleiche Kleidung tragen, ihr Zuhause ähnlich einrichten und die gleichen elektronischen Medien (z. B. Smartphones) besitzen. Viele Mode-, Hightech-, aber auch Möbelunternehmen haben dies erkannt und produzieren mittlerweile nur noch Produkte, die sie weltweit verkaufen. Eine Anpassung der Produkte an das jeweilige Verkaufsland findet kaum oder gar nicht mehr statt. Viele Experten stehen dieser Entwicklung kritisch gegenüber.

AUFGABEN

1 *Nenne Beispiele für die Angleichung von Lebensstilen. Zähle weitere aus dem Alltag auf.*

2 *Kultur- und Lebensstil – weltweit bald gleich? Nimm Stellung zu dieser Aussage.*

3 *Diskutiert gemeinsam mögliche Folgen der weltweit kulturellen Vereinheitlichung.*

Jambo – Urlaub zwischen Beach und Busch

Als Urlauber in Kenia erwartet Sie ein Kontrastprogramm der besonderen Art. Erleben Sie die vielfältige Schönheit Afrikas: traumhafte Strände und tropische Vegetation an der Küste des Indischen Ozeans, weite Savannen mit einer reichen Tier- und Pflanzenwelt sowie das Hochgebirge mit dem Mt. Kenia. [...] Kombinieren Sie Ihren Badeaufenthalt in gepflegten Hotelanlagen mit einer Fotosafari in die über 50 Wildreservate und Nationalparks. [...] Kenia – das Königreich der Tiere mit einer erfrischenden Mischung aus üppiger Natur und faszinierenden Kulturen.

M5 Aus einem Reiseprospekt

Reisen wohin man will – Tourismus, ein Traum für alle?

Zu den größten und wichtigsten Wirtschaftszweigen der Welt zählt der Tourismus. Über 30 Prozent der internationalen Reiseziele liegen in den **Entwicklungsländern**. Für diese Länder ermöglichen die Einnahmen aus dem Tourismus die Förderungen anderer Wirtschaftszweige sowie der **Infrastruktur**. Das schafft Arbeitsplätze und die Wirtschaft wird angekurbelt.
Neben dem Export von Kaffee und Tee ist der Tourismus in Kenia eine wichtige Einnahmequelle. Die Urlauber (vor allem aus den **Industrieländern**) geben ihr Geld für Verpflegung, Unterbringung, Safaris oder Souvenirs aus. Diese Einnahmen benötigt Kenia für den Import von Gütern, die nicht im Land hergestellt werden können. In Kenia gibt es kaum Industrie und nur 8 Prozent der Fläche stehen für die Landwirtschaft zur Verfügung.
Der Tourismus hat neben seinen Vorteilen auch negative Auswirkungen auf die Umwelt und die einheimische Bevölkerung. So zerstören z. B. die Autos auf den vielen Safarifahrten nach und nach die spärliche Vegetation. Die Wildtiere werden durch die Safari-Urlauber in ihrem natürlichen Lebensraum gestört. Die steigende Zahl von Urlaubern beeinflusst die Lebensweise der einheimischen Bevölkerung. Viele Kenianer verdienen sich ihren Lebensunterhalt im Tourismus. Die meisten Hotelanlagen beschäftigen einen Großteil der Mitarbeiter jedoch nur zur Hauptsaison. Traditionelle Bevölkerungsgruppen wie die Massai haben sich ebenfalls dem Tourismus angepasst. Ihre Dörfer dienen als Kulisse für Reisegruppen. Statt von der Viehhaltung leben viele Massai heute von der Produktion von Souvenirs.

M6 Safari in Kenia

M7 Tourist in einem Dorf der Massai

AUFGABEN

1 *Nenne mögliche Gründe, die Kenia als Tourismusziel interessant machen.*

2 *Erkläre die Bedeutung des Tourismus als Wirtschaftsbereich für Kenia.*

3 *Wer verdient wie viel an einer Keniareise? Erkläre dies mithilfe von M8.*

4 *Benenne die Vor- und Nachteile des Tourismus in Kenia. Lege dazu eine Pro- und Kontra-Tabelle an.*

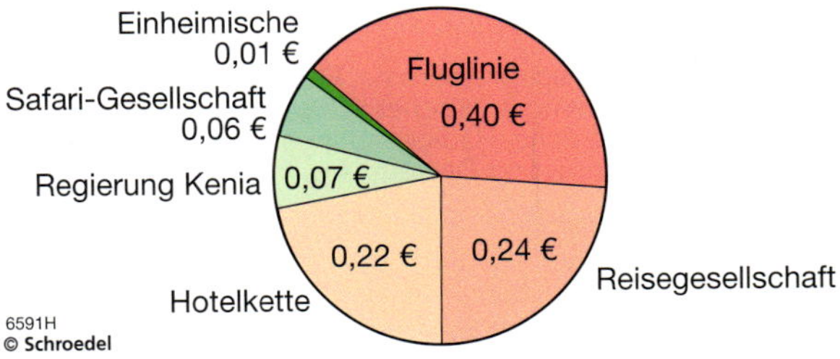

M8 Wer verdient wie viel an einer Reise nach Kenia pro ausgegebenem Euro?

Globalisierung, wohin das Auge reicht

Vernetzte Welt

Auf den ersten Blick zeigt die nebenstehende Zeichnung nichts Besonderes. So wie bei Anna sieht es möglicherweise auch bei dir zu Hause aus. Erst bei genauerem Hinsehen erkennt man, wie sehr unser Alltag von Ideen, Einflüssen und Produkten aus dem Ausland geprägt ist. In diesem Zusammenhang wird von der **Globalisierung** gesprochen.

Wir leben in einer zunehmend vernetzten Welt. Unser T-Shirt kommt aus Bangladesch, die Kiwis aus Neuseeland, der Kaffee aus Kolumbien und das Smartphone aus China. Es gibt weltweite Verflechtungen in allen Bereichen des Lebens. Es entstehen enge globale Beziehungen zwischen den Menschen, Gesellschaften, Unternehmen, Institutionen und Staaten.

Zu den Antriebskräften der Globalisierung zählt zum einen der technische Fortschritt, insbesondere in der Kommunikationstechnologie sowie im Transport. Zum anderen gehört aber auch der stetig zunehmende Abbau von Handelsbeschränkungen dazu, wie die Abschaffung von Zöllen und die Senkung von Transportkosten.

Neue Wege der Kommunikation

Die Entwicklung des Mobilfunks und die Verbreitung von Internetanschlüssen ermöglichen einen Informations- und Datenaustausch rund um die Uhr. Viele junge Menschen treffen sich zunehmend weniger persönlich. Mit ihrem PC oder Smartphone chatten sie in sozialen Netzwerken oder tauschen sich über Whatsapp miteinander aus. Sie pflegen alte Freundschaften oder schließen sogar neue, ohne ihr Zimmer zu verlassen.

Befürworter dieser Entwicklung betonen dabei die vielen Vorteile, die damit entstehen. So schafft das Internet eine schnelle und kostengünstige Form der weltweiten Völkerverständigung. Kritiker hingegen sehen darin nur eine oberflächliche Kommunikation, die keinesfalls den persönlichen Kontakt ersetzen kann und sollte.

Modetrends kennen keine Grenzen

Auch in der Bekleidungsbranche agieren die großen Firmen weltweit. So hat die Sportartikel- und Lifestyle-Firma Puma aus Herzogenaurach nicht nur viele Produktionsstätten im Ausland errichtet, sondern auch ein Netz von Design-Zentren über die ganze Welt verteilt. Die vor Ort entdeckten und entwickelten Designs und Styles, z. B. aus New York, Los Angeles oder Taiwan, werden dann über eine weltweite Vermarktungsstrategie zu einem möglichst weltweiten Trend ausgebaut.

INFO

Globalisierung
Der Begriff entstammt dem Wort „global", was soviel bedeutet wie „weltumspannend".
Globalisierung ist ein Prozess, der die Entwicklung und zunehmende Verflechtung von wirtschaftlichen und politischen Beziehungen zwischen Unternehmen, Staaten und Gesellschaften, aber auch die persönlichen Verbindungen zwischen den Menschen beschreibt.
Die Menschen können sich in den Bereichen Politik, Wirtschaft, Wissenschaft, Kultur, Gesellschaft, Technik und Umwelt sich gegenseitig austauschen, miteinander handeln und voneinander profitieren.

M 1 Dimensionen der Globalisierung

M 2 Ein Blick in Annas Zimmer

AUFGABEN

1 *Erläutere am Beispiel Annas, welchen Einfluss die Globalisierung auf ihren Lebensstil hat (M2).*

2 *Beschreibe mit eigenen Worten, was man unter Globalisierung versteht.*

3 *Erläutere die Ursachen für Globalisierung.*

4 *Nenne die Dimensionen der Globalisierung und die Antriebskräfte der Globalisierung (M1).*

5 *a) Verschiedene Marken und Trends sind sehr populär. Nenne Beispiele.*
b) Nimm Stellung zu diesem Markenkult.

M1

Die Welt wird kleiner

Die Menschen rücken immer näher zusammen

Immer häufiger hört man in den Medien: „Die Welt ist ein globales Dorf". Ein bildhafter Begriff, der verdeutlicht, dass die Vernetzung aller Regionen der Welt mittels moderner elektronischer Medien scheinbar näher rückt. Die räumlichen Entfernungen stellen heute kaum noch ein Problem dar. Heute sind wir per Computer und Internet in Sekundenschnelle mit Menschen in der ganzen Welt verbunden. Per Flugzeug können wir fast jedes Ziel auf der Welt in immer kürzerer Zeit erreichen. Der Prozess der Globalisierung hat die Welt stark verändert. Heute leben mehr als 7,2 Mrd. Menschen (2014) auf der Erde. Trotz der unterschiedlichen Lebensverhältnisse und -ziele und der Kulturen in den Ländern passen sich unsere Lebensweisen zunehmend aneinander an.

Die ganze Welt im Netz

Vor allem das Internet erlaubt uns einen intensiven Austausch von Wissen, Erfahrungen, Wertvorstellungen und Lebensstilen. Seit der Erfindung von Computer und Internet spricht man vom digitalen Zeitalter.

In Deutschland besitzt fast jeder von uns einen PC. Computer sind aus Beruf, Alltag und Freizeit nicht mehr wegzudenken und gelten als moderne Werkzeuge der Wissenschaft, Technik und Medizin. Eine wichtige Rolle spielt der Computer in der zwischenmenschlichen Kommunikation. Über den ganzen Planeten können durch das immer dichter werdende Netz von Internetverbindungen Freundschaften entstehen und mühelos gepflegt werden. Alles ist ein bisschen näher zusammengerückt und an diesem Prozess haben immer mehr Menschen Anteil. Allerdings birgt die Nutzung des Computers auch Risiken. Es ist wichtig, das reale und das virtuelle Leben von einander zu trennen.

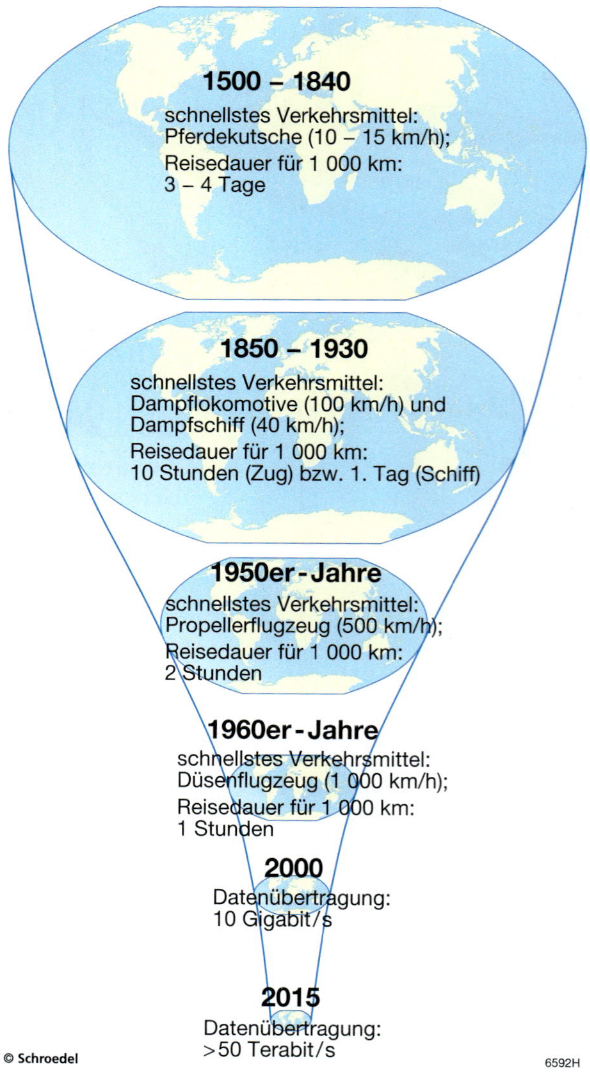

M2 Durch die Globalisierung wird viel Zeit bei der Übertragung von Informationen eingespart.

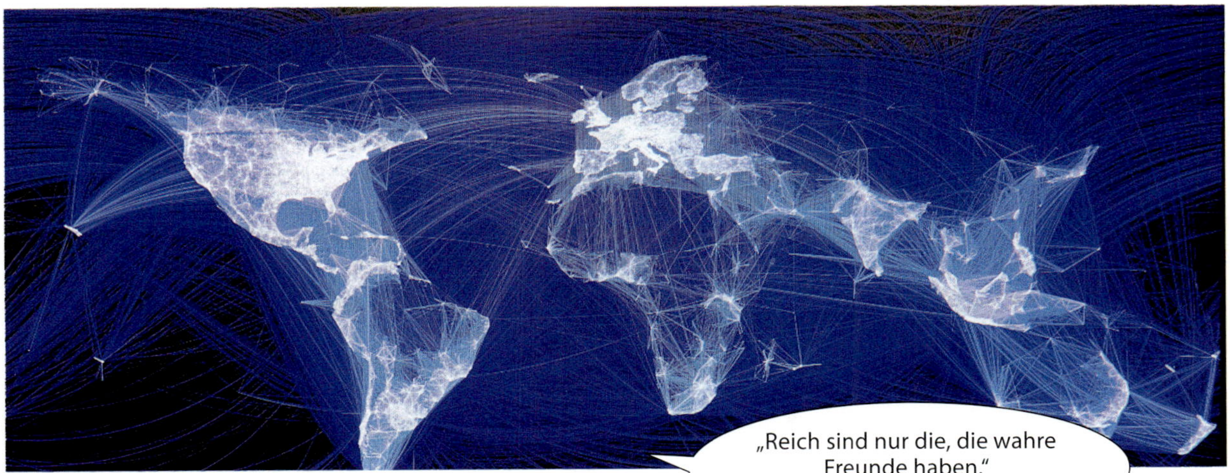

„Reich sind nur die, die wahre Freunde haben."
(Thomas Fuller, englischer Geistlicher)

M 3 Die Welt der Facebook-Verbindungen

Soziale Netzwerke werden weltumspannend

Kaum einer kann sich der magischen Anziehungskraft **sozialer Netzwerke** entziehen. Das Internet hat sich seit den 1990er-Jahren sehr stark weiterentwickelt. Die Globalisierung bietet neue Wege der Kommunikation. Noch vor einigen Jahren war die große Mehrheit der Internetnutzer nur als Betrachter im Netz unterwegs, heute ist das anders. Wir nutzen das Internet nicht nur, um Texte zu lesen oder Bilder zu betrachten. Heute nutzen immer mehr Menschen das Internet, um sich selbst auf zahlreichen Internetplattformen mithilfe von Texten, Musik, Bildern und sogar Videos anderen mitzuteilen und zu präsentieren, man spricht vom „Web 2.0".

Mailen, Chatten und Telefonieren sind über das Internet möglich. Soziale Netzwerke sind der Kern dieses neuen Internets. Sich mit Freunden austauschen, eigene Dinge über sich selbst und andere veröffentlichen, mit bekannten und unbekannten Nutzern in Kontakt treten, sich in Gruppen zusammenschließen, das macht die digitale Gemeinschaft möglich. Dabei sind die Gründe, warum Menschen in sozialen Netzwerken aktiv sind, unterschiedlich. Ein Grund ist dabei die Selbstdarstellung. Dazu kann man sich mit vielen Menschen vernetzen. Freunde werden gesammelt und in Gruppen eingeteilt, sogar Freunde, mit denen man zuvor vielleicht noch nie ein Wort gewechselt hat. Man möchte wissen, was andere über jemanden denken, seine eigene Meinung mitteilen und Beziehungen pflegen. Alles was man braucht, ist ein Internetanschluss.

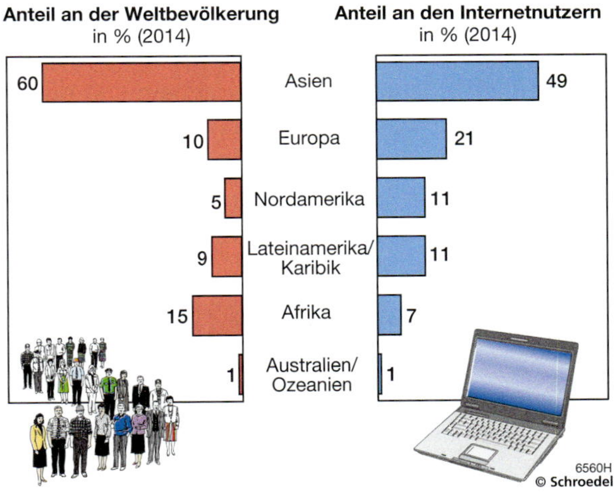

M 4 Internetnutzung im Vergleich

AUFGABEN

1 *Beschreibe in einem kurzen Text die zentralen Aussagen von M2.*
2 *Erkläre, was ein soziales Netzwerk ist und wie es genutzt wird.*
3 *Beschreibe M3.*
4 *Vergleiche nach den Erdteilen den Anteil der Weltbevölkerung mit dem Anteil der Internetnutzer (M4).*
5 * *In sozialen Netzwerken ist oft von „Freunden" die Rede. Ziehe das Zitat von Thomas Fuller hinzu und erkläre den Unterschied zwischen „Freund" und „wahrer Freund".*

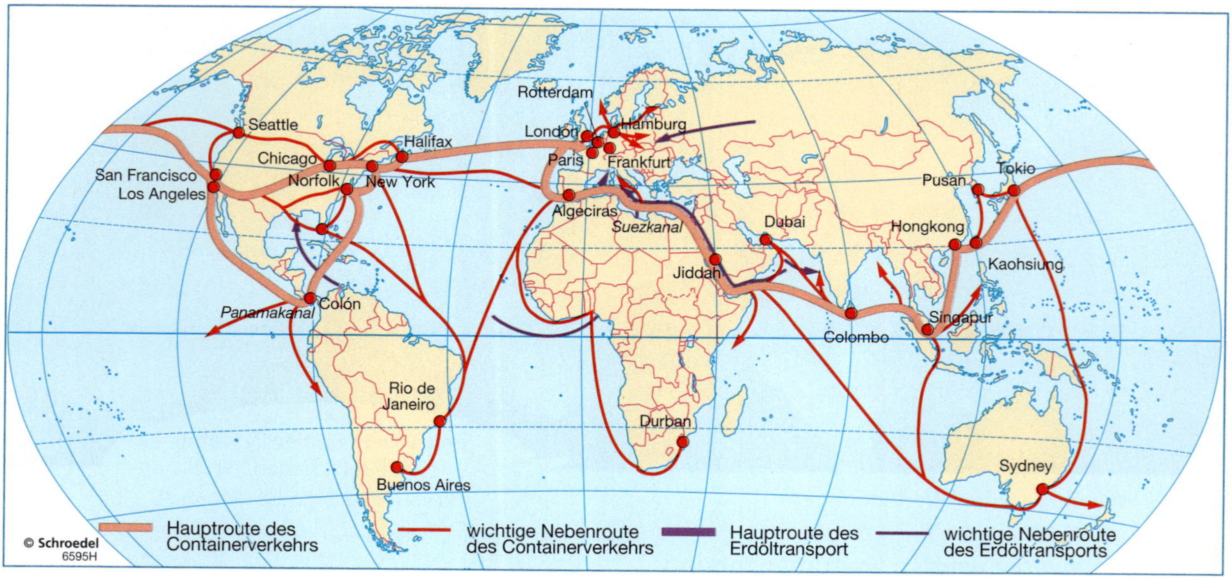

M 1 Handelsrouten des Schiffverkehrs

Der globale Seehandel

Die ständige Verbesserung der Transportsysteme revolutionierte die Logistik. In die gleiche Richtung ging der Bau von Großschiffen und Großflugzeugen, sodass die Frachtkosten drastisch sanken. Damit waren die Voraussetzungen gegeben, Produkte in weit entfernten Gebieten kostengünstig für den Heimatmarkt produzieren und auch kostengünstig dorthin transportieren zu lassen. Die Einführung neuer Kommunikationstechnologien (z. B. Satelliten oder Internet) unterstützte die Steuerung dieses Prozesses.

Es entstand ein weltweiter Wettbewerb zwischen den Firmen, der sie dazu zwingt, auch kleinste Kostenvorteile wahrzunehmen und die Produktion – auch qualifizierter Arbeit – in die Länder zu verlagern, die die entsprechenden Teile am günstigsten produzieren können. Die geringen Transportkosten ermöglichen es, die Teile in einem Land zu produzieren und im anderen weiterzuverarbeiten. Werden Standorte zu teuer, werden diese einfach aufgegeben oder die Arbeiter zu Zugeständnissen bei den Löhnen gezwungen.

M 2 Hamburg – größter deutscher Containerhafen

Containerhafen	Umschlagsvolumen in Mio. TEU
Shanghai	33,6
Singapur	32,6
Shenzhen	23,3
Hongkong	22,3
Busan	17,7
Ningbo	17,3
Qingdao	15,5
Guangzhao	15,3
Los Angeles	14,6
Dubai	13,6

M 3 Top 10 der Containerhäfen (2013)

Die Welt passt in ein Schiff

Mit Containern wird ein großer Teil aller international gehandelter Waren transportiert. Es gibt zwei genormte Größen, die nach ihren englischen Maßen bezeichnet werden, 20-Fuß-Container (TEU) und 40-Fuß-Container (FEU). Die größeren sind 12,19 m lang, 2,44 m breit und 2,60 m hoch. Die kleineren sind halb so lang.
Reedereien geben die Tragfähigkeit von Schiffen in TEU an. Die Abkürzung TEU steht für Twenty-foot Equivalent Unit, deutsch: 20-Fuß-Vergleichseinheit. Ein Container entspricht einem TEU. Container können schnell auf Schiffe verladen werden und sind stapelbar. Weltweit gibt es derzeit rund 15 Mio. TEU. Sie werden mithilfe von Lkw, Zügen und Schiffen transportiert.

Derzeit verfügt die dänische Reederei Maersk über die längsten Schiffe mit Platz für mehr als 18 000 Container. Am 15. Juli 2013 legte die Maersk McKinney Møller, das größte Containerschiff der Welt, in Pusan in Südkorea ab, nahm Ladung in fünf asiatischen Häfen auf, durchfuhr anschließend den Indischen Ozean sowie den Suezkanal, um schließlich Bremerhaven zu erreichen. Im Rumpf, dem Schiffsbauch der Maersk McKinney Møller, haben ein Football-, ein Eishockey- und ein Basketball-Spielfeld Platz. Es passen genau 18 270 Container auf das Schiff. Das sind noch einmal rund 2 000 Stahlboxen mehr als auf den bislang größten Frachtschiffen.

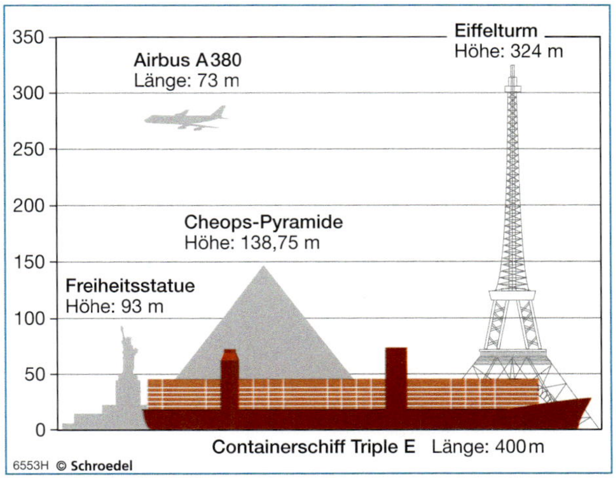

M4 Größenvergleich verschiedener Bauwerke mit einem Containerschiff

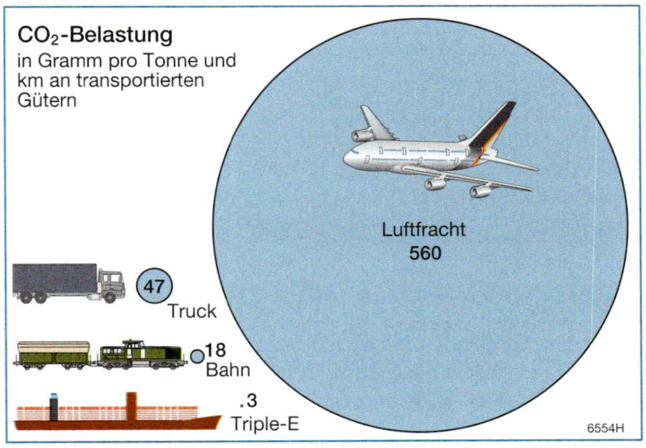

M5 Die CO_2-Belastung verschiedener Transportmittel

Z

Kreative Zollbestimmungen Frankreichs

In den 1980er-Jahren wollte Frankreich seine einheimischen Videorekorderhersteller vor der japanischen Konkurrenz schützen. Alle Importe von Videorekordern mussten von nun an über das kleine Zollamt in Poitiers geleitet werden. Die französischen Häfen liegen Hunderte von Kilometern von dieser Stadt entfernt. In Poitiers wurden die Zollvorschriften strikt angewandt, alle Begleitpapiere wurden geprüft. Jeder einzelne Container wurde geöffnet. Zollbeamte prüften die Seriennummern der Videorekorder. Die Gebrauchsanleitungen der Geräte mussten in Französisch verfasst sein. Bevor die Geräte in Poitiers geprüft wurden, dauerte die Abfertigung eines Lastwagens ungefähr einen halben Tag, nun dauerte es bis zu drei Monaten. In den ersten zehn Monaten von 1981 kamen monatlich mehr als 64 000 Videorekorder nach Frankreich. Danach fiel die Zahl schlagartig ab und es kamen monatlich weniger als 10 000 ins Land. Frankreich hat gegen kein Abkommen verstoßen und keine Zölle erhöht, aber wandte den Trick eines Handelshemmnisses an.

AUFGABEN

1 *Ermittle die Lage der zehn größten Containerhäfen der Welt und beschreibe ihre Verteilung weltweit (Atlas).*

2 *Beschreibe den Verlauf der Handelsrouten des Schifffahrtsverkehrs.*

3 *Erkläre die Bedeutung des Schiffsverkehrs für die Globalisierung.*

4 *Werte die Grafik M5 aus.*

5 *a) Erläutere das Vorgehen der französischen Regierung bei der Zollregelung.*
b) Nimm Stellung dazu.

Das Smartphone – ein globales Produkt

Sie prägen den Alltag gerade der Jüngeren wie sonst nichts anderes: Smartphones. Auf dieser Doppelseite sollen diese technischen Alleskönner einmal in ihre Einzelteile zerlegt werden, um deutlich zu machen, was Schlagwörter wie „wirtschaftliche Verflechtungen", „globale Arbeitsteilung" oder „Outscourcing" konkret bedeuten.

Große IT-Konzerne wie Microsoft, Apple, Intel, Dell oder Fujitsu-Siemens haben heute meist keine eigenen Fabriken mehr. Seit den 1990er-Jahren haben die Unternehmen zunehmend ihre Produktion an Fremdfirmen in Asien oder Südamerika ausgelagert. Vom sogenannten **Outscourcing** der Fertigung versprachen sie sich mehr Flexibilität und Kostenersparnisse.

Die Firmenzentralen

Viele große IT-Konzerne haben ihren Firmensitz im kalifornischen Silicon Valley. Dort werden in den Design- und Entwicklungszentren neue Produkte erdacht, die Vorgaben und Fertigungsstandards für die Fremdfirmen überwacht und das Marketing organisiert. Mit diesen Aufgaben sind nur verhältnismäßig wenige Mitarbeiter beschäftigt. So arbeiten in der Apple-Zentrale nur 2 600 der insgesamt 47 000 Mitarbeiter. In den Fremdfirmen, die weltweit für Apple produzieren, sind hingegen weit mehr als 200 000 Menschen angestellt.

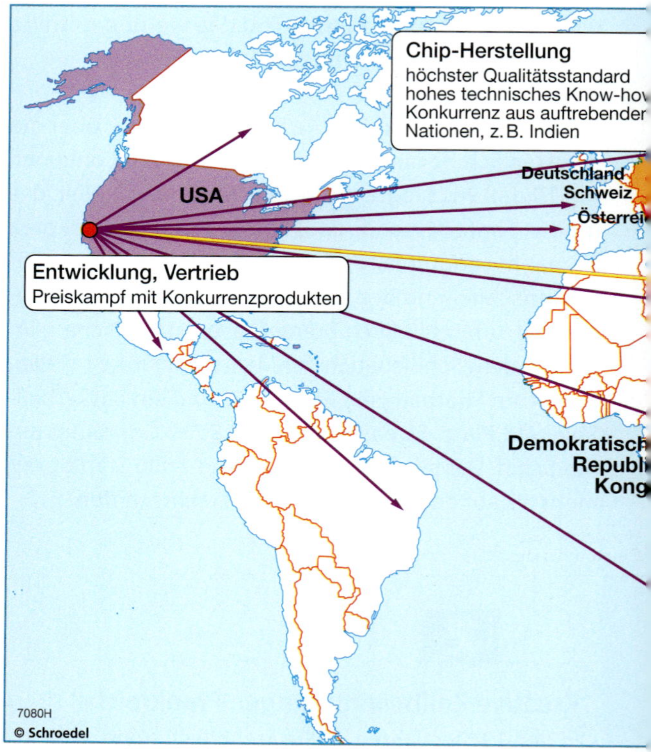

Spitzentechnik auch aus Deutschland

Die Produktion der Platinen und Chips, sozusagen die Gehirne der Smartphones, findet wegen der hohen Ansprüche an Qualität und technischen Know-hows in Ländern wie Deutschland oder den USA statt. In sogenannten Reinsträumen werden unter höchsten Sauberkeitsvorschriften von hoch qualifizierten Facharbeitern immer kleinere und zugleich leistungsstärkere Chips gefertigt.

Coltan – Gold des Kommunikationszeitalters

Jeder weiß, dass Gold und Diamanten wertvolle Bodenschätze sind, aber was ist mit Coltan, Kobalt oder Tantal? Diese Erze sind für die Produktion von Handys, Fernsehern oder Computern unerlässlich. Als Coltan infolge des Handy-Booms knapp wurde, schoss der Preis in einem Jahr von 75 auf 400 Dollar/kg hoch. Der Handel mit dem seltenen Metall wurde immer lukrativer.

Wichtige Coltan-Lagerstätten sind im Kongo zu finden. Bis zu 400 t, ein Drittel des weltweiten Abbaus, werden allein hier jedes Jahr zutage gefördert.

In einer afrikanischen Coltan-Mine

Die Arbeitsbedingungen in den Minen sind äußerst menschenfeindlich. Für die anstrengende Arbeit in ungesicherten Schächten werden häufig auch Kinder eingesetzt, weil sie für noch weniger Geld arbeiten und nur sie bis in die engsten Stellen vordringen können. Die hohen Gewinne und die mangelnde staatliche Überwachung führten zu völlig planlosen Bergbauaktivitäten. Hangrutsche und einstürzende Stollen sind fast alltäglich. Gravierende Umweltschäden sind eine weitere Folge des Bergbaus. So werden etwa die giftigen Chemikalien, die zum Auslösen der wertvollen Metalle aus dem Gestein genutzt werden, ungeklärt in die Flüsse und ins Grundwasser geleitet.

Die Produktion in China
Einer der größten Hersteller von Elektronik- und Computerteilen ist das taiwanesische Unternehmen Foxconn mit 1,2 Mio. Mitarbeitern. Es produziert u. a. in der VR China, da hier neben den geringen Löhnen auch niedrige Arbeits- und Umweltstandards ein Standortvorteil sind.
In Shenzhen, einer 12-Millionen-Stadt, produziert Foxconn in der sogenannten iPod-City für Apple – aber auch für Nintendo, Sony, Dell und Hewlett-Packard.

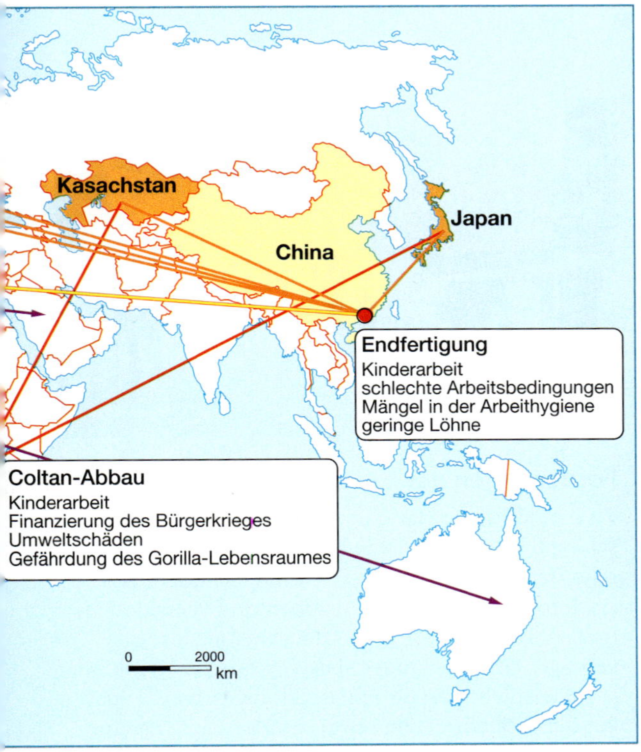

Rohstoff	Verwendung	Vorkommen
Gallium	Fotovoltaik, Wärmeleitung in PCs	Namibia
Germanium	Glasfaserkabel, Infrarottechnologie	Kongo, Namibia, Bolivien
Indium	Displays, Fotovoltaik	Kanada, China, Peru, Südafrika
Tantal	Mikrokondensatoren, Medizintechnik	Australien, Kongo, Brasilien, Äthiopien
Kobalt	Lithium-Ionen-Akkus	Kanada, Sambia, Marokko, Kongo
Kupfer	Chips, Elektromotoren	Chile, USA, Sambia, Russland, Kongo

M 1 Auswahl von Rohstoffen in der Elektronikindustrie

Die Foxconn-Arbeiter klagen immer wieder über schwere Arbeitsbedingungen und magere Löhne: Da die Personalkosten rasant steigen, erhöht das Unternehmen die Arbeitsleistung pro Kopf. So arbeiten sie in bis zu 15-Stunden-Schichten für Monatslöhne von umgerechnet 40 Euro. Zudem ist der psychische Druck für die Arbeiter enorm, da es z. B. festgelegte Zeiten für den Toilettengang und ein Sprechverbot am Arbeitsplatz gibt. Außerdem müssen die 400 000 Arbeiter in Shenzhen auf engstem Raum zusammenleben, denn das Verlassen des Fabrik- und Wohngeländes ist nur mit einer Genehmigung erlaubt. Anfang 2010 wurde das Unternehmen durch eine Serie von Selbsttötungen erschüttert. Menschenrechtsgruppen und Gewerkschaften machten dafür die Arbeitsbedingungen verantwortlich. Als Sofortmaßnahme gegen weitere Suizide wurden an den Firmenfassaden Fangnetze aufgespannt. Zudem kündigte Foxconn an, die Löhne anzuheben und die Arbeitsbedingungen zu verbessern.

M 2 Unmenschliche Arbeitsbedingungen bei Foxconn? Fangnetze zwischen Betriebsgebäuden sollen Selbstmorde verhindern.

AUFGABEN

1 *Beschreibe und bewerte die Arbeitsbedingungen der Foxconn-Mitarbeiter.*

2 *Recherchiere, welche Bedeutung die Erze Coltan, Kobalt oder Tantal für die Herstellung eines Smartphones haben.*

3 *Erkläre, welche Auswirkungen der Coltan-Abbau auf die Arbeiter und die Umwelt hat.*

4* *„Ich möchte immer das neueste Smartphone haben." Nimm kritisch Stellung zu dieser Aussage.*

Kritik an der Globalisierung

Wirtschaftlich starke Länder können sich aussuchen, wo sie ihre Waren einkaufen. Sie beeinflussen damit maßgeblich die Preise auf dem Weltmarkt. Wirtschaftlich schwache Länder sind auf den Verkauf ihrer Güter angewiesen. Sie sehen sich zunehmend gezwungen, ihre Verkaufspreise niedrig zu halten, um konkurrenzfähig zu sein. Ihre Gewinne sind daher zu gering, um Investitionen zur Stärkung der eigenen Wirtschaft zu tätigen und ihren Arbeitern gerechte Löhne zu zahlen. Kritiker der Globalisierung setzen sich für eine gerechtere Welt, für mehr Menschenrechte oder für einen besseren Klimaschutz ein: Bürgerbewegungen wie Occupy Wall Street oder Attac kritisieren ganz unterschiedliche Auswirkungen der Globalisierung und machen durch zahlreiche Aktionen im Internet und auf der Straße auf ihr Anliegen aufmerksam.

Ihre Kritik richtet sich dabei nicht nur gegen die Politik, sondern auch gegen zahlreiche Unternehmen. Große internationale Konzerne haben mittlerweile einen enormen Einfluss auf die Politik vieler Staaten. Sie streben nach Gewinnmaximierung und versuchen daher, unter anderem Gesetze zu verhindern, die sie zwingen teure Maßnahmen zum Umweltschutz und zum Schutz der Arbeiter umzusetzen.

M1 Karikatur

INFO

Kritik an der Globalisierung

- Die Globalisierung führt zu einer Einheitskultur. Die kulturelle Vielfalt wird unter dem Druck westlicher (amerikanischer und westeuropäischer) Standards verdrängt.
- Durch die Verlagerung der Produktionen in Billiglohnländer machen sich Ängste breit, wie den eigenen Arbeitsplatz zu verlieren.
- Aufgestellt werden die Spielregeln der Globalisierung von den Mächtigen zu deren Eigennutz. Zu ihnen zählen die multinationalen Konzerne, die Industrieländer und internationale Institutionen (Weltbank, Welthandelsorganisation, Internationaler Währungsfond). Die Forderung nach mehr Demokratie und Mitsprache in der Gestaltung der Globalisierung erhöht sich.
- Die Globalisierung verstärkt die Ungleichheit zwischen Arm und Reich weltweit.
- Der Konkurrenzdruck der Staaten untereinander wächst und zwingt sie, soziale Leistungen und Umweltstandards zu senken.

Forderungen der Globalisierungskritiker

Zu den Kritikern der Globalisierung zählen unterschiedliche Gruppen wie Bürgerbewegungen, Menschenrechtsorganisationen, Gewerkschaften, Bauernverbände, kirchliche Gruppen und verschiedene links orientierte, wie z. B. Attac, aber auch rechts geprägte Gruppierungen. Die Gründe für Kritik oder gar die Ablehnung beziehen sich dabei meist nicht auf die Globalisierung selbst, sondern auf verschiedene Auswirkungen und negative Begleiterscheinungen. Sie fordern daher unter anderem:

- strengere Regulierung des internationalen Finanzsystems (Börsen- und Bankenaufsicht) und eine Steuer auf finanzielle Transaktionen
- freien Zugang der Entwicklungsländer zu den geschützten Agrarmärkten der Industrieländer
- ein Handelsabkommen zum Schutz geistigen Eigentums
- die Einführung von Sozial-, Umwelt- und Demokratiestandards in internationale Handelsabkommen
- Schuldenerlass für die Entwicklungsländer
- Schließung von Offshore-Steuerparadiesen
- Fortsetzung des Kyoto-Prozesses zum Weltklimaschutz

M2 Kritische Stimmen

M3 Fabrikeinsturz in Bangladesch

M4 Primark auf der Frankfurter Zeil

Trendy und billig. Zu billig?

Die Bekleidungskette Primark ist extrem günstig. Doch der Einsturz einer Textilfabrik in Bangladesch kratzt an ihrem Image.

Egal, wo die irische Billigmodekette Primark eine neue Filiale eröffnet: Scharen modebegeisterter, meist junger Kundinnen sind ihr sicher. Doch seit am vergangenen Mittwoch in Savar, Bangladesch, ein Fabrikgebäude einstürzte, muss Primark um sein gutes Image fürchten. Der Discounter hat eingeräumt, dass auch er in der Fabrik Kleidung produzieren ließ. Bei dem Einsturz kamen mindestes 373 Menschen ums Leben; deutlich mehr als 1 000 wurden – teils schwer – verletzt. […]

Man sei schockiert und zutiefst traurig über diesen Zwischenfall in Savar und spreche allen Betroffenen sein Beileid aus, heißt es in einer Mitteilung auf der Website von Primark. Man habe aber seit Jahren mit verschiedenen **NGOs** zusammengearbeitet, um die Standards der Fabriken in Bangladesch zu überprüfen. […] In London demonstrierten Mitglieder von „War on Want" vor Primarks Vorzeigeladen in der Oxford Street. Murray Worthy, Sprecher der Organisation, sagte, man rufe nicht zu einem Boykott des Klamottendiscounters auf, weil in asiatischen Ländern dadurch möglicherweise viele Jobs verloren gehen würden. Aber man verlange von Primark, die Familien der Opfer zu entschädigen.

„Die Todesfälle in Bangladesch waren kein Zufall. Sie hätten verhindert werden können. Wenn Primark seine Verantwortung gegenüber diesen Arbeiterinnen ernst genommen hätte, wäre niemand gestorben", sagte Worthy. […]

Miese Arbeitsbedingungen

[…] Im Dezember 2008 stellte die Wohltätigkeitsorganisation „War on Want" fest, dass sich in dieser Hinsicht [bessere Arbeitsbedingungen und Rechte für Arbeitnehmer in Entwicklungsländern] bei den Primark-Zulieferern in Bangladesch seit einer Untersuchung von zwei Jahren zuvor nichts getan hatte. […] Primark ist ein Tochterunternehmen des britischen Lebensmittelkonzerns Associated British Foods. Der erste Laden in der Mary Street, Dublins billiger Einkaufszeile, öffnete 1969. Vier Jahre später expandierte der Discounter nach England. Heute hat das Unternehmen weltweit 43 000 Angestellte und macht einen Jahresumsatz von rund 4 Milliarden Euro. Mehr als ein Zehntel davon ist Profit. Es hat 257 Filialen in acht europäischen Ländern, darunter 10 in Deutschland.

(Quelle: Hauft, M. und R. Sotscheck, in: taz-online vom 29.04.2013, www.taz.de/!115343/; Zugriff: 01.11.2014)

AUFGABEN

1 *Erkläre, vor welche Herausforderungen die internationale Politik durch die Globalisierung gestellt wird.*

2* *Erläutere die Kritikpunkte der Globalisierungsgegner.*

3 *Erkläre die politischen Forderungen der Globalisierungsgegner (M2).*

4 *Interpretiere die Karikatur M1 mithilfe der Vier-Fragen-Deutung: Auf welches Problem bezieht sich die Karikatur? Was ist dargestellt? Was will der Karikaturist ausdrücken/kritisieren? Wie bewerte ich die Aussage der Karikatur?*

5 *Die Bekleidungskette Primark bietet trendige Kleidung sehr preisgünstig an. Nimm kritisch Stellung dazu.*

China – Werkbank der Welt

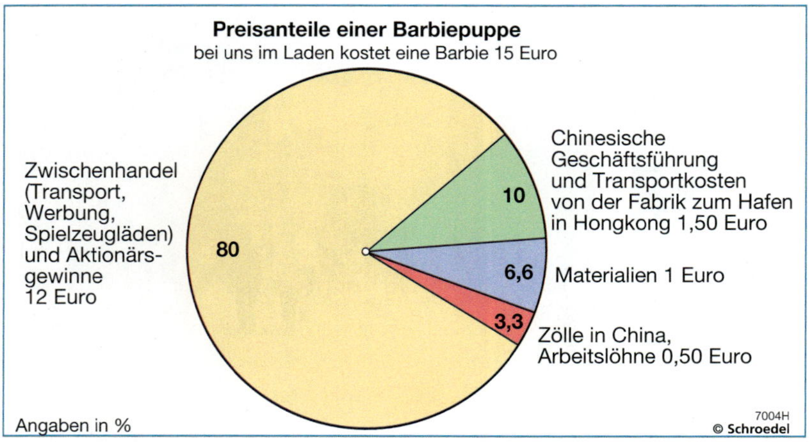

M1 Das Geheimnis der chinesischen Puppe

M2 Smartphone-Produktion in China

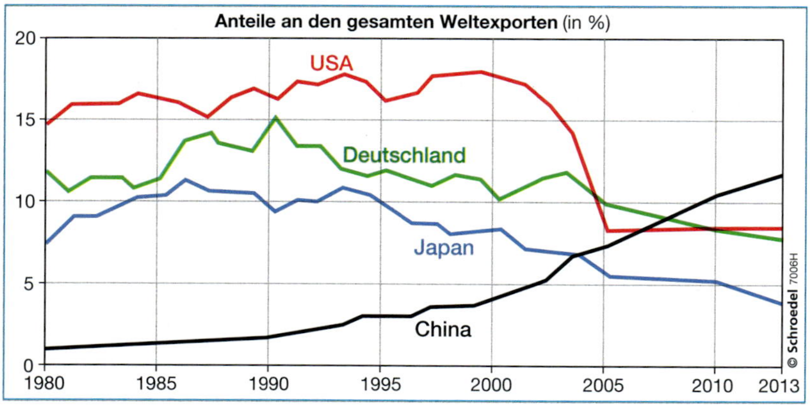

M3 Warenexporte ausgewählter Staaten

Mittlerweile besitzt jeder Haushalt in Europa Produkte „Made in China" – oft ohne es zu ahnen. Jedes dritte Fahrrad, knapp drei Viertel aller Uhren und 80 Prozent der künstlichen Weihnachtsbäume weltweit werden in China produziert. Dazu kommen Haushaltsgeräte, Spielzeug, Unterhaltungselektronik, Bekleidung, Mobiltelefone, Computer etc. Immer mehr westliche Unternehmen nutzen die günstigen Möglichkeiten, die ihnen China bietet. Vor allem die niedrigen Lohnkosten und niedrige Umweltschutzauflagen veranlassen sie, Produktionsbetriebe nach China zu verlagern. Das hat natürlich Auswirkungen: Viele Arbeitsplätze gehen dadurch in den Ländern der früheren Standorte verloren.

AUFGABEN

1 *„China – Werkbank der Welt" – Erkläre die Überschrift.*

2 *Beschreibe die Entwicklung der chinesischen Industrie. Nenne Gründe dafür.*

3 *Bewerte die Arbeitsbedingungen in China. Vergleiche sie mit denen in Deutschland.*

4 *Diskutiert gemeinsam das Problem der Produktpiraterie.*

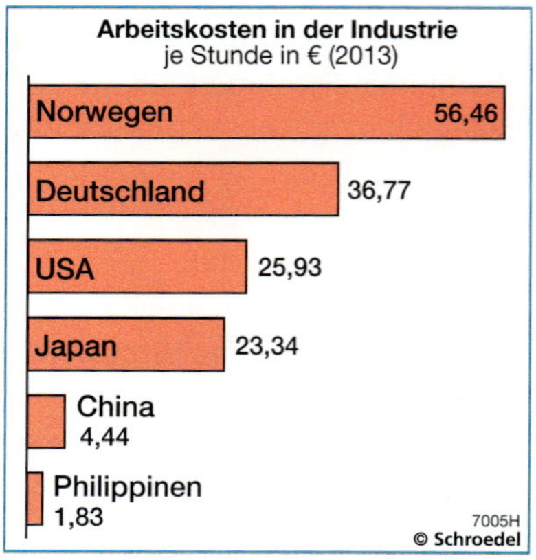

M4 Arbeitskosten im Vergleich

Wer zahlt für unsere günstigen Artikel?

Lin Yong, eine Arbeiterin in einer Lackiererei, berichtet:
„Ich arbeite über 400 Stunden im Monat und verdiene knapp 2000 Yuan (etwa 290 Euro). Von dem Geld muss ich Unterkunft und Essen zahlen. Den Rest schicke ich meiner Familie aufs Land, damit mein Sohn die Schule besuchen kann.
Zurzeit müssen wir bis 23:00 Uhr arbeiten. Wenn wir dann in die Unterkunft kommen, müssen wir Schlange stehen, um duschen zu können. Zum Kleidung waschen bleibt meist gar keine Zeit. Die Nächte sind kurz und es geht schon sehr früh wieder los mit der Arbeit. Die Formpressen sind sehr laut und heiß. In der Luft liegt starker chemischer Gestank und überall schweben Farbwolken rum. Ich muss immer wieder dieselben Bewegungen machen. Ich habe Magenschmerzen und mir wird hin und wieder schwindelig. Viele von uns ertragen die Hitze, den Gestank und den Lärm nicht und manche Kollegen brechen sogar zusammen."

M5 Arbeitsbedingungen in einer chinesischen Lackiererei

M6 Morgenappell im Betrieb. Die 800 Arbeiter des Klimaanlagenherstellers singen die Firmenhymne: „Ich liebe unsere Kunden und mehre ihr Vermögen."

Z

Produkt-Piraten erobern die Welt

Deutsche Unternehmer klagen, dass in China nahezu alles, was ausreichend Gewinn verspricht, kopiert wird. Nach Schätzungen könnten hierzulande mehrere Zehntausend Menschen mehr einen Arbeitsplatz haben, wenn es die Plagiate nicht gäbe.

M7 Vernichtung von Turnschuhen beim Zoll

China ist Marktführer bei Fälschungen in der EU

Die Palette reicht von Zigaretten bis zu Medizin: Fast zwei Drittel aller Produktfälschungen, die in der EU entdeckt werden, stammen aus China. Auch Bulgarien und die Türkei sind beim Export von Imitaten weit vorne.
Urheberrechte spielen in China bislang keine große Rolle, seit Jahren kämpfen westliche Unternehmen dort weitgehend vergeblich gegen Kopien ihrer Produkte. Dass die Chinesen auch beim Export von Fälschungen führend sind, zeigt der Jahresbericht der EU-Kommission über den Schutz geistigen Eigentums. Demnach kamen gut 64 Prozent der vom Zoll abgefangenen Waren aus China. Am Gesamtwert der Produktfälschungen in Höhe von knapp einer Milliarde Euro hatte das Land 2012 sogar einen Anteil von 77 Prozent. (...) Den insgesamt größten Anteil an den nachgemachten Produkten hatten mit 31 Prozent Zigaretten. Außer China waren unverändert Hongkong, Bulgarien und die Türkei führend beim Export von gefälschten Produkten.

(Quelle: www.spiegel.de/wirtschaft/soziales/china-ist-marktfuehrer-bei-faelschungen-in-der-eu-a-914884.html, Zugriff: 06.04.2015)

M

Zusammenhänge herstellen – weltweite Wirtschaftsverflechtungen

Die Globalisierung hat zu einer weltweiten wirtschaftlichen Vernetzung geführt. Texte über diesen Sachverhalt sind oft sehr schwer zu verstehen. Durch zusätzliches Material können sie anschaulicher werden, z. B. durch eine thematische Karte, Schaubilder, Grafiken, Diagramme, Fotos oder Statistiken. Am Beispiel des **Welthandels** und der Welthandelsströme erfährst du, wie du zwischen den einzelnen Medien Zusammenhänge herstellen kannst.

So kannst du vorgehen:

1. Grundinformationen erschließen
- Welche Informationen enthalten die Materialien?
- Lässt sich die Quelle/der Urheber ermitteln?
- Handelt es sich um Fakten oder Meinungen?
- Ist das Beschaffen von weiteren Materialien notwendig?

2. Verbindungen herstellen
- Welche Beziehungen haben die Materialien untereinander?
- Welche Schwerpunkte lassen sich ermitteln?

3. Zusammenhänge erklären
- Welche Aussagen lassen sich formulieren?
- Welche Zahlen und Fakten belegen diese Aussagen?

4. Fazit ziehen
- Welche Erkenntnisse lassen sich zusammenfassen?

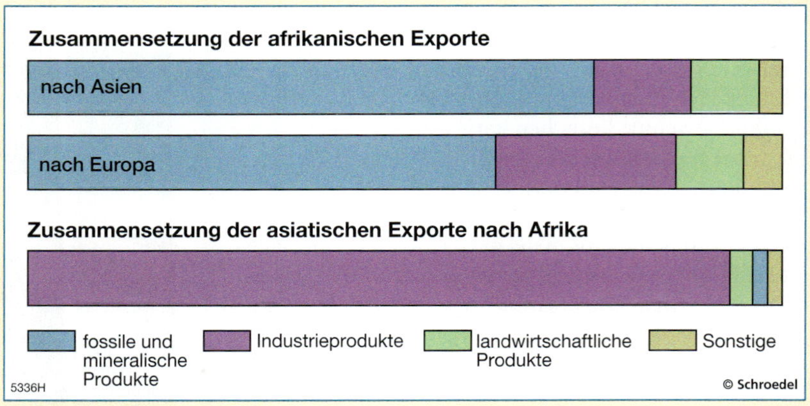

M 1 Afrika im Welthandel

Der Anteil der Entwicklungsländer am Welthandel steigt. Fast ein Drittel aller Exporte stammt von hier. Vor 20 Jahren lag dieser Anteil noch bei knapp 20 Prozent. Diese verstärkte Integration in den Welthandel ist bislang nur einer Handvoll Ländern gelungen, wie z. B. China [...]. Für die Länder Afrikas gilt nach wie vor: Der Welthandel fließt weitgehend an diesem Kontinent vorbei. Die afrikanischen Exporte tragen nur noch 2 Prozent zu den Weltexporten bei – und davon entfällt fast die Hälfte auf die drei Länder Südafrika, Algerien und Nigeria. [...] Auch im sogenannten Süd-Süd-Handel spielen die Länder Afrikas mit weniger als 6 Prozent kaum eine Rolle. [...] Die meisten afrikanischen Staaten liefern zudem weiterhin in erster Linie Rohöl, Erze und landwirtschaftliche Rohwaren wie Kakao oder Baumwolle. Der Aufbau einer international konkurrenzfähigen weiterverarbeitenden Industrie ist bislang nicht gelungen. Auch als Standort für ausländische Direktinvestitionen bleiben die meisten afrikanischen Länder unattraktiv. [...]
(Quelle: www.agenda21-treffpunkt.de/archiv/04/10/DWHHafrika.htm, Zugriff: 02.11.2014)

M 2 Die Bedeutung Afrikas im Welthandel

M 3 Karikatur

AUFGABEN

1 *Beschreibe die weltweiten Handelsströme (M4).*

2 *Erkläre die Handelsbeziehungen Afrikas zu den wichtigsten Außenhandelspartnern (M1 – M4).*

3 *Berechne den Exportwert Deutschlands im internen europäischen Handel (M5). Vergleiche ihn mit dem Wert des gesamten internationalen Handels (M6).*

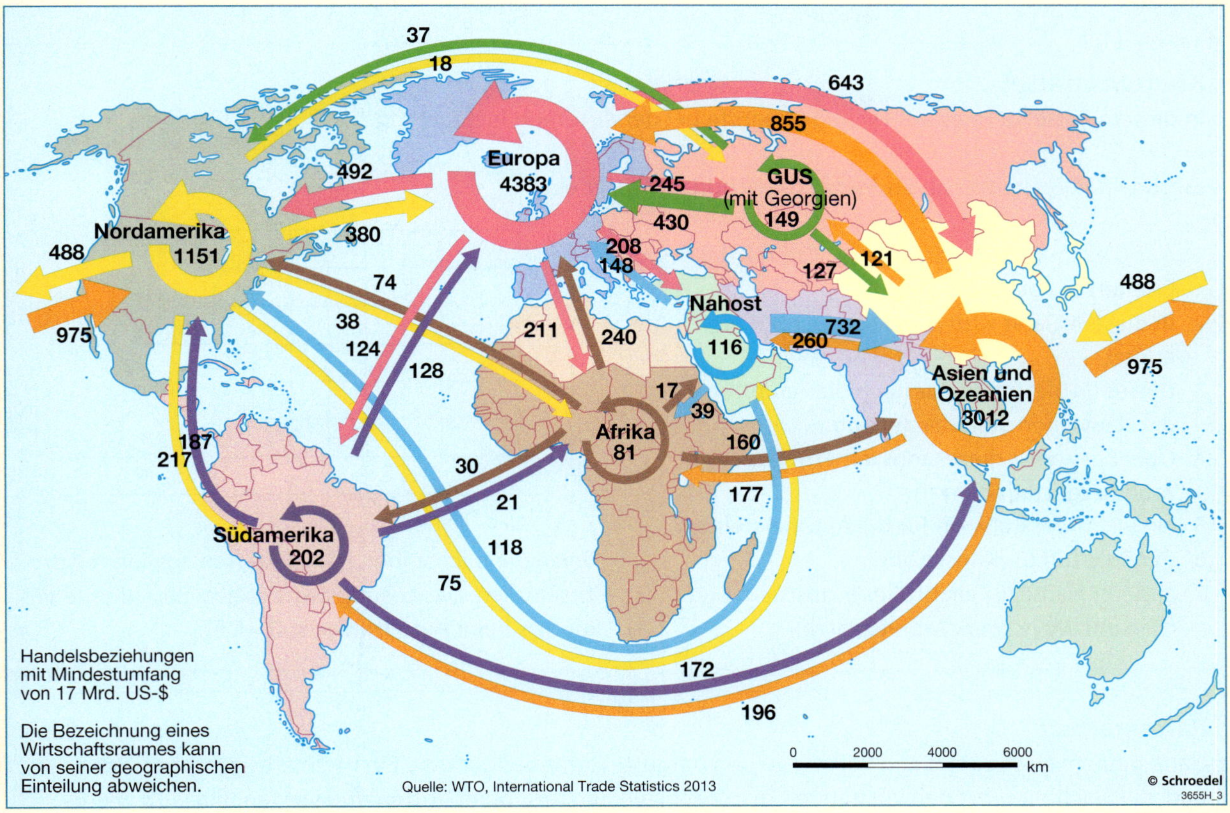

M4 Welthandelsströme 2013 (in Mrd. US-Dollar)

Deutsche Exporte in EU-Mitgliedsstaaten (in Milliarden Euro)			
1. Frankreich (1)*	100,3	15. Norwegen (30)	8,3
2. Großbritannien (3)	75,6	16. Finnland (31)	8,2
3. Niederlande (4)	70,9	17. Portugal (32)	6,3
4. Österreich (6)	56,2	18. Luxemburg (36)	5,6
5. Italien (7)	53,3	19. Irland (38)	5,3
6. Polen (9)	42,4	20. Griechenland (40)	4,7
7. Belgien (10)	42,3	21. Slowenien (41)	4,1
8. Spanien (12)	31,3	22. Bulgarien (47)	2,6
9. Tschechische Republik (13)	31,0	23. Litauen (48)	2,5
10. Schweden (15)	20,7	24. Kroatien (53)	2,0
11. Ungarn (16)	17,4	25. Estland (57)	1,7
12. Dänemark (18)	15,7	26. Lettland (61)	1,4
13. Slowakei (21)	10,6	27. Zypern (71)	0,9
14. Rumänien (23)	9,6	28. Malta (88)	0,4

M5 * Rangplatz im internationalen Vergleich

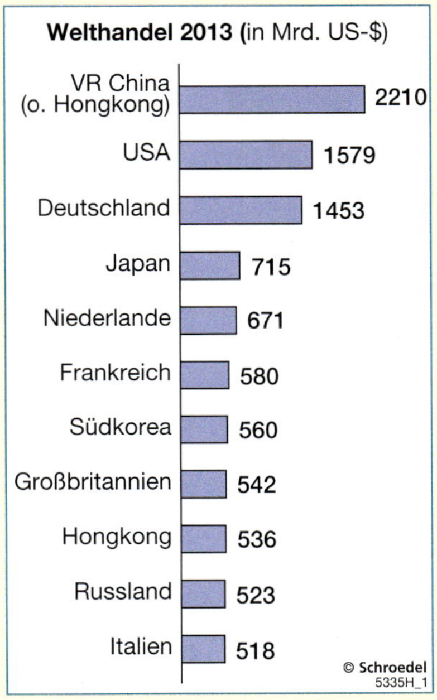

M6 Warenexporte 2013

Wiederholen und Üben

Kreuzworträtsel

In diesem Rätsel geht es um wichtige Begriffe bei der Automobilherstellung.

Zeichne das Wortgitter ab und setze die richtigen Wörter ein:

1 Aus diesem Land kommt der größte Teil des Eisenerzes nach Deutschland.
2 In diesem Gerät wird Eisenerz auf 1 600° C erhitzt.
3 Dieses Gebiet ist immer noch die Hauptregion der deutschen Stahlherstellung.
4 Opel hat zuerst dieses muskelbetriebene Fahrzeug hergestellt (Einzahl).
5 ein wichtiger Rohstoff für die Autoherstellung
6 der Rohstoff für Kunststoffe
7 anderer Name für ein großes Industriegebiet (Verkehr, Menschen, Arbeitsplätze)

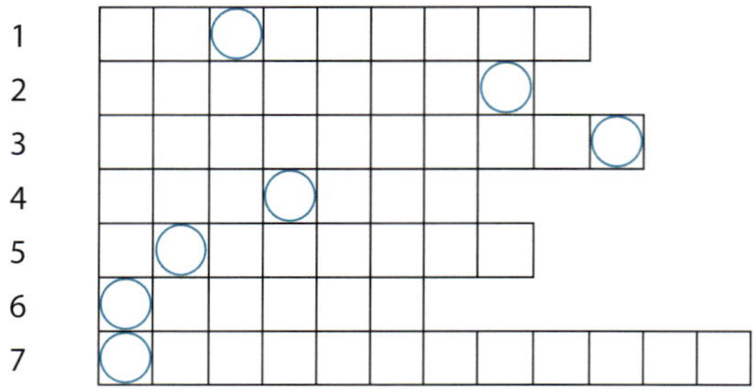

Setze die Buchstaben in den Kreisen zu einem Wort zusammen. Das Lösungswort ergibt die Aufgabe des Motors beim Auto (Hinweis: Ö = OE).

Partnerarbeit

Halte deinem Nachbarn einen Vortrag zu den dargestellten Abbildungen. Ein Partner beginnt mit einem Bild, der Nachbar führt den Vortrag mit dem nächsten Bild fort, beim dritten und vierten Bild wird wieder gewechselt.

Karikatur

Werte die Karikatur aus. Erkläre deinen Mitschülern, was der Zeichner vermutlich ausdrücken will.

Weltweite Kultur?

Erkläre, was mit „McDonaldisierung" gemeint ist.
Nenne mögliche Folgen.

„Die Welt ist vernetzt."

1 Erkläre die Überschrift mithilfe von M3 S. 55.

2 Auf der Welt gibt es eine „digitale Kluft".

a) Nenne Folgen.

b) Nimm Stellung dazu.

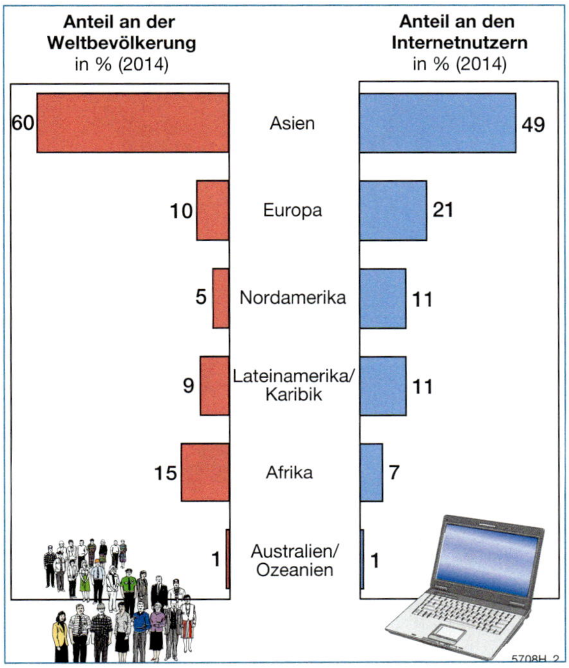

M 1 Internetnutzung weltweit

Globalisierung

1 Verfasse einen Lexikoneintrag zum Begriff „Globalisierung".

2 Nenne die fünf großen Bereiche der Globalisierung und gib zu jedem ein Beispiel an.

3 Erläutere die Bedeutung des Seehandels für die Globalisierung

4 Benenne die Probleme der Globalisierung.

Kritik an der Globalisierung

Interpretiere die Karikatur.

PRÜFE DICH NUN SELBST! DU KANNST...

- ✓ ... einige Rohstoffe der Automobilindustrie benennen (> S. 38/39);
- ✓ ... die Herkunftsländer ausgewählter Rohstoffe mithilfe des Atlas finden (> S. 39);
- ✓ ... am Beispiel des Eisenerzes den Weg eines Rohstoffes vom Abbau bis zum Zwischenprodukt der Automobilindustrie beschreiben (> S. 40);
- ✓ ... die Bedeutung eines wichtigen Arbeitgebers (Fraport) für Hessen beschreiben (> S. 48/49);
- ✓ ... wichtige Industrieräume Europas benennen und mithilfe des Atlas den entsprechenden Ländern zuordnen (> S. 44/45);
- ✓ ... die Bedeutung des Ballungsraumes Frankfurt-Rhein-Main erläutern (> S. 41, 46 – 49);
- ✓ ... den Begriff „Globalisierung" erklären (> S. 52/53);
- ✓ ... die globalisierte Arbeitsteilung anhand der Produktion eines Smartphones verdeutlichen (> S. 58/59);
- ✓ ... die vier großen Bereiche der Globalisierung und zu jedem ein Beispiel benennen (> S. 52/53);
- ✓ ... Probleme der Globalisierung benennen (> S. 60/61);
- ✓ ... erklären, wer die Gewinner und wer die Verlierer der Globalisierung sind (> S. 58 – 63);
- ✓ ... begründen, warum viele Arbeitsschritte für die Herstellung eines Produkts ins Ausland verlagert werden (> S. 58/59).

3 Mittelalterliche Lebenswelten

M1 Schlacht von Crécy 1345. Der englische König Edward III. besiegt eine französische Armee unter Philipp VI.

M 2 Der Graf der Normandie hält Gericht (Buchmalerei um 1470 n. Chr.)

M 3 Lo Scheggia: Spiel des Käuzchens, ca. 1450

- **Das Mittelalter: vertraut und doch ganz fremd?**
- **Was war im Mittelalter ganz anders als in anderen Epochen?**
- **Was entstand im Mittelalter, das für uns heute wichtig ist?**

Karl der Große erweitert und sichert das Frankenreich

M 1 Das Frankenreich zur Zeit Karls des Großen

Nach dem Untergang des Weströmischen Reiches siedelten sich im Westen Europas große germanische Stämme an: unter anderem Friesen, Sachsen, Franken, Thüringer, Alamannen und Bajuwaren. Erst nach Jahrzehnten wurden aus den einzelnen Stammesgebieten dauerhafte Reiche.

Mit der Zeit übernahmen die Franken die Führungsrolle. Einer ihrer wichtigsten Könige war Karl (747 – 814). Bereits zu Lebzeiten erhielt er den Beinamen „der Große". Als König und späterer Kaiser prägte er entscheidend die Geschichte Europas. Er wollte die germanischen Stämme in einem christlichen Reich vereinigen.

Karl erobert die Reiche der Langobarden, Sachsen und Bayern

Als 773/774 wieder Streit zwischen dem Papst und den Langobarden ausbrach, kam der Frankenkönig Karl dem Papst zu Hilfe. Er zog mit einem Heer nach Italien, eroberte die Hauptstadt der Langobarden und setzte ihren König ab. Er nannte sich nun selbst „König der Langobarden und Schirmherr der Römer".

Im Norden lebten die Sachsen. Sie fielen immer wieder ins Frankenreich ein. Außerdem wollten sie keine Christen werden. Karl führte gegen sie 32 Jahre lang Krieg. In einem Strafgericht ließ er Tausende von Sachsen töten. Widukind, ihr Anführer, ließ sich schließlich taufen und unterwarf sich Karl.

Südöstlich des Frankenreiches lag das Herzogtum Bayern. Die Bayern waren selbstständig, hatten aber Karl den Treueeid geschworen. Das heißt, sie hatten dem Frankenkönig im Kriegsfall zu helfen. Als Karl verlangte, den Treueeid zu erneuern, verweigerte dies der Bayernherzog Tassilo. Er wurde 788 zu einer Reichsversammlung nach Ingelheim geladen und dort zum Tode verurteilt. Karl milderte das Urteil ab: Tassilo wurde als Herzog abgesetzt und lebenslänglich in ein Kloster verbannt. Auch Bayern verlor seine Selbstständigkeit und wurde Teil des Frankenreiches.

M2 Der Schurke Ganelon verhöhnt die Regeln der Ritterehre, indem er Karl den Großen mit der linken Hand grüßt. (Buchmalerei, 14. Jahrhundert)

M4 Darstellung Karls des Großen von Albrecht Dürer (1512)

Karl sichert die Grenzen durch Marken

Es war keine leichte Aufgabe, das große Reich gegen Feinde von außen zu schützen. Die Wege waren weit, die Straßen schlecht und es gab kein feststehendes Heer. Deshalb errichtete Karl an den Grenzen Marken. Dies waren Gebiete, die von besonders tüchtigen Adeligen, den sogenannten Markgrafen, verwaltet wurden. Städte und Dörfer in diesen Gebieten wurden mit Mauern und Wällen befestigt. Außerdem wurden Wehrbauern angesiedelt. Sie sollten angreifende Feinde bis zum Eintreffen des Heeres aufhalten.

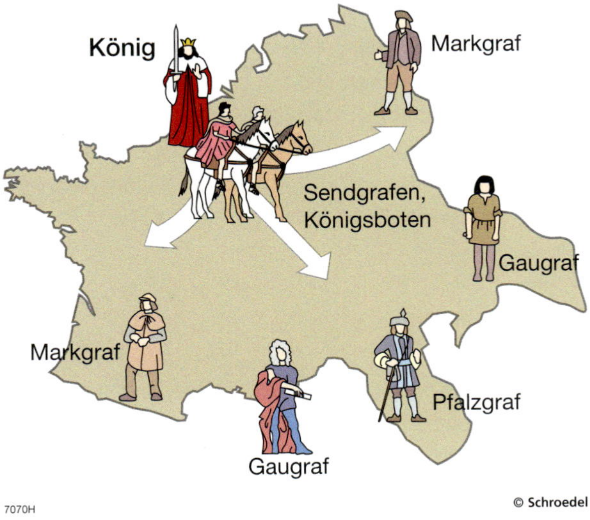

M3 Ordnung des Reiches durch Grafen

Karl regiert sein Reich von Königspfalzen aus

Das Frankenreich hatte keine feste Hauptstadt. Karl war ein „Reisekönig": Er reiste mit seinem Gefolge von Pfalz zu Pfalz und regierte das Reich von dort aus. Die Pfalzen (lat. palatium = Herrscherpalast) waren über das ganze Reich verteilt. Zu den Pfalzen gehörten auch Königsgüter. Sie versorgten den König und sein Gefolge mit allem, was man zum Leben brauchte. Pfalzgrafen verwalteten die königlichen Güter. Am häufigsten hielt sich Karl in der Pfalz zu Aachen auf. Dort liegt er auch begraben.

Der König stand an der Spitze seines Reiches. Er hatte eine zentrale Machtstellung. Er gab die Gesetze, war oberster Richter, oberster Heerführer und oberster Schutzherr der Kirche. Zur besseren Verwaltung wurde das Land in Gaue eingeteilt. Gaugrafen verwalteten diese Gebiete im Namen des Königs. Eine wichtige Aufgabe hatten auch die Sendgrafen. Karl sandte sie durch das ganze Reich. Sie überbrachten die Befehle des Königs, überprüften die Verwaltung, nahmen Beschwerden und Bitten entgegen und berichteten dem König.

AUFGABEN

1 *Karl schuf in 30 Jahren ein europäisches Großreich. Ermittle mithilfe der Karte M1, welche heutigen Länder es umfasst.*

2 *Erkläre mithilfe von M3, wie Karl das Reich sicherte und verwaltete.*

Karl der Große erneuert das „Römische Reich“

M 1 Krönung Karls des Großen zum Kaiser

Karl hatte sein Reich nach allen Seiten vergrößert. Es reichte von den Pyrenäen bis nach Ungarn, von der Nord- und Ostsee bis an den Tiber. Er war der mächtigste Herrscher der damaligen Welt. So mächtig wie früher der römische Kaiser Augustus.
In einem Schreiben an den Papst erklärt Karl: *„Dies ist meine Aufgabe: Nach außen die heilige Kirche Christi vor dem Angriff der Heiden und Verwüstung der Ungläubigen zu schützen und nach innen die Erkenntnis des katholischen Glaubens zu befestigen.“*

M 2 Karl bei der Zerstörung des sächsischen Heiligtums Irminsul

Karl der Große und das Christentum

Die Ausbreitung des Christentums verfolgte Karl auf verschiedene Weise. Er führte Kriege gegen die nicht christlichen Sachsen und Awaren sowie gegen die Araber. In die eroberten Gebiete sandte er Missionare. Ungläubige wurden oft gnadenlos massakriert.
In seinem Reich ließ er zahlreiche Klöster gründen. Er schenkte diesen Klöstern Land und gab ihnen das Recht, Abgaben einzufordern. Viele Klöster wurden Mittelpunkte für die Ausbreitung des Christentums. Mönche schrieben Bibeln und andere christliche Texte mit der Hand ab. In den Klosterschulen konnten die Kinder der Adeligen lesen und schreiben lernen. In den Kirchen hörte das Volk oft Predigten in der Landessprache, weil Karl das wünschte. Wichtige Mitarbeiter des Kaisers kamen aus Klosterschulen.

Im Jahr 800: Der Papst krönt Karl zum Kaiser

In Rom lebte der Papst. Er galt als Stellvertreter Gottes auf Erden und war Oberhaupt der katholischen Kirche. Als Papst Leo III. wieder einmal Streit mit den römischen Adeligen hatte, bat er Karl um Hilfe. Daraufhin reiste dieser mit einem Heer nach Rom. Zum Dank für diese Hilfe krönte der Papst Karl an Weihnachten 800 zum Kaiser. Karl hatte durch die Kaiserkrone sein Ziel erreicht: die Erneuerung des Reiches der Römer. Er war der weltliche Herrscher eines Reiches, das die Nachfolge des Römischen Reiches beanspruchte. Neben ihm stand der Papst als der geistliche Herrscher. Karl der Große nannte sich nun: *„Karl der erhabene Augustus, von Gott gekrönter großer, friedliebender Kaiser, der das Römische Reich verwaltet, durch die Gnade Gottes auch König der Franken und Langobarden.“*
Im Jahr 814 schließlich starb Karl. Beigesetzt wurde er in seiner Lieblingspfalz in Aachen. Karl der Große war der erste „römische Kaiser“ des Mittelalters. Viele deutsche Könige verstanden sich als Nachfolger Karls.

AUFGABEN

1 *Erkläre, wie Karl für die Ausbreitung des Christentums in seinem Reich sorgte.*

2 *Karl gilt als „Erneuerer des Römischen Reiches“. Erkläre, wie das zu verstehen ist.*

3 *Trägt Karl den Beinamen „der Große“ zu Recht? Begründe deine Meinung.*

Z

Die Teilungen des Frankenreiches

Ludwig der Fromme war der Sohn Karls des Großen. Er erbte das Reich, konnte es aber nicht zusammenhalten. Schon zu seinen Lebzeiten brach Streit unter seinen Söhnen aus, wer das Reich künftig regieren sollte.
Nach dem Tod des Vaters schlossen die drei Söhne Ludwigs 843 in Verdun einen Teilungsvertrag: Karl der Kahle erhielt den Westen mit hauptsächlich französisch sprechender Bevölkerung. Ludwig der Deutsche bekam das deutsch sprechende „Ostfranken". Lothar erhielt einen Streifen, der von der Nordsee bis nach Italien reichte. Dieses Mittelstück wurde daher auch Lotharingen genannt. Mit ihm war die Kaiserwürde verbunden.

Die Anfänge der europäischen Nationen

Die Teilung des Reiches war der Anfang von zwei europäischen Staaten: Aus dem westfränkischen Reich entwickelte sich Frankreich, aus dem ostfränkischen Reich wurde später Deutschland.
Als Lothar kinderlos starb, wurde das Mittelstück weiter aufgeteilt. Aus dem südlichen Teil entstanden italienische Staaten. Vom nördlichen Lotharingen wurde ein Teil dem Westreich, ein anderer dem Ostreich zugeschlagen. So entstand ein Gebiet, um das immer wieder zwischen Deutschland und Frankreich gestritten wurde.

Die Karolinger sterben aus

Das große Reich Karls des Großen wurde durch die Teilung im Inneren geschwächt. Aber auch von außen bedrohten zahlreiche Feinde die Grenzen: Vom Norden her kamen die Normannen. Die Ostgrenze wurde von den Ungarn bedroht. Übers Mittelmeer drangen die Araber vor und setzten sich im Süden des Reiches fest. Die Nachfolger Karls konnten diesen Gefahren nicht begegnen. Mit Ludwig dem Kind starb 911 der letzte karolingische Herrscher im Ostreich.

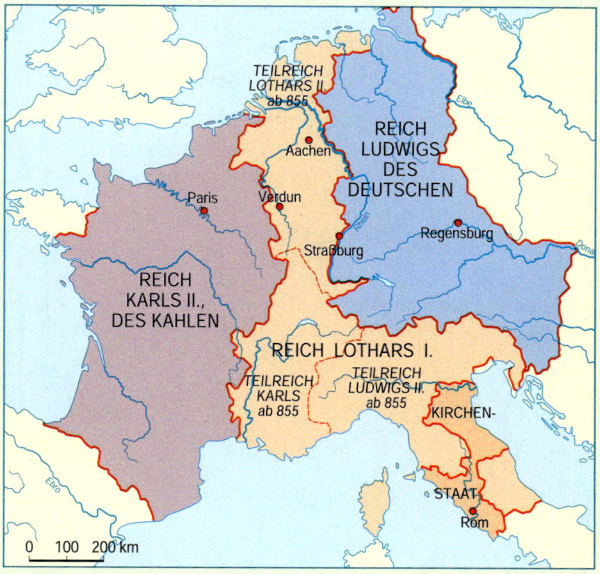

M3 Reichsteilung 843

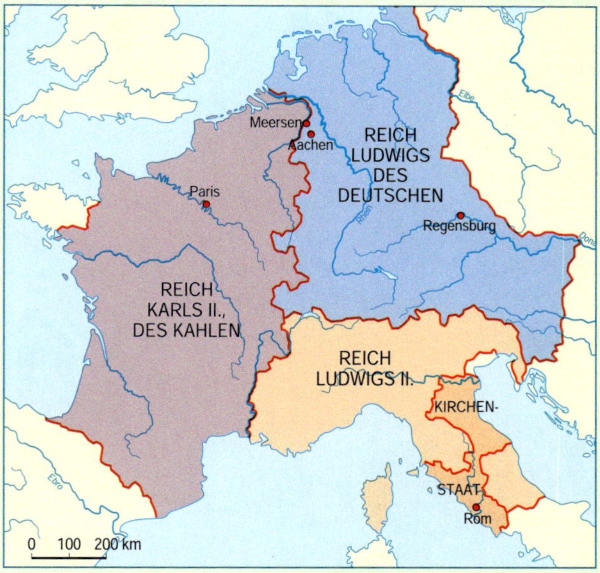

M4 Die Aufteilung Lotharingens 870

AUFGABEN

1 *Das Reich Karls des Großen bestand nicht lange. Nenne Gründe dafür.*

2 *Stelle mithilfe einer Staatenkarte von Europa und M4 fest: Welche heutigen Staaten gehörten zum westfränkischen Reich Karls des Kahlen und welche Staaten zum ostfränkischen Reich Ludwigs des Deutschen?*

3 *Karl der Große soll das „Fundament für das Haus der europäischen Nationen gelegt" haben. Erkläre, wie das gemeint ist.*

M 1 Lebensformen im Mittelalter

Die Stände im Mittelalter

Viele verbinden mit dem Begriff „Mittelalter" etwas Rückständiges. So spricht man von Zuständen wie im „finsteren" Mittelalter. Andere denken beim Mittelalter an die Burgen und das abenteuerliche Leben der Ritter oder an das bunte Treiben in den mittelalterlichen Städten. Das **Mittelalter** umfasst etwa die Zeit von 500 bis 1500 n. Chr. In dieser Zeit hatten einzelne Personengruppen (z. B. Ritter, Bauern, Mönche) ihre eigene Art und Weise entwickelt, ihr Leben zu gestalten. Sie waren unterschiedlich gebildet, wohnten verschieden, verbrachten ihren Tag anders und unterschieden sich in der Kleidung.

Die Menschen lebten nach Ständen getrennt

Anders als heute lebten die Menschen im Mittelalter nach Ständen (fest geschlossene Gesellschaftsgruppen) getrennt. Diese Einteilung der Gesellschaft galt als „von Gott gewollt" und wurde nicht infrage gestellt. Ein Bischof schrieb im Jahr 1016 hierüber:

„Das Haus Gottes ist dreigeteilt: die einen beten, die anderen kämpfen, die Dritten endlich arbeiten. Diese drei Stände können nicht getrennt werden. Die Dienste des einen sind die Bedingungen für die Werke der beiden anderen."

Zu der kleinen Oberschicht gehörten die weltlichen Herrscher (Kaiser, Könige, Adel) und die geistlichen Herrscher (Papst, Bischöfe, Äbte der Klöster). Diese bildeten die beiden oberen Stände, den Klerus und Adel. Sie besaßen auch das meiste Land.

Der weitaus größte Teil der Bevölkerung gehörte zum dritten Stand. Die meisten davon lebten als Bauern auf dem Land. Sie schufen mit ihrer Arbeit auch die Lebensgrundlage für die beiden höheren Stände.

Ursprünglich verfügte der König über das gesamte Land. Er gab das Land zum Teil an Fürsten, Grafen und Bischöfe als **Lehen** (lehen = leihen). Diese mussten dafür Dienste leisten. Fürsten, Grafen und Bischöfe konnten ebenfalls Land als Lehen „weiterverleihen" und dafür Dienste und Abgaben verlangen. Bei der Übergabe des Lehens verpflichteten sich der Lehnsherr und der Empfänger des Lehens (Vasall) zu gegenseitiger persönlicher Treue.

M2 Ständebild 1462: Tu supplex ora: Du sollst demütig beten. Tu protege: Du sollst Schutz gewähren. Tu labora: Du sollst arbeiten.

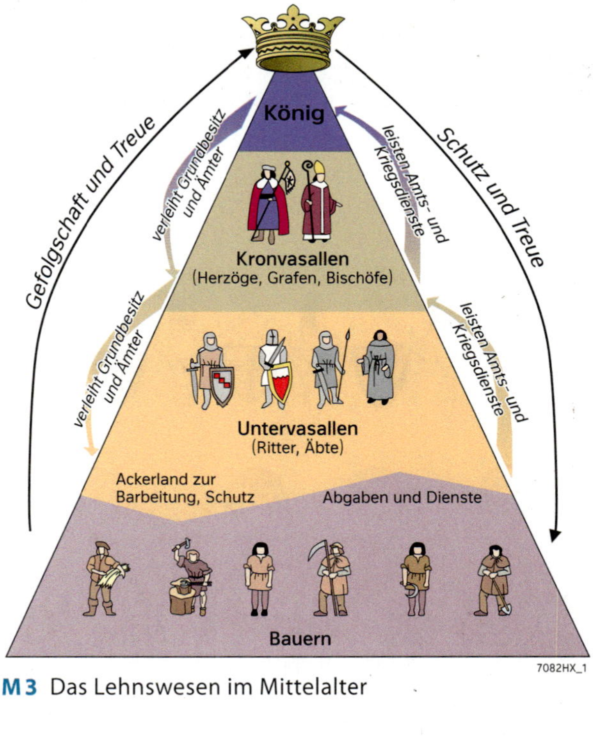

M3 Das Lehnswesen im Mittelalter

AUFGABEN

1 *Beschreibe die Bevölkerungsgruppen und Lebensformen, die auf S. 74 dargestellt sind.*

2 *Vergleiche die Bildquelle M2 mit der Textquelle (Aussage des Bischofs von 1016).*

3 * *Erkläre, wie der Bischof die Ständeordnung rechtfertigt.*

4 *Erkläre anhand des Schaubilds M3 das Lehnswesen im Mittelalter.*

Z

König und Adel teilen die Macht

M1 König Otto III. auf dem Thron zwischen zwei geistlichen Fürsten (links) und zwei Adligen (rechts). Buchmalerei aus dem Jahr 988

Im Mittelalter wurden die deutschen Könige von Adeligen gewählt, seit 1356 von den sieben mächtigsten Fürsten des Reiches, den **Kurfürsten**. Die Wahl fand in Frankfurt/Main statt. Das Wort „Kur" kommt von „küren" und bedeutet „wählen". Sie berieten untereinander, wer als Kandidat für die Wahl infrage kam. Es gab drei geistliche und vier weltliche Kurfürsten. Die geistlichen Kurfürsten erkennt ihr in M2 an ihren Kappen.

Nach der Wahl wurde das Ergebnis verkündet. Alle Anwesenden stimmten ein Tedeum (Lobgesang) an: Zwei Kurfürsten griffen dem neuen König unter die Arme und hoben ihn auf den Altar. Damit war der neu gewählte König von den anderen Fürsten hervorgehoben. Nun wurde der König feierlich gekrönt. Ein Erzbischof überreichte ihm das Schwert und sagte: „Empfange dieses Schwert, um alle Widersacher Christi auszutreiben!" Dann legte er ihm den Mantel um und sprach: „Dieser Mantel mahne dich daran, vom Glaubenseifer zu glühen und den Frieden zu wahren!" Darauf reichte er ihm das Zepter: „Von diesem Zeichen lasse dich mahnen: Weise mit väterlicher Zucht die Untertanen zurecht und reiche vor allem den Witwen und Waisen die Hand des Erbarmens." Anschließend wurde der König mit der goldenen Krone gekrönt und zum Thron geführt.

M2 Die sieben Kurfürsten von links nach rechts: Erzbischof von Köln, Erzbischof von Mainz, Erzbischof von Trier, Pfalzgraf zu Rhein, Herzog von Sachsen, Markgraf von Brandenburg, König von Böhmen

Wer bestimmt, wer Bischof wird? Der Investiturstreit

Im 9. und 10. Jahrhundert bestimmte der König bzw. der Kaiser, wer Bischof wird. Der König setzte Verwandte oder Personen, denen er vertraute, als Bischof ein. Diese Reichsbischöfe sicherten die königliche Herrschaft gegen die anderen mächtigen Fürsten des Reiches. Sie übernahmen Verwaltungsaufgaben und stellten dem König im Kriegsfall Truppen zur Verfügung. Andere Fürsten ließen sich diese Hilfeleistungen manchmal teuer bezahlen.

Im 11. Jahrhundert kam es zum Streit, als sich die Kirche wieder stärker auf ihre eigenen religiösen Aufgaben besann. Bischöfe sollten nicht mehr ein verlängerter Arm des Königs, sondern ihren kirchlichen Aufgaben verpflichtet sein. Mit Papst Gregor VII. eskalierte der Streit, er beanspruchte das Recht auf die **Investitur**, also die Einsetzung der Bischöfe. König Heinrich IV. erklärte daraufhin den Papst für abgesetzt, im Gegenzug sprach der Papst den Kirchenbann über Heinrich aus, damit war Heinrich aus der Kirche ausgeschlossen. Daraufhin rückten viele Fürsten vom König ab. Wenn er sich nicht binnen eines Jahres vom Bann löste, hätten sie einen anderen zum König gewählt. Außerdem kam es auch zu militärischen Auseinandersetzungen mit den Fürsten. Heinrich musste um seine Macht bangen.

Der König wurde durch den Bann zu einem Bußgang gezwungen. Auf der Burg Canossa zeigte er sich 1077 öffentlich als reuiger Sünder und der Papst musste daraufhin Heinrich vom Bann lösen. Die von den Fürsten bedrohte Stellung des König war wieder gefestigt.

Im Jahr 1122 kam es im Wormser Konkordat zu einem Kompromiss. Die Kirche bestimmte, wer Bischof werden sollte und verlieh dem Auserwählten die geistlichen Symbole Ring und Stab, anschließend belehnte der König den Bischof mit den weltlichen Herrschafts- und Besitzrechten. Beide Seiten mussten sich also auf einen Kandidaten einigen.

„Dictatus Papae" (1075)

Papst Gregor notiert seine Vorstellungen über die Rolle des Papstes:

1. Dass die römische Kirche vom Herrn allein gegründet worden sei.
2. Dass allein der römische Bischof zu Recht als universal bezeichnet werde.
3. Dass ausschließlich jener Bischöfe absetzen oder in den Schoß der Kirche wieder aufnehmen könne.
5. Dass der Papst Abwesende ihres Amtes entheben könne.
8. Dass er allein kaiserliche Insignien benutzen könne.
9. Dass alle Fürsten allein des Papstes Füße küssen sollen.
10. Dass allein sein Name in den Kirchen verlesen werde.
12. Dass es jenem erlaubt sei, Kaiser abzusetzen.
19. Dass er selbst von niemandem gerichtet werden dürfe.
22. Dass die römische Kirche niemals geirrt hat und nach dem Zeugnis der Schrift auch in Zukunft niemals irren wird.
27. Dass er Untertanen vom Treueid gegen ungerechte (Herrscher) entbinden kann.

(Quelle: Laudage, J. (Hrsg.): Der Investiturstreit. Quellen, Dokumente, Materialien (= Böhlau Studienbücher), Köln 1989, S. 57ff., sprachlich vereinfacht.)

M3 Heinrich IV. (kniend) bittet die Markgräfin Mathilde von Tuszien um Vermittlung bei Papst Gregor VII. Illustration aus einer Handschrift um 1115

AUFGABEN

1. *Diskutiert, was ein Fürst tun konnte, um als Kandidat vorgeschlagen zu werden?*
2. *Erkläre, warum das Recht auf die Bischofsinvestitur für den König äußerst wichtig war.*
3. *Erläutere, welche Stellung der Papst für sich gegenüber dem König und den Fürsten beansprucht.*

M

Projekt: Burg-Erkundung

Vorschläge für eine Exkursion

Auch in der Nähe eurer Schule gibt es eine Burg oder eine Burgruine. Im Mittelalter tausende Burgen errichtet. Untersucht bei einer Erkundung folgende Fragen:

- Vergleicht die Abbildung im Buch mit eurer Burgruine.
- Welche Teile sind noch erhalten, welche hat es vielleicht nie gegeben?
- Welche Funktion hatten jedes Elemente der Burg?
- Wer hat die Burg errichtet?
- Wurde sie einmal belagert?
- Wechselte der Besitzer der Burg?
- Wann wurde sie zerstört?

M1 Mittelalterliche Burganlage

Burgleben – keine Idylle

Der Ritter Ulrich von Hutten berichtet:

„Die Streitereien zwischen unseren und fremden Bauern hören nicht auf; kein Tag vergeht, an dem uns nicht von Zank und Hader [Streit] berichtet wird, die wir dann mit größter Umsicht beizulegen suchen. Denn wenn ich das Meine allzu hartnäckig verteidige oder auch Unrecht verfolge, so gibt es Fehden [Kleinkriege unter Adeligen] [...] Gleichgültig, ob eine Burg auf einem Berg oder in der Ebene steht, so ist sie auf jeden Fall doch nicht für die Behaglichkeit, sondern zur Wehr erbaut, mit Gräben und Wall umgeben, innen von bedrückender Enge, zusammengepfercht mit Vieh- und Pferdeställen, Dunkelkammern vollgepfropft mit schweren Büchsen, Pech, Schwefel und allen übrigen Waffen und Kriegsgerät. Überall stinkt das Schießpulver, und der Duft der Hunde und ihres Unrates ist auch nicht lieblicher, wie ich meine. Reiter kommen und gehen, darunter Räuber, Diebe und Wegelagerer. ... Und welch ein Lärm! Da blöken die Schafe, brüllt das Rind, bellen die Hunde, auf dem Feld schreien die Arbeiter, die Wagen und Karren knarren, und bei uns zu Hause hört man auch die Wölfe heulen."

(Quelle: Pleticha, H.: Ritter, Burgen und Turniere. Arena-Verlag, Würzburg 1969, S. 25.)

① Verlies
② Bergfried
③ Herrenhaus
④ Kapelle
⑤ Turm mit Verlies
⑥ Burgmauer
⑦ Wehrgänge
⑧ Zinnen mit Schießscharten
⑨ Pechnasen
⑩ Toilettenerker
⑪ Ziehbrunnen
⑫ Viehstall
⑬ Burggarten
⑭ Gesindehaus mit Pferdestall und Waffenkammer
⑮ Waschküche
⑯ Schmiede
⑰ Burgtor mit Fallgatter
⑱ Zugbrücke

AUFGABE

1 *Diskutiert die Frage, wo es sich behaglicher lebt: auf einem Bauernhof oder auf einer Burg?*

Erziehung zum Ritter

Der Sohn eines Ritters kam mit 7 Jahren als Page auf die Burg einer befreundeten oder verwandten Ritterfamilie. Dort lernte er standesgemäß höfisches Benehmen. Ab dem 14. Lebensjahr diente er als Knappe. Nun übte er den Gebrauch der Waffen und begleitete seinen Burgherrn auf der Jagd und beim Turnier. Er lernte mit der Rüstung reiten, Bogen schießen, fechten und schwimmen. Mit 21 Jahren erhielt der Knappe den „Ritterschlag" und schwor, nach ritterlichen Tugenden zu leben: tapfer, treu und mutig für den Glauben eintreten, Witwen, Waisen und Schwache schützen und Frauen höflich behandeln.

Erziehung der adeligen Mädchen

Die Erziehung der Töchter übernahm die Mutter. Von ihr lernten sie Lesen, Schreiben, Musizieren, Dichtkunst und höfisches Benehmen. Außerdem lehrte sie das Spinnen, Weben und Kleidernähen sowie den Haushalt zu führen. Um die Familie versorgen zu können, wurden die Mädchen auch in die Heilkunst eingewiesen.

Die Erziehung sollte die Mädchen auf ihre Rolle als zukünftige Ehefrau eines Ritters vorbereiten. Deshalb lernten auch die Mädchen das Reiten und die Falkenjagd. Sie heirateten früh. Diejenigen Mädchen, die nicht verheiratet wurden, gingen häufig in ein Kloster.

Ein Festmahl auf der Burg

Zum Höhepunkt des Lebens der Burgherrn und ihres Gefolges gehörte das Bankett, ein Festessen mit mehreren Gängen. Dazu wurde der Rittersaal mit Fackeln und Kerzen beleuchtet und mit Wandteppichen geschmückt. Die Vorbereitungen für das Bankett begannen schon Tage vorher. Die Burgherrin beaufsichtigte die Küche. Man bewirtete die Gäste mit Wild und Geflügel aller Art sowie mit Rind- und Hammelfleisch.

Die Tische waren u-förmig aufgestellt. So konnten alle Gäste den Darbietungen der Minnesänger oder Gaukler folgen.

Die Pagen und Knappen halfen, die Bedienung zu organisieren. Alle Gäste hatten Löffel und Messer. Gabeln als Essbesteck gab es noch nicht. Auch auf Teller wurde meist verzichtet. Fleisch wurde aus der Hand gegessen und Flüssiges holte man sich direkt mit einem Stück Fladenbrot aus der Schüssel. Trotzdem sollte man sich um geregelte Tischmanieren bemühen.

M2 Ausbildung eines Knappen

AUFGABEN

1. *Betrachte M1. Stell dir vor, du wohnst auf der Burg. Berichte, wie sich das Leben dort abspielt?*
2. *Fertige eine Tabelle mit drei Spalten:*
   a) was ein Page und Knappe lernen musste,
   b) was ein Mädchen auf der Burg lernen musste,
   c) was Jungen und Mädchen im Vergleich zu heute nicht lernten.
3. *Das Wort „höflich" leitet sich von „höfisch" ab. Was versteht man heute unter „Höflichkeit"?*

M3 Eine Burgherrin unterrichtet ihre Tochter.

Dörfliche Lebenswelt

M 1 Bäuerliche Arbeiten. Idealisierte Darstellung von Hans Wertinger (um 1530)

Sicher habt ihr schon Ortsnamen mit Endungen wie -ried, -reuth oder -roth gelesen. Sie erinnern daran, dass hier einmal dichte Wälder waren, die gerodet wurden. An ihrer Stelle legten Bauern im Mittelalter Felder, Weiden und Gärten an. Es entstanden viele kleine Dörfer.

Das Dorf und seine Bewohner

Den Mittelpunkt eines Dorfes bildete die Kirche mit dem Friedhof. Hinter der Friedhofsmauer fanden die Menschen ein wenig Schutz vor Feinden. Davor erstreckte sich oft der Anger (= Dorfplatz) mit Bäumen, dem Dorfbrunnen und der Dorfschenke. Lose gruppierten sich um den Anger die Bauernhöfe. Häuser und Ställe lagen eng beieinander. Die niedrigen Häuser waren meist aus Holz gebaut und mit Stroh gedeckt. Der Fußboden bestand aus gestampftem Lehm. Kleine Öffnungen ließen das Tageslicht herein. Glasfenster gab es noch nicht. Um das Dorf herum lagen die Felder, Weiden und Wälder.
Die Dörfer hatten selten mehr als 100 Einwohner. Die Bauern pflügten, eggten, säten, bewässerten, düngten, ernteten, droschen und lagerten die Früchte der Felder ein. Sie züchteten Tiere, schlachteten, verarbeiteten Fleisch und Felle. Im Unterschied zu heute gab es keine Maschinen. Die Bauern hatten nur ihre Muskelkraft, einfache Geräte (wie Pflug, Sichel und Dreschflegel) und Zugtiere wie Ochse, Esel und – selten – Pferd. Im Winter fällten sie Bäume, stellten hölzerne Haushaltsgegenstände her, reparierten, spannen Flachs zu Garn, webten Leinen. So erzeugte die bäuerliche Familie das meiste, was sie zum täglichen Leben brauchte, selbst: Lebensmittel, Kleidung, Haushaltswaren.
Manche Aufgaben übernahmen Spezialisten. So gab es meist einen Schmied, der die Pferde beschlug und Arbeiten an den Wagen und Pflügen erledigte. Der Müller betrieb die Mühle und mahlte das Korn. Der Hirte hütete das Vieh auf der Weide. Und der Dorfpfarrer sorgte dafür, dass die Bewohner christlich lebten.
Ein Zeitgenosse beschreibt: *„[Die Landleute] wohnen abgesondert voneinander, demütig mit ihren Angehörigen und ihrem Vieh. Die Hütten bestehen aus Lehm und Holz, ragen wenig über die Erde empor, sind mit Stroh gedeckt: das sind ihre Häuser. Geringes Brot, Haferbrei und gekochtes Gemüse ist ihre Speise. Ein leinener Rock, ein paar Stiefel, ein Hut ist ihre Kleidung. In der Kirche kommen sie an Festtagen alle zusammen, nachmittags verhandeln sie unter der Linde oder an einem anderen öffentlichen Orte ihre Angelegenheiten. Die Jüngeren tanzen darauf nach der Musik des Pfeifers, die Alten gehen in die Schenke und trinken Wein."*

(Johannes Boemus (1520), In: Franz, G.: Deutsche Agrargeschichte. 1973).

Viele Bauern müssen dem Grundherrn fronen

Grund und Boden gehörten den meisten Bauern nicht selbst, sondern geistlichen oder weltlichen Grundherren. Der Grundherr überließ dem Bauern ein Stück Land zur Bearbeitung. Der Bauer musste dann nicht mehr in den Krieg ziehen, aber er verlor seine Freiheit: Er war grundhöriger Bauer, das heißt er musste tun, was sein Grundherr verlangte und durfte den Hof nicht verlassen. Zu den Pflichten des Bauern gehörte es, dem Grundherrn Zinsen zu zahlen und für den Grundherrn zu arbeiten, also Frondienst zu leisten (von althochdeutsch fro = Herr).

Der Zins wurde in Form von Geld oder in Naturalien bezahlt. Ursprünglich war die Abgabe der Zehnt. Der Bauer musste als Zins nicht nur einen Teil des geernteten Getreides abgeben. Er hatte außerdem einen Teil des Obstes und Gemüses sowie an festgelegten Tagen Honig, Eier, Milch, Fleisch, Hühner und Wolle abzuliefern. Starb der Bauer oder die Bäuerin oder wollte ein Sohn oder eine Tochter heiraten, wurden oft Sonderabgaben fällig. So heißt es in einer Klosterurkunde von 1035:

M3 Bauernhaus im Mittelalter (Rekonstruktion)

„Nach dem Tode des Mannes wird das beste Stück Vieh ... zum Abtshof (Abt = Klostervorsteher, oft geistlicher Grundherr) entrichtet, nach dem Tode einer Frau das wertvollste Kleid. Eine Frau, die außerhalb des Dorfes heiratet, gibt selbstverständlich ihren Zins von sechs Pfennigen."

(Quelle: Franz, G.: Deutsche Agrargeschichte von den Anfängen bis zur Gegenwart. Stuttgart 1973, Nr. 12)

Über den Frondienst und das Verhältnis zum Grundherrn:

„Den Herren müssen die Bauern oftmals im Jahre dienen: Das Feld beackern, säen, ernten und die Frucht in die Scheunen bringen, Holz fällen, Häuser bauen, Gräben ausheben. Es gibt nichts, wovon die Herren nicht behaupten, dass das geknechtete Volk es ihnen nicht schulde; die Leute können auch nicht wagen, einen Befehl nicht auszuführen, da sie dann schwer bestraft werden. Nichts aber bedrückt diese Leute so, als dass der größere Teil der ... Felder nicht ihnen, sondern Herren gehört, von denen sie sich für einen bestimmten Teil ihrer Ernte ihr Land jährlich zurückkaufen müssen."

(Quelle: Bühler, J.: Bauern, Bürger, Hanse. Leipzig 1929, S. 56 ff)

AUFGABEN

1 *Untersuche Körpersprache und Kleidung in M2 und M4.*

2 *Erkläre die Rechte und Pflichten eines grundhörigen Bauern.*

M2 Bauern bringen Zins

M4 Bauern leisten Frondienst

M 1 Aus dem Sachsenspiegel von 1315 – Abgaben und deren Fälligkeitstermine in Form eines Bauernkalenders:
① Weingartenzins an St. Urban (25. Mai): Der leere Arbeitskittel deutet an, dass hier die Frühjahrsarbeiten beendet sind.
② Fleischzehnt am Johannestag (24. Juni): Dies wird durch ein Rind, ein Kalb, eine Ziege und einen Hahn dargestellt.
③ Kornzehnt am Margarethentag (13. Juli): Die Heilige fesselt der Legende nach den Teufel.
④ Gänsezehnt am 15. August: Als Erinnerung daran werden Kräuter- und Getreidebündel in der Kirche geweiht.
⑤ Fällige Abgaben an St. Bartholomae (24. Aug.), z. B. Geld, Eier, Getreide: Der Hl. Bartholomäus, der durch Hautabziehen getötet wurde, trägt seine Haut an einem Stock.

Arbeit und Zusammenleben im Dorf sind klar geregelt

In den Dörfern war genau festgelegt, welcher Bauer welche Felder wann zu bearbeiten hatte. Die Allmende, das heißt das gemeinsame Weideland und der Wald der Dorfbewohner, wurde von allen genutzt.

In den Dörfern gab es auch immer wieder Probleme und Streitereien. So versammelte sich mindestens einmal im Jahr – meistens am Martinstag (11. November) – die ganze Dorfgemeinde am Anger. Da trug der Dorfvorsteher das Dorfrecht vor, die Dorfbewohner konnten Klagen und Beschwerden äußern, manchmal wurden auch gleich Urteile gefällt. Mit der Zeit entstanden Rechtssammlungen, die als „Weistümer" erhalten geblieben sind. Darin hieß es z. B.:

„Wenn du einen Baum im Walde fällen willst, dann sieh zu, ob der Baum nicht noch zu dünn ist. Versuche mit dem rechten Arm um den Baum herumzugreifen. Kannst du das linke Ohr gerade noch packen, dann darfst du den Baum fällen.
Wenn du einen großen Stein den Berg hinunterrollen willst, dann musst du dreimal rufen: Aus dem Weg! Dann musst du solange warten, bis du ein Ei gegessen hast... Dann erst darfst du den Stein loslassen.
Wenn ein Trinker seinen Wein nicht bezahlen kann, darf der Wirt seinen Rock nehmen und in den Keller werfen, auch wenn der Trinker noch in dem Rocke steckt.
Wer zuerst (in die Mühle) kommt, mahlt zuerst.

(Quelle: Starke, D.: Herrschaft und Genossenschaft im Mittelalter. Stuttgart 1969)

Der Sachsenspiegel war das älteste Rechtsbuch des Mittelalters. Es fasste die in Sachsen geltenden Regeln des Lehnsrechts zusammen, galt aber auch in anderen Gebieten.

In einem Dorf gab es natürlich auch schöne Tage, die das Zusammengehörigkeitsgefühl der Bewohner stärkten: An Sonn- und Feiertagen ruhte die Arbeit. Dann gab es Musik, Tanz und üppigeres Essen.

AUFGABEN

1 *Beschreibe, wie ein Dorf im Mittelalter aussah. Nutze auch den Text von S. 80.*
2 *Spielt eine mittelalterliche Dorfbewohnerversammlung nach und entwickelt daraus eigene „Weistümer".*
3 *Beurteile das Leben der Bauern im Mittelalter.*

Fortschritte in der Landwirtschaft

Die alltägliche Arbeit der Bauern war körperlich anstrengend. Alle Arbeiten mussten mit der Hand gemacht werden. Die ganze Familie arbeitete mit, auch die Kinder.

Zu Beginn des Mittelalters benutzten die Bauern nur einfache Hakenpflüge, die von Ochsen gezogen wurden. Damit wurde der Boden nur oberflächlich aufgeritzt. Eine wichtige Erfindung war der Räderpflug. Mit seiner Pflugschar aus Eisen zerschnitt er den Boden. Das Streichbrett aus Holz wendete die Erdschollen um.

Vor den Pflug spannte man Pferde. Um die Zugkraft zu erhöhen, wurde der gepolsterte Halsring (Kummet) entwickelt: Es verteilte die Last beim Ziehen.

Weitere Neuerungen waren die Sense und der Dreschflegel. Mit der langstieligen Sense konnte man schneller mähen als mit der Sichel. Der zweiteilige Dreschflegel traf das Getreide beim Dreschen mit größerer Wucht. Dadurch lösten sich leichter die Körner aus den Ähren.

M2 Veränderungen bei der Pflugarbeit

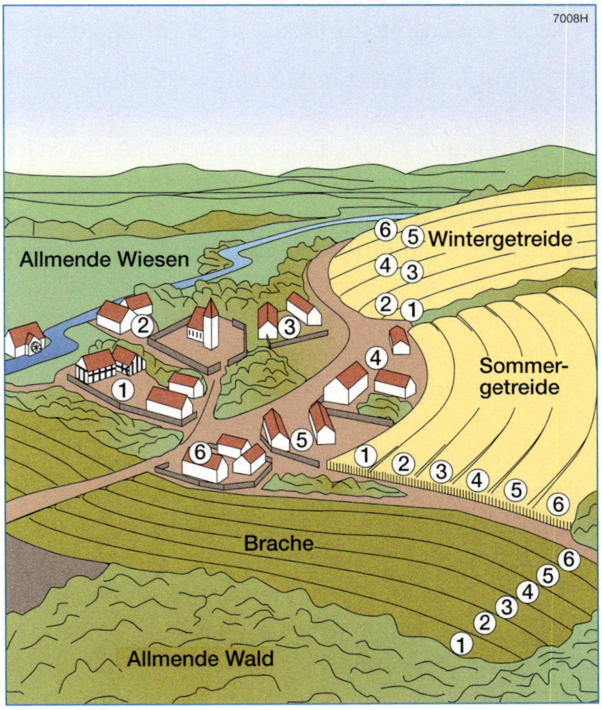

M3 Dorf und dazugehörende Flur

Die Dreifelderwirtschaft bringt mehr Ertrag

Im frühen Mittelalter bewirtschafteten die Bauern ihr Ackerland in zwei Teilen. Auf einem Feld wurde Getreide angebaut, das andere blieb unbebaut, das heißt „brach" liegen. Diese Brache diente als Viehweide und wurde so gedüngt. Im nächsten Jahr wurde gewechselt.

Schließlich entdeckten die Bauern eine andere Anbaumethode: die **Dreifelderwirtschaft**. Sie teilten ihr Ackerland in drei Teile. Das erste Feld bestellten sie im Herbst mit Wintergetreide, das zweite im Frühjahr mit Sommergetreide und das dritte ließen sie brach liegen. So konnte jedes Jahr auf zwei Dritteln des Ackerlands geerntet werden. Durch die höheren Erträge konnten mehr Menschen ernährt und die entstehenden Städte versorgt werden.

AUFGABEN

1 *Beschreibe anhand von M2 die Veränderungen und Verbesserungen bei der Pflugarbeit. Die Ziffern in der Abbildung und der Text helfen dir dabei.*

2 *Erläutere weitere Veränderungen und Verbesserungen in der Landwirtschaft.*

3 *Stelle die Vorteile der Dreifelder- gegenüber der Zweifelderwirtschaft zusammen.*

4 * *Diskutiert, welche Auswirkungen die Fortschritte in der Landwirtschaft für die Bevölkerung hatten.*

Leben im Kloster

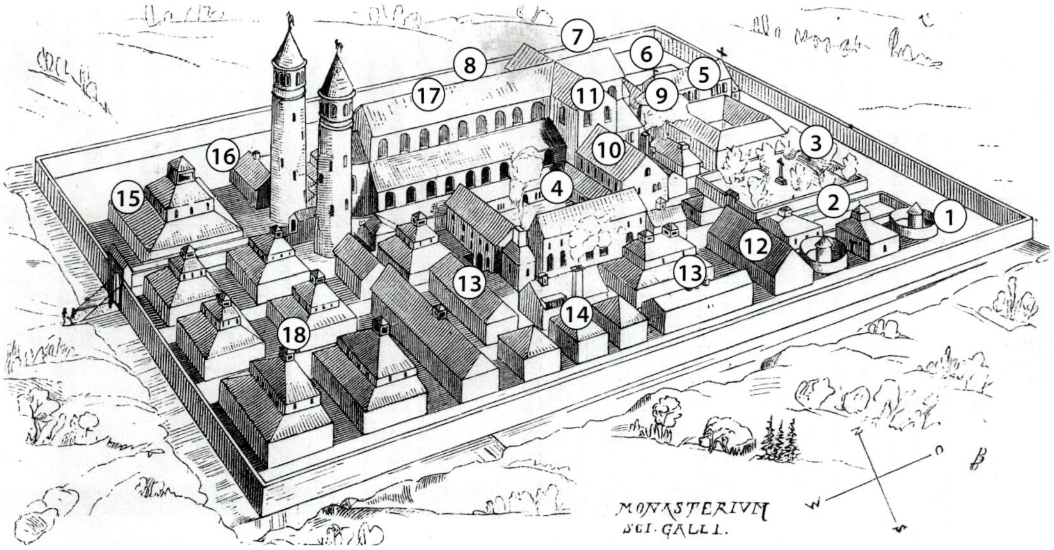

① Geflügelzucht; ② Gemüsegarten; ③ Friedhof; ④ Kreuzgang; ⑤ Spital; ⑥ Arzt und Apotheke; ⑦ Abthaus; ⑧ Klosterschule für die Söhne des Adels, Bibliothek, Schreibstube; ⑨ Küche; ⑩ Schlafsaal; ⑪ Bad; ⑫ Kornscheune; ⑬ Wohnhäuser der Handwerker; ⑭ Brauerei, Mühle, Bäckerei; ⑮ Wirtshausgebäude; ⑯ Herberge für vornehme Gäste; ⑰ Klosterkirche; ⑱ Stallungen

M1 Idealplan eines christlichen Klosters, St. Gallen von 820

Das Christentum prägte das Leben vieler Menschen im Mittelalter – besonders das der oft adeligen Mönche und Nonnen. Sie wurden von ihren Familien in einen abgeschlossenen Bezirk, den sie claustrum, Kloster, nannten, geschickt. Das erste größere Kloster soll der Mönch Benedikt von Nursia in Italien 529 gegründet haben. Er verfasste Ordensregeln. Menschen, die danach lebten, wurden Benediktiner genannt. Sie gründeten viele Klöster in Europa. Meist riefen Herzöge und Grafen die Mönche und schenkten ihnen Land und Bauernhöfe, auf dem sie ihr Kloster errichten konnten.

Das Kloster und seine Bewohner

Im Mittelpunkt des Klosters stand die Kirche. An sie schlossen sich die zentralen Klostergebäude an, z. B. der Kreuzgang, die Bibliothek und die Zellen, in denen die Mönche wohnten. Die Klostergemeinschaft sollte sich selbst versorgen. Das Kloster war so angelegt, dass sich alles Notwendige wie Wasser, Mühle, Garten, Weinkeller, Scheunen, Viehställe und die Werkstätten, innerhalb der Klostermauer befand. Meist gehörten zum Kloster neben vielen Bauernhöfen auch ein Spital, eine Herberge und eine Schule. Geleitet wurde ein Kloster von einem Abt oder einer Äbtissin. Ihm oder ihr mussten die Mönche und Nonnen gehorchen. Klöster erlangten große wirtschaftliche Macht und kulturellen Einfluss.

M2 Mönch in der Schreibstube (Buchmalerei, 12. Jh.)

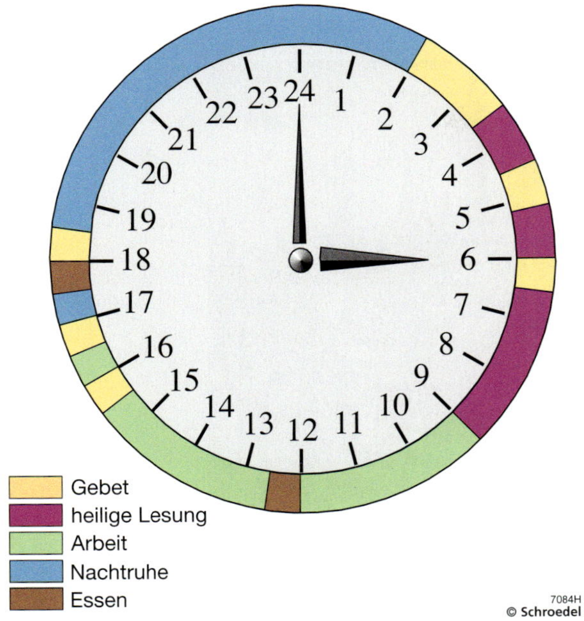

M3 Tagesablauf im Kloster früher

Tagesablauf in einem Benediktinerkloster

4.00 Uhr:	Wecken
4.20 Uhr:	Metten (Nachtgebete), anschließend Laudes (Loblied auf Jesus)
6.00 Uhr:	Gemeinschaftsmesse
7.00 Uhr:	Frühstück, Zelle in Ordnung bringen
7.30 Uhr:	Morgengebet im Kapitelsaal, Verteilung der Arbeit durch den Abt
8.00 Uhr:	Hochamt (feierliche Messe), anschließend Arbeit
11.45 Uhr:	Chorgebet
12.00 Uhr:	Mittagessen
13.30 Uhr:	Ruhezeit
14.30 Uhr:	Gebet, anschließend Arbeit
18.00 Uhr:	Vesper (Gebet am Ende des Tages)
18.45 Uhr:	Abendessen
19.45 Uhr:	Abendgebet
21.00 Uhr:	Nachtruhe

M4 Tagesablauf im Kloster heute

Gottesdienste, Arbeit, Bildung

Das war der Leitsatz, der den Tagesablauf und das Leben der Benediktinermönche bestimmte. Ob sie beteten oder arbeiteten – alles machten sie zur Ehre Gottes. In den Ordensregeln des Benedikt von Nursia heißt es:
Müßiggang ist ein Feind der Seele. Deshalb sollen sich die Brüder zu bestimmter Zeit mit Handarbeit und wiederum zu bestimmten Stunden mit heiliger Lesung beschäftigen. Erfordern es die örtlichen Verhältnisse oder die Armut, dass die Brüder die Ernte selbst einbringen, so seien sie nicht betrübt. Sie sind nämlich erst wahre Mönche, wenn sie von der Arbeit ihrer Hände leben (Kapitel 48).
Die Ordensregeln des Benedikt sind bis heute gültig. Beim Eintritt ins Kloster müssen zukünftige Nonnen und Mönche drei Gelübde ablegen: Sie verpflichten sich zu persönlicher Armut, zur Ehelosigkeit sowie zu strengem Gehorsam gegenüber ihren Vorgesetzten.
Die Klöster strahlten auf die Umgebung aus. Sie verbreiteten den christlichen Glauben. Als Heilkundige kümmerten sie sich um Kranke, in Apotheken hielten sie selbst hergestellte Medikamente bereit. Klöster wurden oft in unwirtlichen Gegenden gegründet. Dort wurden neue Ackerflächen erschlossen. In den Klöstern wurden die ersten Schulen errichtet. Hier lernten Söhne von Adeligen lesen, schreiben und rechnen. Gelehrte Mönche beschäftigten sich auch mit Philosophie, Biologie, Medizin oder Astronomie und kultivierten Pflanzen. Viele Klöster betrieben Forschung.

M5 Nonne bei der Arbeit als Lehrerin heute

AUFGABEN

1 *Zeichne die Klosteranlage M1 als Grundriss ins Heft. Schreibe die Namen der Gebäude dazu und welchem Zweck die einzelnen Gebäude dienten.*

2 *a) Ermittle mithilfe der Uhr M3, wie viele Stunden ein Mönch oder eine Nonne mit welcher Tätigkeit verbrachte.*
b) Zeichne den heutigen Tagesablauf M4 als Uhr und vergleiche mit M3.

3 *Erläutere, welche Impulse die mittelalterliche Welt durch die Klöster erhielt.*

Die Städte blühen auf

M 1 Ansicht der Stadt Nürnberg (1493)

Um die Reste römischer Kastelle, bei Königspfalzen, im Schutz von Burgen, in der Nähe von Bischofssitzen und Klöstern, an Handelsstraßen und Flüssen entstanden im Mittelalter kleine Siedlungen. Könige ließen dort Märkte zur eigenen sowie zur Versorgung der Bevölkerung seit dem 9. Jahrhundert einrichten. Sie dienten auch als Einnahmequelle für die adligen Herren. An bestimmten Tagen im Jahr sollten hier Waren aller Art ausgetauscht werden. Diese Märkte bildeten die Keimzelle vieler Städte. Ein Ort wurde dann zur Stadt, wenn ihm das Stadtrecht verliehen wurde. Anfangs hatte nur ein König dieses Vorrecht, später durften auch Adelige das Stadtrecht verleihen.
Um 1300 gab es ungefähr 4 000 Städte in Deutschland. Die meisten hatten nicht mehr als 1 000 Einwohner. Städte mit 10 000 Einwohnern galten als Großstädte. Sie hatten einige gemeinsame Merkmale.

Eine Stadt ist befestigt

Eine Stadt war mit Wällen, Gräben, starken Mauern und Wachtürmen umgeben. Im Zeughaus lagerten die Bürger Waffen. So konnten sie sich gegen Feinde verteidigen. Der Zugang zur Stadt war nur über die Tore möglich. Sie wurden nachts geschlossen. Am Tag überprüften Torwächter jeden Fremden, der hineinwollte. Zogen immer mehr Menschen in die Stadt, musste sie erweitert werden. Außerhalb der Altstadt entstand eine Neustadt.

Über die Stadt Nürnberg heißt es dazu in dem Bericht eines Schulrektors:
„Nürnberg ist ein sehr geeigneter Handelsplatz. An Befestigungen und Bauwerken, an Behörden und Volksmenge steht sie keiner Stadt nach, denn sie ist mit dreifacher Mauer und einem Graben ganz umschlossen. Außerdem hat sie in ihren Mauern eine Burg, die durch Lage, Stärke und Alter hervorragt. Sie ist so gefestigt, dass sie mit Recht Residenz des Kaisers ist."

(Quelle: Cochläus, J.: Brevis Germaniae Descripto 1512. Darmstadt 1969, S. 74)

Handel und Gewerbe prägen das Stadtbild

Als Umschlagplatz für Waren aller Art war die Stadt Mittelpunkt von Handel und Gewerbe. Es gab Speicher und Stadel, in denen Salz, Getreide, Wein und Eisen gelagert wurden. Es gab Märkte, auf denen Bauern der Umgebung landwirtschaftliche Erzeugnisse wie Vieh, Heu, Korn, Gemüse, Obst, Geflügel, Eier und Milch verkauften. Auf Bänken boten Metzger Fleisch an. In hölzernen Trögen stellten Fischer ihren Fang den Käufern dar.
Haus an Haus reihte sich entlang enger, winkeliger Gassen. Die oberen Stockwerke waren bewohnt, im Erdgeschoss befanden sich meist Werkstätten und Läden. Hier arbeiteten Handwerker und Händler. Bestimmte Gewerbe, z. B. Gerber, Färber, Müller oder Schmiede, hatten oft ihre eigenen Gassen am Bach oder Fluss entlang.

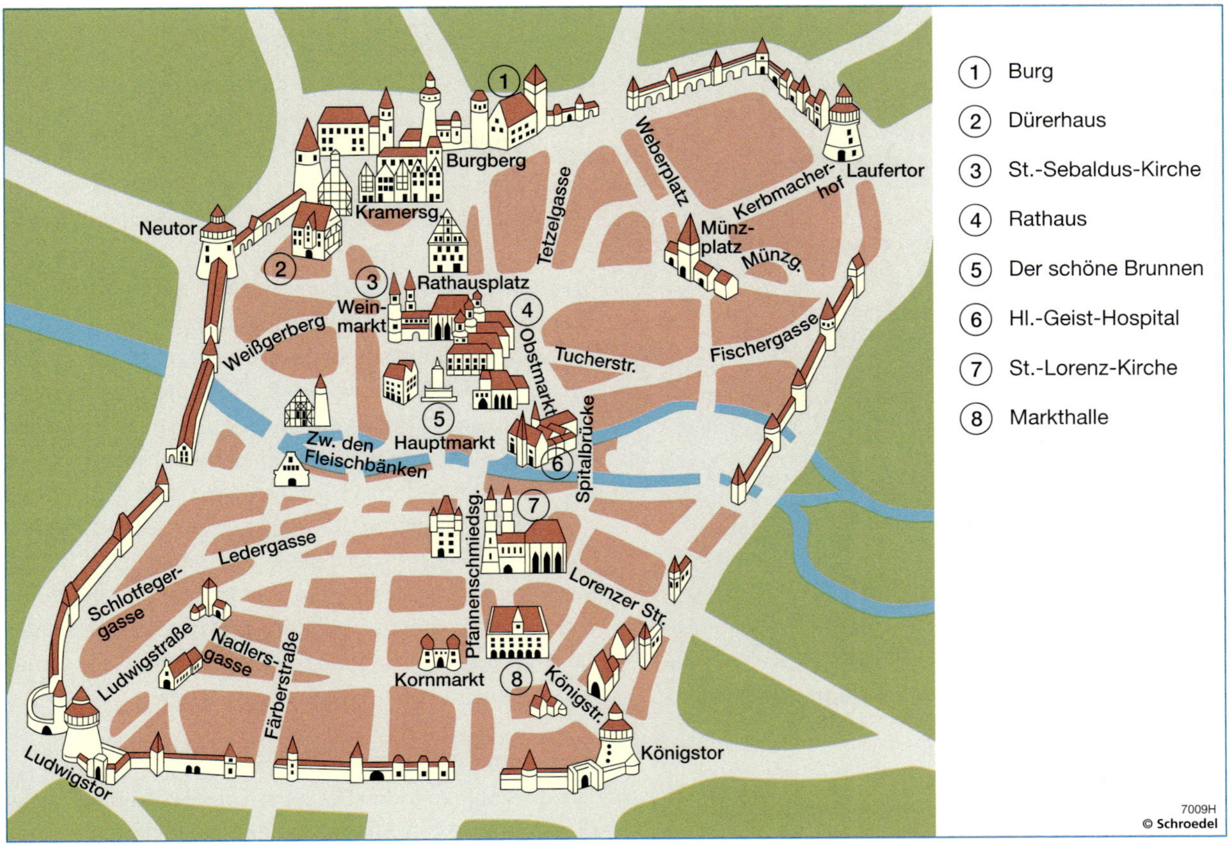

M2 Der Plan der Altstadt von Nürnberg

Die Stadt hat öffentliche Einrichtungen

Im Zentrum der Stadt stand das Rathaus. In seinem großen Sitzungssaal tagte der Stadtrat unter Vorsitz des Bürgermeisters. In der Münzerei wurden die städtischen Münzen geprägt. Der Zöllner arbeitete in der „Waage", wo er die Maße für Salz, Wein, Öl und Getreide eichte und Abgaben kassierte.

Von Hausbrunnen oder öffentlichen Brunnen holten sich die Menschen das Wasser. Auch Badstuben wurden eingerichtet, in denen sich die Leute reinigen konnten. Eine Kanalisation und Müllabfuhr gab es noch nicht. Die Abwasser und die Abfälle wurden einfach in die meist ungepflasterten Gassen oder Stadtbäche gekippt. Sie waren deshalb eine ständige Gefahr für die Gesundheit der Menschen.

Für die Kranken wurde im Spital gesorgt. Menschen mit ansteckenden Krankheiten wurden außerhalb der Stadtmauern in Siechen-, Pest- und Leprosenhäusern untergebracht. Dort lagen auch die Friedhöfe, der Galgen und der Schindanger, wo die verendeten Tiere eingegraben wurden.

AUFGABEN

1 *Erkläre, wo und wie im Mittelalter Städte entstanden sind.*

2 *Beschreibe das Aussehen der mittelalterlichen Stadt Nürnberg mithilfe von M1 und M2.*

3 *Nenne Straßennamen aus dem Stadtplan von Nürnberg M2, die auf Handel und Gewerbe hinweisen. Welche öffentlichen Einrichtungen entdeckst du außerdem noch in der Karte?*

4* *Das Leben in der Stadt hatte seine guten und seine schlechten Seiten. Stelle gegenüber.*

5 *Vergleiche das Aussehen einer Stadt mit dem Aussehen eines Dorfes (> S. 80 f) und eines Klosters (> S. 84 f) im Mittelalter. Nenne Gemeinsamkeiten und Unterschiede.*

6 *Unternehmt eine Exkursion in eine Stadt, die im Mittelalter gegründet worden ist. Erkundet sie unter dem Aspekt „Zeugnisse aus dem Mittelalter".*

M1 Kaufmänner beim Geldzählen. Kupferstich von Quentin Massys (1466 – 1530)

M2 Sarwirker (Kettenhemdmacher)

Die Stadt und ihre Bewohner

Lieber in der Stadt oder lieber auf dem Land leben? Diese Frage haben sich bereits die Menschen im Mittelalter gestellt. Viele Söhne von hörigen Bauern entschieden sich schließlich für ein Leben in der Stadt. Sie verließen heimlich das Dorf oder sie kauften sich von ihrem Grundherrn frei. Warum?
In der Stadt herrschten persönliche Freiheit, rechtliche Gleichheit und Sicherheit. Die Menschen mussten dort keinem Grundherrn mehr Zinsen zahlen und Fronarbeit leisten. In der Stadt waren sie nicht mehr als **Hörige** oder „Leibeigene" den Launen eines Herrn ausgeliefert. Dort war nicht ihre Herkunft entscheidend.
All das drückte sich in der Redewendung „Stadtluft macht frei" aus. In der Stadt kam es vor allem auf eines an: auf die eigene Tüchtigkeit. Sie ermöglichte Besitz, Macht und sozialen Aufstieg. Einfach war das allerdings nicht. Und so gab es in der Stadt trotz der rechtlichen Gleichheit eine große soziale Ungleichheit. Je reicher jemand war, desto angesehener war er auch.

Kaufleute

Zu den wohlhabenden Bürgern in den Städten gehörten die Groß- und Fernhandelskaufleute. Sie handelten mit Waren aus fernen Städten und Ländern: Mit Pfeffer und Salz, mit Seide und Samt, mit Pelzen, Gold und Silber. Fernhandelsgeschäfte dieser Art machten eine hohe Bildung erforderlich. Solche Geschäfte waren mit großem Risiko verbunden, waren aber auch nahezu die einzige Möglichkeit, reich zu werden.
Diese Kaufleute zeigten ihren Reichtum: Sie kauften Grundstücke und Häuser und wohnten in geräumigen, zentral gelegenen Häusern, die mit Öfen, Fensterscheiben und holzvertäfelten Wänden ausgestattet waren. Sie trugen Pelze, Samt und Seide. Sie luden Gäste zu Festen ein. Sie richteten Stiftungen ein, die Arme, Kranke, Witwen und Waisen unterstützten.

Neben den wenigen Fernhandelskaufleuten gab es eine große Zahl von Kleinkaufleuten. So handelten Krämer mit Haushaltswaren, wie Messer, Töpfe und Geschirr, Tändler mit neuen und gut erhaltenen gebrauchten Waren aller Art. Sie konnten von ihrem Gewinn gerade den Lebensunterhalt bestreiten.
Vom Handel lebten auch manche Juden in der Stadt. Aber sie wurden als Gruppe für sich behandelt und waren wenig angesehen. Sie durften zumeist nicht Mitglied einer Zunft werden, also ein Handwerk ausüben.

Handwerker

Eine große Bevölkerungsgruppe in der mittelalterlichen Stadt bildeten die Handwerker. Sie verarbeiteten Rohstoffe wie Metalle, Felle und Leder, Stoffe, Steine, Holz und Nahrungsmittel. Weil sich jeder Handwerker auf einen kleinen Bereich spezialisierte, entwickelten sich zahlreiche Berufe. So waren in der Stadt Regensburg im Jahr 1436 allein im Bereich Eisenverarbeitung tätig: 21 Schmiede, 8 Drahtschmiede, 1 Nagler, 3 Nadler, 3 Schwertfeger, 3 Klingenschmiede, 8 Messerschmiede, 2 Schleifer, 10 Schlosser, 2 Sarwirker, 4 Plattner (stellten Harnische für Ritterrüstungen her), 2 Sporer (stellten Stiefelsporen her).

Ihre Werkstätten lagen oft dort, wo es Kundschaft gab. Einige von ihnen wurden Hauseigentümer und konnten erträglich leben. Bei anderen reichte der Verdienst gerade dafür aus, die Miete für die Werkstatt und eine Wohnung zu bezahlen und die Familie zu ernähren. Übrigens: Es gab auch Frauen in diesen Berufen.

M3 Verkauf von Handwerkswaren auf dem Markt in einer Stadt (um 1460)

Diener, Knechte, Mägde sowie Menschen ohne feste Arbeit

Viele Bewohner einer Stadt, die keinen Beruf erlernen konnten, aber arbeitsfähig waren, verdingten sich als Diener, Knechte und Mägde bei Kaufleuten oder Handwerkern. Sie bekamen für ihre Arbeit Essen, einfache Kleidung und einen Schlafplatz im Hause ihres Herrn. Da sie kein eigenes Einkommen nachweisen konnten, durften sie nicht heiraten.

Daneben gab es noch ärmere Bevölkerungsgruppen. Ein elendes Dasein fristeten Tagelöhner und Fuhrleute. Sie hatten keinen festen Arbeitgeber und lebten von der Hand in den Mund. Auch Witwen ohne Vermögen, Kranken ohne Angehörige, Arbeitsunfähigen und Bettlern ging es sehr schlecht. Sie waren auf die Almosen der Reichen angewiesen und auf die Hilfe von Mönchen und Nonnen, die in den Klöstern im Stadtgebiet lebten. Bettler aus anderen Orten wurden aus der Stadt verwiesen. Der Anteil der Unterschicht war in den Städten unterschiedlich hoch. Um 1420 gehörten in Frankfurt am Main rund 70 Prozent, in Basel aber nur 25 Prozent der Einwohner zu diesem Bevölkerungsteil.

M4 Mägde beim Einschenken

AUFGABEN

1 *Erkläre, warum viele Söhne von hörigen Bauern sich für ein Leben in der Stadt entschieden.*

2 *Beschreibe die auf den Bildern abgebildeten Personen. Waren sie reich oder arm? Begründe.*

3 *Macht Stadtluft frei? Diskutiert diese Redensart.*

Bürger regeln die städtische Ordnung

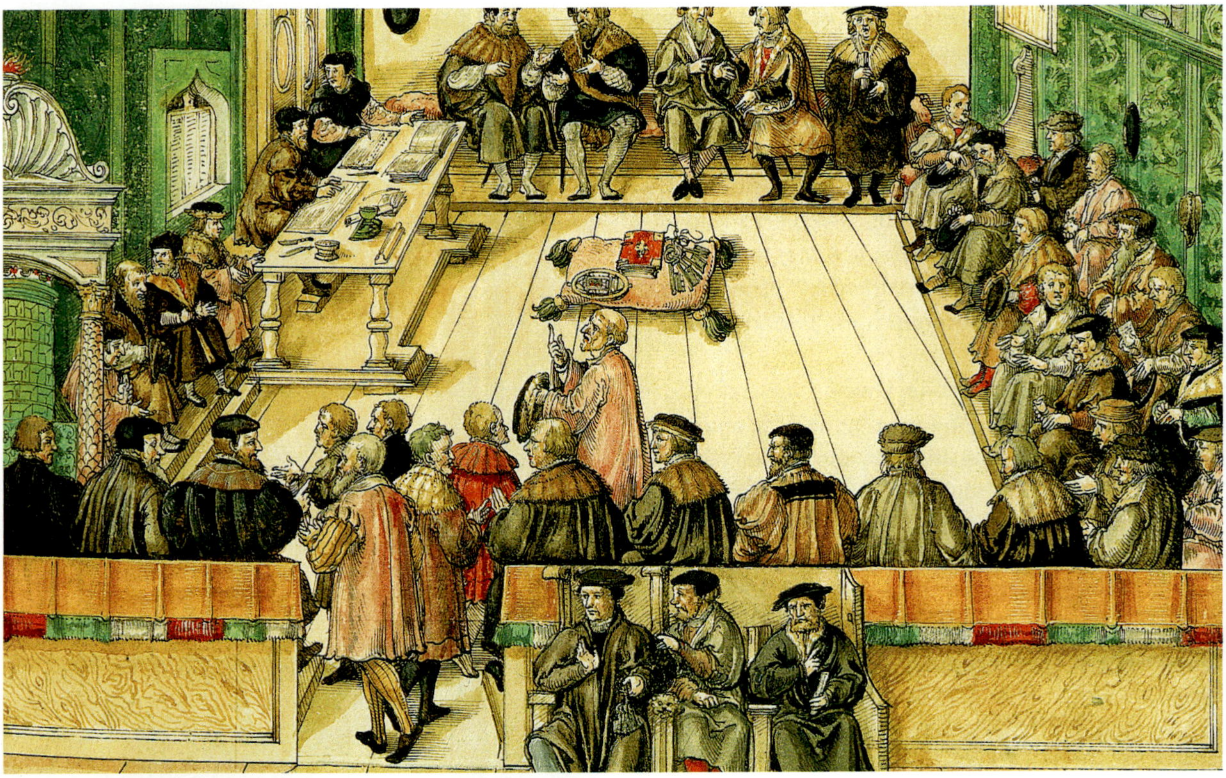

M1 Ratsversammlung (Patrizier und Handwerker) in Augsburg

Die Stadt im Mittelalter war ein Ballungszentrum. Hier lebten Menschen mit unterschiedlichen Interessen auf engem Raum. Bürgerrechte hatten nur die Menschen, die über nennenswertes Eigentum verfügten. Fremde brachten Neuigkeiten, Fernhandelskaufleute bereisten weite Teile Europas, gewannen Einblick in andere Lebens- und Wirtschaftsformen. Ständig musste in der Stadt gebaut, verändert, neu entschieden werden.
Diese Dynamik brachte einerseits mit sich, dass sich vor allem bei den Bewohnern größerer Städte Offenheit und Freiheitsbewusstsein stärker entfalteten.
Andererseits waren gerade dadurch Regelungen notwendig, damit die Freiheit, die Sicherheit und die Ordnung bewahrt werden konnten. Wie stellten sich die Städter dieser Herausforderung?

Bürger übernehmen die Stadtregierung

Ursprünglich war der König, ein Herzog oder ein Bischof der Herr der Stadt. Er verlieh z. B. das Marktrecht, das Recht zum Bau der Stadtmauer und das Münzrecht. Mit dem Wohlstand wuchs das Selbstbewusstsein der Bürger. Vor allem die reichen Kaufleute wollten vom Grundherrn unabhängig sein. Um dieses Ziel zu erreichen, setzten sie verschiedene Mittel ein: Sie kauften dem Grundherrn bestimmte Rechte ab, verweigerten ihm Steuern und Gefolgschaft. Manchmal kämpften die Bürger sogar gegen den Grundherrn.

In vielen Städten wurden reiche Kaufleute, die Patrizier, schließlich die neuen Herren. Als gewählte Bürgermeister und Stadträte übernahmen sie häufig die Regierung in den Städten. In einer Ratsordnung von Köln heißt es 1341 dazu:

„Die 15 Herren des engen Rats und die 2 Bürgermeister sollen schwören, der Mehrheit zu gehorchen, Gesetze und Verträge zu lesen und zu halten. Sie sollen drei Tage in der Woche Rat halten ... Ehe das Jahr um ist, sollen die 15 Herren andere 15 wählen ... Alle Punkte, die der Rat behandelt, sollen in einem Protokollbuch aufgeschrieben werden, auch wie sich die Mehrheit entschieden hat. Wer das, was im Rat behandelt wird, in der Stadt heimlich preisgibt, soll nicht mehr in den Rat kommen."

(Quelle: Keutgen, F.: Urkunden zur städtischen Verfassungsgeschichte 1899, S. 220)

M2 Ein Bischof erlässt als Stadtherr eine neue Zunftordnung.

Zünfte werden gegründet

„Kund und zu wissen sei, es haben Reinzo, Wilderich und Everold und die übrigen Handwerksgenossen in frommer Hoffnung auf ein ewiges Leben im Jahre 1149 eine Bruderschaft der Decklakenweber gebildet."

Mit solchen oder ähnlichen Worten schlossen sich ab dem 12. Jahrhundert in vielen Städten Handwerker eines Berufszweiges zusammen und gründeten eine **Zunft**. So gab es z. B. die Zunft der Schreiner, der Schlosser, der Metzger. Jede Zunft gab sich eine Zunftordnung. In ihr wurde unter anderem festgelegt, wer in die Zunft eintreten konnte, wie viele Meister und Gesellen in der Stadt das Handwerk ausüben durften, wie die Ausbildung der Lehrlinge geregelt war. Die Zunft überwachte den Einkauf der Rohstoffe, die Löhne und Preise sowie die Qualität der Erzeugnisse und half bei Notlagen und Todesfällen. Jede Zunft hatte ihr Zunftzeichen, ihre Zunftfahne, ihr Zunfthaus, ihre Zunftbräuche und ihre Zunftkleidung. „Zünftig" zu sein, brachte Beschränkungen der persönlichen Freiheit mit sich. Andererseits konnten die Handwerker durch ihren Zusammenschluss in vielen Städten erreichen, dass nicht nur die reichen Kaufleute, sondern auch sie die Geschicke der Stadt bestimmten. In Augsburg wurde 1368 dazu festgelegt:

„Aus allen Handwerkern der Stadt sollen sich 18 Zünfte bilden. Jede soll einen Zunftmeister haben, der dem Rat angehört. Handelt es sich um eine große und ehrbare Zunft, so soll noch ein weiteres Zunftmitglied mit in den Rat gehen ... Jedes Jahr soll der Rat alle wissen lassen, wofür die Steuergelder verwendet wurden."

(Quelle: Chroniken der deutschen Städte. Bd. 4, S. 135)

Auch die reichen Kaufleute schlossen sich zu Handelsgesellschaften und Gilden zusammen. Die bekannteste Kaufmannsgilde war die Hanse.

M3 Zunftwappen

AUFGABEN

1 *Erkläre, wie es dazu kam, dass die Bürger die Regierung in den Städten übernahmen.*

2 *Entnimm der Kölner Ratsordnung, wozu sich die Stadträte verpflichteten.*

3 *Erkläre, welche Aufgaben die Zünfte hatten.*

4 *Diskutiert, ob es sinnvoll ist, Löhne und Preise festzulegen.*

5 *a) Ordne den abgebildeten Zunftwappen in M3 die Berufe zu.*
b) Nenne die Zünfte, die du an den Werkzeugen M2 erkennst.

Z

Wie lebten und arbeiteten die Frauen in der Stadt?

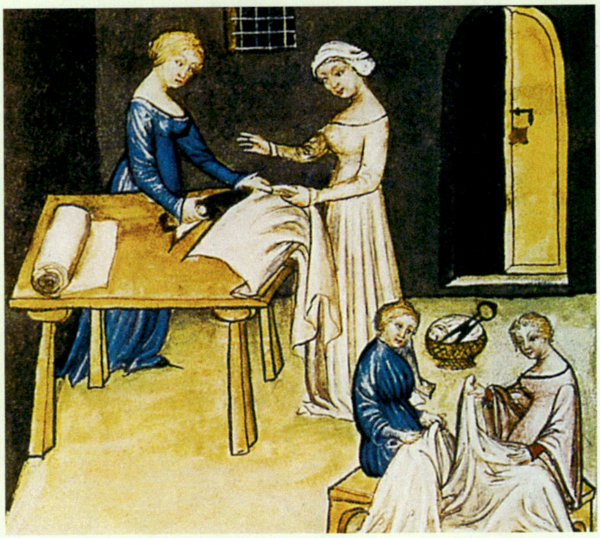

M 1 Frauen sind im Schneiderhandwerk tätig (Buchmalerei aus dem 14. Jahrhundert).

M 2 Frauen stellen Leinen her. Es sind verschiedene Arbeitsgänge zu sehen: Flachs hecheln (lange Stränge herstellen), kämmen, zum Faden spinnen, den Faden zum Leintuch verweben (Buchmalerei, 14. Jahrhundert).

Ärmere Menschen, die keine feste Arbeit hatten, sowie Knechte und Mägde hatten im Mittelalter meist keine eigene Wohnung. Sie konnten deshalb keinen eigenen Hausstand oder keine eigene Familie gründen.
Familienoberhaupt war der Mann. Der Vater hatte die Pflicht, sich bis zur Heirat um seine Tochter zu kümmern. Mit der Heirat übernahm der Bräutigam diese Pflicht. Meist wurde unter den Eltern eine Mitgift ausgehandelt. Sie ist eine „Entschädigung" dafür, dass der Ehemann die Sorgepflichten für die Frau übernimmt.
Nicht alle Frauen aus wohlhabenden Familien heirateten oder konnten einen eigenen Haushalt errichten. Sie mussten deshalb meist selbst für ihr Auskommen sorgen. Da Frauen in der Regel kein Handwerk erlernen und Zunftmitglieder werden durften, blieben ihnen nur Tätigkeiten, die keinem Zunftzwang unterlagen. Diese Frauen handelten oft mit Handwerksprodukten oder verkauften auf den Märkten Lebensmittel.
Oft trug auch die Ehefrau eines Handwerkers oder Händlers mit zum Unterhalt der Familie bei. In schwierigen Zeiten rettete dieses Einkommen die Existenz der Familie. Bisweilen wurden Frauen vor dem Rat der Stadt und der Zunftleitung verklagt, weil sie nähten, webten oder stickten. Die Zünfte behaupteten, dies seien „zünftige" Arbeiten, die Frauen hingegen erklärten ihre Arbeit als „freies" Handwerk, das keinem Zunftzwang unterliegt.
Aus einer Beschwerde der Wappenstickerzunft:
„Die Wappenstickerzunft hat sich über die Ehefrau des Bartholomeus Goltsmyt ... beklagt, die Perlenstickerei betreiben und der Zunft den Lebensunterhalt schmälern ... Dagegen hatten die Perlenstickerinnen erklärt, ... Perlensticken sei seit jeher ein freies, jedermann zugängliches Handwerk gewesen. Weil im Zunftbrief nur vom Wappensticken ... die Rede ist, soll das Perlensticken wie bisher als freies Handwerk gelten."

(Quelle: Ratsbeschlüsse der Stadt Köln 1320 – 1550, 1990, Bd. 1, S. 909)

AUFGABEN

1 *Vergleiche den Arbeitsalltag der Frauen im Mittelalter mit dem heutigen.*
2 *Beschreibe die Arbeiten bei der Leinenherstellung M2. Überlege, wie der Vorgang genannt wird, wenn ein Produkt von mehreren Personen hergestellt wird.*

Die Hanse

Handwerker und Kaufleute der einzelnen Städte hatten sich auf die Herstellung und den Vertrieb bestimmter Güter spezialisiert. So kam es zwischen den Städten zu einem regen Güteraustausch. Um ihre Interessen besser schützen zu können, gründeten Kaufleute im Spätmittelalter die Hanse. Ihr gehörten zeitweilig bis zu 200 Städte im Nord- und Ostseeraum an. Wichtige Hansestädte waren Lübeck, Hamburg, Bremen, Danzig und Köln.

Die Hanse konnte sich Königen widersetzen. Sie richtete in vielen Ländern Kontore ein. Hier konnten die Kaufleute ihre Waren stapeln, ohne Zoll zu zahlen. Ein weiteres Ziel der Hanse war es, die Handelswege vor Piraten und Konkurrenten zu schützen.

AUFGABEN

1 *Erläutere die Gründe für die Gründung der Hanse.*

2 *Erstelle eine Liste mit Produkten, die von West nach Ost und umgekehrt geliefert wurden.*

M3 Der Seeverkehr auf der Nord- und Ostsee wurde mit Koggen abgewickelt. Diese waren Handels- und Kriegsschiffe in einem. Eine Kogge konnte etwa 200 t laden und brauchte für die Strecke Lübeck-Danzig vier Tage. Ein Fuhrwerk transportierte zwei Tonnen und brauchte dafür 14 Tage. 1962 wurde im Weserschlick eine Kogge gefunden, die 1380 gekentert war. Aufgrund dieses Fundes wurde das Schiff in Bremerhaven nachgebaut. Im Internet könnt ihr unter www.hanse-koggewerft.de mehr darüber erfahren.

M4 Niederlassungen und Handelsrouten der Hanse

M 1 Klosterruine in Bad Hersfeld: Hier finden heute Festspiele statt.

Mittelalterliche Spuren bei uns

Mittelalterlichen Spuren können wir in Hessen auf Schritt und Tritt begegnen. Größere wie kleinere Orte und Dörfer pflegen ihre mittelalterlichen Überreste mit Liebe und Respekt. Zahlreiche hessische Orte und Städte führen das Wortteil „-burg" in ihrem Namen: Limburg, Rotenburg, Marburg, Dieburg, Naumburg, Weilburg, Trendelburg, Dillenburg, Eschenburg, Ginsheim-Gustavsburg, Amöneburg und viele andere Städte. Offenbar entstanden diese Ortschaften im Umkreis oder Schutz einer Burg.

Die Beziehungen zwischen diesen wehrhaften Burgen und den umliegenden Orten war keineswegs immer friedlich, sondern auch feindlich. Denn die Burgherren boten ihren Orten nicht nur Schutz, sondern sie ließen sich diesen auch gut bezahlen. Der Burgherr war bisweilen zugleich der Landesherr sowie der oberste Richter, der es verstand, seine eigenen Interessen zu vertreten. Der aufwendige Burgenbau musste von den Untertanen nicht nur bezahlt, sondern auch geleistet werden.

Nicht weniger spannend sind andere Überreste der mittelalterlichen Lebenswelt. Aufschlussreich für mittelalterliche Lebensverhältnisse ist beispielsweise das Rheingauer Gebück nördlich von Eltville. Dies ist eine ungewöhnliche Verteidigungsanlage: Hier wurde ein undurchdringlicher Schutzwall im Taunus durch dicht ineinander verwachsene Hainbuchen errichtet. An einigen Stellen dieses Schutzwalles legten aber Bauern bisweilen Geheimwege an, auf denen sie direkt zu ihren Feldern auf der anderen Seite der Grenzbefestigung gelangen konnten.

Wer allerdings dabei erwischt wurde, wie er sich solche unauffälligen Durchlässe durch das „Gebück" schuf, um sich lange Umwege durch die wenigen befestigten Durchlässe zu ersparen, musste mit harten Strafen rechnen. Denn er konnte dadurch möglichen Feinden einen Zugang zum Rheingau eröffnen.

M 2 Die Mapper Schanze (1494 errichtet) – ein befestigter Durchlass durch das Rheingauer Gebück

Das Mittelalter war anders

Beim Wort Mittelalter denken wir an festliche Turniere, todesmutige Ritter, finstere, ärmliche Hütten, Hunger und Epidemien und dass die Menschen in ihrer Unwissenheit mit magischen und wundersame Praktiken vertraut waren. Das Mittelalter ist für viele eine große Wunschmaschine oder Fantasiewelt, die wir uns geheimnisvoll ausstaffieren. Untersucht man mittelalterliche Spuren genauer, nähert man sich ein wenig dem Mittelalter, wie es vielleicht gewesen sein könnte.
Von großer Bedeutung für die Veränderungen der Lebensverhältnisse im Mittelalter erwiesen sich die zahlreichen Klöster. So gingen vom Kloster Eberbach im Rheingau der Region eine Fülle von Impulsen aus – insbesondere was den Weinbau betrifft. Denn die gebildeten Mönche des Zisterzienser-Klosters hatten Kontakte zu Frankreich und anderen europäischen Ländern. Sie übermittelten diese Kenntnisse dem Rheingau und angrenzenden Gebieten.

Geschichtsexperten geben zu Bedenken, sich das Mittelalter nicht als „dumpf" oder „rückständig" vorzustellen. Vielmehr sei es eine Zeit gewesen, in der es vielfältige Kontakte zwischen den Gebildeten in Europa gab. So setzte der Bau einer Kathedrale oder eines Doms große Kenntnisse und vielfältige technische Erfahrungen voraus.
In den Klöstern wurde nicht nur gebetet und gearbeitet, hier wurde Wissen gespeichert und diskutiert. Mönche vermittelten den Menschen viele wichtige (technische und landwirtschaftliche) Erfahrungen wie auch mathematische und medizinische Erkenntnisse aus anderen europäischen Regionen.

M3 Kasematten (unterirdische Verteidigungsanlagen) von Dillenburg

M4 Im Kloster Eberbach finden heute bedeutende Konzerte statt.

AUFGABEN

1 *Ermittle weitere Orts- und Städtenamen mit den Endungen -burg und -rod (von Rodung) wie bei Weilrod und finde mithilfe von Lexika oder dem Internet das Gründungsjahr dieser Orte heraus.*

2 *Informiere dich über das Gründungsjahr von Klöstern in deiner Umgebung. Recherchiere, in welchen Bereichen die Mönche früher besonders aktiv waren.*

3 *Viele weitere Bauwerke wie Häuser, Mauern, Wege, manchmal sogar Brücken entstanden bereits im Mittelalter. Wer findet die meisten Bauwerke aus seinem Heimat- oder Schulort (mit Kurzinformationen)?*

W

Wiederholen und Üben

Mittelalterliches Leben in Dorf und Stadt

1 Erstelle eine Liste, was das Leben in einer Stadt grundlegend vom Leben in einem Dorf unterscheidet.

2 „Der junge Falko, Sohne eines leibeigenen Bauern, flüchtet mit 16 Jahren ohne einen Groschen in der Tasche in die Stadt. ..."
Verfasse eine Geschichte über Falkos Eindrücke von der Stadt: Was überrascht ihn? Was ist neu für ihn? Auf welche Weise kann er seinen Lebensunterhalt sichern?
Vergleicht eure Geschichten: Welche ist am überzeugendsten gelungen?

Das Lehnswesen

1 Erkläre in einem zusammenhängenden Text das Lehnswesen. Verwende dabei folgende Begriff:
König – Kronvasallen – Lehen – Untervasallen – Adel – Kirche – Bauern

2 Beurteile das Leben der Bauern im Mittelalter.

Wer profitiert vom Kirchenbau?

Die Stadt plant den Bau einer großen Kirche, auch um mehr Menschen aus der Umgebung zum städtischen Markt zu locken.
Stelle zusammen, welche Personengruppen in der Stadt ein besonderes Interesse an diesem Projekt haben:

Personengruppen	**Interessen dieser Gruppe am Kirchenbau**
Gastwirte und Herbergsbesitzer	...
Bauern aus der näheren Umgebung der Stadt	können überschüssige Lebensmittel auf dem Markt anbieten
Händler und Kaufleute	...
Handwerker	...
Tagelöhner und Fuhrwerker	...
Adelige aus der Umgebung	...
adelige Stadtherren	...

Was regelt eine Zunft?

Fasse die Aufgaben einer Zunft stichwortartig zusammen. Erläutere, warum die Stadt keine eigene Feuerwehr oder Polizei unterhält.

Zum Ersten haben wir eine gemeinsame Stube, Haus und Hof, die uns zur Verfügung stehen. In dieser Stube kommen wir zusammen, um miteinander zu essen und zu trinken. Dort empfangen wir auch unsere Gäste. Wir wählen jährlich [...] einen redlichen Mann aus unserer Zunft in den Großen Rat. [...]. Der Vorsteher und vier Meister leiten die Zunft. [...] Diese fünf müssen schwören alle Tuche zu prüfen, die guten, die keine Fehler aufweisen, besiegeln, außerdem diejenigen, die kleine Fehler haben, mit einem besonderen Siegel kennzeichnen und den ganz fehlerhaften Tuchen ein Siegel verwehren. [...] Weiterhin lassen wir auch jede Nacht ein Zunftmitglied mit seinem einfachen Harnisch (Rüstung) und Gewehr (Waffe) zusammen mit anderen aus den anderen Zünften auf Wache gehen. [...] Weiterhin ist uns zusammen mit zwei anderen Zünften eine Stelle an der Stadtmauer übergeben worden, um [...] zu schließen und zu öffnen. [...] Weiterhin [...] sind wir verpflichtet, wenn [...] ein Aufruhr in der Stadt ausbricht, unter unserem Banner mit unserem ganzen Harnisch samt unseren Zunftvorstehern auf einen Platz zu den anderen Zünften zu ziehen [...] Außerdem sind aus allen Zünften etliche Leute dazu bestimmt, bei einem Feuer herbeizueilen, um zu löschen. [...]

(Quelle: Ketsch, P.; Schneider, G.: Handwerk in der mittelalterlichen Stadt, Stuttgart 1985, S. 10 – 12)

Karl der Große

1 Beschreibe das Frankenreich zur Zeit Karls des Großen.
2 Stelle dar, wie Karl der Große das Reich organisierte. Du kannst auch eine Skizze anfertigen.
3 Erläutere, welche Bedeutung das Christentum für Karl den Großen hatte.

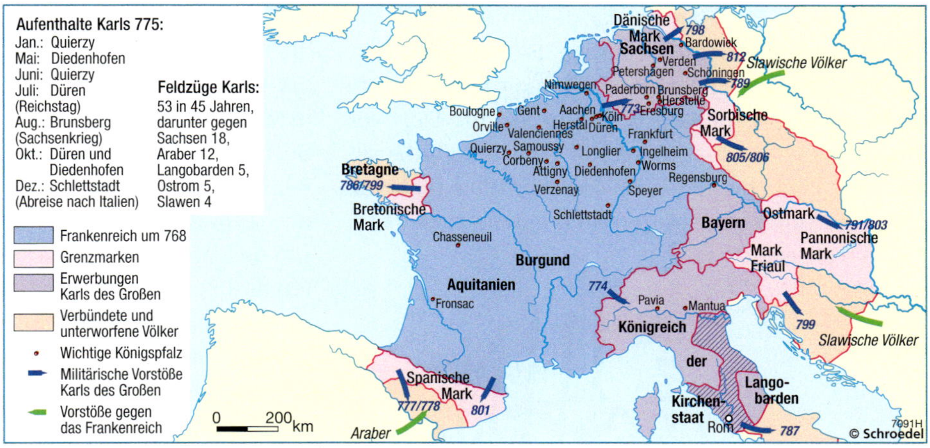

Mittelalterliche Klöster

Entwickle eine Mindmap zu den unterschiedlichen Aufgaben der Klöster und ihrer Bedeutung für ihre Region. Bedenke dabei, welche Einrichtungen es in einem Kloster gibt.

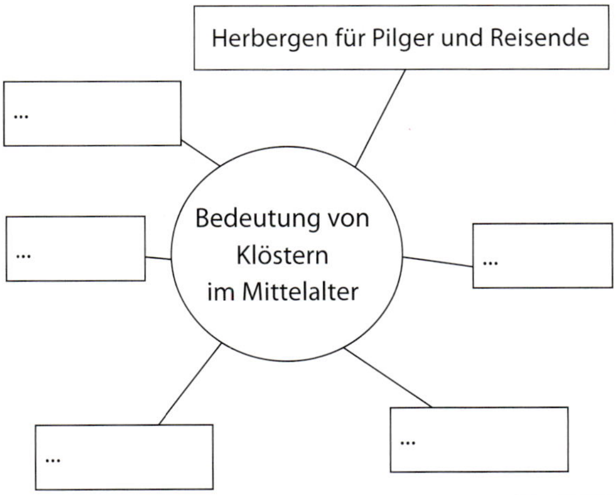

Fortschritt in der Landwirtschaft

1 Erkläre die Dreifelderwirtschaft.
2 Nenne weitere Verbesserungen in der Landwirtschaft.
3 Erläutere die Vorteile des Fortschritts für die Bauern.

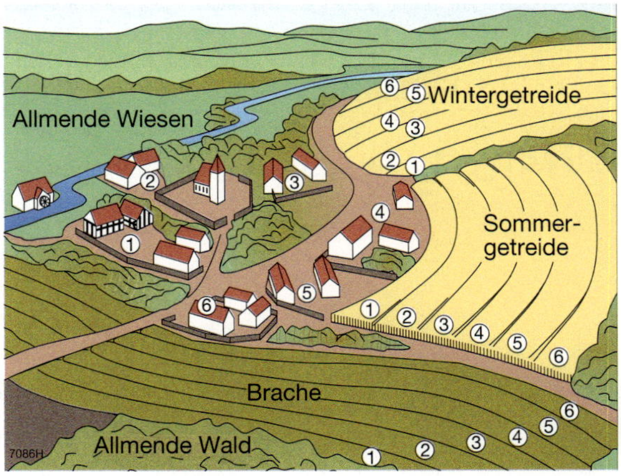

Prüfe dich nun selbst! Du kannst ...

- ✓ ... erklären, was „Ständegesellschaft" bedeutet (> S. 75);
- ✓ ... erklären, was „Grundherrschaft" meint sowie „Abgaben" und „Dienste" benennen (> S. 81);
- ✓ ... den Begriff „Reisekönigtum" erläutern (> S. 71);
- ✓ ... darlegen, warum Klöster nicht nur religiöse Einrichtungen waren (> S. 84/85);
- ✓ ... wichtige Veränderungen in der Landwirtschaft nennen und deren Folgen darlegen (> S. 83);
- ✓ ... Unterschiede zwischen dem Leben in einem Dorf und in einer Stadt erläutern (> S. 80 – 82, 86 – 89);
- ✓ ... die wichtigsten Aufgaben einer Zunft darstellen (> S. 91);
- ✓ ... einige Spuren des Mittelalters in deiner Stadt nennen (> S. 94/95).

Lehre und Ausbreitung des Islam

Zu Beginn des Mittelalters war das Christentum die vorherrschende Religion in Europa. Im 7. Jahrhundert entstand der Islam (arabisch = Hingebung) und breitete sich von Arabien auch nach Südeuropa aus. Dort vor allem kam es zur Begegnung von Christen und Muslimen. Menschen, die an die Religion des Islam glauben, nennt man Muslime. Heute gehört der Islam zu den fünf großen Weltreligionen.

M1 Glaubensbekenntnis der Muslime in arabischer Schönschrift

M2 Der Erzengel Gabriel erscheint Mohammed. In dieser muslimischen Darstellung wird Mohammed bewusst nicht dargestellt.

Mohammed gründet den Islam

Der Beginn des Islam liegt in Mekka. Diese alte Stadt war ein Treffpunkt von Menschen der verschiedenen arabischen Stämme. Hier handelten sie mit Waren und verehrten in zahlreichen Heiligtümern ihre Götter.
In Mekka wurde auch Mohammed geboren. Er war der Stifter des Islam. Zunächst erlernte Mohammed den Beruf des Kaufmanns. Auf seinen Handelsreisen begegnete er Juden und Christen.
Um das Jahr 610 hatte Mohammed ein besonderes Erlebnis: Im Schlaf erschien ihm ein Engel, hielt ihm ein Buch vor die Augen und befahl ihm zu lesen. Von da an predigte Mohammed den Menschen, dass es nur einen Gott gebe: Allah. Die Bewohner von Mekka lehnten diesen Glauben zunächst ab und bekämpften Mohammed. Deshalb siedelte er im Jahre 622 nach Medina über. Dort überzeugte er die Menschen von dem neuen Glauben. Mohammed wurde Anführer der Gemeinde.
Mit der Zeit erreichte er, dass alle arabischen Stämme die neue Religion ernst nahmen. Mohammed wurde der Führer und schuf mithilfe des Islam aus den zerstrittenen arabischen Stämmen ein geeintes Arabien. Die Stadt Mekka entwickelte sich zum Mittelpunkt des Landes und der neuen Lehre. Fortan begann die Zeitrechnung der Muslime mit dem Jahr 622.

Die Lehre des Islam

„Es gibt keinen Gott außer Gott (Allah) und Mohammed ist der Gesandte Gottes." Wer dieses Glaubensbekenntnis aus voller Überzeugung spricht, der ist ein Muslim, das heißt ein „Gottergebener". Muslim sein bedeutet aber nicht nur, sich zu Allah zu bekennen, sondern auch einen Großteil seines Leben nach Gott auszurichten. Wie das geschehen soll, steht im Koran.

Der Koran (arabisch = Vortrag) ist das heilige Buch des Islam, das in 114 Kapiteln (= Suren) die Offenbarungen Mohammeds enthält. Es enthält folgende Hauptregeln:
- Ein Gläubiger bekennt sich zu Allah.
- Ein gläubiger Muslim betet fünfmal am Tag (morgens, mittags, am Nachmittag, bei Sonnenuntergang und abends).
- Einen Monat lang – im Fastenmonat Ramadan – isst und trinkt der Muslim zwischen Sonnenaufgang und Sonnenuntergang nichts.
- Einen Teil seines Geldes gibt der Muslim den Armen und Bedürftigen.
- Wenn möglich, macht er einmal in seinem Leben eine Pilgerfahrt nach Mekka.

M3 Ausbreitung des Islam

Im Namen Allahs – die Ausbreitung des Islam

Im Koran steht unter anderem, dass sich alle Muslime für die Sache Allahs und für die Ausbreitung des Islam einsetzen müssen. Dieses Bemühen heißt Dschihad. Dazu schreibt der Prophet Mohammed:

„Wenn einer stirbt, ohne auf Allahs Weg Dschihad geführt oder wenigstens diesen Wunsch im Herzen getragen zu haben, so stirbt er in einer Art Zwiespalt ... Wer den Dschihad flieht, der nenne sich nicht Muslim."

(Quelle: Arikan, H.: Der kurzgefasste Ilmihal. Köln 1998, S. 173)

Mohammed verstand den Dschihad aber auch als moralisches Bemühen, ein friedliches, gottgefälliges Leben zu führen. Nach dem Tode Mohammeds riefen seine Nachfolger, die Kalifen, zum Heiligen Krieg auf. Unter der grünen Fahne des Propheten strömten die Araber zunächst in die Länder am östlichen Mittelmeer und Richtung Osten ins Reich der Perser bis nach Indien und nach China. Andere wandten sich nach Westen: Über Nordafrika und die Straße von Gibraltar stießen sie nach Spanien und ins Frankenreich vor.

Dem Frankenherrscher Karl Martell gelang es 732, einen Vorstoß der Araber in der Schlacht von Tours und Poitiers abzuwehren. Spanien blieb noch bis ins 15. Jahrhunderte unter arabisch-islamischer Herrschaft.

M4 Islamisches Heer

AUFGABEN

1 *Beschreibe anhand der Karte M3 die Ausbreitung des Islam.*

2 *Vergleiche die fünf Hauptregeln des Islam mit christlichen Vorstellungen.*

3* *Im Islam entwickelte sich ein „Bilderverbot": Allah und auch menschliche Gesichter sollten nicht dargestellt werden (M2). Diskutiert, warum dieses Gebot, „sich kein Bild zu machen", begründet erscheint.*

Begegnung von Christentum und Islam

M 1 Islamische Baukunst in Granada

M 2 Mit dem Astrolabium, einer Erfindung der Araber, konnte man durch Ausrichten des Zeigers auf die Sonne die geografische Breite und Tageszeit ermitteln. Das Gerät war unentbehrlich für die Hochseeschifffahrt.

Blüte der arabisch-islamischen Kultur in Spanien

Seit etwa 700 war Spanien Teil des arabischen Reiches. Al-Andalus nannten die Araber dieses Gebiet (der Name der heutigen Region Andalusien erinnert daran).
Zuerst in Cordoba, später auch in Sevilla und Granada errichteten die Araber prächtige Paläste und Moscheen. Ingenieure schufen große Bewässerungsanlagen. Außerdem führten die Araber verschiedene Nutzpflanzen und Bäume ein: z. B. die Dattelpalme, Olive, Feige, Orange, Banane, Aprikose. Die Früchte des Orients wuchsen gut auf dem fruchtbaren Boden im südlichen Spanien. Zudem wurden Papyrus und Baumwolle zur Papier- und Kleiderherstellung angebaut.
Die Seidenwebereien Cordobas, in denen etwa 130 000 Menschen beschäftigt waren, lieferten feinste Seidenstoffe. Die Stadt war auch bekannt für das farbige Leder, das dort hergestellt wurde. Aus Toledo kamen die weltberühmten Schwerter und Sarazenerklingen.
Ackerbau, Handwerk und Handel blühten auf und brachten Wohlstand mit sich. Dieser Wohlstand war die Grundlage, auf der das geistige Leben zu hoher Blüte kam.

M3 Arabische Ärzte

M4 Ritter und Muslime beim Schach

Die Europäer lernen von den Arabern

Zu Zeiten, als im christlichen Europa nur ganz wenige Menschen lesen und schreiben konnten, gab es in Andalusien bereits überall kostenlose Schulen. Jeder konnte sie besuchen. Allein in der Stadt Cordoba gab es z. B. 27 Schulen.

Arabische Gelehrte hatten das Gradnetz der Erde berechnet, Sternkarten gezeichnet, einen Kalender erstellt, den Kompass erfunden, neue Arzneien entwickelt, den menschlichen Körper erforscht. So wurden an den Universitäten in Cordoba und Sevilla Astronomie, Mathematik und Medizin gelehrt – alles Fächer, die im christlichen Europa nur wenig bekannt waren. Papst Silvester II. studierte z. B. im islamisch geprägten Spanien Mathematik. Fürsten reisten an, um sich dort operieren zu lassen.

Auch die arabischen Ziffern, das Schachspiel, die Spielkarten oder verschiedene Musikinstrumente verdanken wir den Arabern.

Im Jahre 850 schrieb der Bischof von Cordoba:

„Viele Christen lesen die arabischen Dichtungen und Geschichten oder studieren die Schriften der moslemischen Theologen und Philosophen ... um zu lernen, wie man sich besser in Arabisch ausdrücken kann. Alle gebildeten jungen Christen kennen die arabische Sprache und Literatur und sammeln mit großen Kosten eine solche Bibliothek ... Es gibt unzählige, die sich aufs eleganteste in Arabisch auszudrücken vermögen und arabische Gedichte schreiben."

(Quelle: Orlandi, E. (Hrsg.): Mohammed und seine Zeit. Wiesbaden 1974)

Muslime und Christen leben zusammen

Eine Grundlage der kulturellen Blüte war die Toleranz der arabischen Herrscher in Spanien und Sizilien. Sie respektierten die geltenden Gesetze. Spanische und sizilianische Grafen und Bischöfe regelten weiterhin das Zusammenleben der Menschen. Die Christen wurden nach ihren Gesetzen von ihren eigenen Richtern gerichtet. Nur wenn es Streitigkeiten zwischen Muslimen und Christen gab, hatte der muslimische Kadi das Urteil zu sprechen. Die Christen mussten jedoch eine Kopfsteuer zahlen. Wer zum Islam übertrat, wurde davon befreit.

Neben Muslimen und Christen gab es auch viele Juden, die das kulturelle Leben bereicherten. Die Anhänger der drei Religionen respektierten einander. Sie beteten zwar getrennt in den Moscheen, Kirchen und Synagogen, aber ihr tägliches Leben gestalteten sie zumeist friedlich miteinander. Die Gelehrten, Techniker und Handwerker aus den drei Religionen tauschten ihre Gedanken und Erfahrungen aus und profitierten voneinander.

Bei Machtkonflikten kam es durchaus vor, dass sich christliche mit muslimischen Herrschern gegen andere christliche oder muslimische Fürsten verbanden.

AUFGABEN

1 *Die Europäer lernten durch die Araber viel Neues kennen. Nenne dafür Beispiele.*

2 *Nenne Beispiele, an denen sich das Zusammenleben von Muslimen, Christen und Juden zeigte.*

Die Kreuzzüge

M1 Aufruf zum Kreuzzug durch Papst Urban II.

„Von Jerusalem und Konstantinopel kommt schlimme Nachricht zu uns. Die Seldschuken, ein fremdländisches und gottloses Volk, ist in das Land der Christen eingedrungen und hat es mit dem Schwert, durch Plünderungen und Brandstiftungen verwüstet (...)"

Diese Nachricht überbrachte Papst Urban II. im Jahre 1095 in einer Rede in Clermont (Frankreich) den versammelten Menschen. Er forderte seine Hörer zur Befreiung des Heiligen Landes auf:

„Bewaffnet euch mit dem Eifer Gottes, liebe Brüder. Wendet die Waffen (...) gegen die Feinde des christlichen Glaubens (...) Und wenn einer dort in wahrer Buße fällt, so darf er fest glauben, dass ihm Vergebung seiner Sünden und die Frucht ewigen Lebens zuteil wird."

(Quelle: Guggenbühl, G.; Weiss, O.: Quellen zur allgemeinen Geschichte, Bd. 2, Zürich 1946, S. 113)

Kreuzfahrer folgen dem Aufruf des Papstes

Viele der Zuhörer wurden von der Predigt des Papstes mitgerissen. Sie gelobten, ins Heilige Land zu ziehen, um es von der Herrschaft der muslimischen Seldschuken zu befreien. Als „Soldaten Christi" hefteten sie sich Stoffkreuze an die Kleider. In den Städten und Dörfern warben Wanderprediger bei den einfachen Menschen für den Kreuzzug.

„Gott will es!" – mit diesem Schlachtruf setzten sich im ersten Kreuzzug Menschen aus ganz Europa in Bewegung. Arme Leute beschlugen die Hufe ihrer Ochsen ähnlich wie ihre Pferde, sie spannten sie vor zweirädrige Karren, luden darauf ihre Vorräte und kleinen Kinder und zogen beim Kreuzzug mit.

Neben dem Kreuzzug der Armen gab es auch drei besser ausgerüstete Heere aus französischen, niederländischen, normannischen, italienischen und deutschen Rittern. Die Kreuzfahrerheere sammelten sich in bestimmten Gebieten und brachen von dort ins Heilige Land auf.

M2 Christus als Führer der Kreuzritter (Buchmalerei, 13. Jahrhundert)

AUFGABEN

1. *Untersuche M2: Wer wird dargestellt, wer reitet den Rittern voran? Welche Symbole werden hervorgehoben?*
2. *Erkläre, wie das Gemälde M2 in das mittelalterliche Geschehen einzuordnen ist.*

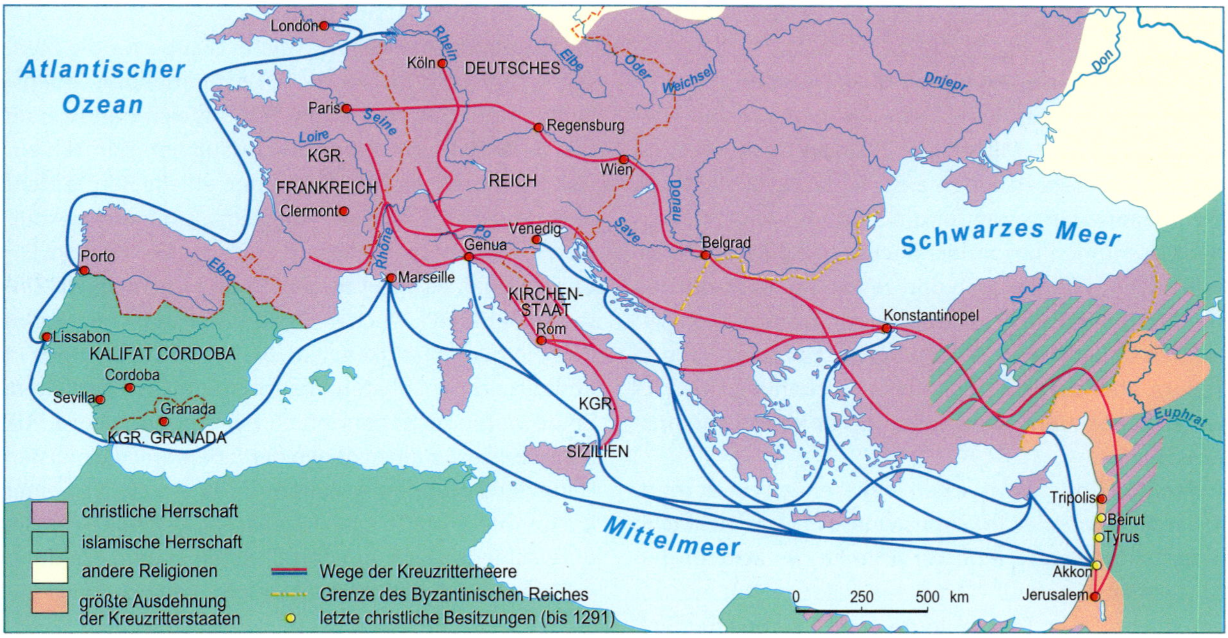

M3 Die Kreuzzüge

Kampf um das Heilige Land

Durch Wüsten, Steppen und hohe Gebirge erreichten die Heere Konstantinopel. Für den weiteren Weg nach Jerusalem brauchten sie statt der erhofften fünf Wochen fast drei Jahre. Über die Strapazen berichtet ein Priester: *„Als sie in das Innere des Landes der Sarazenen [(Araber)] eingedrungen waren, konnten sie von den verhassten Bewohnern dieser Gegend weder Brot bekommen noch Lebensmittel anderer Art; ... daher auch kam es, dass viele von ihnen (...) grausam von Hunger gequält wurden (...) Hunger, Kälte, Regengüsse, alle diese Übel und viele andere mussten wir um der Liebe zu Gott willen ertragen (...) Ich habe viele unserer Leute ... zugrunde gehen sehen."*

(Quelle: Pernoud, R.: Die Kreuzzüge in Augenzeugenberichten, Düsseldorf 1961, S. 66 f.)

Nach fünfwöchiger Belagerung erstürmten die Kreuzfahrer Jerusalem und töteten zahlreiche Bewohner. Sie besetzten Palästina (das Heilige Land), bauten Burgen und errichteten christliche Kreuzfahrerstaaten. Die Christen brachten das Heilige Land aber nur vorübergehend in ihren Besitz. Im Jahr 1187 eroberte Sultan Saladin Jerusalem wieder zurück.

Im Laufe der folgenden 200 Jahre wurden noch weitere Kreuzzüge unternommen. Das religiöse Anliegen trat dabei allmählich in den Hintergrund. Abenteuerlust, Flucht vor Schulden und Strafen, Hoffnung auf Reichtum wurden wichtige Beweggründe für die Teilnahme an den Kreuzzügen.

M4 Eroberung Jerusalems durch Kreuzfahrer

AUFGABEN

1 *Liste die Begründungen auf, mit denen der Papst zum Kreuzzug aufruft.*

2* *Berechne die Entfernung zwischen Paris und Jerusalem. Wer könnte von den Kreuzzügen profitiert haben?*

3 *Diskutiert, warum die Kreuzzüge für die Muslime nur ein „Randkonflikt" waren. Betrachtet hierzu auf der Karte M3 den islamischen Herrschaftsbereich.*

Jüdisches Leben im Mittelalter

Juden und Christen leben miteinander

Die ehemals römischen Städte Köln, Mainz und Trier waren im frühen Mittelalter Zentren des jüdischen Lebens. Hier lebten Juden z. B. als Handwerker, Ärzte, Weinbauern. Sie waren für die Städte so wichtig, dass der Kaiser ihnen besondere Rechte gab. So durften sie ihre Waren zollfrei kaufen und verkaufen. Auch durften sie ihre Religion frei ausüben und Streitigkeiten unter sich selbst regeln. Solche Rechte boten den Juden Schutz, aber das ließ der Kaiser sich auch bezahlen. Er verlangte Steuern von ihnen und er konnte sie ausweisen.

Juden und Christen wohnten in dieser Zeit meist friedlich nebeneinander. In Worms wurde im Jahr 1034 eine jüdische Synagoge, eine Versammlungsstätte für den Gottesdienst, gebaut – etwa zur gleichen Zeit wie der christliche Dom. Die Bauleute waren wahrscheinlich dieselben.

M 1 Zur Vorbereitung auf das jüdische Pessach-Fest wird Mazza, ein ungesäuertes Brot, gebacken. Das Fest erinnert an den Auszug aus Ägypten, als die Juden sich aus der Sklaverei befreiten. Buchmalerei aus dem Jahr 1348

Juden in christlicher Umwelt

Im Mittelalter war der christliche Glaube für die Menschen sehr wichtig. Die Kirche bestimmte den Lebenslauf von der Geburt bis zum Tod. Als sich Handwerker seit dem 12. Jahrhundert in christlichen Zünften zusammenschlossen, konnten Juden etliche Berufe nicht mehr ausüben. Sie waren vor allem als Händler gekommen. Daraus entwickelte sich auch der Geldverleih. Für Christen galt es als unmoralisch und unchristlich, Zinsen zu nehmen („Wucher"), so bot sich manchen Juden hier ein neues Tätigkeitsfeld. Sie standen allerdings in Konkurrenz zu Christen, die trotzdem Geld verliehen. Beide waren nicht sonderlich beliebt, doch die Kritik richtete sich vor allem gegen die Juden. Wie die meisten Handwerksgruppen wohnten die Juden auch in einer bestimmten Straße („Bäckergasse", „Judengasse"). Sie unterschieden sich von den Christen in ihrer Kleidung und waren den Christen auch nicht gleichgestellt.

Der Kölner Rat legte auch den Juden im Jahre 1404 eine Kleiderordnung auf: *Juden und Jüdinnen ... sollen solche Kleidung tragen, dass man sie als Juden erkennt. Sie sollen an ihren Röcken Ärmel tragen, die nicht weiter als eine halbe Elle sind ... Die Mäntel müssen Fransen haben und mindestens bis zu den Waden reichen. Sie sollen keine Seidenschuhe tragen, weder im Haus noch draußen. ... Ein jüdisches Mädchen darf nur ein Haarband unter 6 Gulden Wert und unter zwei Finger breit tragen. An Werktagen dürfen jüdische Frauen Ringe von höchstens drei Gulden Wert tragen, an jeder Hand nur einen.*

(Quelle: Stein, W.: Akten zur Geschichte und Verfassung der Stadt Köln, Bd. II, Nachdruck der Ausgabe 1895, Düsseldorf 1993, 5. S. 551 f.)

Sündenböcke werden gesucht und gefunden

Europa wurde im Mittelalter häufig durch verschiedene Epidemien heimgesucht. Besonders schlimm wütete die Pest seit 1348 in Mitteleuropa. Dieser Seuche fiel etwa ein Drittel der Bevölkerung zum Opfer. Da die Menschen keine medizinische Erklärung für den „Schwarzen Tod" kannten, machten viele Christen die Andersgläubigen, die Juden, dafür verantwortlich. Es kam das Gerücht auf, die Juden hätten die Brunnen vergiftet.

Tausende jüdische Einwohner, z. B. in Bonn, Ulm, Frankfurt und Straßburg, wurden von christlichen Bewohnern umgebracht. So wurden 1349 in Straßburg an einem einzigen Tag 2 000 Juden erschlagen. Die Schulden bei jüdischen Geldhändlern wurden gestrichen, deren Bargeld an Handwerker verteilt. Nach dieser Mordwelle wanderten viele Juden nach Osteuropa aus.

Schon gehört?... Ein Gerücht geht um

Am 28. Dezember 1235 brannte in Fulda eine Mühle. Die Kinder des Müllers kamen in den Flammen ums Leben. Bald verbreitete sich in der Stadt das Gerücht, Juden hätten die Kinder ermordet und Feuer gelegt, um das Verbrechen zu vertuschen.
Viele Menschen waren bereit, das Gerücht zu glauben, denn die Juden waren ihnen fremd:
Sie hatten andere religiöse Sitten und Traditionen.
Zudem machte die Kirche sie verantwortlich für die Hinrichtung von Jesus Christus.

Hatte nicht kürzlich ein Mönch erzählt, dass die Juden christliche Kinder ermordeten, um aus ihrem Blut eine geheimnisvolle Medizin herzustellen? Bald plünderten aufgebrachte Menschen die Häuser der Fuldaer Juden, über dreißig wurden verschleppt und am selben Tag nach einem erpressten „Geständnis" hingerichtet. Der Freispruch durch ein Gericht, das der Kaiser Friedrich II. einsetzte, kam zu spät.

Ein anderes Gräuelmärchen besagte, Juden würden Hostien aus Kirchen stehlen und zerstechen, um so den Körper von Jesus zu foltern. Hostien, kleine Gebäckscheiben, dienen im christlichen Gottesdienst als Symbol für den Leib von Jesus Christus. Wurden die Hostien zu lange gelagert, dann setzten sie leicht „Rotschimmel" an, was dann als „blutende Hostie" missdeutet wurde.

Auch Geistliche beteiligten sich an der Hetze gegen die Juden und erdachten immer neue Maßnahmen und Regeln, um die Juden zu verhöhnen und als Außenseiter abzustempeln.

M2 Judenfeindschaft und Christentum

M3 Juden werden von Christen beschuldigt, Hostien blutig zu stechen. Holzschnitt von 1492

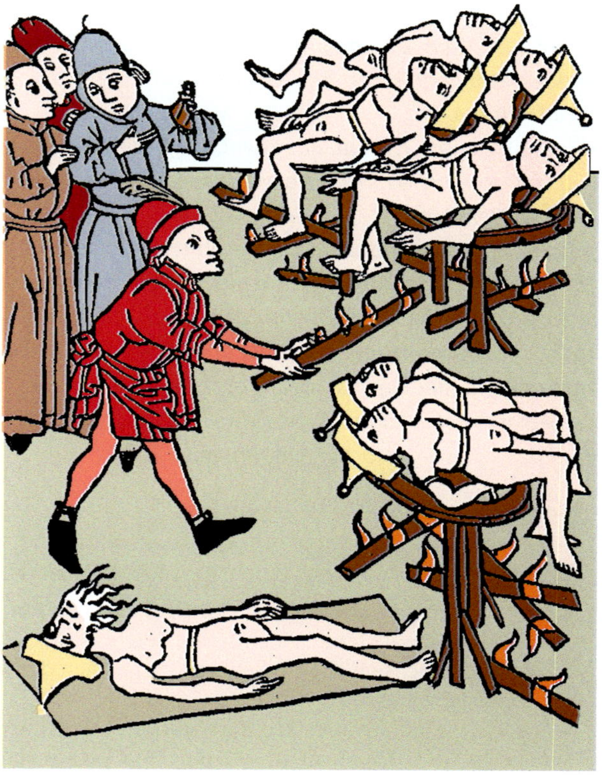

M4 Juden (mit spitzen Hüten dargestellt) werden von Christen gefoltert und hingerichtet. Holzschnitt von 1475

AUGABEN

1 *Beschreibe die Veränderung der Lebenssituation von Juden in der mittelalterlichen Welt seit dem 11. Jahrhundert.*

2 *Für alle sozialen und religiösen Gruppen gab es zu bestimmten Zeiten Kleiderordnungen, sie gaben sich diese zum Teil selbst.*
Diskutiert, welche Bedürfnisse hier zum Vorschein kommen und inwiefern das als diskriminierend gelten kann.

3 *Stelle die Aussagen der Gerüchte über die Juden in einer Liste zusammen. Wie könnte ein besonnener Mensch darauf reagieren?*

Missstände in der Kirche um 1500

M 1 Teufel und Hölle. Wandbild, rumänisches Kloster, Tismana (um 1500)

M 2 Ablasshandel. Holzschnitt von Cranach

Die Ablassprediger sind in der Stadt: In einer Kirche in Deutschland um 1521

Johann Tetzel, ein Mönch und Ablassprediger: *„Leute hört her, was euch der Papst zu sagen hat. Er schreibt hier in diesem Ablassbrief, dass euch alle eure Süden erlassen sind. Ihr müsst die Sünden nur genug bereuen und bei meinen Mönchen einen Ablasszettel kaufen und schon seid ihr frei von all euren Sünden."*

Hans, ein Bauer: *„Hast du das ebenfalls gehört, was der Johann Tetzel gepredigt hat, Johann? Wir sind frei von unseren Sünden, wenn wir auch so einen Ablasszettel kaufen."*

Johann, ein anderer Bauer: „Das bedeutet also, dass wir sofort nach unserem Tod in den Himmel kommen und nicht erst im Fegefeuer Höllenqualen leiden müssen und somit für unsere Sünden büßen müssen."

Tetzel: *„Nicht nur für euch selbst und eure Familien könnt ihr Ablasszettel kaufen. Nein, der Papst schreibt, dass ihr auch für eure bereits Verstorbenen den Ablass kaufen könnt. Wenn sie im Fegefeuer sind, so kommen sie nach dem Kauf des Ablasses sofort in den Himmel."*

INFO

Was wurde von einem frommen Priester erwartet?

- Ein Priester vermittelte zwischen Gott und den Menschen, er durfte die Sakramente (Taufe, Abendmahl, letzte Ölung, Ehe etc.) spenden, das sind gleichsam „Schlüssel", mit denen sich den Gläubigen das Reich Gottes öffnete.
- An das Verhalten eines Priesters wurden hohe moralische Maßstäbe angelegt, z. B. dass er nicht in Luxus und Verschwendung lebt.
- Priester hatten ehelos zu leben (Zölibat).

Wofür brauchte die Kirche das Geld?

Die Menschen im 15. und 16. Jahrhundert waren tief religiös. Sie glaubten an die Lehre der Kirche und versuchten ein gottgefälliges Leben zu führen. Hunger und Armut, Krankheiten und Seuchen wie Pest waren für sie eine Strafe Gottes. Sie suchten Trost bei Gott und der Kirche, beteten zu den Heiligen, machten Wallfahrten und kauften **Ablässe**.

Die Bischöfe und der Papst kümmerten sich wenig um die Ängste und Sorgen der Bevölkerung. Sie versuchten sogar, die Angst der Menschen noch zu verstärken, da sie für ihr aufwendiges Leben Geld brauchten.

Zudem beschloss der Papst in Rom, eine neue Kirche errichten zu lassen. Diese Kirche, der Petersdom, sollte größer und prunkvoller sein als jede andere Kirche und Platz für 60 000 Menschen bieten. Für diese Kirche brauchte der Papst sehr viel Geld.

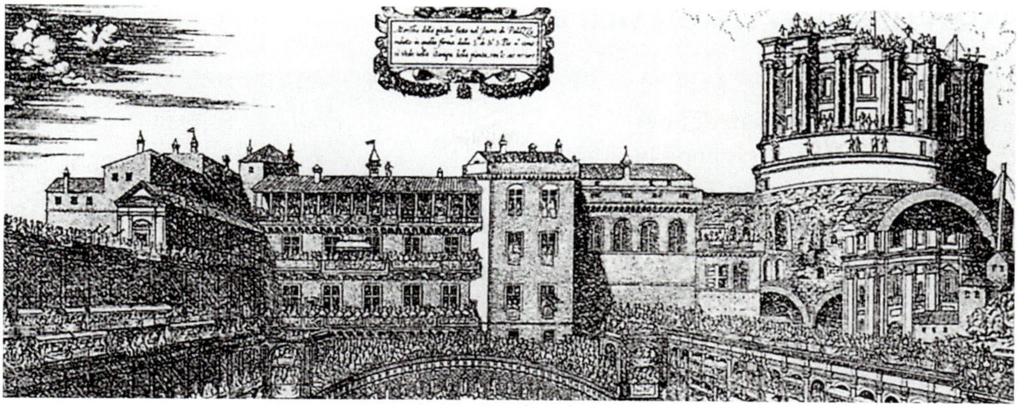

M3 Ein Turnier im Palast des Vatikans. Im Hintergrund (rechts) ist die im Bau befindliche Peterskirche zu erkennen. Stich um 1572

„Die Priester liegen Tag und Nacht in den öffentlichen Wirtshäusern, trinken mit dem Volk und werden voll und so ungeschickt und verursachen dabei Gewalttätigkeiten … Es hat sich auch oftmals herausgestellt, dass die Priester nach solchem Trinken … ohne zu schlafen zum Altar gehen, um die göttlichen Ämter zu vollbringen. Wenn in einer Gemeinde ein Kind, eine Frau oder ein Mann stirbt, dann belasten die Priester die Erben für Friedhöfe und Trauergottesdienste so hoch, dass es kaum in der armen Leute Vermögen steht …
Es ist auch jetzt allenthalben fast bei allen Priestern in den Städten und auf dem Lande üblich geworden, dass sie ohne Scheu ihre Geliebte und ihre Kinder öffentlich bei sich haben und diese auch zu Hochzeitsfeiern, Trauerfeierlichkeiten und zum Wein in öffentliche Wirtshäuser führen."
(Quelle: Junghans, H.: Die Reformation in Augenzeugenberichten, München 1973, S. 137 f., vereinfacht)

„Papst Leos Hofstaat bestand aus 683 Menschen, vom Erzbischof zum Elefantenwärter, vom Hoforchester zum Hofpoeten und zum Hofnarren. Der Hofstaat verschlang Unsummen. Dauernd mussten Komödien aufgeführt werden, und der Vatikan war zum ständigen Hoftheater geworden … und im Karneval 1521 wurden überhaupt alle Regierungsgeschäfte eingestellt, weil ein Ballett wichtiger war."
(Quelle: Kühner-Wolfskehl, H.: Das Imperium der Päpste, Frankfurt, 1980, S. 235)

M4 Über den Lebenswandel der Priester und des Papstes um 1500

Martin Luther – ein Mönch wehrt sich gegen diese Kirche

Martin Luther wurde 1483 in Eisleben (Thüringen) geboren. Sein Vater war Bergmann. Luther studierte an der Universität in Erfurt Rechtswissenschaft, ging aber während seines Studiums ins Kloster und lebte dort als Mönch. 1512 wurde er in Wittenberg an der Universität Professor für Theologie. Auch Luther fragte sich, wie er ein gottgefälliges Leben führen könnte. Er glaubte aber nicht, dass man sich das durch Ablassbriefe und Wallfahrten erkaufen könnte. In seinen Vorlesungen kritisierte er daher den Ablassverkauf seiner Kirche. Für ihn war nur das wahr, was er in der Bibel nachlesen konnte. Dort fand er aber keinen Hinweis auf Ablässe. Die Lehre der Kirche und ihrer Priester waren für ihn damit zu einer Lüge geworden.

M5 Martin Luther

AUFGABEN

1 *Fasst die Kritikpunkte zusammen, die der Kirche galten.*
2* *Nach damaliger katholischer Vorstellung konnte nur die Kirche durch die Priester die ewige Seligkeit vermitteln. Erläutere: Vor welchen Problemen standen nun die Gläubigen angesichts der Missstände in der Kirche?*
3 *Erkläre die Idee, die dem Ablasshandel zugrunde liegt.*
4 *Verfasse ein Kurzreferat zum Leben Luthers (Internet).*

Der Streit um den Glauben weitet sich aus

1517

Martin Luther verfasst 95 Thesen (Streitsätze) über den Ablasshandel. Er will damit auf die Missstände in der katholischen Kirche aufmerksam machen. Es wird vermutet, dass er diese Thesen an viele Theologen im Deutschen Reich versandte.
Luthers Thesen werden von den Buchdruckern als Flugschriften gedruckt. Somit verbreiten sich die Thesen schnell im gesamten Reich.

M 1 So stellen sich viele Menschen den Beginn der **Reformation** am 31. Oktober 1517 vor.

1521

Luther soll auf dem Reichstag von Worms vor dem Kaiser Karl V., vor Kurfürsten, Grafen, Herzögen, Kardinälen und Bischöfen seine Lehre zurückziehen. Luther erklärt: *„Wenn meine Meinung nicht durch die Bibel oder Vernunft widerlegt werden kann, so bleibe ich bei meiner Überzeugung … Widerrufen kann und will ich nichts, weil es nicht gut ist, etwas gegen sein Gewissen zu tun. Gott helfe mir. Amen."*
Kaiser Karl V. will unbedingt vermeiden, dass sich die Kirche in Anhänger Luthers und Anhänger der römisch-katholischen Kirche spaltet. Deshalb verhängt er die Reichsacht über Luther. Dieser ist nun vogelfrei und kann von jedem straflos getötet werden. Wer ihm hilft, wird selbst vogelfrei. In der Bevölkerung wird Luther bejubelt.

Auf dem Rückweg von Worms nach Wittenberg lässt ihn sein Landesherr, Kurfürst Friedrich der Weise von Sachsen, zum Schein entführen. Luther wird auf die Wartburg gebracht. Dort lebt er als Junker Jörg und beginnt, das Neue Testament ins Deutsche zu übersetzen. Das Volk soll selbst lesen können, was in der Bibel steht.

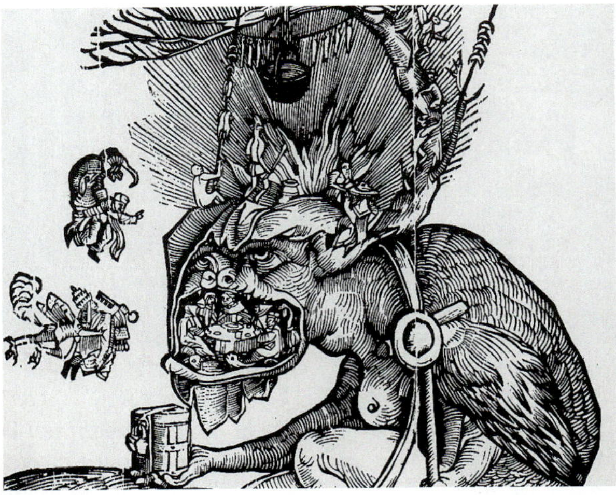

M 2 Flugblatt gegen den Ablasshandel, 1520. Der Teufel mit Bischofsstab und Ablasskasse. In seinem gewaltigen Mund sitzen Geistliche, auf seinem Kopf vollzieht sich der Gang ins Fegefeuer.

1518

Der Papst sendet einen Kardinal, der Luther dazu bringen soll, seine Thesen zu widerrufen. Der Kardinal verhört Luther. Luther erklärte Folgendes:
„Zuerst bezeuge ich, dass ich die heilige römische Kirche in allen meinen Reden und Taten verehre und ihr folge. Da ich nicht gehört (kein Kirchenmann wollte seine Thesen mit ihm diskutieren) worden bin, protestiere ich heute: Ich bin mir nicht bewusst, etwas gesagt zu haben, was gegen die Heilige Schrift, die Kirchenväter oder die rechte Vernunft ist."

(Quelle: Junghans, H.: Die Reformation in Augenzeugenberichten, München 1973 S. 59 f. vereinfacht)

M 3 So erfand im 19. Jahrhundert der Künstler Anton von Werner die dramatische Szene des Auftritts von Luther auf dem Reichstag von Worms. In welchem Licht soll Luther erscheinen?

Martin Luthers Lehre breitet sich aus

Vor allem die Stadtbürger lesen nun Luthers Schriften und diskutieren sie eifrig. Viele Kirchengemeinden verjagen schließlich ihre Priester. Oft gibt es dabei Beschimpfungen oder Schlägereien. In manchen Kirchen werden Heiligenfiguren und Bilder zerstört. Diese sogenannten Bilderstürmer nahmen das christliche Bildverbot radikal ernst.

Die Bibelübersetzung und die von Luther neu gedichteten deutschen Kirchenlieder machen den Glauben für alle Menschen verständlicher. Nun können auch Laien, das heißt Menschen, die nicht Theologie studiert haben, von Ort zu Ort ziehen und das Wort Gottes verkünden.

Biblia/das ist/ die
gantze Heilige Sch=
rifft Deudsch.
Mart. Luth.
Wittemberg.
Begnadet mit Kür=
furstlicher zu Sachsen
freiheit.
Gedruckt durch Hans Lufft.
M. D. XXXIIII.

M4 Titelbild der Lutherbibel

Manche Fürsten bekennen sich ebenfalls zu Luther und seiner Lehre. Der Streit um Glauben wird nun zu einer Auseinandersetzung um die Herrschaft zwischen Kaiser Karl V. und den Fürsten. Es kommt zu Kämpfen zwischen Truppen des Kaisers und der Landesfürsten, die für Luther sind. Der Kaiser will die Einheit der Kirche und seine Macht erhalten. 1546 stirbt Martin Luther.

M5 Bilderstürmer entfernen und zerstören Bilder und Statuen in den Kirchen.

In vielen Städten und Gemeinden gründen sich lutherische (evangelische) Gemeinden. Sie halten sich eng an Luthers Ideen und das von ihm übersetzte Neue Testament. Was kennzeichnet diese Gemeinden?

- Sie verwalten sich selbst.
- Sie wählen ihren Pfarrer selbst.
- Der Pfarrer darf heiraten.
- Sie schaffen die Beichte und die katholische Messe ab und feiern Gottesdienst in deutscher Sprache.

Auch viele Bauern hören von Luthers Schriften und erheben sich.

M6 Lucas Cranach d. Ä.: Luther predigt in der Stadtkirche von Wittenberg. Dieses Bild enthält Luthers Programm. Er verweist auf den Gekreuzigten und weist auf die Bibel, die Grundlagen eines Christen. Nur durch den Glauben und durch die Gnade Gottes kann man erlöst werden. Andere Wege, wie sie die katholische Kirche (etwa durch den Ablass) anbietet, gäbe es nicht.

AUFGABEN

1 *Ohne die Erfindung des Buchdrucks wäre die Reformation nicht so erfolgreich gewesen. Erkläre diese Aussage.*

2 *Wollte Luther die Kirche spalten? Begründe deine Meinung.*

3 * *Nenne Unterschiede zwischen der neuen evangelischen und der katholischen Kirche.*

Z

Die Bauern lehnen sich auf

Die Situation der Bauern um 1525

Im 16. Jahrhundert waren vier von fünf Menschen Bauern. Die allermeisten Bauern waren nicht frei. Sie waren Leibeigene und dienten ihrem Grundherrn. Trotzdem ging es ihnen eigentlich nicht so schlecht, bis die Grundherren begannen, immer mehr von den Bauern zu fordern.

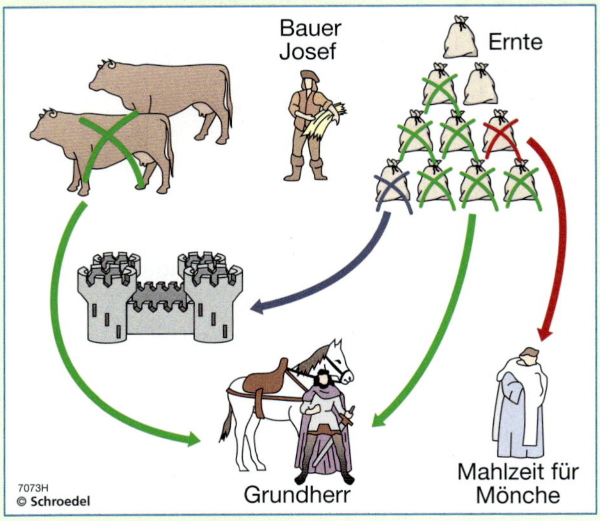

M 1 Abgaben eines Bauern

Welche Lasten und Pflichten hatten damals die Bauern zu tragen?

- Einen Teil der Ernte bekam die Kirche.
- Oft kamen Mönche zum Mittag- oder Abendessen.
- Auf den Feldern und in den Wäldern der Grundherren mussten die Bauern im Jahr unentgeltlich arbeiten, diese Arbeit nannte man Frondienst. Meist mussten die Bauern 2 – 3 Wochen zur Saatzeit und 2 – 3 Wochen zur Erntezeit arbeiten.
- 20 – 30 Prozent der Ernte oder ein entsprechender Geldbetrag standen dem Grundherrn zu.
- Starb der Bauer oder die Bäuerin, so erhielt der Grundherr das beste Stück Vieh als Erbe, schließlich verlor er einen Leibeigenen.
- Wollte ein leibeigener Bauer heiraten, so musste der Grundherr zustimmen.
- Die Bauern waren an die Scholle gebunden, sie durften nicht den Hof verlassen.

M 2 Ein abgabepflichtiger Bauer folgt einem Mönch zu dem Kloster, unter dessen Grundherrschaft er lebt.

Oktober 1525: Der Bauer Josef aus der Gegend von Friedberg erzählt:

„Wie soll das weitergehen? Die Ernte war gut in diesem Jahr, trotzdem weiß ich nicht, wie ich meine Familie über den Winter bringen soll. Der Grundherr, dem meine Felder gehören, will seinen Grundzins jetzt als Geldbetrag. Früher konnten wir ihm einen Teil der Ernte geben. Jetzt muss ich das Getreide in der Stadt auf dem Markt verkaufen. Da nun jeder Bauer Geld braucht und wegen der guten Ernte viel Getreide auf dem Markt ist, liegt der Preis niedrig. Ich musste eine meiner beiden Kühe verkaufen, um Geld für den Grundherrn zusammenzubekommen.
Zwei Drittel meiner Ernte habe ich verkauft, doch jetzt ist nicht mehr genug da, um meine Frau und meine Kinder über den Winter satt zu bekommen. Der Grundherr hat uns auch noch verboten, im Gemeindewald Holz zu holen und zu jagen. Und in den Bächen fischen dürfen wir auch nicht mehr. Es ist ein Elend."

AUFGABEN

1 *Versetze dich in Josefs Lage: Wie würdest du dich fühlen? Welche Forderungen würdest du stellen?*

2 *Entwirf ein Flugblatt oder halte eine Rede zu deinen Forderungen. (Ihr könnt die Lage der Bauern auch szenisch darstellen.)*

Luthers Schriften ermuntern die Bauern

Durch die Lehre Martin Luthers fühlten sich die Bauern bestärkt, und so begannen sie, sich zusammenzuschließen. Luther predigte, dass „ein Christenmensch ein freier Herr seiner Dinge und niemandem untertan" sei. Auch hatte Luther bereits 1520 die schlechten Lebensbedingungen der Bauern kritisiert. 1525 fassen die Bauern in der schwäbischen Stadt Memmingen ihre Forderungen gegenüber den Grundherren in zwölf Artikeln (M4) zusammen. Mithilfe des Buchdrucks konnten in kurzer Zeit 25 000 Flugblätter mit den Forderungen der Bauern weit verbreitet werden.

M3 Aufständische Bauern bedrohen einen Ritter.

Der Bauernkrieg

Die Bauern schlossen sich zu Bauernheeren mit 5 000 bis 10 000 Mann zusammen. So wollten sie ihre Forderungen gegenüber den Grundherren durchsetzen. Dabei plünderten die Bauern auch Klöster, Burgen und Kirchen, außerdem wurden einige Adlige ermordet. Fürsten, Grafen und Äbte schlossen sich daraufhin zusammen und kämpften mit ihren Heeren gegen die Bauern. Aufgrund ihrer schlechten Bewaffnung und Zusammenarbeit wurden die Bauern vernichtend geschlagen. Viele wurden hingerichtet oder bestraft. Man schätzt, dass im **Bauernkrieg** etwa 100 000 Bauern getötet wurden. Die Überlebenden mussten in jahrelanger Fronarbeit die zerstörten Adelsgüter wieder aufbauen. Auch von Martin Luther erhielten die Bauern keine Hilfe. Anfangs unterstütze er noch ihre Forderungen, als sie jedoch zu kämpfen begannen, stellte Luther sich auf die Seite der Herren.

1. *Die ganze Gemeinde soll ihren Pfarrer selbst wählen dürfen.*
2. *Die Bauern wollen freiwillig ein Zehntel ihrer Ernte abgeben. Davon soll der Pfarrer ernährt werden.*
3. *Aus der Heiligen Schrift ergibt sich, dass wir frei sind. Also sind wir keine Leibeigenen mehr. Die Bibel verlangt aber auch, dass wir demütig sind. Also wollen wir das auch gegen unsere von Gott ausgesuchten Herren sein.*
4. *Die Jagd und das Fischen auf dem Besitz der Gemeinde sollen allen Bewohnern der Gemeinde möglich sein.*
5. *Der Wald soll der Gemeinde gehören, jeder soll daraus umsonst sein Holz holen können.*
6. *Die Bauern wollen keine Erhöhung der Frondienste akzeptieren.*

M4 Aus den zwölf Artikeln

AUFGABEN

1 *Nenne Forderungen der Bauern aus den zwölf Artikeln. Warum forderten sie das?*

2 *Im Bauernkrieg lautete ein Schlachtruf der Bauern: „Als Adam grub und Eva spann, wo war denn da der Edelmann (Adlige)?" Erkläre, was damit gemeint ist. (Adam und Eva sind die ersten Menschen in der Bibel.)*

3 *Erkläre, warum die Bauernheere den Fürsten unterlagen.*

4 *Spielt mit einem Partner ein Streitgespräch zwischen einem Bauern und einem Mönch/Grundherren nach. Nutzt dazu M3 und M4.*

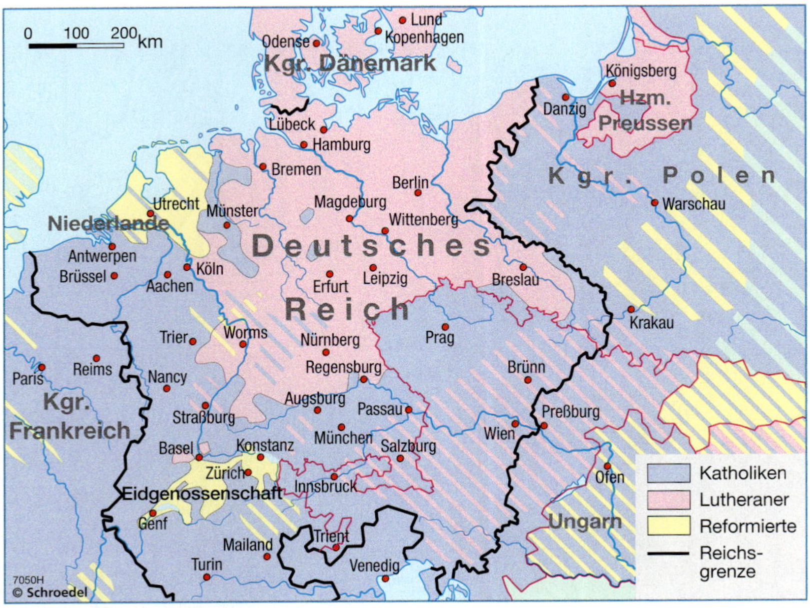

M1 Konfessionen im Reich (um 1555)

Vertragspunkte des Augsburger Religionsfriedens (1555):

- Die Anhänger beider Konfessionen geloben, sich nicht mehr wegen Glaubensfragen zu verklagen oder anzugreifen.
- Die evangelischen Landesherren dürfen zuvor eingezogene Kirchengüter behalten.
- Die Untertanen müssen die Religion ihres Landesherren annehmen. Wer dies nicht will, hat das Recht auszuwandern.
- In konfessionell gemischten Reichsstädten dürfen Angehörige beider Konfessionen weiterhin nebeneinander leben.

M2

Macht und Religion

Die Landesherren unterstützen die Reformation

Die Reformation konnte sich in Mittel- und in Nordeuropa innerhalb weniger Jahre ausbreiten. Dies hatte aber nicht nur religiöse Hintergründe. Denn viele Landesherren im Deutschen Reich „nutzten" Martin Luthers Reformation, um ihre Stellung gegenüber der Kirche und dem Kaiser zu stärken.

Bislang hatten die Adeligen auf kirchliche Gebiete in ihrem Territorium keinen Einfluss nehmen können. Ein Glaubenswechsel bot ihnen nun Vorteile: Schließlich lehnte Martin Luther den Papst als Oberhaupt der Kirche ab und wollte, dass die Fürsten als „Notbischöfe" die Leitung der Kirche in ihren jeweiligen Territorien übernehmen. Daraus entwickelten sich nach und nach die evangelischen Landeskirchen.

Die evangelischen Fürsten übernahmen auch den Besitz der alten katholischen Kirche, vor allem viele reiche Klöster. Die neue Kirche wurde nun streng kontrolliert: durch Kontrolle der Pastoren, durch Kirchenordnungen und Überwachung der Schriften. Die Predigt des Pastors, also die Auslegung der Bibel, rückte in den Mittelpunkt des Gottesdienstes.

Für die Untertanen bedeutete die Landeskirchenordnung aber auch, dass sie den Glauben ihres Fürsten annehmen oder auswandern mussten. Somit wuchs die Macht der Fürsten. Tausende von Untertanen verließen in der Folgezeit ihre Heimat.

Der Augsburger Religionsfriede

Traditionell war der Kaiser eng mit dem Papst verbunden – auch Kaiser Karl V. während der Reformation. Der Kaiser stützte seine Macht im Reich auf seine Verbindungen zur Kirche. Durch die Schwächung der katholischen Kirche hatte nun der Kaiser ein wichtiges Einflussmittel im Reich verloren. Daher nutzten die Fürsten die Religionsstreitigkeiten für mehr Freiheiten im Reich.

Nach langen, teils kriegerischen Auseinandersetzungen, kam es in Augsburg 1555 zur Einigung zwischen dem Kaiser und den evangelischen Fürsten. Die wichtigsten Punkte waren die Gleichstellung der beiden **Konfessionen** und die Regel, dass der Landesherr die Konfession seiner Untertanen festlegte. Der Vertrag spaltete die Kirche endgültig. Außerdem unterstrich er mit der kirchlichen Unabhängigkeit die zunehmende Eigenständigkeit der Fürsten im Reich.

AUFGABEN

1 *Werte M1 aus und benenne die Gebiete im Deutschen Reich, die lutherisch wurden.*

2 *Erkläre, warum die Fürsten die Kirchenleitung übernahmen. Nenne dabei die Vorteile für die Fürsten.*

3 *Diskutiert, welche Gruppe im Augsburger Religionsfrieden eher ihre Interessen durchsetzen konnte.*

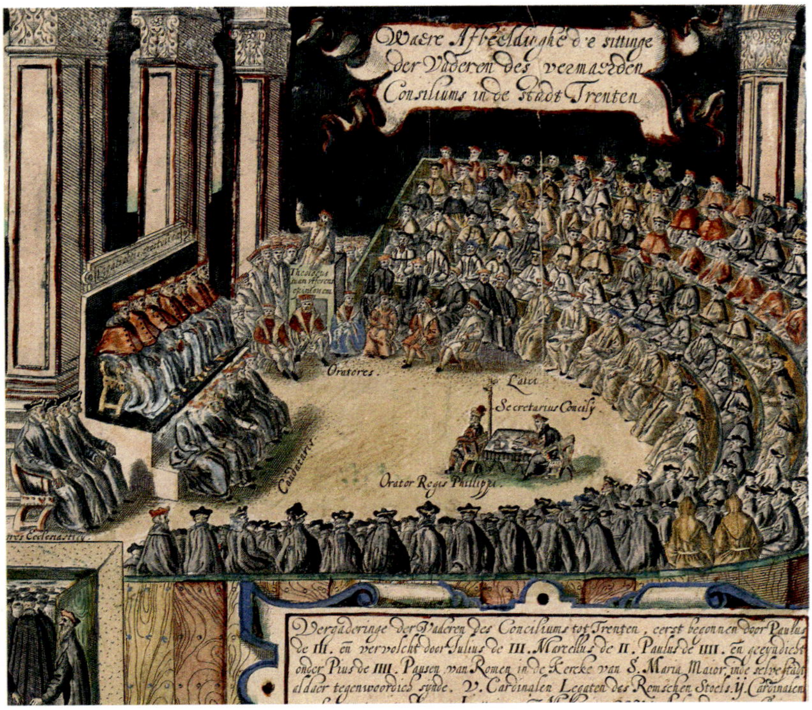

Wichtige Beschlüsse des Konzils von Trient:

- Die katholische Kirche allein besitzt das Recht, die Bibel auszulegen. Alle abweichenden Lehren sind Irrglaube.
- Der Papst ist berufen, die Kirche zu leiten.
- Glaube und gute Werke führen zur Vergebung der Sünden.
- Ablässe können nicht mit Geld erkauft werden.
- Bischöfe sorgen für eine bessere Ausbildung junger Priester.

M3 Im Halbrund saßen Bischöfe, Äbte und (bei dieser Abbildung) Professoren und sonstige Geistliche. In der Mitte ein Vertreter des Kaisers. Auf dem erhöhten Podest links die Vertreter des Papstes.

Die katholische Kirche will ihren Einfluss zurückgewinnen

Es dauerte fast 20 Jahre, bis die katholische Kirche auf die Veränderungen in Europa reagierte. Sie versuchte nun, ihren Einfluss wieder zu stärken. Ein Bischof, der zum evangelischen Glauben übertreten wollte, konnte daran zwar nicht gehindert werden. Aber der Papst ordnete an, dass er dann auf sein Amt verzichten musste. So wurden die Geistlichen vor die Wahl gestellt, entweder evangelisch zu werden und auf ihren Besitz zu verzichten oder bei der katholischen Kirche zu bleiben. Teilweise griff die Kirche auch zu härteren Methoden: Manche Gebiete wurden militärisch wieder zum katholischen Glauben gezwungen.

Die Kirche sah aber ein, dass Luthers Kritik teilweise berechtigt war. Um die inneren Unsicherheiten zu klären, berief der Papst 1545 das Konzil von Trient ein. Es dauerte insgesamt 18 Jahre. Die versammelten Kirchenmänner und katholischen Fürsten diskutierten Luthers Thesen und nahmen dazu Stellung. Die Beschlüsse des Konzils leiteten eine innere Reform der katholischen Kirche ein.

Auf der Basis dieser Beschlüsse unternahm die Kirche vielfältige Anstrengungen, Gläubige zurückzugewinnen. Diese Zeit von 1550 – 1600 wird daher als Epoche der **Gegenreformation** bezeichnet.

Die Jesuiten unterstützen den Papst

Während der Gegenreformation hatte der Papst in den Jesuiten die größte Stütze. Gründer des Ordens war Ignatius von Loyola, ein spanischer Offizier. Nach einer Kriegsverletzung stellte er sich in den Dienst des Papstes: „Wir haben beschlossen, uns durch unser Gelübde zu verpflichten, dass wir, was der jetzige und die späteren römischen Bischöfe (= Papst) befehlen, ohne Zögern absolut gehorsam befolgen werden."

Die wichtigsten Aufgaben des Ordens lagen in der Seelsorge, der Predigt, der Priestererziehung und im Unterricht an Schulen und Universitäten. Bevor ein Jesuit unterrichtete, hatte er zehn Jahre zu studieren. Ihre Schulen waren streng, häufige Prüfungen waren die Regel. Dank der Qualität der Lehrer und des kostenlosen Unterrichts wurden überall Jesuiten angefordert. Um 1600 war die katholische Kirche dank der Jesuiten und des Konzils von Trient wieder gestärkt.

AUFGABEN

1 *Beschreibe Maßnahmen, wie die katholische Kirche versuchte, ihren Einfluss zurückzugewinnen.*

2 *Untersuche M3. Lässt die Darstellung auf ein bestimmtes Machtverhältnis schließen?*

3 *Beschreibe Ziele und Aufgaben der Jesuiten.*

Mörderischer Hexenwahn

M 1 Der Schadenzauber der Hexen. In der Mitte beschwört ein Hexenmeister Dämonen. Unten werden Hexen verbrannt, links davon stehen Rechtsgelehrte (Holzschnitt von 1511).

Ein Bestseller mit schlimmen Folgen

In der Renaissance wurden neue wissenschaftliche Erkenntnisse durch den Buchdruck schnell verbreitet. Doch zu den Bestsellern der Zeit gehörte auch das 1487 erschienene Buch des Dominikanermönches Institoris „Der Hexenhammer". Schon immer hatten die Menschen an übernatürliche Kräfte von Hexen und Zauberern geglaubt. Institoris fasste die bestehenden Vorstellungen zusammen. Er meinte, eine Hexe erhalte ihre magischen Kräfte durch ein Bündnis mit dem Teufel. Er erklärte genau, woran man Hexen erkennen können sollte. Viele Geistliche, egal ob evangelisch oder katholisch, verbreiteten durch Predigten diese Lehre. Auch Luther forderte die Tötung von Hexen. Es gab aber auch Gegner der Hexenjagd, und einige Landesherren ließen auf ihrem Gebiet keine Hexenprozesse zu.

Verlauf eines Hexenprozesses

Ein Hexenprozess begann damit, dass eine Frau, manchmal auch ein Mann oder sogar ein Kind der Hexerei verdächtigt wurde. Oft geschah dies durch eine Anzeige der Nachbarn. Es folgten die Festnahme und erste Verhöre. Für eine Verurteilung brauchten die Ankläger jedoch ein Geständnis. Deshalb war die „peinliche Befragung" (Folter) der nächste Schritt. Lehnten die Angeklagten die Vorwürfe ab, wurden sie gefoltert. Man riss ihnen Arme und Beine aus den Gelenken, verletzte sie mit glühenden Zangen oder quälte sie auf andere Weise. Schließlich bestätigten die meisten, was die Ankläger ihnen vorwarfen. So sah das Gericht die Schuld der Angeklagten erwiesen, die dann meistens zum Tode durch Verbrennen verurteilt wurden.

Vom 15. bis ins 17. Jahrhundert gab es viele Hexenverfolgungen. Nach Schätzungen fielen ihnen im deutschsprachigen Raum ca. 20 000 Menschen zum Opfer.

Zunächst traf der Hexenwahn vor allem alte Frauen. Später konnte es auch außergewöhnlich schöne oder unverheiratete Frauen und zugereiste Familien treffen. Hebammen gerieten wegen ihrer medizinischen Kenntnisse in Verdacht. Zu Prozessen kam es dort, wo die Menschen durch Missernten oder Seuchen litten. Auch Armut, Kriegszüge und Viehsterben waren oft ein Anlass. Zudem kam es in der Frühen Neuzeit zu einer „kleinen Eiszeit" mit schlimmen Folgen für die Ernteerträge.

Jahrhundertelang hatte die Kirche vor allem die Sündhaftigkeit der Frauen betont. Dies fand auch in der Hexenverfolgung seinen Ausdruck.

Rebekka Lemp (zweite von links) galt als fromme Frau und wurde dennoch als Hexe angeklagt.

Wer war Rebekka Lemp?

Rebekka Lemp lebte mit ihrem Mann und ihren sechs Kindern in Nördlingen. Sie war eine angesehene, fromme Frau. Doch am 1. Juni 1590 wurde sie plötzlich verhaftet. Eine andere Frau hatte sie beschuldigt, eine Hexe zu sein.
Rebekka wehrte sich gegen diesen unsinnigen Vorwurf. Doch nach zwei Tagen Folter hielt sie die Schmerzen nicht mehr aus. Sie „gestand“, einen Pakt mit dem Teufel geschlossen zu haben. Sie beschuldigte sich selbst, mehrere Morde begangen und Kinder gegessen zu haben. Ihr Mann schrieb verzweifelte Bittschriften an den Rat der Stadt. Doch es gab keine Rettung. Am 9. September 1590 wurde Rebekka Lemp im Alter von 40 Jahren verbrannt.

M2 Der Fall Rebekka Lemp – Beispiel eines Hexenprozesses

Region	Zeitraum	Verurteilte (soweit bekannt)	Hinrichtungen
Freiburg	1607–1683	162	53
Genf	1537–1662	318	68
Neuchâtel	1568–1677	341	214
Luxemburg	1509–1687	547	358
Grafschaft Namur	1509–1646	270	144
Dépt. Nord/ Frankreich	1542–1679	187	90
Finnland	1520–1699	710	115
Norwegen	1551–1760	730	280
Schottland	1563–1727	402	216
Grafschaft Essex/ England	1560–1672	291	74
Ungarn	1520–1777	932	449

M3 Hexenverfolgungen in Europa

M4 Hexenverbrennung in Regenstein 1555. Holzschnitt

AUFGABEN

1 *Ordne den Figuren in M1 die Zaubereien zu: „Teufelsbuhlschaft“, Unwetterzauber, „Hexenschuss“, Milchdiebstahl durch Melken eines Baumstammes, Einflüsterungen des Teufels, Hexenritt.*

2 *Nenne Ursachen für die Hexenverfolgung.*

3 *Erkläre, warum eine Angeklagte in einem Hexenprozess kaum eine Chance hatte, ihre Unschuld zu beweisen.*

4 *Rebekka Lemp und ihre Familie wissen: Ihr geschieht Unrecht. Diskutiert, gegen welche Grundsätze ihre Verhaftung und Verurteilung verstießen (M2).*

5* *a) Untersuche das Verhältnis zwischen verurteilten und hingerichteten Hexen.*
b) Diskutiert, was sich daraus folgern lässt. Bedenkt auch dabei, dass Hexenprozesse für die betroffenen Gemeinden sehr aufwendig und teuer waren.

6 *Erkundige dich in der Stadtbibliothek, ob es in deinem Ort auch Hexenverfolgungen gab.*

Johannes Tserclaes von Tilly, Feldherr

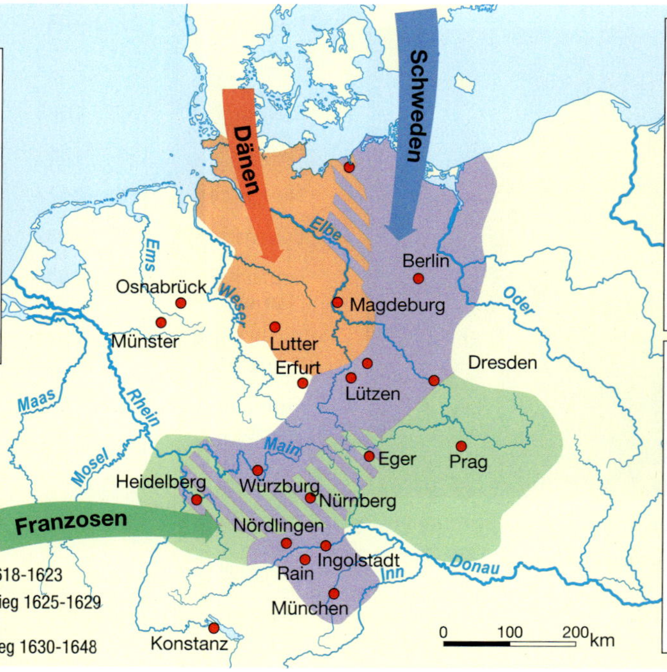

Gustav Adolf, König von Schweden

Albrecht von Wallenstein, Feldherr

M 1 Schauplätze des Dreißigjährigen Krieges

Schrecken ohne Ende – der Dreißigjährige Krieg

Im Augsburger Religionsfrieden (1555) bekam die evangelische Kirche dieselben Rechte wie die katholische. Der Landesherr bestimmte die Konfession für sich und seine Untertanen. Dennoch dauerten die religiösen Konflikte weiter an. Die evangelischen Fürsten schlossen daher ein militärisches Bündnis, die Katholiken ebenfalls.

Der Prager Fenstersturz

Der katholische Kaiser Ferdinand war zugleich König von Böhmen, das weitaus überwiegend evangelisch war. Um die Böhmen wieder zum alten Glauben zu veranlassen, schickte der Kaiser Gesandte nach Prag, die das durchsetzen sollten. Auf der Prager Burg warfen evangelische Adelige diese Herren kurzerhand aus dem Fenster (sie überlebten den Sturz). Dieser Vorfall löste den **Dreißigjährigen Krieg** aus. Der Kaiser verübte daraufhin ein Strafgericht über die ungehorsamen Böhmen, rasch wurden zahlreiche Adelige hingerichtet. Der Aufstand der Böhmen wurde bald von Truppen katholischer Fürsten niedergeschlagen.

Ausweitung zum europäischen Krieg

Um ihre Glaubensbrüder zu unterstützen, traten zunächst der evangelische dänische König und später der König von Schweden Gustav Adolf in den Krieg ein. Sie verfolgten dabei religiöse, aber auch machtpolitische Ziele. Das katholische Frankreich trat auf Seiten der Protestanten in den Krieg ein, denn es befürchtete eine Übermacht des katholischen Kaisers, der Großmacht Habsburg.

Einige Generäle verfolgten mit ihren Söldnertruppen eigene Ziele. So eignete sich Albrecht von Wallenstein die Besitzungen der hingerichteten böhmischen Adeligen an und bereicherte sich unermesslich als erfolgreicher Kriegsunternehmer durch die Feldzüge. Viele Söldner wollten da nicht zurückstehen. Sie mordeten hemmungslos und plünderten zahlreiche Dörfer und Städte aus. Dabei kam es zu unzähligen Gewalttaten. Religiöse Motive spielten dabei keine Rolle mehr.

1648 kam es dann zu komplizierten Friedensverhandlungen in Münster und Osnabrück, bei denen zahlreiche europäische Mächte beteiligt waren. Dieser Westfälische Friede musste sehr unterschiedliche Interessen ausbalancieren, denn die beteiligten Großmächte wollten ihre Beute sichern. Das Deutsche Reich zerfiel nun endgültig in über 300 souveräne Einzelstaaten. Es dauerte Jahrzehnte, bis sich das Deutsche Reich von den Verwüstungen erholt hatte.

Das Leiden der Bevölkerung im Dreißigjährigen Krieg

So schilderte ein Dichter die Ankunft der Soldaten in einem Dorf:

„Die Soldaten stellten ihre Tiere ein und schlachteten alle Hühner und Schafe nacheinander ab … Etliche fingen an, zu sieden (kochen) und zu braten, als sollte ein Festmahl gehalten werden … andere packten die Wäsche, Kleidung und anderen Hausrat zu großen Paketen zusammen … Was sie aber nicht mitzunehmen gedachten, ward zerschlagen und zugrunde gerichtet … Den Knecht legten sie gebunden auf die Erde, steckten ihm einen Kübel voll garstigen Mistlachenwassers in den Leib. Das nannten sie einen schwedischen Trunk. Da fing man an, des Bauern Daumen festzuschrauben und die armen Schelme so zu foltern, als wenn man hätte Hexen brennen wollen, wie sie auch einen von den gefangenen Bauern bereits in den Backofen steckten und mit Feuer hinter ihm her waren … Einem anderen machten sie ein Seil um den Kopf und zogen es so zusammen, dass ihm das Blut zu Mund, Nase und Ohren heraussprang."

(Quelle: Grimmelshausen, H. J. v.: Der abenteuerliche Simplicissimus, S. 16, gekürzt und vereinfacht)

M2 Plünderung eines Dorfes (Sebastian Vrancx, 17. Jahrhundert)

M3 Mordender Soldat

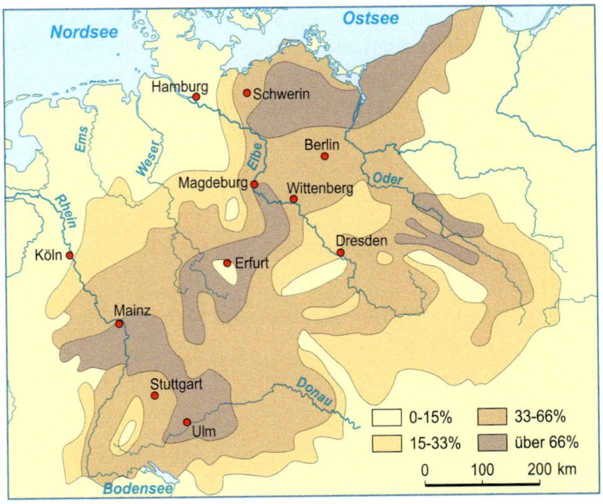

M4 Bevölkerungsverluste im Dreißigjährigen Krieg

AUFGABEN

1 *Stelle Motive und Interessen der unterschiedlichen Kriegsparteien zusammen.*

2 *Erläutere den Begriff „Kriegsunternehmer".*

3 *Beschreibe und bewerte das Verhalten der Söldner im Text und in M3. Nenne mögliche Folgen dieser Verwüstungen für die Menschen.*

4 *a) Werte die Karte M4 aus. Vergleiche diese mit der Karte M1.*
b) Erkläre, warum manche Regionen von dem Krieg besonders stark betroffen waren und andere weniger.

5 *Informiere dich in deiner Stadtbibliothek oder im Heimatmuseum über den Dreißigjährigen Krieg in deinem Ort.*

Wiederholen und Üben

Der Islam

1 Erläutere, welche Haltung der Islam zu Juden und Christen einnimmt.

2 Vergleiche die damalige muslimische Vorstellung vom ewigen Leben mit der christlichen.

Aus dem Koran: Ihr [Muslime] seid das beste Volk, das je unter Menschen entstand. Ihr gebietet nur das Rechte und verbietet das Unrecht und glaubt an Allah. Hätten die Schriftbesitzer [Juden und Christen] geglaubt, es stünde viel besser um sie. [...] Doch die Schriftbesitzer sind nicht alle gleich. Es gibt rechtschaffen Denkende unter ihnen, welche allnächtlich über die Zeichen Allahs nachdenken und Allah verehren und an Allah glauben und an den Jüngsten Tag. [...] Sie gehören zu den Frommen. Was sie Gutes taten, bleibt nicht unbelohnt, denn Allah kennt die Frommen. Den Ungläubigen wird bei Allah nichts helfen, weder Vermögen noch Kinder. Sie werden Bewohner des Höllenfeuers und ewig darin bleiben. [...] Die aber, welche ihren Herrn verehren, kommen in von Wässern durchströmte Gärten und bleiben ewig darin. Ein göttliches Geschenk! Was bei Allah ist, ist besser für die Frommen, als was hier ist. Auch die Schriftbesitzer, die an Allah glauben und an das, was euch und was ihnen offenbart wurde, und sich Allah unterwerfen [...], empfangen ihren Lohn von Allah.

(Sure 3, 111, 114–117, 199 f., Quelle: Der Koran. Das Heilige Buch des Islam, nach der Übertragung von Ludwig Ullmann, München 1959, S. 62, 70)

M1 Mohammed über Muslime und Nichtmuslime

Kritik an der katholischen Kirche

3 a) Beschreibe die Karikatur.
b) Schreibe eine ausführliche Bildunterschrift.
c) Verfasse einen kurzen Text, welches Ziel der Karikaturist verfolgt.

M2 Ego sum Papa = ich bin Papst. Karikatur. Flugblatt gegen Papst Alexander VI. (um 1500)

Die Reformation

4 a) Fasse die Anordnungen des Kaisers stichwortartig zusammen.
b) Vergleiche diese Anordnungen mit der tatsächlichen historischen Entwicklung.

Und befehlen euch ernstlich ..., dass ihr Martin Luther nicht beherbergt, nährt und tränkt,... sondern ihn gefangennehmt und uns wohlbewahrt zusendet... Desgleichen gebieten wir allen Richtern, dass sie die Schriften, Bücher, Zettel [Luthers] ... im ganzen Reich einsammeln, zerreißen und mit öffentlichem Feuer verbrennen. ... Damit auch das Gift derer, die solche Schriften verfassen, nicht weiter ausgebreitet und die hochberühmte Kunst der Druckerei allein in guten und löblichen Sachen gebraucht ... werde, so haben wir ... geboten, dass hinfort kein Buchdrucker im Reich Bücher oder andere Schriften über den christlichen Glauben zum ersten Mal drucke ohne Wissen und Willen der geistlichen Oberen des jeweiligen Orts und [nur] mit Erlaubnis der theologischen Fakultät der nächstgelegenen Universität.

(Quelle: Fragen an die Geschichte 2, Berlin 1993, S. 209)

M3 Aus dem Wormser Edikt Kaiser Karls V. vom 8. Mai 1521

Der Bauernkrieg – nur eine Niederlage der Bauern?

5 Nenne die Gründe, die zum Bauernkrieg führten.

6 a) Fasse den nachfolgenden Text stichpunktartig zusammen.

b) Vergleiche die Darstellung der Folgen des Bauernkrieges von S. 117 mit den Bewertungen, die der Historiker Schulze formuliert.

Aus einer wissenschaftlichen Darstellung

Die Hauptsorge aller politischen Bemühungen nach dem Bauernkrieg blieb die Verhütung zukünftiger Revolten. Aber dieses Hauptziel wollte man nicht durch stärkere Unterdrückung erreichen, sondern man eröffnete den Weg legaler Beschwerden. In den Reichsabschied [ein Gesetz] von 1526 schrieb man die Generalklausel [Bestimmung] hinein, dass die Herren ihre Untertanen so behandeln sollten, wie sie es mit ihrem „Gewissen", „göttlichem und natürlichem Recht" und der „Billigkeit" vereinbaren könnten. [Die Regelung von zukünftigen Streitfällen zwischen Untertanen und Adel wurde den fürstlichen Hofgerichten zugewiesen, dies wurde im weiteren Verlauf des 16. Jahrhunderts häufig genutzt.] Seit dem späten 16. Jahrhundert war im Reich eine Bauernrevolte ohne einen gleichzeitigen Prozess undenkbar. In diesem Sinne wird man vom Bauernkrieg tatsächlich als einem wirklichen „Wendepunkt" der deutschen Geschichte sprechen können.

(Quelle: Schulze, W.: Der dt. Bauernkrieg 1524 – 1526. In: Wehler, H.-U.: Scheidewege der deutschen Geschichte, München 1995, S. 49)

Hexenverfolgung

7 a) Beschreibe das Gemälde.

b) Untersuche, welche Eigenschaften Hexen zugesprochen wurden.

8 Erläutere, welche Folgen die Hexenverfolgung für die Menschen hatte.

M4 Holzschnitt aus dem 15. Jahrhundert zum sogenannten Hexensabbat

Prüfe dich nun selbst! Du kannst ...

- ✓ ... erläutern, inwiefern Juden in der mittelalterlichen Gesellschaft eine besondere Stellung einnahmen (> S. 104/105);
- ✓ ... die fünf Hauptregeln eines Muslim aufzählen (> S. 98);
- ✓ ... erläutern, inwiefern die Europäer von dem Kulturkontakt mit dem Islam und dem Orient profitierten (> S. 100/101);
- ✓ ... Missstände in der katholischen Kirche benennen, die zur Reformation beitrugen (> S. 106);
- ✓ ... darlegen, inwiefern sich die Macht der Landesfürsten durch die Reformation veränderte (> S. 112);
- ✓ ... einige Ursachen für den Hexenwahn in der Frühen Neuzeit benennen (> S. 114/115);
- ✓ ... wichtige Folgen des Dreißigjährigen Krieges nennen und erklären (> S. 116/117).

4 Jugend und Recht

M 1 Im Jugendgericht

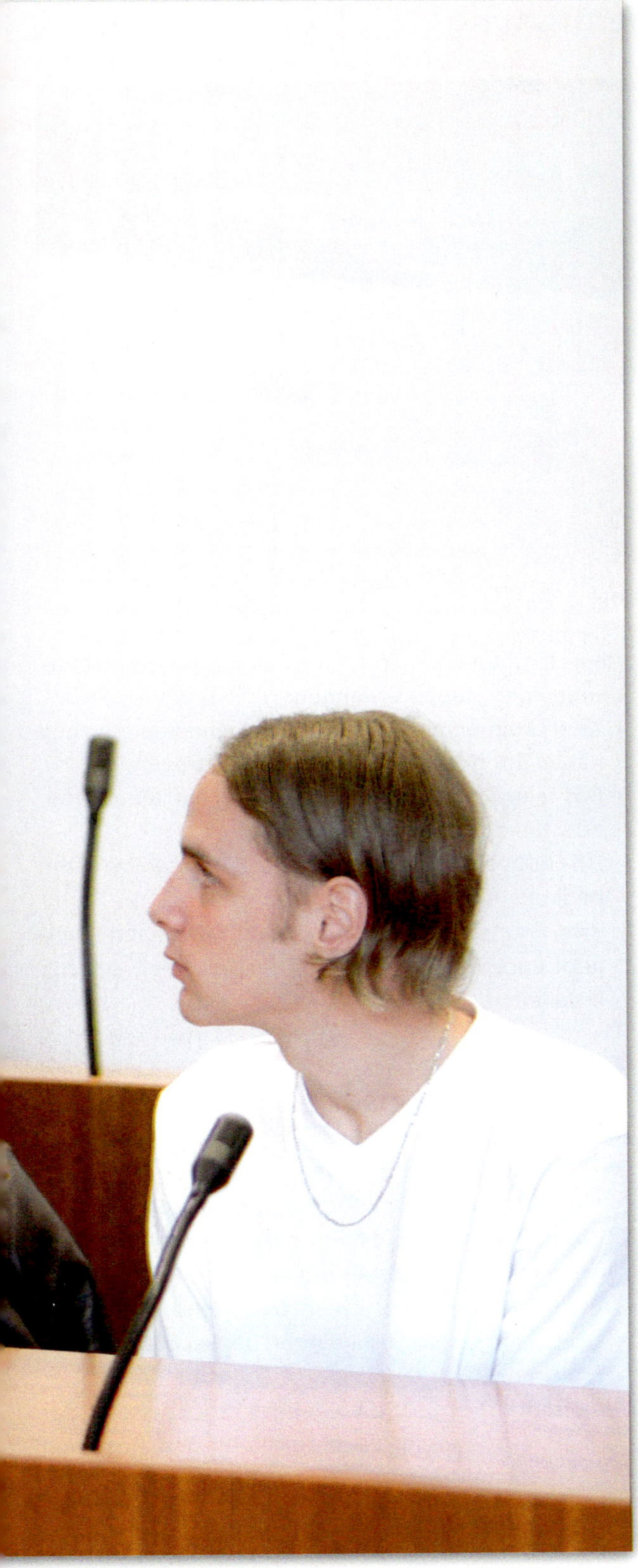

M2 Recht und Gesetz begegnet uns überall.

M3 Der Einfluss der Clique

M4 Die Rechte von Jugendlichen sind eingeschränkt.

- **Wozu gibt es das Recht?**
- **Gibt es für Kinder und Jugendliche ein besonderes Recht?**
- **Welche Folgen haben strafbare Handlungen?**
- **Warum werden Jugendliche kriminell?**
- **Sind Strafen sinnvoll?**
- **Wie werden Jugendliche süchtig?**

M

Das Inselspiel: Wir erstellen eine Lagerordnung

Allein auf einer Insel

Auf einer Klassenfahrt mit dem Schiff kommt ihr in einen fürchterlichen Sturm. Euer Schiff kentert und ihr strandet auf einer unbewohnten Insel. Dort findet ihr genügend Früchte, und auch eine Süßwasserquelle ist vorhanden. Ihr könnt also dort überleben. Bis zu eurer Rettung kann aber viel Zeit vergehen.

M 1 Eure einsame Insel

Der Anfang

Schnell wird euch klar: Ihr könnt nur als Gruppe überleben und müsst euer Zusammenleben so organisieren, dass alles reibungslos klappt. Dafür braucht ihr Regeln, die von allen eingehalten werden.

▶ Erarbeitet in Gruppen aus fünf bis sechs Personen eine Lagerordnung:
- Legt zunächst allgemein die Bereiche fest, die geregelt werden müssen, um
  - euer Überleben zu sichern (z. B. Nahrungsbeschaffung und -zubereitung, Schutz des Lagers vor wilden Tieren)
  - euer Zusammenleben friedlich zu gestalten (z. B. bei Streitigkeiten in der Gruppe)
- Formuliert anschließend die Regeln für die festgelegten Bereiche.
- Erstellt ein Plakat zu eurer Lagerordnung mit eurem Regelkatalog.

▶ Diskutiert die Gruppenergebnisse auf den Plakaten in der Klasse und einigt euch auf eine gemeinsame Lagerordnung.

Die Wendung

Einige Wochen läuft alles reibungslos: Das Lager ist eingerichtet; die Nahrungsbeschaffung klappt so gut, dass sogar Vorräte angelegt werden können; auftretende Konflikte werden von den Beteiligten besprochen und friedlich gelöst.

Aber dann tauchen Probleme auf, die neue Entscheidungen der Gruppe verlangen:
- Zwei Gruppenmitglieder sind aneinandergeraten und haben ihren Streit mit Fäusten ausgetragen.
- Das Team für die Essenszubereitung hat lieber gefeiert, statt zu kochen.
- Ein Gruppenmitglied hat sich an den Essensvorräten bedient.
- Zwei Gruppenmitglieder haben sich ineinander verliebt und wollen alleine auf der anderen Seite der Insel leben.

▶ Diskutiert in der Klasse Lösungsmöglichkeiten und entscheidet, ob ihr ein bestimmtes Verhalten bestrafen wollt.

▶ Ergänzt in den „alten" Gruppen die von der Klasse angenommene Lagerordnung um einen Maßnahmenkatalog, der festlegt, wie auf Regelverstöße reagiert wird und wer die Regelverstöße ahnden darf. Überlegt dabei jeweils, ob ihr eher strafen oder eher eine Verhaltensänderung der Regelbrecher erreichen wollt.

▶ Diskutiert erneut die Gruppenergebnisse in der Klasse und einigt euch auf einen gemeinsamen Maßnahmenkatalog.

Warum brauchen wir Recht und Gesetz?

Das, was im Inselspiel im Kleinen praktisch erprobt wurde, lässt sich auf die Gesellschaft übertragen. Hier wie dort sind Regeln notwendig, um ein friedliches Zusammenleben zu ermöglichen. In der Gesellschaft geschieht das durch Gesetze, die für alle gleichermaßen gelten und verbindlich sind. Hier wie dort sind Maßnahmen erforderlich, wenn gegen Regeln bzw. Gesetze verstoßen wird. Diese sind auf der Insel im „Maßnahmenkatalog" festgehalten, in unserer Gesellschaft gibt es dafür das Strafgesetzbuch.
Während auf der Insel eventuell ein Inselrat die Maßnahmen festlegt, mit denen regelwidriges Verhalten geahndet wird, sprechen in der Gesellschaft unabhängige Gerichte Recht.

Die Gesetze zusammengenommen sind das Recht oder die Rechtsordnung. Entsprechend ist auch die Lagerordnung im Inselspiel eine Rechtsordnung, nämlich die der Insel-Gestrandeten.

Das Recht heißt dabei aber nicht, dass nur Rechte im Sinne von Freiheiten (etwas tun zu dürfen) eingeräumt werden. Das Recht legt auch Pflichten fest, die erfüllt werden müssen. Auf der Insel könnte z. B. das grundlegende Recht auf eine ausreichende Ernährung für jeden gelten, das aber verbunden ist mit der Pflicht, bei der Nahrungssuche mitzuhelfen. So gibt es bei uns das Recht auf Bildung, das gleichzeitig aber auch die Pflicht enthält, die Schule regelmäßig zu besuchen.

Aber nicht nur die Menschen sind an das Recht gebunden, auch der Staat kann nicht willkürlich vorgehen. Er ist an das gegebene Recht gebunden und darf nur im Rahmen dieses Rechts handeln – als **Rechtsstaat**.

INFO

Rechtsstaat
Das ist die Bezeichnung für einen Staat, in dem alles, was der Staat tut, nach den Regeln der Verfassung und den geltenden Gesetzen erfolgen muss. In Deutschland gibt das Grundgesetz diese Regeln vor. Der Gegensatz zum Rechtsstaat ist zum Beispiel ein Polizeistaat oder eine Diktatur. Dort hält sich der Staat an keinerlei Verfassung oder Grundgesetz. In einem Rechtsstaat sollen sich die Bürgerinnen und Bürger darauf verlassen können, dass ihre Rechte vom Staat geschützt werden. In Deutschland überprüfen Gerichte, ob der Staat die Gesetze einhält und die Rechte seiner Bürgerinnen und Bürger schützt.
(Quelle: Schneider; G.; Toyka-Seid, C.: www.hanisauland.de/lexikon/r/rechtsstaat.html; Zugiff: 03.04.2015)

AUFGABEN

1. *Erkläre, inwiefern das „Inselspiel" auf die gesellschaftliche Wirklichkeit übertragen werden kann.*
2. *Erläutere mit eigenen Worten, welche Aufgaben das Recht hat.*
3. *Ordne die Beispiele den Aufgaben des Rechtes zu (M2).*

A Die Polizei holt einen verurteilten 17-Jährigen, der seine Haftstrafe nicht angetreten hat, zu Hause ab.

B Ein 16-Jähriger wird nach einem Einbruch in eine Kita zu 30 „Sozialstunden" verurteilt, die er in einem Kinderheim ableisten muss.

C Ein Kioskbesitzer weigert sich, an einen 15-Jährigen Wodka zu verkaufen.

D Eine 15-Jährige ist im Bus von einem älteren Mann betatscht worden. Sie beschließt (mit ihren Eltern), Anzeige bei der Polizei zu erstatten.

Schutzfunktion: Das Recht schützt die Freiheit des Einzelnen (vor allem von Schwächeren und Minderheiten) gegenüber anderen Mitmenschen und dem Staat.

Konfliktlösungsfunktion: Das Recht sorgt dafür, dass Streitigkeiten friedlich in einem geregelten Verfahren ausgetragen werden und so der innere Frieden einer Gesellschaft bewahrt bleibt.

Bestrafungsfunktion: Das Recht erlaubt nur dem Staat, bei Gesetzesverstößen zu strafen (Gewaltmonopol des Staates) und verhängte Strafen durchzusetzen.

Erziehungsfunktion: Das Recht gibt erwünschtes (regelkonformes) Verhalten vor und regelt damit das Zusammenleben. Durch Strafen (und deren Androhung) soll unerwünschtes Verhalten verhindert werden.

M2 Funktionen und Beispiele des Rechtes

Das Recht bestimmt unseren Alltag

Das Recht begleitet uns auf Schritt und Tritt, ein Leben lang. Wir alle kommen jeden Tag in einer Vielzahl von Fällen mit dem Recht in Berührung. Es umfasst insgesamt etwa 150 000 Einzelvorschriften, die uns binden.

M1 Michelle und ihre Freundinnen nach der Schule

M2 Fabian lädt sich die neuesten Songs herunter.

M3 Amina und Natalia bei ihrer Lieblingsbeschäftigung

M4 Aleksander und Noah beim gemeinsamen Training

M5 Nele (16 Jahre) hat ihren Motorrollerführerschein.

M6 Timo und seine Clique

Öffentliches Recht und Privatrecht (Zivilrecht)

Das **Öffentliche Recht** regelt die Rechtsbeziehungen zwischen Bürger und Staat. Es umfasst z. B. das Schulrecht, Verkehrsrecht, Steuerrecht oder Strafrecht.
Ein Beispiel: Herr Kraus missachtet mit seinem Auto ein Stoppschild. Ein anderes Auto kann nicht mehr rechtzeitig ausweichen. Es kommt zum Zusammenstoß. Beide Fahrer sind nur leicht verletzt, die Autos haben aber Totalschaden. Durch seine Unachtsamkeit gefährdet Herr Kraus Mitmenschen. Er begeht eine fahrlässige Körperverletzung nach dem Strafrecht und eine Straftat im Sinne des Straßenverkehrsgesetzes (StVG).

Das **Privatrecht** (Zivilrecht) regelt die Rechtsbeziehungen der einzelnen Bürger zueinander. Diese Rechtsbeziehungen betreffen also nicht die Öffentlichkeit.
Das Bürgerliche Gesetzbuch (BGB) ist das wichtigste Gesetz des deutschen Privatrechts. Im BGB können die gesetzlichen Bestimmungen nachgelesen werden, die z. B. bei der Geburt oder beim Tod eines Bürgers gelten. Außerdem finden sich im BGB z. B. die Rechtsvorschriften über Eheschließung, Vormundschaft und Eigentum sowie die Rechte und Pflichten, die sich aus einem Kaufvertrag ergeben.

Fall 1: Einbruch (schwerer Diebstahl)
Jibran klettert durch das Kellerfenster in ein Haus und entwendet Würstchen und Bier. Anschließend bricht er einen Automaten auf und nimmt Zigaretten mit. Jibran wird in das Amtsgericht geladen und muss sich vor dem Strafrichter verantworten.

Fall 2: Mietstreit
Die kleine drei Monate alte Emilia schreit Tag und Nacht. Schreit das Baby weiter so, kann der Vermieter der Familie die Wohnung kündigen. Falls die Familie die Kündigung für nicht gerechtfertigt hält, kann sie dieser widersprechen. Der Vermieter muss vor dem Amtsgericht klagen, wenn er die Kündigung durchsetzen will.

Fall 3: Sachbeschädigung und Körperverletzung
Jacqueline hat ein neues Smartphone von ihren Eltern geschenkt bekommen. Stolz zeigt sie es in der Klasse herum. Als Viktor es sich genauer anschauen will, fällt es ihm herunter und zerspringt in Einzelteile. Erbost haut Jacqueline Viktor auf die Nase, welche danach gebrochen ist. Viktor begeht eine Sachbeschädigung, Jacqueline eine Körperverletzung.

M7 Polizeiberichte

M8 Öffentliches Recht und Privatrecht

AUFGABEN

1 *Beschreibe die auf den Fotos M1 – M6 (S. 124) dargestellten Situationen und erkläre, was sie mit dem Recht zu tun haben.*

2 *Erkläre den Unterschied zwischen den beiden Rechtsgebieten Öffentliches Recht und Privatrecht (M8).*

3* *Beurteile, in welchen Rechtsbereich die genannten Fälle 1 – 3 (M7) gehören und begründe deine Entscheidung (M8).*

4 *Sammelt Artikel oder Schlagzeilen aus Zeitungen über Streitfälle vor Gericht. Ordnet die Fälle den beiden Bereichen (Öffentliches Recht oder Privatrecht) zu.*

M 1 Finn und sein neues Smartphone

Rechtsgeschäfte mit Jugendlichen – gültig oder nicht gültig?

„Es ist doch mein Geld"

Finn ist 15 Jahre alt. Sein sehnlichster Wunsch: ein neues Smartphone. Dafür hat er schon lange gespart. Im Internet entdeckt er die Anzeige eines großen Elektrofachmarktes in seiner Nähe für ein unschlagbares Kombi-Angebot: das neueste Smartphone auf dem Markt. Und das für nur 399 Euro.

Schnell macht Finn einen Kassensturz: sein vom Taschengeld Erspartes, die Geldgeschenke zur Konfirmation am letzten Sonntag und das „Weihnachtsgeld" von Oma und Opa, das für eine Sprachreise nach England in den Sommerferien gedacht war. Das Geld reicht. Finn ist glücklich.

Direkt am nächsten Tag macht Finn sich nach der Schule auf den Weg zum Elektrofachmarkt und kauft das Smartphone zum Angebotspreis.

Als seine Eltern am Abend den Kauf entdecken, gibt es ein Donnerwetter. Sie sind nicht einverstanden und fordern Finn auf, das Gerät zurückzubringen. Finns einziger Kommentar: „Es ist doch mein Geld."

Verträge – nicht alles Jacke wie Hose!

Viele wissen nicht: Wer etwas kauft, geht einen Vertrag ein – einen Kaufvertrag, der mündlich geschlossen wird. Nach § 433 BGB tritt ein Kaufvertrag dann in Kraft, wenn die Ware dem Kunden übergeben wird und dieser den genannten Preis zahlt: Ware gegen Geld.

Wer einen Vertrag schließt, ist auch an ihn gebunden. Stellt Finn zu Hause fest, dass z. B. das Smartphone doch nicht das hält, was er sich versprochen hat, kann er es nicht einfach wieder zurückbringen und das Geld zurückverlangen. Das geht nur, wenn das Smartphone einen Fehler hat, z. B. Schlieren auf dem Display. In diesem Fall verstößt der Verkäufer gegen seine Pflicht, „die Sache frei von Sach- und Rechtsmängeln zu verschaffen", und muss das Geld zurückzahlen (Auflösung des Kaufvertrages) oder „Abhilfe" schaffen, indem er das Smartphone reparieren lässt oder es gegen ein einwandfreies austauscht.

M 2

AUFGABEN

1 *Beschreibe das Rechtsgeschäft, das Finn eingegangen ist.*

2* *Erkläre die Rechte und Pflichten eines Käufers aus einem Kaufvertrag (M4).*

3 *Überprüfe Finns Kauf:*
- *Ist der Kauf rechtswirksam? Erkläre.*
- *Welche Möglichkeiten haben die Eltern?*

4 *Nenne Beispiele aus deinem Alltag, in denen du Kaufverträge eingegangen bist.*

Was darf ich kaufen?

Jugendliche stehen unter besonderem Schutz. Es gibt gesetzliche Bestimmungen, die sie vor übereilten Vertragsabschlüssen schützen sollen.

Kinder unter 8 Jahren sind nicht geschäftsfähig. Sie können keine wirksamen Verträge schließen. Das regelt das Bürgerliche Gesetzbuch (BGB) im § 104.

Das bedeutet aber nicht, dass ein 6-Jähriger keine kleineren Alltagseinkäufe – z. B. beim Bäcker um die Ecke – machen darf. Er handelt dann im Auftrag der Mutter.

Jugendliche sind beschränkt geschäftsfähig (§ 106 kurz BGB). „Beschränkt" meint hier, dass Jugendliche nur in gewissem Umfang Geschäfte tätigen dürfen. Die Verträge sind jedoch so lange „schwebend unwirksam" (§ 108 BGB), das heißt, in der Schwebe, bis die Eltern dem Kauf zugestimmt haben. Das Okay der Eltern ist also immer erforderlich.

Jugendliche sollen mit dieser Regelung davor geschützt werden, dass Erwachsene sie übers Ohr hauen, dass sie zu teure Dinge einkaufen oder etwas, was die Eltern überhaupt nicht gestatten.

Eine Ausnahme bilden Verträge, die die Jugendlichen mit ihrem eigenen Geld tätigen können (§ 110 BGB). Dabei wird die durchschnittliche Höhe des Taschengeldes zugrunde gelegt. Daher wird dieser Paragraf auch von vielen als „Taschengeldparagraf" bezeichnet.

Erst mit dem 18. Lebensjahr und damit mit dem Erreichen der Volljährigkeit, wird man voll geschäftsfähig und kann nach Lust und Laune kaufen – ohne Zustimmung der Eltern. Man trägt dann auch selbst das Risiko.

M3 Darf Julian das Computerspiel kaufen?

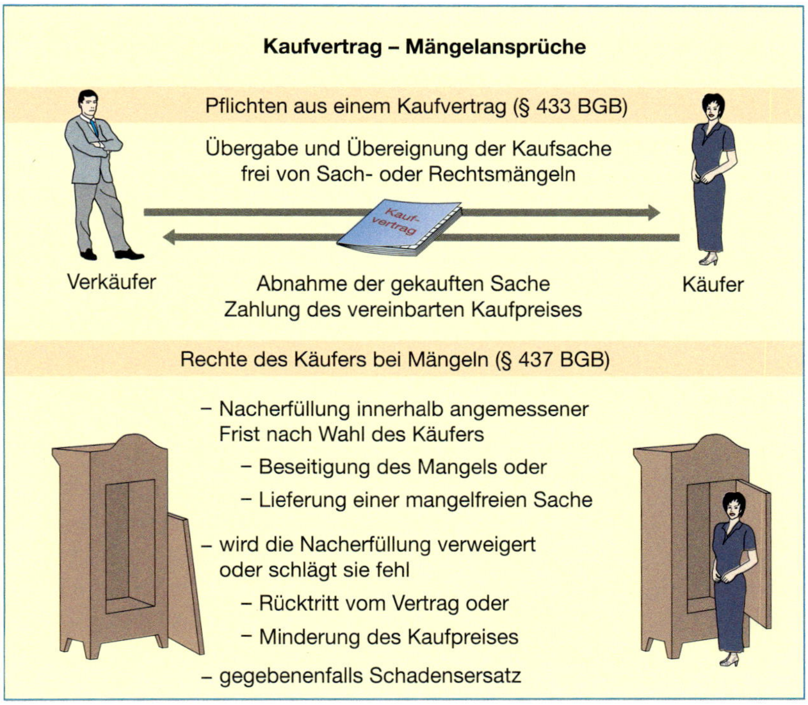

M4 Der Kaufvertrag

Alter	Taschengeld
unter 6 Jahren	0,50 Euro pro Woche
6–7 Jahre	1,50 bis 2 Euro pro Woche
8–9 Jahre	2 bis 3 Euro pro Woche
10–11 Jahre	13 bis 16 Euro pro Monat
12–13 Jahre	20 bis 22 Euro pro Monat
14–15 Jahre	25 bis 30 Euro pro Monat
16–17 Jahre	35 bis 45 Euro pro Monat
18 Jahre	70 Euro pro Monat

M5 Empfehlung zur Taschengeldhöhe für Kinder und Jugendliche

Umgang mit Gesetzestexten

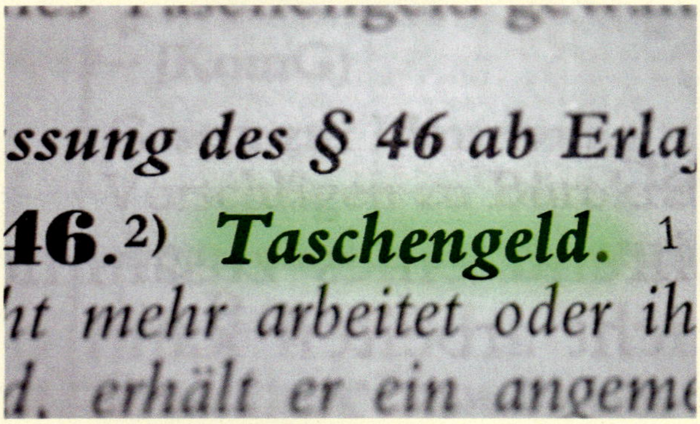

M1 Taschengeld im Gesetzestext

Bürgerliches Gesetzbuch (BGB) § 110 („Taschengeldparagraf")

Bewirken der Leistung mit eigenen Mitteln
Ein von dem Minderjährigen ohne Zustimmung des gesetzlichen Vertreters geschlossener Vertrag gilt als von Anfang an wirksam, wenn der Minderjährige die vertragsmäßige Leistung mit Mitteln bewirkt, die ihm zu diesem Zweck oder zu freier Verfügung von dem Vertreter oder mit dessen Zustimmung von einem Dritten überlassen worden sind.

M2 Gesetzestext

Auswertung des Taschengeldparagrafen

Ein von dem Minderjährigen ohne Zustimmung des gesetzlichen Vertreters geschlossener Vertrag gilt als von Anfang an wirksam, wenn der Minderjährige die vertragsmäßige Leistung mit Mitteln bewirkt, die ihm zu diesem Zweck oder zu freier Verfügung von dem Vertreter oder mit dessen Zustimmung von einem Dritten überlassen worden sind.

Klärung der Wörter:
„Minderjähriger",
„gesetzlicher Vertreter",
„Vertrag",
„wirksam"

Es handelt sich um ein Gesetz.

M3 Beispielauswertung

Auf den vorhergehenden Seiten wurde mehrfach auf gesetzliche Regelungen aus dem Bürgerlichen Gesetzbuch (BGB) verwiesen, die bei Rechtsgeschäften von Jugendlichen wirken. Diese Regelungen, Gesetze, sind einerseits für den Alltag sehr wichtig. Andererseits sind sie aber in „Juristendeutsch" verfasst, einer Fachsprache, die auf den ersten Blick unverständlich erscheint.

Finn hat sich nach dem Streit mit seinen Eltern über den Kauf des neuen Smartphones in sein Zimmer zurückgezogen. Nun recherchiert er im Internet, ob seine Eltern ihm den Kauf auch wirklich verbieten können. Dabei stößt er auf den § 110 des Bürgerlichen Gesetzbuches und freut sich: „Hab' ich's nicht gesagt? Es ist doch mein Geld!"

Gesetzestext auswerten

1. Schritt: Worum geht es? (Art und Inhalt)

Kläre zuerst, um welche Art Text es sich handelt (z. B. um eine Verordnung, Gesetz). Suche nach Schlüsselwörtern, die dir helfen, den Text zu verstehen.
Schlage unbekannte Wörter und Begriffe nach.
Formuliere eine kurze Zusammenfassung.

2. Schritt: Wann greift das Gesetz und was wird darin geregelt? (Regelungsbereich und Regelungsabsicht)

Nun kann untersucht werden, für welchen Bereich (Tatbestand) der Text angewandt werden kann. Welche Bedingungen und Einschränkungen werden genannt? Ermittle, was mit dem Text bewirkt werden soll (Rechtsfolge). Soll z. B. eine bestimmte Handlung erlaubt oder verboten werden? Oder wird im Text eine Strafe genannt?

3. Schritt: Kann das Gesetz auf den Fall angewandt werden?

Nun muss überprüft werden, ob die Bestimmung des Textes auch auf den Fall übertragbar ist und welche Konsequenz sich daraus ergibt: Ist der „Taschengeldparagraf" auf Finns Kauf anwendbar? Deckt der Paragraf den Kauf ab und ist damit der Kauf des Smartphones rechtswirksam?

Rechte und Pflichten sind vom Alter abhängig

M1 Wer ist schon rechtsfähig?

Der Mensch wird mit der Geburt rechtsfähig

Bereits mit der Geburt beginnt die Rechtsfähigkeit des Menschen. Schon ein Säugling hat also Rechte und Pflichten. So kann er ein Vermögen erben. Darüber verfügen kann er allerdings nicht, weil er noch nicht rechtswirksam handeln kann. Das tun die Eltern bzw. der gesetzliche Vertreter für das Kind.
Eigenständig handeln und am Rechtsleben teilnehmen kann jemand erst, wenn er die notwendigen Fähigkeiten, das heißt, wenn er die entsprechende Reife hat. Der Mensch erlangt dabei stufenweise mehr Rechte, er wächst sozusagen in das Recht hinein.

Geburt

6. Lebensjahr

7. Lebensjahr beschränkt geschäftsfähig und deliktfähig

12. Lebensjahr

14. Lebensjahr strafmündig als Jugendlicher

15. Lebensjahr

16. Lebensjahr

18. Lebensjahr strafmündig als Erwachsener

21. Lebensjahr

Geburt
Gleich mit der Geburt wird man rechtsfähig. Träger von Rechten und Pflichten bleibt man sein ganzes Leben. Bereits der Säugling kann – etwa durch Schenkung – Eigentümer eines Grundstücks werden und auch zur Zahlung von Grundsteuer verpflichtet sein.

Vollendung des 6. Lebensjahres
Die erste Altersgrenze im Recht erreicht das Kind mit 6 Jahren, wenn es schulpflichtig wird. Ab jetzt dürfen Kinder auch ohne Begleitung eines Erziehungberechtigten ins Kino, wenn der Film für ihr Alter freigegeben ist und die Vorstellung nicht länger als bis 20 Uhr dauert.

Vollendung des 7. Lebensjahres
Mit 7 Jahren ist man beschränkt geschäfts- und bedingt deliktfähig. Man kann jetzt z. B. ohne Mitwirkung der Eltern Willenserklärungen abgeben, etwa ein Geschenk annehmen. Das Kind ist nun für einen schuldhaft angerichteten Schaden verantwortlich, soweit es aufgrund seiner Entwicklung seine Verantwortlichkeit erkennen kann.

Vollendung des 12. Lebensjahres
Ab dem 12. Lebensjahr können die Eltern das religiöse Bekenntnis des Kindes nicht gegen dessen Willen ändern. Im Auto darf man nun vorne sitzen, auch wenn noch ein hinterer Sitz frei ist.

Vollendung des 14. Lebensjahres
Mit 14 Jahren kann der Jugendliche seine Religion frei wählen. Bei Scheidung der Eltern kann das Kind dem Gericht einen Vorschlag machen, welchem Elternteil die elterliche Fürsorge zustehen soll. Eine Adoption gegen seinen Willen ist ab jetzt ausgeschlossen. Außerdem beginnt seine strafrechtliche Verantwortlichkeit.

Vollendung des 15. Lebensjahres
Mit 15 Jahren fällt das grundsätzliche Beschäftigungsverbot für Kinder bzw. Jugendliche weg. Man kann den Mofa-Führerschein erwerben.

Vollendung des 16. Lebensjahres
Ab 16 Jahren muss man einen Personalausweis oder Reisepass besitzen. Man darf ohne Begleitung von Erziehungsberechtigten Gaststätten und öffentliche Tanzveranstaltungen bis 24 Uhr besuchen. Man kann den Führerschein der Klassen AM und A1 machen. Man kann heiraten, wenn der künftige Ehepartner volljährig ist und das Vormundschaftsgericht sowie die Eltern zustimmen. Vor Gericht darf man vereidigt werden. Und man kann vor einem Notar selbstständig sein Testament machen.

Vollendung des 18. Lebensjahres
Mit 18 Jahren ist man volljährig und kann selbst Verträge abschließen, einen Prozess führen und ist für angerichtete Schäden voll verantwortlich. Für den Besuch von Gaststätten, Tanzveranstaltungen oder Kinos gibt es keine Beschränkungen mehr. Man ist voll ehemündig. Man darf den Führerschein für die Klassen 1a und 3 machen. Bei Bundestagswahlen kann man wählen und gewählt werden. Im Strafverfahren kann der Richter Erwachsenenstrafrecht anwenden.

M2 Wichtige Altersgrenzen

Das Jugendschutzgesetz – Schutz oder Bevormundung?

2002 wollte die damalige Bundesregierung das Jugendschutzgesetz in mehreren Punkten ändern. Dabei waren unter anderem Änderungen bei den Altersgrenzen für den Disco-Besuch im Gespräch. Dieser Vorschlag löste eine breite Kontroverse aus, vor allem bei Eltern.
Aufgrund des öffentlichen Drucks sah die Regierung von einer Änderung des Jugendschutzgesetzes in diesem Punkt ab.
Seitdem entfacht die Diskussion über dieses Thema immer wieder aufs Neue – besonders bei Jugendlichen.

M1 In die Disco mit 14?

Mit 14 wirklich alt genug für die Disco?

Mit 14 in die Disco – das sieht die von der Bundesregierung gewollte Novellierung (Abänderung) des Jugendschutzgesetzes vor. Wenn es nach Ministerin Bergmann ginge, dürfen Jugendliche ab 14 Jahren künftig ohne Begleitung von Erwachsenen in Discos tanzen oder Gaststätten und Kinos besuchen. [...] Wer 14 Jahre alt ist, soll künftig um 23 Uhr nach Hause gehen müssen, 16-Jährige sollen so lange ausgehen können, wie sie wollen. [...]

Auf eine bundesweite Zustimmung hofft Renate Hendricks, Vorsitzende des Bundeselternrats: „Die Lebensgewohnheiten der Kinder haben sich erheblich verändert. Die Kinder wollen heute länger wegbleiben." Schließlich könne der Drang, nachts auszugehen, nicht per Gesetz gestoppt werden. Gabriele Wichert vom Kinderschutzbund sieht es ähnlich: „Es ist an der Zeit, die alten Jugendschutzbedingungen, mit denen man glaubte, Kinder schützen zu können, zu überwinden. [...] Außerdem hat sich [...] das Erziehungsverhalten geändert." Kinder würden zu „Selbstständigkeit und Verantwortungsbewusstsein erzogen". Das alte Gesetz passe nicht mehr dazu.

Heftige Kritik am neuen „Disco-Gesetz" übt dagegen ein Mann der Praxis. „Ich halte nichts davon, sich in allen Belangen dem Zeitgeist anzupassen", empört sich der Schulleiter [...] Gerhard Dziomba. [...] Unausgeschlafene Kinder können sich, so der Schulleiter, zudem nicht auf den Unterricht konzentrieren. „Rund zehn Prozent der 14- bis 16-Jährigen kommen schon so zu spät in die Schule oder fehlen ganz", sagt Josef Kraus, Präsident des Deutschen Lehrerverbandes. Nun werde es den Eltern noch schwerer gemacht, sich daheim durchzusetzen. Mit der Neuregelung fielen die Politiker den Erziehungsberechtigten in den Rücken.

Für „verantwortungslos" hält auch die Politikerin Monika Hohlmeier [...] die Gesetzesnovelle: „Als Mutter von zwei Kindern im Alter von 13 und 15 Jahren weiß ich, dass sich ein 14-jähriges Kind zum Beispiel Verlockungen wie Zigaretten, Alkohol und Drogen, die leider in Umgebungen wie Discotheken gegeben sind, noch überhaupt nicht allein entziehen kann." Da sehe sie [...] eine große Gefahr. Kinder in diesem Alter bräuchten zwar auch Freiräume, aber dabei klare Grenzen und Strukturen [...]. Unvorstellbar findet es Frau Hohlmeier außerdem, „dass eine 15-Jährige um 23 Uhr noch allein Bus fährt oder gar trampt!" [...] Nach einer aktuellen repräsentativen Umfrage lehnen 81 Prozent der Bundesbürger die Lockerung des Jugendschutzgesetzes ab. Selbst in der Altersgruppe der 14- bis 34-Jährigen sind nur 25 Prozent für die Senkung der Altersgrenze beim Disco-Besuch.

(Quelle: www.welt.de/print-wams/article600982/Mit-14-wirklich-alt-genug-fuer-die-Disco.html; Zugriff: 04.04.2015)

M2 Zeitungsmeldung

Jordan (16 Jahre) will mit seinen Kumpeln auf die Kerb feiern gehen. Sie haben sich vorgenommen, bis zum Ende zu bleiben – 23:00 Uhr. Um die Stimmung aufzulockern, will Jordan für alle eine Runde Schnaps spendieren.

Rosa (13) soll für ihren erkrankten Vater kurz in den nächsten Supermarkt laufen und eine Schachtel Zigaretten holen. Das Geld dafür gibt er ihr.

Johanne und Aaron (beide 14 Jahre) wollen zu der vom Stadtjugendring organisierten Disco-Party gehen. Diese ist am Freitagabend im Jugendclub. Beide wollen bis 22:00 Uhr bleiben.

Eine **17-jährige Aushilfskassiererin** verkauft einem Jugendlichen verschiedene Biermixgetränke im Wert von knapp 25 Euro. Einige Zeit später erhält sie einen Bußgeldbescheid: Sie soll 2 103,50 Euro zahlen, wegen Verstoßes gegen das Jugendschutzgesetz.

M3 Fallgeschichten

Wozu brauchen wir das JuSchG?

Das **Jugendschutzgesetz** (JuSchG) soll Kinder und Jugendliche schützen. Dabei wird der Zugang zu gesundheitsgefährdenden Produkten beschränkt und Aufenthalte an bestimmten Orten in der Öffentlichkeit an bestimmte Altersstufen gebunden.
Das Jugendschutzgesetz hat drei Schwerpunkte:

- Jugendschutz in der Öffentlichkeit
- Jugendschutz im Hinblick auf Tabak und Alkohol
- Jugendschutz im Bereich der Medien

Der Gedanke, dass der Staat Jugendliche besonders schützen muss, entstand vor fast 200 Jahren. Damals mussten viele Kinder und Jugendliche in Fabriken hart arbeiten und wurden oftmals in ihrer körperlichen und seelischen Entwicklung geschädigt. So entstand die Idee, die Jugend vor diesen Gefahren besonders zu schützen und es wurden die ersten Bestimmungen des Jugendschutzgesetzes erlassen.

M4 Lina und Josi sind 14 Jahre alt.

§ 5 JuSchG – Tanzveranstaltungen
(1) Die Anwesenheit bei öffentlichen Tanzveranstaltungen ohne Begleitung einer personensorgeberechtigten oder erziehungsbeauftragten Person darf Kindern und Jugendlichen unter 16 Jahren nicht und Jugendlichen ab 16 Jahren längstens bis 24 Uhr gestattet werden.
(2) Abweichend von Absatz 1 darf die Anwesenheit Kindern bis 22 Uhr und Jugendlichen unter 16 Jahren bis 24 Uhr gestattet werden, wenn die Tanzveranstaltung von einem anerkannten Träger der Jugendhilfe durchgeführt wird oder der künstlerischen Betätigung oder der Brauchtumspflege dient.

§ 9 JuSchG – Alkoholische Getränke
(1) In Gaststätten, Verkaufsstellen oder sonst in der Öffentlichkeit dürfen
1. Branntwein, branntweinhaltige Getränke oder Lebensmittel, die Branntwein in nicht nur geringfügiger Menge enthalten, an Kinder und Jugendliche,
2. andere alkoholische Getränke an Kinder und Jugendliche unter 16 Jahren weder abgegeben noch darf ihnen der Verzehr gestattet werden. (...)

§ 10 JuSchG – Rauchen in der Öffentlichkeit, Tabakwaren
(1) In Gaststätten, Verkaufsstellen oder sonst in der Öffentlichkeit dürfen Tabakwaren an Kinder oder Jugendliche weder abgegeben noch darf ihnen das Rauchen gestattet werden. (...)

M5 Auszug aus dem Jugendschutzgesetz

AUFGABEN

1 *Diskutiert die Frage „Mit 14 in die Disco?". Bezieht dabei die Argumente aus M2 ein und berücksichtigt M2 S. 129.*

2* *Untersuche die vier Fälle in M3: Wie muss laut Jugendschutzgesetz entschieden werden? Begründe mithilfe von M5.*

3 *Nimm Stellung zur Frage, ob das Jugendschutzgesetz Jugendliche eher schützt oder bevormundet.*

Jugendkriminalität

Jugendliche und Heranwachsende begehen überwiegend Bagatelldelikte, leichtere Straftaten.
Laden- und Automatendiebstähle stehen dabei an der Spitze mit ca. 50 Prozent. Danach folgen Schwarzfahren, Sachbeschädigung, einfache Körperverletzung und Drogendelikte. Schwere Gewaltdelikte, wie Mord, Totschlag, Vergewaltigung oder schwere Körperverletzung, machen demgegenüber nur zwischen fünf und zehn Prozent aller Straftaten aus.

Typisch für die Straftaten von Jugendlichen sind eine einfache Tatausführung und eine ausgeprägte Gruppenorientierung. Oft sind es Mutproben, die in einer Clique als „Unfug" oder als notwendige Rivalitäts- und Bandenkämpfe ausgedacht werden.

In den meisten Fällen entwickelt sich keine „kriminelle Karriere". Die Straftaten sind Fehltritte, die in der Regel mit zunehmenden Alter des Jugendlichen wieder aufhören. Drei Viertel der straffälligen Jugendlichen sind bis zum 18. Lebensjahr mit „nur" einer Straftat im Bundeszentral- und Erziehungsregister erfasst. Knapp zehn Prozent der Jugendlichen verfügen bereits über drei und mehr Einträge.

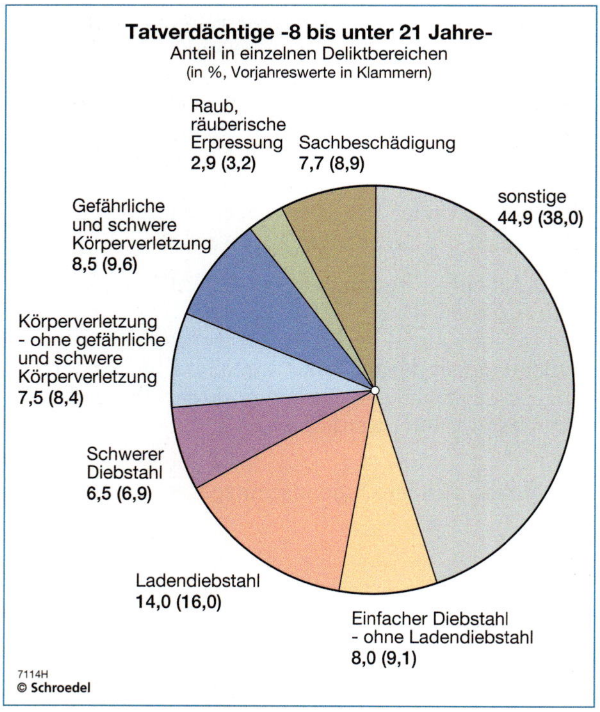

M2 Jugendgewalt in Deutschland (2014)

Was versteht man unter Jugendkriminalität und warum werden Jugendliche Straftäter?

Mit „Jugendkriminalität" bezeichnet man alle Straftaten, die Jugendliche (14 – 17 Jahre) und Heranwachsende (18 – 20 Jahre) begehen. Jugendliche, die sich strafbar gemacht haben, können vor Gericht gestellt werden und werden nach dem Jugendstrafrecht verhandelt. Wenn Kinder bis 14 Jahre Straftaten begehen, spricht man von „Kinderkriminalität". Kinder gelten zwar als „strafunmündig", können also nicht vor Gericht gestellt werden. Allerdings können auch schon Kinder ab 7 Jahren zu Schadensersatz und Schmerzensgeld verpflichtet werden. Der Begriff „Kriminalität" kommt vom lateinischen Wort „crimen" und bedeutet „Vergehen", „Verbrechen".
Natürlich werden nicht alle Jugendlichen, die einmal eine Straftat begangen haben, später kriminell, und nicht jede Straftat ist ein Verbrechen, für das man ein Leben lang büßen muss. Aber bei fast jeder Straftat gibt es Menschen, die dadurch Schaden erleiden, Angst haben oder sich bedroht fühlen. Opfer von jugendlichen Kriminellen sind oft andere Jugendliche. Gegen Drogenkriminalität, Gewalttaten oder Erpressung auf dem Schulhof muss man versuchen, sich zur Wehr zu setzen. Wer Opfer geworden ist, sollte darüber auf jeden Fall mit seinen Eltern oder einem Vertrauenslehrer sprechen. Hilfe gibt es in der Regel auch beim Jugendamt oder der Polizei.

(Quelle: www.hanisauland.de/lexikon/j/jugendkriminalitaet.html; Zugriff: 16.04.2015)

M1 Was ist Jugendkriminalität?

M3

Fallbeispiel	Tatmerkmal	Delikt
Niklas steigt durch ein offenes Fenster in ein Haus ein und entwendet ein Laptop.	Eindringen in ein Gebäude zum Zwecke des Diebstahls	§ 243 StGB Einbruch (schwerer Diebstahl)
Julian nimmt sich von Lea in der Pause das Smartphone aus dem Schulrucksack.	Entwendung eines Gegenstandes, der einem anderen gehört	242 StGB Diebstahl
In einem handgreiflichen Streit mit Kevin stürzt Tom und bricht sich das Nasenbein.	Verhalten, durch das ein anderer versehentlich, aber vorhersehbar verletzt wird	§ 229 StGB Fahrlässige Körperverletzung
Jonathan droht Ole Schläge an, wenn dieser ihm nicht 20 Euro gibt.	Erzwingung einer Handlung durch Anwendung von Gewalt	§ 255 StGB Räuberische Erpressung
Ria lebt ihre kreative Ader mit einem Graffiti an der Schulwand aus.	Verhalten, durch das mit Absicht die Verletzung eines anderen herbeigeführt wird	§ 303 StGB Beschädigen fremden Eigentums

M4 „Das wollte ich doch gar nicht!" – Rechtsverstöße Jugendlicher in der Schule

Mädchen sind häufiger gewalttätig als angenommen

[...] Eine der unerwarteten Erkenntnisse der Untersuchung betrifft weibliche Jugendliche. Die Polizeistatistik geht davon aus, dass Mädchen nur etwa halb so viele Eigentumsdelikte begehen wie Jungen. Die Befragung zeichnet ein anderes Bild: Demnach stehen weibliche Jugendliche ihren männlichen Altersgenossen in Sachen Ladendiebstahl kaum nach – vor allem nicht im kritischen Alter zwischen 14 und 15 Jahren.

Mindestens ebenso überraschend sind die Zahlen im Bereich der seltener auftretenden Gewaltkriminalität. „Mädchen sind häufiger gewalttätig als bisher angenommen", sagt Klaus Boers, Kriminologe an der Westfälischen Wilhelms-Universität Münster. Laut Polizeistatistik begingen Jungen sechsmal häufiger Gewaltdelikte als Mädchen. Bei der Befragung habe sich dagegen ergeben, dass 61 Prozent der Jungen schon einmal mit einer Gewalttat straffällig geworden seien – aber auch 37 Prozent der Mädchen.

„Gerade was einfache und mittlere Gewaltdelikte angeht, sind Mädchen gut dabei", sagt Boers [...]. In diese Kategorie fällt unter anderem Körperverletzung, die ohne den Einsatz einer Waffe verübt wird. [...]

Warum die Diskrepanz zur Kriminalstatistik? „Mädchen werden einfach nicht so schnell angezeigt", sagt Boers. Die Delikte würden entweder nicht als so schwer wahrgenommen oder die Opfer trauten sich nicht, sich bei der Polizei zu melden. „Gerade Jungen geben ja ungern zu, wenn sie von einem Mädchen drangsaliert werden", sagt Boers. Auch von Seiten der Beamten seien gewisse Vorbehalte denkbar. Nach dem Motto: „Das war ein Mädchen, also kann es nicht so schlimm sein."

Ganz anders ist die Lage bei schwerer Gewalt, Raub oder Körperverletzung unter Einsatz einer Waffe: Hier gibt es der Studie zufolge deutlich weniger jugendliche Täterinnen als Täter. Auch in der sehr kleinen Gruppe der Intensivtäter, die immer wieder straffällig werden, sind Mädchen ganz klar in der Minderheit. [...]

(Quelle: www.sueddeutsche.de/panorama/studie-zu-jugendkriminalitaet-maedchen-sind-haeufiger-gewalttaetig-als-angenommen-1.1972612; Zugriff: 09.04.2015)

M5 Aus einem Zeitungsbericht

AUFGABEN

1 *Werte die Grafik M2 aus.*

2 *Erkläre in eigenen Worten, was unter „Jugendkriminalität" verstanden wird (M1).*

3 *a) M4 gibt Beispiele für straffälliges Verhalten von Jugendlichen. Nenne weitere Beispiele.*
b) Diskutiert, ob ihr es gerecht findet, dass diese Taten strafbar sind (M4).

4 *„Ärger machen immer nur die Jungs." Nimm Stellung zu dieser Aussage (M5).*

M1 Vor dem Jugendgericht

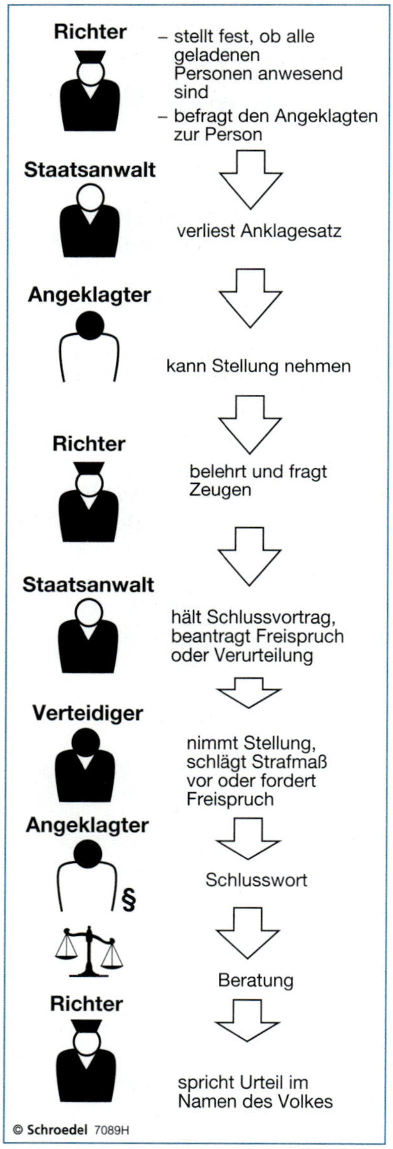

M2 Ablauf einer Verhandlung

Timo K. – ein jugendlicher Straftäter

Timo K. wird zu Freiheitsarrest verurteilt

Richter: Vor dem Jugendgericht wird heute die Strafanzeige verhandelt gegen Timo K., Pascal M. und Marcel S.

Staatsanwalt: Den Angeklagten wird zur Last gelegt: 1. gemeinsamer Diebstahl eines Motorrades nach § 242 StGB, 2. unbefugter Gebrauch eines Fahrzeugs nach § 248 b StGB und 3. Sachbeschädigung nach § 303 StGB.

Angeklagter Timo K.: Am 5. April 2015 trafen sich Pascal, Marcel und ich, um was gemeinsam zu unternehmen. Wir gingen zum Freizeitparadies. Dort entdeckten wir ein Motorrad, das nur mit einer Kette abgesperrt war. Die haben wir mit einem Bolzenschneider durchtrennt. Jeder von uns ist dann mal gefahren. Ich wollte dann schauen, wie schnell die Maschine geht. Dabei hat es mich geschmissen. Das kaputte Motorrad habe ich in einen Weiher geschoben. Zu Fuß bin ich dann heim.

Zeuge: Alle drei Angeklagten standen um das Motorrad herum. Wer die Sicherungsvorrichtung durchtrennte, konnte ich nicht erkennen.

Angeklagter Marcel S.: Die Idee hatte der Timo. Er hatte auch den Bolzenschneider dabei. Ich und Pascal mussten die Kette knacken.

Richter: In der Akte des Angeklagten Timo K. ist bereits ein Kaufhausdiebstahl im Mai 2014 und ein versuchter Einbruch im Juli 2014 vermerkt.

Staatsanwalt: ... nicht gewirkt haben, beantrage ich, Timo K. mit einem Arrest von drei Wochen und 50 Arbeitsstunden zu bestrafen ...

Timo K.: Ich sehe ein, dass es nicht in Ordnung war, was ich getan habe.

Richter: Im Namen des Volkes ergeht folgendes Urteil...

Es ergeht folgendes Urteil

Der Angeklagte Timo K. ist schuldig des schweren Diebstahls in zwei Fällen nach § 242, des Fahrens ohne Führerschein und der vorsätzlichen Sachbeschädigung. Der Angeklagte Pascal M. ist schuldig …

Der Angeklagte Timo K. wird zu einer Woche Jugendarrest verurteilt. Zusätzlich erhält er die Weisung, während seiner Freizeit eine gemeinnützige Arbeit im Umfang von 40 Stunden zu erbringen. Die Arbeitsanweisungen sind mit 10 Stunden pro Woche nach Zuweisung der Einsatzstelle durch das Jugendamt abzuleisten. Der Angeklagte Pascal M. wird zu einer …

Herr Müller erhebt Klage gegen Timo

Die Verurteilung zu einer Woche Jugendarrest wegen Diebstahls hatte Timo äußerst nachdenklich gemacht. Außerdem war Timo überzeugt, dass er nach der Abbüßung seiner Strafe so bald nichts mehr mit einem Gericht zu tun haben werde.

Deshalb war er sehr verwundert, als er bereits wenige Tage nach seiner Verhandlung im Postkasten einen Brief von Herrn Müller, dem Besitzer des gestohlenen Motorrades, an das Amtsgericht Frankfurt vorfand.

Walter Müller
Waldstraße 12
Frankfurt

12.07.2015

An das Amtsgericht Frankfurt

Hiermit reiche ich Klage ein gegen Herrn Timo K. zur Wiedergutmachung eines Schadens. Ich stelle den Antrag, den Beklagten zu verurteilen, an mich 850 Euro plus 7 % Zinsen hieraus seit 05.04.2015 zu zahlen.

Begründung: Am 05.04.2015 benutzte Timo K. unbefugt mein Motorrad. Dabei stürzte er. Anschließend versenkte er das Motorrad in einem Weiher. Durch Nutzungsausfall und Reparatur entstanden mir die folgenden Kosten.

Beweis: Verhandlung des Jugendgerichts Frankfurt vom 02.07.2015

Anlagen: Rechnung der Werkstatt für die Reparatur
Kostenaufstellung für Nutzungsausfall

Mit freundlichen Grüßen

Walter Müller

Wie im Fall Timo wird jede strafbare Handlung vom Staat verfolgt. Denn es liegt im „öffentlichen Interesse", Verfehlungen strafrechtlich zu verfolgen. Dies erfolgt durch den Staat mittels Strafrecht und ist im Strafgesetzbuch (StGB) ausgeführt.

Aber auch einzelne Personen tun sich gegenseitig häufig „Unrecht" an. Es liegt im Interesse des Einzelnen, private Ansprüche durchzusetzen. Dieser Bereich wird im Zivilrecht (Privatrecht) und vor allem im Bürgerlichen Gesetzbuch (BGB) geregelt.

Durch die Straftat von Timo entstand Herrn Müller an seinem Motorrad ein Schaden, der in einer Werkstatt behoben werden musste. Deshalb konnte er es zehn Tage lang nicht benutzen. So hatte für Timo die Straftat also auch zivilrechtliche Folgen.

M3 Herrn Müllers Motorrad bei der Reparatur

Timo hat einen Schaden angerichtet und ist für die Folgen verantwortlich. Um seinen Anspruch durchsetzen zu können, erhob Herr Müller Klage gegen Timo. Das Zivilgericht entschied: Timo schuldet Herrn Müller 850 Euro zuzüglich fünf Prozent Zinsen. Die Abzahlung hat zu erfolgen, sobald Timo eigenes Geld verdient. Der Anspruch hat 30 Jahre lang Bestand.

Für Raubkopierer wird es eng in Deutschland. Die Musikindustrie hat allein in diesem Jahr rund 25 000 Strafanzeigen gegen meist jugendliche Nutzer erstattet, die im Internet illegal Musik zum Herunterladen anbieten. [...] Rund 90 private Ermittler fahnden derzeit von Hamburg aus nach illegalen Musikangeboten. [...] Finden sie die sogenannte IP-Adresse des Anbieters heraus, leiten sie diese an die Staatsanwaltschaft weiter. Diese ermittelt dann über den Internetprovider die Wohnung des Täters. [...] Strafrechtliche Konsequenzen drohen den Erwischten in besonders schweren Fällen [...]. Sehr viel häufiger ist aber ein zivilrechtlicher Vergleich. [...] „In Einzelfällen können auch bis zu 15 000 Euro fällig werden." Zahlen müssen diese Beträge häufig die Eltern der meist jugendlichen Täter. „Im Zivilrecht haftet in der Regel der Besitzer des Internetanschlusses", sagt Rechtsanwalt Spreckelsen.

(Quelle: www.abendblatt.de/wirtschaft/article107246001/Illegale-Musik-im-Internet-25-000-Jugendliche-angezeigt.html, 30.03.2015)

M4 Illegale Downloads: 25 000 Jugendliche angezeigt

AUFGABEN

1. *Erkläre, warum Herr Müller vor dem Amtsgericht gegen Timo Klage erhebt.*
2. *Beschreibe, was Herr Müller unternimmt, um seinen Anspruch durchzusetzen.*
3. *Diskutiert das Urteil des Zivilgerichts gegen Timo.*
4. *Recherchiere Meldungen zu Straftaten von Kindern und Jugendlichen. Diskutiert, welche zivilrechtlichen Folgen sich daraus ergeben könnten.*

M 1 Stehlen als Mutprobe

M 2 Timos Wohnviertel

Warum werden Jugendliche kriminell?

So fing alles an ...

Timo erzählt:

„In der 5. und in der 6. Klasse ging ich mit meinen Kumpeln nach der Schule nur selten gleich nach Hause. Was sollten wir da auch anfangen, unsere Eltern waren ja sowieso den ganzen Tag arbeiten. So streiften wir fast den ganzen Nachmittag durch die Stadt.

Es begann eigentlich alles als ein blöder Spaß. Wir trödelten eines Tages wieder mal ziellos durch das Kaufhaus. Auf einmal haben wir gewettet, wer sich zu klauen traut. Wir vereinbarten, alles wieder zurückzubringen. „Stehlen", das wollten wir gar nicht. Wir wollten nur schauen, wer von uns am meisten Mut hat.

In der 7. Klasse haben mein Banknachbar Ingo und ich dann allerdings angefangen, richtig zu klauen. Wir wollten vor unseren Klassenkameraden angeben mit teuren Klamotten oder mit den neuesten Computerspielen.

Doch eines Tages wurden wir beim Klauen vom Kaufhausdetektiv erwischt. Er verständigte dann die Polizei. Die durchsuchte uns und fand bei mir die gestohlenen Sachen: zwei CDs sowie einen Füller. Einer der Beamten nahm daraufhin unsere Personalien auf.

Anschließend lieferten uns die Polizisten zu Hause ab. Sie berichteten meiner Mutter, was vorgefallen war. Meine Mutter ist aus allen Wolken gefallen, als sie das hörte. Zum Schluss ersuchten dann die Polizisten meine Mutter, sie möge dafür sorgen, dass so etwas nicht wieder vorkommt."

Timos Mutter wendet sich an das Jugendamt

„Die Polizei hat mir empfohlen, bei Ihnen vorzusprechen. Es geht um meinen Sohn. Die Polizisten meinten, Sie würden mich beraten und könnten mithelfen, dass Timo nicht auf die schiefe Bahn gerät."

Der Sozialhelfer des Jugendamtes erkundigte sich nach dem bisherigen Leben von Timo. Timos Mutter berichtete: *„Wissen Sie, als Timo fünf Jahre alt war, lernte mein Mann eine andere Frau kennen. Kurz danach verließ er uns. Die teure Mietwohnung konnte ich allein nicht mehr bezahlen. Ich suchte mir Arbeit und wurde Lagerarbeiterin. Zwei Jahre wohnten wir bei meiner Mutter in einem kleinen Zimmer. Als sie starb, war Timo sieben Jahre. Timo hing an seiner Oma, genauso wie an seinem Vater, der sich aber nach unserer Scheidung wenig um uns gekümmert hat. Da ich den ganzen Tag arbeitete, schickte ich Timo nach der Schule in den Hort. Dort fühlte er sich nie wohl. Mit zehn Jahren ging er nicht mehr hin. Nachmittags war er ohne Aufsicht. Wenn ich abends heimkam, war er selten da. Timo hatte immer schlechtere Noten, wurde in der Schule immer lustloser. ..."*

Nach dem Gespräch beim Jugendamt besuchten Timo und seine Mutter regelmäßig eine Erziehungsberatungsstelle. Auch mit dem Mann vom Sozialamt traf sich Timo einige Male, um sich mit ihm zu unterhalten. Timo mied den Umgang mit den alten „Freunden". In der Schule wurde er wieder besser, erreichte das Klassenziel. Alles schien gut zu gehen.

M3 Stress in der Clique

Und so ging es weiter ...

Als dann Timo in der 9. Klasse war, kam es erstmals wieder zu heftigeren Auseinandersetzungen mit seiner Mutter. Immer wieder bat Frau K. ihren Sohn, am Abend früher heimzukommen und sich nicht so lange draußen herumzutreiben. Außerdem schimpfte sie, dass Timo nach Rauch und manchmal nach Alkohol roch. „Ich bin doch kein kleines Kind mehr. Oder willst du, dass mich meine Freunde aus der Clique werfen?" Das war der einzige Kommentar von Timo.

Und dann klingelte es eines Tages an der Haustür. Zwei Polizisten baten darum, hereingelassen zu werden. Wo denn Timo sei, wollten sie von Frau K. wissen. Sie teilten ihr mit, dass sie im Falle eines Motorraddiebstahls ermitteln. Ihre bisherigen Nachforschungen hätten ergeben, dass ihr Sohn bei diesem Diebstahl dabei gewesen sei. Deshalb werde jetzt gegen ihn ermittelt.

AUFGABEN

1 * *Stelle dar, welche Ereignisse die Entwicklung Timos belastet haben und mit welchen Schwierigkeiten er fertig werden musste.*

2 *Erkläre, wie Timos Lebensumstände dazu beigetragen haben könnten, dass er zum Straftäter wurde.*

3 *Erstelle eine Mindmap zu den möglichen Gründen und Ursachen von Jugendkriminalität (M4).*

[...] Ein Risikofaktor ist das Elternhaus. Konflikten mit Gewalt zu begegnen, ist eine Strategie, die Kinder oft von ihren Eltern erlernen. Gewalt wird von Generation zu Generation weitergegeben. Studien haben gezeigt, dass die Jugendlichen, die besonders häufig als Täter in Erscheinung treten, auch häufiger Opfer von Gewalt sind. [...]

Aggressive Jugendliche haben meist eine geringe Schulbildung und unterdurchschnittliche Noten. Im schulischen Bereich können sie also kaum Anerkennung finden. Da ihre Zukunftsaussichten ohnehin eher düster sind, wächst das Risiko, dass die Jugendlichen auf einer anderen Ebene um ein starkes Selbstwertgefühl ringen: mit Gewalt. Aggressiven Jugendlichen geht es oft darum, sich Respekt zu erarbeiten – durch die Abwertung von anderen. [...]

Auch eine problematische Wohnsituation kann ein Risikofaktor sein. Mangelnde Sprachkenntnisse, brutale Filme oder Computerspiele, sozialer Neid und sogar Langeweile – all das kann eine negative Wirkung haben. Der erste starke Anstieg der Jugendgewalt von der Wiedervereinigung bis 1998 wird heute auch mit einem ganzen Bündel von Ursachen erklärt.
Zu den individuellen Problemen der Jugendlichen kamen damals die Beschaffungskriminalität in den wachsenden Drogenszenen, Jugendarbeitslosigkeit, die mangelnde Integration von ausländischen Jugendlichen, die Entstehung des Internets mit allen Zugriffsmöglichkeiten auf gewalttätige Inhalte [...].

Viele Jugendliche suchen durch Gewalt nach Selbstbestätigung. Sie verteidigen ihre Ehre, verschaffen sich Respekt, demonstrieren Stärke und Durchsetzungsfähigkeit. Sie stellen Hierarchien her. Gewalt vermittelt ihnen das Gefühl von Macht und Überlegenheit. [...] Dies gilt nicht nur für körperliche Gewalt, sondern auch für psychische Gewalt, zum Beispiel durch das gezielte Mobbing von Mitschülern.

Gewalttätige Jugendliche beschreiben sich meist als durchsetzungsstark, dominant und selbstbewusst. Im Selbstverständnis der Täter erfordert ihr Verhalten Mut. Erprobten Tätern macht Gewalt oft einfach Spaß. Darum müssen es nicht immer Konflikte sein, die Gewalt auslösen.
Gewalt kann auch zum Selbstzweck werden. Die meisten gewalttätigen Jugendlichen haben kaum Schuldgefühle und sind wenig bereit, ihr Verhalten zu ändern. Auf Vorwürfe reagieren sie mit Rechtfertigungen und Verharmlosungen. Das Opfer hatte Schuld, das Ganze ist irgendwie „dumm gelaufen".

(Quelle: www.planet-wissen.de/alltag_gesundheit/familie/jugendgewalt_in_deutschland; Zugriff: 09.04.2015)

M4 Mögliche Gründe für Jugendkriminalität

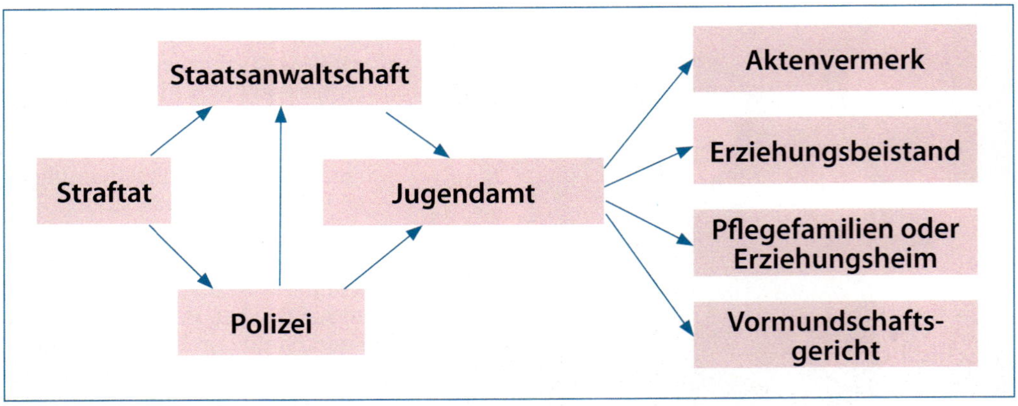

M 1 Mögliche Maßnahmen bei Straftätern unter 14 Jahren

Das Jugendstrafrecht – Sinn und Maßregeln

Warum gibt es ein eigenes Jugendgericht?

Jugendlichen Straftätern wie Timo begegnet der Staat mit einer gewissen Nachsicht. Nicht die Bestrafung, sondern die **Resozialisierung** (Wiedereingliederung in die Gesellschaft) wird als vorrangiges Ziel gesehen. Aufgabe ist es demnach, weitere Straftaten zu verhindern. Für Minderjährige (14- bis 18-Jährige) sowie für Heranwachsende (18- bis 21-Jährige) gibt es deshalb das **Jugendstrafrecht**. Die grundlegenden Regeln des Strafgesetzbuches gelten natürlich auch hier. Das Strafverfahren jedoch ist besonders gestaltet:

Bei Verhandlungen berücksichtigen die Richter, dass die Straftaten junger Menschen meist entwicklungsbedingt sind. Nach einer Anzeige führt deshalb ein im Umgang mit Jugendlichen besonders geschulter Staatsanwalt die Ermittlungen durch: der Jugendstaatsanwalt. In seinem Auftrag untersucht die Polizei die Umstände der Tat oder vernimmt den Beschuldigten.

Auch eine Jugendgerichtshilfe wird eingeschaltet. In der Jugendarbeit erfahrene Personen berichten der Staatsanwaltschaft und später dem Gericht über die Persönlichkeit des Jugendlichen, seine Entwicklung und seine Lebensumstände. Auch vor Gericht begleitet die Jugendgerichtshilfe den Jugendlichen.

Maßnahmen, wenn der Täter noch nicht strafmündig ist

„Mir kann nichts passieren", meint Ralf, als ihn die Polizei bei einem Automatenbruch erwischt, „ich bin nämlich noch keine 14." Hat Ralf Recht?

Stellt die Polizei bei ihren Ermittlungen fest, dass jemand eine strafbare Handlung begangen hat, meldet sie den Fall der Staatsanwaltschaft, unabhängig vom Alter des Täters. Bei Kindern unter 14 kann keine Anklage erhoben werden. Damit kommt es auch zu keiner Gerichtsverhandlung.

Halten sie es für nötig, verständigen die Polizei oder der Staatsanwalt das Jugendamt. Dieses kümmert sich um den Fall und macht einen Aktenvermerk: Die Personalien des Täters und die Straftat werden notiert. Fällt das Kind in Zukunft nicht mehr auf, bleibt es bei dem Aktenvermerk. Genauere Nachforschungen erfolgen, wenn sich ein Kind weiterhin rechtswidrig verhält. Das Jugendamt informiert sich dann über die Familie, die Schulsituation und den Freundeskreis. Es wird geprüft, ob die Eltern eventuell mit der Erziehung überfordert sind.

Dem Kind und den Eltern kann ein Erziehungsbeistand zugesprochen werden. Das ist eine Person, die das Kind und die Eltern unterstützt. Möglich ist auch, das Kind in einer Pflegefamilie oder in einem Erziehungsheim unterzubringen. In schwierigen Fällen kann dies gegen den Willen der Eltern angeordnet werden. Dazu muss das Vormundschaftsgericht eingeschaltet werden (Fürsorgeerziehung).

AUFGABEN

1 *a) Beschreibe Ziel und Aufgabe des Jugendstrafrechts.*
b) Erläutere, warum es eigene Jugendgerichte gibt.

2* *Erläutere, wie mit strafunmündigen Kindern verfahren werden kann.*

3 *Versetze dich in die Lage eines Mitarbeiters der Jugendgerichtshilfe. Berichte dem Staatsanwalt über die Persönlichkeit von Timo K., seine Entwicklung und seine Lebensumstände.*

Tageseinteilung an Werktagen
6:30 Uhr Wecken (samstags und sonntags 8:00 Uhr)
7:30 – 11:55 Uhr Arbeitszeit
11:55 – 12:25 Mittagspause
12:25 – 16:30 Uhr Arbeitszeit
ab 17:00 Abendessen
anschließend Freizeit
21:00 Uhr Einschluss (dienstags 20:00 Uhr)
Freistunde: Aufenthalt im Freien (täglich eine Stunde)

M 2 Eine Gemeinschaftszelle in der Jugendstrafanstalt

Mögliche Maßnahmen bei Straftaten von Jugendlichen

Jugendliche können im Vergleich zu Kindern schon besser übersehen, ob und wann sie etwas Unrechtes getan haben. Deshalb werden sie auch bereits zur Rechenschaft gezogen und müssen sich für das begangene Unrecht verantworten.

Auch die Maßnahmen gegen Jugendliche sollen in erster Linie der Erziehung dienen. Sie verfolgen den Zweck, den Jugendlichen das Unrecht ihrer Tat deutlich vor Augen zu führen. Alle Maßnahmen sollen erreichen, dass sie keine weiteren Straftaten mehr begehen. Vom Jugendgericht können dazu verschiedene Maßnahmen gegen Jugendliche verhängt werden.

AUFGABEN

1 *Das Jugendstrafrecht kennt drei Arten von Maßregeln.*
a) Ordne diesen einzelne Maßnahmen zu (M3).
b) Erkläre den Unterschied der drei Arten.
c) Erläutere Sinn und Zweck einzelner Maßnahmen.

2 *a) Beschreibe, wie der Alltag in einer Jugendstrafanstalt aussieht.*
b) Nenne Möglichkeiten der Freizeitgestaltung, die den inhaftierten Jugendlichen bleibt.

3 *Diskutiert über den „Erfolg" von Inhaftierungen.*

4 *Um die Kriminalität von Minderjährigen einzudämmen, wird in der Öffentlichkeit überlegt, die Strafmündigkeit auf zwölf Jahre zu senken. Diskutiert das Für und Wider.*

Erziehungsmaßregeln	Zuchtmittel	Jugendstrafe
Weisungen für die Lebensführung: Der Jugendliche wird z. B. angehalten, eine bestimmte Ausbildungs- oder Arbeitsstelle anzunehmen, oder ihm wird vorgeschrieben, bestimmte Gaststätten, Lokale oder Orte nicht zu besuchen, oder ihm wird nahegelegt, den Kontakt zu bestimmten Personen oder Personengruppen abzubrechen.	***Verwarnung:*** Dem Jugendlichen wird eindringlich das Verwerfliche seines Handelns vor Augen geführt. ***Auflagen:*** Der Jugendliche muss ganz bestimmte Handlungen ausführen; z. B. sich beim Geschädigten entschuldigen, den angerichteten Schaden wiedergutmachen, einen Betrag an eine gemeinnützige Einrichtung zahlen. ***Jugendarrest:*** Der Jugendliche muss seine Freizeit in einer Arrestzelle verbringen; z. B. Kurzarrest bis zu sechs Tagen, Dauerarrest bis zu vier Wochen.	***Freiheitsentzug:*** Der Jugendliche kommt in eine Jugendstrafanstalt. Zum Beispiel bei schwerwiegenden Straftaten oder bei Wiederholungstätern werden Jugendliche für die Dauer von mindestens sechs Monaten bis höchstens fünf Jahren inhaftiert (in Ausnahmefällen, d. h. in besonders schweren Fällen, ist eine Haftdauer bis zu zehn Jahren möglich).

M 3 Mögliches Strafmaß für jugendliche Straftäter

Strafen – aber wie?

Im Juni 2012 hat der Bundestag den „Warnschussarrest", einen maximal vier Wochen langen Jugendarrest, verabschiedet. Dieser kann als Ergänzung zur Jugendstrafe auf Bewährung verhängt werden, wenn der Richter der Auffassung ist, dass eine Bewährungsstrafe allein nicht ausreicht, dem straffälligen Jugendlichen das Unrecht seines Verhaltens vor Augen zu führen.

M1 In der Jugendstrafanstalt

Täter sollen Konsequenzen erfahren

Jugendliche Straftäter, die zu Bewährungsstrafen verurteilt sind, würden diese nicht als Konsequenz ihres Handels wahrnehmen, argumentieren die Fraktionen [von CDU/CSU und FDP]. Lapidar gesagt, findet bei Bewährungsstrafen die Bestrafung vordergründig nur „auf dem Papier" statt. Ein neues Gesetz soll nun eine deutlichere Reaktion auf schwere Straftaten junger Täter ermöglichen, nämlich den Warnschussarrest: Für bis zu vier Wochen sollen die Täter gleichzeitig zu ihrer Bewährungsstrafe in den Jugendstrafvollzug. Ziel ist es, den jungen Tätern zu veranschaulichen, wie der Gefängnisalltag aussieht, der ihnen bei möglichen weiteren Straftaten drohen würde.

Am 18. April hatte das Bundeskabinett den Gesetzentwurf zur Erweiterung der jugendgerichtlichen Handlungsmöglichkeiten beschlossen, den die Koalitionsfraktionen in den Bundestag einbringen werden. „Mit der heute auf den Weg gebrachten Reform des Jugendstrafrechts verstärken wir den Kampf gegen Gewalt und Kriminalität von Jugendlichen", hieß es dazu vonseiten der rechtspolitischen Sprecherin der CDU/CSU-Bundestagsfraktion [...]. Nach Fraktionsangaben hat der Warnschussarrest noch zwei weitere Ziele: Zum einen die Jugendlichen eine Zeit lang aus ihrem Alltag und dem damit verbundenen, meist „schädlichen Umfeld" herauszunehmen. Zum anderen können, so die Annahme, die Betreuer im Strafvollzug zumindest einige Tage oder Wochen lang „gezielt erzieherisch" auf die Jugendlichen einwirken.

(Quelle: www.bundestag.de/dokumente/textarchiv/2012/38653492_kw16_sp_straftaeter/208348; Zugriff: 04.04.2015)

M2 Pressemeldung

Ein Schock, der nichts bringt

[...] Ein Jahr nach der Einführung fällt die Bilanz dieser Schocktherapie eher dürftig aus. Noch machen die Jugendrichter nur selten von der Möglichkeit Gebrauch, dem Angeklagten neben einer Jugendstrafe auf Bewährung einen Warnschussarrest aufzubrummen. Eine Umfrage der Süddeutschen Zeitung in den Justizministerien der Bundesländer hat ergeben, dass in Deutschland bislang nur 416 Warnschussarreste vollstreckt worden sind. [...]

Und von einer abschreckenden Wirkung des Arrests kann auch dort nicht mehr wirklich die Rede sein, wo man große Hoffnungen in das Instrument gesetzt hat – wie in Bayern. Der Freistaat demonstriert ja gerne mal Härte. [...] 92-mal wurde im Freistaat der Warnschussarrest vollstreckt – der jüngste Straftäter war erst 14. Er war mehrmals beim Diebstahl erwischt worden und hatte Familienmitglieder und Beamte angegriffen und beleidigt.

Im Idealfall – so schildert es der Münchner Jugendrichter Gassner – würden die zu Warnschussarresten verurteilten Jugendlichen das erste Mal die Erfahrung machen, eingesperrt zu werden. Und, so die Hoffnung, dann daraus für die Zukunft lernen. Die Praxis sieht anders aus: Wer in München seinen Warnschussarrest antritt, kennt in der Regel schon Arrestanstalten aus früheren Urteilen. Die Schockwirkung bleibt aus.

(Quelle: www.sueddeutsche.de/panorama/warnschussarrest-fuer-jugendliche-ein-schock-der-nichts-bringt-1.1906451; Zugriff: 04.04.2015)

M3 Zeitungsmeldung

Der Arrest ist keinesfalls eine vom Staat verordnete Kriminellenausbildung, wie Kritiker gerne anführen. [...] Vielmehr soll er – wie ein Warnschuss eben – vor weiteren Straftaten abschrecken. Durch ihren kurzen Aufenthalt im Jugendstrafvollzug sehen die jungen Täter, wie der Gefängnisalltag aussieht, und was ihnen bei zukünftigen Gesetzesverstößen für längere Zeit droht.

[...] Ziel ist, die straffällig gewordenen Jugendlichen durch den Aufenthalt in einer Justizvollzugsanstalt gezielt aus ihrem „schädlichen Umfeld" herauszuholen und positiv auf sie einzuwirken. Der Jugendarrest soll Impulse dazu geben, das Unrecht der Tat zu überdenken, Verantwortung für Konsequenzen zu übernehmen sowie das Fehlverhalten in Zukunft zu ändern. Auch soll Akzeptanz für die Autorität des Staates gewonnen werden. Laut Gesetz soll eine „möglichst erfolgreiche Bewältigung der Bewährungszeit im Auge [...] behalten" werden. Hierfür ist unbedingt eine geeignete Betreuung erforderlich, um kontraproduktive Auswirkungen der Haft zu vermeiden.
[...] Was dem einen hilft, treibt den anderen noch tiefer in die Kriminalität. Daher ist es besonders wichtig, dass das Jugendgericht nur „bei Eignung und Bedarf im Einzelfall" den Arrest anordnet [...]. Bei sorgfältiger Betrachtung [...] erscheint mir in bestimmten Fällen ein „Warnschuss" durchaus sinnvoll. Die Richter sind noch mehr gefordert als zuvor, den [...] Ermessensspielraum verhältnismäßig zu nutzen und ein individuelles Strafmaß zu ermitteln.

(Quelle: www.schekker.de/content/pro-contra-warnschussarrest-f%C3%BCr-jugendliche; Zugriff: 04.04.2015)

M4 Pro „Warnschussarrest"

„Wenn man durch Erlasse leitet und durch Strafe ordnet, so weicht das Volk aus und hat kein Gewissen." Bereits vor mehr als 2000 Jahren wusste der chinesische Philosoph Konfuzius nicht nur, dass Strafe langfristig keine nachhaltige Lösung ist, sondern auch, dass sie Resozialisierung nicht ersetzen darf.
Heute leben wir in einem Staat, der Strafe als geeigneten Ersatz für Resozialisierung bewertet [...]. Da frage ich mich: Ist das bloße Einsperren eines straffällig gewordenen Menschen überhaupt noch zeitgemäß, zweckdienlich und somit zielführend?

Der Warnschussarrest wird als „Erweiterung des Sanktionsinstrumentariums" gesehen, wobei auf „erzieherische Gesichtspunkte" [...] geachtet werden soll. Aber warum geht es nur um Sanktionen im Sinne einer Inhaftierung? Eine Bestrafung als Vergeltung ist für mich nicht zeitgemäß. Stattdessen sollte sie im Sinne einer Gegenmaßnahme wie der gemeinnützigen Arbeit verstanden werden.

Und dass das bloße Einsperren erzieherisch wirksam sein soll, ist Unsinn. Denn nur die Auseinandersetzung mit der Straftat, mit sich selbst und mit Werten kann zu Einsicht führen; eine Rückfallquote von etwa 70 Prozent bestätigt dies.
„Unser Verbrechen gegen Verbrecher besteht darin, daß wir sie wie Schufte behandeln." Wir sollten [...] Straftäter nicht mehr als Schufte behandeln, sondern als Menschen mit Makel – die wir alle sind. Denn wir alle machen Fehler.

(Quelle: www.schekker.de/content/pro-contra-warnschussarrest-f%C3%BCr-jugendliche; Zugriff: 04.04.2015)

M5 Kontra „Warnschussarrest"

AUFGABEN

1 *Vergleiche die Absichten und Zielsetzungen bei Einführung des „Jugendarrestes" (M2) mit den praktischen Erfahrungen (M3).*

2 *Nimm Stellung zur Frage, ob der Jugendarrest ein geeignetes Mittel zur Bekämpfung der Jugendkriminalität ist (M4, M5).*

Schülergerichte – Ergänzung zum Jugendgericht?

Wenn Schüler über Gleichaltrige urteilen

Eine Robe trägt Faran Tahir nicht. Die Richterbank fehlt, statt auf der Anklagebank nehmen die jugendlichen Straftäter auf einem gelben Sofa Platz. Tahir sitzt ihnen dann gegenüber. Der 19-Jährige ist seit vier Jahren Schülerrichter beim Limburger Teen Court. Dort urteilen Jugendliche über Gleichaltrige, die etwas angestellt haben.

Faran Tahir ist jeden Monat mindestens einmal im Einsatz. „Manchmal muss ich schon schlucken. Wenn 13- oder 14-Jährige andere um 300 Euro erpressen", erzählt er. In den meisten Fällen gelinge es ihm und seinen Mitrichtern aber, die Jugendlichen davon zu überzeugen, dass ihre Tat falsch war.

„Wenn sie vor uns sitzen, haben manche weniger Angst als vor Gericht. Das hilft, sie erzählen dann oft mehr zu ihren Hintergründen." Meist liege das Problem im familiären Umfeld, sagt der Abiturient. Jugendliche, die sich freiwillig auf eine Bestrafung durch das Schülergericht einlassen, können den Gang vor den Jugendrichter und sogar einen Eintrag ins Strafregister vermeiden. [...]

In Aschaffenburg entstand damals das erste Schülergericht. In Hessen nahm 2005 in Wiesbaden ein Teen Court die Arbeit auf, Limburg folgte 2008. Rolf Nucklies leitet beide Projekte. Jugendliche Täter ließen sich im Gespräch mit Gleichaltrigen eher davon überzeugen, dass ihr Handeln falsch sei, sagt der Sozialpädagoge. Die zuständige Limburger Staatsanwältin Iris Wolff sieht es ähnlich: „Die Schülerrichter haben einen anderen Zugang zu ihnen. Sie sprechen dieselbe Sprache", sagt sie. [...]

Oft geht es um Ladendiebstähle, frisierte Roller oder gefälschte Unterschriften. Aber auch Fälle von gefährlicher Körperverletzung oder Erpressung wurden im schlichten Büro der Limburger Staatsanwaltschaft schon verhandelt. Die Behörde kann solche „leichten" Fälle dem Teen Court zuweisen. Je drei Schülerrichter sitzen dann über dem Fall. [...]

M1 Schülerrichter Faran Tahir und der Leiter des Limburger Teen Court, Rolf Nucklies

Die Beschuldigten müssen auf einer Skala von eins bis zehn bewerten, wie schlimm ihre Tat war. „Während des Gesprächs geben wir ihnen außerdem die Möglichkeit, selbst eine erzieherische Maßnahme vorzuschlagen", sagt Tahir. „Dadurch merken wir, ob sie begriffen haben, dass es falsch war, was sie gemacht haben."

Im Anschluss an das Gespräch beraten sich die drei Schülerrichter. Ein Urteil im eigentlichen Sinn fällen sie nicht. Bis zu 25 Sozialstunden dürfen sie vergeben. In einer Einrichtung für Sehbehinderte oder einem Kinderheim schrubben junge Gesetzesbrecher dann Klos oder basteln. Auch andere kreative Maßnahmen sind möglich: „Einmal mussten Betroffene im Gefängnis in einem Stundenlauf gegen Insassen antreten. Sie sollten sehen, wie eine Tat enden kann", sagt Nucklies.

(Quelle: http://www.welt.de/regionales/frankfurt/article128928731/Wenn-Schueler-ueber-Gleichaltrige-urteilen.html; Zugriff: 09.04.2015)

AUFGABEN

1 *Stelle dar, wie die Schülergerichte in Wiesbaden und Limburg funktionieren.*

2 *Die Rückfallquote nach einem Teen-Court-Verfahren liegt zehn Prozent niedriger als bei den übrigen jugendlichen Straftätern. Nenne mögliche Gründe dafür.*

3 *Das Justizministerium prüft, ob das Konzept der Schülergerichte auf weitere Städte ausgedehnt werden soll. Verfasse einen Brief an die Justizministerin, in dem du ihr Argumentationshilfen für ihre Entscheidung lieferst.*

M

Erkundung: Wir besuchen eine Gerichtsverhandlung

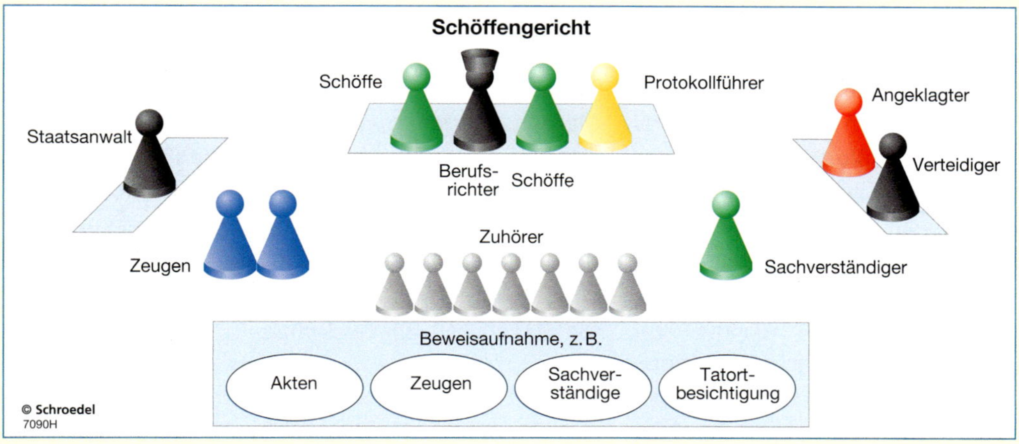

M 1 Beteiligte bei der Hauptverhandlung

Vorbereitung: Verhandlungen gegen Jugendliche sind in der Regel nicht öffentlich. Eine Verhandlung gegen Erwachsene eignet sich jedoch genauso für einen Besuch. Ein Prozess kann sehr lange dauern. Es empfiehlt sich, eine Verhandlung zu verfolgen, für die zunächst nur ein Tag vorgesehen ist. Beim zuständigen Gericht könnt ihr dazu genauere Informationen erfragen.
Bereits vor dem Besuch der Verhandlung solltet ihr euch darüber klar sein, was ihr erfahren wollt. Wollt ihr etwas über den äußeren Ablauf einer Gerichtsverhandlung oder etwas zum verhandelten Fall wissen?

Durchführung: Mithilfe des Erkundungsbogens könnt ihr alle Sachverhalte gezielt beobachten. Haltet eure Beobachtungen schriftlich fest. Zeichnet auf einer Skizze ein, wie ein Sitzungssaal eingerichtet ist. Auf dieser lassen sich dann Dinge namentlich einordnen und Sachverhalte stichwortartig notieren.

Auswertung: Eure Notizen bilden die Grundlage, um den Besuch einer Gerichtsverhandlung in der Schule auszuwerten. Die Ergebnisse – in welcher Form ihr sie auch präsentiert – sollten Auskunft geben
- über das Anliegen einer Gerichtsverhandlung, deren Ablauf sowie den Sinn und Zweck einzelner Phasen,
- über die bei einer Gerichtsverhandlung beteiligten Personen, über deren Rolle und deren Aufgaben,
- über Kriterien, von denen das Strafmaß abhängig ist und die bei der Urteilsfindung eine Rolle spielen.

Fragen zum äußeren Ablauf:

1. Vor welchem Gericht findet die Verhandlung statt?
2. Wie läuft das Verfahren ab? In welche Abschnitte ist es gegliedert?
3. Welche Strafsache wird verhandelt?
4. Welche Personen sind an der Verhandlung beteiligt? Wo sitzen sie? Welche Aufgabe haben sie?
5. Welche Zeugen treten auf? Werden sie vereidigt?
6. Werden Sachverständige gebraucht und gehört?
7. Wie viele Leute schauen bei der Verhandlung zu? Aus welchen Gründen sind sie da?
8. Weitere Beobachtungen: Welche Kleidung tragen die einzelnen Personen? Wie treten sie auf?

Fragen zum verhandelten Fall:

1. Was wird dem Angeklagten vom Staatsanwalt vorgeworfen?
2. Über welche Rechte wird der Angeklagte vom Richter belehrt?
3. Wie äußert sich der Angeklagte zur Tat? Welche Einstellung hat er dem Opfer gegenüber?
4. Welche Beweismittel werden vorgebracht?
5. Wie schaut es mit den Akteneinträgen des Angeklagten aus? Ist er früher schon einmal straffällig geworden?
6. Welche Meinung äußert der Staatsanwalt in seinem Plädoyer? Welchen Antrag stellt er?
7. Welche Meinung bringt der Verteidiger in seiner Schlussrede vor? Welchen Antrag stellt er?
8. Äußert sich der Angeklagte im „letzten Wort“? Wie?
9. Wie lautet das Urteil? Wie wird das Urteil begründet?

Jugendliche und ihre Clique

„Die Jugend von heute liebt den Luxus, sie hat schlechte Manieren und verachtet die Autorität. Sie widersprechen ihren Eltern, sie legen die Beine übereinander und tyrannisieren ihre Lehrer."

M 1 Der Philosoph Sokrates

Den nebenstehenden Satz des griechischen Philosophen Sokrates (470 – 399 v. Chr.) haben wahrscheinlich schon Tausende von Jugendlichen gehört. Der Vorwurf gegenüber den Jugendlichen ist uralt, doch seine Aussage beschreibt immer wieder die aktuelle Situation von Generation zu Generation. Heute spricht man meistens nicht mehr pauschal von der Jugend, sondern von Jugendgruppen. Wissenschaftler schätzen, dass es allein in Deutschland weit über 300 verschiedene Jugendkulturen gibt. Was verstehen Gesellschaftswissenschaftler unter einer Gruppe? Zunächst besteht eine Gruppe aus drei oder mehr Personen. Die Erwartungen an die Mitglieder einer Gruppe sind sehr unterschiedlich. Denn nicht jeder Mensch, mit dem man zu tun hat, ist auch ein Freund. Oft sind in der Gruppe nur flüchtige Bekannte, nicht immer gibt es enge und gefühlsmäßige Bindungen. In einer Gruppe sind bestimmte Einstellungen und Verhaltensweisen erwünscht, andere nicht. Vom Einzelnen wird erwartet, dass er sich entsprechend verhält. Gruppen haben also ein „Wir-Gefühl".

Das Bewusstsein für eine bestimmte Gruppe verändert sich: Denn jeder Mensch gehört im Verlauf seines Lebens verschiedenen Gruppen an. Es beginnt mit der Gruppe Familie, später gehört der Einzelne zu Gruppen im Kindergarten, in der Schulklasse, in der Clique.

- sozial Benachteiligten helfen
- Teamfähigkeit zeigen
- seine Bedürfnisse durchsetzen
- Gruppenregeln respektieren
- Zuhören bei Problemen
- finanzielle Unterstützung
- Schutz und Geborgenheit bieten
- Hilfsbereitschaft und Solidarität erfahren
- Ermutigung bekommen
- Trost und Verständnis finden
- Austausch von Informationen
- andere Meinungen tolerieren
- das Leben voll genießen
- fleißig und ehrgeizig sein
- eigene Interessen verfolgen
- Nähe und Zärtlichkeit finden …

M 2 Mögliche Werte und Normen in einer Gruppe

Peer Group? – Clique? – Gang?

Der Begriff „Peer Group" stammt aus dem Englischen und bezeichnet eine Gruppe von gleichaltrigen Jugendlichen, die vornehmlich ihre ganz eigenen Gruppeninteressen verfolgt. Beim Übergang von der familien-orientierten Kindheit zum Erwachsenendasein orientieren sich Jugendliche meist an einer Peer Group. Manchmal werden solche Gruppen auch als „Cliquen" bezeichnet. Dieses Wort stammt aus dem Französischen (= dt.: „Klüngel, Bande") und wird dort eher abschätzig verwendet. Meistens verstehen heute Jugendliche unter Clique ganz ihren Freundes- und Bekanntenkreis. Der Begriff „Gang" wird in der Regel negativ verwendet für eine organisierte Gruppe von Menschen, die sich kriminell oder gewalttätig verhält.

M 3 Peer Group, Clique, Gang – wo ist der Unterschied?

INFO

Normen

[lat., Richtschnur, Vorschrift] Normen sind Verhaltensvorschriften, aber keine Gesetze, sondern Empfehlungen. Jedem ist es freigestellt, sich an Normen zu halten. Sie sind Handlungsanweisungen für „gutes" Verhalten und regeln das menschliche Zusammenleben in einer Gruppe wie der Familie oder dem Staat. Normen müssen innerhalb der Gruppe befolgt werden. Beispiele für Normen sind: nicht lügen, keine Tiere quälen, keinen Müll liegen lassen.

Werte

Zielvorstellungen oder Richtlinien, die eine Gesellschaft benötigt. Beispielsweise waren in der biblischen Gesellschaft des alten Israels die Zehn Gebote ein Versuch, Werte durchzusetzen. Somit sind Werte Verhaltensziele. Von diesen werden Verhaltensanweisungen, die sogenannten Normen, abgeleitet. Zum Beispiel ist „Du sollst nicht töten!" eine Verhaltensanweisung, die daher stammt, dass das Leben etwas Wertvolles ist.

(Quelle: Claessens, K.; Claessens, D.: Gesellschaft. Lexikon der Grundbegriffe, Hamburg 1992)

M4 Wozu gehöre ich?

Die Peer Group

Die Mitglieder einer **Peer Group** verfolgen – im Gegensatz zur kindlichen Freundschaft – ein gemeinsames Ziel. Sie halten zusammen, übernehmen gruppenspezifische Normen und Regeln und schotten sich manchmal gegen andere ab. Die Gruppe trifft sich regelmäßig, wobei gleiches Verhalten, gleiche Vorlieben oder Abneigungen ihre Freizeit bestimmen. Darüber hinaus vermittelt die Peer Group den Mitgliedern eine gewisse Geborgenheit, sie dient auch dem gegenseitigen Austausch (z. B. über Probleme) und teilt manchmal gemeinsame Geheimnisse.

Die meisten Jugendlichen orientieren sich an ihren Eltern und an ihrer Peer Group. Dies gilt hauptsächlich für außerschulische Aktivitäten und die Freizeitgestaltung. Einige Soziologen (Gesellschaftsforscher) schätzen den Einfluss der Gruppe von Gleichaltrigen für Jugendliche sogar größer ein als die Beeinflussung durch die Eltern. Die Peer Group ist ein wichtiges Bindeglied zwischen Familie und Gesellschaft.

Für junge Menschen sind materielle Dinge und Fragen wie „Wer geht mit wem?" oder „Gehöre ich dazu?" sehr wichtig. Um zu einem bestimmten Freundeskreis zu gehören und dort anerkannt zu werden, geben junge Menschen manchmal sogar ihre eigenen Werte auf. Der Gruppendruck innerhalb einer Peer Group gibt im Allgemeinen Trends (z. B. Mode, Musik, Umgang mit Drogen) wieder und kann sich auf den Einzelnen entweder positiv oder negativ auswirken.

AUFGABEN

1 *Nenne die Gruppen, die du in M4 erkennen kannst.*
a) Erkläre, worin sich die Gruppen unterscheiden.
b) Erkläre, welche der Gruppen man auch als Peer Group bezeichnen könnte.

2 *Beschreibe, welche Erwartungen wohl jeweils an das einzelne Gruppenmitglied gestellt werden. Nutze zur Beantwortung M2.*

3 *Verfasse je einen Lexikoneintrag zu den Begriffen „Peer Group" und „Clique".*

4 *Finde eigene Beispiele für deine Gruppenzugehörigkeit. Erkläre dabei, welche Normen in deiner Peer Group gelten und welche dir besonders wichtig sind.*

Welche Süchte gibt es? Wie wird man süchtig?

M 1

Sucht ist das zwanghafte Verlangen nach bestimmten Substanzen (**Suchtmittel**) oder Verhaltensweisen, die Missempfindungen vorübergehend lindern oder erwünschte Gefühle auslösen. Somit können nicht nur Alkohol, Nikotin, Cannabis, Medikamente, Methamphetamine (Ecstasy, Crystal Meth) oder Heroin, sondern auch exzessive Verhaltensweisen abhängig machen. Hierzu zählen beispielsweise Essstörungen (Magersucht, Bulimie), Spiel-, Sammel-, Kauf-, Internet-, Arbeits-, oder Sportsucht. Letztlich kann jede Form menschlichen Verhaltens zu einer Sucht werden. Grundsätzlich kann jeder Mensch süchtig werden. Die Übergänge von Genuss über Missbrauch und Gewöhnung bis hin zur Abhängigkeit sind fließend. Sucht ist in erster Linie ein psychisches Problem, das körperliche Erkrankungen und soziale Schwierigkeiten verursacht.

Alkohol stellt noch immer das größte Suchtproblem in Deutschland dar. Die Folgen des Alkoholmissbrauchs sind verheerend. Der Tabakkonsum ist im Vergleich zu den Vorjahren, laut der Deutschen Hauptstelle für Suchtfragen (DHS), zurückgegangen. Um den hohen Leistungsdruck in der Gesellschaft zu bewältigen, greifen immer mehr Menschen zu Aufputschmitteln. Zu ihnen zählt auch die Modedroge Crystal Meth.

Drogen- und Suchtpolitik

Am 15. Januar 2014 wurde Marlene Mortler (CSU) Drogenbeauftragte der Bundesregierung. Sie will, „dass in unserer Gesellschaft Kinder zu starken Persönlichkeiten heranwachsen können, die die Risiken von Suchtmitteln richtig einschätzen können."

Bis zum Ende des letzten Jahrhunderts bezog sich der Begriff „Drogenpolitik" nur auf illegale Drogen, die im Mittelpunkt des politischen Interesses standen. Seit einigen Jahren aber stehen auch Alkohol, Tabak, Medikamentenmissbrauch und Glücksspiel stärker im Mittelpunkt. Das Blickfeld vom ursprünglichen Hauptinteresse an der Substanzabhängigkeit hat sich erweitert: Auch riskantes und schädliches Konsumverhalten wird mit einbezogen. Die Gesundheitspolitik hat damit ein weitergehendes Verständnis für substanzbezogene Störungen und Risiken entwickelt.

M 2 Wie steht die Politik dazu?

INFO

Drogen

Als Drogen bezeichnete man ursprünglich Stoffe (Blätter, Blüten, Wurzeln), die man zur Herstellung von Medikamenten, von Heil- oder Anregungsmitteln brauchte. Deshalb heißt ein Geschäft, in dem es solche Mittel gibt, auch Drogerie.
Heute wird der Begriff „Droge" meistens für sogenannte Rauschgifte gebraucht. Je nach Stärke und Zusammensetzung bewirken alle Drogen eine seelische oder körperliche Veränderung im Menschen. Anfangs nehmen Menschen Drogen, um einen für sie angenehmen Zustand zu erreichen. Das kann aber schnell dazu führen, dass sie sich daran gewöhnen und von Drogen abhängig werden. Abhängigkeit aber zerstört die eigene Gesundheit und spielt denen in die Hände, die mit Drogenhandel viel Geld verdienen.
(Quelle: www.hanisauland.de/lexikon/d/drogen.html; 16.04.2015)

AUFGABEN

1 * *Erkläre, was Sucht ist und wieso man nicht nur von Drogen abhängig werden kann.*

2 *„Ich bin der Meinung, dass Kinder und Jugendliche gut die Risiken von Drogen einschätzen können. Sie durchschauen die Gefahr alleine." Nimm Stellung zu dieser Aussage.*

3 *Diskutiert die Frage: Hat Werbung auf den Konsum von legalen Drogen großen Einfluss und sollte deshalb verboten werden?*

4 *Berichte über deine Erfahrung mit Alkohol und anderen Drogen.*

Generation Alkohol?

Alkohol gehört bei vielen Jugendlichen zu jeder Party. Er wird in verschiedensten Formen angeboten: vom Äppler süß oder sauer, Bier, Mixeries, Erdbeerlimes, Tequila bis zu Alkopops. In Berlin starb ein Jugendlicher an Alkoholvergiftung, weil er 50 Tequila getrunken haben soll. Als dies bekannt wurde, ging ein Aufschrei durch die Medien. Warum trinken sich junge Menschen ins Koma? Was ist der Kick am Komasaufen oder auch „Binge-Drinking" (deutsch: „Rauschtrinken")? Die Gründe dafür sind vielseitig. So versuchen manche Jugendliche, durch Wetttrinken ihre Grenzen zu erproben. Sie möchten erwachsen sein und zur Welt der Erwachsenen gehören, die auf sie frei, überlegen und cool wirkt.
Das Einstiegsalter für Alkoholkonsum sinkt stetig und liegt bei 12 Jahren. Jeder fünfte 14-Jährige trinkt bereits wöchentlich Alkohol. Im Jahr 2013 wurden rund 27 000 Kinder und Jugendliche zwischen 10 bis 19 Jahren wegen akuter Alkoholvergiftung stationär behandelt.
Viele Politiker fordern ein Verbot der gefürchteten Flatratepartys. Doch kann man das Problem mit Verboten lösen? Oder gibt es eine Möglichkeit, einen verantwortungsvollen Umgang mit Alkohol zu lernen?
An einer europäischen Studie zum Thema „Alkohol- und Drogenkonsum bei Jugendlichen (Jahrgangstufe 9 und 10)" nahmen aus Deutschland 12 500 Schülerinnen und Schüler teil. Das Ergebnis der Studie: 67 Prozent der Befragten gaben an, dass sie regelmäßig Bier trinken, 57 Prozent gaben zu, dass sie Spirituosen konsumieren, 19 Prozent der Schülerinnen und Schüler konnten in den letzten 30 Tagen vor der Befragung ungehindert Hochprozentiges kaufen.

Kommt ein Werbeverbot?

Seit dem Jahr 1974 ist es im Rundfunk und im Fernsehen verboten, für Tabakerzeugnisse zu werben. Dies ist seitdem nur noch im Kino, auf Plakaten und in Zeitschriften erlaubt. Außerdem muss bei der Werbung auf die gesundheitsgefährdende Wirkung der Zigaretten hingewiesen werden. Jugendliche sollten durch diese Hinweise abgeschreckt werden. Im Gegensatz dazu darf jedoch nach wie vor – auch im Fernsehen – für alkoholische Getränke geworben werden. Oft werden große Veranstaltungen, z. B. Fußballturniere, sogar von Firmen gesponsert, die Alkoholika anbieten. Häufig spricht die Alkoholwerbung jugendliche Lebenswelten und Wunsch-Images an. Die Europäische Union plant daher, für die Alkoholwerbung ähnliche Einschränkungen wie für die Zigarettenwerbung durchzusetzen.

M 3

M 4

Lisa, 15 Jahre:

Jeden Tag Schule. Schule hier und Schule da. Ich hatte keine Lust mehr auf Schule. Auf einer Party habe ich mich dann zum ersten Mal so richtig betrunken. Es war ein tolles Gefühl. Dann lernte ich ein Mädchen kennen, das ich richtig nett fand. Wir feierten jedes Wochenende und tranken bis zum Umkippen. Wir hatten richtig viel Spaß – denn auch die Jungs waren scharf auf uns. Meine neue beste Freundin und ich tranken auch oft in der Woche – einfach so aus Langeweile. Ich übertrieb es immer mehr und mehr. Einmal bin ich sogar bewusstlos geworden. An den Abend kann ich mich gar nicht mehr richtig erinnern…

M1

Freizeitverhalten geprägt von Alkohol und anderen Süchten

Alkoholmissbrauch und die Folgen

In Deutschland sterben jedes Jahr rund 74 000 Menschen an den Folgen ihres Alkoholkonsums. In geringen Mengen wirkt Alkohol anregend; in größeren Mengen zunächst berauschend und dann ermüdend. Durch regelmäßiges und häufiges Trinken von Alkohol werden insbesondere das Gehirn und die Leber geschädigt. Alkohol begünstigt auch die Entstehung von Krebs. Zudem macht Alkohol süchtig und verursacht psychische Probleme. Das regelmäßige Trinken von Alkohol führt zu Persönlichkeitsveränderungen, wie vermindertem Selbstbewusstsein, Minderwertigkeitsgefühlen und Unsicherheit. Zudem haben Menschen, die alkoholkrank sind, eine deutlich niedrigere Lebenserwartung.

Eine Alkoholabhängigkeit entwickelt sich schleichend. Die Beschaffung und der Konsum von Alkohol bestimmen das Leben zunehmend. Mit der Zeit geht die Kontrolle über das eigene Trinkverhalten verloren. Hobbys, Freunde und andere Interessen werden vernachlässigt. Am Ende dreht sich alles nur noch um das Trinken. Alkoholiker leiden unter sozialer Isolation und Ausgrenzung. Doch Alkohol verursacht nicht nur gesundheitliche Probleme: Laut der von der Deutschen Hauptstelle für Suchtfragen veröffentlichten Studie „Jahrbuch Sucht 2013" war im Jahr 2012 bei rund 16 000 Unfällen im Straßenverkehr mindestens einer der Beteiligten alkoholisiert. Dabei wurden 400 Personen getötet. Die Kosten für die Behandlung alkoholbedingter Erkrankungen, Fehlzeiten am Arbeitsplatz und Frührenten bei Arbeitsunfähigkeit liegen in Deutschland bei ungefähr 26,7 Mrd. Euro jährlich.

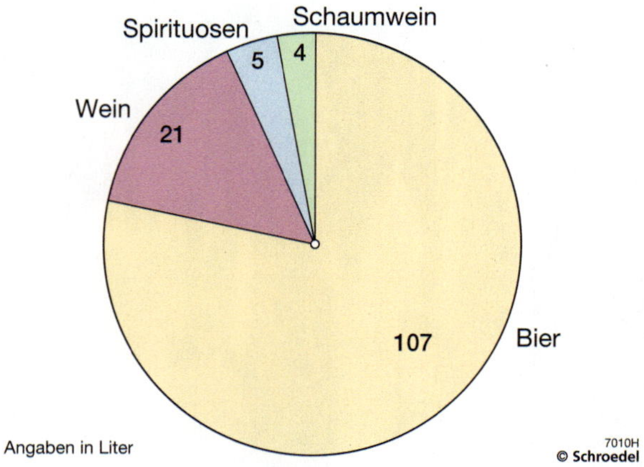

M2 Pro Jahr trinkt jeder Deutsche durchschnittlich rund 137 l Alkohol.

M3 Alkoholmissbrauch

Spice ist illegal

Headshops, Onlinehändler und die Londoner Lieferfirma „Psyche Deli" hatten sich eine goldene Nase verdient. Doch der Boom der bis 2009 legalen „Bio-Droge" Spice (dt. = „Gewürz") fand in Deutschland ein jähes Ende. Zuvor hatte eine englische Firma eine Gesetzeslücke genutzt, um die Halluzinogene unters Volk zu bringen. In Deutschland konnte man problemlos eines der an Kräutertee erinnernden bunten Tütchen, deklariert als „Räucherwerk", erstehen. Erst als die Presse aufmerksam geworden war, entbrannte ein regelrechter Hype um Spice.
Auf Drängen der damaligen Bundesdrogenbeauftragten Sabine Bätzing ist Spice im Januar 2009 per Eilverordnung verboten worden. Im Dezember 2008 hatte ein Frankfurter Speziallabor nachgewiesen, dass der Inhalt der mittlerweile rund 30 Euro teuren 3 g-Tütchen (zu Beginn 4,50 Euro) mit der exotischen Räucherwarenmischung eben doch nicht rein pflanzlich ist. Die Hersteller schrieben auf die Tütchen nur die legalen, getrockneten Pflanzen, so konnte Spice in Deutschland recht lange legal vertrieben werden.
Jahrelang hatte man in Europa gerätselt, durch welchen Inhaltsstoff die berauschende Wirkung ausgelöst werde. Das auf Hanf- und Cannabisforschung spezialisierte Labor wies nun in mehreren Spice-Proben die synthetische Droge JWH-018 (1-Pentyl-3-Naphthoylindol) nach. Dieser Stoff wird seit Jahren in der Arzneimittelforschung verwendet. JWH-018 wirkt als synthetisches Cannabinoid an denselben Rezeptoren im Gehirn wie der berauschende Hanfinhaltsstoff THC, allerdings viermal stärker. Jede Tüte Spice enthält eine andere Menge JWH-018, die Anteile schwanken zwischen 0,2 bis 1,5 Prozent.
Nachdem dieser Stoff, der der Kräutermischung offenbar zugesetzt wird, nachgewiesen wurde, lässt sich die bis dahin rätselhafte berauschende Wirkung von Spice gut erklären: Beim Rauchen der Kräutermischung tritt offenbar eine Wirkung ähnlich der von Haschisch oder Marihuana ein. Aber auch Schwindelgefühl, Angstzustände und Halluzinationen sind Folgeerscheinungen. Im Gegensatz zu den Hanfprodukten ist über die Nebenwirkungen des für die Pharmaforschung entwickelten Stoffes JWH-018 so gut wie nichts bekannt.

M4

M5

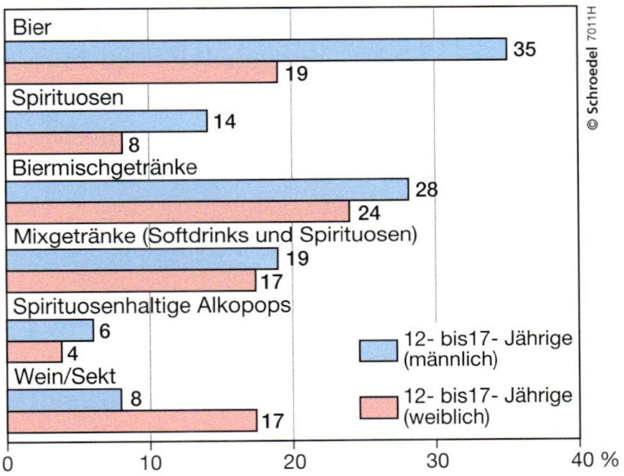

M6 Alkoholkonsum von Jugendlichen

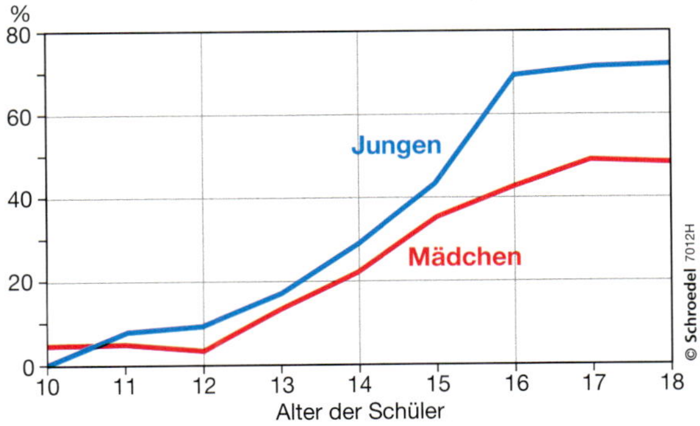

M7 Anteil von Jugendlichen, die regelmäßig Alkohol konsumieren

AUFGABEN

1 *Nenne Gründe für Lisas Alkoholmissbrauch.*

2 *Beschreibe die Folgen des Alkoholkonsums in Deutschland.*

3 *a) Erkläre, warum die Kräutermischung Spice so einen starken Anziehungseffekt hat (M4).*
b) Nenne Gründe, warum die „Bio-Droge" in Deutschland erst 2009 verboten wurde.

M

Eine Pro- und Kontra-Debatte führen

Eine Debatte (französ. débattre = (nieder-)schlagen; lateinisch battuere = kräftig stoßen) ist ein Streitgespräch auf gehobenem Niveau.

In der Debatte werden die Pro- und Kontra-Argumente zu einer Streitfrage in kurzen Reden von zwei Parteien vorgetragen. Die eine Partei übernimmt dabei Stellung für die Streitfrage (Pro), während die andere Partei die Gegenstellung einnimmt (Kontra). Ziel der Parteien ist es, die Zuhörer von den eigenen Argumenten zu überzeugen. Durch das Gegenüberstellen von Pro- und Kontra-Argumenten erhalten die Zuhörer Gelegenheit, sich in der strittigen Fragestellung zu positionieren. Am Ende zeigt eine Abstimmung unter den Zuhörern, welche Partei die besseren Argumente vorgebracht hat und Gegenargumente entkräften könnte. Die Entscheidungsfrage muss am Ende mit einem Ja oder Nein beantwortet werden.

Für eure Debatte orientiert ihr euch am besten an den Regeln von „Jugend debattiert":

Vorbereitung:

- Formuliert gemeinsam eine geeignete Streitfrage, die nur mit Ja oder Nein beantwortet werden kann.
- Die Teilnehmer der Debatte (Debattanten) sollten zu dem Thema recherchiert haben und gut informiert sein.
- Die zwei Parteien (aus je zwei Debattanten) erhalten Zeit, ihre Argumente zu formulieren und sich auf mögliche Gegenargumente vorzubereiten.
- Es muss ein Moderator bestimmt werden, der auf die Redezeiten der Debattanten achtet.

Eröffnungsrunde (8 Minuten):

- Jeder Debattant hat zwei Minuten Zeit, die Streitfrage aus seiner Sicht zu beantworten. Dabei darf dieser nicht unterbrochen werden.
- Zielsatz der Debattanten: *„Also bin ich für / gegen..."*

Freie Aussprache (12 Minuten):

- Pro- und Kontra-Debattanten tragen ihre Argumente im freien Wechsel vor.
- Die Debattanten versuchen, die Argumente der Gegenpartei sachlich zu entkräften.
- Rede und Gegenrede wechseln einander ab.

M 1 Vorbereitung auf die Debatte. Die beiden Debattantinnen tauschen vorab ihre Argumente aus, um besser auf die Argumente ihrer Gegenpartei reagieren zu können.

INFO

Cannabis wird als Sammelbegriff für Rauschmittel, die aus der Hanfpflanze gewonnen werden, verwendet. Marihuana oder Gras sind die getrockneten, meist zerkleinerten harzhaltigen Blütentrauben und blütennahen, kleinen Blätter der weiblichen Pflanze, die nach dem Trocknen konsumiert werden. Haschisch ist das extrahierte Harz der Pflanze. Beide Sorten enthalten als Hauptwirkstoff Tetrahydrocannabinol oder THC, allerdings in unterschiedlichen Konzentrationen.

Bereits seit längerem ist es in der Diskussion, Haschisch zu legalisieren und es frei verkäuflich anzubieten. Haschisch wird als „weiche" Droge eingestuft, deren Reiz für viele Jugendliche gerade in ihrem Verbot läge. Theoretisch müsste also der Missbrauch mit der Legalisierung sinken. Darüber hinaus könne Haschisch bei Krankheiten, wie z. B. Krebs, als gut verträglicher Schmerzstiller eingesetzt werden, was zur Zeit seine Einstufung als Rauschgift nicht gestattet.

Schlussrunde (4 Minuten):

- Jeder Debattant erhält noch einmal die Möglichkeit, eine Minute lang nach Abwägung aller Argumente seine Position zu formulieren.
- Möglicher Schlusssatz kann sein: *„Darum bin ich zu diesem Zeitpunkt für / gegen..."*
- Es folgt die Abstimmung unter den Zuhörern.

Legalisierung von Cannabis – Pro:

- Das Gerücht, dass Haschisch eine Einstiegsdroge ist, hält sich hartnäckig. Tatsache ist, dass es sehr viele Konsumenten gibt, die nichts anderes wollen. Nur sind sie ständig den Dealern auf den Schwarzmärkten ausgesetzt, die zu gerne teurere Drogen unter die Konsumenten bringen möchten. Wird Cannabis legalisiert, entfällt dieser gefährliche Beschaffungsweg.
- Die legale Nutzung von Cannabinoiden würde sehr vielen kranken Menschen von Nutzen sein. Gerade in der Schmerzbehandlung, zur Verhinderung von Übelkeit bei Chemotherapien und zur Entspannung ist dieser Stoff wunderbar geeignet. Bisher werden deutlich schädlichere Substanzen eingesetzt, die den Patienten zusätzlich schaden.
- Cannabis gilt in vielen Kulturen und schon über Jahrtausende als Genussmittel. Unter anderen nutzen Künstler Cannabis zur Bewusstseinserweiterung.
- Cannabis ist, entgegen aller Theorien, keine Einstiegsdroge. Medizinisch gibt es keinerlei belegbare Anhaltspunkte, dass Cannabis für ein vermehrtes Drogenbedürfnis sorgt.
- Die Gefängnisse und Gerichte würden entlastet werden. Mehr als die Hälfte aller Gefängnisinsassen in Deutschland sitzt eine Strafe ab, die aufgrund des Verstoßes gegen das Betäubungsmittelgesetz verhängt wurde. Ein Großteil davon wurde wegen Besitz von Cannabis verurteilt. (...) Die meisten Verurteilten sind keine Dealer, sondern Konsumenten, die sich etwas Cannabis auf Vorrat beschaffen wollten.
- Legale Drogen wie Alkohol und Tabak richten weit größere Schäden an. Die Besteuerung scheint aber dafür zu sorgen, dass die Politik diese Drogen nicht ernst nimmt.
- Drogenmissbrauch lässt sich generell nicht durch Verbote einschränken. (...)

(Quelle: www.pro-und-kontra.info/sonstiges/legalisierung-von-cannabis/; Zugriff 13.12.2014)

Gründe, die gegen die Legalisierung sprechen:

- Da gerne behauptet wird, dass die Schwarzmärkte austrocknen würden, stellt sich die Frage, warum dies so sein sollte. Cannabis wird nur als Lockmittel angeboten. Verdient wird eher an den harten Drogen. Dass sich dies durch die Legalisierung von Cannabis ändert, ist eher unwahrscheinlich.
- Die Krankenkassen würden zusätzlich belastet werden. Menschen, die bisher aufgrund der Illegalität vor dem Konsum von Cannabis zurückschrecken, könnten nun die Droge konsumieren. Zwar ist Cannabis an sich nicht schädlich, wohl aber die beliebteste Aufnahmeform: der Joint.
- Deutschland würde zu einem Drogen-Tourismusland. Denn außer den Niederlanden wäre Deutschland dann eine gute Anlaufstelle, um sich legal Cannabis zu beschaffen. Dies würde unter Umständen in Grenzgebieten eine Menge zwielichtiger Gestalten anziehen.
- Es gibt viele Fälle, in denen Cannabiskonsum zu Depressionen oder Angststörungen führt. Bei Jugendlichen werden Entwicklungsstörungen beobachtet.
- Die Gefahr, dass Kinder und Jugendliche mit Cannabis in Kontakt kommen, wird deutlich erhöht.
- Die Unfallgefahr im Verkehr, aber auch an Maschinen würde durch den Cannabiskonsum steigen.
- Die allgemeine Hemmschwelle zum Drogenkonsum kann sinken, wenn Cannabis legal wird.

(Quelle: www.pro-und-kontra.info/sonstiges/legalisierung-von-cannabis/; Zugriff 13.12.2014)

M2 Argumente zum Thema „Legalisierung von Cannabis – Ja oder Nein?"

AUFGABEN

1. *Gewichte in einer Tabelle die Pro- und Kontra-Argumente zur Legalisierung von Cannabis.*
2. *Führt in der Klasse eine Pro-und Kontra-Debatte.*
3. *Erläutere, wie du selbst zu dieser Thematik stehst.*

TIPP

Hier findest du noch weitere Informationen zur Durchführung einer Debatte, zu Themenvorschlägen und Wettbewerben: www.jugend-debattiert.de

Abhängigkeit – Stationen einer Sucht

Wenn man von einem Suchtmittel physisch abhängig ist, verlangt der Körper ständig danach. Wird das Suchtmittel dem Körper nicht zugeführt, reagiert der Süchtige mit Entzugserscheinungen: Der Süchtige schwitzt, bekommt feuchte Hände, beginnt zu zittern. Diese Erscheinungen (= Symptome) halten so lange an, bis der Süchtige das Suchtmittel wieder nimmt.
Wenn man psychisch, also seelisch, von einem Stoff abhängig ist, dann tut man alles dafür, um an den Stoff zu kommen. Abhängige vernachlässigen oft ihre Familie und ihre Freunde, da sich ihre Gedanken nur noch um das Suchtmittel und um dessen Beschaffung drehen.
Warum werden manche Menschen süchtig, andere jedoch nicht? Diese Frage lässt sich nicht so einfach beantworten. Typische Erkennungsmerkmale für Menschen, die in die Suchtfalle geraten, gibt es nicht. Viele kleine Faktoren können dazu führen, dass jemand süchtig wird. So können schwierige Lebenssituationen wie Arbeitslosigkeit, Einsamkeit oder Trauer den Weg in die Sucht begünstigen. Andere Betroffene haben in ihrer Kindheit schlimme Erfahrungen gemacht und versuchen sie nun zu verdrängen. Aber auch die Suche nach einem „Kick" und Erlebnishunger können in die Sucht führen.
Durch den Griff zur Flasche oder zu Drogen fühlen sich viele zu Beginn gut. Vielleicht erleben sie sogar Stimmungen und Gefühle, die sie noch nie hatten. Sie merken sich diesen Effekt und greifen dann in ähnlichen Situationen erneut zum Suchtmittel. So entsteht Abhängigkeit.

Stationen eines Suchtprozesses

Konsumsituation für den Erstkonsum
▼
Gefallen an dem Suchtmittel
▼
Erneuter Konsum mit Dosiserhöhung
▼
Gewohnheit/„Normalität"
▼
Abhängigkeit/Sucht

M1 Der kurze Weg bis zur Abhängigkeit

Co-Abhängigkeit

In der Regel sind auch die Angehörigen von Süchtigen von deren Sucht betroffen. Man spricht hier von Co-Abhängigkeit. Manchmal beschaffen sogar Familienangehörige um des lieben Friedens willen den „Stoff". Die Angehörigen konsumieren den Stoff zwar nicht, sie unterstützen und fördern aber letztlich die Abhängigkeit des Süchtigen.
Hierzu ein Beispiel:

Frau Noll: *„Seit mein Mann alkoholsüchtig ist, dreht sich unser ganzes Leben nur um ihn. Er wird gereizt und aggressiv, wenn nicht jeden Tag seine Flasche Schnaps im Kühlschrank steht. Oft brüllt er dann mich oder die Kinder an. Manchmal rutscht ihm sogar die Hand aus. Ich kaufe darum lieber eine Flasche auf Vorrat – was soll ich denn sonst machen? Wenn mein Mann seinen Stoff nicht kriegt, ist er unerträglich. Außerdem: Was sollen denn die Nachbarn denken?"*

Nicola Noll: *„Wenn mein Vater nicht sein Bier und seinen Schnaps bekommt, wird er laut und brüllt uns alle an. Am Wochenende fängt er meist schon morgens mit dem Trinken an. Oft schickt er mich zum Kiosk, um Alkohol zu holen. Meist bekomme ich aber keinen Alkohol verkauft, weil ich erst 14 bin. Wenn ich nix mitbringe, dreht er durch. Nachträglich tut ihm sein Verhalten zwar immer leid. Gott sei Dank kauft Mama jetzt genug Alkohol ein, so ist die Situation zu Hause erträglicher geworden. Ich wünsche mir, alles wäre wie früher, als mein Vater noch nicht so viel getrunken hat."*

M2 Familie Noll

Hilfsangebote

Interview mit einer Telefonseelsorgerin

M 1 Die Telefonseelsorgerin im Gespräch

Frage: Wer ruft bei Ihnen an?
Antwort: Überwiegend Jugendliche mit Alkoholproblemen, aber vermehrt auch Jugendliche, die dem Drogenkonsum verfallen sind. Mir ist aufgefallen, dass die Anrufer immer jünger werden.

Frage: Was nennen die Anrufer als Hauptproblem?
Antwort: Viele berichten mir, dass sie sich teilweise gezwungen fühlen, mit der Gruppe mitzuhalten und z. B. Alkohol trinken, um cool zu sein. Andere sagen, sie wollten es nur mal ausprobieren und kommen nun nicht mehr los. Nach dem Rausch fühlen sie sich leer und alleingelassen.

Frage: Wie helfen Sie den Jugendlichen?
Antwort: Den ersten Schritt muss jeder selbst tun oder ein guter Freund muss eingreifen. Ich habe gemerkt, dass oft ein klärendes und unterstützendes Gespräch einen Veränderungsprozess in Gang setzt. Ich bin die erste Anlaufstelle für viele der Jugendlichen und gebe ihnen weitere Tipps, an wen sie sich speziell in ihrem Fall wenden können. So wird oft ein Stein ins Rollen gebracht, der Schritt für Schritt zu einer positiven Entwicklung führt.

Bundesweite Sucht- und Drogen-Hotline (24 Stunden): 01805 - 31 30 31 (14 ct/Min., Mobilfunkpreise abweichend), www.sucht-und-drogen-hotline.de

Weitere Suchtnotrufnummern:
Frankfurt: 069 - 6234 51

Die ***Telefonseelsorge*** bietet eine kostenlose und anonyme Beratung rund um die Uhr und kann an geeignete Beratungsstellen weiterverweisen:
0800 - 111 0 111 oder 0800 - 111 0 222 (kostenlos)

Hessische Landesstelle für Suchtfragen (HLS) e. V.
Zimmerweg 10, 60325 Frankfurt am Main,
Tel.: 069 - 71 37 67 77
E-Mail: hls@hls-online.org
Internet: www.hls-online.org

M 2 Hilfsangebote und Beratungsstellen für Suchtkranke und Angehörige (Stand: 2015)

Scheu dich nicht, bei Suchtproblemen eine der verschiedenen Jugend-, Sucht- oder Drogenberatungsstellen zu kontaktieren. Hier erhältst du auch allgemeine Informationen über das Thema „Sucht und Drogen“. Im Gesundheitsamt eurer Stadt oder Gemeinde, beim Jugendamt oder häufig auch bei der Kirchengemeinde kannst du weitere Adressen und Telefonnummern von Beratungsstellen erfahren. Diese Stellen arbeiten ***kostenlos***. Bei der Beratung werden die vertraulichen Informationen nicht an die Polizei weitergeleitet. Auf Wunsch sind alle Gespräche anonym. Genau wie Ärzte sind ***Suchtberater zum Schweigen verpflichtet*** – auch wenn es um illegale Drogen geht.
Welche Art der Hilfe kannst du von Beratungsstellen bekommen? Die Arbeit der ***Jugend- und Beratungsstellen*** orientiert sich an den Hilfesuchenden, d. h. sie helfen euch bei allen Arten von Suchtproblemen, Problemen mit Eltern, in der Schule, der Lehre oder im Beruf.
(Quelle: www.kmdd.de/hilfsangebote-jugendliche.htm; 25.02.2015)

M 3 Der Verein „Keine Macht den Drogen“ informiert

AUFGABEN

1 *a) Beschreibe die Stationen der Abhängigkeit.*
b) Diskutiert, an welcher Stelle und auf welche Weise eingegriffen werden könnte.

2 *Diskutiert mögliche Gründe, Drogen auszuprobieren. Führt zu einer Situation eurer Wahl ein Rollenspiel durch.*

3 *Erläutere den Begriff „Co-Abhängigkeit“. Beziehe bei deiner Erklärung das Beispiel der Familie Noll mit ein.*

M 1 Leon beim Clubbesuch

M 2 Leon und Hannah beim Grasrauchen zu Hause

Leon – ein Leben verändert sich

Leon ist 15 Jahre alt. Er ist schlank und sportlich. Leon besucht die 8. Klasse einer Gesamtschule. Er ist ein guter Schüler. Im kommenden Jahr möchte er seinen Abschluss machen und danach eine Ausbildung zum Steinmetz beginnen. In seiner Freizeit spielt Leon gerne Gitarre, er trifft sich mit Freunden oder spielt gemeinsam mit seinem Freund Alex Fußball in einem Verein. Beide Jungs sind bei ihren Sportfreunden anerkannt. Alex hat allerdings nicht viel für die Schule übrig und fällt dort durch häufiges Schwänzen auf. Mit seinem Charme kommt er allerdings gut bei den Mädchen an.
An einem Samstagabend, nach einem gewonnenen Spiel, überredet Alex Leon, mit in den Club in die Stadt zu kommen. Leon zögert zunächst, denn Alkohol schmeckt ihm eigentlich nicht und im Grunde ist er recht schüchtern. Er ist hin- und hergerissen, aber am Ende schließt er sich der Clique von Alex an.
Im Club angekommen, stürzen sich alle auf die Tanzfläche. Alex wird von einigen Mädchen umringt. Leon fällt die ausgesprochen gute Laune und Innigkeit innerhalb der Gruppe auf.
Hannah lacht Leon fröhlich an: „Hey! Was bist du so steif? Mach dich doch mal locker! Hier, ich hab was für dich!" Hannah reicht Leon eine kleine, bunte Pille. Als Leon sie schluckt, fühlt er sich plötzlich locker, hemmungslos, freudig, losgelöst und möchte am liebsten die ganze Welt umarmen. Obwohl er nach dem Fußballspiel ausgepowert und müde war, verspürt er jetzt eine Leichtigkeit, mit der er bis in die frühen Morgenstunden mit den anderen abfeiert.

Sechs Monate später

Leon ist seit einiger Zeit mit Hannah zusammen. Seine schulischen Leistungen sind schlecht geworden und ob er einen Abschluss schafft, ist fraglich. Zum Fußballtraining geht er nicht mehr, denn er ist wegen mangelhafter Leistungen aus der Mannschaft geflogen. Seine Zukunft ist ihm egal, denn er will jetzt leben und feiern. Leon nimmt regelmäßig Ecstasy, um sich so in eine Leichtigkeit zu versetzen. Er nimmt mehrere Pillen am Abend, da die Wirkung schnell nachlässt – auch unter der Woche. Mittlerweile hat er auch angefangen, Gras zu rauchen – um zwischendurch ein wenig runterzukommen und um einfach wieder mal richtig schlafen zu können. Sein gesamtes Taschengeld geht für Drogen drauf.
Leons Eltern sind verzweifelt. Sie kommen an ihren Sohn nicht mehr heran. Zunächst begrüßten sie seine neue Kontaktfreudigkeit. Erst als sich die Schulnoten dramatisch verschlechterten und der Trainer den Vater beiseite nahm und von Leons Versetzung auf die Ersatzbank erzählte, wurden sie stutzig. Doch von einem Drogenproblem wollen sie nichts wissen.

AUFGABEN

1 *Im Fall Leon lassen sich die fünf Stationen eines Suchtprozesses wiederfinden. Notiere für jede Station, wie dies bei Leon war.*

2* *Erkläre, wer Leon helfen könnte, aus diesem Teufelskreis wieder herauszukommen.*

Direkte und indirekte Beschaffungskriminalität

Jugendliche werden straffällig

Beschaffungskriminalität wird einem Bereich der Rauschmittelkriminalität zugeordnet. Ein Großteil der Täterschaft gehört zur organisierten Kriminalität, der andere Teil der Täter sind abhängige Drogenkonsumenten (Junkies). Alle Delikte, die zum direkten Erwerb von Betäubungsmitteln führen, z. B. Einbrüche in Apotheken, zählen zur direkten Beschaffungskriminalität. In Deutschland kommt öfter die indirekte oder auch „klassische" Beschaffungskriminalität vor. Hierbei verschaffen sich die Täter Geld oder Wertgegenstände, um den anschließenden Erwerb von Betäubungsmitteln finanzieren zu können. Die polizeiliche Kriminalstatistik 2013 verzeichnet im Bereich der direkten Beschaffungskriminalität 2 091 erfasste Fälle. Die indirekte Beschaffungskriminalität ist nicht in der polizeilichen Kriminalstatistik erfasst. Das Dunkelfeld ist sehr hoch, da Täter, die Delikte wie Raub oder Diebstahl begehen, der Polizei oft nicht als Drogenkonsumenten bekannt sind.

Altersgruppen	**Kinder (unter 14 Jahren)**	**Jugendliche (über 14 – noch nicht 18 Jahre)**	**Heranwachsende (über 18 – noch nicht 21 Jahre)**	**Erwachsene (über 21 Jahren)**
strafrechtliche Verantwortlichkeit	strafunmündig	bedingt strafrechtlich verantwortlich	generell strafrechtlich verantwortlich	generell strafrechtlich verantwortlich
sachliche Zuständigkeit	Jugendamt, Familiengericht, Polizei als Gefahrenabwehrbehörde	Jugendstaatsanwaltschaft, Jugendgericht	Jugendstaatsanwaltschaft Jugendgericht	Erwachsenenstaatsanwaltschaft Erwachsenengericht
Rechtsfolgen	Hilfe bzw. Maßnahmen nach dem KJHG, keine strafrechtlichen und strafprozessualen Maßnahmen	Sanktionen nach dem JGG und bestimmte Maßregeln der Besserung und Sicherung	Entscheidung über die Anwendung der Sanktionen aus dem Jugend- oder Erwachsenenstrafrecht	Sanktionen und Maßregeln nach dem Strafgesetzbuch

M3 Strafrechtliche Verantwortlichkeit – sachliche Zuständigkeit und Rechtsfolgen bei Straftaten

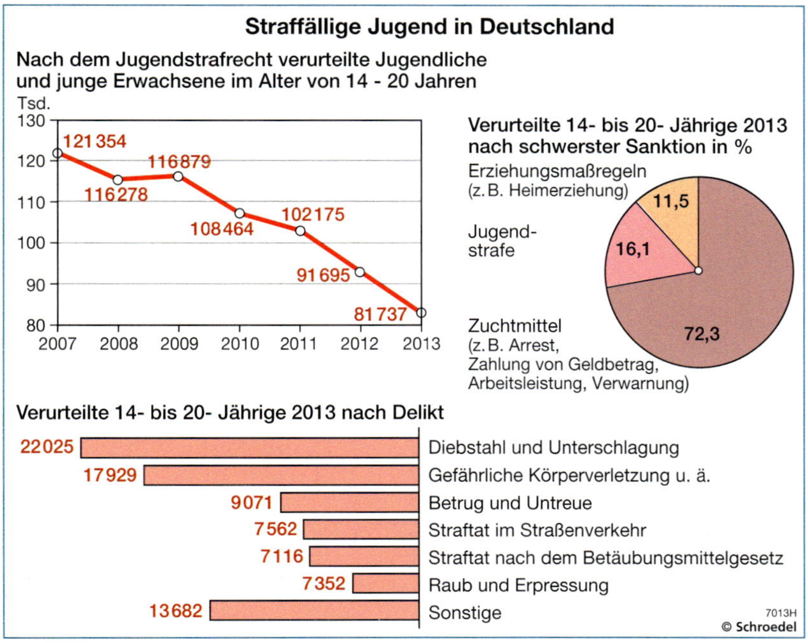

M4 Entwicklung der Jugendkriminalität

AUFGABEN

1 *a) Erkläre, was man unter Beschaffungskriminalität versteht.*
b) Erkläre den Unterschied zwischen direkter und indirekter Beschaffungskriminalität.

2 *a) Beschreibe die Entwicklung der Jugendkriminalität in Deutschland von 2007 bis 2013 (M4).*
b) Benenne die von Jugendlichen am häufigsten begangenen Straftaten (M4).

3 * *Beurteile die Entwicklung. Wo liegen deiner Meinung nach mögliche Ursachen für Jugendkriminalität?*

Wiederholen und Üben

Verantwortungsbewusster Alkoholkonsum?

Lies die Aussagen A bis O und ordne die Aussagen nach gelegentlichem, regelmäßigem und gefährlichem Trinkverhalten. Nenne Aussagen, die Argumente für ein kontrolliertes Trinkverhalten enthalten.

A Wenn man nur Bier trinkt, kann einem nichts passieren.

B In der Clique zu trinken, bringt mehr Spaß.

C Wenn man in einer Gruppe trinkt, verliert man schnell den Überblick, wie viel man getrunken hat.

D Es können eh nur die mitreden, die schon mal richtig dicht waren.

E Regelmäßiger Alkoholkonsum kann schnell zur Sucht führen.

F Wer viel Alkohol verträgt, ist in der Clique anerkannt.

G Meine Eltern trinken auch oft Wein oder Sekt – so schädlich kann es also nicht sein.

H Auch wenig Alkohol ist gesundheitsschädlich.

I Ich trinke auf Partys mal mehr, mal weniger. Wenn ich einen weiten Heimweg habe, auch häufig nichts.

J Ich denke, jeder muss selbst wissen, wie viel er trinkt.

K Wenn man Stress hat, sollte man keinen Alkohol trinken.

L Ich weiß genau, wie viel ich abkann.

M Wenn alle trinken, ist es doof, wenn einer nüchtern bleibt.

N Alkohol ist nichts für mich, die Nachwirkungen sind echt zu heftig.

O Wenn alle viel trinken und ich nüchtern bleibe, finde ich eine Party ziemlich blöd. Dann gehe ich lieber.

Kreuzworträtsel

Löse das Kreuzworträtsel. Die Texte auf den Seiten 146 – 149 helfen dir dabei. Das Lösungswort bezeichnet etwas, das für einen Süchtigen sehr wichtig ist.

1 Die Abhängigkeit von einem Stoff oder einer Verhaltensweise bezeichnet man als … .
2 Man unterscheidet stoffgebundene Sucht und süchtigmachende … , z. B. Spielsucht.
3 Ein oft in Diskotheken konsumiertes Suchtmittel ist … .
4 Der … ist eine durch übermäßigen Alkoholkonsum verursachte Suchtkrankheit.
5 Der Weg des Suchtprozesses wird in fünf … zusammengefasst.
6 Durch den Konsum von Drogen verlieren viele Süchtige alle … .
7 Gesetzlich verbotene Drogen bezeichnet man als … Drogen.
8 Ein kontrolliert geführtes Streitgespräch ist die … .
9 Heroin, Crack und LSD sind sogenannte … Drogen.
10 Personen, die mit illegalen Drogen handeln, nennt man auch … .
11 Jugendliche finden sich oft in einer Gruppe oder in einer … zusammen.

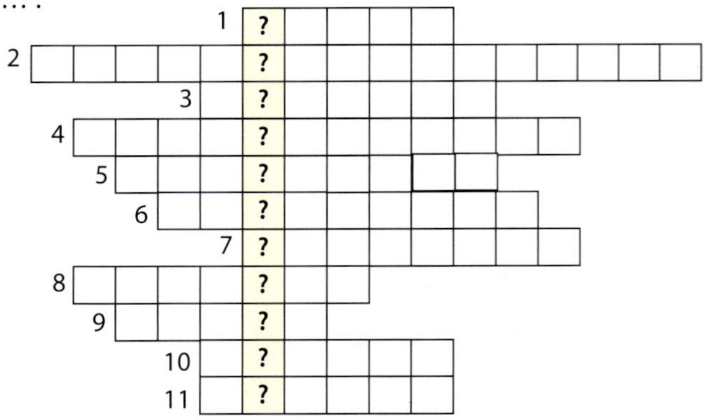

Das Lösungswort lautet: ?

Jugend und Recht

1 Ordne den Informationen A – F folgende Begriffe zu: Aktenvermerk – beschränkte Geschäftsfähigkeit – Jugendschutzgesetz – Jugendgericht – Strafmündigkeit – Täter-Opfer-Ausgleich.
2 Wähle einen dieser Rechtsbegriffe aus und informiere darüber deine Mitschüler ausführlicher in einem Kurzreferat.
3 Informiere dich im Internet über die neueste Entwicklung der Jugendkriminalität.

A: Rechtsbedeutsame Altersstufe für Kinder und Jugendliche zwischen dem 7. und 18. Lebensjahr (Minderjährige)

B: Eintrag im Polizeicomputer. Werden offizielle Ermittlungen eingeleitet, ergeht auch ein Eintrag im Verfahrensregister der Staatsanwaltschaft. Dieser Eintrag ist nur für Strafverfolgungsbehörden einsehbar.

C: Begeht ein Jugendlicher oder Heranwachsender eine Straftat, ist dieses Gericht zuständig. Solche Straftaten werden bei Amtsgerichten vor Jugendrichtern und Jugendschöffengerichten, bei Landgerichten vor Jugendkammern verhandelt.

D: Dieses Gesetz regelt u. a. den Aufenthalt an öffentlichen Orten (z. B. Gaststätten, Spielhallen oder Tanzveranstaltungen), den Verzehr und die Abgabe von alkoholischen Getränken und Tabakwaren, den Verkauf/ das Zugänglichmachen von Filmen und Computer-/Videospielen in der Öffentlichkeit.
Bei Verstößen werden die verantwortlichen Erwachsenen bestraft, z. B. Verkäufer, Wirte, Veranstalter.

E: Verfahren, in dem versucht wird, eine außergerichtliche Konfliktlösung herbeizuführen. Beide Seiten sollen zu einer akzeptierten Wiedergutmachung angeregt werden.

F: Mindestalter (14 Jahre) für die strafrechtliche Verantwortlichkeit

Prüfe dich nun selbst! Du kannst ...

- ✓ ... die Aufgaben des Rechts erklären (> S. 123);
- ✓ ... die rechtlichen Regelungen, wenn ein Jugendlicher einen Kauf tätigt, nennen (> S. 126/127);
- ✓ ... die wichtigsten Altersgrenzen bei Kindern und Jugendlichen aufzeigen (> S. 129);
- ✓ ... mit Gesetzestexten umgehen. (> S. 128);
- ✓ ... den Taschengeldparagrafen anwenden (> S. 128);
- ✓ ... erklären, was das Jugendschutzgesetz beinhaltet (> S. 131);
- ✓ ... in eigenen Worten wiedergeben, was Jugendkriminalität ist (> S. 132/133);
- ✓ ... den Weg vom Gerichtsverfahren bis zur Verurteilung aufzeigen (> S. 134 – 143);
- ✓ ... darstellen, welche Bedeutung die Peer Group für Jugendliche hat (> S. 145);
- ✓ ... erklären, was Sucht ist und die Stationen des Suchtprozesses erläutern (> S. 146, 152);
- ✓ ... die Folgen von Alkoholmissbrauch beschreiben (> S. 148/149);
- ✓ ... erläutern, wie und wo Hilfsangebote für Jugendliche genutzt werden können (> S. 153);
- ✓ ... den Begriff „Beschaffungskriminalität“ charakterisieren (> S. 155).

5 Menschen verändern die Umwelt

M 1 Satellitenbild der Erde

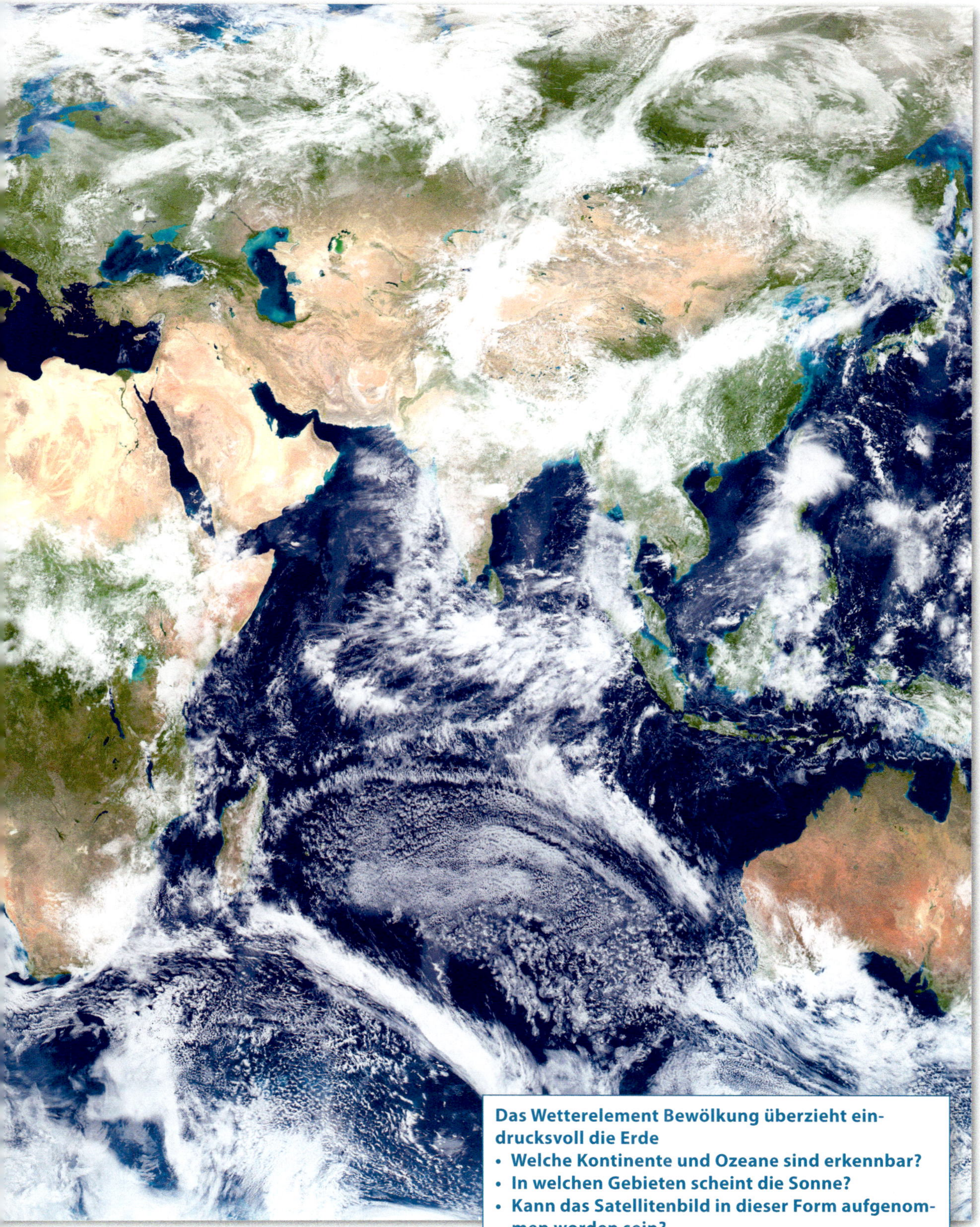

Das Wetterelement Bewölkung überzieht eindrucksvoll die Erde
- Welche Kontinente und Ozeane sind erkennbar?
- In welchen Gebieten scheint die Sonne?
- Kann das Satellitenbild in dieser Form aufgenommen worden sein?

Aufs richtige Wetter kommt es an

Eine Fahrt mit dem Heißluftballon

Der Jubel ist groß. Saskia, Tim und Lea haben bei einem Preisausschreiben eine Fahrt mit dem Heißluftballon gewonnen. Gespannt warten sie auf den großen Tag. Doch der Veranstalter kann ihnen nicht genau sagen, wann es losgeht. „Das hängt vom Wetter ab!", heißt es immer wieder. „Bei einer Ballonfahrt muss alles passen, da müssen alle Wetterelemente mitspielen." Wetterelemente? Die drei schauen sich fragend an. Welches sind denn die Wetterelemente und wie müssen sie sein?

M1 Saskia, Tim und Lea

Für Saskia, Tim und Lea ist es wichtig, wie das Wetter heute ist oder in den nächsten Tagen sein wird. Doch was ist Wetter?
Wetter ist das Zusammenwirken einzelner Wetterelemente zu einem bestimmten Zeitpunkt an einem bestimmten Ort. Das sind die *Lufttemperatur*, der *Niederschlag*, der *Wind*, die *Bewölkung* und der *Luftdruck*. Sie sind wie bei einem Puzzle miteinander verbunden und wirken bei der Entstehung des Wetters zusammen.
Die Vorgänge, die unser Wetter bestimmen, spielen sich in der untersten Schicht der **Atmosphäre**, der Troposphäre, ab. Die Atmosphäre ist die Lufthülle um die Erde. Treibende Kraft ist dabei die Sonne. Sie liefert das Licht und die Energie, ohne die kein Leben auf der Erde möglich wäre.
Die Sonnenstrahlen erwärmen die Erdoberfläche. Die Wärme strahlt zurück und wird zum größten Teil von der Luft in der Atmosphäre aufgenommen. Dadurch werden die Wetterelemente beeinflusst oder in Gang gesetzt. Die Sonne stellt also die Verbindung zwischen den einzelnen Wetterelementen her und steht daher in unserem „Puzzle" in der Mitte.

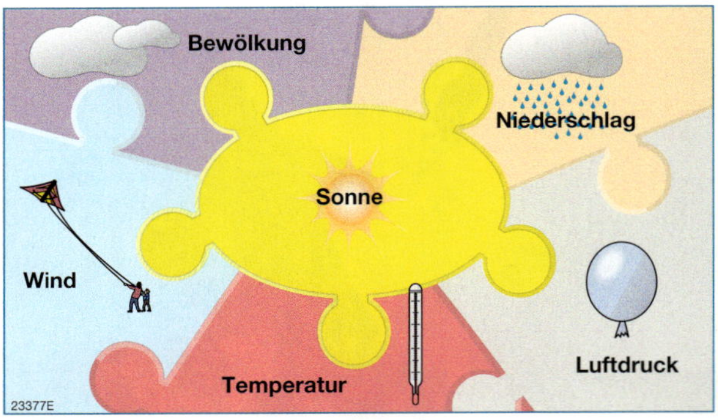

M2 Das Wetterpuzzle

Wettertagebuch Name:			
Monat: Juli	1. Juli	2. Juli	...
Temperaturen			
um 7 Uhr (°C)	10	11	
um 14 Uhr (°C)	24	26	
um 21 Uhr (°C) doppelt	18 18	19 19	
Tagesdurchschnitts-temperaturen (°C)	18	19	
Niederschlag (mm)	5	0	
Niederschlagsart	●	–	
Windrichtung	W	–	
Windstärke	►	▷	
Bewölkung	◔	○	

Art des Niederschlags:
● Regen ||| Niesel
▼ Schauer ✱ Schnee
Hagel ≡ Nebel

Bewölkung:
○ klar, wolkenlos
◔ teilweise bedeckt
◐ halb bedeckt
● vollständig bedeckt

Windstärke:
▷ windstill
► mäßiger Wind
►► starker Wind
►►► stürmischer Wind

7051H © Schroedel

M3 Beispiel für ein Wettertagebuch

AUFGABEN

1 *Überlege dir das „Wunschwetter" für folgende Personen: Bauarbeiter, Gärtner, Freibadbesucher, Feriengast im Gebirge, Radfahrer, Kinobesucher, Skifahrer. Begründe.*

2 *a) Beschreibe das heutige Wetter an deinem Schulort. Verwende dabei Begriffe wie: warm, kalt, windig, stürmisch, regnerisch, sonnig, bewölkt, heiß.*
b) Ordne diese Begriffe anschließend den einzelnen Teilen des Wetterpuzzles zu (M2).

3 * *Die Atmosphäre wird auch als unsere „Wetterküche" bezeichnet. Erkläre diese Bezeichnung.*

Wetterelement Temperatur

M4 Messung an einer Wetterstation

Die Meteorologen messen dreimal am Tag die Lufttemperatur: um 7, 14 und 21 Uhr.
Aus diesen Messwerten berechnen sie die Tagesdurchschnittstemperatur, das Tagesmittel. Der Wert von 21 Uhr wird doppelt gerechnet, damit niemand nachts eine Messung durchführen muss. Dann werden die Messwerte zusammengezählt und abschließend durch vier geteilt.

Monatsdurchschnittstemperatur
Die Tagesmittel eines Monats werden zusammengezählt und durch die Anzahl der Tage geteilt.

Jahresdurchschnittstemperatur
Die Monatsmittel werden zusammengezählt und durch die Anzahl der Monate geteilt.

7:00 Uhr:	12° C
14:00 Uhr:	28° C
21:00 Uhr:	20° C
21:00 Uhr:	20° C
	80° C

80° C : 4 = 20° C Tagesmittel

M5 Berechnung von Durchschnittstemperaturen

Damit der Ballon aufsteigen kann, muss die Luft darin wärmer sein als außerhalb. Daher starten Ballons im Sommer am frühen Abend oder morgens.

Wetterelement Niederschlag

Die Wolken bestehen aus vielen winzigen Wassertröpfchen. Je höher eine Wolke aufsteigt, desto größer werden die Wassertröpfchen. Irgendwann sind sie so schwer, dass sie als Regentropfen wieder auf die Erde fallen. Ist die Luft in der Höhe extrem kalt, entstehen keine Wassertröpfchen, sondern Eiskristalle. Wenn die Luft bis zum Boden kalt bleibt, fällt Schnee. Niederschlag ist also das Wasser, das in verschiedenen Formen zur Erde gelangt.

Niederschläge können unterschiedlich stark ausfallen. Ein Gewitterregen kann die gesamte Menge eines Monats innerhalb von Minuten abladen. Tau dagegen hinterlässt morgens nur einen Hauch von Niederschlag am Boden. Die meisten Niederschläge werden mit einem Regenmesser aufgefangen. Der Niederschlag wird in mm gemessen. Die Angabe 629 mm bedeutet, dass auf einer Fläche von einem Quadratmeter 629 mm Niederschlag fallen.

Die Ballonhüllen sind speziell beschichtet, damit die warme Luft nicht so schnell hindurchgeht. Nässe kann die dünne Ballonseide schädigen. Außerdem ist die Sicht bei Regen meist nicht gut.

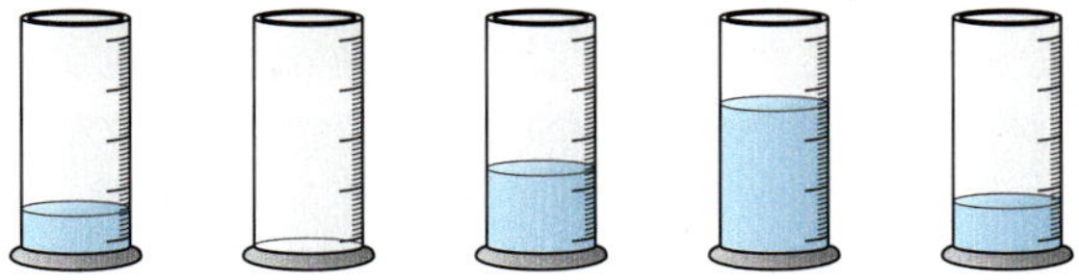

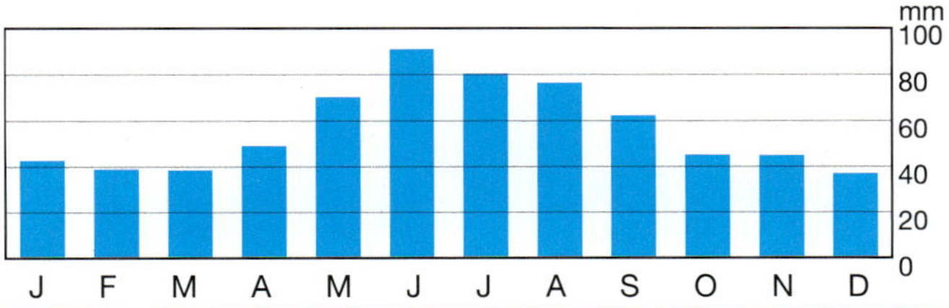

Berechnung der monatlichen Niederschlagsmenge:
Dazu wird der Niederschlag aller Monatstage zusammengezählt.
1. Tag - 3 mm
2. Tag - …
…
31. Tag - …
Summe:

Berechnung der jährlichen Niederschlagsmenge:
Dazu werden die Niederschlagsmengen aller 12 Monate des Jahres zusammengezählt.

Januar	46 mm
…	
Dezember	…
Summe:	… mm

M6 Berechnung der Niederschlagsmengen

Wetterelement Bewölkung

Es kann oft sehr schnell gehen. Gerade eben war der Himmel noch strahlend blau. Doch auf einmal ziehen Wolken auf. Aber wie bilden sich Wolken? Die Sonne erwärmt die Erdoberfläche und damit auch das Wasser von Meeren, Seen und Flüssen. Durch die Wärmeeinwirkung verdunstet das Wasser mit der Zeit, das heißt, es wird zu Wasserdampf. Seine unsichtbaren Wasserteilchen steigen mit der warmen Luft auf. In der Höhe sind die Luftschichten kälter. Aus dem unsichtbaren Wasserdampf werden wieder sichtbare Wassertröpfchen. Dieser Vorgang heißt **Kondensation**.

Wolken sind eigentlich etwas Schönes, solange sie sich nicht zu einem Regenguss oder Gewitter entwickeln.

Eine Wolke ist eine Ansammlung vieler Wassertröpfchen. Nach ihrer Art und ihrem Aussehen werden Wolken in verschiedene Gruppen eingeteilt (siehe Beispiele unten). Sie geben uns Hinweise über die momentane Wetterlage oder die weitere Wetterentwicklung.

Zur näheren Beschreibung der Bewölkung lässt sich diese in vier Stufen einteilen:

○ wolkenlos
◔ heiter
◑ wolkig
● bedeckt

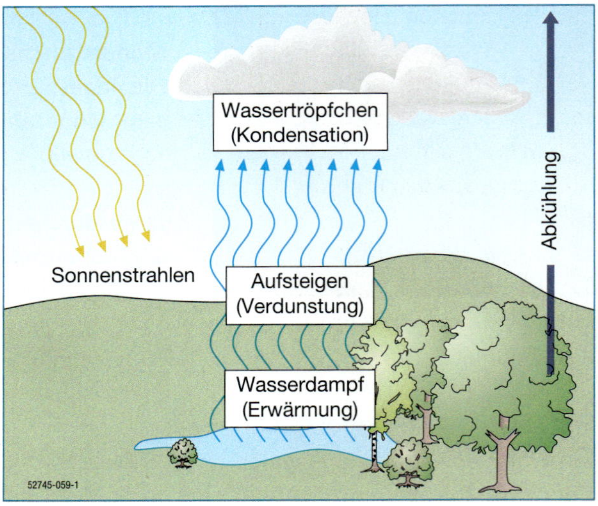

M 1 So entstehen Wolken

M 2 Wolkenarten

Wetterelemente Luftdruck und Wind

Der **Luftdruck** über einem Ort ist ständigen Schwankungen unterlegen. Wenn Luft erwärmt wird, dehnt sie sich aus und steigt auf. Umgekehrt sinkt sie ab, wenn sie kälter als ihre Umgebung ist. Die Luft gerät also in Bewegung. Dort, wo sich die Luft hinbewegt, bildet sich hoher Luftdruck. Am ursprünglichen Ort hingegen herrscht tiefer Luftdruck.
Mit der Zeit bilden sich großräumig Gebiete mit hohem Luftdruck (Hochdruckgebiete) und solche mit niedrigem Luftdruck (Tiefdruckgebiete). Diese sind für das Wettergeschehen von besonderer Wichtigkeit.
Zwischen Hoch- und Tiefdruckgebieten findet eine Ausgleichsbewegung statt. Die Luft aus dem Hochdruckgebiet hat das Bestreben, zum Tiefdruckgebiet zu fließen. Diesen Ausgleich nehmen wir als Wind wahr. Der Wind ist umso stärker, je näher Hoch- und Tiefdruckgebiete beieinanderliegen und je höher der Druckunterschied zwischen den beiden Gebieten ist.
Der Wind wird in zwölf Stärken eingeteilt und erhält seinen Namen aus der Richtung, aus der er kommt.

Der Wind bestimmt die Richtung und Geschwindigkeit des Ballons. Nach einer Stunde sucht der Pilot einen passenden Landeplatz aus. Der Ballon hat zwischen 5 und 30 km zurückgelegt.

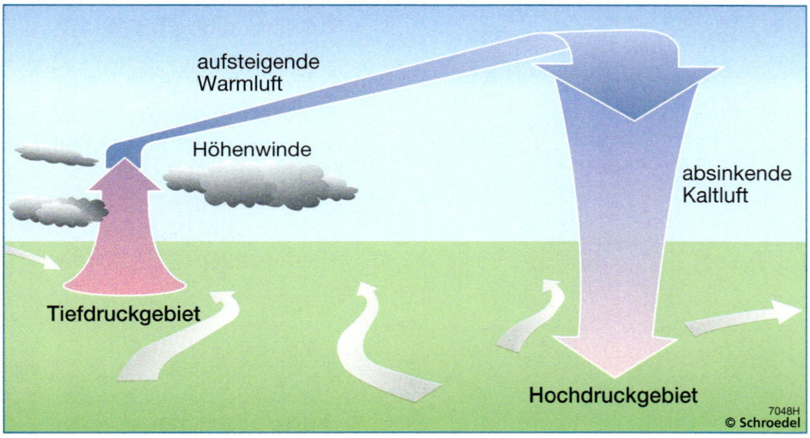

M3 Windentstehung

Luftdruckangaben auf Wetterkarten

Isobaren sind oft in Wetterkarten eingezeichnet. Auf diesen Linien herrscht der gleiche Luftdruck. Der normale Luftdruck beträgt 1013 hPa (Hektopascal). Liegt der Wert darüber, spricht man von Hochdruck, liegt der Wert unter 1013 hPa, herrscht Tiefdruck. Der Luftdruck wird mit dem Barometer gemessen.

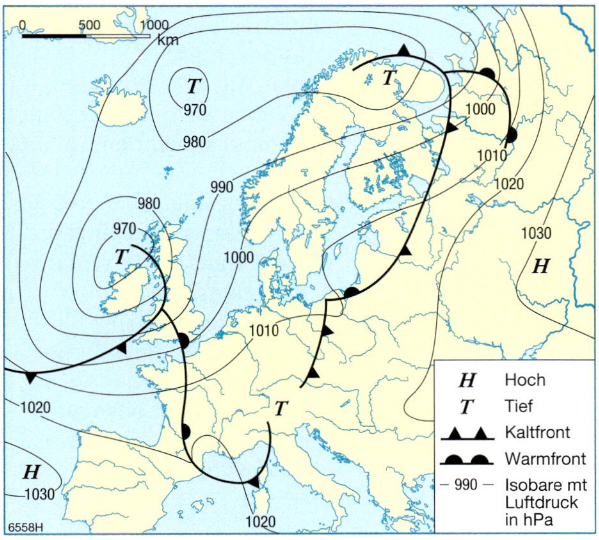

M4 Wetterkarte mit Isobaren

AUFGABEN

1 *Informiere dich über die Einteilung der Windstärken (Internet, Lexikon). Lege eine Tabelle an: Windstärke – Windgeschwindigkeit (km/h) – Windbezeichnung – Auswirkungen*

2 *Schau aus dem Fenster und beschreibe die Wolken, die du gerade siehst. Überprüfe, ob sie mit einer der Wolkenarten aus M2 übereinstimmen.*

3 *Bringe Wetterkarten aus der Tageszeitung oder dem Internet mit in den Unterricht und werte sie aus.*

4 *Schreibe einen eigenen Wetterbericht für den heutigen Tag und vergleiche ihn dann mit der Wettervorhersage aus dem Fernsehen, Radio oder der Zeitung.*

5 *Beschreibe mithilfe der Seiten 160 – 163 das optimale Wetter für eine Fahrt mit dem Heißluftballon.*

M

Wir zeichnen Klimadiagramme und werten sie aus

Unter Wetter versteht man den augenblicklichen Zustand der Wetterelemente an einem bestimmten Ort. Der Zustand der wichtigsten Bestandteile des Wetters wird Tag für Tag von Wetterstationen auf der ganzen Welt gemessen. Daraus errechnen Meteorologen Durchschnittswerte. Da diese Messungen teilweise schon seit über 100 Jahren durchgeführt werden, sind die Daten sehr verlässlich.

Den Zustand der Wetterelemente über einen längeren Zeitraum (30 Jahre) bezeichnet man als **Klima** eines Ortes oder eines Landes.

Mithilfe der gemessenen Durchschnittswerte kann man **Klimadiagramme** zeichnen. Sie informieren beispielsweise darüber, welches Klima an einem Urlaubsort herrscht oder ob Pflanzen an einem bestimmten Ort gute Wachstumsbedingungen haben.

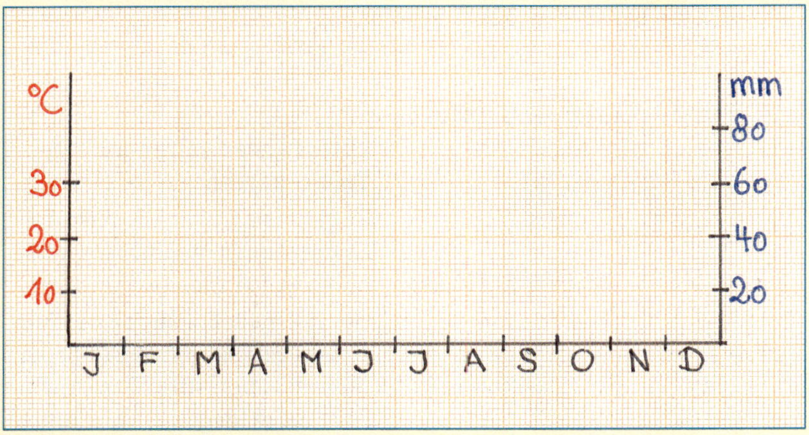

M1 Diagramm vorbereiten

1. Diagramm vorbereiten

- Temperaturachse links, 1 cm entspricht 10° C
- Eine Einteilung bis 40° C ist ausreichend.
- Prüfe die Klimadaten: Bei Minustemperaturen muss unter der Jahresachse Platz bleiben.
- Niederschlagsachse rechts, 1 cm entspricht 20 mm Niederschlag

Kassel, 180 m

	Jan	Feb	Mär	Apr	Mai	Juni	Juli	Aug	Sep	Okt	Nov	Dez	Jahr
T (°C)	0	1	5	9	13	17	18	17	14	9	5	2	9
N (mm)	47	42	33	47	60	64	70	66	52	53	49	46	629

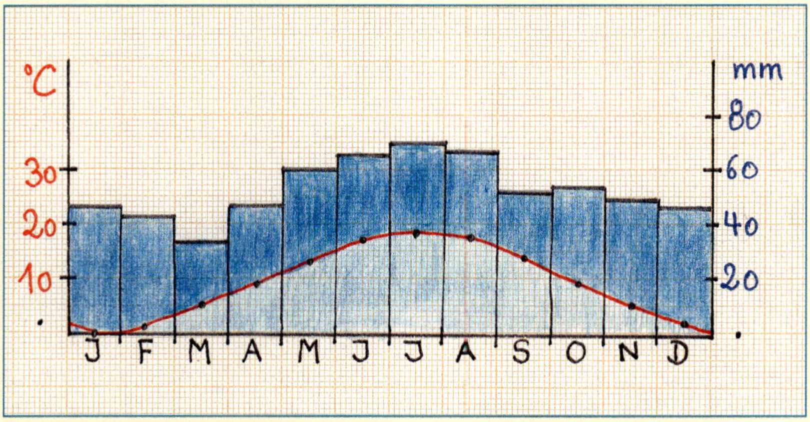

M2 Werte eintragen

2. Werte eintragen

Temperaturkurve

- Werte ablesen und als Punkte genau in die Monatsmitte eintragen (Temperaturachse links beachten)
- Punkte mit Rot verbinden
- die Werte vom Januar zum Dezember verbinden

Niederschlagssäulen

- Werte ablesen und Säulen einzeichnen (Niederschlagsachse rechts beachten)
- Bereiche der Niederschlagssäulen, die über der Temperaturkurve liegen, mit blauem Buntstift ausmalen (nur bei Temperaturen im Plusbereich)

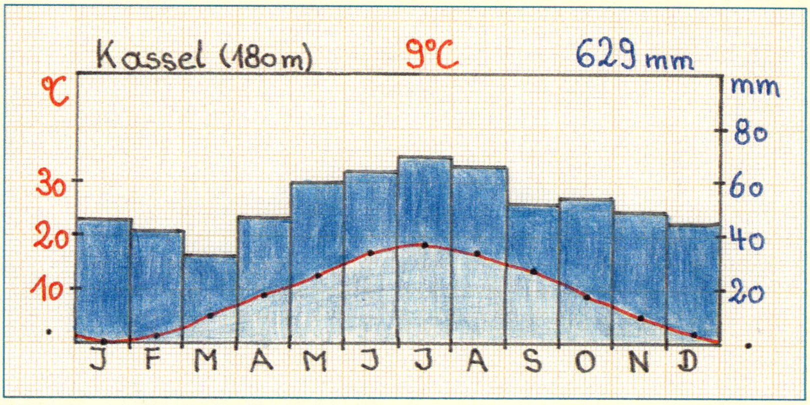

M3 Klimadiagramm vervollständigen

3. Klimadiagramm vervollständigen

- Notiere abschließend auf einer waagerechten Linie oberhalb des Diagramms den Namen der Station, die Höhe, die Jahresdurchschnittstemperatur und den Jahresniederschlag.

Um ein Klimadiagramm auszuwerten, solltest du nach folgenden Schritten vorgehen:

Arbeitsschritt 1:
Ordne das Klimadiagramm mithilfe der Jahresdurchschnittstemperatur einer der vier großen Klimazonen zu (> Seiten 182/183). Beachte hierzu auch die Höhenlage und den Jahresniederschlag.

Arbeitsschritt 2:
Beschreibe die Temperaturkurve. Gehe dabei auf die Temperaturen im Winter und im Sommer ein.

Arbeitsschritt 3:
Beschreibe den Verlauf der Niederschlagssäulen. Wann fällt der meiste Niederschlag im Jahr, wann eher wenig Niederschlag?

Arbeitsschritt 4:
Welche Auswirkungen haben der Temperaturverlauf und die Verteilung bzw. die Menge des Niederschlags auf den Menschen? Bei diesem Schritt beschreibst du, welche Möglichkeiten bzw. Probleme der Mensch hat, das Gebiet landwirtschaftlich zu nutzen.

Z

Pflanzenwachstum
Die meisten Kulturpflanzen (z. B. Weizen) wachsen nur, wenn die Durchschnittstemperaturen über 10° C liegen. Dieser Temperaturbereich ist bei der Interpretation von Klimadiagrammen zu beachten, wenn Aussagen über die landwirtschaftlichen Nutzungsmöglichkeiten getroffen werden sollen. Reichen die Niederschlagssäulen nicht bis zur Temperaturkurve, ist es für die meisten Pflanzen zu trocken. Die Verdunstung ist höher als der Niederschlag (**arides** Klima). Dieser Bereich zwischen Niederschlagssäule und Temperaturkurve wird mit gelbem Buntstift ausgemalt. Ragen die Niederschlagssäulen über die Temperaturkurve hinaus, bietet der Monat ausreichend Niederschlag für Pflanzenwachstum. Die Niederschläge sind höher als die Verdunstung (**humides** Klima).

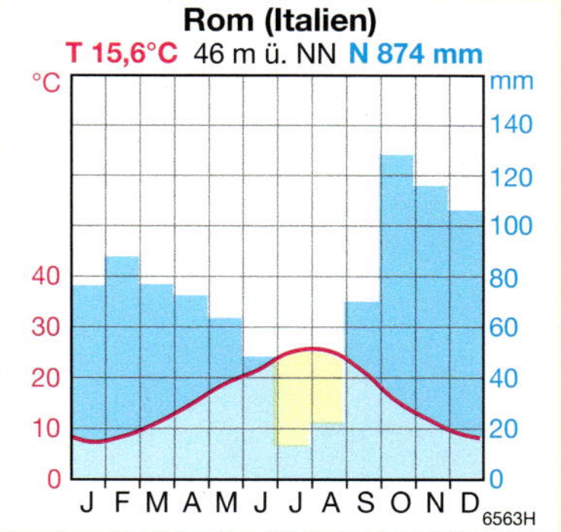

M4 Klimadiagramm von Rom

AUFGABEN

1 *Gehe nach den oben angegebenen Schritten vor und werte M3 aus.*

2 ** Vergleiche anschließend die beiden Klimastationen Kassel und Rom miteinander.*

Steigungsregen – Wasserkreislauf – Großwetterlagen

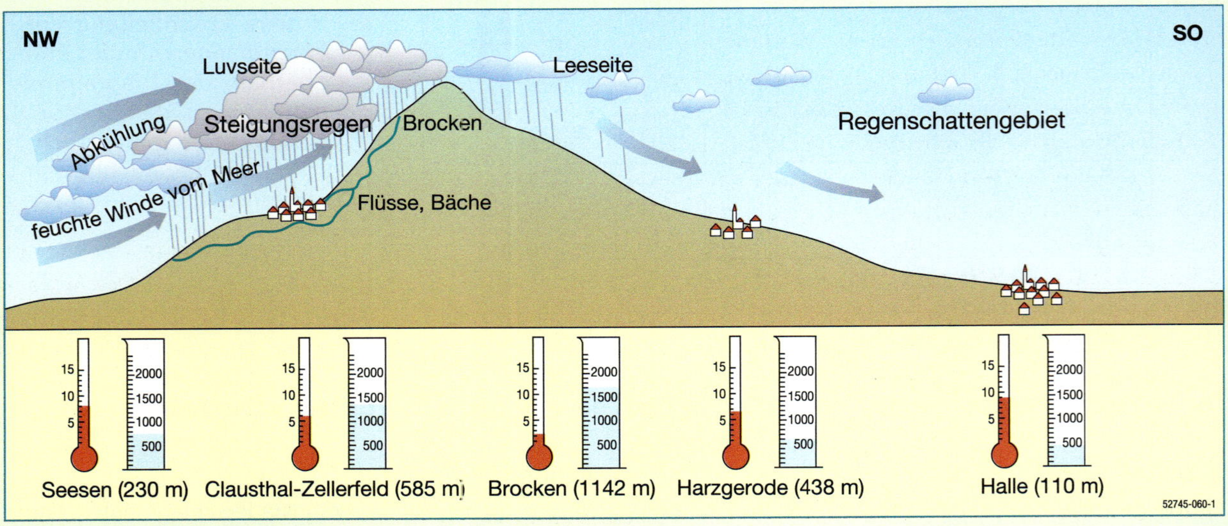

M 1 Steigungsregen und Regenschatten im Harz

Im Nordwesten des Harzes herrscht oft anderes Wetter als im Südosten des Gebirges. Wenn feuchte Luftmassen auf das Gebirge zuströmen, müssen sie aufsteigen. Im Tal ist es wärmer als zur gleichen Zeit auf dem Berg. Die aufsteigende Luft kühlt sich deshalb ab.
Der Wasserdampf der Luft kondensiert zu kleinen Tröpfchen, die zunächst noch in der Luft schweben. Sie sind als Wolken zu sehen, die sich am Berghang stauen. Bei weiterem Anstieg und zunehmender Abkühlung werden die Wassertröpfchen größer und schwerer. Die Luft kann sie nicht mehr halten: Es regnet. Diesen Regen nennen wir **Steigungsregen** (auch Stauregen). Diese Erscheinung ist an der windzugewandten Seite (Luvseite) der Gebirge zu beobachten. Die Gebiete im Windschatten (Leeseite) sind dagegen regenärmer. Hier hat die Luft bereits das Gebirge überquert. Sie sinkt ab und erwärmt sich. Dabei lösen sich die Wolken auf und die Wassertröpfchen verdunsten wieder zu Wasserdampf.
Das Phänomen des Steigungsregens kann man auch im Alpenvorland bei Wind aus Nordwesten beobachten.

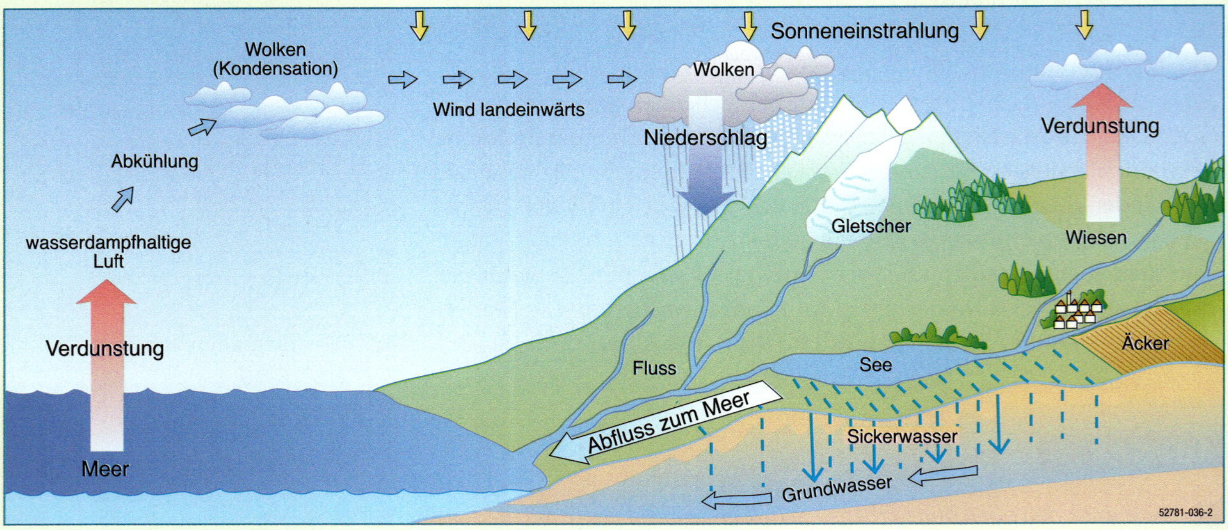

M 2 Wasser ist immer in Bewegung (Kreislauf des Wassers).

Großwetterlagen in Europa

Unter Großwetterlagen versteht man Wetterlagen über einem Großraum (z. B. Westeuropa), die sich während eines mehrtägigen Zeitraums nicht wesentlich verändern. Im Allgemeinen nimmt man drei Tage als Zeitraum an. Die Großwetterlagen sind für die Voraussage der Wetterentwicklung beim Deutschen Wetterdienst von großer Bedeutung. Drei bekannte Beispiele sind:

Südwestlage über Mitteleuropa: Hierbei liegt eine Hochdruckzone über Südeuropa (Mittelmeerraum) und Westrussland sowie eine Tiefdruckzone über dem Nordatlantik und dem Europäischen Nordmeer. Diese Großwetterlage ist häufig von Juni bis Oktober zu beobachten.

Liegt beispielsweise über mehrere Tage ein Tiefdruckgebiet über Mitteleuropa, wird diese Großwetterlage als ***Tief Mitteleuropa*** bezeichnet. Sie kommt mehrmals im Verlaufe eines Jahres vor.

Westlage: Dabei ziehen in rascher Folge vom Westen immer wieder Tiefdruckgebiete auch über Deutschland hinweg. Gerade im Herbst sorgt diese Großwetterlage für ein unbeständiges Wetter, das oft mit stürmischem Wind verbunden ist.

Bezeichnung	Zeitraum	Wettererscheinungen	Ursachen
„Aprilwetter"	*Ende März/April*	*Wechsel von Regen- und Schneeschauern*	*Tiefdruckgebiet aus Nordwesten*
„Eisheilige"	*um 11. bis 13. Mai*	*Kaltluft mit Nachtfrösten*	*Luftmassen aus Nordwesten*
„Schafskälte"	*Anfang Juni*	*Kaltlufteinbruch, sehr kühl, stark bewölkt*	*Polarluft aus Nordwesten trifft auf erwärmte Festlandsluft*
„Hundstage"	*Ende Juli bis Ende August*	*Hitzewelle, warm, oft sehr schwül*	*kontinentale und atlantische Luftmassen (Hochdrucklage)*
„Altweibersommer"	*Ende September bis Ende Oktober*	*sonnig, trocken, große Temperaturunterschiede zwischen Tag und Nacht*	*Einströmen kontinentaler Tropikluft, Hochdrucklage*
„Weihnachts-Tauwetter"	*ab Mitte Dezember*	*regnerisch, mild bis kühl, Tauwetter*	*Zufuhr von atlantischen Luftmassen aus Südwesten*
winterliches Kältehoch	*Ende Januar/Anfang Februar*	*Kaltlufteinbrüche, Frostwetter, wolkenlos*	*kontinentale Polarluft, Hochdrucklage*

M3 Besonderheiten der alljährlichen Wetterverhältnisse

AUFGABEN

1 *Beschreibe das Phänomen Steigungsregen am Beispiel Harz (M1). Beachte Durchschnittstemperatur, Jahresniederschlag und Höhenlage der fünf Orte.*

2 *Beschreibe den Kreislauf des Wassers mit eigenen Worten (M2).*

3 *Besorge dir einen aktuellen Wetterbericht und überprüfe, ob gerade eine Großwetterlage oder eine Wetterbesonderheit herrscht.*

M1 Umweltbelastungen durch den Menschen

Extremwetter nimmt zu

Der Klimabericht zum Jahr 2013 verdeutlicht, dass extreme Wetterphänomene bereits zur Realität geworden sind und weltweit immer häufiger auftreten. In den letzten Jahren nahmen die Unwetterschäden zu.
Sauberes Trinkwasser, Strom aus der Steckdose, geteerte Straßen und eine wöchentliche Müllentsorgung – Dinge, die für uns selbstverständlich sind. Dabei vergessen wir gerne die Folgen dieser Annehmlichkeiten: Wasserverschmutzung, Bodenversiegelung, Ressourcenverbrauch und Müllberge sind nur einige der Probleme, die der Mensch durch seine Eingriffe in die Umwelt verursacht. Durch die Umweltbelastungen gefährdet der Mensch nicht nur die Natur, sondern auch sich selbst. Denn saubere Luft, trinkbares Wasser und ein ertragreicher Boden bilden unsere wichtigsten Lebensgrundlagen. Daher ist der Umweltschutz ein wichtiges Anliegen.
Ein Teil dieser Probleme lässt sich mit erheblichem technischem Aufwand eindämmen. Bei anderen sind jedoch nicht einmal ihren Folgen vollständig abschätzbar. Ein Beispiel hierfür ist die Freisetzung von **Kohlendioxid** und der damit verbundene Klimawandel.

Invasion der grünen Papageien

„In der gesamten Rheinebene leben mittlerweile Tausende wilder Halsbandsittiche. Es sind die Nachfahren entflohener Käfigtiere, die trotz ihrer exotischen Herkunft mit dem deutschen Klima zurechtkommen und das Leben in Freiheit genießen. [...] Ursprünglich in den Savannengebieten Afrikas und dem indischen Subkontinent beheimatet, konnten sich Halsbandsittiche eindrucksvoll in Europa verbreiten. [...] Das vergleichsweise warme Mikroklima in den Städten hilft den Vögeln, die Winter zu überstehen. Zudem ähneln Parks, Friedhöfe und Gartenanlagen mit ihrem lockeren Baumbestand der ursprünglichen Heimat und bieten ausreichend Nahrung in Form von Beeren, Blüten oder Obst. In Bäumen und Hausfassaden finden die Tiere Höhlen, in denen sie ihre Nester bauen können. Und „Sittiche, die gerade nicht brüten, sammeln sich zum Schlafen in großen Platanen – bei uns in der Nähe des Hauptbahnhofs“, sagt Biologe Michael Braun von der Universität Heidelberg, der seit 2003 die Brutkästen der Tiere betreut.“

(Quelle: www.sueddeutsche.de/wissen/halsbandsittiche-in-deutschland-invasion-der-gruenen-papageien-1.1244859, Zugriff: 17.02.2015)

M2 Zeitungsmeldung

„Das Wetter spielt verrückt – Überschwemmungen und Stürme in Südfrankreich und Oberitalien“

„Dauerregen lässt Pegel am Oberrhein dramatisch ansteigen – Hochwasser bedroht auch Köln“

„Verheerende Sommerflut an Elbe und Donau verursacht gigantische Schäden“

„Bergrutsch am Hochfelln im Kreis Traunstein“

M3 Schlagzeilen

AUFGABEN

1 * *Beschreibe Umweltbelastungen durch den Menschen. Nutze dazu auch M1.*

2 *Erläutere, warum eine saubere Umwelt für den Menschen so wichtig ist.*

3 *Recherchiere zu weiteren Umweltbelastungen durch den Menschen, z. B. bei den Weltmeeren (Internet).*

4 *a) Sammelt weitere Zeitungsschlagzeilen (M3).*
b) Diskutiert, wie die Schlagzeilen in fünf oder zehn Jahren lauten könnten.

Z

Die Atmosphäre als Schutzhülle der Erde

Aufbau der Atmosphäre

Die Atmosphäre ist die Gashülle, die unsere Erde umgibt. Die Schwerkraft der Erde sorgt dafür, dass sie sich nicht in den Weltraum verflüchtigt und mit der Erde rotiert. Zum Weltraum hin hat die Atmosphäre keine fest definierte Obergrenze, sie reicht bis in rund 1 000 km Höhe. Die Atmosphäre wird in mehrere Schichten unterteilt. Nur die unterste Schicht, die etwa 10 km mächtige Troposphäre, ist für das Wettergeschehen auf der Erde von Bedeutung. Dort bilden sich Wolken und Niederschläge.

Die Atmosphäre besteht aus einem Gemisch von Gasen. Hauptbestandteile sind Stickstoff (78 Prozent) und Sauerstoff (21 Prozent). Der Rest (etwa 1 Prozent) besteht aus den sogenannten Spurengasen, z. B. aus Kohlendioxid (CO_2), Argon und Methan. Diese Gase bilden zusammen das Gasgemisch, das unter dem Namen „Luft" bekannt ist.

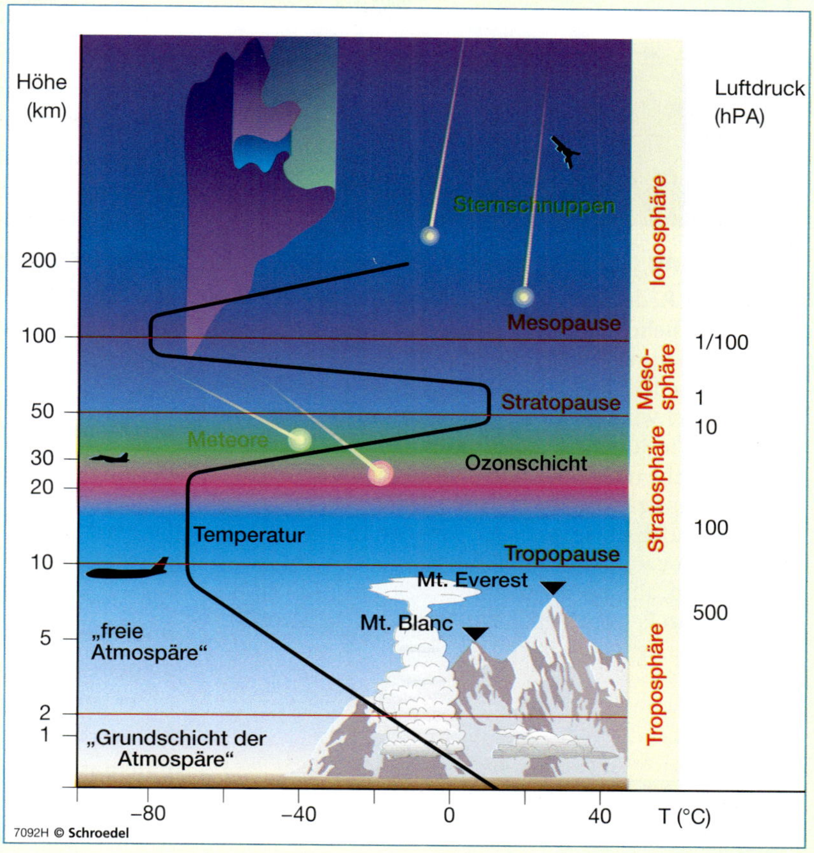

M4 Aufbau der Atmosphäre

Die Sonne als Energielieferant

Die Luft ist ständig in Bewegung. Der antreibende Motor hierfür ist die Sonne. Sie liefert die Energie, die zur Erwärmung der Luftmassen führt. Erwärmte Luft steigt auf, da sie leichter ist. Kältere Luft sinkt dagegen ab. Dadurch ergeben sich Gebiete mit unterschiedlichem Luftdruck. Die Strömung der Luft zwischen den Hoch- und Tiefdruckgebieten nehmen wir als Winde war. Durch die Drehung der Erde entstehen die großen Windsysteme der Erde. Sie sorgen unter anderem für typische Wetterlagen.

M5 Die Atmosphäre ist deutlich vom Weltraum aus zu erkennen.

Untergang der Malediven?

Aus einer Rede des Staatspräsidenten der Malediven: „Ich stehe hier als Vertreter eines bedrohten Volkes. Man sagt uns, dass mein Land durch den Treibhauseffekt im Laufe des Jahrhunderts von der Erde verschwinden wird. Wir werden zu Umweltopfern … Wir können unsere Inseln nicht schützen, denn Deiche oder Wellenbrecher für alle Inseln sind für uns zu teuer. Wir haben dafür weder die Technik noch die finanziellen Möglichkeiten; und wir haben vor allem kein höher gelegenes Land zur Verfügung, auf das wir uns zurückziehen könnten. Es gibt also keine Möglichkeit, uns vor dem Meeresspiegelanstieg zu schützen."

M 1

Das Ende des ewigen Eises

Der deutliche Rückzug von Gletschern und das Abschmelzen der Eiskappen an den Polen sind mögliche Folgen des künstlichen Treibhauseffektes. Eine im April 2000 veröffentlichte Studie zeigte, dass die grönländische Eisdecke am Ende der letzten Warmperiode (130 000 bis 10 000 v. Chr.) fast vollständig wegschmolz und in der Folge der Meeresspiegel um vier bis sechs Meter anstieg. Es ist also zu befürchten, dass die Gefahren für tief liegende Küstengebiete größer sind als bisher angenommen.

M 2

Das Weltklima ist in Gefahr

Überschwemmungen, Erdrutsche, Stürme, Dürren – immer häufiger hören wir von extremen Wetterlagen und dadurch ausgelösten Naturkatastrophen. Klimaforscher befürchten, dass eine ständige Temperaturerhöhung auf der Erde dafür mitverantwortlich ist. Sie haben festgestellt, dass die Durchschnittstemperaturen auf der Erde seit der **Industrialisierung** um etwa 1° C gestiegen sind. Viele sagen eine weitere Temperaturerhöhung in den nächsten Jahren voraus. Gehen wir also tatsächlich auf eine Klimaänderung zu?

Die entscheidende Ursache für eine mögliche erdumfassende Klimaänderung ist ein verstärkter **Treibhauseffekt**. Welchen Anteil haben natürliche Prozesse daran und inwieweit ist der Mensch Verursacher? Ist der Mensch daran mitschuldig, wenn die Malediven untergehen oder die Gletscher weltweit schmelzen?

Der natürliche Treibhauseffekt

Die Erde erhält durch die Sonnenstrahlung Energie. Die Strahlen durchdringen die in der Atmosphäre befindlichen Luftschichten. Der Erdboden wird dadurch aufgeheizt und wirkt wie eine Heizplatte, welche die darüber liegenden Luftschichten erwärmt. Wasserdampf, Kohlendioxid (CO_2), Staub, Ozon und andere **Treibhausgase** verhindern weitgehend, dass diese Wärme wieder vollständig in den Weltraum abgestrahlt wird. Denn ähnlich wie beim Glasdach eines Treibhauses lässt die Atmosphäre die Sonnenstrahlung zwar durch, die Wärmestrahlung der Erde wird jedoch größtenteils zurückgehalten. Dies ist der natürliche Treibhauseffekt. Er macht die Erde überhaupt bewohnbar, denn ohne diese Filterwirkung läge die Mitteltemperatur bei -18° C statt bei durchschnittlich +15° C.

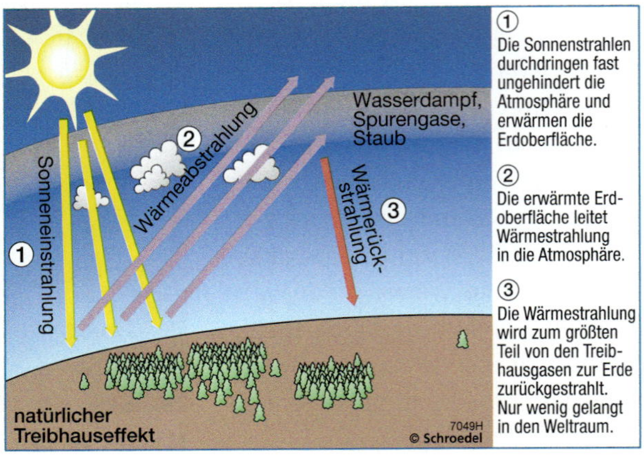

M 3 Der natürliche Treibhauseffekt

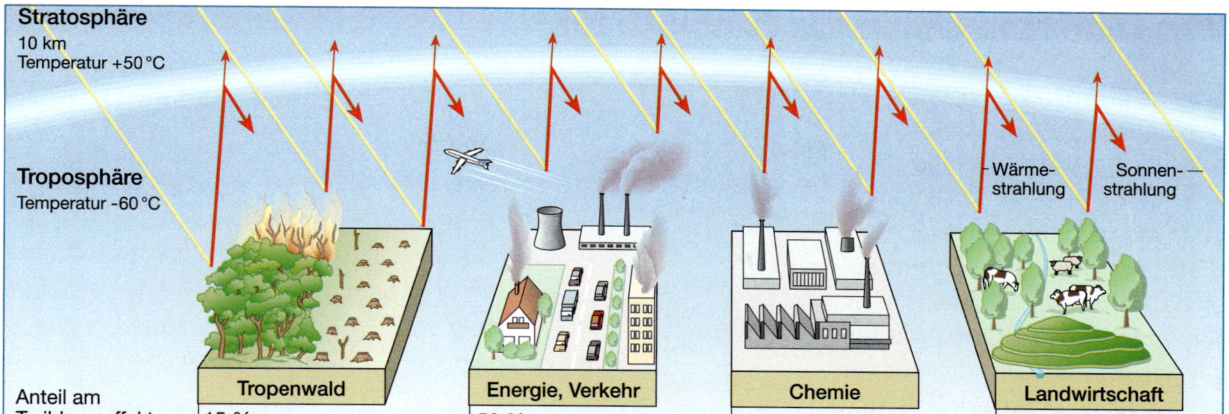

	Tropenwald	Energie, Verkehr	Chemie	Landwirtschaft
Anteil am Treibhauseffekt	15 %	50 %	20 %	15 %
Ursachen	Brandrodung, Abholzung	Verbrennungsrückstände bei Verkehr, Industrie, Energienutzung (Kohle, Erdgas, Erdöl)	Produktion und Anwendung in Industrie (Treibgase, Kühlmittel, Kunststoffe)	Reisanbau, Düngung, Rinderhaltung
entstehende Treibhausgase	Kohlendioxid (CO_2) und andere Spurengase	CO_2, Methan (CH_4) Ozon (O_3)	Fluorkohlenwasserstoffe (FCKW)	Methan, Lachgas (N_2O)

M4 Der Treibhauseffekt und seine Folgen

Der künstliche Treibhauseffekt

Seit Beginn der Industrialisierung vor mehr als 150 Jahren verstärkte sich dieser natürliche Treibhauseffekt durch die Einwirkung des Menschen. Das Verbrennen von Kohle, Erdöl und Erdgas sowie die zunehmenden Brandrodungen setzen große Mengen Kohlendioxid frei. Der Anteil des CO_2 in der Atmosphäre ist in den letzen 100 Jahren um 25 Prozent gestiegen.
Außerdem gelangt immer mehr Methan in die Atmosphäre. Ursache sind die enorm gewachsenen Rinderherden, denn bei der Verdauung der Wiederkäuer bildet sich im Magen Methan.

Durch die vom Menschen verursachte Erhöhung der Treibhausgaskonzentration (**Emission**) wird der natürliche Treibhauseffekt verstärkt. Die Gase verhindern zunehmend, dass die Wärmestrahlung der Erde in den Weltraum ausstrahlt. Das frühere Verhältnis zwischen Wärmerückhaltung und Ausstrahlung ist gestört.
Der Mensch greift somit in den natürlichen Treibhauseffekt negativ ein. Er verursacht einen Anstieg der Temperatur in der Atmosphäre. Damit gefährdet er nicht nur sein, sondern das Leben aller Lebewesen auf der Erde.

Rang	Land	CO_2-Emissionen in Mio t (2013)	CO_2-Emissionen pro Person in t (2013)
1	China	9977	7,33
2	USA	5233	16,50
3	Indien	2407	1,94
4	Russland	1812	12,62
5	Japan	1246	9,84
6	Deutschland	759	9,40
7	Südkorea	616	12,32
8	Iran	503	8,13
9	Saudi-Arabien	519	17,30
10	Kanada	503	14,31

M5 Wer verursacht das Treibhausgas CO_2?

AUFGABEN

1 *Erläutere den natürlichen Treibhauseffekt mithilfe von M3. Beschreibe dazu die Prozesse 1 – 3.*

2* *Erkläre, was der Untergang der Malediven (M1) und die abschmelzenden Gletscher (M2) mit dem Treibhauseffekt zu tun haben.*

3 *Nenne die wichtigsten Ursachen, die man heute für den weltweiten Anstieg der Temperaturen verantwortlich macht (M4).*

4 *Beschreibe die Auswirkungen, die der Mensch auf den natürlichen Treibhauseffekt hat. Du kannst dazu auch eine erklärende Zeichnung erstellen.*

5 *a) Nenne die fünf größten Klimasünder (M5).*
b) Diskutiert mögliche Gründe für die unterschiedlichen CO_2-Emissionsmengen der verschiedenen Staaten.

Was kann man gegen das Ozonloch tun?

Was ist Ozon?

Die Lufthülle der Erde (Atmosphäre) ist in verschiedene Schichten unterteilt. In einer Höhe von 20 bis 30 km befindet sich die Ozonschicht. In dieser Schicht ist die Konzentration des Gases Ozon besonders hoch. Die Ozonschicht ist eine natürliche Schutzschicht, die die Erde vor der schädlichen Ultraviolettstrahlung der Sonne schützt. Dabei ist sie nicht an allen Stellen der Erde gleich dick.

Ozon ist ein farbloses Gas und besteht aus drei Sauerstoffatomen (O_3). Es ist eines der wichtigsten Spurengase in der Atmosphäre. Zugleich ist es ein schädliches Gas, wenn es zu nahe an der Erdoberfläche auftritt. Durch eine hohe Abgasbelastung und hohe Sonneneinstrahlung kann es in Bodennähe gebildet werden und für Natur und Mensch sehr gefährlich werden.

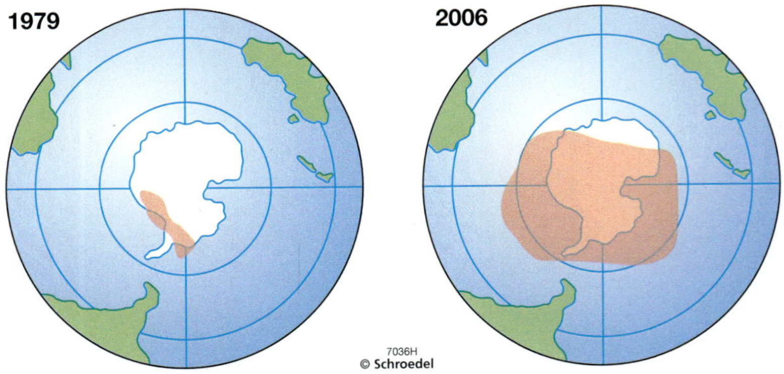

M1 Entwicklung des Ozonlochs über der Antarktis. Im Jahr 2006 hatte es seine größte Ausdehnung. Seit 2012 „schließt" es sich langsam.

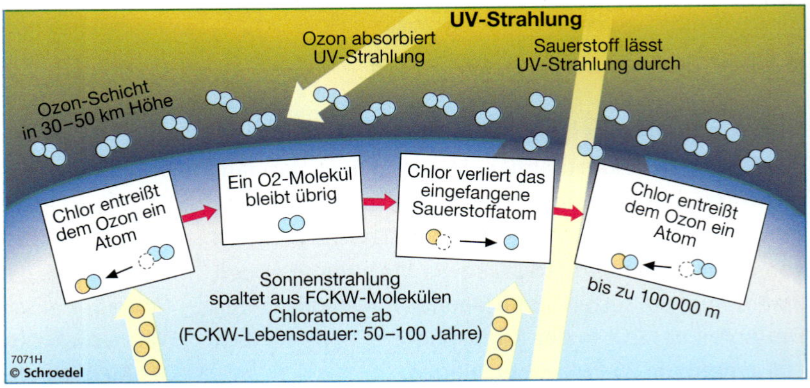

M2 Kettenreaktion

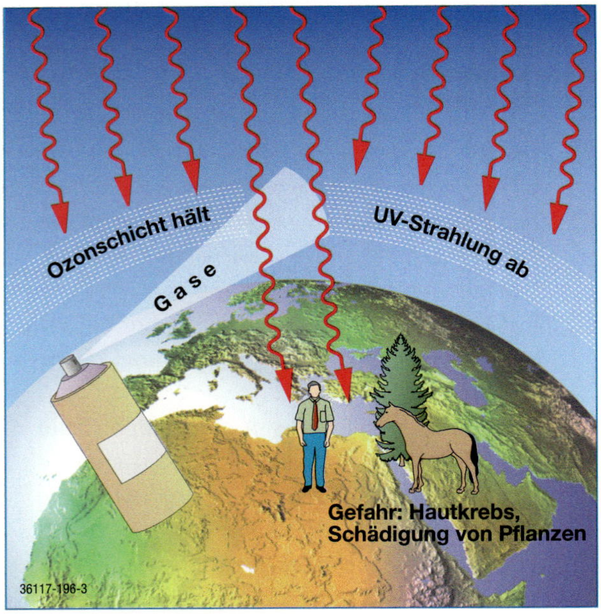

M3 Gefahren für die Atmosphäre

Wie entsteht das Ozonloch?

In Wirklichkeit ist das **Ozonloch** gar kein Loch, sondern ein Bereich mit einer sehr geringen Ozonkonzentration. In der Antarktis sind die Ozonwerte im September und Oktober am geringsten. In Abhängigkeit verschiedener Faktoren kann sich das Ozonloch auf der Südhalbkugel bis über Südaustralien, Südafrika oder Südamerika erstrecken.

Hauptverursacher für den Ozonabbau sind die sogenannten Fluor-Chlor-Kohlenwasserstoffe (FCKW). Der Mensch setzt diese Gase in großen Mengen vor allem in der Industrie und durch den Verkehr frei. Um in die obere Atmosphäre zu gelangen, brauchen die FCKW mehrere Jahre. Sind sie dort angelangt, spaltet die dort herrschende hohe UV-Strahlung diese Stoffe, die dann eine Kettenreaktion in Gang setzen und ein Ozonmolekül nach dem anderen zerstören. Auch Lachgas und Methan, welche in der Landwirtschaft freigesetzt werden, verstärken den Abbau der Ozonschicht.

Was kann man dagegen tun?

Wissenschaftler und Umweltverbände haben sich jahrelang für ein FCKW-Verbot eingesetzt. In Industrieländern dürfen sie seit 1996 nicht mehr hergestellt werden. Die langwierigen Verhandlungen zur Lösung dieses globalen Umweltproblems haben sich gelohnt. Eine langsame „Erholung" der Ozonschicht ist erkennbar. Doch das Ozonproblem wird uns noch jahrzehntelang begleiten. Es dauert bis zu 30 Jahre, bis die einmal freigesetzten FCKW-Moleküle vom Boden bis in die Ozonschicht aufgestiegen sind.

Welche Gefahren entstehen durch das Ozonloch?

Durch die erhöhte UV-Strahlung kann es zu Gesundheitsschäden bei Menschen, Tieren und Pflanzen kommen. Werden die Augen nicht geschützt, kann es zum Erblinden führen, wie es z. B. bei Schafen in Neuseeland schon festgestellt wurde. Außerdem wird die Strahlung zu einer höheren Rate von Hautkrebs beim Menschen führen. Bei Pflanzen und Algen wird die Fotosynthese gestört, das heißt, es werden langfristig weniger Nahrung und Sauerstoff für die steigende Weltbevölkerung produziert. Das Pflanzenwachstum wird verzögert, manche Arten gedeihen aufgrund der UV-Strahlung nicht mehr.

Wie kann ich mich schützen?

Der einfachste Schutz gegen die erhöhte UV-Strahlung ist, sich nicht zu lange ungeschützt dieser Strahlung auszusetzen. Im Sommer sollten Körperteile bedeckt bleiben, auf ausgedehnte Sonnenbäder, besonders um die Mittagszeit, sollte verzichtet werden. Will man trotzdem seinen Körper bräunen, muss man sich unbedingt mit Sonnencreme (hoher Lichtschutzfaktor!) einreiben. Auch im Gebirge muss unbedingt ein Sonnenschutz aufgetragen werden. Der Hautarzt kann frühzeitig Hautveränderungen erkennen. Man sollte deshalb bei empfindlicher Haut besonders vorsichtig sein.

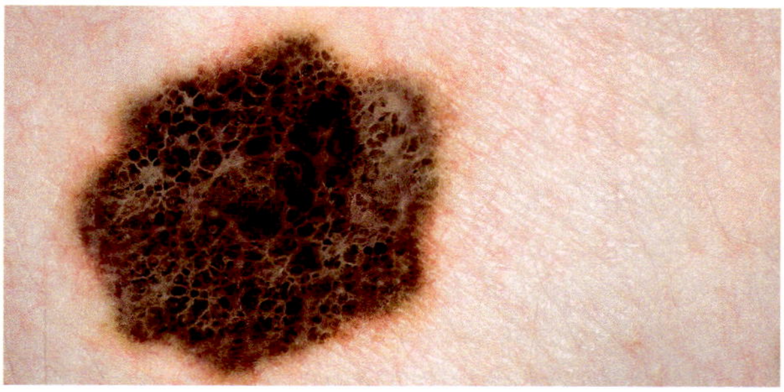

M 7 Hauttumor

Gefährdung von	Schädigungen
	– Hautkrebs – vorzeitiges Altern der Haut – Schwächung des Immunsystems – Augenkrankheiten, Erblindung
	– Hautkrankheiten – Erblindung
 7053H	– Schädigung der Biomasse, Aussterben von einzelnen Pflanzenarten – verzögertes Pflanzenwachstum – verändertes Blühverhalten

M 4 Folgen für Mensch und Natur

Ärzte haben den Zusammenhang von Sonnenbaden und Hautkrebs nachgewiesen. Die schädliche Wirkung der Sonnenstrahlen wurde durch die Verdünnung der Ozonschicht begünstigt.
Folgende Tipps sollten Australien-Urlauber beachten:
- tagsüber nur im langärmligen T-Shirt und mit einem Sonnenhut ins Freie gehen
- Sonnencreme mit Schutzfaktor 16 (Minimum) auftragen und alle zwei Stunden erneuern
- sich von 10 – 14 Uhr im Schatten aufhalten
- bei Kleidung auf geschlossene Gewebe achten – sie sind weniger lichtdurchlässig

M 5 Aus einem Info-Blatt für Australien-Urlauber

M 6 Auch ins Wasser gehts nur mit Mütze und T-Shirt.

AUFGABEN

1 *Nenne Ursachen für die Entstehung des Ozonlochs.*

2 *Erkläre, welche Auswirkungen eine geringe Konzentration von Ozon in der Atmosphäre für die Umwelt hat.*

3 *Erkläre folgende Regeln der australischen Kinder (M5):*
a) „No hat no play"
b) „Slip on a shirt, slop on sunscreen, slap on a hat"

4 *Erläutere, warum die Ozonschicht weiter abnehmen wird, obwohl die „Ozonkiller" verboten sind.*

M1 Der Gepatsch-Gletscher (Tirol) um 1900 und heute

Ein Grad Celsius mehr – was macht das schon?

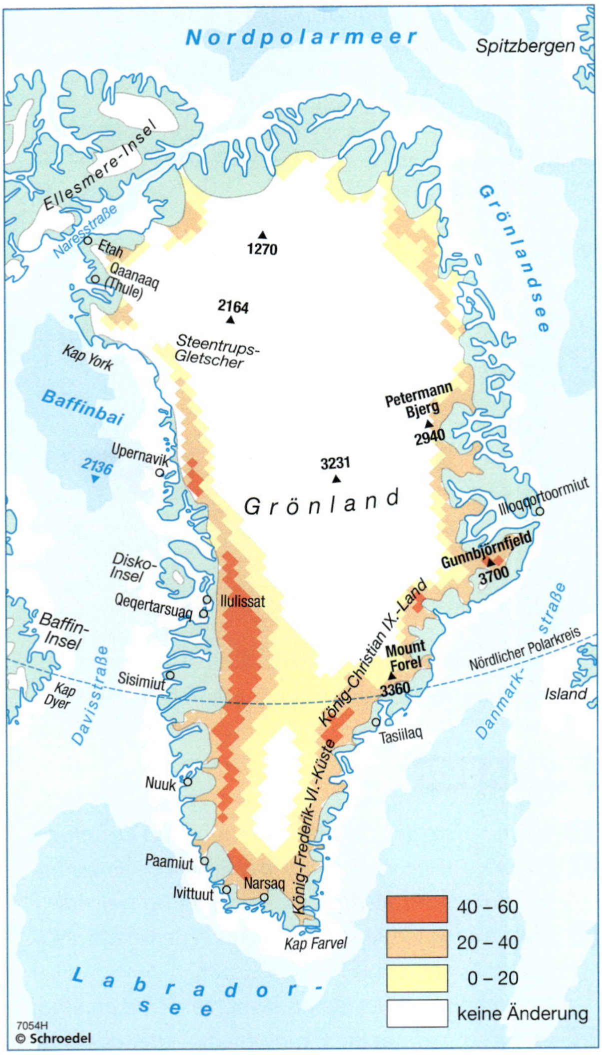

M2 Zunahme der Eisschmelztage in Grönland

Steht es wirklich so schlecht um das Weltklima? Bisher hat sich die globale Durchschnittstemperatur doch „nur" um 1 °C erhöht. Und wäre nicht etwas mehr Wärme bei uns ganz angenehm?

Bereits heute hat die Erderwärmung um 1 °C auf die **Ökosysteme** und auf den Menschen Auswirkungen – auch wenn diese auf den ersten Blick nicht sofort auffallen. Die Klimaveränderungen sind unübersehbar am Rückgang der Gebirgsgletscher sowie des arktischen Eises.

Das Abschmelzen der Gletscher bedeutet zunächst, dass die Flüsse mehr Schmelzwasser abführen. Langfristig heißt dies aber, dass die Flüsse im Sommer weniger Wasser führen, weil weniger Eis und somit Schmelzwasser vorhanden ist. Dies wiederum hat Auswirkungen auf die Wasserversorgung und die landwirtschaftliche Produktion.

Dazu würde ein vollständiges Abschmelzen des Eisschildes in Grönland den Wasserspiegel um sieben Meter anheben. Darüber hinaus ist zu befürchten, dass Wildtiere wie die Eisbären aussterben könnten, da sie das Eis für ihre Jagdstrategien und Wanderungen nutzen.

AUFGABEN

1 * *Beurteile die Folgen der in M1 und M2 dargestellten Phänomene.*

2 *Diskutiert über die auf Seite 175 aufgeführten möglichen Folgen des Klimawandels.*

3 *Recherchiere zu weiteren Auswirkungen des Klimawandels und stelle deine Ergebnisse der Klasse vor.*

Weitere Folgen eines Klimawandels

Durch die Erderwärmung gibt es eine zeitliche Verschiebung der Jahreszeiten. Ein früher beginnender Frühling bewirkt beispielsweise, dass auch der Lebenszyklus bestimmter Insekten nach vorne verlagert wird. So verlieren Jungvögel ihre Nahrungsgrundlage, da sich ihr natürlicher Rhythmus den veränderten Bedingungen noch nicht angepasst hat.
Außerdem überwintern bei uns inzwischen manche Zugvögel, die früher im Herbst in wärmere Zonen geflogen sind.

Die Erderwärmung verursacht eine Verschiebung der Klimazonen. Tier- und Pflanzenarten, die sich an das Leben in einem kühleren Klima angepasst haben, wandern entsprechend polwärts mit.
Wenn sich die Klimazonen zu schnell verschieben, können manche Arten allerdings nicht mitwandern und sterben aus. Überhaupt keine Ausweichmöglichkeiten haben Arten, die schon in den Polarregionen oder auf Bergen leben. Sie sind deshalb ebenfalls vom Aussterben bedroht.

Aufgrund der höheren Temperaturen verdunstet mehr Wasser. Dies wird in Form von Wolken abtransportiert und fällt an anderer Stelle als Niederschlag wieder auf die Erde. Es wird erwartet, dass trockene Regionen noch trockener werden, während der Niederschlag in ohnehin schon regenreichen Regionen steigt.
Als Folge ist auf der einen Seite eine Häufung von Dürren, auf der anderen Seite eine von Überschwemmungen zu erwarten. Dies wiederum kann zu Hungerkatastrophen führen.

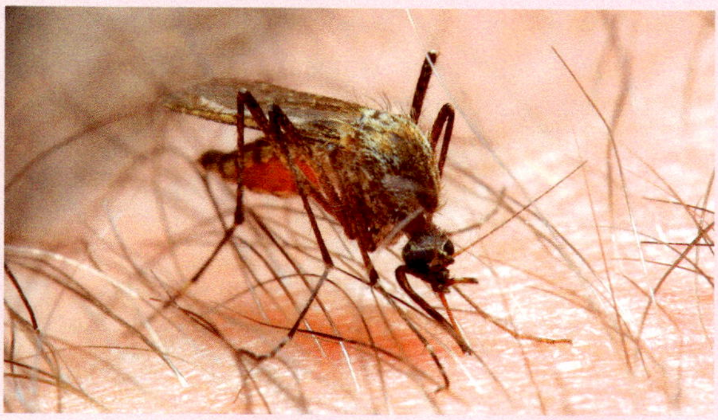

Krankheiten übertragende Insekten (die Anopheles-Mücke überträgt z. B. Malaria) sind bisher nur in heißen Regionen verbreitet. Durch die Verschiebung der Klimazonen könnten sie auch nach Europa gelangen. Auch Zecken überstehen die milderen Winter und können sich verbreiten. Sie übertragen nicht nur die lebensbedrohliche Frühsommer-Meningoenzephalitis (FSME), sondern auch Borreliose, eine Infektionserkrankung, die überwiegend Gelenke und Nervensystem angreift.

M

Wir erstellen eine Bildschirm-Präsentation

Auf den vorangegangenen Seiten habt ihr etwas über die Anzeichen eines Klimawandels und die damit verbundenen Veränderungen für das Leben auf der Erde erfahren. Ihr könnt die Informationen zusammenfassen und sie mithilfe eines Computerprogramms anschaulich präsentieren.
Ein Programm zur Erstellung von Präsentationsfolien ist PowerPoint. Mit einem Beamer lassen sich die Folien im Klassenzimmer auf eine Leinwand projizieren.
Erstellt eine Präsentation zum Oberthema *„Der globale Klimawandel"*. So könnt ihr vorgehen:

Arbeitsschritte

1. **Planung:** Welche Teilthemen lassen sich dem Oberthema zuordnen? Wie lang soll die Präsentation sein? (Als Faustregel gilt das Verhältnis 10/20. Das bedeutet: nicht mehr als zehn Folien, nicht länger als 20 min präsentieren.)
2. **Ordnung:** Welche Informationen stehen zur Verfügung? In welcher Reihenfolge sollen sie dargestellt werden? Welche Inhalte können auf den einzelnen Folien dargestellt werden? Welche Medien können die Inhalte veranschaulichen?
3. **Gestaltung:** Erstellt die Präsentationsfolien mit dem Computerprogramm (siehe Tipps zur Gestaltung).
4. **Ablauf:** Erstellt einen Leitfaden für die Präsentation. Notiert auf Karteikarten den Text für euren Vortrag. Nicht zu viel Text schreiben, manchmal reichen Stichwörter aus.

Tipps zur Gestaltung der Präsentationsfolien

Als Grundsatz gilt: Der Inhalt der Präsentation ist wichtiger als die Verpackung!

Übersichtlichkeit

- Formuliert eure Aussagen kurz und prägnant. Betrachter sollten sie mit einem Blick erfassen können.
- Stellt auf einer Folie nur einen Inhalt dar.
- Benutzt ein einheitliches Layout und Design. Das erleichtert die Orientierung.
- Verzichtet auf überflüssige Effekte. Zum Beispiel einrollende Texte bei PowerPoint lenken nur ab.

Lesbarkeit

- Benutzt eine gut lesbare Schriftart in einer Schriftgröße von 20 bis 32 Punkt (Überschriften 40 bis 48 Punkt).
- Zu viel Text ermüdet. Schreibt nicht mehr als 40 Zeichen pro Zeile. Vermeidet Worttrennungen am Ende einer Zeile. Etwa fünf bis sieben Zeilen pro Folie sind genug.

Anschaulichkeit

- Lockert die Folien durch zusätzliche Medien auf (Diagramme, Grafiken, Fotos). Achtet aber darauf, dass die Folien nicht zu überladen wirken. Fügt ruhig ein ganzseitiges Foto zwischen eure Textfolien ein.
- Setzt Zahlenmaterial sparsam ein. Der Betrachter kann sonst leicht den Überblick verlieren.

M1 Während der Präsentation

Beispiel: Folie 3

Erwärmungseffekt der Atmosphäre ist vergleichbar mit einem Treibhaus:
- Kurzwellige Sonnenstrahlen durchdringen das Glas des Treibhauses.
- Die Strahlen werden vom Boden und vom Glas zurückgeworfen.
- Die langwelligen Strahlen können das Glas nicht durchdringen und bleiben im Glashaus gefangen.

M2 „Spickzettel" für die Präsentation

M 3 Beispiele von Präsentationsfolien

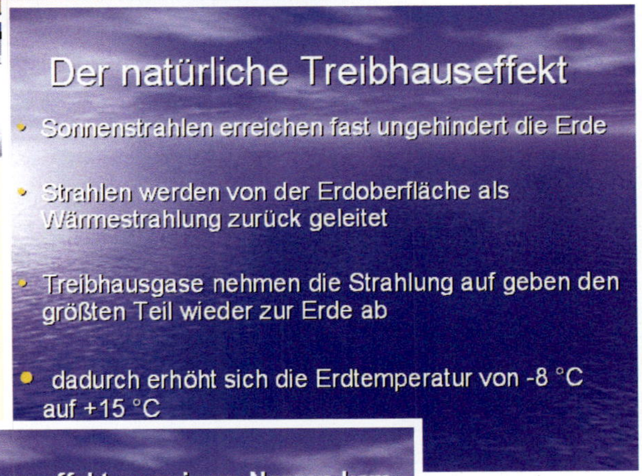

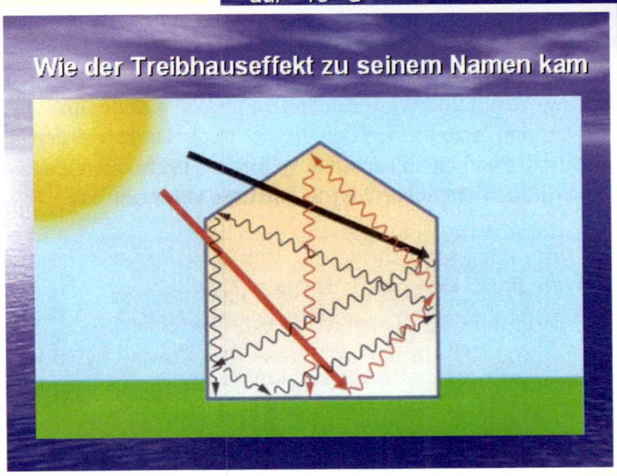

Tipps zur Präsentation

- Richtet die Geräte genau ein und macht euch vorher mit der Technik vertraut, damit beim Vortrag keine Panne passiert.
- Stellt euch neben die Geräte und haltet Blickkontakt zu den Zuhörern.
- Lest nicht nur den Text der Folien vor. Erklärt deren Inhalt möglichst in einem freien Vortrag.
- Macht zwischen den einzelnen Folien jeweils eine kurze Pause. Der Betrachter muss einen Moment Zeit haben, um den Inhalt zu erfassen.

W

Wiederholen und Üben

Sortieraufgabe

Die Worte auf den Kärtchen gehören jeweils zu einem Wetterelement. Erstelle eine Tabelle und ordne die Begriffe auf den Kärtchen dem entsprechenden Wetterelement zu. Finde weitere passende Begriffe.

kühl · Barometer · Tief · Böe · bedeckt · Brise · bewölkt · Hagel · windstill · kalt · heiß · Nebel · Nieselregen · Hoch · wolkenlos

Das Wetterchaos

Füge die Sätze richtig zusammen. Schreibe sie nacheinander in dein Heft. In der richtigen Reihenfolge ergeben die blauen Buchstaben den Namen eines Wetterelements.

1. Federwolken am Himmel
2. Wetterkundler nennt
3. Der Luftdruck wird mit
4. Die Atmosphäre ist
5. Niederschläge werden in
6. Wettersatelliten fotografieren
7. Wind ist nichts anderes
8. Wird die Luft erwärmt,
9. Wolken sind Ansammlungen

- kündigen schlechtes Wetter an. (B)
- vieler kleiner Wassertröpfchen. (G)
- man auch Meteorologen. (E)
- einem Barometer gemessen. (W)
- als bewegte Luft. (U)
- die Lufthülle der Erde. (Ö)
- einem Regenmesser aufgefangen. (L)
- steigt sie auf. (N)
- die Erde aus dem Weltall. (K)

Der menschliche Einfluss

Erläutere den Einfluss des Menschen auf den Treibhauseffekt der Erde.

Die Menschen beschleunigen den Treibhauseffekt

Die Wirtschaftsweise der Menschen änderte sich vor ca. 200 Jahren mit der Industrialisierung. Dampfmaschinen folgten und die Eisen- und Stahlerzeugung stieg rapide an. Die neuen Produktionsweisen erforderten große Mengen an Energie, die man durch die Verbrennung von Kohle gewann. Durch diesen Prozess entstehen große Mengen an CO_2, das in die Atmosphäre entweicht. Bis heute ist das CO_2 mit einem Anteil von über 60 Prozent der entscheidende „Treibhaustäter". Auch beim Verbrennen anderer fossiler Brennstoffe wie Erdöl und Erdgas und bei Brandrodungen entsteht dieses Gas. Zudem gelangen andere Treibhausgase heute verstärkt in die Atmosphäre.

Der natürliche Treibhauseffekt

Erkläre mithilfe der Grafik den natürlichen Treibhauseffekt.

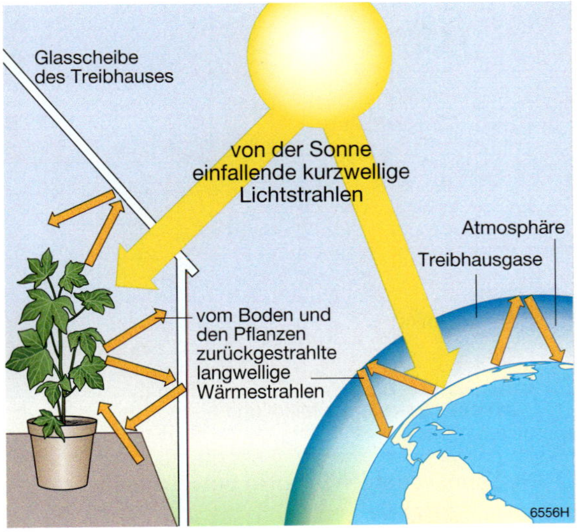

Klimawandel

a) Erkläre, warum der Lebensraum der Eisbären bedroht ist.

b) Nenne weitere Folgen des Klimawandels.

Die Ozonschicht

a) Erkläre, was Ozon ist.

b) Erkläre die Entstehung des Ozonlochs.
Vergleiche dazu in der Abbildung die unterschiedlichen Aufnahmejahre miteinander.

c) Erläutere die Auswirkungen des Ozonlochs auf Natur und Mensch.

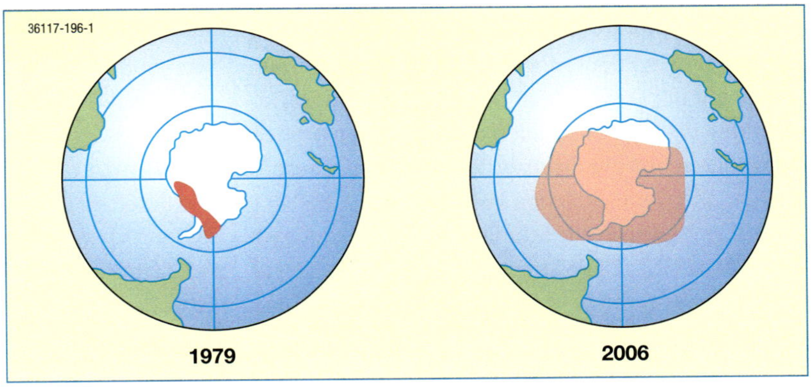

Prüfe dich nun selbst! Du kannst ...

- ✓ ... erklären, was Wetter ist (> S. 160);
- ✓ ... die Wetterelemente nennen (> S. 160 – 163);
- ✓ ... den Unterschied zwischen Wetter und Klima nennen (> S. 164);
- ✓ ... Klimadiagramme zeichnen und auswerten (> S. 164/165);
- ✓ ... den Steigungsregen erklären (> S. 166);
- ✓ ... den natürlichen Treibhauseffekt erklären (> S. 170/171);
- ✓ ... erläutern, wie der Mensch den Treibhauseffekt verstärkt (> S. 170/171);
- ✓ ... die Auswirkungen des künstlichen Treibhauseffektes erklären (> S. 170/171);
- ✓ ... den Klimawandel und seine Folgen erklären (> S. 174/175);
- ✓ ... erklären, was Ozon ist und wie das Ozonloch entsteht (> S. 172/173).

Auf der Erde ist es unterschiedlich warm

Jedes Jahr verbringen viele Menschen aus Deutschland ihren Weihnachtsurlaub in Kenia, Thailand oder auf den Malediven. Sie liegen hier bei strahlendem Sonnenschein am Strand, während es zur gleichen Zeit bei uns so kalt sein kann, dass die Seen zufrieren. Das ist kein Zufall, denn diese Länder liegen in der Nähe des Äquators. Hier ist es das ganze Jahr über warm. Wie ist das zu erklären?

M1 Urlaub im Dezember in Kenia

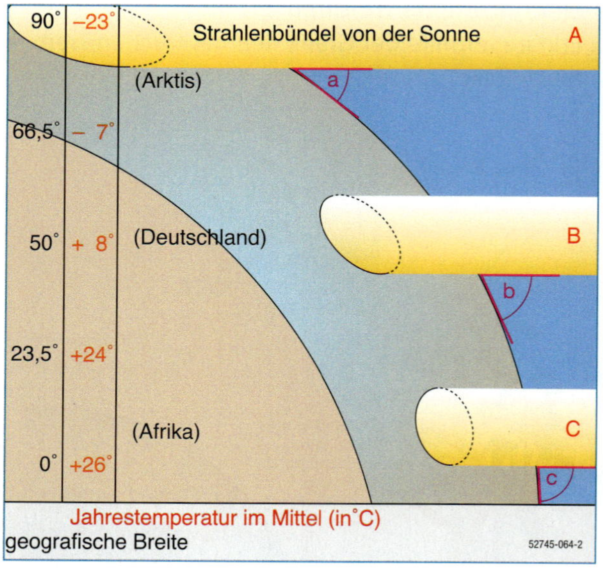

M2 Die Sonnenstrahlen fallen in unterschiedlichen Winkeln auf die Erde.

Alles auf der Erde hängt von der Sonne ab. Sie liefert die Energie, die wir als Licht und Wärme spüren. Doch die Energie wird auf der Erdoberfläche ungleich verteilt. Das hängt mit der Kugelgestalt der Erde zusammen. Dadurch treffen die Sonnenstrahlen in verschieden großen Einfallswinkeln auf die Erdoberfläche. Zwischen dem nördlichen und dem südlichen **Wendekreis** ist der Einfallswinkel am steilsten, die Strahlenmenge fällt auf eine kleinere Fläche (M3). Die Wärmezufuhr ist sehr hoch. Nur innerhalb dieses Gebietes können die Sonnenstrahlen senkrecht auf die Erdoberfläche treffen. Wenn dies der Fall ist, sagt man: Die Sonne steht im Zenit.

Zu den Polen hin wird der Einfallswinkel immer kleiner, die Sonnenstrahlen fallen flacher ein. Die gleiche Strahlenmenge verteilt sich auf eine größere Fläche. Die Folge ist, dass die Temperaturen dort niedriger sind.

Die Temperaturzonen

Die Bereiche unterschiedlicher Erwärmung auf der Erde lassen sich in **Temperaturzonen** abgrenzen. Sie verlaufen fast parallel zu den Breitenkreisen. In Äquatornähe ist es das ganze Jahr über heiß, an den Polen kalt. Dazwischen ist die Temperatur von der Jahreszeit abhängig.

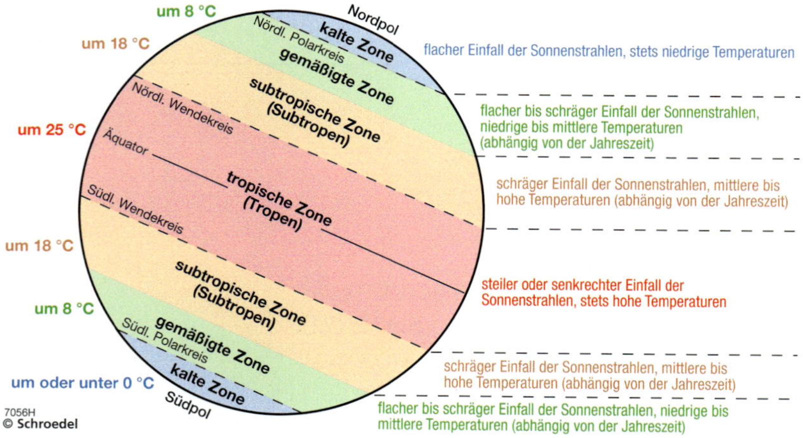

M3 Die Temperaturzonen

AUFGABEN

1 *Beschreibe mithilfe von M2 die Lage der vier Temperaturzonen.*

2 *Bestimme die Temperaturzone, in der die Urlaubsländer liegen (M1, M3).*

3 *Nenne die Merkmale der vier Temperaturzonen.*

4 *Erkläre, warum es in Äquatornähe immer warm und an den Polen ständig kalt ist (M2).*

5 * *Nenne, wie oft pro Jahr die Sonne zwischen den Wendekreisen im Zenit steht.*

Entstehung der Jahreszeiten

20. Dezember:

„Heute hat es stundenlang geschneit. Als ich um 17 Uhr vom Eislaufen kam, war es schon dunkel."
(Nina aus Gießen)

20. Dezember:

„Beim Surfen habe ich heute einen Sonnenbrand bekommen. Abends waren die Wellen am höchsten!"
(Kevin aus Sydney)

Wie ist es möglich, dass Nina und Kevin am selben Tag die Natur so unterschiedlich erleben?
Weil die beiden sich informiert haben, wissen sie Bescheid! Du auch?

M4

Um zu verstehen, warum auf der Erde nicht überall zur gleichen Zeit auch das gleiche Klima herrscht, muss man Folgendes wissen:

- Die Erdachse steht schief: Sie ist um 23,5° geneigt.
- Die Erde dreht sich innerhalb eines Jahres einmal um die Sonne.

Mit einem Globus und Tageslichtprojektor als „Sonne" kann man die Folgen untersuchen.

M5 Experiment zu den Jahreszeiten

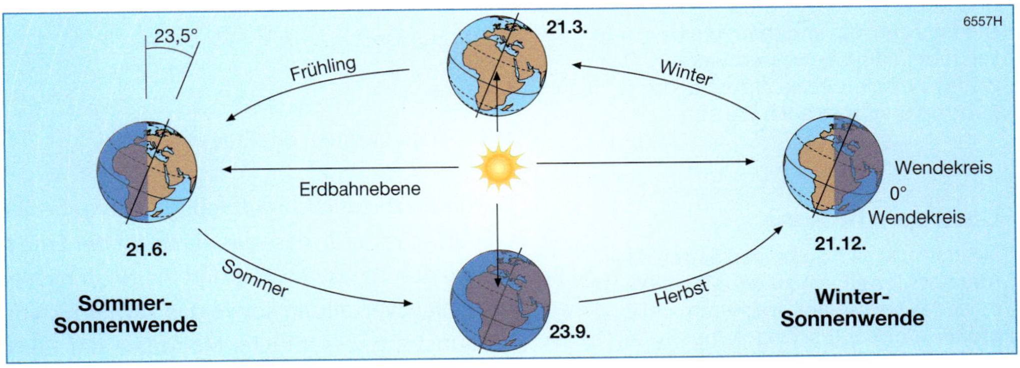

M6 Jährlicher Umlauf der Erde um die Sonne

Am 21.6. steht die Erde so, dass die Nordhalbkugel zur Sonne geneigt ist. Dann ist bei uns Sommer. Weil die Sonnenstrahlen steil auf die Erde fallen, können sie die Erde intensiver erwärmen. Außerdem ist es länger hell, weil die Nordhalbkugel länger von der Sonne beschienen wird. Gleichzeitig ist auf der Südhalbkugel Winter, weil diese Halbkugel von der Sonne abgewandt ist. Am 21.12. ist es genau umgekehrt.

Am 21.3. und am 23.9. wird keine der Halbkugeln von der Sonne mehr bestrahlt als die andere. Dann ist es Frühlings- bzw. Herbstbeginn bei uns.

Die vier großen Klimazonen

Die kalten Zonen

Sie erstrecken sich von den Polen bis zu den gemäßigten Zonen. Es gibt große Temperaturunterschiede zwischen dem sehr kalten Winter und dem kurzen Sommer. Die Jahresmitteltemperatur liegt bei etwa 0° C oder niedriger. Die Niederschlagsmengen sind in der Regel gering. Ackerbau ist aufgrund der Kälte nur an der Grenze zur gemäßigten Zone möglich. Traditionell leben die Menschen hier von Fischfang, Viehwirtschaft, Jagd und Holzwirtschaft.

Die gemäßigten Zonen

Sie liegen zwischen den kalten und den subtropischen Zonen. Die Jahresmitteltemperatur beträgt etwa 8° C. Es fällt ganzjährig Niederschlag. Aufgrund der unterschiedlichen Einstrahlungswinkel der Sonne gibt es ausgeprägte Jahreszeiten. Wo es ausreichend regnet, sind die Bedingungen für die Landwirtschaft günstig. Es werden Getreide, Kartoffeln und verschiedene Obst- und Gemüsesorten angebaut.

Die subtropischen Zonen

Sie verlaufen nahe den Wendekreisen auf beiden Halbkugeln der Erde. Die Jahresmitteltemperatur liegt bei etwa 18° C. Der Regen fällt überwiegend im Winter, es gibt nur selten Frost. Die Sommer sind heiß und trocken.
Die Pflanzen, die angebaut werden, müssen regelmäßig bewässert werden. Dazu zählen beispielsweise Zitrusfrüchte. In den Subtropen gibt es auch Wüsten.

Die tropische Zone

Sie erstreckt sich zu beiden Seiten des Äquators jeweils bis zu den Wendekreisen. Es ist das ganze Jahr über warm ohne große Temperaturschwankungen (Jahresdurchschnittstemperatur um 25° C). Jahreszeiten, wie wir sie kennen, gibt es dort nicht. Auch gibt es niemals Frost. In Äquatornähe fallen hohe Niederschläge. Hier kann das ganze Jahr über Landwirtschaft betrieben werden. Zu den bekanntesten Anbauprodukten zählen Kaffee, Kakao und Bananen.

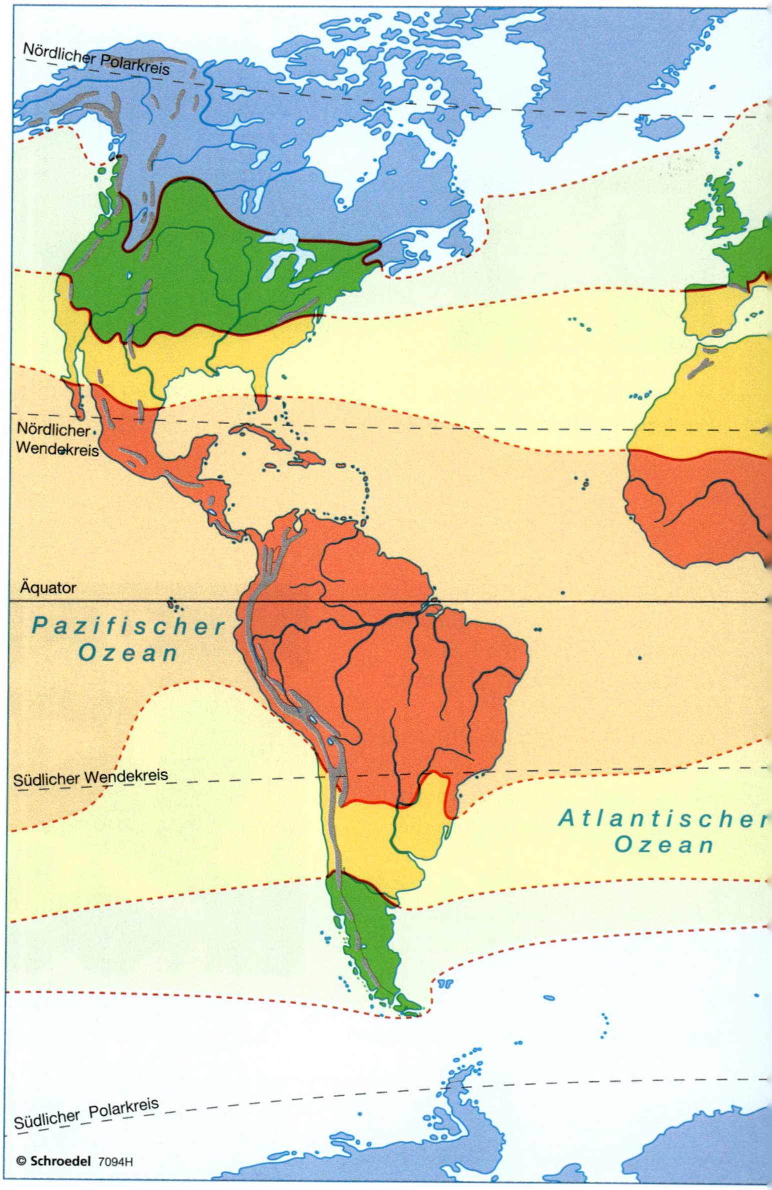

M1 Die Klimazonen der Erde

Die unterschiedliche Erwärmung der Erdoberfläche ist die wesentliche Ursache dafür, dass das Klima auf der Erde sehr verschieden ist. Neben den Temperaturen sind die Niederschlagsmengen, die Niederschlagsverteilung sowie das Verhältnis von Niederschlag und Verdunstung wesentliche Merkmale des Klimas. Die Gebiete mit ähnlichen Werten können zu vier großen **Klimazonen** zusammengefasst werden. Sie verlaufen annähernd parallel zu den Breitenkreisen. Es sind aber auch deutliche Abweichungen festzustellen. Das zeigt, dass das Klima nicht nur von der Breitenlage beeinflusst wird, sondern von anderen Faktoren, z. B. von der Höhenlage der Landschaft, der Lage zu Gebirgen, der vorherrschenden Windrichtung, von der Entfernung zum Meer oder von Meeresströmungen.

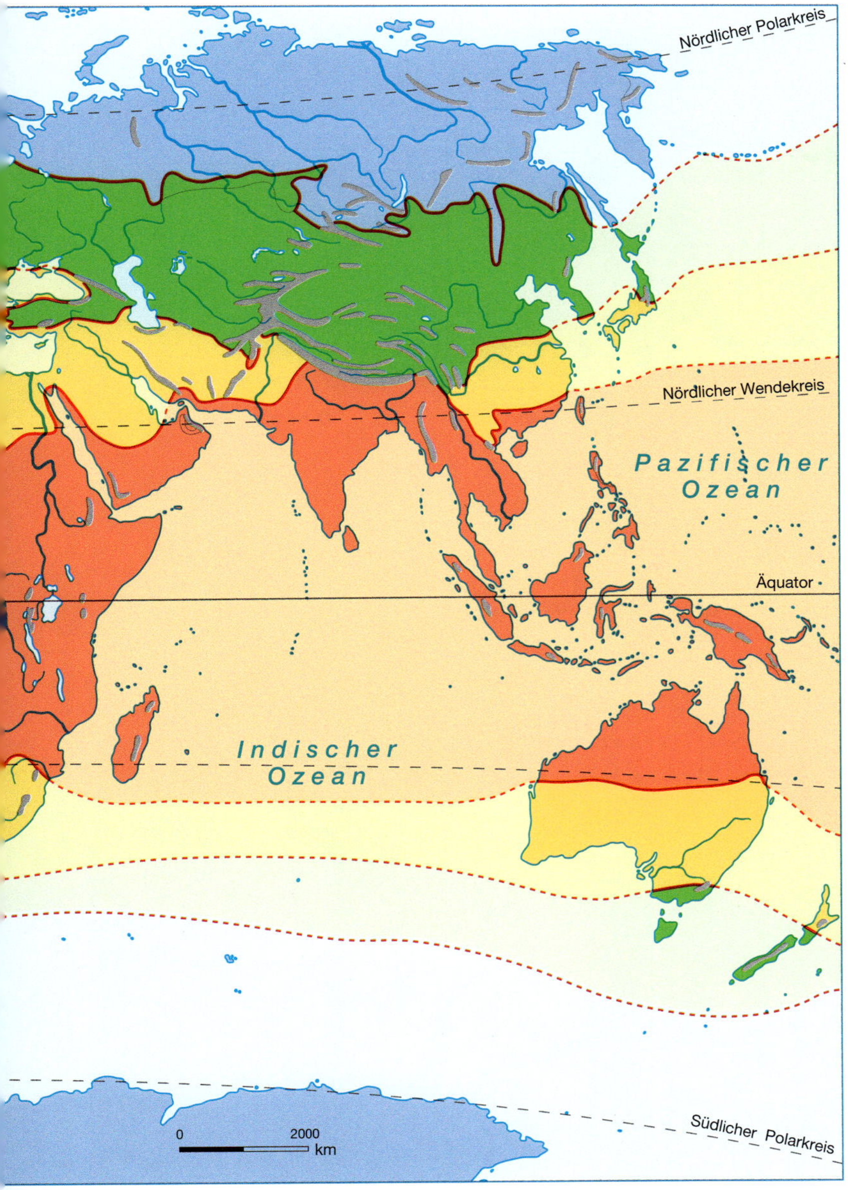

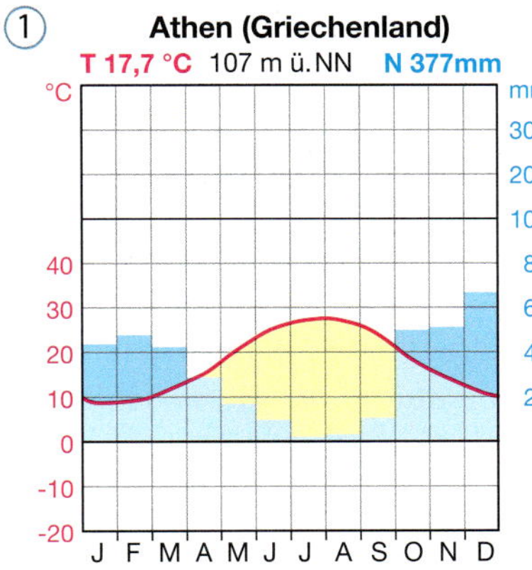

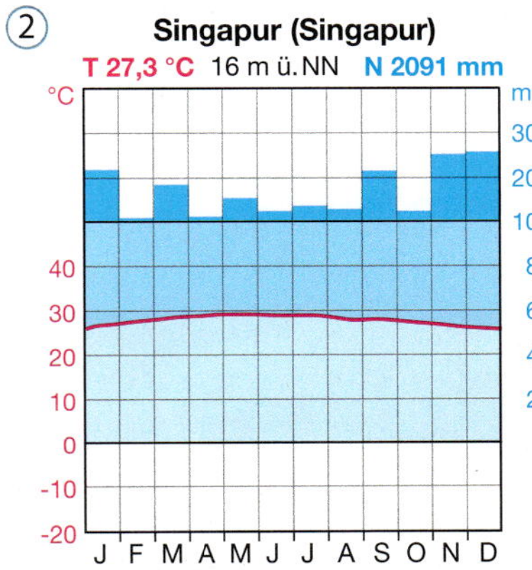

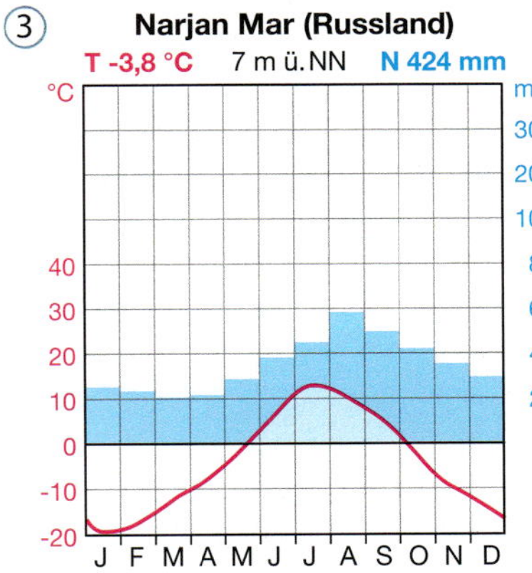

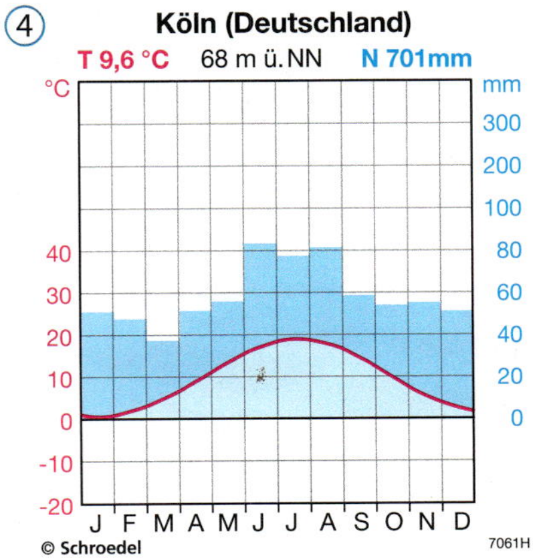

7061H

AUFGABEN

1 *Nenne jeweils die Klimazonen, die auf den einzelnen Kontinenten zu finden sind.*

2 *Erstelle eine Tabelle. Notiere darin die Merkmale der vier großen Klimazonen.*

3 *Nenne Gründe, warum die Klimazonen nicht genau parallel zueinander verlaufen.*

4 *Ordne die Klimadiagramme 1 bis 4 den Klimazonen zu.*

5 *Diskutiert, in welcher Klimazone eine landwirtschaftliche Nutzung am besten möglich ist und in welcher am schlechtesten.*

Die Vegetationszonen der Erde

Überall auf der Erde müssen sich die Pflanzen den Klimabedingungen anpassen. Ihr Wachstum ist abhängig von den vorherrschenden Temperaturen, den Niederschlägen und der Sonnenscheindauer.
Die Art der Pflanzenwelt, die **Vegetation**, ist abhängig vom Klima. Der enge Zusammenhang wird in der Gliederung in Zonen deutlich.
Die **Vegetationszonen** der Erde und die Klimazonen haben einen ähnlichen Verlauf.

1

2

3

4

M 1 Die Vegetationszonen der Erde

Vegetationszone	Klimazone
Fels- und Eisregion keine Vegetation	kalte Zone
Tundra fast baumlos, Flechten, Sträucher, Gräser, Moose	kalte Zone
nördlicher Nadelwald (Taiga), Gebirgswald Nadelwälder, wenig Laubbäume (z. B. Birke)	kalte Zone
sommergrüner Laub- und Mischwald Eichen, Buchen, Fichten, Kiefern	gemäßigte Zone
Steppe, Hochgebirgsgrasland baumarme Graslandschaft, Kräuter, Büsche	gemäßigte Zone
Halbwüste, Wüste vereinzelt Büsche und Dornsträucher	gemäßigte Zone
Hartlaubvegetation (Mittelmeervegetation) Stein- und Korkeichen, Ölbäume, Pinien, Zedern	subtropische Zone
subtropischer Regenwald immergrün, teilweise Nadelhölzer, weniger artenreich als tropischer Regenwald	subtropische Zone
Halbwüste, Wüste vereinzelt Büsche und Dornsträucher	subtropische Zone
Dornstrauchsavanne niedriges Gras, Sträucher, vereinzelt Bäume	tropische Zone
Trockensavanne, Trockenwald hohes Gras, Bäume	tropische Zone
Feuchtsavanne hohes Gras, Wälder	tropische Zone
tropischer Regenwald, Monsunwald immergrün, großer Artenreichtum, schnelles Wachstum	tropische Zone
Hochgebirgsvegetation	

AUFGABEN

1 *Ordne die Bilder 1 bis 4 den entsprechenden Vegetationszonen und den Klimazonen von S. 182/183 zu.*

2 *Notiere die Kontinente, auf denen*
a) es keinen tropischen Regenwald gibt,
b) der nördliche Nadelwald wächst,
c) Wüstengebiete liegen.

3 * *Beschreibe die Veränderungen der Vegetation vom Nordpol bis zum Äquator.*

Das Klima der gemäßigten Zone – überall gleich?

Die gemäßigte Zone lässt sich hauptsächlich in zwei Klimate unterteilen: In das **ozeanische Klima** (Seeklima) und das **kontinentale Klima** (Landklima).
In Gebieten mit ozeanischem Klima sind die Winter recht mild, die Sommer eher kühl und es regnet häufig.
Je weiter man sich von der Küste weg ins Innere der Kontinente begibt, desto stärker wird der Einfluss des kontinentalen Klimas spürbar. Die Niederschlagsmengen nehmen ab, die Sommer- und Wintertemperaturen sind extremer.
In Europa gibt es zwischen den beiden Klimaten noch ein Übergangsklima. Hier sind die Winter mäßig kalt und die Sommer warm.

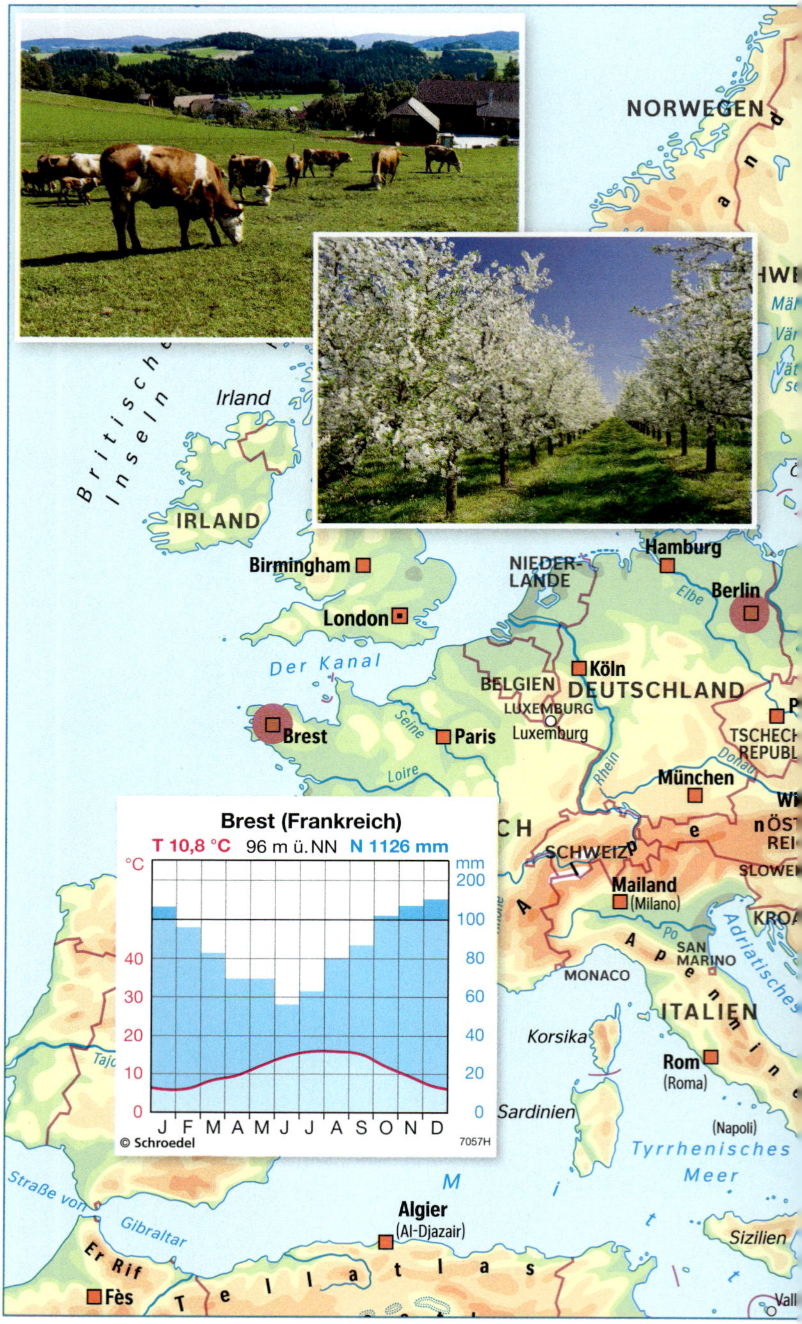

M 1

AUFGABE

1 *Übertrage die Tabelle in dein Heft und vervollständige sie.*
Dazu noch ein Tipp für Zeile 1: Mit der Karte kannst du die Entfernungen der Klimastationen zur Küste berechnen: gemessene Entfernung in cm x Maßstabszahl (hier 20 000 000). Die Entfernung in Kilometern ergibt sich, wenn du vom Ergebnis fünf Nullen wegstreichst.

Nr.		Brest/ Frankreich	Berlin/ Deutschland	Charkiw/ Ukraine	Kysylorda/ Kasachstan
1	Entfernung vom Atlantik				
2	Jahresniederschlag				
3	Januar-Temperatur				
4	Juli-Temperatur				
5	Temperaturunterschied (Juli/Januar)				

AUFGABEN

2 *Beschreibe anhand von Zeile 2 der Tabelle, wie sich der Niederschlag von Westen nach Osten verändert. Beachte dabei auch Zeile 1 der Tabelle.*

3 *Formuliere anhand der Zeilen 3, 4 und 5 eine ähnliche Aussage zur Entwicklung der Temperatur.*

4 *Beantworte die Frage der Überschrift.*

5 *Du hast nun ermittelt, worin die Unterschiede zwischen der kontinentalen und der ozeanischen Ausprägung des Klimas in der gemäßigten Zone bestehen.*
Formuliere, wie es zu diesen Unterschieden kommt.

M 1 Grünlandwirtschaft in Irland

M 2 In der kasachischen Steppe

Klima und Vegetation der gemäßigten Zone

Das Klima in Mitteleuropa ist nicht zu kalt oder zu heiß, nicht zu trocken oder zu feucht – also gemäßigt. Gleichzeitig sind die Jahreszeiten deutlich ausgeprägt. Der Atlantik führt zur Ausprägung eines ozeanischen Klimas (Seeklima). Das von der Sonne erwärmte Meerwasser speichert die Wärme lange. Im Winter wird die gespeicherte Wärme langsam wieder abgegeben. Deshalb sind die Winter der Küstengebiete hier relativ mild. Allerdings regnet es auch häufiger. Große Wassermassen verdunsten über dem Ozean. Die Niederschläge werden mit den Westwinden auf das Festland oder die Inseln getragen, wo sie sich dann abregnen. Die Sommer sind hier kühl und auch regnerisch.

An das ozeanische Klima schließt sich das Übergangsklima mit mäßig kalten Wintern und warmen Sommern an. Die Niederschläge nehmen allmählich ab, da sich die Wolken schon abgeregnet haben. Weiter nach Osten setzt sich das kontinentale Klima (Landklima) mit kalten Wintern und heißen Sommern durch.

M 3 Das Klima Europas

Die Vegetation

Die gemäßigte Zone ist ein landwirtschaftlicher Gunstraum. Sommergrüne Laub- und Mischwälder (Eichen, Birken, Linden, Ahorn) bedecken nur noch geringe Flächen. Der größte Teil wurde vom Menschen zu **Kulturland** umgewandelt. Die Spanne der **Wachstumszeit** (Zeit, in der die Durchschnittstemperatur über 10° C liegt) innerhalb der gemäßigten Zone kann recht unterschiedlich sein: Sie dauert je nach Lage vier bis neun Monate.

In den Gebieten mit kontinentalem Klima und geringen Niederschlägen finden sich weite Steppenlandschaften.

AUFGABEN

1 *Erkläre die Entstehung von ozeanischem und kontinentalem Klima. Nutze dazu auch M3.*

2 *Die gemäßigte Zone ist die wichtigste Zone für die Produktion von landwirtschaftlichen Erzeugnissen. Erkläre.*

M4 Auf einem Weingut

M5 Bei der Weinlese

Landwirtschaft in der gemäßigten Zone

Ein Weingut in Bordeaux

Frankreich ist nach Italien der zweitgrößte Weinproduzent der Welt. Fast 20 Prozent aller produzierten Weine kommen aus Frankreich. Bereits 600 v. Chr. wurde im Süden des Landes Weinbau betrieben. Die günstigen klimatischen Verhältnisse, günstige Bodenverhältnisse und ausreichend Niederschläge ermöglichen den Weinanbau fast im ganzen Land. Bekannt dafür sind die Regionen Bordeaux, Burgund und die Champagne.

Ein Winzer aus der Region Bordeaux berichtet:

„Die Stadt Bordeaux gibt der Weinbauregion hier den Namen. In unserer Gegend werden überwiegend Rotweine angebaut. Optimale Voraussetzungen für unsere guten Weine sind die südliche Lage um den 45. Breitengrad, das milde Klima ohne extreme Temperaturschwankungen hier am Atlantik, der Regen im Frühjahr und die sonnigen Sommermonate. Selten gibt es Frost.

Unser Weingut ist etwa 10 ha groß. Mit meiner Familie kann ich vom Ertrag ganz gut leben. Im Durchschnitt produzieren wir etwa 80 000 Flaschen Wein. Wir haben bei Wettbewerben auch schon verschiedene Preise gewonnen!“

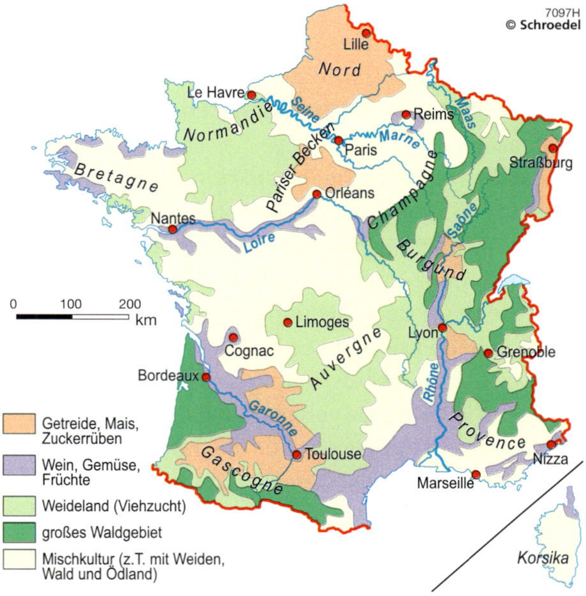

M6 Landwirtschaftsgebiete Frankreichs

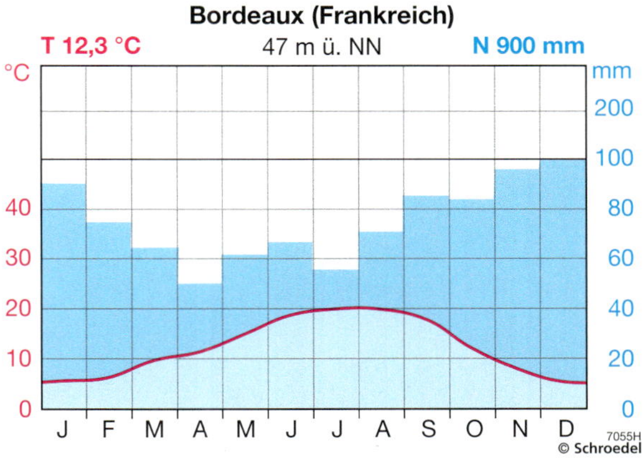

M7 Klimadiagramm von Bordeaux

AUFGABEN

1 *Nenne wichtige Landwirtschaftsgebiete Frankreichs und ihre jeweilige Nutzung (M6).*

2 *Erkläre, warum in Frankreich die Bedingungen für den Anbau von hochwertigen Weinen optimal sind.*

3 * *Vergleiche das Klimadiagramm von Bordeaux mit dem von Kassel (> S. 165) in Bezug auf den Weinanbau.*

Kalifornien – Fruchtgarten der USA

M1 Maschinelle Tomatenernte

M2 Bewässerungssystem von Obstplantagen

Im Bundesstaat Kalifornien liegt das wichtigste landwirtschaftliche Anbaugebiet der USA. Hier werden 11 Prozent aller Agrargüter der USA produziert. Und das, obwohl die landwirtschaftlich genutzte Fläche in Kalifornien nur 3 Prozent des gesamten Ackerlandes der USA ausmacht.

Die landwirtschaftliche Produktion konzentriert sich dabei auf das über 600 km lange Zentraltal und das Imperialtal im Süden. Über 400 verschiedene Nutzpflanzen werden angebaut, wodurch Kalifornien innerhalb der USA eine besondere Stellung einnimmt.

Hervorzuheben sind neben den guten Böden auch die günstige Lage im Windschatten der Küstenkette, sodass nur selten kalte Winde vom Pazifik die Ernte gefährden. Die Niederschläge reichen für die intensive Landwirtschaft aber nicht aus. Daher wird über ein Bewässerungssystem Wasser aus der Sierra Nevada und dem Colorado River entnommen (**Bewässerungsfeldbau**). Dadurch sinkt dort jedoch der Grundwasserspiegel rapide ab, was zum Problem für die Landwirtschaft und die Bewohner der Millionenstädte San Francisco und Los Angeles wird.

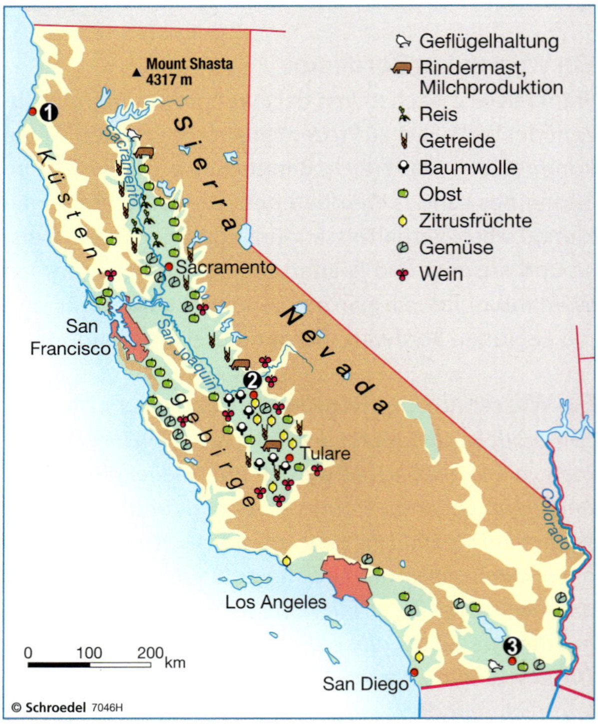

M3 Landwirtschaftliche Nutzung in Kalifornien

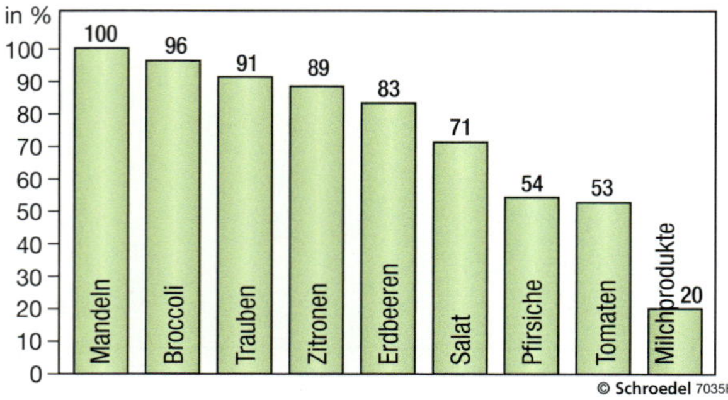

M4 Anteile Kaliforniens an der gesamten US-Produktion

AUFGABEN

1 *Beschreibe die besondere Stellung der kalifornischen Landwirtschaft. Nutze auch M4.*

2 *Kalifornischer Broccoli wird auch an der Ostküste der USA verkauft. Berechne mithilfe des Atlas die Entfernung von San Francisco nach New York.*

3 *Erkläre die geringen Niederschlagsmengen der Anbaugebiete mithilfe von M6. Nutze auch M1 S. 166.*

4 *Benenne mithilfe von S. 182 die Merkmale der subtropischen Zone, die auf Kalifornien zutreffen.*

Gibt es genug Wasser?

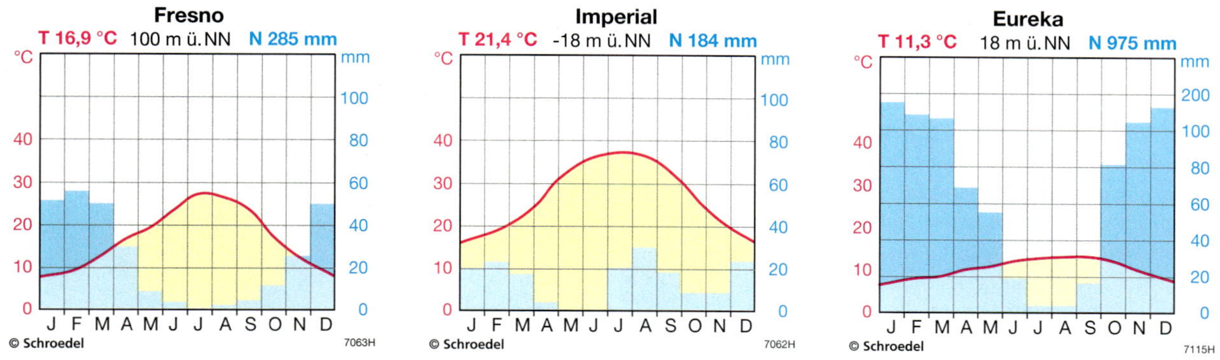

M5 Klimadiagramme

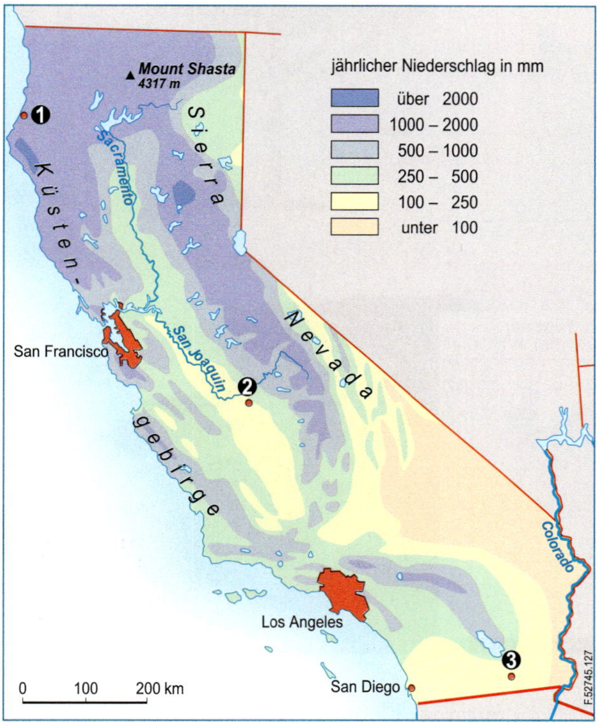

M6 Wasserverteilung und Niederschläge in Kalifornien

„Ich heiße Paul Schmidt und wohne in Pasadena, einem Vorort von Los Angeles. Vor sieben Jahren kam ich als Spezialist für Solarkollektoren nach Kalifornien. In keinem anderen Bundesstaat wird mehr erneuerbare Energie (durch Sonne, Wind und Biomasse) hergestellt als hier. Insgesamt verbrauchen die Kalifornier 40 Prozent weniger fossile Energie als die anderen US-Amerikaner. Auf unsere Klimaanlage und die Kühltruhe will meine Frau allerdings nicht verzichten. Als meine Familie und ich damals ankamen, waren wir sehr überrascht, denn jedes zweite Haus besitzt einen eigenen Swimming-Pool. Es heißt, dass jeder Kalifornier pro Tag über 760 l Wasser verbraucht, in Deutschland waren es gerade einmal 135 l. Aber das meiste Wasser verbrauchen Industrie und die Landwirtschaft. Sie allein benötigt 80 Prozent des gesamten Wassers. Die Regierung will uns zum Sparen zwingen und hat daher den Wasserpreis erhöht. Die Landwirte aber erhalten es zum Vorzugspreis."

M8 Herr Schmidt berichtet

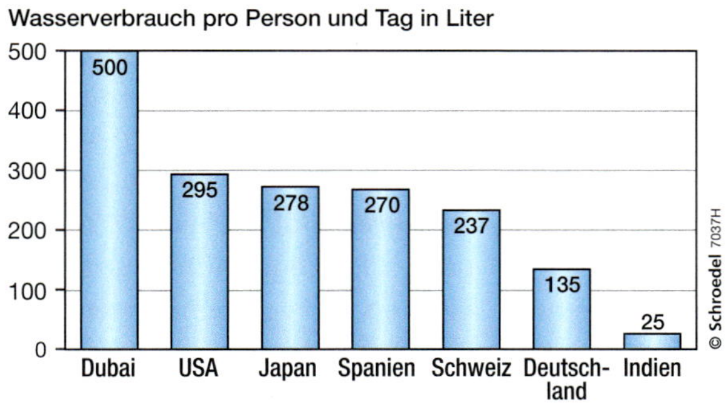

M7 Privater Wasserverbrauch im Ländervergleich

AUFGABEN

1 *Werte die Klimadiagramme aus (M5).*

2 *Ordne die Klimadiagramme den Zahlen 1 – 3 in M6 zu. Begründe deine Entscheidung.*

3 *a) Werte die Grafik M7 aus.*
b) Vergleiche den Wasserverbrauch der US-Amerikaner mit den Angaben zu Kalifornien aus M8.

4 *Diskutiert mögliche Auswirkungen des Wasserverbrauchs in Kalifornien auf Mensch und Natur.*

Z

In den Savannen

Aus einem Lexikon:

Savanne bedeutet „weite Ebene“ und ist eine Vegetationszone in den wechselfeuchten Tropen. Sie grenzt beiderseits des Äquators an den tropischen Regenwald und reicht bis zu den Wendekreiswüsten. Geprägt ist sie durch relativ hohe Jahresdurchschnittstemperaturen und den Wechsel zwischen Regen- und Trockenzeit. Typisch sind daher Gräser, Büsche und vereinzelte Bäume.

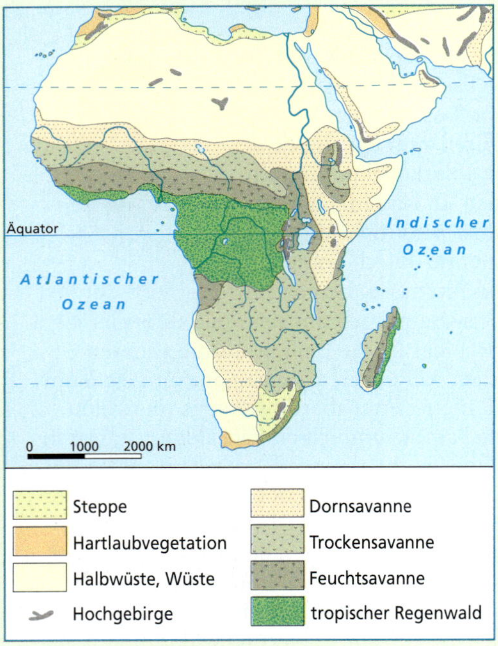

M1 Vegetationszonen

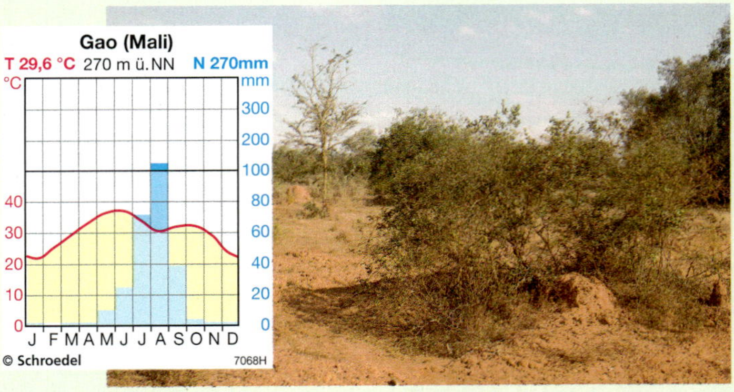

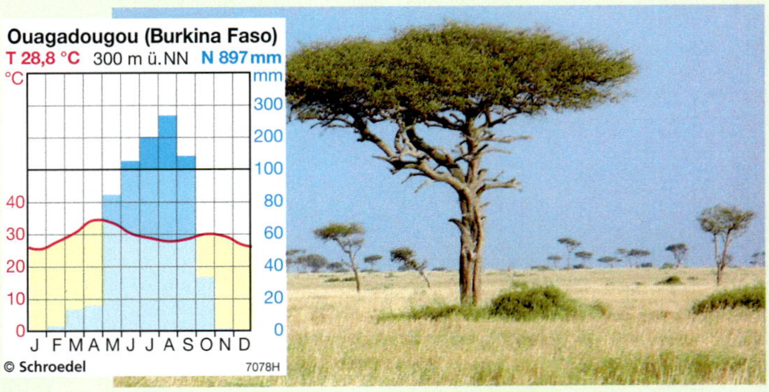

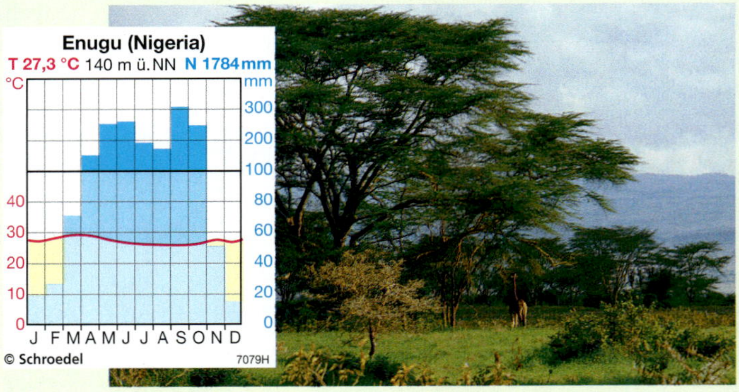

Seit Wochen ist kein Tropfen Regen gefallen. Unbarmherzig brennt die Sonne vom wolkenlosen Himmel. Das Thermometer zeigt bis zu 40° C im Schatten. Die Luft flimmert über den gelben Gräsern, die in der sengenden Glut verdorren. Die Bäume haben ihr Laub abgeworfen und sehen wie abgestorben aus.

Immer heißer werden die Tage, immer mehr füllt sich die Luft mit Staub. Selbst die Tiere scheinen verschwunden zu sein. Täglich ballen sich riesige Haufenwolken zusammen, zerstreuen sich aber immer wieder. Alles wartet.

Schlagartig setzt ein gewaltiger Sturm ein und treibt Staub und Sand vor sich her. Bald prasselt der Regen – begleitet von lauten Donnerschlägen – mit solcher Gewalt nieder, dass sich schon nach wenigen Minuten auf den Wegen und Plätzen kleine Seen und Bäche bilden. Durch die eben noch trockenen Flussbetten wälzen sich schlammige Fluten. Die meisten Wege bestehen nur noch aus Morast, in den jeder Wagen tief einsinkt. In den nächsten Wochen entladen sich fast jeden Nachmittag schwere Gewitter.

Schon bald sprießt das Gras, und das Land überzieht sich mit frischem Grün. Auch die Bäume legen ein neues Blätterkleid an. Wie bei uns im Frühling blühen unzählige Blumen, die von Schmetterlingen und Käfern umschwirrt werden.

Dornsavanne:

Trockenzeit: 7 – 10 Monate

Niederschläge: 250 – 500 mm

Vegetation: oft undurchdringliches Dorngestrüpp, nur etwa 25 cm hohes Gras, das den Boden nicht geschlossen bedeckt. Gewächse weisen Verdunstungsschutz auf (z.B. Verdickung der Rinde, Blätter mit Wachsüberzug) oder können in Stämmen (Flaschenbaum), Blättern (Agaven) oder Wurzeln Wasser speichern; schirmförmige Baumkronen.

Landwirtschaft: aufgrund geringer Niederschläge nur Viehzucht durch Nomaden.

Trockensavanne:

Trockenzeit: 5 – 7 Monate

Niederschläge: 500 – 1000 mm

Vegetation: brusthohes Gras, Bäume werfen Laub ab und wachsen im Abstand von 10 – 25 m; Blätter bilden eine Schirmkrone, die den Boden beschattet und Austrocknung verhindert. Typisch sind Schirmakazien, Affenbrot- (Baobab) und andere Flaschenbäume (speichern in dicken Stämmen Wasser), Ufer der nicht ganzjährig Wasser führenden Flüsse von dichten Baumstreifen (Galeriewälder) gesäumt.

Landwirtschaft: Ackerbau (nur eine Ernte möglich), Viehzucht durch die Tsetsefliegen behindert.

Feuchtsavanne:

Trockenzeit: 2 – 5 Monate

Niederschläge: 1000 – 1500 mm

Vegetation: offene Landschaft mit parkartigem Baumbestand, bis zu 6 m hohes Elefantengras, die Bäume behalten auch während der Trockenzeit ihre Blätter.

Landwirtschaft: hohe Niederschläge ermöglichen zwei Ernten im Jahr; zur Selbstversorgung Anbau von Hirse, Mais, Soja, Maniok, für die Ausfuhr z.B. Erdnüsse und Baumwolle; wegen der Tsetsefliegen kaum Großviehhaltung. Durch Brandrodung gewinnen Hackbauern zusätzliches Ackerland.

M2 „The big five", die begehrtesten Ziele einer Safari

AUFGABEN

1 *Arbeite die wichtigsten Merkmale von Savannen heraus. Vervollständige dazu die Tabelle M3.*

2 *a) Nenne afrikanische Staaten, die alle Savannentypen aufweisen.*
b) Ermittle außerdem Gebiete außerhalb Afrikas, die von Savannen bedeckt sind (Atlas).

3 *Du machst eine Reise vom Tanganjikasee bis nach Addis Abeba (Äthiopien). Erstelle einen Reisebericht zu deinen Eindrücken. Gehe dabei besonders auf die Vegetation und die Landwirtschaft ein (Atlas).*

	Dornsavanne	Trockensavanne	Feuchtsavanne
Trockenzeit			
Regenzeit			
Niederschläge			
Vegetation			
Landnutzung			

M3 Tabelle

Die tropische Zone – auf einer Kautschukplantage in Malaysia

M1 Kautschukgewinnung auf einer Kautschukplantage

Kilometerlange Baumreihen prägen das Bild einer Kautschukplantage in den malaysischen Tropen. Die **Plantagen** erstrecken sich über eine Fläche von mehreren Tausend Hektar und gehören wohlhabenden Einheimischen, Ausländern oder Gesellschaften. Sie benötigen viele Arbeitskräfte. Produziert wird fast nur für den Export.

Kautschuk erobert die Welt

Lange Zeit war der Kautschukbaum nur in Brasilien heimisch. Da Brasilien und insbesondere auch die Stadt Manaus davon stark profitierten, wurde die Ausfuhr von Kautschuksamen oder Setzlingen des Kautschukbaums mit der Todesstrafe geahndet. 1876 gelang es dem Engländer Henry Wickham, die wertvollen Samen in ausgestopften Krokodilen aus dem Land zu schmuggeln. Die in englischen Gewächshäusern aufgezogenen Kautschukpflänzchen wurden in die britischen Kolonien Ceylon (heute Sri Lanka) und Malaysia verschifft. Heute stammen über 90 Prozent der weltweiten Naturkautschukproduktion aus Südostasien.

Z

Kleine Geschichte des Kautschuks

- 1492: Kolumbus beschreibt Gegenstände aus einem „eigenartigen", elastischen Stoff.
- 1844: Charles Goodyear gelingt es, verderblichen Rohkautschuk in haltbares Gummi zu verwandeln (Vulkanisation).
- 1876: Kautschuksamen werden aus Brasilien herausgeschmuggelt.
- 1888: John B. Dunlop erfindet den mit Luft gefüllten Gummireifen.
- 1895: Kautschukbäume werden in Plantagen (Südostasien) gepflanzt.
- 1909: Dem deutschen Chemiker Fritz Hoffmann gelingt die Herstellung von künstlichem (synthetischem) Kautschuk aus Erdöl.
- 1930: Der südamerikanische Wildkautschuk ist inzwischen bedeutungslos geworden.
- 1963: Erstmals wird mehr synthetischer Kautschuk als Naturkautschuk hergestellt. Er ist billiger und von immer gleich bleibender Qualität. Doch die beste Qualität liefert nach wie vor der Naturkautschuk (z. B. Flugzeugreifen, Formel-1-Reifen, medizinische Handschuhe, Kondome).
- 2000: Weltweit werden rund ein Drittel Naturkautschuk und zwei Drittel synthetischer Kautschuk produziert.
- 2008: 14 Mio. t synthetischer und zehn Millionen Tonnen Naturkautschuk werden produziert.
- 2014: Naturkautschuk auf Rekordtief. China kauft jährlich 25 Prozent der Weltproduktion auf.

Der Kautschukzapfer Kensiu Jahai erzählt:

„Unsere Arbeit beginnt zwischen vier und fünf Uhr morgens. Mein Vorarbeiter weist mir den Plantagenabschnitt zu. Dort muss ich zunächst vorsichtig die Rinde der Kautschukbäume anritzen. Jetzt kann der austretende „Wundsaft", der Latex, in den am Stamm hängenden Latexbecher ablaufen. Bei meinem zweiten Rundgang fülle ich den Latex in Eimer und bringe diese zu den Sammelstellen, wo er in große Tanks geschüttet wird. Die „Gummimilch" muss vor der Tageshitze eingesammelt werden, weil sie sonst eintrocknet. Mein Lohn errechnet sich aus der gewonnenen Latexmenge – ein Kautschukbaum gibt jährlich ein bis zwei Liter „Milch" ab. Meine Frau arbeitet drüben als Verkäuferin im Laden und mein Sohn in der Plantagenfabrik."

Abil, Arbeiter der Plantagenfabrik, berichtet:

„Den angelieferten Latex gieße ich in große Gerinnungsbehälter. Dort bringe ich den Milchsaft zum Gerinnen, indem ich Ameisensäure zuschütte. In die nun langsam erstarrende Masse hänge ich Trennungsschirme, sodass der dicke Brei zum Schluss in Platten herausgezogen werden kann. Einige Platten werden flach und breit gewalzt und in gleich große Streifen zerschnitten, danach getrocknet und geräuchert. Zum Schluss werden sie in Behälter gefüllt und zu Ballen gepresst."

Der Manager Peruk Intan erklärt:

„Unsere Plantage ist rund 3 200 ha groß und beschäftigt über 700 Menschen. In **Monokultur** werden die neuesten Kautschuksorten angebaut. Sie sind ertragreicher als die alten Sorten, müssen aber gegen Schädlinge und Pflanzenkrankheiten behandelt werden. Die Verarbeitung des Latex erfolgt nach modernsten Verfahren. Für Personal, Gebäude und Technik geben wir viel Geld aus. Das Latex-Konzentrat, aber auch der Rohkautschuk, werden überwiegend nach Europa oder Japan exportiert. Trotz der großen Konkurrenz des synthetischen Kautschuks ist der Absatz unseres Naturkautschuks in den letzten Jahren wieder etwas gestiegen. Aufgrund des Überangebots auf dem Weltmarkt sind die Preise allerdings stark gesunken."

Die durch die Europäer eingeführte Plantagenwirtschaft ist nicht auf die Bedürfnisse der einheimischen Bevölkerung ausgerichtet. Der Großteil der Menschen betreibt als Kleinbauern Landwirtschaft nur für die Selbstversorgung (Maniok, Hirse, Gemüse) auf kleinen Landstücken. Man nennt das **Subsistenzwirtschaft**. Für den Monokulturanbau auf den Plantagen (Soja, Zucker, Kaffee, Kakao, Palmöl), auf denen fast nur für den Export produziert wird, wird immer mehr Regenwald abgeholzt. Die Gewinne der Planatagen fließen überwiegend ins Ausland.

M2 Plantagen bedrohen den Regenwald.

Der Kautschukbaum ...

- wurde von den Ureinwohnern „ca hu chu" (weinendes Holz) genannt
- braucht hohe Temperaturen von 28° C
- benötigt hohen Niederschlag (2 000 – 4 000 mm/Jahr)
- stellt nur geringe Ansprüche an den Boden
- wächst bis zu einer Höhe von 500 m ü. NN
- liefert nach fünf Jahren erstmals Latex
- stellt die Produktion nach 30 Jahren ein

AUFGABEN

1 *Beschreibe die Produktionsschritte bei der Gewinnung von Naturkautschuk.*

2 *Nenne typische Merkmale einer Plantage.*

3 *Erkläre, in welcher Klimazone der Kautschukbaum nur wachsen kann. Nutze auch M3.*

4 *Stelle Unterschiede zwischen Naturkautschuk und künstlichem Kautschuk in einer Tabelle dar.*

5 * *Erstelle einen Kurzvortrag zum Thema „Plantagenwirtschaft und Subsistenzwirtschaft in den Tropen". Halten deinen Vortrag vor der Klasse.*

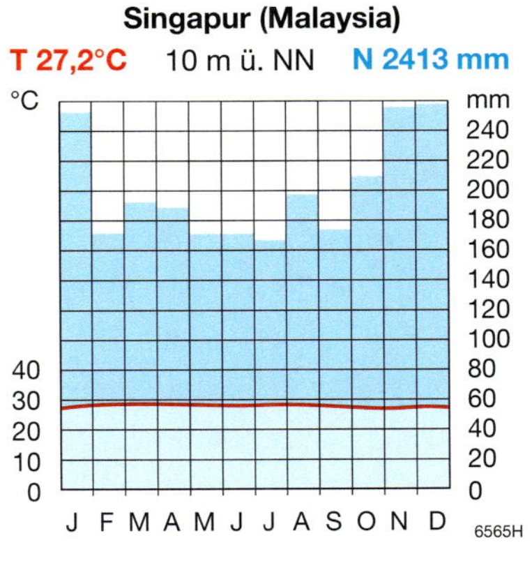

M3 Klimadiagramm

Alle Vegetationszonen unter einem Dach

„Selbst wenn man ihn nicht sieht, spürt man ihn. Wie eine Person, die an einen denkt, auch wenn sie nicht da ist."
(Afrikanisches Sprichwort)

Der Kilimandscharo ist nicht nur Afrikas höchster Gipfel, sondern auch der höchste frei stehende Berg der Erde. Der heilige Berg der Massai besteht aus drei erloschenen Vulkanen. Jedes Jahr lockt er über 20 000 Besucher an, die von ca. 54 000 einheimischen Trägern und Führern beim Aufstieg begleitet werden.
Eine Besteigung des Kilimandscharos entspricht dabei einer Durchquerung der Klima- und Vegetationszonen vom Äquator bis zum Nordpol. Denn obwohl der Kilimandscharo mitten in der tropischen Zone liegt, ist sein Gipfel dauerhaft mit einer Eiskappe bedeckt.

M 1 Schneebedeckter Kilimandscharo

Mit zunehmender Höhe sinkt die Temperatur. Aber auch andere Klimamerkmale, besonders die Niederschläge, verändern sich mit zunehmender Höhe. Mit der Veränderung des Klimas passen sich auch die Pflanzen an. Es bilden sich an hohen Bergen und in Gebirgen sogenannte **Höhenstufen** der Vegetation heraus. Ihre Merkmale sind die der verschiedenen Klima- und Vegetationszonen sehr ähnlich.

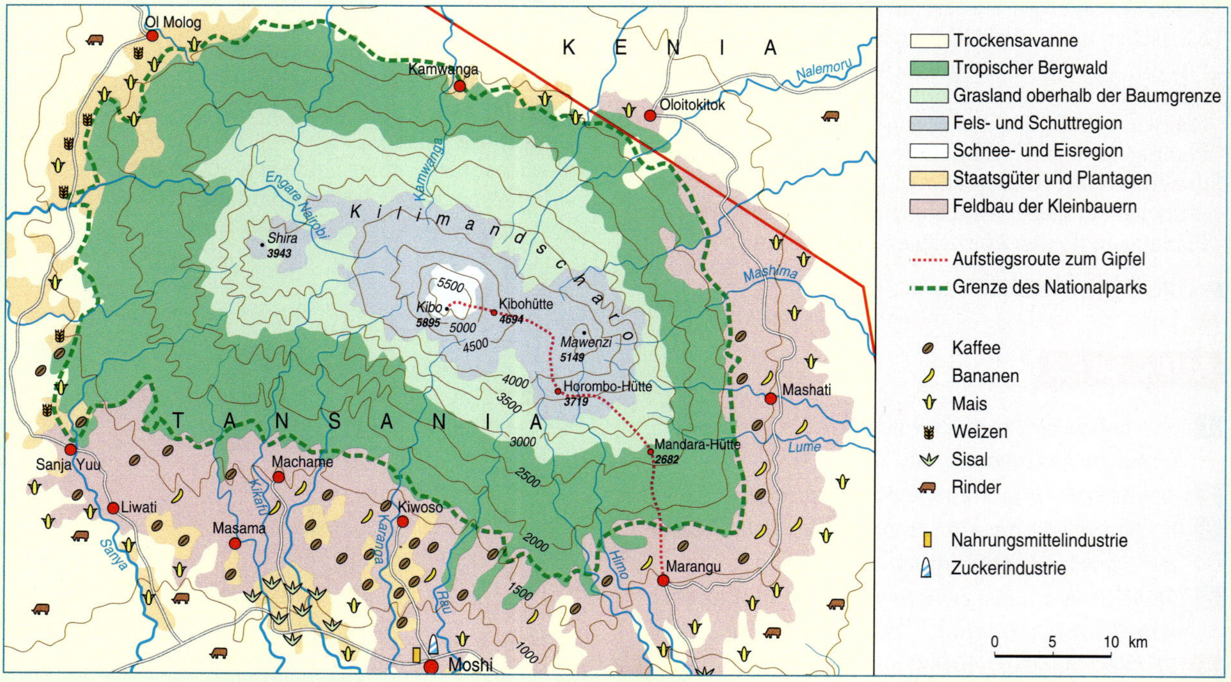

M 2 Aufstiegsroute und Landnutzung am Kilimandscharo

M3 Vegetation am Kilimandscharo

Bergtour zum Gipfel

„Wir beginnen unseren Aufstieg in Marangu. Ab etwa 1 800 m Höhe betreten wir einen dichten Wald: Das ständige leichte Nieseln aus den am Berg liegenden Wolken geht in heftigen Regen über. Wir schwitzen in der stickig schwülen Treibhausluft und erreichen abends die Mandara-Hütte. Am nächsten Tag wird der Wald langsam lichter, bis er schließlich von der Mattenregion abgelöst wird. Hier wächst hohes Gras, durchsetzt von Farnen und Heidekraut. Die dünne Luft macht das Atmen immer schwerer. In der Horombo-Hütte schlafen die meisten schlecht und leiden durch die Höhe unter starken Kopfschmerzen. Um uns an die Höhe zu gewöhnen, legen wir hier einen Ruhetag ein. Am folgenden Morgen wandern wir durch immer spärlichere Vegetation, bis wir schließlich die Felsregion erreichen. Die Pausen häufen sich. Erschöpft erreichen wir die Kibo-Hütte und verbringen dort die Nacht. Als wir nach Mitternacht zum Gipfel aufbrechen, ist es bitterkalt, ca. −15 °C. Jeder Schritt wird zur Qual. Um 6:20 Uhr belohnt uns dann ein herrlicher Sonnenaufgang. Wir erreichen den östlichen Kraterrand des Gillman's Point. Von dort aus sind es nur noch 215 Höhenmeter bis zum höchsten Punkt Afrikas, dem Kibo. Die Luft enthält hier nur noch halb so viel Sauerstoff wie auf Meereshöhe. Ich bin völlig fertig, aber glücklich."

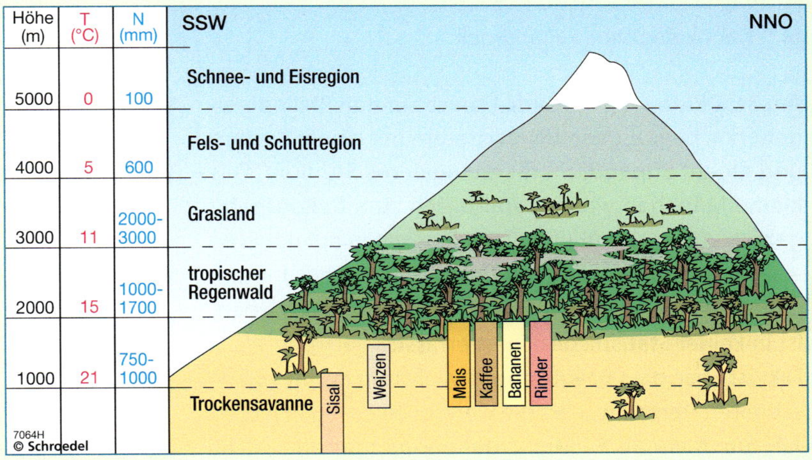

M4 Höhenstufen am Kilimandscharo und Landnutzung

AUFGABEN

1. *Beschreibe die Lage des Kilimandscharos (Atlas).*
2. *Beschreibe die Höhenstufen, die beim Aufstieg des Kilimandscharos durchwandert werden. Ordne die Fotos A – D den Höhenstufen zu.*
3. *Schnee im tropischen Afrika? Erkläre, warum dies möglich ist.*
4. *Die fruchtbaren Berghänge des Kilimandscharos ernähren viele Menschen. Beschreibe mithilfe von M2 die Landnutzung am Kilimandscharo.*
5. * *Übertrage das Profil M4 in dein Heft und stelle ihm ein Höhenstufenprofil der Alpen gegenüber. Beschreibe die Unterschiede.*

Wie viele Menschen hält die Erde aus?

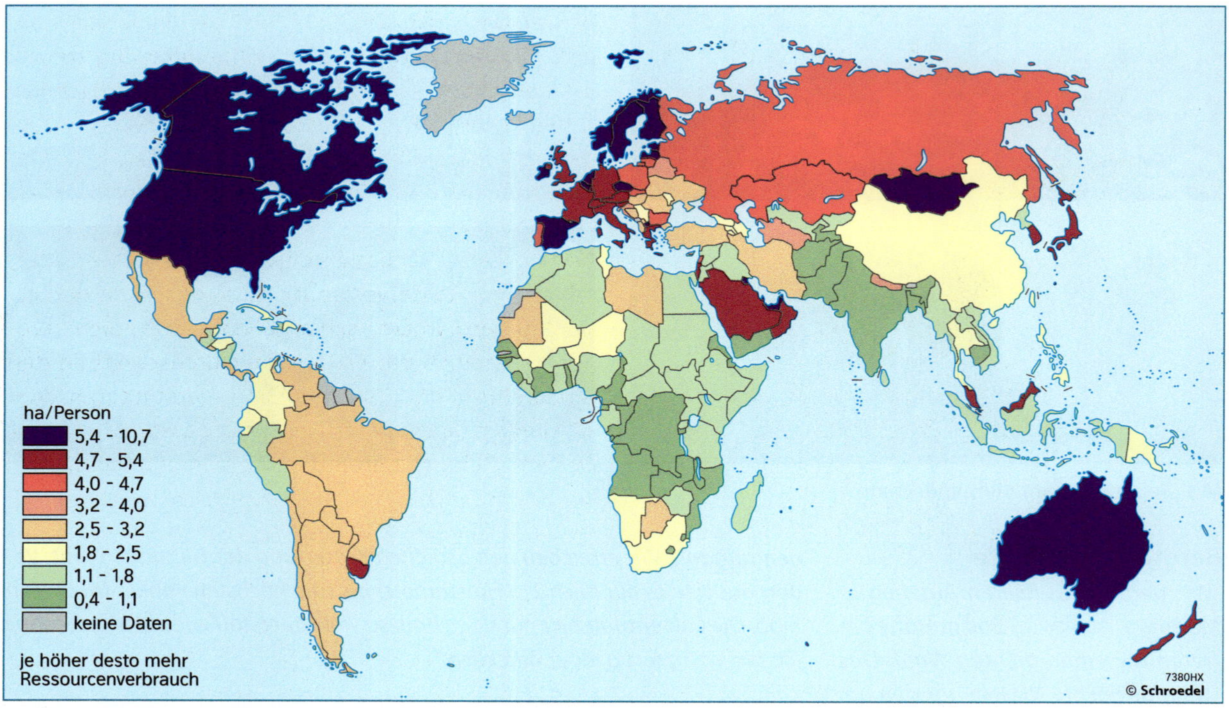

M1 Der ökologische Fußabdruck

Am 31. Oktober 2011 wurde Danica auf den Philippinen geboren, begrüßt von UN-Vertretern mit einem Kuchen und einem Stipendium für ein späteres Studium. Das kleine Mädchen wurde symbolisch zum Rekordbaby gekürt, zum siebenmilliardsten Menschen auf der Erde – eine symbolische Zahl und ein symbolischer Termin, denn wie viele Menschen tatsächlich auf der Erde leben, ist in keiner Statistik gesichert erfasst.

Fakt ist aber, dass Bevölkerungswachstum rasant voranschreitet. Derzeit wächst die Weltbevölkerung in jedem Jahr um mehr als 81 Mio. Erdenbürger (das entspricht der Bevölkerungszahl Deutschlands), und zwar pro Tag um 223 739, pro Minute um 155, pro Sekunde um 2,6 Menschen.

Bis 2025, so die Prognose der Vereinten Nationen, wird die Menschheit auf gut acht Milliarden angewachsen sein, bis zum Ende des Jahrhunderts auf über 13 Mrd. Menschen.

AUFGABEN

1 *Beschreibe die historische Bevölkerungsentwicklung der Erde (M2). Gehe dabei auf die Besonderheiten ein, die du feststellen kannst.*

2 *Informiert euch im Internet über den aktuellen Stand der Weltbevölkerung (www.weltbevoelkerung.de/meta/whats-your-number.html).*

3 *Erläutere Auswirkungen des weltweiten Bevölkerungszuwachses.*

4 *a) Arbeite heraus, welche Ursachen für den weltweit steigenden Ressourcenverbrauch verantwortlich sind.*
b) Erläutere, welche Rolle dabei das Bevölkerungswachstum hat.

5 *Diskutiert die Ausgangsfrage dieser Doppelseite: „Wie viele Menschen hält die Erde aus?"*

M2 Entwicklung der Weltbevölkerung

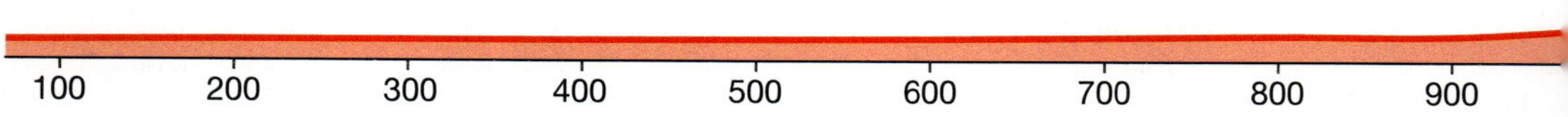

M 3 Karikatur

Wird die Menschheit bald drei Erden brauchen?

Platz ist auf der Erde reichlich vorhanden, wie Vergleiche zeigen: Würde man den am dichtesten besiedelten Stadtteil in Deutschland, das Westend in Wiesbaden, auf ganz Deutschland ausweiten, so könnten hierzulande 8,7 Mrd. Menschen leben, in Frankreich bei einer Bevölkerungsdichte wie in Paris sogar über 16 Mrd. Menschen.

Entscheidend ist nicht, wie viele Menschen auf dem Planeten leben, sondern was sie verbrauchen. Alle wollen essen und trinken, einkaufen und in Wohlstand leben. Entsprechend wächst mit der Zahl der Menschen auch der Bedarf an Land, Ressourcen und Energie. Bei Fortschreibung der heutigen Nachfrage werden mit der Zunahme der Weltbevölkerung, so die Prognose, noch vor 2050 die Ressourcen von drei Erden benötigt.

Ein gutes Beispiel zur Veranschaulichung des Problems ist der Wasserverbrauch: Einer Unesco-Studie von 2011 zufolge verbraucht jeder Mensch – das **virtuelle Wasser** einbezogen – im weltweiten Durchschnitt fast 1 400 m³ Wasser. Das entspricht etwa 8 650 gefüllten Badewannen. Mit dem Zuwachs der Weltbevölkerung steuert die Menschheit – bei Fortschreibung des durchschnittlichen Verbrauchs – auf einen jährlichen Gesamtbedarf von zehn Billionen Kubikmetern Wasser zu. Der Bodensee wäre bei diesem Verbrauch in weniger als zwei Tagen leer.

Anders stellt sich das Problem dar, wenn der unterschiedliche Wasserverbrauch in den Ländern berücksichtigt wird: In Deutschland liegt der jährliche Pro-Kopf-Verbrauch bei 1 426m³ im Durchschnitt, in den USA bei 2 842 m³, in China sind es demgegenüber 1 071 m³, in Bangladesch nur rund 750 m³.

Die entscheidende Größe ist also nicht die Gesamtzahl der Menschen, sondern ihr Lebensstil: in welchem Maß sie die verfügbaren Ressourcen beanspruchen.

INFO

Der Ressourcenverbrauch wird abgebildet im **ökologischen Fußabdruck**. Er zeigt, wie viel Fläche verbraucht wird für alle Ressourcen, die für den Alltag – etwa für Essen, Wohnen, Mobilität und die Entsorgung der Abfälle – benötigt werden. Teilt man die Gesamtfläche der Erde auf die Weltbevölkerung auf, so stünden jedem Einwohner 1,8 ha zur Verfügung. Verbraucht werden aber z. B. von Deutschland 4,6 ha pro Kopf, in den USA sind es sogar 7,2 ha; dagegen „begnügt“ sich Indien derzeit noch mit 0,8 ha und Bangladesch mit nur 0,7 ha.

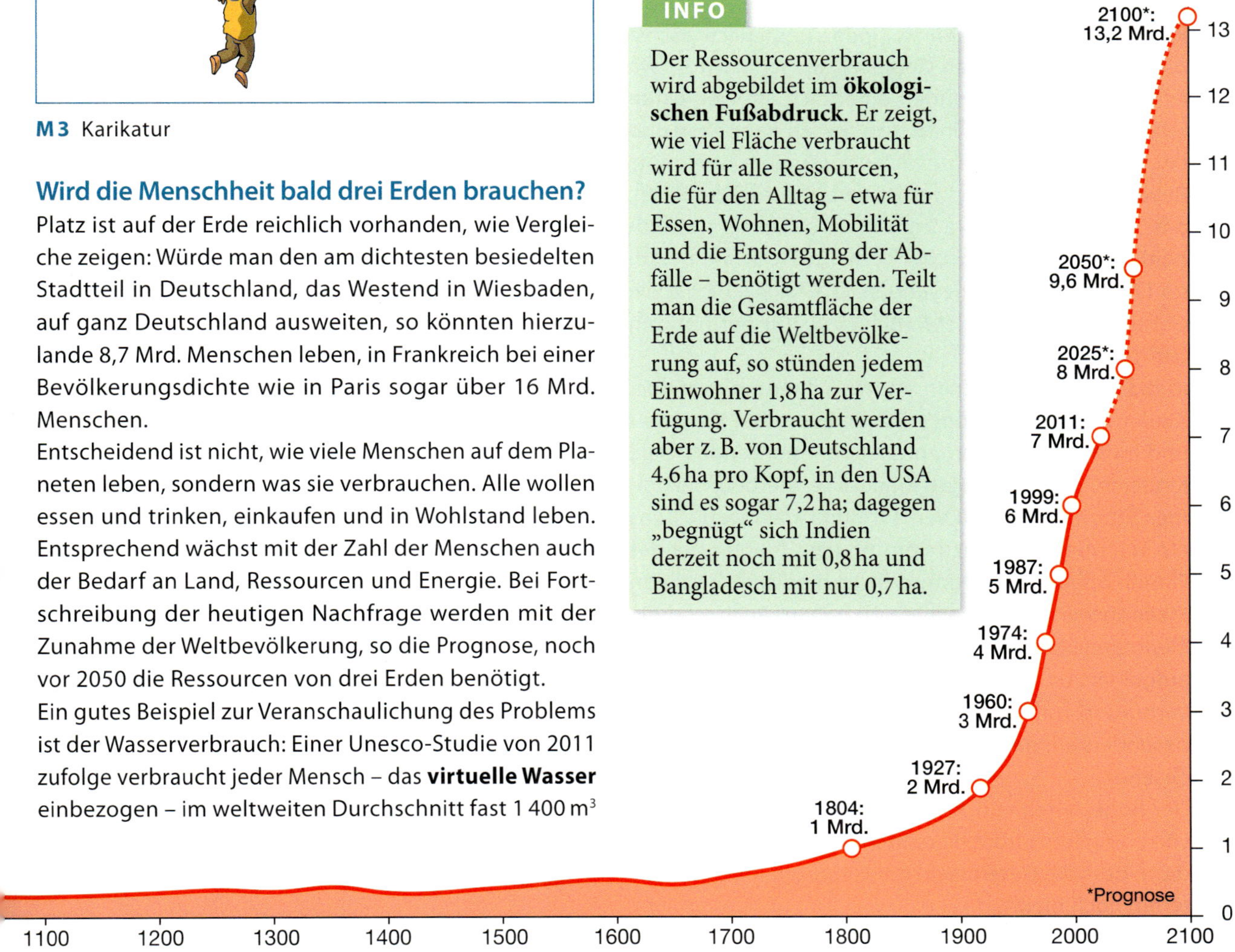

Die Bevölkerung entwickelt sich auf der Erde unterschiedlich

M1 Kinderreiche Familie

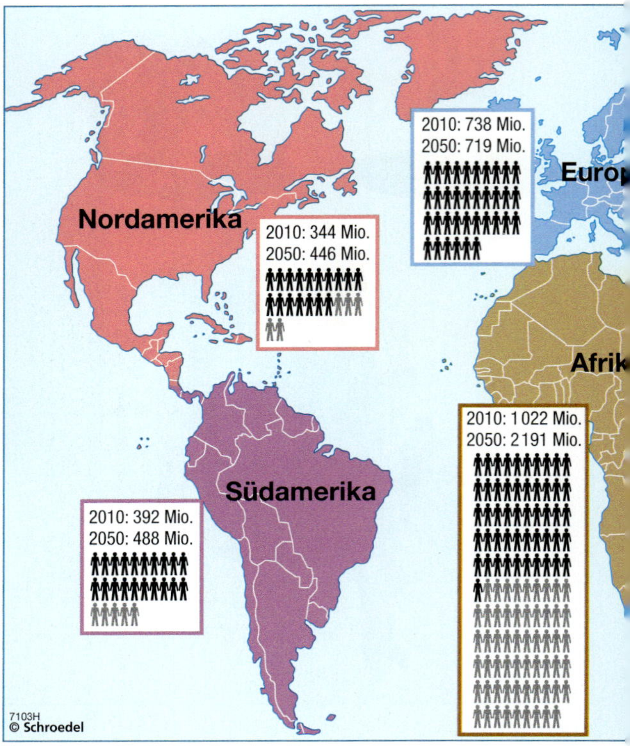

M2 Wir sind sieben Milliarden.

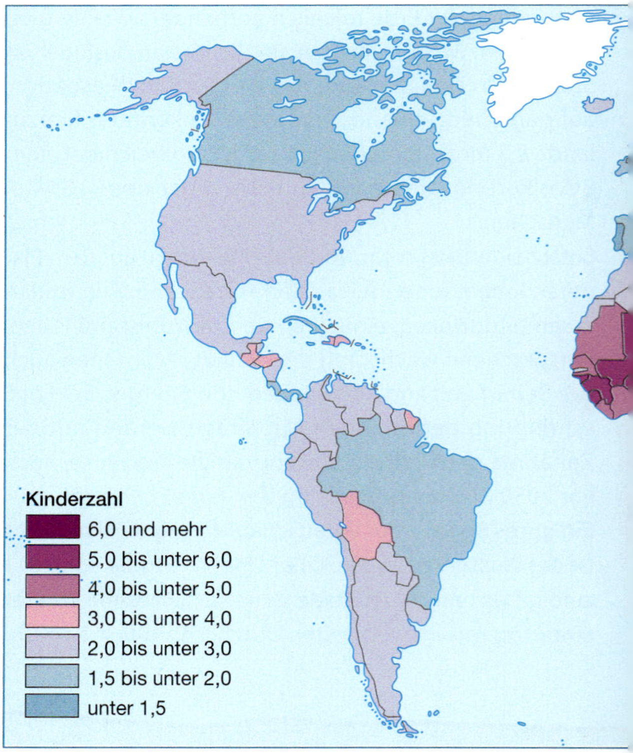

M3 Durchschnittliche Kinderzahl weltweit

Bevölkerungsentwicklung in Entwicklungsländern

Kinder, Kinder und nochmals Kinder. Tatsächlich wächst die Bevölkerung in den Gebieten am schnellsten, wo es die Lebensbedingungen eigentlich am wenigsten erlauben. Vor allem in Indien, in den afrikanischen und lateinamerikanischen Entwicklungsländern nimmt die Bevölkerung stark zu. Dies ist darauf zurückzuführen, dass die Sterblichkeit aufgrund verbesserter gesundheitlicher und hygienischer Verhältnisse sowie besserer Ernährung zurückgegangen ist. Gleichzeitig ist die Geburtenrate gleichgeblieben bzw. nur geringfügig zurückgegangen.

In diesen Ländern fehlen soziale Sicherungssysteme. Kinder werden „benötigt", um die Eltern bei Krankheit und im Alter zu versorgen. Da aber immer noch viele Kinder im Säuglings- bzw. Kindesalter sterben, bekommen Eltern mehrere in der Hoffnung, dass wenigstens ein Teil überlebt. Hinzu kommt, dass Frauen bei der Familienplanung aufgrund ihrer niedrigen sozialen Stellung wenig Mitspracherecht haben. Auch sind die Menschen über Verhütungsmethoden nicht umfassend aufgeklärt und haben meist auch keinen Zugang zu Verhütungsmitteln. Zudem wird eine hohe Kinderzahl besonders auf dem Land als Zeichen von Reichtum angesehen.

Der hohe Anteil von Jugendlichen an der Gesamtbevölkerung führt trotz sinkender Geburtenzahl pro Frau dazu, dass die Gesamtzahl der Geburten im Land weiterhin hoch bleibt.

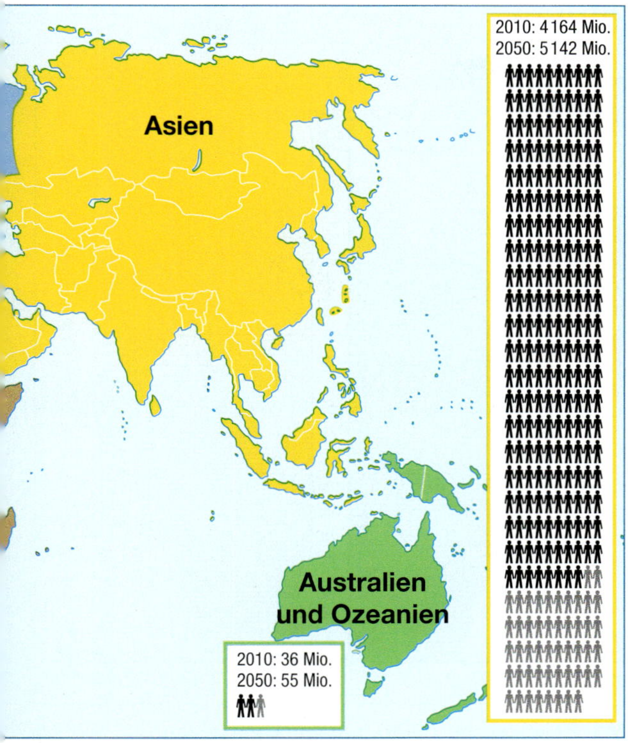

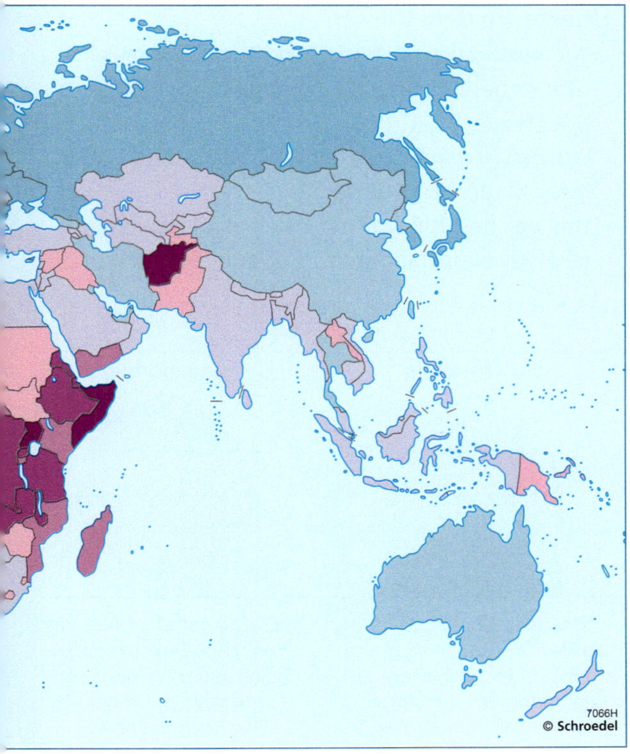

M 4 Zwei-Kind-Familie

Bevölkerungsentwicklung in Industrieländern

Bilder von früher zeigen: Um 1900 waren auch in Deutschland viele Familien kinderreich. Heute jedoch schrumpft die Bevölkerung, da immer weniger Kinder geboren werden. Da gleichzeitig die Lebenserwartung der Deutschen im vergangenen Jahrhundert um 31 Jahre gestiegen ist, führt diese Entwicklung zusätzlich zu einer deutlichen Alterung der Gesellschaft.
Als Gründe, warum sich Paare für keine oder nur wenige Kinder entscheiden, sind laut einer Umfrage: Kinder kosten (zu viel) Geld, lassen sich mit der beruflichen Karriere kaum vereinbaren und schränken die persönliche Freiheit ein. Als weiterer Grund wurden unzureichende Betreuungsmöglichkeiten genannt.

AUFGABEN

1 *Die Bilder M1 und M4 zeigen „zwei Welten". Vergleiche die Familiensituation in Industrieländern und Entwicklungsländern.*

2 *Beschreibe die unterschiedliche Verteilung der Menschen auf der Erde 2010 und die Entwicklung bis 2050.*

3 *Informiere dich im Internet (http://de.globometer.com/geburten.php), wie viel Kinder in diesem Jahr, weltweit, in Europa, Deutschland, Asien und Afrika bereits geboren wurden.*

4 *Erkläre, warum die Bevölkerung in Entwicklungsländern wächst, während sie in den Industrieländern abnimmt.*

5* *Diskutiert mögliche Folgen und Probleme der gegensätzlichen Entwicklung für die Entwicklungs- und die Industrieländer.*

M

Wir arbeiten mit Bevölkerungsdiagrammen

Die Bevölkerung eines Landes ist keine konstante Größe, sondern verändert sich ständig. Faktoren, die die Bevölkerungszahl beeinflussen, sind die Geburtenrate und die Sterberate. Aber auch Zu- und Abwanderungen wirken sich auf die Bevölkerungszahl aus.
Die sich daraus ergebende Altersstruktur der Bevölkerung lässt sich mithilfe eines **Bevölkerungsdiagramms** darstellen und ablesen.

1. So liest du ein Bevölkerungsdiagramm

Ein Bevölkerungsdiagramm ist eine grafische Darstellung der Bevölkerungsstruktur eines Landes. Aus dem Diagramm kann man erkennen,

- wie die Verteilung der Bevölkerung nach bestimmten Altersgruppen oder Jahrgängen ist,
- wie die Verteilung nach Geschlechtern ist
- und wie groß für eine Altersgruppe der prozentuale Anteil oder der absolute Anteil ist.

An der Grundform des Diagramms (M2) kann man außerdem den derzeitigen Entwicklungsstand einer Bevölkerung ablesen. Zum Beispiel sieht man, wie hoch die Lebenserwartung in einem Land ist, ob die **Geburtenrate** hoch oder niedrig ist und ob diese schwankend oder gleichbleibend ist. Daraus lassen sich Prognosen für die Zukunft ableiten.
Es muss klar sein, dass ein Bevölkerungsdiagramm kein stabiles Gebilde ist, sondern einem ständigen Wandel unterliegt. Menschen werden geboren und schieben – wie auf einem Förderband – die darüberliegenden Altersgruppierungen schrittweise nach oben.

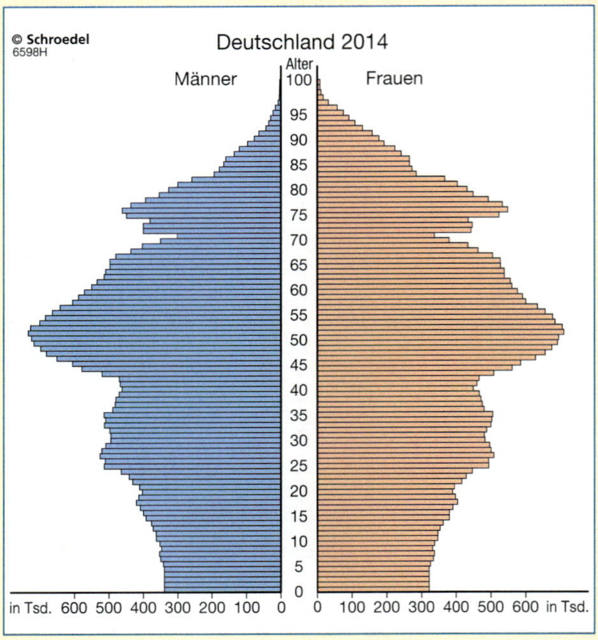

M1 Bevölkerungsdiagramm von Deutschland

Überprüfe dein Wissen

- Wie viele Frauen sind zwischen 15 und 20 Jahre alt?
- Gibt es bei den über 80-Jährigen mehr Männer oder Frauen?
- Wurden in den letzten Jahren mehr Jungen oder mehr Mädchen geboren?
- Um welche Grundform handelt es sich bei dem Bevölkerungsdiagramm von Deutschland?

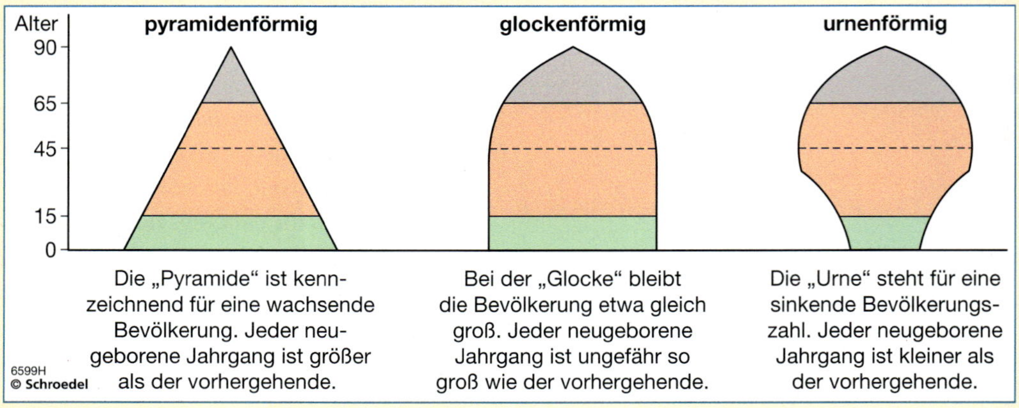

M2 Drei Grundformen des Altersaufbaus der Bevölkerung

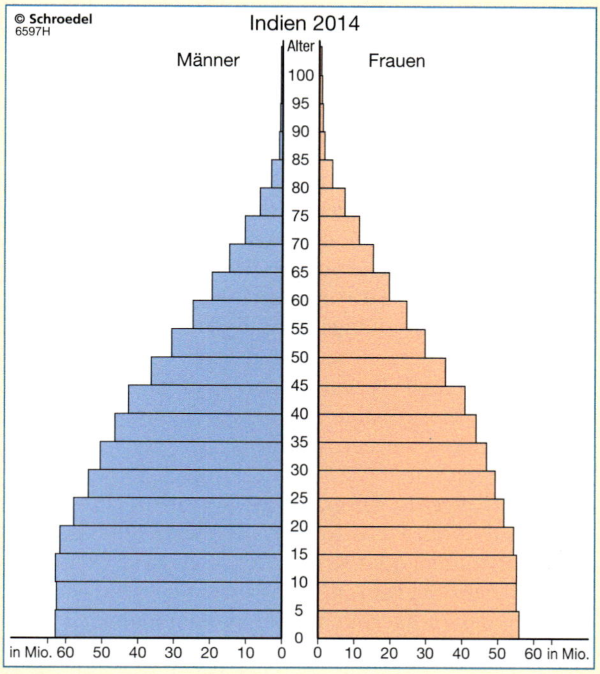

M3 Bevölkerungsdiagramm von Indien

2. Vergleiche Bevölkerungsdiagramme verschiedener Länder

Durch den Vergleich von Bevölkerungsdiagrammen verschiedener Länder können Rückschlüsse auf die jeweiligen Lebensverhältnisse gezogen werden. Vergleiche die Bevölkerungsdiagramme von Deutschland und Indien. So kannst du dabei vorgehen:

- Vergleiche wichtige Merkmale des Altersaufbaus (Untersuchung). Nenne Gemeinsamkeiten und Unterschiede.
- Überlege Ursachen für diese Merkmale (Erklärung).
- Ziehe Schlussfolgerungen (Erkenntnisse) für mögliche zukünftige Entwicklungen.

3. So vergleichst du Bevölkerungsdiagramme verschiedener Zeitpunkte

Um Aussagen über die Altersstruktur weltweit zu machen, kannst du dir ein Bevölkerungsdiagramm der gesamten Weltbevölkerung ansehen. In einer solchen Darstellung werden nationale Besonderheiten allerdings nicht mehr berücksichtigt.

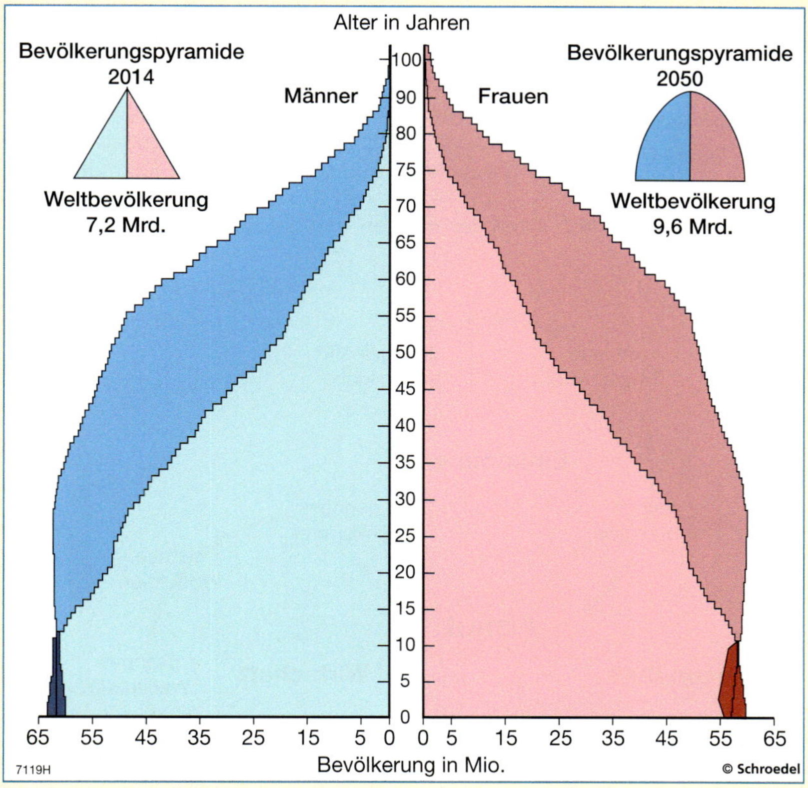

M4 Weltbevölkerungspyramide von 2014 und 2050

In M4 sind zwei Bevölkerungsdiagramme in einer Grafik dargestellt. Die Angaben für das Jahr 2050 beruhen dabei auf einer Prognose. Werte die Abbildungen mithilfe folgender Fragen aus:

- Vergleiche die Altersgruppen der 15-, 45- und 65-Jährigen im Jahr 2014 und 2050. Warum wählt man gerade diese Altersgruppen?
- Welches sind die stärksten Altersjahrgänge in dem Diagramm von 2014 und 2050?
- Worin liegen die stärksten Bevölkerungsveränderungen der beiden Jahre?
- Welche Grundformen lassen sich den Diagrammen zuordnen?
- Welche Erkenntnis lässt sich formulieren? Bewerte die Entwicklung von 2014 bis 2050.

Werden alle satt?

Im Jahr 2000 verabschiedeten die Vereinten Nationen Millenniumsziele: Ziele, die bis zum Jahr 2015 erreicht sein sollten und zu deren Verwirklichung sich die 189 Unterzeichnerstaaten feierlich verpflichteten. Als erstes und damit wichtigstes Ziel setzte sich die internationale Staatengemeinschaft die Halbierung der Armut und des Hungers.

Zwar ist die Zahl der Hungernden seit 1990 um 290 Mio. zurückgegangen. Dennoch scheint der Kampf gegen den Hunger angesichts der Situation im Jahr 2014 verloren, das Millenniumsziel nicht mehr erreichbar:

- Über 800 Mio. Menschen auf der Welt haben nicht genug zu essen: Damit muss einer von neun Menschen weltweit jeden Abend hungrig schlafen gehen.
- Zwei Milliarden Menschen sind mangelernährt.
- Weltweit sterben mehr Menschen an Hunger (8,8 Mio.) als an AIDS, Malaria und Tuberkulose zusammen.
- Mehr als sechs Millionen Kleinkinder in Entwicklungsländern sind chronisch unterernährt.
- 66 Mio. Vorschulkinder gehen hungrig in die Schule, allein in Afrika sind es 23 Mio.
- Jedes vierte Kind weltweit ist von „stunting" beeinträchtigt, einer zu geringen Körpergröße im Vergleich zu gesunden Gleichaltrigen.
- Etwa 3,1 Mio. Kinder unter fünf Jahren sterben jedes Jahr an den Folgen von Mangelernährung. Das sind rund 8 500 Kinder täglich oder etwa alle zehn Sekunden ein Kind.

Hunger und seine Folgen

Der Nahrungsbedarf eines Menschen variiert zwischen Ländern, Altersgruppen und Geschlechtern und liegt durchschnittlich zwischen 1 800 und 2 100 kcal (Kalorien) am Tag.
Hunger lässt sich in drei Arten unterscheiden:

Chronischer Hunger ist die am weitesten verbreitete Art. Er liegt bei ständiger Unterernährung vor. Auch wenn er häufig auf den ersten Blick nicht sichtbar ist, hat er dramatische Folgen: Der Körper gleicht unzureichende Ernährung durch Einschränkung der körperlichen und geistigen Aktivitäten aus. Die Menschen verlieren ihre Antriebskraft und Konzentrationsfähigkeit und werden apathisch. Kinder werden in ihrer geistigen und körperlichen Entwicklung unumkehrbar beeinträchtigt.

Akuter Hunger ist die extremste Form von Hunger und wird durch Katastrophen ausgelöst, z. B. Naturkatastrophen oder Kriege, die zu einer schweren Unterernährung führen. Weltweit leiden rund acht Prozent der Hungernden unter akutem Hunger.

Verborgener Hunger ist eine Art der Unterernährung, bei der zu wenig Vitamine und Mineralstoffe aufgenommen und verwertet werden. Betroffen sind weltweit über zwei Milliarden Menschen. Vor allem Kinder, deren Körper durch Mangelernährung nicht richtig wachsen kann, leiden darunter: Viele sterben in jungen Jahren. Aber auch Erwachsene kämpfen wegen der Mangelernährung mit einem geschwächten Immunsystem und sind anfällig für Krankheiten.

M 1 Arten des Hungers und die Folgen

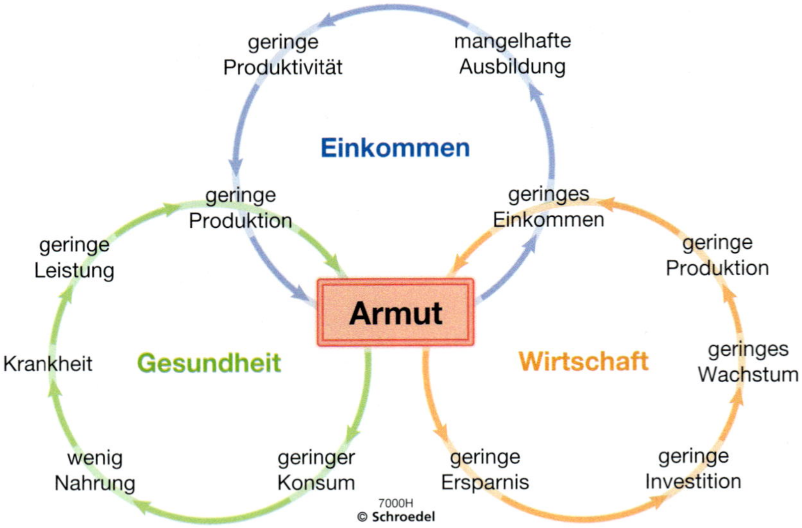

M 2 Der Teufelskreis von Hunger, Armut und Entwicklung

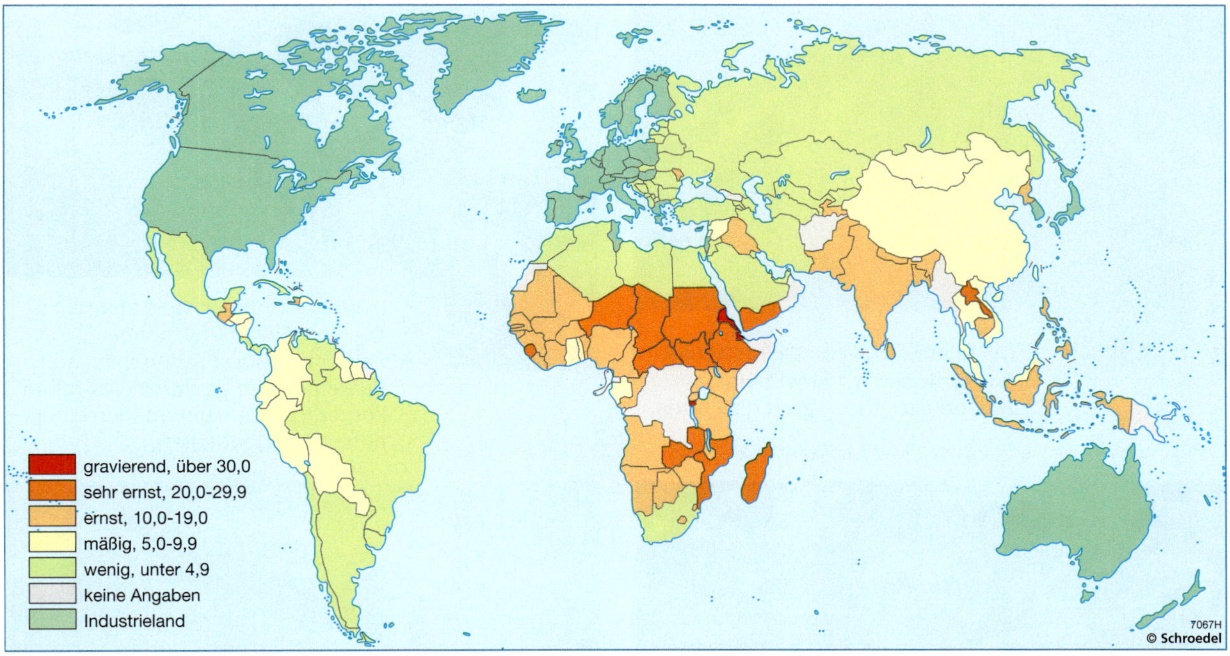

M3 Verbreitung des Hungers (alle 3 Arten, siehe M1) nach Anteil der betroffenen in Prozent der Gesamtbevölkerung

Region	Zeitraum	Anzahl der Menschen	Anteil
Welt	2010–2012	868 Mio.	12,5 %
	1990–1992	1 Mrd.	18,6 %
Afrika (südl. Sahara)	2010–2012	234 Mio.	26,8 %
	1990–1992	170 Mio.	32,8 %
Südasien	2010–2012	304 Mio.	17,6 %
	1990–1992	327 Mio.	26,8 %
Ostasien	2010–2012	167 Mio.	11,5 %
	1990–1992	261 Mio.	20,8 %
Latein-amerika	2010–2012	49 Mio.	8,3 %
	1990–1992	65 Mio.	14,6 %

M4 Anzahl der Hungernden in ausgewählten Regionen

M5 Hunger im Überfluss

AUFGABEN

1 *Erläutere die Karikatur M5. Worauf will der Zeichner aufmerksam machen?*

2 *Vergleiche die unterschiedlichen Arten von Hunger.*

3* *Erläutere den Teufelskreis, in dem sich die von Hunger betroffenen Menschen und Gesellschaften befinden (M2).*

4 *Beschreibe die Verbreitung des Hungers auf der Erde (M3).*

5 *Arbeite heraus, in welchen Teilen der Welt der Hunger am größten ist und wie sich die Situation verändert hat (M3, M4).*

Der Klimawandel verändert Anbau- und Erntezeiten. Immer häufiger zerstört extremes Wetter die Ernten.

In Kriegen müssen viele Menschen flüchten. Flüchtlinge können nicht mehr ihrer Arbeit nachgehen. Außerdem haben sie durch die großen körperlichen Anstrengungen einen hohen Kalorienbedarf.

Aus vielen Entwicklungsländern werden landwirtschaftliche Erzeugnisse in andere Länder ausgeführt. Das bringt zwar Geld in das Land, aber die eigene Bevölkerung hat oft nicht genug zu essen.

Auf Millionen von Hektar Land werden Biospritpflanzen angebaut – Fläche, die auch zum Anbau von Nahrungsmitteln genutzt werden könnte.

M 1 Weltweiter Hunger und seine Ursachen

Hunger hat viele Ursachen

Weltweit werden genug Nahrungsmittel produziert, um die gesamte Weltbevölkerung von mehr als sieben Milliarden Menschen zu ernähren. Die globale Nahrungsmittelproduktion ist in den vergangenen 20 Jahren jährlich um zwei Prozent gestiegen, fast doppelt so stark wie die Weltbevölkerung. Und doch hungern Millionen Menschen.
Dafür gibt es viele Gründe. Die FAO, die Ernährungs- und Landwirtschaftsorganisation der Vereinten Nationen, unterscheidet zwei Formen des Hungers: strukturellen und konjunkturellen Hunger. Diese beiden Formen verweisen auf unterschiedliche Ursachen.
„Konjunktur" bedeutet so viel wie „Wirtschaftslage". Konjunktureller Hunger meint dann eine plötzliche Verschlechterung der Versorgungssituation, weil z. B. eine Dürreperiode aufgetreten ist, die die Ernte zerstört hat. Auch ein ausbrechender Krieg kann zu einer konjunkturell bedingten Hungersnot führen.
„Struktur" meint den Aufbau einer Sache oder eines Systems. Strukturelle Ursachen für den Hunger sorgen für einen ständigen Nahrungsmangel. Gründe hierfür sind z. B. die wirtschaftliche Unterentwicklung eines Landes oder die extreme Armut innerhalb der Bevölkerung. Einen großen Anteil am strukturellen Hunger hat auch der Lebensstil in den Industriestaaten, wenn aus Pflanzen Biosprit hergestellt wird oder wenn für die Fleischproduktion immer mehr Futtermittel angebaut werden.

AUFGABEN

1 *Erläutere die Ursachen für den Hunger (M1).*

2 *Entscheide, ob die Ursachen konjunktureller oder struktureller Art sind (M1).*

Der Anstieg des Fleischkonsums führt dazu, dass mehr Nahrung an Nutztiere verfüttert wird, anstatt den Menschen zur Verfügung zu stehen.

Viele Menschen beziehen geringe Löhne und können sich nicht ausreichend Nahrungsmittel kaufen.

Bodenschicht (Humusschicht) wird immer dünner; es wird schwieriger, Nahrungsmittel anzubauen

Weltweit wird etwa die Hälfte der produzierten Nahrungsmittel verschwendet, indem sie im Müll landet.

M

Projekt: „Unsere Verantwortung für den Hunger in der Welt"

Auf den Folgeseiten findet ihr Material zum „Anteil", den jeder von uns am Hunger in der Welt hat.
Bildet in der Klasse vier Gruppen, die jeweils eines der Themen bearbeiten:

- Tonne statt Teller: Lebensmittelverschwendung (> S. 208)
- Unser Fleisch macht andere hungrig (> S. 209)
- Klimawandel macht Hunger (> S. 210)
- Volle Tanks, leere Mägen (> S. 211)

Aufgaben für die Gruppenarbeit:

1 *Arbeitet heraus, wie unser Lebenswandel zum Hunger in der Welt beiträgt.*
2 *Recherchiert im Internet zusätzliche Informationen zu eurem Thema. (Recherchetipps findet ihr auf der jeweiligen Seite.)*
3* *Diskutiert, bezogen auf euer Thema, die These „Hunger ist das größte lösbare Problem der Menschheit".*
4 *Gestaltet ein Plakat, das eure Mitschülerinnen und Mitschüler über euer Thema informiert. Stellt es in der Klasse vor.*
5* *Erarbeitet in der Klasse Möglichkeiten, wie ihr andere Klassen und eure Eltern über das Thema „Unsere Verantwortung für den Hunger in der Welt" informiert.*

M 1 Lebensmittelverschwendung

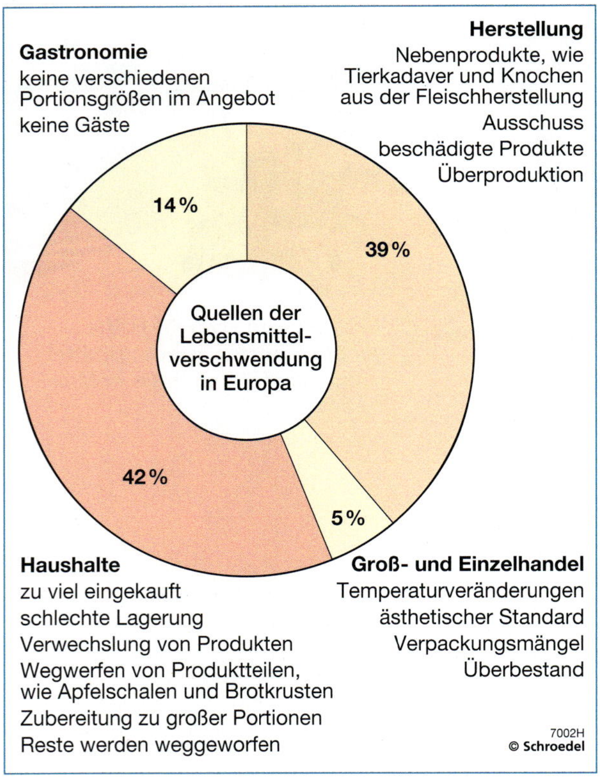

M 2 Lebensmittelabfälle nach Verursacher

TIPP

- www.youtube.com/watch?v=IxvZpcbshz0 (30 min)
- www.going-green.info/materialien/
  Bildungsmappe II als PDF „Nahrungsmittelproduktion und -verschwendung"
- www.brot-fuer-die-welt.de
  Arbeitsheft als PDF „Niemand is(s)t für sich allein"
- www.oeko-fair.de/verantwortlich-handeln/lebensmittelverschwendung

Tonne statt Teller – Lebensmittelverschwendung

Weltweit wandern Jahr für Jahr rund 1,3 Mrd. t Lebensmittel – ein Drittel der gesamten Nahrungsmittelerzeugung der Welt – in den Müll. In Deutschland sind es knapp elf Millionen Tonnen, wobei der Großteil, 6,7 Mio. Tonnen, von den Privathaushalten entsorgt wird. Im Durchschnitt wirft damit jeder Bundesbürger pro Jahr 82 kg Lebensmittel im Wert von rund 310 Euro weg, mengenmäßig etwa jeden fünften Einkauf.

Zwischen unserer Verschwendung und dem Hunger in der Welt besteht ein enger Zusammenhang: Die Lebensmittel, die wir wegwerfen, sind Teil des globalen Weltmarktes. Wenn unsere Nachfrage nach Lebensmitteln steigt, steigen auch die Weltmarktpreise. Diese sind für Grundnahrungsmittel wie Mais, Weizen und Reis seit einigen Jahren auf einem Höchststand. Viele Menschen, insbesondere in den Entwicklungsländern, können diesen Preis nicht mehr zahlen und müssen deshalb hungern. Hinzu kommt, dass auf vielen landwirtschaftlichen Flächen Nahrungsmittel angebaut werden, die für uns in den Industrieländern bestimmt sind. Diese Flächen fehlen, um die einheimische Versorgung sicherzustellen.
Darüber hinaus schadet die Nahrungsmittelverschwendung der Umwelt in erheblichem Maße, denn es werden wertvolle Energie-, Land- und Wasserressourcen vergeudet, die zur Herstellung von Nahrung benötigt werden. Auch das Klima leidet: Mit schätzungsweise 3,3 Gigatonnen Treibhausgasen (3,3 Mrd. t), wird jährlich die Atmosphäre belastet, weil Lebensmittel produziert werden, die niemals gegessen werden.

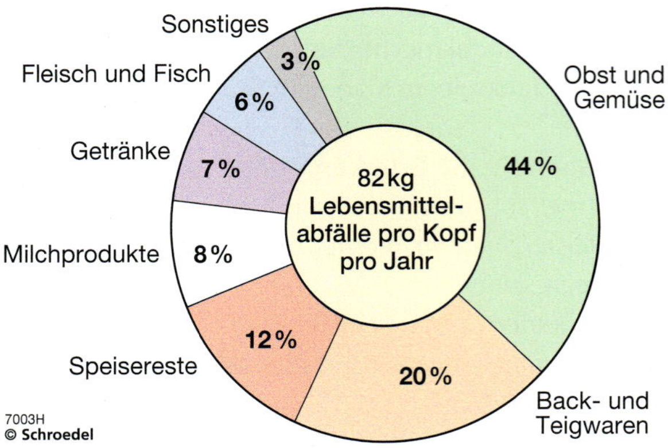

M 3 Anteile der Lebensmittelabfälle aus privaten Haushalten nach Produktkategorien

M4 Die Fleischproduktion wird stetig gesteigert.

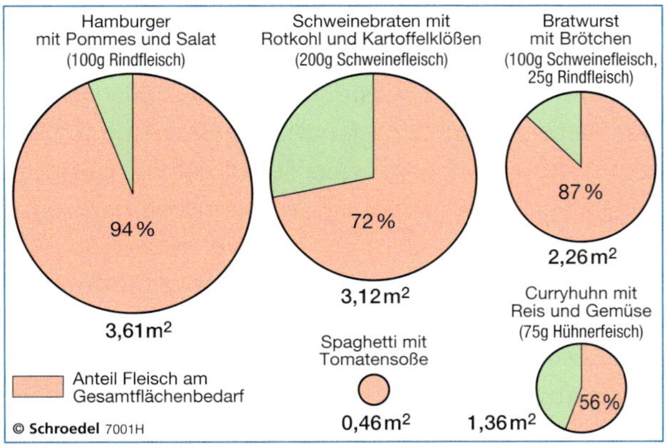

M5 Flächenbedarf typischer Gerichte

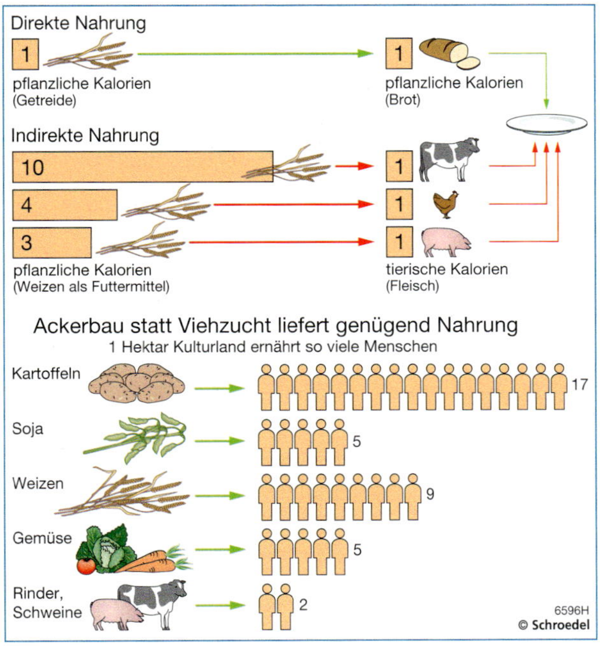

M6 Getreideverschwendung durch Fleischproduktion

Unser Fleisch macht andere hungrig

Immer mehr Menschen essen immer mehr Fleisch: 2012 wurde ein Höchststand von weltweit 300 Mio. t erreicht. Prognosen gehen davon aus, dass die Produktion bis 2050 auf 470 Mio. steigen wird, weil auch in aufstrebenden Ländern wie China und Indien die Fleischnachfrage stark ansteigt.

Mehr Tiere benötigen aber mehr Futter: So wird heute nahezu ein Drittel der weltweiten Landflächen für die Futtermittelproduktion genutzt. Inzwischen werden über 40 Prozent der jährlichen Weltgetreideernte (rund 800 Mio. t) an Tiere verfüttert. Da die Futtermittelproduktion in den Industrieländern nicht ausreicht, werden Futtermittel auch aus Entwicklungsländern importiert.

Zunehmend kaufen Schwellen- und Industrieländer Ackerflächen in Entwicklungsländern auf, um den Bedarf an Futtermitteln zu sichern. Allein die Europäische Union nutzt 35 Mio. ha außerhalb ihrer Grenzen als Anbaufläche.

Für die in den Entwicklungsländern lebenden Menschen hat unser Fleischhunger fatale Folgen: Ackerflächen für den Eigenanbau gehen verloren. Häufig werden auch Kleinbauern von ihrem Boden vertrieben und verlieren ihre Existenzgrundlage. Immer mehr Getreide wird als Futtermittel angebaut. Die hohe Nachfrage an Getreide führt zu steigenden Preisen auf dem Weltmarkt. Viele Menschen können diese Preise für ihre Grundnahrungsmittel nicht mehr zahlen.

Hinzu kommt, dass die Tiere nur einen Bruchteil der ihnen zugeführten Kalorien und Nährstoffe in Fleisch oder Milch umwandeln. Für ein Kilogramm Schweinefleisch werden drei Kilogramm Futter benötigt, für ein Kilogramm Rindfleisch sogar sieben Kilogramm Futter. Experten haben errechnet, dass pro Jahr auf einer Fläche von zwei Quadratmetern etwa 4,5 kg Kartoffeln geerntet werden können. Würde man die gleiche Fläche zum Anbau von Futtermitteln für Rinder nutzen, könnten nur 37 g Rindfleisch produziert werden.

TIPP

- www.going-green.info/materialien/ Bildungsmappe II als PDF „Nahrungsmittelproduktion und -verschwendung“
- www.wwf.de/fileadmin/fm-wwf/Publikationen-PDF/WWF-Studie_Fleisch_Zusammenfassung.pdf
- www.bund.net/fleischatlas

M 1 Landwirtschaft unter schwierigen Bedingungen

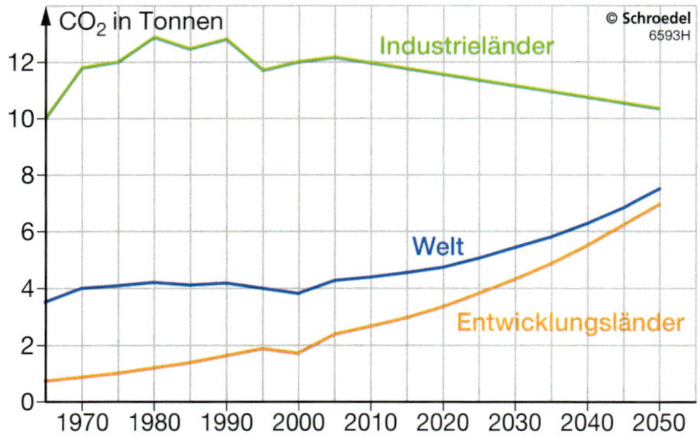

M 2 Pro-Kopf-Emissionen in Tonnen CO_2

M 3 Klimawandel: Afrika besonders betroffen

Klimawandel macht Hunger

Der Klimawandel scheint unabwendbar. Hauptverursacher sind die Industrieländer. Rund 58 Prozent des im gesamten 20. Jahrhundert in die Luft geblasenen Kohlendioxids beispielsweise wurden in Europa und den USA erzeugt. Inzwischen steigen auch in den Entwicklungsländern die Treibhausemissionen. Ein Großteil davon hängt aber mit unserem Lebensstil zusammen: Die Emissionen der erdölexportierenden Länder (OPEC) beispielsweise stammen vor allem aus der (Roh-)Ölförderung, zwei Drittel dieses Erdöls wird aber in den Industrieländern konsumiert.

Die Folgen des Klimawandels sind global, treffen aber die Entwicklungsländer in besonderem Maße. Hier sind – laut FAO – elf Prozent der Anbauflächen gefährdet. Vor allem die Länder, in denen die Armut heute schon am größten ist, sind betroffen: In Afrika südlich der Sahara, Ostasien und Südasien wird die Erwärmung über dem Weltdurchschnitt liegen. Durch häufige Dürreperioden, Starkniederschläge oder Stürme werden ganze Ernten vernichtet oder der Ertrag verringert. So wird befürchtet, dass der Weizenertrag in Afrika bis zum Jahr 2050 um durchschnittlich 17 Prozent und in Südasien der Maisertrag um 16 Prozent zurückgehen wird.

Die Leidtragenden sind die Menschen: 75 Prozent der ärmsten Menschen leben in ländlichen Regionen und sind direkt abhängig von der Land- oder Viehwirtschaft. Zudem wird aufgrund von geringeren Ernteerträgen z. B. weniger Weizen auf dem Weltmarkt angeboten werden können, wodurch der Preis steigt. Infolge des Klimawandels werden daher die Preise für Grundnahrungsmittel ebenfalls steigen. In Armut lebende Menschen, die oft 50 bis 80 Prozent ihres Einkommens für Nahrungsmittel aufwenden müssen, können diese Preise nicht mehr zahlen.

TIPP

- www.oxfam.de/informieren/klimafolgen/hunger
- www.suedwind-institut.de/publikationen/2009 PDF-Datei „Die Armen tragen der Reichen Last. Auswirkungen des Klimawandels auf die Entwicklungsländer“
- www.klima-und-gerechtigkeit.de/Klimafolgenin-den-Entwicklung.87.0.html

M 4 Rapsfelder in Deutschland

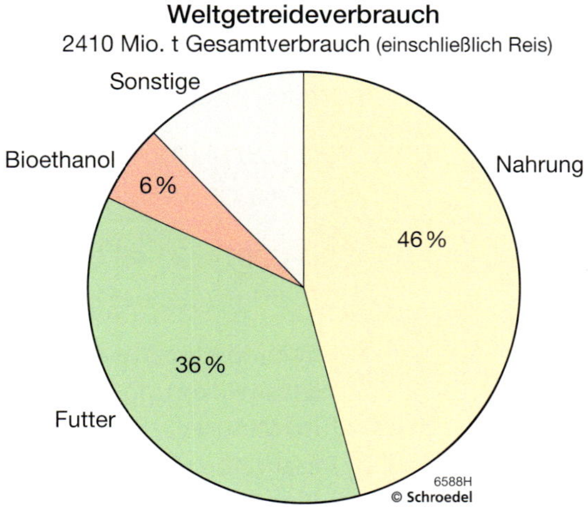

M 5 Anteile am Welt-Getreideverbrauch 2014/2015

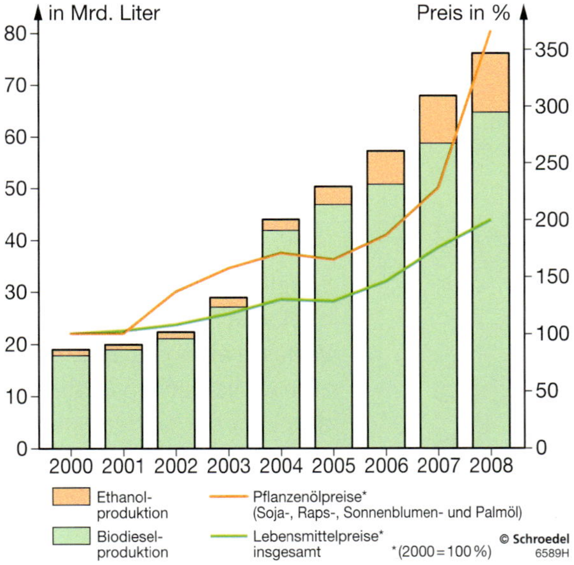

M 6 Hunger durch Biokraftstoff

Volle Tanks, leere Mägen

Kaum jemandem, der E10-Benzin oder Diesel tankt, wird bewusst sein, dass er gerade auch Essen in den Tank laufen lässt, beigemischt als Biokraftstoff. Dieser wird nicht aus Erdöl, sondern aus nachwachsenden Rohstoffen gewonnen. Das „E" steht für Ethanol, die „10" für den zehnprozentigen Anteil von Bioethanol im Benzin. Ethanol ist ein Benzinersatz, der aus stärke- oder zuckerhaltigen Pflanzen wie Mais, Weizen oder Zuckerrohr gewonnen wird. Agrardiesel wird aus ölhaltigen Pflanzen wie Ölpalmen, Raps oder Soja hergestellt.

In Deutschland wurde E10-Benzin 2011 eingeführt, nachdem 2009 die EU das Ziel gesetzt hat, bis 2020 zehn Prozent ihres Energiebedarfs im Verkehrssektor aus erneuerbaren Quellen zu beziehen. Ziel war es, den Ausstoß von klimaschädlichem Kohlendioxid zu verringern. Um die Autofahrer zum Umstieg auf den Agrosprit zu bewegen, wurden Steuervergünstigungen gewährt, die E10 billiger als die anderen Treibstoffe machen.

Das angestrebte Ziel der EU kann allerdings nur durch die massive Einfuhr von Agrarrohstoffen erreicht werden. Schon jetzt kommt ein großer Teil der beigemischten Agrarkraftstoffe aus Asien oder Lateinamerika; auf dem afrikanischen Kontinent bauten zumeist europäische Konzerne in den letzten zehn Jahren bereits auf über 18 Mio. ha Energiepflanzen an.

Damit tritt der Anbau in direkte Konkurrenz zur Nahrungs- und Futtermittelproduktion. Eine Studie der Universität Princeton zeigte, dass die Hälfte des Landes, das inzwischen für den Anbau von Ethanol-Mais benutzt wird, vorher für den Anbau von Nahrungsmitteln genutzt wurde. Beim Weizen liegt diese Quote sogar bei 60 Prozent. Die Herstellung trägt also direkt zur Senkung der Menge an verfügbaren Nahrungsmitteln bei. Außerdem steigen durch die Verknappung des Nahrungsmittelangebots die Preise. Die Weltbank schätzt, dass der Preisschub bei den Grundnahrungsmitteln zu 75 Prozent auf das Biokraftstoff-Konto geht.

TIPP

- www.youtube.com/watch?v=q1U1SP2sqRo (47 min)
- www.oxfam.de/sites/www.oxfam.de/files/20120917_hunger-getreide-biosprit-zusammenfassung-de.pdf
- www.regenwald.org/files/de/e10-flyer-2014-web.pdf
- www.welthungerhilfe.de/ueber-uns/mediathek PDF-Datei „Brennpunkt 28 – Erst der Teller, dann der Tank!"

Wiederholen und Üben

Sommer oder Winter?

Die beiden Zeichnungen zeigen den Einfall der Sonnenstrahlen um 12 Uhr bei uns am Sommeranfang (21.06.) und am Winteranfang (21.12.). Ordne den Zeichnungen das entsprechende Datum zu und begründe deine Entscheidung.

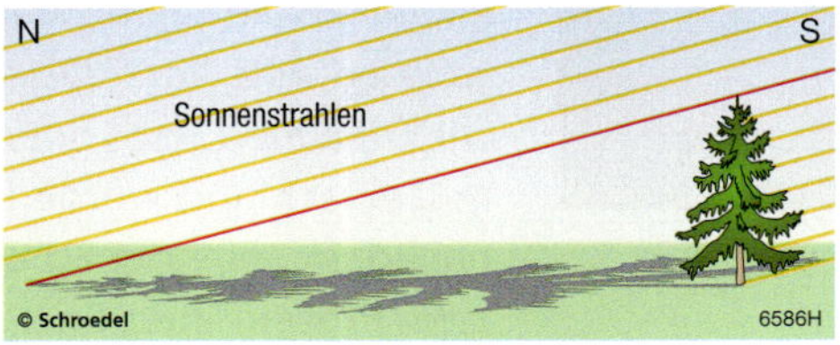

Atlasarbeit

Ermittle mithilfe des Atlas:

a) die Namen von zehn Staaten, die in der tropischen Zone liegen,

b) die Klimazonen, in denen folgende Städte liegen: *Lagos – Singapur – Sydney – London – Manaus – Peking – Chicago – Murmansk – Kairo.*

Richtig einsortieren

Ordne die folgenden Begriffe und Beschreibungen den vier großen Klimazonen zu (siehe Seiten 182 – 185). Erstelle dazu eine Tabelle.

Nadelwald | **Trockengebiete der Erde** | **Mitteltemperatur von 18° C** | **Savanne** | **lange, kalte Winter, kurze Sommer** | **Steppe** | **Hartlaubvegetation** | **Tundra** | **ständig warm und hohe Niederschläge**

Bevölkerungswachstum

29.11.2014, 21.40 Uhr:
7 277 780 332 Menschen

29.11.2014, 21.45 Uhr:
7 277 788 132 Menschen

1 Errechne den Zuwachs der Weltbevölkerung in diesen fünf Minuten.

2 Beschreibe die Bevölkerungsentwicklung und das Tempo des Zuwachses.

Das Klima beeinflusst das Leben

a) Betrachte die Fotos. In welchen Klimazonen sind sie jeweils aufgenommen worden?

b) Erläutere, wie das Klima die Lebensweise der Menschen beeinflusst.

Ressourcenverbrauch

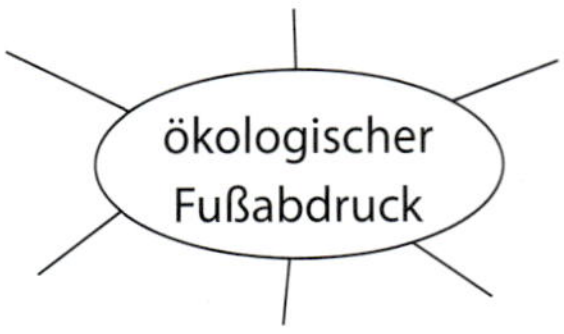

1 Erstelle eine Mindmap zum ökologischen Fußabdruck.

2 Verfasse einen kurzen Text zum ökologischen Fußabdruck für ein Kinderlexikon.

3 Erörtere die Aussage „Die Reichen sind die Last der Erde“.

Bevölkerungsdiagramme auswerten

1 Vergleiche die beiden Bevölkerungsdiagramme.
2 Ordne den beiden Bevölkerungsdiagrammen eine Überschrift zu: „Industrieländer" und „Entwicklungsländer".

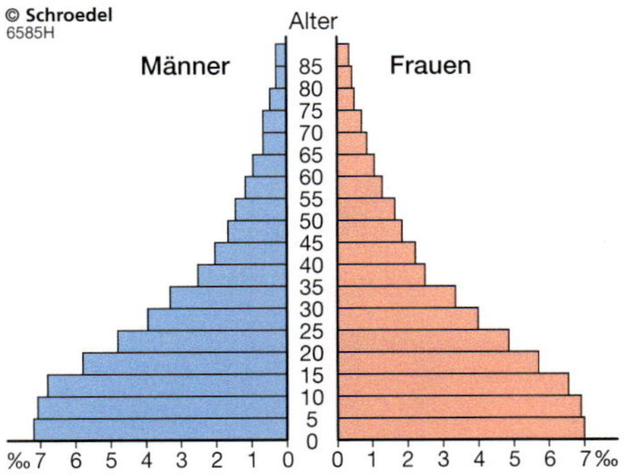

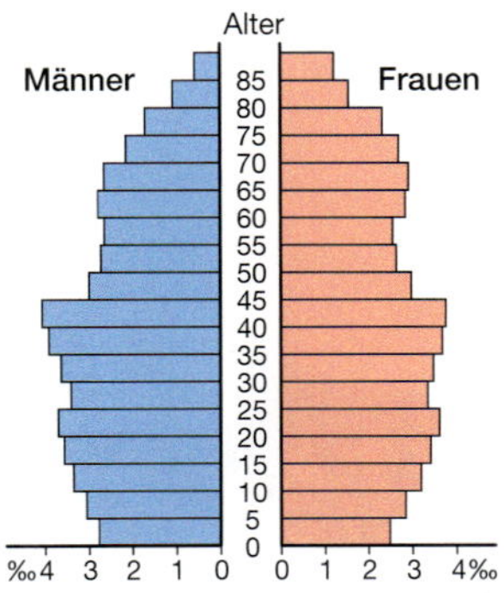

Hunger in der Welt

1 Nenne Regionen, in denen Hunger weit verbreitet ist.
2 Entwirf einen „Teufelskreis" des Hungers. Verwende dabei folgende Stichworte:
geringe körperliche Belastbarkeit – geringe Steigerung der Nahrungsmittelproduktion – geringes Einkommen – Mangelkrankheiten – hohe Krankheitsanfälligkeit – niedrige Produktivität in der Landwirtschaft – Unterernährung – schnellere Ermüdung

Gründe und Ursachen für Hunger

1 Erkläre, welche Gründe für Hunger in der Welt in den Fotos deutlich werden.
2 Entscheide, welche Gründe zu konjunkturellem Hunger, welche zu strukturellem Hunger führen.
3 Erkläre an einem Beispiel, wie unser Lebensstil zum Hunger in der Welt beiträgt.

Prüfe dich nun selbst! Du kannst ...

✓ ... die Merkmale der Klimazonen beschreiben (> S. 182/183);
✓ ... die Landnutzung in den Klimazonen beschreiben (> S. 184, 197);
✓ ... den Unterschied zwischen Plantagenwirtschaft und Subsistenzwirtschaft nennen (S. 194/195);
✓ ... die bisherige und zukünftige Entwicklung der Weltbevölkerung und deren Verteilung beschreiben (> S. 198 – 201);
✓ ... Folgen der Bevölkerungsentwicklung nennen und erklären (S. 199);
✓ ... den ökologischen Fußabdruck erklären (> S. 199);
✓ ... die Rolle und Bedeutung des Bevölkerungswachstums und des Lebensstandards als Problem beim Ressourcenverbrauch einschätzen (> S. 199/200);
✓ ... die Bevölkerungsentwicklung in Entwicklungs- und Industrieländern beschreiben (> S. 200/201);
✓ ... die Gründe für das Bevölkerungswachstum in Entwicklungsländern erklären (> S. 200);
✓ ... Bevölkerungsdiagramme auswerten und vergleichen (> S. 202/203);
✓ ... Arten von Hunger unterscheiden (> S. 204);
✓ ... einen „Teufelskreis" von Hunger und Armut erklären (> S. 204);
✓ ... Gründe für den Hunger in der Welt nennen (> S. 206/207);
✓ ... beurteilen, wie unser Lebensstil zum Hunger in der Welt beiträgt (> S. 208 – 211).

6 Unsere Demokratie

M 1 Der Deutsche Bundestag

M 2 Der Hessische Landtag in Wiesbaden

M 3 Auszählung der Stimmzettel im Wahllokal

M 4 Jugendliche Demonstranten in Wiesbaden

- **Was ist Demokratie?**
- **Was zeichnet die Demokratie in der Bundesrepublik Deutschland aus?**
- **Wo begegnet uns Demokratie im Alltag?**

M1 Gemeinden sind vielfältig.

Warum leben wir in Gemeinden?

Vieles ist nur gemeinsam machbar

Jeder von uns empfindet es als selbstverständlich, dass ihm sauberes Wasser zur Verfügung steht. Doch wie viele Anstrengungen und Arbeiten sind notwendig, damit wir jederzeit und überall im Haus und in der eigenen Wohnung den Wasserhahn aufdrehen können?

- Wo findet sich ein Quellgebiet mit sauberem Grundwasser? Wie kann dieses Gebiet vor Verunreinigungen geschützt werden?
- Wem gehören die Grundstücke? Welche Verhandlungen und Vereinbarungen mit den Eigentümern sind notwendig, um das Quellgebiet nutzen zu können?
- Wie wird das Wasser in die Gemeinde, in die Häuser, in die Haushalte transportiert? Wer baut die Anlagen, verlegt die Leitungen? Wer überwacht, repariert sie?
- Was soll mit dem Abwasser geschehen? Wer sammelt und reinigt es wieder?
- Wie lässt sich Trinkwasserqualität erreichen und erhalten? Wie wird das überprüft? Wer ergreift und ordnet notwendige Maßnahmen an, wenn Gefahr droht?
- Wie wird das alles finanziert? Welche Kosten entstehen? Wer berechnet diese? Wer wird an den Kosten in welcher Form beteiligt?

Keine einzelne Person, auch keine Familie, kann den enormen Aufwand an Arbeit und Kosten für die Wasservorsorgung allein bewältigen. Nur wenn sich Menschen zusammentun und zusammenarbeiten, können sie solche Leistungen erbringen.

Jeder Mensch gehört zu einer Gemeinde

Was haben Frankfurt, Neu-Anspach und Weißenborn gemeinsam? In allen Fällen, ob Großstadt, Kleinstadt oder Dorf, handelt es sich um eine Gemeinde. Gemeinden sind nach der Fläche und Einwohnerzahl sehr unterschiedlich. Die Einwohner einer Gemeinde bilden eine Kommune (lat. communis = gemeinsam). Sie haben das Recht, ihr Dasein und Leben eigenverantwortlich zu gestalten. Im Grundgesetz Artikel 28, Absatz 2 steht: *„Den Gemeinden muss das Recht gewährleistet sein, alle Angelegenheiten der örtlichen Gemeinschaft (...) in eigener Verantwortung zu regeln."*

Man fasst diesen Grundsatz unter dem Fachbegriff „kommunale Selbstverwaltung" zusammen.

AUFGABEN

1 *Erkläre am Beispiel „Wasserversorgung", warum es Gemeinden gibt.*

2 *Nenne weitere Beispiele aus deinem Alltag, die zeigen, wie das Leben in einer Gemeinde zur Verbesserung der Lebensbedingungen der Menschen führt.*

3 * *Charakterisiere deine Wohngemeinde.*

4 *a) Recherchiere und erkläre die Begriffe „Landkreis", „Kreisstadt", „kreisfreie Stadt" und „Regierungsbezirk" (Lexikon, Internet).*
b) Nenne mithilfe des Atlas Beispiele aus Hessen.

M

Projekt: Wir erkunden unsere Gemeinde

Jede Gemeinde in Deutschland und in Hessen sieht anders aus. Die geografische Lage, das Ortsbild, geschichtliche Ereignisse sowie ihre Bewohner prägen sie. Um einen tieferen Einblick in eure Wohn- oder Schulgemeinde zu bekommen, müsst ihr sie genauer kennenlernen.

Vorbereitungen

Jede Gemeinde zeichnet sich durch bestimmte Merkmale aus. Solche Strukturmerkmale könnt ihr nun für eure Gemeinde herausfinden. Bildet Arbeitsgruppen, die sich mit verschiedenen Themenbereichen rund um die Gemeinde beschäftigen. In den jeweiligen Gruppen sind eure ersten Überlegungen:

- Was wollen wir erkunden?
- Wo und von wem können wir Auskünfte erhalten?
- Wer übernimmt dafür welche Aufgabe?

Hinweis: In größeren Städten empfiehlt es sich, die Erkundung auf einen Stadtteil zu beschränken.

Durchführung

Jede Gruppe bearbeitet ihren Themenbereich. Um an die Informationen zu gelangen, könnt ihr z. B.

- einen Erkundungsgang machen
- Unterlagen der Gemeindeverwaltung nutzen
- Interviews mit Bürgermeistern und Gemeindevertretern machen
- im Internet, Stadt- bzw. Gemeindearchiv und in Bibliotheken recherchieren.

Prüft die Materialien und Texte, ob sie für die Beantwortung eurer Fragen auch wirklich nötig sind. Sortiert gegebenenfalls unnötige Materialien aus. Für eure Präsentation könnt ihr Fotos machen und nutzen, Skizzen, Karten und Mindmaps zeichnen und Tabellen anlegen.

Präsentation

Legt gemeinsam in der Gruppe fest, wie ihr unsere Ergebnisse präsentieren wollt. Ihr könnt z. B.

- eine Wandzeitung zusammenstellen
- eine PowerPoint-Präsentation erstellen
- ein Referat halten
- eine Informationsbroschüre erstellen
- einen Artikel für die Schülerzeitung schreiben
- einen kurzen Videofilm drehen
- eine Homepage erstellen.

... der Verkehrsanbindung
- Verkehrsanbindung innerhalb der Gemeinde (z. B. Bus, Straßenbahn, Radwege)
- Verkehrsanbindung außerhalb der Gemeinde (z. B. Bahn, S-Bahn, Autobahn, Bundesstraße)

... Möglichkeiten der Freizeitgestaltung
- Anzahl und Art von Vereinen
- Sportstätten, Freizeitanlagen und Jugendclubs
- Erholungsmöglichkeiten in der Natur
- kulturelle Einrichtungen und Veranstaltungen (z. B. Theater, Kino, Museen, Stadtfeste)

... Möglichkeiten, sich zu versorgen
- Größe, Art und Verteilung der Geschäfte
- Wo kauft die Bevölkerung für den täglichen Bedarf ein?
- ärztliche Versorgung (Art und Verteilung der Arztpraxen)

... Möglichkeiten, sich zu bilden
- Kindergärten
- Größe, Art, Verteilung der Schulen
- Anbindung an Schulen in anderen Gemeinden
- Hochschulen und weitere Bildungseinrichtungen

... Möglichkeiten zum Arbeiten
- Zahl der Beschäftigten
- Größe, Art und Verteilung der Unternehmen
- Entwicklung der Handwerks-, Industrie- und Landwirtschaftsbetriebe
- Arbeitslosenzahlen

... Möglichkeiten zum Wohnen
- Zahl, Art und Verteilung der Wohnungen (Mehr- oder Einfamilienhäuser? Mietwohnungen oder Eigentum?)
- Entwicklung des Wohnungsbaus

M 1 Wie sieht es in unserer Gemeinde aus mit ...

INFO

Grunddaten von Gemeinden

Lage der Gemeinde
- Nord-Süd- bzw. Ost-West-Ausdehnung
- Landkreis
- Entfernung zu bekannten Städten, Nähe zu Flüssen, Gebirgen, Seen

Bevölkerung
- Einwohnerzahl im Verlauf der Geschichte
- Verteilung auf Altersgruppen

Geschichtliche Ereignisse
- erste urkundliche Erwähnung
- Gebäude, Denkmäler aus früheren Zeiten
- Katastrophen in unserer Gemeinde

M1 Mitarbeiter der Stadtwerke bei der Kanalreinigung

M2 Der neue Abenteuerspielplatz

Welche Aufgaben haben die Gemeinden zu erfüllen?

Wann wird die Gemeinde tätig?

In einer Familie wird zuerst einmal für Essen und Trinken, für Unterkunft und Kleidung gesorgt. Erst wenn diese lebenswichtigen Grundbedürfnisse erfüllt sind, kann Geld für andere Dinge, z. B. für das neue Smartphone oder die nächste Urlaubsreise, ausgegeben werden. In einer Gemeinde verhält es sich ähnlich. Die Verwaltungen der Gemeinde sind verantwortlich für ihre Bewohner. Verantwortlich handeln bedeutet dabei, in erster Linie für die Angelegenheiten zu sorgen, die für alle Gemeindebürger lebenswichtig sind.

In der Gemeindeordnung Hessens (HGO) § 19 heißt es: *„Die Gemeinde hat die Aufgabe, in den Grenzen ihrer Leistungsfähigkeit die für ihre Einwohner erforderlichen wirtschaftlichen, sozialen, sportlichen und kulturellen öffentlichen Einrichtungen bereitzustellen."*

Zu den wichtigsten Aufgaben der Gemeinde gehören:
- die Strom- und Trinkwasserversorgung
- die Abfall- und Abwasserentsorgung
- der Bau und die Unterhaltung von Straßen, Geh- und Fahrradwegen
- der Bau, Betrieb und Erhalt von öffentlichen und sozialen Einrichtungen wie Kindergärten und Schulen
- die Unterhaltung von Friedhöfen, einer Feuerwehr sowie von Ordnungs- und Verwaltungsbehörden.

Gemeinden sind durch Gesetz dazu verpflichtet, diese Aufgaben zu erfüllen. Man nennt diese Angelegenheiten daher **Pflichtaufgaben**.

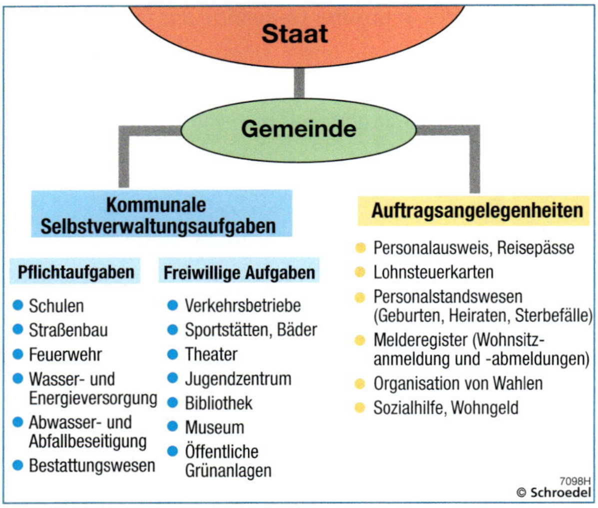

M3 Aufgaben der Gemeinden

Eine Gemeinde muss die Grundversorgung ihrer Einwohner sicher- sowie öffentliche Einrichtungen bereitstellen. Diese Aufgaben werden unterschieden:
1. Bei *„Pflichtaufgaben zur Erfüllung nach Weisung"* (Auftragsangelegenheiten für den Staat) wird vom Land oder Staat vorgegeben, wie diese Aufgaben zu erledigen sind (z. B. Ausstellung eines Personalausweises, genauer Ablauf einer Wahl).
2. Die *„weisungsfreien Pflichtaufgaben"* muss die Gemeinde zwar erfüllen, darf aber selbst entscheiden, wie sie diese genau umsetzt (z. B. wann die Müllabfuhr kommt).

Daneben gibt es noch *freiwillige Aufgaben*: Hier kann die Gemeinde selbst entscheiden, ob überhaupt und wie sie gewisse Aufgaben ausüben möchte (z. B. ob der Sportplatz gebaut und wie er aussehen wird).

M4 Gemeinde übernimmt eigene und fremde Aufgaben

M5 Sanierung der Hauptstraße

Die Gemeinde erbringt freiwillige Leistungen

In einer Gemeinde leben verschiedene Einwohner: Kinder, Jugendliche, Männer, Frauen, Senioren, Berufstätige, Handwerker, Künstler, Arbeitslose, Singles, Familien ... . Sie alle haben unterschiedliche Meinungen, Interessen und Hobbys. So verschieden wie die Menschen sind auch ihre Ziele, Wünsche, Vorstellungen und Erwartungen. Damit sein Leben schöner und abwechslungsreicher wird, möchte der eine einen neuen Abenteuerspielplatz mit Kletterpark, ein anderer ein Theater, ein dritter eine Altenbetreuung, ein vierter einen Fußballplatz. Auch für solche Einrichtungen und Angebote ist die Gemeinde zuständig.
Eine Gemeinde kann also weitere Aufgaben für ihre Einwohner erfüllen, die das Leben dort lebenswerter machen, z. B. durch die Bereitstellung von kulturellen Angeboten oder die Schaffung von preiswertem Wohnraum.

AUFGABEN

1 *Bürger stellen Wünsche an ihre Gemeinde (M6). Formuliere deine Wünsche an deine Heimatgemeinde.*

2 *Gib mit eigenen Worten die Unterschiede zwischen den drei Aufgabenarten von Gemeinden wieder (M3, M4).*

3 *Ordne M1, M2 und M5 begründet den Aufgabenarten von Gemeinden zu (M4).*

4* *Zeige an Beispielen auf, wie in einer Gemeinde Pflichtaufgaben und freiwillige Leistungen erbracht werden.*

5 *a) Nenne Beispiele aus deinem Alltag für Gemeindeaufgaben.*
b) Erörtere, inwieweit deine Gemeinde ihre Aufgaben auch wirklich erfüllt.

Felix, 18 Jahre, Schüler:
„Der Zustand des alten Schulgebäudes ist wirklich schlimm. Es wird Zeit, dass die Verantwortlichen etwas unternehmen!"

Frau Weber, 29 Jahre, Angestellte:
„Ich werde bald Mutter und wünsche mir daher mehr autofreie Zonen. Verkehrsberuhigte Bereiche sind für Kinder sehr wichtig. Das wissen auch die Stadtverordneten."

Andreas, 13 Jahre:
„Das Schwimmbad ist langweilig. Warum wird keine große Wasserrutsche gebaut?"

Frau Holdwein, 69 Jahre, Rentnerin:
„Die Wege im Stadtpark sind an vielen Stellen beschädigt. Spaziergänge mit meinem Hund werden immer beschwerlicher für mich. Darum muss sich die Gemeinde doch kümmern."

Herr Thomas, 62 Jahre, Postbote:
„Eine Wohnung, die halbwegs passabel ist, kann man sich nicht mehr in der Innenstadt leisten. Hier muss die Stadt unbedingt etwas tun."

Lea, 14 Jahre, Schülerin:
„Der Bus zur Schule fährt nur alle 40 min. Besonders im Winter muss ich lange in der Kälte warten. Warum fährt der Bus nicht öfter?"

M6 Wünsche von Bürgern

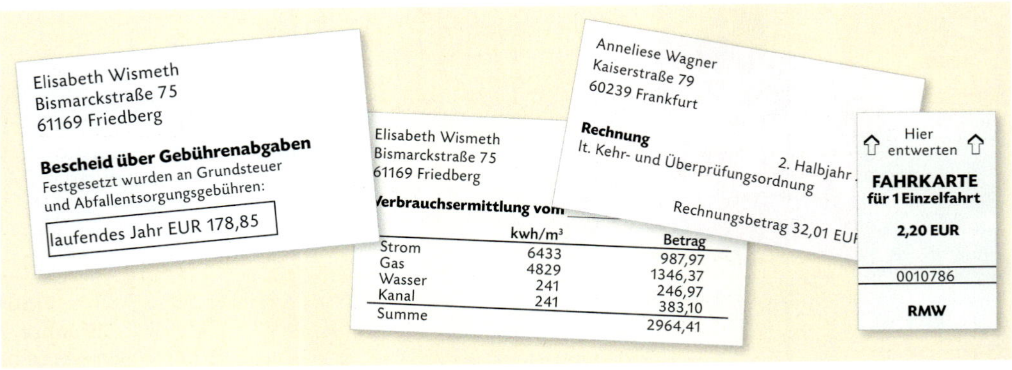

M1 Gebühren als Einnahmequellen

Woher nimmt die Gemeinde ihr Geld?

Um allein die Pflichtaufgabe „Trinkwasserversorgung" erfüllen zu können, muss die Gemeinde enorme Leistungen erbringen. Und diese Leistungen kosten Geld. Zu welcher Summe mögen sich da erst die Gesamtkosten für die gesamten Aufgaben und Leistungen addieren? Woher hat die Gemeinde dafür das notwendige Geld? Von wem bekommt sie es?

Der Bürger bezahlt Gebühren

Für Leistungen, die der Bürger in seiner Gemeinde in Anspruch nimmt, muss er bezahlen. So errechnet die Gemeinde, wie hoch die Kosten für die Wasserversorgung insgesamt sind. Dann setzt sie den Wasserpreis pro Kubikmeter fest. Über seinen Anteil am Verbrauch erhält der Bürger einen Gebührenbescheid. Der Betrag fließt dann in die Gemeindekasse in den Topf „Trinkwasserversorgung". Außerdem zahlt der Bürger Eintrittsgelder, z. B. für Museen, Theater oder für die Benutzung von Freizeiteinrichtungen.

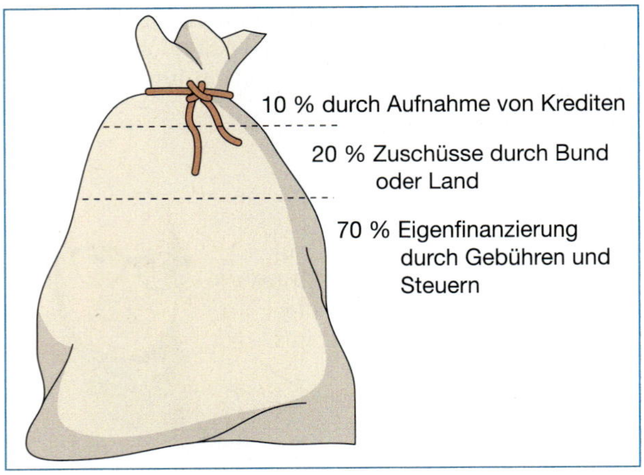

M2 Einnahmen der Gemeinden im Überblick

Die Gemeinde erhebt Gewerbesteuer

In der Gemeinde ansässige Fabriken, Handwerksbetriebe und Geschäfte zahlen ebenfalls Gelder in die Gemeindekasse. Die Höhe der sogenannten Gewerbesteuer kann die Gemeinde selbst festlegen. Zahlreiche Gemeinden sind durch die Gelder ihrer Gewerbebetriebe wohlhabend geworden. Aufgrund wirtschaftlicher Schwierigkeiten haben sich diese Einnahmen aber auch in den letzten Jahren verringert.

Die Gemeinde nutzt weitere Möglichkeiten

Die Gemeinden können noch andere Geldquellen ausschöpfen, wozu sie aufgrund der Gemeindeordnung berechtigt sind. So erheben sie Steuern (z. B. die Grund-, Hunde-, Vergnügungssteuer) und verpachten oder verkaufen Gemeindevermögen (z. B. Gebäude, Wald, Bodenflächen).

Die Gemeinde erhält Zuschüsse

Bei großen Projekten und Investitionen, z. B. beim Bau von Schulen oder Straßenbrücken, geben das Land, die Bundesrepublik Deutschland oder auch die Europäische Union finanzielle Zuschüsse.

Die Gemeinde leiht sich Geld

Häufig reichen diese Gelder nicht aus, um die gesamten gemeindlichen Aufgaben zu finanzieren. Deshalb sind die Gemeinden gezwungen, Kredite aufzunehmen. Wie jeder normale Bürger müssen auch sie dafür Zinsen bezahlen. Und mit jedem Kredit wachsen die Schulden, es wachsen die Probleme, wie diese Schulden zurückgezahlt werden können.

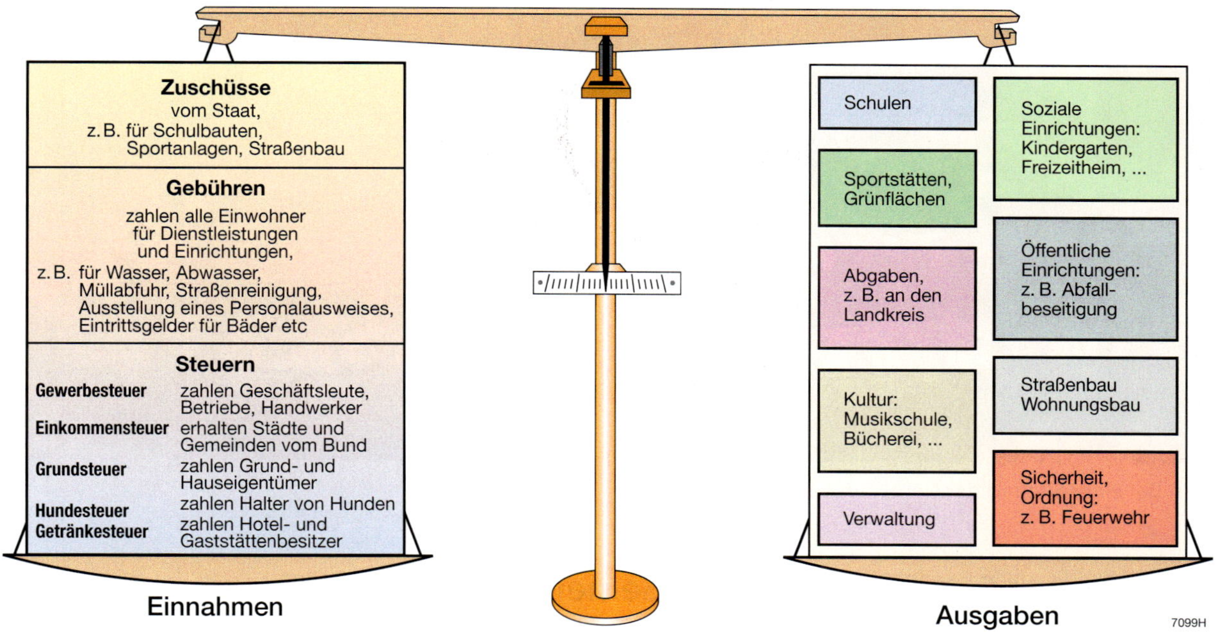

M3 Einnahmen und Ausgaben müssen im Gleichgewicht sein.

Eine Gemeinde muss haushalten

Jede Familie, jeder Verein, jeder Betrieb muss mit dem zur Verfügung stehenden Geld haushalten. Ähnlich ist es in einer Gemeinde. Auch sie muss:

- die laufenden Ausgaben und Einnahmen verwalten, um den Überblick nicht zu verlieren,
- Berechnungen anstellen und für die Zukunft planen,
- haushalten, das heißt, mit dem zur Verfügung stehenden Geld so gut wie möglich auskommen, um keine weiteren Schulden machen zu müssen,
- (öffentlich) Rechenschaft ablegen, um die Bürger über den Umgang mit deren Geld zu informieren.

Ein Haushaltsplan wird erstellt

Diese Hauptaufgabe ist für die Gemeindeverwaltung sehr zeitaufwendig und arbeitsintensiv. Denn der Haushalt einer Gemeinde sollte ausgeglichen sein.
Für die Erstellung des **Haushaltsplanes** muss zuerst ermittelt und abgeschätzt werden, wie hoch die Ausgaben zukünftig sein werden, also wie viel Geld ist notwendig ist, um die vielfältigen Aufgaben der Gemeinde im kommenden Kalenderjahr erfüllen zu können.
Welche laufenden Kosten hat die Gemeinde? Diese Frage gilt es zu klären, um den Verwaltungshaushalt zu ermitteln. Löhne für die Mitarbeiter der Gemeinde, Betriebskosten für die einzelnen Einrichtungen, Ausgaben für benötigte Materialien werden möglichst exakt kalkuliert und errechnet.

Welche besonderen Ausgaben stehen dazu noch an? Größere Anschaffungen (z. B. eine Feuerwehrdrehleiter mit Korb), Bauten (z. B. eine Tiefgarage), Sanierungsarbeiten (z. B. die Erneuerung des Abwasserkanals) sind Investitionen, die auch nach dem Jahr der Anschaffung noch vorhanden sind. Ihr Wert wird zum „Vermögen" der Gemeinde gezählt. Sie werden deshalb im Vermögenshaushalt festgeschrieben.

Mit welchen Einnahmen kann für das kommende Jahr gerechnet werden? Sie können nur geschätzt werden. Kenntnisse und Erfahrungen der Sachbearbeiter sind notwendig, um realistische Angaben zu erhalten.
Jetzt werden Einnahmen und Ausgaben gegenübergestellt. Damit beginnt die eigentliche Arbeit: Wie können Einnahmen und Ausgaben ins Gleichgewicht gebracht werden? Durch welche Maßnahmen kann ein „Finanzloch" gestopft werden?

AUFGABEN

1 *Erläutere mithilfe von Beispielen die Einnahmequellen von Gemeinden (M1, M2).*

2 *Erkläre, warum eine Gemeinde haushalten muss (M3).*

3 *Nenne mögliche Gründe, warum der Haushaltsplan einer Gemeinde öffentlich ausliegen muss.*

4 *Diskutiert Möglichkeiten der Gemeinden, bei den Ausgaben zu sparen.*

M1 Bei einer Sitzung der Gemeindevertretung

Wie werden Entscheidungen in Gemeinden getroffen?

Ein Blick hinter die Kulissen

In jeder Gemeinde oder Stadt Hessens gibt es drei wichtige Organe, die genau festgelegte Befugnisse und Aufgaben haben: die **Gemeindevertretung**, der Gemeindevorstand und der **Bürgermeister.**

Die Bürgermeisterin oder der Bürgermeister wird direkt von allen wahlberechtigten Gemeindemitgliedern gewählt. Die Amtszeit beträgt sechs Jahre. Der Bürgermeister ist in diesem Amt meist vollberuflich tätig. Er hat den Vorsitz über den Gemeindevorstand. Dabei hat er das gleiche Stimmrecht wie die übrigen Mitglieder des Gemeindevorstandes.

Zu seinen Aufgaben gehört auch die Vorbereitung der Beschlüsse. Er überprüft alle Beschlüsse der Gemeindevertretung, ob diese mit dem geltenden Recht vereinbar sind. Gleichzeitig ist der Bürgermeister Leiter der Gemeindeverwaltung, beaufsichtigt die laufenden Verwaltungsgeschäfte und ist Vorgesetzter aller Beamten und Gemeindeangestellten.

Bei der Gemeindevertretung (in Städten: Stadtverordnetenversammlung) handelt es sich um das „Parlament" der Gemeinde. Sie ist ein Bestandteil der Verwaltung und beschließt über alle Angelegenheiten der Gemeinde. Dabei erlässt sie unter anderem den jährlichen Haushaltsplan. Auch kontrolliert sie die Verwendung der Einnahmen und überprüft die Verwaltungstätigkeiten des Gemeindevorstandes.

Der Gemeindevorstand (in Städten: Magistrat) wird vom Bürgermeister geleitet. Die weiteren Mitglieder, die sogenannten Beigeordneten, werden aus der Mitte der Gemeindevertretung für fünf Jahre gewählt. Als ein Verwaltungsorgan wird der Gemeindevorstand auch häufig als „Regierung" der Gemeinde bezeichnet. Er bereitet die Beschlüsse der Gemeindevertretung sowie die eigenen vor und setzt diese um.

§ 70 HGO: Aufgaben des Bürgermeisters

(1) Der Bürgermeister bereitet die Beschlüsse des Gemeindevorstands vor und führt sie aus, soweit nicht Beigeordnete mit der Ausführung beauftragt sind. Er leitet und beaufsichtigt den Geschäftsgang der Verwaltung und sorgt für den geregelten Ablauf der Verwaltungsgeschäfte. Er verteilt die Geschäfte unter die Mitglieder des Gemeindevorstands.

(2) Soweit nicht aufgrund gesetzlicher Vorschrift oder Weisung des Bürgermeisters oder wegen der Bedeutung der Sache der Gemeindevorstand im Ganzen zur Entscheidung berufen ist, werden die laufenden Verwaltungsangelegenheiten von dem Bürgermeister und den zuständigen Beigeordneten selbstständig erledigt.

(3) Der Bürgermeister kann in dringenden Fällen, wenn die vorherige Entscheidung des Gemeindevorstands nicht eingeholt werden kann, die erforderlichen Maßnahmen von sich aus anordnen. Er hat unverzüglich dem Gemeindevorstand hierüber zu berichten.

M2 Aufgaben eines Bürgermeisters aus der Hessischen Gemeindeordnung

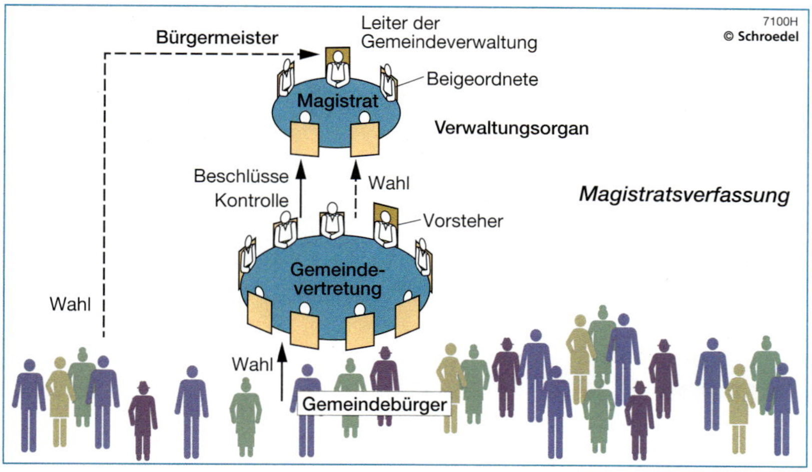

M3 Aufbau von hessischen Gemeinden

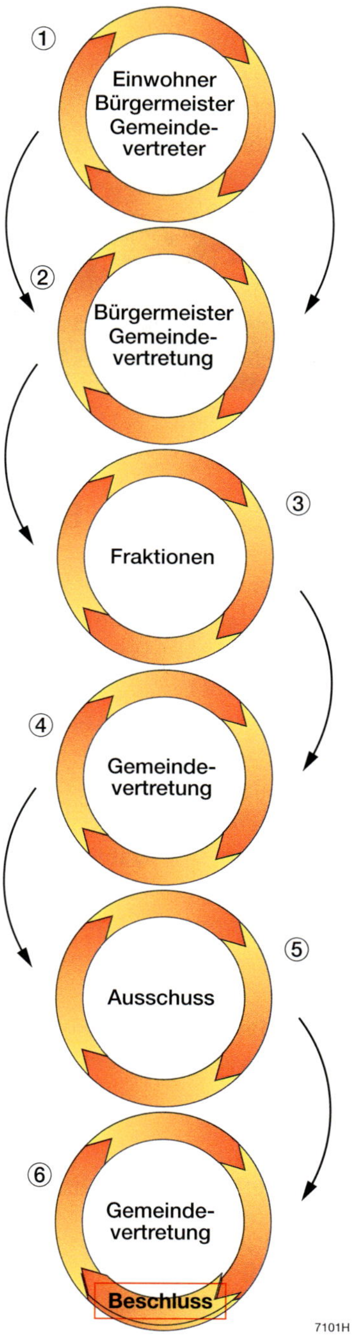

M4 Beschlussfassung

A: In den **Fraktionen** beraten die Gemeindevertreter über die Vorlage der Gemeindeverwaltung. Sie überlegen sich, welchen Standpunkt sie in der Gemeindevertretung einnehmen wollen.

B: Im Jugend- und Sportausschuss wird die Vorlage eingehend beraten. Nach gründlicher Diskussion kommt der Ausschuss mehrheitlich zu der Ansicht, dass im alten Schulhaus das Jugendzentrum errichtet werden soll. Mit dem Umbau soll noch in diesem Jahr begonnen werden.

C: Der Bürgermeister wird von Jugendlichen angesprochen, dass in der Gemeinde ein Jugendzentrum fehlt. Er verspricht den Jugendlichen, das Problem „Jugendzentrum“ von der Verwaltung prüfen zu lassen.

D: In der ersten Sitzung der Gemeindevertretung zu diesem Thema stellen die Vorsitzenden der Fraktionen ihre Standpunkte vor. Eine Fraktion will den Neubau eines Jugendzentrums erst in einigen Jahren. Die anderen Fraktionen schlagen den sofortigen Umbau des alten Schulhauses in ein Jugendzentrum vor. Nach der Aussprache wird die Vorlage der Gemeindeverwaltung an den Jugend- und Sportausschuss überwiesen.

E: Bei der nächsten Sitzung der Gemeindevertretung steht das Thema „Jugendzentrum“ wieder auf der Tagesordnung. Nach längerer Diskussion beschließt die Gemeindevertretung mit Mehrheit den Umbau des alten Schulhauses zu einem Jugendzentrum.

F: Die Fachleute in der Gemeindeverwaltung, z. B. im Jugendamt, erarbeiten für den Bürgermeister eine Vorlage. In der wird begründet, warum ein Jugendzentrum nötig ist, was es kosten wird und wer sich um den Betrieb kümmert. Jeder Gemeindevertreter erhält von der Gemeindeverwaltung die Vorlage zugeschickt.

AUFGABEN

1 * *Beschreibe den Aufbau hessischer Gemeinden (M3).*

2 *Erläutere die Stellung und die Aufgaben des Bürgermeisters innerhalb der Gemeinde (M2).*

3 *M4 zeigt, wie es zu einem Beschluss in der Gemeindevertretung kommt. Ordne jeder Station (1 – 6) einen Textblock (A – F) zu.*

4 *Recherchiere, wie sich die Gemeindevertretung deiner Gemeinde zusammensetzt (Mitgliederanzahl, Namen ...).*

M1 Bürger informieren sich

M2 Im Jugendparlament

Wie können die Bürger in der Gemeinde mitbestimmen?

Wahl der Gemeindevertretung

Alle fünf Jahre wählen die wahlberechtigten Einwohner der hessischen Gemeinden die Gemeindevertretung. Dazu stellen die Parteien und Wählervereinigungen auf Mitgliederversammlungen ihre Wahlvorschläge (Listen) auf.
Die Parteien bzw. Wahlvorschläge bekommen so viele Sitze in der Gemeindevertretung, wie ihrem Stimmenanteil entsprechen. Innerhalb der Listen entscheidet die Stimmenanzahl der einzelnen Kandidaten darüber, wer in die Gemeindevertretung einzieht.

Wie wird gewählt?

Jeder Wähler hat so viele Stimmen, wie Gemeindevertreter zu wählen sind. Seine Stimmen kann er auf die Bewerber eines Wahlvorschlages oder auf unterschiedliche Wahlvorschläge verteilen. Gibt er mehr Stimmen ab, als Gemeindevertreter zu wählen sind, dann ist der Stimmzettel ungültig.

Der Wähler kann eine Liste ankreuzen. Dann erhält jeder dort aufgeführte Bewerber eine Stimme. Mehrere Listenkreuze haben zur Folge, dass die Stimmabgabe ungültig ist. Der Wähler kann jedoch Bewerber auf der Liste streichen. Man kann einem bzw. mehreren Kandidaten bis zu drei Stimmen geben (= kumulieren). Dazu kann der Wähler in den drei für die Stimmabgabe hinter jedem Bewerber vorgesehenen Kästen ein Kreuz für jede Stimme machen. Er kann aber auch in eines dieser Felder die Zahl der Stimmen, die er diesem Kandidaten geben will, eintragen. Außerdem kann der Wähler seine Stimmen an Bewerber verschiedener Wahlvorschläge verteilen (= panaschieren).

§ 4c Hessische Gemeindeordnung: Beteiligung von Kindern und Jugendlichen

Die Gemeinde soll bei Planungen und Vorhaben, die die Interessen von Kindern und Jugendlichen berühren, diese in angemessener Weise beteiligen. Hierzu soll die Gemeinde über die in diesem Gesetz vorgesehene Beteiligung der Einwohner hinaus geeignete Verfahren entwickeln und durchführen.

M3 Aus der Gemeindeordnung

M4 Mitwirkungsmöglichkeiten

Bürger engagieren sich: das Beispiel Neu-Anspach

Auch zwischen den Wahlen haben Bürger die Möglichkeiten, Einfluss auf geplante oder bereits getroffene Entscheidungen ihrer gewählten Gemeindevertreter zu nehmen. Immer wieder nutzen die Bürger ihre Mitgestaltungsrechte.

In der Stadt Neu-Anspach sind die Bürger aufgebracht. Die Gemeindeverwaltung hat Pläne zum Bau von fünf Windrädern veröffentlicht. Die Stadt möchte damit einen Beitrag zum Klimaschutz leisten und sich langfristig unabhängig von den teuren Energielieferanten machen.

Einige Bürger fürchten aber, dass die Landschaft durch die Windräder an Attraktivität verliert und Touristen fernbleiben. Auch würde durch die Abholzung des Waldes der Lebensraum vieler Tier- und Pflanzenarten eingeschränkt oder gar zerstört werden. Die Bürger wurden daraufhin aktiv. Die **Bürgerinitiative** N.O.W. („Naturpark ohne Windräder") wollte durch einen Bürgerentscheid den Bau der Windräder verhindern.

Zunächst mussten genügend Bürger „mit dem gleichen Begehren" gefunden werden. Durch ihre Unterschrift unterstützten zahlreiche Neu-Anspacher Bürger die Aktion.

Drei Monate später übergaben Vertreter der Bürgerinitiative die Unterschriftenliste dem Bürgermeister und beantragten damit einen **Bürgerentscheid**. Einige Monate später kam es zum Bürgerentscheid. Die Wahlberechtigten stimmten mehrheitlich für die Einstellung des Windräderbaus.

Bürgerversammlung

„Die im Rathaus machen doch eh, was sie wollen", lautet oft die Volksmeinung. Doch stimmt das eigentlich?

Die Vertreter einer Gemeinde sollen und wollen auch im Sinne ihrer Bürger handeln. Deshalb sind sie an der öffentlichen Meinung interessiert. In der Regel lädt deshalb die Gemeindevertretung mindestens einmal im Jahr zu einer Bürgerversammlung ein. In größeren Städten finden Bürgerversammlungen in den Stadtteilen und -bezirken statt. Hier können sich die Bürger informieren, aber auch offen ihre Meinung sagen, Vorschläge machen und Kritik äußern. Dabei dürfen auch nicht-wahlberechtigte Bürger teilnehmen.

M5

Phase 1
Bürger empfinden bestehende Verhältnisse als misslich oder wollen die Verwirklichung öffentlicher Planungen verhindern.

Phase 2
Bürger betreiben Öffentlichkeitsarbeit: Flugblätter, Zeitungsanzeigen, Artikel in der Lokalzeitung.

Phase 3
Briefe der Bürger an Verwaltung, Gemeinderat, Fraktionen und Parteien bleiben ohne Erfolg.

Phase 4
Gründung einer Bürgerinitiative: Schaffung eines organisatorischen Rahmens; Öffentlichkeitsarbeit, Gewinnung von Mitstreitern, Einschaltung von Experten.

Phase 5
Parteien schalten sich ein: Es folgen Presseerklärungen und Anfragen an die Verwaltung.

Phase 6:
Verwaltung und Mehrheitsfraktion(en) suchen nach Möglichkeiten für einen Kompromiss.

Phase 7:
Mögliche Kompromisslösungen werden geprüft: Die Bürgerinitiative entscheidet, ob sie sich mit einer angebotenen Lösung zufriedengeben und auflösen oder eine neue Aktion einleiten will.

M6 Ablauf einer Bürgerinitiative

INFO

Was ist eine Bürgerinitiative?
Bürgerinitiativen sind ein Zusammenschluss gleichgesinnter Bürger, um Interessen ihrer Mitglieder oder bestimmter Bevölkerungsgruppen zu vertreten. Anstoß zur Gründung geben Missstände bzw. die Unzufriedenheit mit politischen, sozialen oder ökologischen Entscheidungen und Entwicklungen. Mit ihrer Arbeit nehmen Bürgerinitiativen Einfluss auf die öffentliche Meinung und auf staatliche Einrichtungen oder Parteien.

AUFGABEN

1 *Gib wieder, welcher politische Konflikt in Neu-Anspach vorlag und wie dieser Konflikt gelöst wurde.*

2 *Versetze dich in folgende Lage: In deiner Gemeinde soll der Jugendtreff geschlossen werden, da die Gemeinde sparen muss. Ihr Jugendlichen wollt das verhindern. Eure Eltern und auch die Lehrer wollen euch unterstützen. Entwickle einen Aktionsplan, wie ihr die Schließung verhindern könntet. Berücksichtige dabei auch M6.*

3 *Informiere dich über die Beteiligungsmöglichkeiten für Jugendliche in deiner Wohn- oder Schulgemeinde (M3).*

M 1 Demokratische Abstimmung bei der Wahl zum Bundespräsidenten

M 2 Demokratische Abstimmung in der Familie

Was ist eigentlich Demokratie?

Das Wort **Demokratie** kommt aus dem Griechischen und heißt „Volksherrschaft". Jede staatliche Machtausübung muss sich auf das Volk berufen, vom Volk legitimiert (= gerechtfertigt) sein. Damit hat das Volk die eigentliche Macht im Staat. Das nennt man **Volkssouveränität**.

Das Volk kann Herrschaft auf verschiedene Weise ausüben. Im antiken Stadtstaat Athen z. B. kam das Volk, damals die freien Männer, auf dem Marktplatz zusammen und stimmte über die Gesetze ab. In den heutigen Großstaaten ist diese Form der direkten Einflussnahme (direkte Demokratie) aber nicht mehr möglich. Würden alle Erwachsenen in Deutschland über jedes Gesetz mitentscheiden, würde das ewig dauern. Viele Tausend unterschiedliche Meinungen würden eine Einigung vermutlich sehr schwer machen.

Die meisten demokratischen Staaten, dazu gehört auch Deutschland, verwenden daher eine Form der Demokratie, in der die Herrschaft nur indirekt ausgeübt wird. Sie wird durch Wahlen auf Vertreter übertragen. Diese **Volksvertreter** bzw. Repräsentanten treffen die Entscheidungen im Staat.

Unsere Demokratie ist entsprechend eine **repräsentative Demokratie**, eine Herrschaft mit Zustimmung des Volkes. Volkssouveränität ist bei uns also nicht Herrschaft oder Selbstregierung des Volkes, sondern Herrschaft mit Zustimmung des Volkes durch Repräsentanten.

In einer Demokratie gilt das Mehrheitsprinzip

Das kennt ihr aus eurem Freundeskreis: Wenn ihr gemeinsam etwas unternehmen wollt und unterschiedliche Vorschläge vorliegen, stimmt ihr manchmal ab. Dann entscheidet nicht einer, was ihr macht, sondern die Mehrheit. Dieser Grundsatz gilt auch bei Wahlen und Abstimmungen in unserer Demokratie: Die Mehrheit entscheidet, die Minderheit muss die Mehrheitsentscheidung anerkennen. Das **Mehrheitsprinzip** stellt damit sicher, dass Konflikte friedlich ausgetragen werden. Die Minderheit hat dennoch die Chance, bei künftigen Wahlen und Abstimmungen ihrerseits die Mehrheit zu erringen.

Außerdem ist gewährleistet, dass die Mehrheit nicht alles darf. Die Grundrechte in unserer Verfassung (Menschenrechte, wie z. B. das Recht auf freie Meinungsäußerung, auf freie Wahl des Arbeitsplatzes) können auch von der Mehrheit nicht abgeschafft werden. Von daher ergänzt der **Minderheitenschutz** das Mehrheitsprinzip.

AUFGABEN

1 *Erstelle eine Mindmap zum Thema Demokratie.*

2* *Erläutere die im Text fett gedruckten Grundprinzipien der Demokratie in der Bundesrepublik Deutschland. Ziehe hierzu auch das Grundgesetz Artikel 20 und 21 heran.*

Demokratie braucht Beteiligung!

In unserem Land leben etwa 81 Mio. Menschen zusammen. Jeder dieser Menschen hat seine eigenen Ziele, Wünsche und Vorstellungen darüber, wie sein Leben sein soll. Den Grundrahmen für das Zusammenleben gibt uns die Politik. Politik betrifft uns daher alle. Sie beeinflusst unser Leben in allen Bereichen – auch wenn wir uns dessen oft nicht bewusst sind. Von der Politik hängt es letztendlich ab, ob Arbeit, Einkommen und Lebenschancen gerecht verteilt sind, ob unser Zusammenleben friedlich abläuft, ob wir auch zukünftig in einer gesunden Umwelt leben können. All das kann nur durch eine umfassende, aktive Beteiligung und Mitbestimmung der Bürgerinnen und Bürger erreicht werden.

Unsere freiheitliche Gesellschaft verpflichtet zwar niemanden dazu, sich politisch zu engagieren. Doch wer die Politik nur den anderen überlässt, verzichtet freiwillig auf sein Grundrecht der politischen Mitbestimmung. Eine funktionierende Demokratie braucht Beteiligung und Mitbestimmung sowie engagierte Menschen, die sich für das Gemeinwohl mitverantwortlich fühlen.

M3

AUFGABEN

1 *Erläutere die Aussage von M3.*

2 *Diskutiert mithilfe der Fishbowl-Methode die Frage „Warum braucht die Demokratie die Beteiligung der Bürger?“*

M

Methode Fishbowl

Bei vielen Diskussionen haben die Teilnehmer unterschiedliches Vorwissen. Nicht jeder traut sich, in der großen Gruppe mitzudiskutieren. Daher eignet sich die Methode Fishbowl sehr gut, um das Diskutieren mit wenigen Personen zu üben. Es besteht jederzeit die Möglichkeit, sich nach eigenem Wunsch in eine Diskussion einzuschalten oder aber diese wieder zu verlassen.

Vorbereitung

1. Bildet einen großen Stuhlkreis (Außenkreis).
2. Stellt innerhalb dieses Kreises einen weiteren Kreis aus vier bis sechs Stühlen (Innenkreis).
3. Formuliert das Thema, über das diskutiert werden soll.

Durchführung

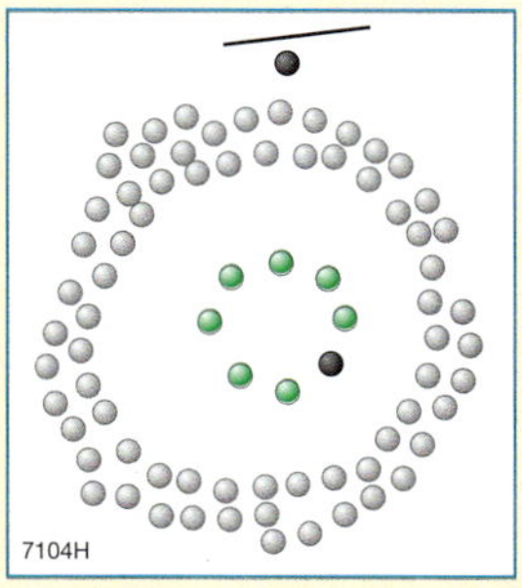

Die drei bis fünf Schüler, die direkt diskutieren wollen, nehmen im Innenkreis Platz. Der Rest der Klasse kann von außen zusehen. Die Schüler im Innenkreis beginnen die Diskussion. Wer die Diskussion verlassen möchte, setzt sich einfach wieder in den Außenkreis. Wer mitdiskutieren will, setzt sich auf einen freien Stuhl im Innenkreis. Nach einer festgelegten Zeit wird die Diskussion beendet.
Anschließend werden die wichtigsten Erkenntnisse wiederholt und besprochen. Um dies zu erleichtern, können vorher auch Protokollanten bestimmt werden.

Die Gewaltenteilung

Ein Staat hat die Aufgabe, darüber zu wachen, dass die Gesetze eingehalten werden; notfalls greift die „Staatsgewalt" ein. Jedoch muss in einer Demokratie auch der Staat selbst kontrolliert werden, denn auch er muss sich an Regeln halten.
Um Machtkonzentration und -missbrauch zu verhindern, ist die staatliche Gewalt aufgeteilt. Die Aufgaben und Befugnisse des Staates sind unterschiedlichen Institutionen („Gewalten") übertragen, die sich gegenseitig kontrollieren:

- die ***legislative (gesetzgebende) Gewalt***: Gewählte Parlamente (Bundestag und Länderparlamente) verabschieden die für das Zusammenleben erforderlichen Gesetze;
- die ***exekutive (ausführende) Gewalt***: Bundesregierung, Landesregierungen und Behörden, wie z. B. die staatlichen Schulämter oder die Polizei, sorgen dafür, dass die von der Legislative beschlossenen Gesetze auch im Alltag der Menschen umgesetzt werden;
- die ***judikative (rechtsprechende) Gewalt***: Unabhängige Gerichte entscheiden, wie Gesetzesverstöße geahndet werden, wobei auch überprüft werden kann, ob das staatliche Handeln, z. B. bei verabschiedeten Gesetzen oder Entscheidungen von Behörden, in Einklang mit der Verfassung bzw. dem Recht steht.

Allerdings ist die **Gewaltenteilung** nicht strikt durchgehalten: So wählt z. B. der Bundestag (Legislative) die Regierung, und viele Minister (Exekutive) sind zugleich Abgeordnete des Bundestages (Legislative). Deswegen spricht man von „Gewaltenverschränkung".

M 1 Schutzschirm

Von einem Monopol spricht man, wenn man das alleinige Recht hat, etwas herzustellen, zu tun oder zu verkaufen.
Bei uns hat der Staat das sogenannte Gewaltmonopol. Damit hat nur er das Vorrecht, 1. Gesetze zu machen, 2. Gesetze auszuführen und 3. Gesetze zu überwachen.
Für uns Bürger bedeutet das, dass wir kein Recht haben, mit Gewalt unsere Wünsche und Vorstellungen durchzusetzen.
Wenn wir uns ungerecht behandelt fühlen, können wir jedoch ein Gericht anrufen. Dort wird dann von einem Richter überprüft, ob etwas (z. B. ein Gesetz) wirklich ungerecht ist, ob gegen ein Gesetz verstoßen wurde oder nicht.

M 2 Gewaltmonopol des Staates

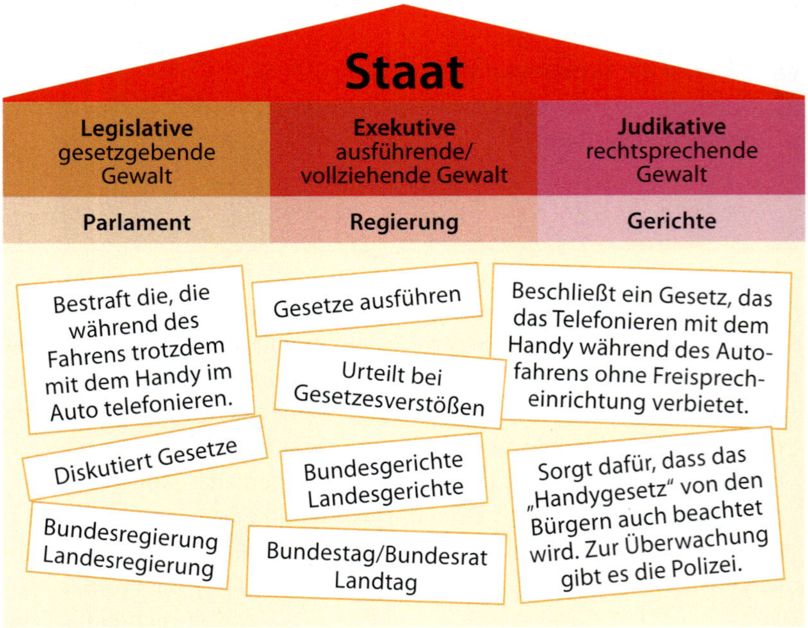

M 3 Einfache Gewaltenteilung

AUFGABEN

1 *Erkläre, was man unter der Gewaltenteilung in Deutschland versteht.*

2 *Interpretiere die Karikatur (M1).*

3 *Ordne die Aussagen den einzelnen Gewalten begründet zu (M3).*

Rechtsstaat und Menschenrechte

Ein weiteres Merkmal der deutschen Demokratie ist die Bindung der Staatsgewalt an die Menschenrechte, die 1948 von den Vereinten Nationen verabschiedet wurden. Diese Menschenrechte sind vor- bzw. überstaatliche Rechte, weil sie jedem Menschen – unabhängig von der konkreten Ausgestaltung des Staates – zustehen. Dazu gehören z. B. das Recht auf Leben, Freiheit und körperliche Unversehrtheit oder das Recht, seine Meinung frei sagen zu dürfen, ohne dafür bestraft zu werden.
Die Menschenrechte sind im Grundgesetz als Grundrechte (Art. 1 – 19) aufgenommen, die in ihrem „Wesensgehalt" nicht verändert werden dürfen.

M4 Landgericht Frankfurt am Main

Der Fall „Daschner"

Am 27. September 2002 wurde der 11-jährige Jakob von Metzler, Sohn einer Bankiersfamilie aus Frankfurt am Main, entführt. Der Täter war der Jurastudent Magnus Gäfgen, der die Familie kannte. Der Junge wurde von dem Täter ermordet und dann an einem See versteckt. Von den Eltern forderte er dennoch ein Lösegeld, das er bei einer polizeiüberwachten Übergabe auch erhielt. Als Gäfgen den Jungen jedoch nicht freiließ, nahm man ihn fest. Während des Verhörs stritt er alles ab. Die Polizei nahm an, dass Jakob noch lebte. Aus Sorge gab der damalige Polizeivizepräsident Wolfgang Daschner die Anordnung, Gäfgen Folter anzudrohen, um den Aufenthaltsort des Jungen zu erfahren. Schließlich gestand Gäfgen den Mord.
Der Fall löste bundesweit erhebliche Diskussionen aus, unter anderem wegen der Folterandrohungen. Es folgte eine Diskussion über den Einsatz von Folter in Ausnahmesituationen.
2004 musste sich Daschner wegen der Folterandrohungen vor Gericht verantworten. Er argumentierte, dass es ihm nur um das Leben des Kindes gegangen sei. Es sei eine große Notsituation gewesen. Das Gericht sah jedoch in der Folterandrohung eine Verletzung der Würde und der Grundrechte von Gäfgen. Ausnahmen seien nicht zulässig. Man verwies auch auf die Europäische Menschenrechtskonvention. Bei dem Strafmaß blieb man mit einer Geldstrafe auf Bewährung dennoch unter der eigentlich vorgeschriebenen Bestrafung. Dies wurde mit den mildernden Begleitumständen begründet. Gäfgen, der in Haft sein Jurastudium abschloss, verklagte aufgrund der Folterandrohung mehrfach das Land Hessen. Dieses musste ihm 2010 als Wiedergutmachung 3 000 Euro zahlen.

Artikel 1 (1): „Die Würde des Menschen ist unantastbar. Sie zu achten und zu schützen ist Verpflichtung aller staatlichen Gewalt."
Artikel 19 (2): „In keinem Falle darf ein Grundrecht in seinem Wesensgehalt angetastet werden."
Artikel 20 (3): „Die Gesetzgebung ist an die verfassungsmäßige Ordnung, die vollziehende Gewalt und die Rechtssprechung sind an Gesetz und Recht gebunden."
Artikel 104 (1): „[…] Festgehaltene Personen dürfen weder seelisch noch körperlich misshandelt werden."

M5 Auszug aus dem deutschen Grundgesetz

Allgemeine Erklärung der Menschenrechte in der Charta der Vereinten Nationen (United Nations; kurz UN)
Artikel 1: „Alle Menschen sind frei und gleich an Würde und Rechten geboren."
Artikel 3: „Jeder hat das Recht auf Leben, Freiheit und Sicherheit der Person."
Artikel 5: „Niemand darf der Folter oder grausamer, unmenschlicher oder erniedrigender Behandlung oder Strafe unterworfen werden."
Artikel 7: „Alle Menschen sind vor dem Gesetz gleich und haben ohne Unterschied Anspruch auf gleichen Schutz durch das Gesetz."

M6 Auszug aus der Charta der Vereinten Nationen

AUFGABEN

1 *Erläutere anhand von Beispielen die Bedeutung der genannten Rechte (M5, M6).*
2 *Das Urteil im Fall „Daschner" wurde heftig kritisiert. Nimm Stellung zum Urteil.*
3* *Versetze dich in die Rolle des Richters im Prozess gegen Wolfgang Daschner. Formuliere seine Urteilsbegründung.*
4 *Spielt in einem Rollenspiel die Gerichtsverhandlung des Falles „Daschner" nach.*

Demokratie und Wahlen

Das Grundgesetz (Artikel 21) und das Parteiengesetz legen für das Parteiensystem eine Reihe von Grundsätzen fest:
Mehrparteiensystem: Das Einparteiensystem wird durch das Grundgesetz ausgeschlossen.
Parteienfreiheit: Jeder Bürger kann eine Partei gründen.
Chancengleichheit: Jede Partei kann an Wahlen teilnehmen und Wahlwerbung betreiben und öffentliche Räume für Wahlveranstaltungen nutzen dürfen.
Innerparteiliche Demokratie: Alle Entscheidungen müssen in Wahlen und Abstimmungen getroffen werden. Alle Mitglieder haben das gleiche Stimmrecht.
Finanzielle Rechenschaftslegung: Parteien müssen über ihre Einnahmen und Ausgaben öffentlich Rechenschaft ablegen.

M 1 Anforderungen an eine Partei

M 2 Logos deutscher Parteien (Auswahl)

Wählen – aber wen?

Die einfachste Möglichkeit, um sich politisch zu beteiligen, ist die Teilnahme an Wahlen. Durch sie hat man die Chance, die politische Richtung für einen bestimmten Zeitraum mitzubestimmen. Daher sind Wahlen für die Demokratie wichtig. So sollte man auch bei der Frage, wen man wählen soll, gut nachdenken. Zur Wahl stehen jeweils verschiedene Politiker und **Parteien**. Sie sind die wichtigen „Instrumente" im politischen Meinungs- und Willensbildungsprozess, da sie uns vertreten und unseren Willen umsetzen sollen. Deshalb bezeichnet man unser politisches System häufig als Parteiendemokratie.
Für die Parteien gelten verschiedene Grundsätze. Dazu ist im deutschen Parteiengesetz (PartG) § 1 festgelegt, welche Aufgaben sie haben:
(2) Die Parteien wirken an der Bildung des politischen Willens des Volkes auf allen Gebieten des öffentlichen Lebens mit, indem sie insbesondere auf die Gestaltung der öffentlichen Meinung Einfluss nehmen, die politische Bildung anregen und vertiefen, die aktive Teilnahme der Bürger am politischen Leben fördern, zur Übernahme öffentlicher Verantwortung befähigte Bürger heranbilden, sich durch Aufstellung von Bewerbern an den Wahlen in Bund, Ländern und Gemeinden beteiligen, auf die politische Entwicklung in Parlament und Regierung Einfluss nehmen, die von ihnen erarbeiteten politischen Ziele in den Prozess der staatlichen Willensbildung einführen und für eine ständige lebendige Verbindung zwischen dem Volk und den Staatsorganen sorgen.
Die Parteien unterscheiden sich in verschiedenen Grundsatzfragen. Diese werden in Parteiprogrammen ausgearbeitet und veröffentlicht.

TIPP

Die Bundeszentrale für Politische Bildung bietet im Internet auf www.wahlthemen.de Informationen zum Thema „Wahlen und Parteien". Auch aktuelle Ereignisse sind dort zu finden.

AUFGABEN

1 *Erkläre die Funktion von Parteien und nenne ihre Aufgaben.*

2 *a) Gruppenarbeit: Teilt euch in Gruppen auf. Jede Gruppe übernimmt eine der im Bundestag vertretenen Parteien. Recherchiert, welche Position die Partei bei der letzten hessischen Landtagswahl zur Bildungs- und Schulpolitik vertreten hat. Stellt eure Ergebnisse in einem Kurzvortrag vor.*
Nehmt dabei als Gruppe Stellung zu den Standpunkten der Partei.
b) Diskutiert in der Klasse, welche der Parteien eurer Meinung nach zu den Themen am ehesten entspricht.

Wählen – aber wie?

In Deutschland darf man wählen, wenn man mindestens 18 Jahre alt und seit mindestens drei Monaten deutscher Staatsbürger ist. Bedeutende Wahlen in Deutschland sind die Landtagswahlen der Bundesländer und die Bundestagswahl. Dafür stellen die Parteien verschiedene Kandidaten auf, die man wählen kann.

Auf die Zweitstimme kommt es an

Der Deutsche Bundestag hat 598 Sitze und wird alle vier Jahre unter Berücksichtigung der Wahlgrundsätze gewählt. Bei der Bundestagswahl hat der Wähler zwei Stimmen. Mit der Erststimme wählt er den Kandidaten einer Partei in seinem Wahlkreis, mit der Zweitstimme die Liste einer Partei. Die Listen werden von den Parteien für jedes der 16 Bundesländer aufgestellt (Landeslisten). Wahlentscheidend ist die Zweitstimme, denn nach dem Anteil der Zweitstimmen für eine Partei richtet sich auch ihr Anteil an den 598 Bundestagssitzen (Verhältniswahl).

Was bringt die Erststimme?

Mit der Erststimme können die Wähler direkt über die Person entscheiden, die ihren Wahlkreis im Bundestag vertritt. Sieger ist der Kandidat mit den meisten Erststimmen (Mehrheitswahl). Die Erststimmen der anderen Wahlkreiskandidaten fallen unter den Tisch. Es gibt 299 Wahlkreise in Deutschland, damit ist die Hälfte der 598 Bundestagssitze besetzt.
Erreicht eine Partei also durch die Erststimme 100 Mandate und gemäß der Zweitstimme insgesamt 250 Sitze, dann kann sie noch 150 Personen von ihren Listen in den Bundestag entsenden.

Die Wahlen sind:

- **allgemein** ... bedeutet, alle deutschen mündigen Staatsbürger, die das 18. Lebensjahr vollendet haben, dürfen wählen und gewählt werden.
- **unmittelbar** ... bedeutet, die Wähler wählen direkt einen Abgeordneten oder mehrere über eine Liste, nicht indirekt über Mittelsmänner.
- **frei** ... bedeutet, auf die Wähler darf kein Druck ausgeübt werden, welchem Kandidaten oder welcher Partei sie die Stimme geben. Die Bürger sind auch frei, nicht zu wählen, es besteht keine Wahlpflicht.
- **gleich** ... bedeutet, jede Stimme zählt gleich viel.
- **geheim** ... bedeutet, die Wahlentscheidung des Wählers ist für niemanden nachprüfbar, niemand hat das Recht, die Wahlentscheidung zu erfahren.

M5 Wahlgrundsätze

Hat eine Partei mehr Wahlkreissieger als ihr Bundestagssitze zustehen, bekommt sie entsprechend zusätzlich Sitze. Um das Zweitstimmenergebnis bei der Sitzverteilung abzubilden, erhalten die anderen Parteien zusätzliche Mandate (**Ausgleichsmandate**). Dadurch erhöht sich die Gesamtanzahl der Bundestagssitze.

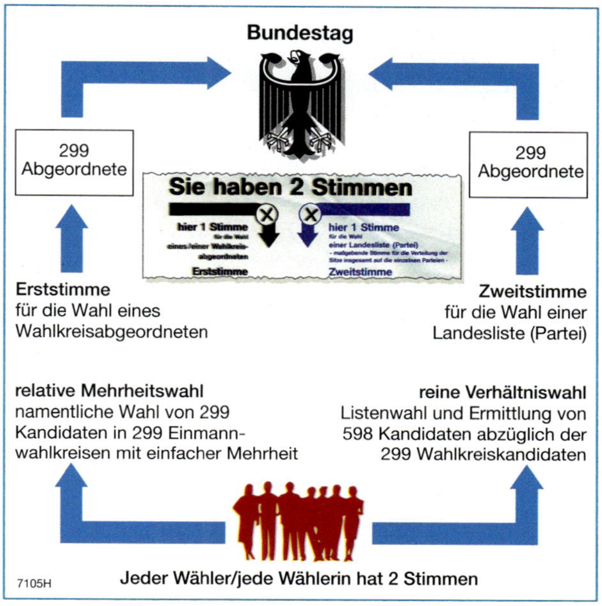

M3 Bundestagswahl

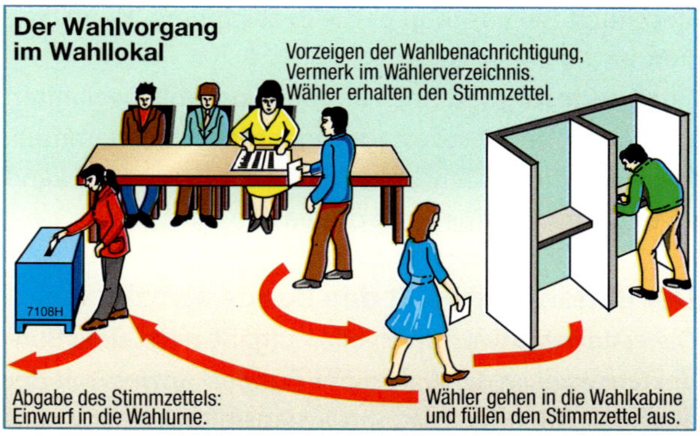

M4 Ablauf bei einer Wahl

AUFGABEN

1 *a) Beschreibe den Ablauf bei einer Wahl (M4).*
b) Nenne die Wahlgrundsätze, die dabei berücksichtigt werden (M5).

2* *Beschreibe das Wahlverfahren der Bundestagswahl. Erkläre dabei den Unterschied zwischen Erst- und Zweitstimme.*

M1 Im Deutschen Bundestag

Der Bundestag – das Herzstück der Demokratie

Viele Menschen meinen, die Regierung sei das wichtigste Organ in einem Staat. Sicher, die Regierung ist von sehr großer Bedeutung. Aber in einem demokratischen Staat ist das **Parlament** (von lat.: Besprechung) das Herzstück. Bei uns trägt es die Bezeichnung „Deutscher Bundestag".
Der **Bundestag** setzt sich aus den vom Volk gewählten Vertretern, den Bundestagsabgeordneten, zusammen. Sie haben für vier Jahre über die Politik in unserem Land zu entscheiden. Wie sieht das aus?

Der Bundestag wählt den Bundeskanzler

Die erste verantwortungsvolle Aufgabe nach einer Bundestagswahl ist die Wahl eines Bundeskanzlers mit der absoluten Mehrheit der Bundestagsmitglieder. Das bedeutet, dass mindestens 50 Prozent der Abgeordneten plus eine Stimme eine bestimmte Person wählen.

M3 zeigt, dass bei der Wahl am 22. September 2013 keine Partei die absolute Mehrheit der Sitze bekommen hatte. Deshalb mussten sich Parteien im Bundestag „zusammentun", um einen Bundeskanzler wählen zu können. SPD und CDU/CSU gingen eine Koalition (Bündnis) ein und wählten mit ihrer Mehrheit erneut Angela Merkel zur Bundeskanzlerin.

Bundeskanzler suchen sich Frauen und Männer ihres Vertrauens aus und schlagen sie dem Bundespräsidenten vor. Der ernennt diese dann zu Ministerinnen und Ministern. Bundeskanzler und Minister werden im Bundestag vereidigt. Damit ist eine neue Regierung eingesetzt. Bundestagsabgeordnete wirken auch bei der Wahl des Bundespräsidenten und der Verfassungsrichter mit.

Der Bundestag gibt die Gesetze

Jedes Gemeinwesen braucht feste, allgemein verbindliche Regeln. Die bedeutendsten Regeln sind in unserer **Verfassung**, dem Grundgesetz, niedergelegt. Dort findet sich in Artikel 20 auch die Bestimmung, dass die vollziehende Gewalt – also Regierung, Behörden, Ämter – an Gesetz und Recht gebunden ist. Wenn beispielsweise eine Familie Kindergeld bekommt, geschieht das auf der Grundlage eines Gesetzes.

Weil in unserem Staat nur auf Grundlage von Gesetzen regiert werden darf, ist die Gesetzgebung eine wichtige Sache. Dafür sind die Vertreter des Volkes zuständig. Zwar dürfen und sollen an der Erarbeitung des Inhalts eines Gesetzes viele mitwirken, aber beschlossen und verantwortet werden sie von denen, die von den Bürgern dafür gewählt worden sind.

Der Bundestag kontrolliert die Regierung

Die Abgeordneten kontrollieren die Regierung genau, z. B. beim Abschluss von Verträgen mit anderen Staaten oder anderen Entscheidungen. Besonders genau prüfen sie die Staatsfinanzen. So wird der Haushaltsplan, in dem alle Einnahmen und Ausgaben des Bundes festgehalten sind, per Gesetz vom Bundestag verabschiedet. Damit legen die Abgeordneten fest, wie viel Geld die Bundesregierung ausgeben kann und wofür die Steuergelder verwendet werden, z. B. für Bildung, Verkehr oder Forschung.

Zur Kontrolle der Regierung haben die Abgeordneten verschiedene Möglichkeiten: die wöchentliche Fragestunde im Parlament, die aktuelle Stunde, schriftliche Anfragen. Die Regierung muss dann den Volksvertretern Rede und Antwort stehen. Um Unklarheiten und Fehler der Regierung aufzuklären, können die Abgeordneten auch Untersuchungsausschüsse einsetzen. Diese Kontrolle wird besonders von der Opposition wahrgenommen, also den Abgeordneten der Parteien, die nicht die Regierung stellen.

M2 Abgeordnete Sevim Dagdelen spricht als Angehörige der Opposition vor dem Bundestag.

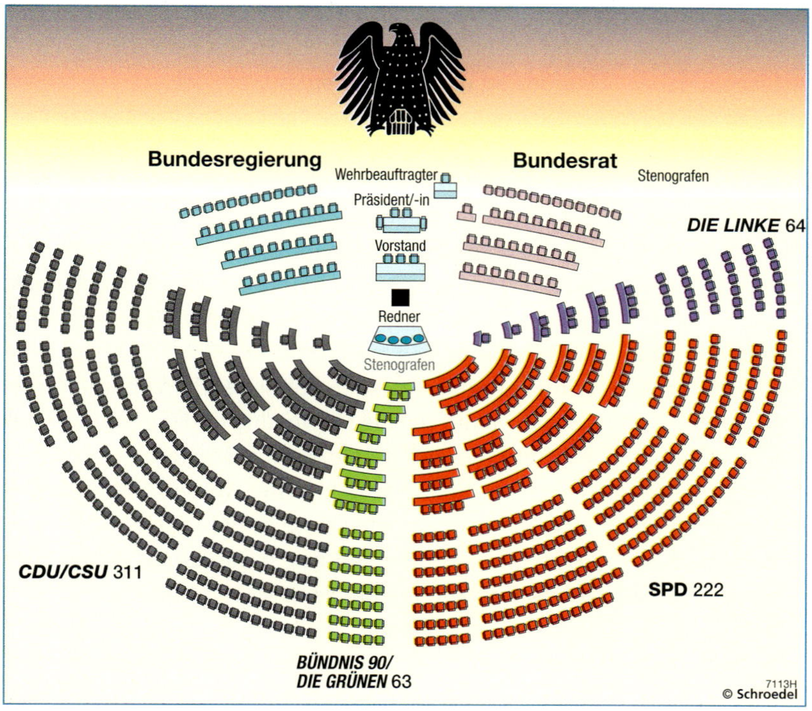

M3 Sitzverteilung im Deutschen Bundestag 2013

Amtseid des Bundeskanzlers

„Ich schwöre, dass ich meine Kraft dem Wohle des deutschen Volkes widmen, seinen Nutzen mehren, Schaden von ihm wenden, das Grundgesetz und die Gesetze des Bundes wahren und verteidigen, meine Pflichten gewissenhaft erfüllen und Gerechtigkeit gegen jedermann üben werde. So wahr mir Gott helfe."

(Der Eid kann auch ohne religiöse Beteuerung geleistet werden.)

M4 Bundeskanzlerin Angela Merkel

AUFGABEN

1 *Erkläre, wie sich der Deutsche Bundestag zusammensetzt. Beziehe auch M3 mit ein.*

2* *Nenne und erläutere wichtige Aufgaben und Funktionen des Bundestages.*

3 *Erläutere, warum man das Parlament auch als „Herzstück der Demokratie" bezeichnen kann.*

4 *Nimm Stellung zu der Aussage: Die Opposition im Bundestag ist unnötig – sie hat sowieso keine Macht.*

5 *Die Bundeskanzlerin oder der Bundeskanzler wird nicht direkt vom Volk, sondern von den Abgeordneten des Bundestages gewählt. Diskutiert Vor- und Nachteile.*

Demokratie und Föderalismus

M1 Zuständigkeiten zwischen Bund und Ländern

Artikel 20, Absatz 1 des **Grundgesetzes** besagt: *„Die Bundesrepublik Deutschland ist ein demokratischer und sozialer Bundesstaat."* Die Bundesrepublik besteht dabei aus 16 Bundesländern (auch „Länder" genannt). Sowohl der Bundestag als auch die einzelnen Landesparlamente dürfen daher bei der Gesetzgebung mitwirken. Dieses demokratische Gestaltungsmerkmal wird Bundesstaatsprinzip oder auch **Föderalismus** genannt.

Der Bundesrat als zentrales Organ

Der **Bundesrat** ist die Vertretung der Länder beim Bund. Die Regierungen der 16 Bundesländer entsenden zwischen drei und sechs Mitglieder in den Bundesrat. Die Mitglieder des Bundesrates werden also nicht direkt vom Volk gewählt. Die Anzahl der Ländervertreter richtet sich nach der Einwohnerzahl des jeweiligen Bundeslandes. Somit haben die Länder bei Abstimmungen unterschiedliches Gewicht. Hessen hat beispielsweise fünf Vertreter im Bundesrat.

Die wichtigste Aufgabe des Bundesrates ist die Mitwirkung an der Gesetzgebung. Die meisten Gesetze werden von den Bundesländern ausgeführt. Oft sind diese auch für die Finanzierung zuständig. Deshalb haben sie das Recht, an dieser Gesetzgebung des Bundes mitzuwirken. Gleichzeitig ergibt sich damit eine weitere wichtige Aufgabe des Bundesrates: die Kontrollfunktion gegenüber Bundestag und Bundesregierung.

Zusammenarbeit von Bund und Ländern

„Die Ausübung der staatlichen Befugnisse und die Erfüllung der staatlichen Aufgaben ist Sache der Länder, soweit dieses Grundgesetz keine andere Regelung trifft oder zulässt" (Artikel 30 GG). Der erste Teil dieses Artikels gibt den obersten Grundsatz in der Aufgabenverteilung zwischen Bund und Ländern wieder: Möglichst viele Aufgaben sollen von den Bundesländern übernommen werden. Somit soll die Mitwirkung und die Eigenverantwortung möglichst kleiner Einheiten auf der unteren politischen Ebene gewährleistet werden. Daher dürfen auch die Länder viele Dinge selbst regeln – sofern es keine Einschränkungen durch das Grundgesetz oder Überschneidungen bei der Gesetzgebung gibt.

Wenn Bund und Länder gemeinsam betroffen sind, („konkurrierende Gesetzgebung") haben die Länder zunächst das Vorrecht, unter der Voraussetzung, dass *„[...] die Herstellung gleichwertiger Lebensverhältnisse im Bundesgebiet [...] im gesamtstaatlichen Interesse eine bundesgesetzliche Regelung erfordert"* (Artikel 72 GG). Andernfalls hat der Bund das Gesetzgebungsrecht.

AUFGABEN

1 *Erkläre Funktion und Aufgaben des Bundesrates.*

2 *Diskutiert anhand des Beispiels Schul- und Bildungswesen Vor- und Nachteile der ausschließlichen Gesetzgebung (M1).*

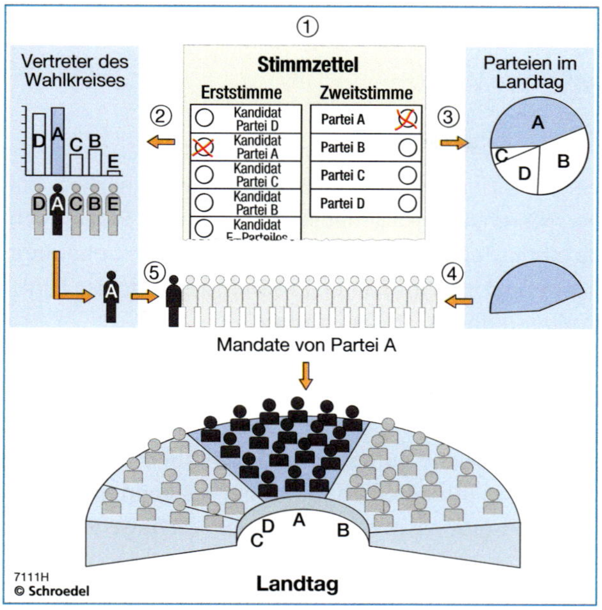

M2 Wahlsystem in Hessen

M3 Der Hessische Landtag in Wiesbaden

Das Bundesland Hessen

Hessen war das erste Bundesland, das nach dem Zweiten Weltkrieg eine Verfassung verabschiedete: In Wiesbaden entschied sich eine verfassungsberatende Landesversammlung am 29. Oktober 1946 für ein Dokument, welches noch heute gültig ist. Für diese Verfassung gilt das Gleiche, was auch für alle anderen Landesverfassungen gilt: Im Rahmen der konkurrierenden Gesetzgebung bricht Bundesrecht immer Landesrecht.

Wiesbaden ist die Landeshauptstadt Hessens. Hier hat der Hessische Landtag seinen Sitz. Nach der Hessischen Verfassung Artikel 65 ist auch unser Bundesland für sich eine demokratische und parlamentarische Republik. Im Rahmen des Föderalismus verfügt sie über eigene Machtbefugnisse und Rechte bei der Gesetzgebung.

Der Landtag ist das oberste, alle fünf Jahre vom Volk gewählte Organ. Er beschließt die Gesetze und wählt aus seiner Mitte auch die Landesregierung. Diese gibt die politische Richtung vor und führt die Gesetze aus.

Der Ministerpräsident (der Regierungschef) ernennt die Frauen und Männer zu Ministern für die verschiedenen Ressorts, wie z. B. Finanzen, Justiz oder Kultus.
Direkt wählen können die Bürgerinnen und Bürger von Hessen diese Minister nicht.

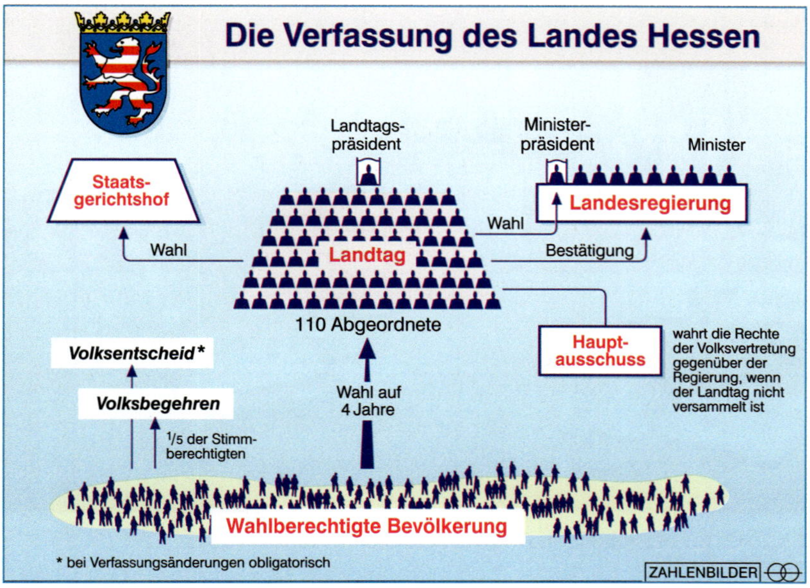

M4 Machtausübung in Hessen

AUFGABEN

1 *Gib mit eigenen Worten wieder, welche Rechte das Bundesland Hessen im Rahmen des Föderalismus hat.*

2 *Diskutiert mögliche Vor- und Nachteile, wenn man den Ministerpräsidenten und die Minister selbst wählen könnte.*

3 *Recherchiere*
a) das Wahlergebnis und die aktuelle Sitzverteilung im Hessischen Landtag;
b) wer die Landesregierung in Hessen bildet;
c) wer die hessischen Vertreter im Bundesrat sind.

Z

Institutionen der deutschen Demokratie

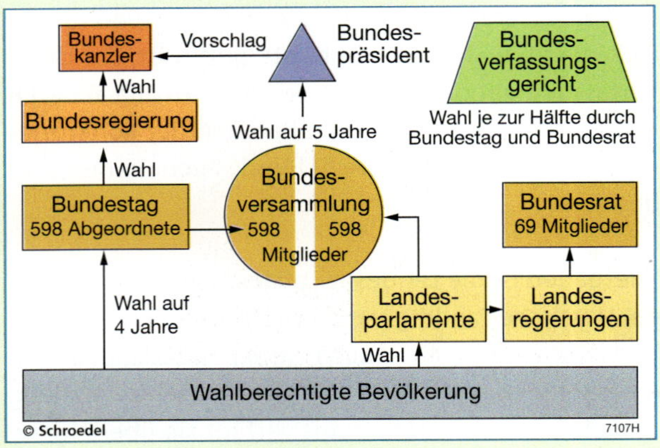

M1 Verfassungsorgane der Bundesrepublik

Wenn unser Körper funktionieren will, braucht er lebenswichtige Organe, die zusammenwirken: Herz, Leber, Nieren, Lunge. Genauso ist es mit dem Staat. Auch da gibt es Teile beziehungsweise Organe, die unbedingt notwendig sind und deren Zusammenwirken das Funktionieren des Staates garantiert.
Die wichtigsten Organe des Staates stehen im Grundgesetz, also in unserer Verfassung. Sie heißen darum Verfassungsorgane. Im politischen System nehmen sie unterschiedliche Aufgaben und Funktionen wahr. Bundesrat und Bundestag habt ihr bereits kennengelernt. Daneben gibt es aber noch weitere wichtige Institutionen.

Die Bundeskanzlerin / der Bundeskanzler

Diese Person wird vom Deutschen Bundestag gewählt. Sie gibt gemäß § 65 des Grundgesetzes die Richtlinien und Schwerpunkte für die Politik der Bundesrepublik vor. Damit ist es das mächtigste politische Amt in Deutschland. Sie trägt die Verantwortung für alle Entscheidungen, welche unter ihrer Führung getroffen wurden. Dazu bestimmt sie die Bundesminister, welche spezielle Aufgaben übernehmen und mit ihr zusammen die Bundesregierung bilden. Sie muss von diesen Ministern stets über alles informiert werden. Ihre Aussagen werden am meisten beachtet. Die Amtszeit beträgt vier Jahre und eine Wiederwahl ist beliebig oft möglich.

Die Bundesregierung (das „Kabinett")

Die Bundesregierung mit dem Kanzler an der Spitze ist die oberste ausführende Gewalt (Exekutive). Sie besteht aus dem Bundeskanzler und den Bundesministern. Zusammen bilden sie das Kabinett. Die Bundesminister werden vom Kanzler vorgeschlagen und vom Bundespräsidenten ernannt. Jeder Bundesminister leitet ein Ministerium. So kümmert sich das Bundesministerium für Verteidigung um Ausstattung und Einsätze der Bundeswehr. Die Minister erarbeiten zusammen mit ihren Mitarbeitern z. B. Gesetzesvorschläge. Dazu trifft sich die Regierung regelmäßig zu Sitzungen, um die politische Richtung und Gesetzesideen zu besprechen.

M2 Sitzung des Bundeskabinetts am 19.03.2013; Bundeskanzlerin Angela Merkel 6. Person von links

Der Bundespräsident und die Bundesversammlung

Der Bundespräsident ist der „erste" Mann im Staat. Bundespräsident können Frauen und Männer werden, die das aktive Wahlrecht besitzen, die deutsche Staatsbürgerschaft besitzen und mindestens 40 Jahre alt sind.

Der Bundespräsident wird von der Bundesversammlung für fünf Jahre gewählt. Diese tritt nur zur Wahl eines Bundespräsidenten zusammen. Sie setzt sich zusammen aus Abgeordneten des Bundestages und genauso vielen Personen, die von den Länderparlamenten gewählt werden. So wird deutlich, dass der Bundespräsident den Bund und die Länder vertritt.

Zu den Aufgaben des Bundespräsidenten gehört es, Deutschland völkerrechtlich zu vertreten. Daher ist er oft in den Medien zu sehen, wenn er Staatsbesuche macht oder Staatsoberhäupter empfängt. Er ernennt die Verfassungsrichter, den Bundeskanzler und die Bundesminister. Wenn die Mehrheit der Abgeordneten es wünscht, muss der Präsident auch den Bundeskanzler entlassen. Viele Gesetze gelten erst, wenn er sie geprüft und unterzeichnet hat. Und noch ein Recht hat ein Bundespräsident: Er kann Verurteilte begnadigen.

M4 Bundespräsident Gauck empfängt den Premierminister Japans.

Das Bundesverfassungsgericht

Das Bundesverfassungsgericht wacht darüber, dass die Verfassung, also das „Grundgesetz für die Bundesrepublik Deutschland", eingehalten wird. In Deutschland ist es die höchste Ebene der richterlichen Gewalt (Judikative). Es besteht aus zwei Senaten mit jeweils acht Richtern, die je zur Hälfte vom Bundestag und vom Bundesrat gewählt werden.

Ist jemand der Meinung, dass er in seinen Grundrechten verletzt worden ist, kann er das vom Bundesverfassungsgericht prüfen lassen. Bekommen die Kläger Recht, müssen die Behörden entsprechend handeln oder ein Gesetz muss so geändert werden, dass es dem Grundgesetz nicht widerspricht. Nicht nur Einzelbürger, sondern auch Gemeinden und Bundesländer können „Verfassungsbeschwerde" einlegen, wenn ein Bundesgesetz aus ihrer Sicht nicht mit einer Bestimmung im Grundgesetz vereinbar ist.

M5 Bundesverfassungsgericht

AUFGABEN

1 *Erstelle eine Tabelle zu den Staatsorganen in der Bundesrepublik Deutschland (M1): Bezeichnung, Zusammensetzung, Aufgaben, Bedeutung. Nutze dazu auch das Grundgesetz.*

2 *Entwickle ein Quiz zu den Staatsorganen.*

3 *„Es wäre viel einfacher und besser, wenn nur eine Person im Staat alle Macht allein hätte."
Nimm Stellung zu dieser Aussage.*

Wie entsteht ein Gesetz?

Die gesetzgebende Gewalt (Legislative) in der Bundesrepublik Deutschland ist vor allem der Bundestag. Es gibt aber auch Gesetze, an deren Verabschiedung auch der Bundesrat beteiligt ist. Sie betreffen die Interessen der Länder und benötigen daher die Zustimmung des Bundesrates. Es handelt sich um sogenannte Zustimmungsgesetze. Das sind:

- Gesetze, die die Verfassung ändern. Das ist nur bei einer Zweidrittelmehrheit in Bundestag und Bundesrat möglich.
- Gesetze, die Auswirkungen auf die Finanzen der Länder haben.
- Gesetze, die von den Ländern auszuführen sind.

Der Bundesrat kann solche Gesetze auch blockieren.

Einfache Gesetze werden alle übrigen Gesetze genannt, für die im Grundgesetz nicht ausführlich die Zustimmung des Bundesrates vorgesehen ist. Sie werden auch Einspruchsgesetze genannt, da der Einspruch des Bundesrates mit einfacher Mehrheit im Bundestag aufgehoben werden kann.

Doppelpass-Gesetz kurz vor der Verabschiedung

Bereits im Koalitionsvertrag 2013 wurde es vereinbart, nun wird das Gesetz in Kürze verabschiedet: In Zukunft müssen sich die meisten der in Deutschland aufgewachsenen Migrantenkinder nicht mehr zwischen dem deutschen Pass und der Staatsangehörigkeit des Herkunftslandes ihrer Eltern entscheiden. Bisher mussten sie dies machen, wenn sie 21 Jahre alt wurden. Die neue Regelung wird nun für alle Ausländer gelten, welche ebenfalls bis zur Vollendung des 21. Lebensjahres mindestens acht Jahre in Deutschland gelebt haben. Ebenfalls dürfen die Personen beide Pässe behalten, welche in Deutschland einen Schulabschluss erworben oder eine Berufsausbildung abgeschlossen haben. Wollen sie den deutschen Pass behalten, dann müssen sie dies nur den Behörden mitteilen. Diese prüfen die Einhaltung der genannten Kriterien und regeln anschließend alle Formalitäten.

(Quelle: www.migazin.de/2014/09/22/doppelpass-gesetz-passiert-bundesrat, Zugriff: 21.04.2015)

M1 Zeitungsmeldung

Die Entscheidung liegt also letztlich beim Bundestag, da es hier um Inhalte geht, die ganz Deutschland betreffen.

Immer dann, wenn sich Bundestag und Bundesrat nicht einigen können, kommt der Vermittlungsausschuss ins Spiel. Er soll zwischen beiden Institutionen vermitteln und eine Einigung ermöglichen. Daher setzt er sich auch aus Mitgliedern beider Institutionen zusammen.

AUFGABEN

1. *Beschreibe den Ablauf der Gesetzgebung (M2).*
2. *a) Erläutere den Unterschied der beiden Gesetzesarten.*
   b) Erkläre, um welche Art es sich beim „Doppelpass-Gesetz" handelt.
3. *Erkläre mit eigenen Worten den Begriff „Lobbyist" (M3).*

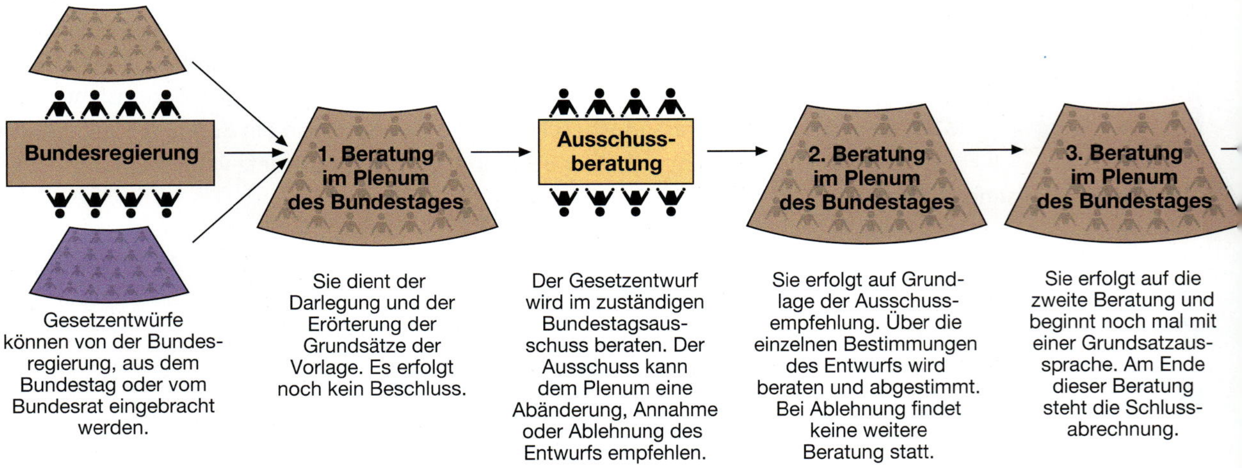

M2 Der Weg eines Gesetzes

Z

Wer nimmt Einfluss auf die Politik?

Eine Möglichkeit, sich an der Politik zu beteiligen, ist die Mitwirkung in Interessensgemeinschaften. Dazu zählen z. B. Verbände, Gewerkschaften, Vereine und Bürgerinitiativen. Ihr Ziel ist es, über ihre Interessen zu informieren und politische Entscheidungen zu beeinflussen, die mit ihren Interessen zu tun haben. Bei Gesetzesvorhaben werden oft Vertreter dieser Gruppen als Experten befragt. Sie versuchen dabei, Abgeordnete für ihre Interessen zu gewinnen.

A: Es heißt immer, „Interessenverbände versuchen, politische Entscheidungen zu beeinflussen". Wie machen die das eigentlich?

B: Ganz einfach: Du bist doch Mitglied im Jugendhaus-Verein. Letztes Jahr habt ihr erreicht, dass ihr eine Skaterbahn bekommt. Wie seid ihr da vorgegangen?

A: Wir haben Briefe an den Stadtrat geschrieben, warum das für unsere Jugendlichen wichtig ist. Dann haben wir Unterschriften gesammelt und diese dem Bürgermeister geschickt. – Ach ja: Leserbriefe an die Lokalredaktion haben wir auch noch geschrieben.

B: Na siehst du: Ihr habt klassische Lobbyarbeit betrieben. Ihr habt die Öffentlichkeit auf euer Anliegen aufmerksam gemacht, habt die politischen Entscheidungsträger mit euren Argumenten „gefüttert" – die großen Interessenverbände machen das ähnlich.

A: Aber du kannst doch unseren kleinen Jugendhaus-Verein nicht mit Greenpeace oder den Gewerkschaften vergleichen!

B: Klar – die Ausmaße sind unterschiedlich. Ihr schreibt drei Leserbriefe, Greenpeace macht spektakuläre Aktionen, die dann live im Fernsehen kommen. Aber im Ziel seid ihr gleich: Die Öffentlichkeit soll von eurem Anliegen erfahren. Oder zu den Gewerkschaften: Sie können schnell eine Demonstration von Tausenden auf die Beine stellen, über die dann alle Medien berichten. Die großen Verbände haben viele Möglichkeiten, ihre Interessen bekannt zu machen. Aber das ist nur ein Teil davon, wie sie ihren Lobbyismus betreiben.

A: Du sagst schon wieder „Lobby". Was ist denn damit gemeint?

B: Die Lobby ist ein Raum, z. B. die Vorhalle im Parlament. Daraus entstand der politische Begriff „Lobby". Er meint die Personen und Organisationen, die im Vorfeld politischer Entscheidungen die Abgeordneten und Regierungsbeamten in ihrem Sinne zu beeinflussen versuchen.

A: Und das ist erlaubt?

B: Ja. Du darfst das übrigens nicht nur kritisch sehen. Die Abgeordneten können nicht alles wissen. Die Verbandsvertreter sind jedoch Experten auf ihrem Sachgebiet. Da ist es doch sinnvoll, wenn die Abgeordneten bei der Ausarbeitung eines geplanten Gesetzes auch die Vertreter der betroffenen Interessenverbände hören.

A: Aber die sagen dann doch alle das Gleiche.

B: Keineswegs. Es gibt viele Verbände, die ganz unterschiedliche Interessen verfolgen. Wenn es z. B. um rechtliche Regelungen beim Kauf auf Raten geht, sagen die Vertreter der Verbraucherschutzverbände sicher etwas anderes als die Lobbyisten der Banken. Und am Ende muss sich jeder Abgeordnete selbst eine Meinung bilden.

M 3 Ein Gespräch über Lobbyismus

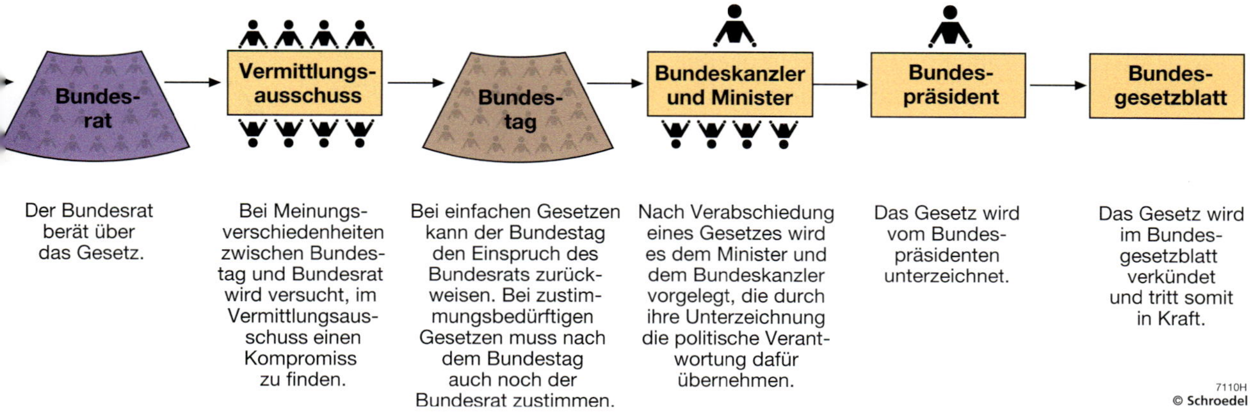

Die Rolle der Medien – die vierte Gewalt im Staat?

M1 Politiker stellen sich auf einer Pressekonferenz den kritischen Fragen der Journalisten.

Die Aufgabe der Medien

In einer Demokratie, in der die Mitbestimmung durch die Menschen an erster Stelle steht, gehört die Meinungs- und Pressefreiheit zu den wichtigsten Grundrechten.

Aus den unterschiedlichen Medien wie Presse, Rundfunk, Fernsehen und Internet lassen sich für Menschen aktuelle Informationen zum täglichen Geschehen schnell und kostengünstig gewinnen. Medien sollen den Bürgern nicht nur zur Unterhaltung dienen, sondern eine Möglichkeit zur Weiterbildung, Meinungsbildung und auch -äußerung bieten. Ihre Aufgabe ist es, frei, neutral und unabhängig über politische Entscheidungen zu berichten und die Zusammenhänge zu erklären.

Dennoch sind die Medien kein Instrument der Politik, sondern unabhängig. Viele haben es sich zur Aufgabe gemacht, Missstände, Fehler und Ungerechtigkeiten in der Politik aufzudecken und darüber zu informieren. Medien üben damit eine indirekte Kontrollfunktion aus. Trotz alledem müssen Medienberichte von den Bürgern auch immer kritisch betrachtet werden. Viele Politiker nutzen gezielt die Medien, um sich gut zu präsentieren und die öffentliche Meinung zu ihren Gunsten zu beeinflussen.

Medien bieten auch den „normalen" Bürgern die Möglichkeit, sich kritisch zum politischen Geschehen zu äußern und Wünsche und Forderungen an die Politik zu stellen, z. B. über Internetforen, Leserbriefe oder Diskussionsrunden in TV-Shows.

Was sagt das Deutsche Grundgesetz?

Die Meinungs- und Pressefreiheit gehört im Grundgesetz zu den Grundrechten (Artikel 5 GG):
(1) Jeder hat das Recht, seine Meinung in Wort, Schrift und Bild frei zu äußern und zu verbreiten und sich aus allgemein zugänglichen Quellen ungehindert zu unterrichten. Die Pressefreiheit und die Freiheit der Berichterstattung durch Rundfunk und Film werden gewährleistet. Eine Zensur findet nicht statt.
(2) Diese Rechte finden ihre Schranken in den Vorschriften der allgemeinen Gesetze, den gesetzlichen Bestimmungen zum Schutze der Jugend und in dem Recht der persönlichen Ehre.

M2 Meinungsfreiheit

M3 Das Wechselspiel zwischen Medien und Politik

Pressefreiheit – nicht immer selbstverständlich

Die Presse- und Meinungsfreiheit gab es in Europa nicht immer. Im 15. Jahrhundert gab es Anordnungen von Kirche und Staat, wonach Schriften genehmigt werden mussten. Im 18. Jahrhundert wurde in Frankreich versucht, so die Verbreitung der revolutionären Gedanken zu verhindern. Auch im Deutschen Kaiserreich Ende des 19. Jahrhunderts konnten Zeitungen ohne Gerichtsbeschluss geschlossen werden. In Deutschland war der Journalismus 1933 bis 1945 per Gesetz eine staatlich kontrollierte Aufgabe.

Auch heute gibt es noch Länder, in denen es eine **Zensur** gibt. Häufig müssen Journalisten und Autoren, die sich kritisch zur Politik äußern, sogar um ihr Leben fürchten. So wurde in Saudi Arabien im Mai 2014 Raif Muhammad Badawi, ein Internetblogger, unter anderem zu 1 000 Peitschenhieben und 10 Jahren Haft verurteilt, nachdem er seine Meinung zu Staat und Religion im Internet äußerte.

Ziffer 1: Die Achtung vor der Wahrheit, die Wahrung der Menschenwürde und die wahrhaftige Unterrichtung der Öffentlichkeit sind oberste Gebote der Presse.

Ziffer 2: Zur Veröffentlichung bestimmte Informationen in Wort, Bild und Grafik sind mit der nach den Umständen gebotenen Sorgfalt auf ihren Wahrheitsgehalt zu prüfen und wahrheitsgetreu wiederzugeben.

Ziffer 3: Veröffentlichte Nachrichten oder Behauptungen, insbesondere personenbezogener Art, die sich nachträglich als falsch erweisen, hat das Publikationsorgan, das sie gebracht hat, unverzüglich von sich aus in angemessener Weise richtigzustellen.

Ziffer 11: Die Presse verzichtet auf eine unangemessen sensationelle Darstellung von Gewalt und Brutalität. Der Schutz der Jugend ist in der Berichterstattung zu berücksichtigen.

(Quelle: www.presserat.de/fileadmin/user_upload/Downloads_Dateien/2015_pressekodex.pdf, Zugriff: 08.04.2015)

M4 Auszug aus dem Pressekodex (Fassung 11.03.2015)

Die Verantwortung der Medien

Alle Medien haben eine Verantwortung zu ehrlicher und neutraler Berichterstattung. Doch der Pressemarkt ist umkämpft: Jede Zeitung möchte die neuesten und spektakulärsten Nachrichten bringen, denn diese bringen höhere Verkaufszahlen und damit Werbeeinnahmen.

Oft versuchen Medien, die Meinung der Menschen gezielt zu beeinflussen, um die Interessen einzelner Menschen zu unterstützen. So kommt es manchmal zu bewussten Falschmeldungen.

Ein Beispiel: Diverse Medien veröffentlichten im Bundestagswahlkampf 2013 ein Foto des SPD-Kanzlerkandidaten Peer Steinbrück mit erhobenem Mittelfinger. Verschwiegen wurde, dass dies zu einem Interview gehörte, bei dem die Interviewten nur mit Gesten antworten sollten. Später wurde dies richtiggestellt, die hohen Verkaufszahlen und der beschädigte Ruf von Steinbrück blieben aber.

Damit die Pressefreiheit nicht zum Nachteil von Menschen ausgenutzt wird, wurde der Deutsche Presserat gegründet. Dazu wurde der Pressekodex verfasst, eine Regelsammlung, deren Einhaltung sich Verleger und Journalisten freiwillig verpflichtet haben. Jeder kann sich beim Presserat beschweren, wenn gegen den Pressekodex verstoßen wurde. Dieser spricht bei Verstößen eine öffentliche Rüge aus. Der betroffene Verlag muss darauf eine Richtigstellung veröffentlichen, was jedoch nicht immer geschieht.

M5 Meinungs- und Pressefreiheit birgt auch Gefahren.

AUFGABEN

1. *Beschreibe die Aufgaben der Medien.*
2. *Erläutere die Bedeutung der Meinungs- und Pressefreiheit in Deutschland (M2).*
3. *Beschreibe anhand von M3 das Verhältnis von Politik und Medien.*
4. *Diskutiert, inwieweit die Pressefreiheit durch Regeln und härtere Strafen stärker kontrolliert werden sollte (M5).*
5. *a) Recherchiere zum Fall von Raif Muhammad Badawi. Erstelle einen Kurzvortrag.*
   b) Nimm Stellung zu seiner Verurteilung.

Jugend und Rechtsextremismus

Gefahr „von Rechts"

Rechtsextremistische Einstellungen kommen in allen Bevölkerungsgruppen und gesellschaftlichen Schichten vor. Hauptzielgruppe neonazistischer und rechtsextremistischer Organisationen sind häufig Jugendliche. Das typische Einstiegsalter liegt zwischen 12 und 15 Jahren. Umfragen bei Wahlen weisen oft auf ein Potenzial von 10 bis 30 Prozent von rechtsextrem orientierten Jugendlichen hin.

Die Hinwendung zur Jugend ist ein Trend, den man in den vergangenen Jahren innerhalb der gesamten rechtsextremen Szene beobachten konnte. Die Neonazis haben erkannt, dass sie junge Sympathisanten dort abholen müssen, wo sie sich befinden, in den jeweiligen Jugendkulturen nämlich. Die Partei NPD hat sich dabei unter anderem dem „Kampf um die Köpfe" verschrieben und versucht, sich als seriöse politische Bewegung zu präsentieren. Dabei sollen auch gezielt Jugendliche an Schulen gewonnen werden.

Bei den Neonazis hat ein Wandel stattgefunden: Springerstiefel, Bomberjacke, Glatze sind bei vielen Nazis aus der Mode gekommen: Nun tragen sie auch Hiphop-Klamotten und Palästinensertücher.
Die Szene hat sich anderen Jugendkulturen geöffnet. Dadurch treten sie weniger eindeutig auf. Auf diese Weise kann die extreme Rechte in gesellschaftliche Bereiche einsickern, die ihr bisher verschlossen waren, in denen sie bisher verpönt war. Dazu gehören auch andere Subkulturen der Jugendkultur.
Die Aktivisten setzen bei der Rekrutierung auf Musik, lebensnahe Themen und abwechslungsreiche Freizeitgestaltung.

Einstiegsmedium Musik

Musik ebnet oft den Weg für den Einstieg in die rechte Szene. Rechtsextreme Texte und Gesinnungen finden sich inzwischen nicht nur im klassischen Rechtsrock, sondern auch im Metal, Darkwave, Techno, Hiphop sowie bei Liedermachern.
Geschickt verpackt werden Themen wie Arbeitslosigkeit, Kriminalität, Drogen, Gewalt und der damit verbundene Aufruf, sich dagegenzustellen. Die Botschaft lautet: „Du bist nicht allein, deine Misere ist Teil unseres Kampfes."

M 1 Wahlplakat aus dem Hessischen Wahlkampf 2013

Rechtsextremistische Einstellungen sind gekennzeichnet von:
- übersteigertermdlichkeit
- Ausgrenzung von Menschen aufgrund ihrer Herkunft, ihrer Religion, politischen Einstellung, sexuellen Orientierung, ihrer Behinderung etc.
- Antisemitismus
- traditionellem Familien- und Gesellschaftsbild
- Ablehnung des demokratischen Grundgedankens
- erhöhter Gewaltbereitschaft
- Ablehnung von Zuwanderung und Asylbewerbern
- Glaube an Volk, Nation und die deutsche „Rasse"
- Leugnung der Verbrechen der Nationalsozialisten

M 2

M 3 „Werbe-CDs" werden auf dem Schulhof verteilt.

Was treibt Jugendliche in rechtsextreme Cliquen?

Aus einem Interview von Christine Kröger mit Reinhard Koch von der Arbeitsstelle Rechtsextremismus und Gewalt in Braunschweig (ARuG) zum Thema „Was treibt Jugendliche in rechtsextreme Cliquen?":

Herr Koch, warum landen Jugendliche wie Michael Hopf* in rechtsextremen Cliquen? Er kommt aus keinem rechtsextremen Elternhaus ...

Das ist auch längst nicht mehr der klassische Fall. Das galt für einen Teil junger Neonazis der ersten Generation.

Michael scheint sich aber auch nie für Politik interessiert zu haben oder zu interessieren.

Politik treibt nur wenige Jugendliche in die Szene. Die meisten Jugendlichen suchen Anerkennung. Anerkennung und das Gefühl, dazuzugehören.[...] Fast alle Aussteiger nennen als Motiv für ihren Einstieg: „Ich fühlte mich anerkannt und zugehörig – unabhängig davon, wer ich bin und was ich habe." Das macht die Szene besonders attraktiv für Jugendliche, die sich anderswo nicht wahrgenommen fühlen.

In der Schule?

Zum Beispiel. Oder im Sport, bei den Eltern, beim anderen Geschlecht ...

Meint Zugehörigkeit die in der Szene viel beschworene „Kameradschaft"?

Das Wort fällt in diesem Zusammenhang immer. Auffällig ist, dass die Aussteiger so gut wie nie von „Freundschaft" sprechen. [...] Für „Kameradschaften" im Sinne von Freundschaften ist die Szene viel zu aggressiv. Gerade nach innen. Das Verhalten untereinander ist oft hochgradig feindselig. Obwohl die Szene „Kameradschaft" geradezu zwanghaft idealisiert, ist sie nach innen oft wertlos. [...] Das gegenseitige Misstrauen ist groß. Fast jeder kennt Straftaten des anderen, aus der Mitwisserschaft resultieren Kontrolle, Drohungen und Gewalt – und im Umkehrschluss natürlich auch Angst. Das schweißt die Szene zusammen. Nicht Freundschaft.

Wenn das so ist, macht das den Zulauf von Jugendlichen noch unerklärlicher.

Nein, denn nach außen bedeutet „Kameradschaft" tatsächlich viel. Sie bringt Macht und Anerkennung. Wenn drei stadtbekannte Glatzköpfe in ihren Springerstiefeln auf dem Bürgersteig gehen, wechseln die Leute die Straßenseite. Das gibt vielen Jugendlichen ein Machtgefühl, wie sie es nie zuvor erlebt haben.

(Quelle: www.bpb.de/themen/I6RE40,0,Von_Freundschaft_ist_keine_Rede.html, Zugriff: 08.04.2015; * Name geändert)

Artikel 9: (2) Vereinigungen, [...] die sich gegen die verfassungsmäßige Ordnung oder gegen den Gedanken der Völkerverständigung richten, sind verboten.
Artikel 18: „Wer die Freiheit der Meinungsäußerung, insbesondere der Pressefreiheit [...], die Versammlungsfreiheit [Artikel 8], die Vereinigungsfreiheit [...] zum Kampf gegen die freiheitlich demokratische Grundordnung missbraucht, verwirkt diese Grundrechte. [...]"
Artikel 20 (1) „Die Bundesrepublik Deutschland ist ein demokratischer und sozialer Bundesstaat. [...] (2) Alle Staatsgewalt geht vom Volke aus. [...] (4) Gegen jeden, der es unternimmt, diese Ordnung zu beseitigen, haben alle Deutschen das Recht zum Widerstand, wenn andere Abhilfe nicht möglich ist."
Artikel 21 (2): „Parteien, die nach ihren Zielen oder nach dem Verhalten ihrer Anhänger darauf ausgehen, die freiheitliche demokratische Grundordnung zu beeinträchtigen oder zu beseitigen [...], sind verfassungswidrig. [...]"

M4 Auszüge aus dem Grundgesetz

M5 Verschiedene Organisationen demonstrieren gemeinsam gegen eine NPD-Kundgebung in Wiesbaden.

AUFGABEN

1 *a) Erstelle eine Mindmap zum Thema „Rechtsextremismus".*
b) Erstellt gemeinsam in der Klasse eine Mindmap zum Thema „Rechtsextremismus" an der Tafel.

2 *a) Erkläre, warum gerade Jugendliche ein Ziel für rechtsextreme Gruppen sind.*
b) Welche Erfahrungen hast du mit Rechtsextremismus gemacht? Berichte.

3* *a) Erläutere die Botschaft des Wahlplakats (M1).*
b) Nimm Stellung dazu.

4 *Diskutiert, wie ihr euch verhalten würdet, wenn z. B. die NPD vor eurer Schule auftauchen würde.*

Wiederholen und Üben

Zusammenleben in der Gemeinde

1 Erkläre den Begriff „Gemeinde".
2 Erstelle eine Mindmap zu den Aufgaben von Gemeinden.
3 Fertige eine Zeichnung zur Finanzierung von Gemeinden an.
4 Interpretiere die Karikatur (M1).
5 Verfasse aus der Sicht eines Bürgermeisters eine Rede, in der du deinen Bürgern erklärst, wie in der Gemeinde Entscheidungen getroffen werden. Beschreibe dabei den Aufbau der Gemeinde. Du kannst dazu auch erklärende Zeichnungen anfertigen.

M1 Karikatur

Demokratie und Beteiligung

1 Interpretiere die Zeichnung.
2 Erstelle zum Thema „Demokratie" eine Mindmap.
3 a) Stelle unterschiedliche Formen politischer Beteiligung dar.
b) Erläutere, welche dieser Formen dir am wirkungsvollsten erscheint. Käme diese Beteiligungsform für dich auch infrage?

Unsere Wahlgrundsätze

1 Vervollständige die angefangenen Sätze sinnvoll:
Die Wahlen in Deutschland sind:
- *allgemein ... bedeutet, ...*
- *unmittelbar ... bedeutet, ...*
- *frei ... bedeutet, ...*
- *gleich ... bedeutet, ...*
- *geheim ... bedeutet, ...*

Gewaltenteilung

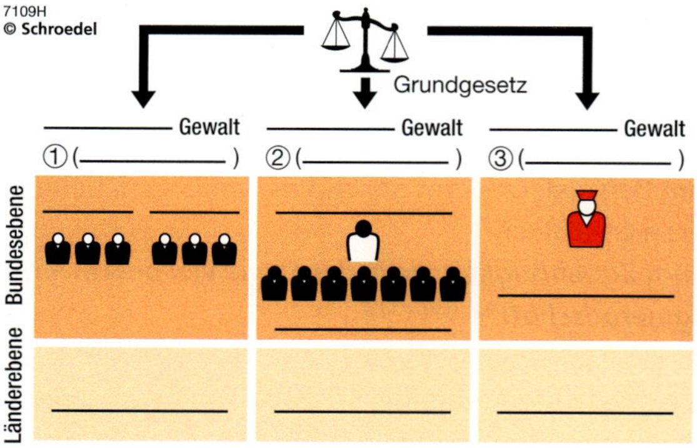

1 Nenne die drei Gewalten 1 – 3.
2 Übertrage die Zeichnung in dein Heft und vervollständige, wer die drei Gewalten vertritt.
3 Erkläre, wie durch die Gewaltenteilung ein Machtmissbrauch verhindert wird.

Wie wird gewählt?

1 Beschreibe das Wahlverfahren der Bundestagswahl. Erkläre dabei den Unterschied zwischen Erst- und Zweitstimme.

Demokratie und Medien

1 Gib die Hauptaussagen des Textes wieder.
2 Erläutere die Bedeutung von Medien in einem demokratischen Staat.
3 Nimm Stellung zu den Forderungen von Erdogan.

„Bin zunehmend gegen das Internet"

Der türkische Präsident Recep Tayyip Erdogan hat seine Vorbehalte gegen das Internet und eine uneingeschränkte Pressefreiheit bekräftigt. „Ich bin mit jedem Tag zunehmend gegen das Internet", sagte Erdogan nach Angaben der internationalen Journalistenorganisation Committee to Protect Journalists (CPJ) bei einem Treffen mit Journalisten und Aktivisten in Ankara. In Hinblick auf die regierungskritischen Proteste im Gezi-Park 2013 sagte er der Nichtregierungsorganisation zufolge: „Den Medien hätte niemals die Freiheit gegeben werden sollen, zu beleidigen." Die Regierung hatte in diesem Jahr mehrere Wochen lang Twitter und YouTube sperren lassen. Erst das Verfassungsgericht hob die Sperren auf, weil es die Meinungsfreiheit verletzt sah. [...] Möglichkeiten zur Sperre von Webseiten ohne Gerichtsbeschluss wurden begrenzt. Erdogan wird vorgeworfen, immer härter gegen kritische Journalisten vorzugehen.

(Quelle: www.n-tv.de/politik/Erdogan-moechte-Pressefreiheit-beschraenken-article13719896.html, Zugriff: 08.04.2015)

Welches Verfassungsorgan ist gesucht?

1 a) Nenne das Verfassungsorgan, das du auf dem Foto erkennst.
b) Erläutere seine Funktion und Aufgaben in der Bundesrepublik Deutschland.
2 Beschreibe die Entstehung eines Gesetzes und erkläre, welche Rolle der Bundesrat dabei hat.
3 Du hast die Wahl: Erstelle eine Mindmap ***oder*** eine Zeichnung zu den verschiedenen Verfassungsorganen der Bundesrepublik.
4 Stelle ein weiteres Verfassungsorgan deiner Wahl genauer vor.

Prüfe dich nun selbst! Du kannst ...

- ✓ ... beschreiben, was man unter Demokratie versteht (> S. 226/227);
- ✓ ... die Aufgaben einer Gemeinde benennen (> S. 218/219);
- ✓ ... erklären, wie sich eine Gemeinde finanziert (> S. 220/221);
- ✓ ... erläutern, wer in der Gemeinde welche Befugnisse hat (> S. 222/223);
- ✓ ... aufzählen, welche politischen Beteiligungsmöglichkeiten man als Bürger/in hat (> S. 224/225);
- ✓ ... die Strukturprinzipien der deutschen Demokratie beschreiben (> S. 228);
- ✓ ... erklären, wie die deutsche Gewaltenteilung funktioniert (> S. 228);
- ✓ ... die Rolle der Interessenvertretung erläutern (> S. 239);
- ✓ ... den Ablauf von Bundestagswahlen sowie diesbezüglich die Rolle von Parteien erklären (> S. 230/231);
- ✓ ... die Institutionen der deutschen Demokratie beschreiben (> S. 236/237);
- ✓ ... den Föderalismus und die Gesetzgebung erklären (> S. 234);
- ✓ ... die Wichtigkeit der Menschenrechte erläutern (> S. 229);
- ✓ ... die Rolle der Medien erklären (> S. 240/241);
- ✓ ... beschreiben, welche Gefahr von Rechtsextremismus ausgeht (> S. 242/243).

7 Zeitenwende

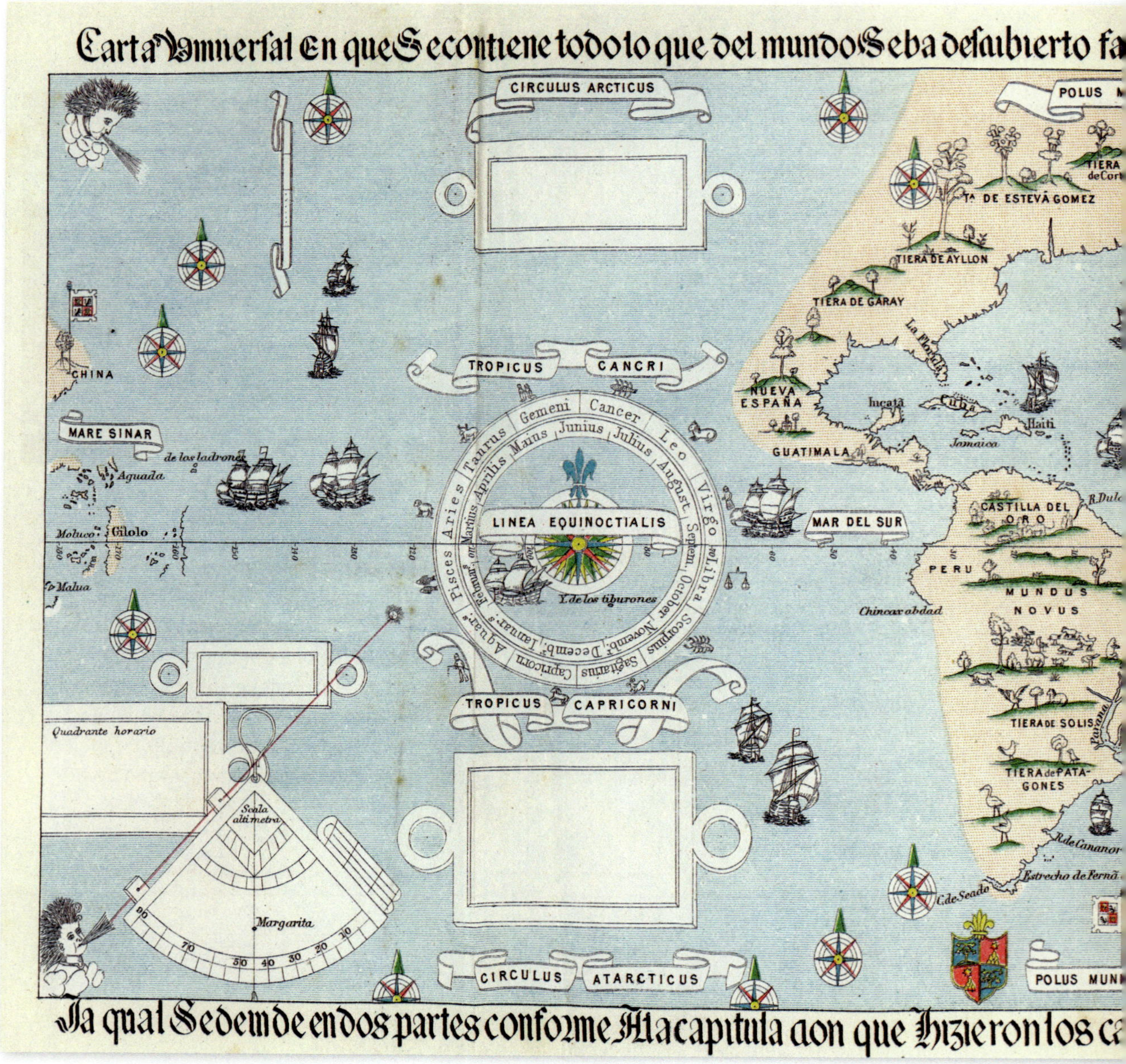

M 1 Die bis dato bekannte Welt um 1529 (zeitgenössische Darstellung)

M 2 Christoph Kolumbus als Entdecker

M 3 Der Buchdruck

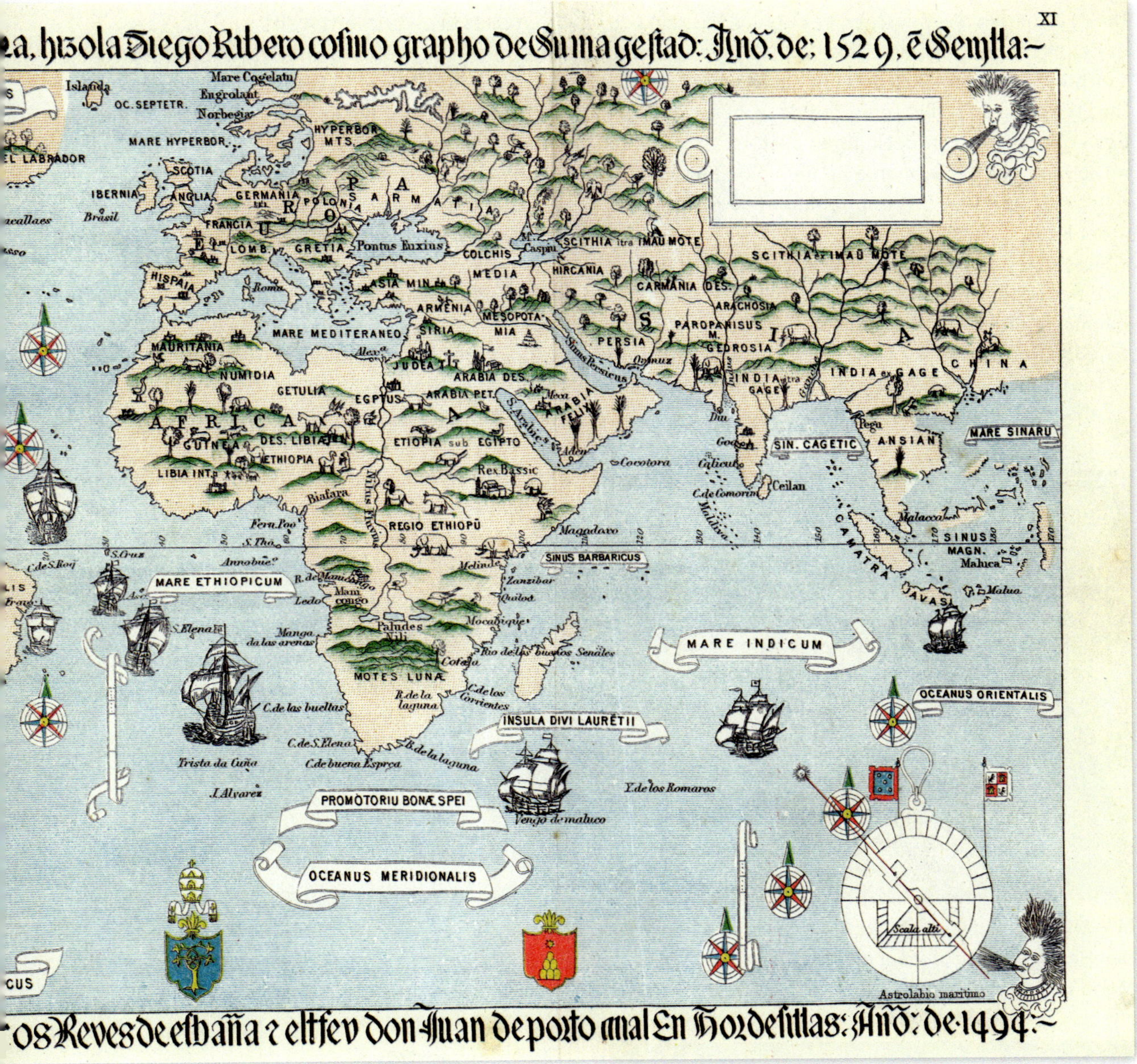

M 4 Der Dreieckshandel

- **Welche technischen und künstlerischen Erfindungen wurden in der Renaissance erprobt?**
- **Wie veränderte sich das Bild vom Menschen und der Welt?**
- **Wie beeinflussen uns die Entdeckungen und Geschehnisse dieser Zeit auch heute noch?**

Die Entdeckung der Welt und des Menschen

Um 1500 hatten die Menschen das Gefühl, dass ein neues Zeitalter begonnen hat. Diese Wende vom 15. ins 16. Jahrhundert – vom Mittelalter in die Neuzeit – war für die Europäer tatsächlich eine Zeit der großen geistigen Bewegungen und Entdeckungen aller Art:

- Die Menschen bekamen eine neue Vorstellung vom Kosmos und von bisher unbekannten Kontinenten der Erde.
- Sie setzten sich mit dem Menschen und dem Sinn seines Lebens neu auseinander.
- Künstler drückten dieses neue Lebensgefühl in einem neuen Kunststil aus.
- Und schließlich veränderten neue Erfindungen das Leben der Menschen.

M1 Mittelalterliches Weltbild: Ein Mensch durchbricht den Himmel und schaut auf das Räderwerk, das Sonne, Mond und Sterne antreibt.

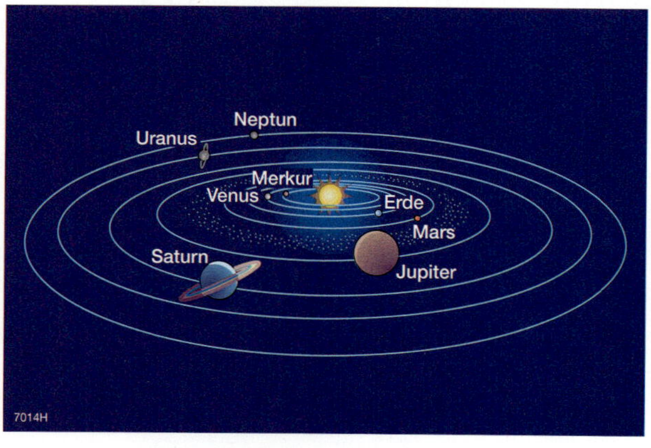

M2 Neuzeitliches Weltbild: Planeten umkreisen die Sonne.

Ein neues Weltbild entsteht

Die Sonne ist der Mittelpunkt der Welt. Im Mittelalter galt das geozentrische Weltbild des Griechen Ptolemäus: Demnach ist die Erde der Mittelpunkt der Welt. Um sie bewegen sich auf festen Bahnen die Sonne, der Mond und die Planeten.

Nikolaus Kopernikus (1473 – 1543) erforschte die Bewegungen der Himmelskörper. Er kam zu der Erkenntnis: Nicht die Erde, sondern die Sonne ist der Mittelpunkt der Welt. Die Erde zieht neben anderen Planeten um die Sonne ihre Bahn. Dieses **heliozentrische Weltbild** veränderte radikal die Vorstellungen vom Kosmos. Die Lehre des Kopernikus wurde später durch die Forschungsergebnisse von Johannes Kepler und Galileo Galilei bestätigt.

Die Erde ist eine Kugel. In der Antike wusste man bereits von der Kugelgestalt der Erde. Doch dieses Wissen ging verloren. Manche Menschen des Mittelalters stellten sich die Erde als Scheibe vor. Über ihr spannt sich der Himmel, an dem Sonne, Sterne und Mond befestigt sind. Kommt man an den Rand der Erdscheibe, so fällt man hinunter. In der Neuzeit setzte sich die Kugelvorstellung von der Erde allgemein durch. Martin Behaim ließ 1492 das erste Kugelmodell der Erde anfertigen. Den praktischen Beweis von der Kugelgestalt erbrachte Magellan: Ihm gelang es 1519 – 1522, die Erde zu umsegeln.

AUFGABEN

1 *Erkläre das neuzeitliche Weltbild und vergleiche es mit dem mittelalterlichen Weltbild (M1, M2).*

2 *Erläutere, welche neue Stellung die Erde im heliozentrischen Weltbild hat.*

M3 Globus von Martin Behaim

Ein neues Bild vom Menschen entsteht

Die Menschen schauten nicht nur in den Raum, sondern auch in die Zeit. Beim Blick in die Vergangenheit wurden ihnen ganz neue Welten offenbar. Zu ihnen gehörte auch die Welt des griechisch-römischen Altertums. Wissenschaftler lasen, studierten und übersetzten die Schriften der alten Griechen und Römer und waren fasziniert von deren Denken. Der Mensch der Antike wurde zum Vorbild. Wie er wollten sich die Menschen am Schönen freuen, ein kraftvolles Leben führen, die Welt nach eigenem Willen gestalten. Diese Weltanschauung nannte sich **Humanismus** (lat. human = menschlich).

Der Mensch hat einen eigenen Willen. Für den mittelalterlichen Menschen war klar: Alles ist von Gott vorherbestimmt. Als Geschöpfe Gottes hatten sich die Menschen dem göttlichen Willen zu fügen. Pico von Mirandola fasste die neue Sicht vom Menschen 1486 so zusammen:

„Gott stellte den Menschen in die Mitte der Welt und sprach zu ihm: ‚Wir haben dir weder einen bestimmten Wohnsitz noch ein eigenes Gesicht noch irgendeine besondere Gabe verliehen, o Adam, damit du jeden beliebigen Wohnsitz, jedes beliebige Gesicht und alle Gaben, die du dir wünscht, nach deinem Willen und nach deiner eigenen Meinung haben mögest. Den übrigen Wesen ist ihre Natur durch die vorgeschriebenen Gesetze bestimmt und wird dadurch in Schranken gehalten. Du bist durch keinerlei unüberwindliche Schranken gehemmt, sondern du sollst nach deinem eigenen freien Willen, in dessen Hand ich dein Geschick gelegt habe, sogar jene Natur dir selbst bestimmen. Ich habe dich in die Mitte der Welt gesetzt, damit du von dort bequem um dich schaust, was es alles in der Welt gibt.'"

(Quelle: Guggenbühl, G. (Hrsg.): Quellen zur Geschichte des Mittelalters. Zürich: 1972, S. 285)

Der Mensch verfügt über einen wunderbaren Geist und Körper. Zu dieser Erkenntnis kamen die Humanisten durch Studien des menschlichen Körpers.

Leonardo da Vinci fertigte zahlreiche Skizzen vom Körperbau des Menschen an. In seinen Skizzenbüchern hielt er auch Entwürfe fest, die den Menschen wie einen Vogel fliegend zeigen.

Auch Nicolaus von Cues beschäftigte sich mit dem menschlichen Körper und Geist:

„Der Mensch besitzt eine Stadt mit fünf Toren, den fünf Sinnen. Durch diese treten Boten ein und bringen Berichte aus der ganzen Welt. Die, welche Neuigkeiten bringen über das, was sich im Bezirk der Farben zugetragen hat, treten durch das Tor des Gesichtes, die Berichterstatter über den Bezirk des Tones und der Stimmen durch das Ohr. Ebenso ist es bei den andern Sinnen. Bleibt eines der Tore geschlossen, so fehlen die Nachrichten eines Bezirkes der Sinnenwelt. Dann ist nichts zu verzeichnen über die Sonne, die Sterne, die Farben, die Gestalten der Menschen, der Tiere, der Pflanzen, über die Schönheit der Welt, das Gesungene, die Melodien."

(Quelle: Riedmiller, K.: Geschichte – Mittelalter, München 1967, S. 111)

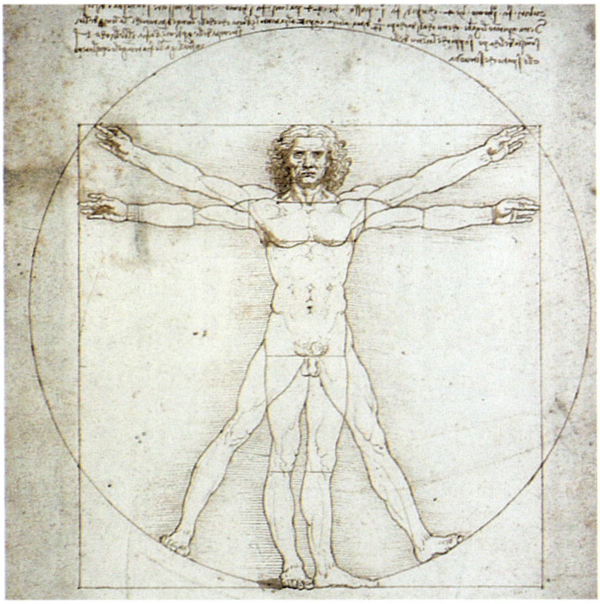

M 4 Zeichnung von da Vinci: Die Maße des Menschen

„Gute Menschen haben den natürlichen Wunsch nach Wissen", schrieb der Italiener Leonardo da Vinci (1452 – 1519). Er beobachtete und zeichnete sein Leben lang. Etwa 5 700 Seiten in Notizbüchern belegen seine vielfältigen Interessen: Naturbeobachtungen, Astronomie, Versuche mit Flugapparaten, vereinfachte Arbeitsvorgänge und Ersatz von menschlicher Arbeit durch Maschinen.
Außerdem wirkte Leonardo da Vinci als Maler („Mona Lisa") und Bildhauer.

M 5 Über das Wirken von Leonardo da Vinci

AUFGABEN

1 *Beschreibe, wie sich die Vorstellung vom Menschen zu Beginn der Neuzeit änderte.*

2 *Stelle einen Zusammenhang her zwischen den Texten von Pico de Mirandola und Nicolaus von Cues.*

M 1 Das Renaissanceschloss des Landgrafen Georg I. von Hessen in Lichtenberg war der erste Auftrag in Südhessen und hatte Vorbildcharakter für weitere Bauten. Es wurde 1570 – 1581 durch Jakob Kesselhut erbaut.

M 2 Alexanderschlacht. Gemälde von Albrecht Altdorfer (1529)

Neue künstlerische Formen

Der Blick in die Vergangenheit und die neue Vorstellung vom Menschen bewirkte auch einen Wandel in der Kunst. Die neue Kunstrichtung wurde **Renaissance** (frz. = Wiedergeburt) genannt und meint soviel wie Wiedergeburt der Antike. Von den Bauwerken der alten Griechen und Römer schauten sich die Architekten vor allem das Gleichmaß ab: Länge, Breite und Höhe sollten in einem harmonischen Verhältnis zueinander stehen und die Flächen ebenmäßig aufgeteilt sein.

Architekten betonen die Waagerechte. Im Mittelalter hatten die Menschen ihre Sehnsucht nach Gott in himmelstrebenden Kathedralen ausgedrückt. Jetzt drückten die Menschen ihr neues Weltgefühl – ihre Gebundenheit an die Erde – aus: Sie bauten breite und weit ausladende Gebäude. Gesimse betonten die waagerechten Linien. Säulen, Rundbogen und Dreiecksgiebel schmückten die Fassaden. Kirchen erhielten nicht mehr steil aufragende Türme, sondern Kuppeln.
Als Hauptwerk gilt der Petersdom in Rom, in dem sich auch viele Kunstwerke von Michelangelo befinden, einem berühmten Künstler der neuen Stilrichtung. Im Stil der Renaissance wurden viele Paläste, Villen, Schlösser und Rathäuser gebaut. Auch in Deutschland wurden in der Zeit bedeutende Bauwerke geschaffen.

Maler nehmen die Natur als Vorlage. In den Menschen erwachte der Sinn für die Schönheit der Landschaft und der Natur. Die Künstler wurden selbstbewusst. Sie schrieben jetzt ihren Namen unter die Kunstwerke. Sie nahmen die Natur als Vorlage, zeichneten perspektivisch (Wiedergabe der räumlichen Sicht) und bemühten sich um die richtigen Proportionen (Größenverhältnisse).
Die Maler bildeten die Menschen möglichst genau ab und wählten als Hintergrund oft Landschaften. „Die Kunst steckt wahrhaftig in der Natur. Wer sie kann herausreißen, der hat sie", sagte Albrecht Dürer, der zu den bedeutendsten Malern dieser Zeit gehörte. Auch Lucas Cranach, Albrecht Altdorfer und Hans Holbein der Ältere schufen unvergängliche Werke.

AUFGABEN

1 * *Erkläre die Merkmale des Renaissance-Stils an den Abbildungen M1 und M2.*

2 *Recherchiere zu den im Text genannten Künstlern der Renaissance Informationen und Bilder im Internet und stelle sie in einem Kurzreferat vor.*

Erfindungen verändern das Leben

In ihrer Entdeckungslust begannen die Menschen, genau zu beobachten, zu messen, zu forschen und zu erfinden. So standen am Beginn der Neuzeit eine Reihe von Erfindungen, die das Leben veränderten.

Erfindungen ermöglichen die Erforschung des Raums. Im Mittelalter waren den Europäern ferne Länder weitgehend verschlossen geblieben. Erst durch verschiedene Erfindungen wurden die Fahrten über die Weltmeere möglich. Ein italienischer Seemann entwickelte den Kompass so weiter, dass die Seefahrer auch bei Nebel und bei verhangenem Himmel die gewünschte Fahrtrichtung einhalten konnten. Mithilfe des Jakobsstabes konnten Seeleute berechnen, wie weit südlich oder nördlich sich ein Schiff von seinem Heimathafen befand. Das Handlog wurde gegen Ende des 15. Jahrhunderts entwickelt. Damit konnte die Geschwindigkeit eines Schiffes berechnet werden. In der Seefahrerschule in Sagres (südliches Portugal) versammelte der portugiesische Prinz Heinrich die besten Schiffbauer Europas. Sie entwickelten einen neuen, schlanken, hochseetüchtigen Schiffstyp: die Karavelle.
Außerdem führten exakte Messungen und genaue Beobachtungen zu verbesserten Seekarten.

Eine Erfindung für die genaue Messung der Zeit. Wollten die Menschen im Mittelalter wissen, wie spät es ist, dann waren sie auf Sonnenuhren oder auf die mechanischen Uhren in den Kirch- und Rathaustürmen angewiesen. Solche Uhren mussten mit Gewichten angetrieben werden, was jedoch nur in größeren, festen Gehäusen möglich war. 1530 stellte Peter Henlein, ein Nürnberger Schlosser, die erste kleine tragbare Uhr her. Das „Nürnberger Ei", wie seine Taschenuhr genannt wurde, ermöglichte durch den gleichmäßigen Lauf des Uhrwerks eine genaue Zeitbestimmung an jedem Aufenthaltsort. Seine Uhr wurde von einer kleinen Feder angetrieben, die Kraft für 40 Stunden Betrieb lieferte.

Das Spinnrad wird verbessert. Tausende von Jahren hatten die Menschen Tierhaare oder Pflanzenfasern mit einer Handspindel zu Fäden zusammengedreht, das heißt gesponnen. Im 13. Jahrhundert war dann die Handspindel vom Spinnrad abgelöst worden, das allerdings von Hand bewegt werden musste. Im Jahr 1530 erfand schließlich der Steinmetz Johann Jürgens den Fußantrieb für das Spinnrad. Da die Hände nun frei waren, konnte schneller und mehr gesponnen werden.

M 3 Karavelle. Dieses schnelle Schiff mit Dreieckssegeln ermöglichte es, besser gegen den Wind zu kreuzen.

Eine Reihe dieser folgenreichen Neuerungen waren durch die arabische Vermittlung aus dem fernen China, aus Indien und aus dem Orient nach Europa gelangt, u.a. das zentrale Steuerruder, eine neuartige Technik des Segelns, der Kompass, das Papier und das neue Zahlen- und Dezimalsystem.

AUFGABEN

1. *Stelle wichtige Erfindungen zu Beginn der Neuzeit zusammen und erkläre, inwiefern sie das Leben der Menschen veränderten.*
2. *Vergleiche die Möglichkeiten der Wissensverbreitung im Mittelalter, in der Neuzeit und in der Jetztzeit.*

M 4 Taschenuhr von Henlein

Z

Drucken statt Schreiben – die Erfindung des Buchdrucks

Gutenberg wurde 1397 in Mainz geboren. Sein Vater war Kaufmann, er konnte daher seinen Sohn zur Schule schicken, wo er lesen, schreiben und Latein lernte.
Der junge Gutenberg war fasziniert von der Idee, ein Verfahren zu entwickeln, mit dem Bücher günstig in hoher Auflage produziert werden konnten. Er arbeitete zehn Jahre in Straßburg, wo er die ersten Druckversuche entwickelte. In Mainz errichtete er 1448 eine eigene Werkstatt, hierzu lieh er sich viel Geld. 1455 druckte Gutenberg schließlich ca. 180 Exemplare der Bibel in lateinischer Sprache. Da er aber seine Schulden nicht zurückbezahlen konnte, verlor er seine Werkstatt und die von ihm gedruckten Werke und lebte bis zu seinem Tod in Armut. Seine Entdeckung aber veränderte grundlegend die Welt.

M1 Johannes Gutenberg

Die Menschen der Renaissance hatten einen starken Drang nach Wissen. Wie konnte diese neue Wissenschaft nun verbreitet werden? Dies wurde durch eine Erfindung Gutenbergs, durch den Buchdruck, möglich.
Er goss einzelne Buchstaben (= Lettern) aus Metall. Diese Lettern konnten beliebig oft zu Wörtern, Zeilen und ganzen Seiten zusammengesetzt und wieder auseinandergenommen werden. In einen Druckstock eingespannt, konnten auf diese Weise ganze Texte so oft vervielfältigt werden, wie sie gebraucht wurden. Der Buchdruck verbreitete sich rasch. Schon um 1500 existierten mehr als 1500 Druckereien in Europa. Neue Gedanken und neues Wissen konnten so rasch verbreitet werden.

M2 Gutenberg-Bibel

Mit dem Buchdruck kam allerdings die Zensur, das Verbot von gedruckten Schriften. So erklärte z. B. der Erzbischof Berthold von Mainz am 22. März 1485:
„Wenngleich die Druckerkunst es leicht macht, die Werke der einzelnen Wissenschaften zur Bildung zu beschaffen, so haben wir doch erfahren, dass manche Leute diese Kunst missbrauchen. Sie übersetzten Bücher, die von göttlichen Dingen handeln, aus der lateinischen Sprache in die deutsche Sprache.
Laien (Menschen, die keine Priester sind), Ungelehrte (Menschen, die nicht studiert haben) und das weibliche Geschlecht, denen die Bücher in die Hände fallen, können nicht die Wahrheit herauslesen. Wir, der Erzbischof von Mainz, befehlen, keine Werke aus der lateinischen Sprache ins Deutsche zu übersetzen und zu drucken, wenn die Werke nicht von Doktoren der Universität durchgesehen und zum Druck freigegeben wurden."

(Quelle: Leuschner, J.: Die Kirche des Mittelalters. Stuttgart 1962, S. 46 f, vereinfacht)

AUFGABEN

1 *Erkläre, warum sich Gutenbergs Erfindung durchsetzen konnte.*
2* *Erläutere, welche Auswirkungen die Erfindung des Buchdrucks auf die Bevölkerung hatte.*
3 *Kommentiere die Bedenken und Ängste des Erzbischofs von Mainz.*
4 *Ordne in M4 die Beschreibungen A – J den Bildern 1 – 10 zu. Beispiel: Bild 1/Text E.*
5 *Überprüfe, welche Arbeitsschritte von M4 sich in M3 wiederfinden lassen.*

M3 Blick in eine Druckerwerkstatt im 16. Jahrhundert

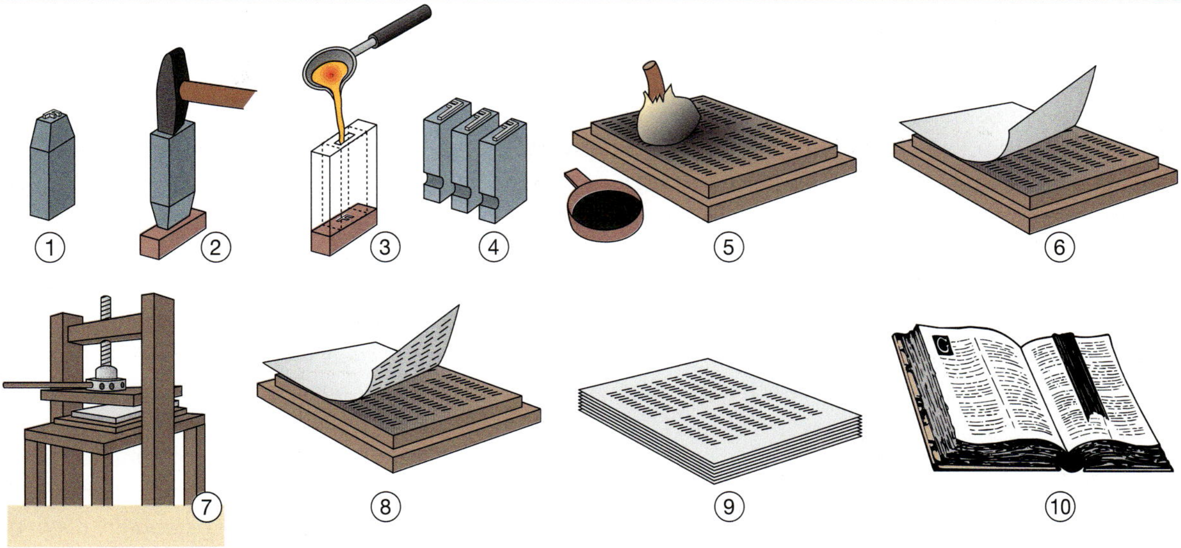

Ein Buch entsteht:

A) Die Bögen wurden zu einem Buch zusammengetragen. B) In die Matrize goss er flüssiges Blei. C) Der Buchblock erhielt einen Einband. D) Er presste Papier und Druckform zusammen. E) So stellte Gutenberg eine Letter her. Er formte eine Musterletter aus hartem Material. F) Nun war der Bogen bedruckt. G) Daraus entstand dann eine Bleiletter. H) Dann schlug er sie in ein Klötzchen aus weichem Kupfer. So entstand eine Matrize. I) Die Letter setzte er zu einer Druckform zusammen, die er schwarz färbte. J) Darauf legte er einen Bogen Papier.

M4 Arbeitsschritte beim Buchdruck

Die „Entdeckung" Amerikas

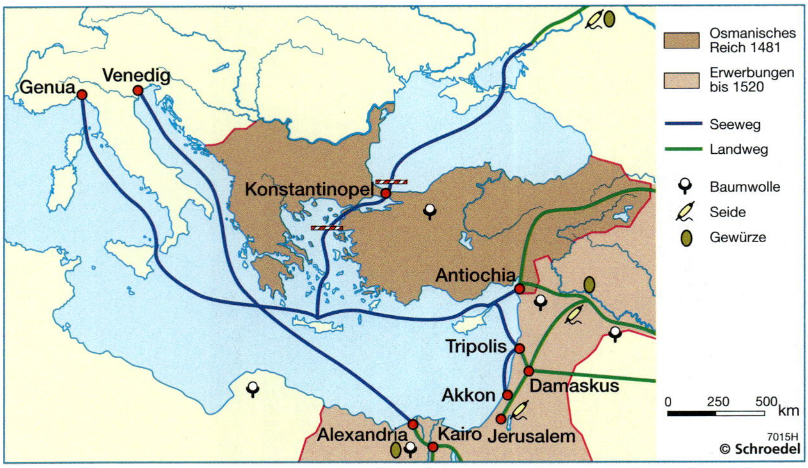

M 1 Sperre des Fernhandels durch das Osmanische Reich

M 2 Christoph Kolumbus

Die „Entdeckung" Amerikas durch Christoph Kolumbus war eigentlich ein Zufall. Denn der Anlass für die Fahrt über den Ozean war eine „Wirtschaftskrise" in Europa: Jahrhundertelang hatten europäische Kaufleute Gewürze wie Pfeffer, Zimt, Ingwer sowie Seidenstoffe und Teppiche über arabische Zwischenhändler aus Indien und anderen orientalischen Ländern bezogen. Doch im Jahr 1453 eroberten die Osmanen Konstantinopel und kontrollierten damit den östlichen Mittelmeerraum. Die Handelswege zu Wasser und zu Land waren seitdem in ihrer Hand. Die Osmanen erhoben hohe Zölle. Die Waren aus dem Osten verteuerten sich dadurch.
So begann die Suche nach einem neuen Seeweg nach Indien. Eine Möglichkeit war, ums Kap der Guten Hoffnung zu segeln. Diese Fahrt dauerte aber lange und war gefährlich. Christoph Kolumbus (1451 – 1506) glaubte, den kürzesten Weg nach Indien zu kennen: Er war, wie viele andere Gelehrte, überzeugt, dass die Erde eine Kugelform hat. Deshalb brach er in westlicher Richtung auf.

Fahrt ins Ungewisse

Kolumbus fuhr im Auftrag der spanischen Könige Isabella und Ferdinand. Mit ihnen hatte er einen Vertrag abgeschlossen. Sie rüsteten drei Karavellen (= dreimastige Segelschiffe) aus, die „Santa Maria", die „Pinta" und die „Niña". Am 3. August 1492 stach Kolumbus mit 90 Mann in See – darunter junge Männer aus Seefahrerfamilien, begnadigte Zuchthäusler, vier königliche Beamte, ein Polizist, ein Arzt. Wie es den Seefahrern auf hoher See erging, lässt sich dem Bordbuch entnehmen:

„6. August 1492: Es fing mit einem Unglück an. Das Steuerruder der Pinta brach, und ich würde beschwören, dass Gomez Rascon seine Hand im Spiel hatte.
6. September: Höllenqualen! Wir liegen bei Windstille fest. Darin sieht die Mannschaft ein böses Zeichen.
9. September: Gestern und in der vergangenen Nacht legten wir nur 36 Meilen zurück. Heute waren es 60. Ich trug weniger ein, damit die Mannschaft nicht den Mut verliert, falls die Fahrt länger als angenommen dauert.
13. September: Die Magnetnadel wies, anstatt auf den Nordpol zu zeigen, ungefähr einen halben Strich nordwestlich. Eine Erklärung? Ich weiß keine.
28. September: Das ist offene Meuterei! Ein Matrose von der Pinta kletterte während der Nacht auf die Santa Maria und forderte Pedro Gutierez auf, mich meines Amtes zu entheben und den Befehl zur Rückkehr zu geben.
6. Oktober: Ein Kanonenschuss weckte mich heute früh. Das vereinbarte Zeichen! Land! Land!
10. Oktober: Das Land war eine Wolke. Gleich war die Hölle los. Die Mannschaft drang auf mich ein.
12. Oktober: Um zwei Uhr ertönte ein Kanonenschuss. Land liegt vor uns. Wir warteten bis zum Anbruch des Tages, an welchem wir zu einer Insel gelangten, die in der Indianersprache „Guanahani" hieß. Dort erblickten wir sogleich nackte Eingeborene. Ich begab mich an Bord eines mit Waffen versehenen Bootes an Land. Ich kniete nieder, als ich festen Boden unter den Füßen hatte, und dankte Gott, indem ich die Erde küsste. Dann entfaltete ich das königliche Banner […].
Ich gedachte mir die Eingeborenen zu Freunden zu machen und schenkte einigen unter ihnen rote Kappen und

M3 Landung von Kolumbus auf der Insel San Salvador (spanisch „heiliger Erlöser"). Kolorierter Kupferstich von 1594

Halsketten aus Glas. Sie brachten uns Papageien, Knäuel von Baumwolle, lange Wurfspieße und viele andere Dinge noch. Sie müssen gewiss treue und kluge Diener sein, überdies glaube ich, dass sie leicht zum Christentum übertreten können.

13. Oktober: Ich trachtete herauszubekommen, ob in dieser Gegend Gold vorkomme. Mithilfe der Zeichensprache erfuhr ich, dass man gegen Süden fahren müsse, um zu einem König zu gelangen, der große, goldene Gefäße und viele Goldstücke besaß."

(Quelle: Grün, R. (Hrsg.): Christoph Columbus – das Bordbuch. Tübingen/Basel 1978)

Kolumbus war davon überzeugt, Indien gefunden zu haben, und nannte die Eingeborenen „Indianer". In Wirklichkeit war er auf die lateinamerikanischen Bahama-Inseln gestoßen. Über Kuba und Haiti, wo die „Santa Maria" Schiffbruch erlitt, kehrte er nach Spanien zurück. Feierlich wurde er empfangen. Er unternahm noch drei weitere Reisen nach „Westindien". Er erfuhr nicht mehr, dass er einen neuen, bis dahin unbekannten Erdteil entdeckt hatte. Dies war die Leistung eines anderen: Nach dem Florentiner Amerigo Vespucci, der die Ostküste Südamerikas erkundete, wurde der neue Erdteil später „Amerika" genannt.

AUFGABEN

1 *Erkläre den Anlass für Kolumbus' Fahrt über den Ozean (M1).*

2 *Beschreibe den Verlauf, die Länge und die Dauer der Reise (Atlas).*

3 *Stelle Schwierigkeiten zusammen, mit denen Kolumbus auf hoher See fertigwerden musste.*

4 *Beschreibe die ersten Handlungen des Kolumbus nach der Ankunft. Nenne mögliche Gründe für sein Handeln.*

5* *Werte M3 aus:*

a) Beschreibe, was auf dem Bild alles zu sehen ist.

b) Vergleiche das Bild mit dem Bordbuch des Kolumbus. Was hat der Kupferstecher übernommen? Was hat er hinzugefügt? Was hat er weggelassen?

c) Lasse alle auf dem Bild dargestellten Personen sprechen. Achte auf die Körperhaltung.

d) Wie werden die Europäer, wie die Eingeborenen gezeichnet?

e) Ist diese Darstellung der ersten Begegnung realistisch? Begründe deine Meinung. Achte auf die Jahresangabe des Bildes.

Z

Das Reich der Inka

M 1 Ausbreitung des Inkareiches

M 2 Inkafestung Machu Picchu im heutigen Peru

Amerika vor Ankunft der Europäer

Christoph Kolumbus gilt als „Entdecker" Amerikas. Die Anführungszeichen zeigen, dass dieser Begriff eigentlich falsch ist. Denn Amerika war vor Ankunft von Kolumbus kein unbesiedelter, herrenloser Kontinent. Forscher nehmen an, dass zur Zeit des Kolumbus in Amerika bereits 90 Mio. Menschen lebten. Es gab kulturell hoch entwickelte Reiche, die straff organisiert waren. Zu den Hochkulturen gehörten die Reiche der Maya, der Azteken und der Inka.

Um 1500 war das Reich der Inka das größte Reich Lateinamerikas. Es erstreckte sich von Nord nach Süd über 4 000 km und umfasste das Gebiet der heutigen Staaten Peru, Ecuador sowie Teile Chiles und Boliviens.

M 3 Der Inka Atahualpa inmitten seines Volkes

Das Inkareich war auf den König ausgerichtet

Der König bildete den Mittelpunkt des Staates. Seine Untertanen nannten ihn „Inka". Später wurde auch das Volk so genannt. Als „Sohn der Sonne" war er Herrscher und Gott zugleich. Sein Herrscherpalast stand in der Hauptstadt Cuzco (übersetzt: „Nabel der Welt").

Von dort aus regierte der Inka sein Reich. Nach den Himmelsrichtungen war dieses in vier Teile unterteilt, die in Provinzen untergliedert waren. Die Provinzen wurden von Adeligen, den Gouverneuren, geleitet. Sie entstammten den Herrscherfamilien der von den Inkas unterworfenen Völker. Ihnen unterstanden Beamte zur Verwaltung des Reiches. Die kleinste soziale Einheit im Staat bildete die Sippe, die aus mehreren Familien bestand.

Die Inka arbeiteten gemeinschaftlich

Ein Großteil der Bevölkerung musste im Inkareich in der Landwirtschaft arbeiten, um Lebensmittel für alle zu erzeugen. Jede Sippe erhielt Grund und Boden zur Nutzung. Die Felder wurden gemeinsam bearbeitet und der Ertrag untereinander aufgeteilt.

Die Menschen hatten aber nicht nur für die Versorgung der eigenen Sippe zu arbeiten, sondern ihre Arbeitskraft auch in den Dienst der größeren Gemeinschaft, des Staates, zu stellen. Meist sah dies so aus: Die Mitglieder der Sippe bearbeiteten die Felder des Königs, der Priester und der Adeligen. Es gab aber auch andere Dienste, z. B. den Bau und Erhalt des Straßennetzes oder die Anfertigung von Stoffen. Brauchte man für ein Bauvorhaben besonders viele Arbeitskräfte, wurden Tausende Menschen zwangsumgesiedelt.

M 4 Mauerwerk aus der Inkazeit in Machu Picchu

M 5 Goldschmiedearbeit der Inka

Kulturelle Leistungen der Inka

Die Ausrichtung des Staates auf den König und die Idee, die Arbeit gemeinschaftlich zu erledigen, gaben dem Staat Halt und Form. Auf dieser Grundlage erbrachten die diktatorisch regierten Inka erstaunliche Leistungen auf verschiedenen Gebieten.

Soweit es möglich war, nutzten die Inka den flachen Küstenstreifen und die Täler in den Bergen zum Anbau von Mais, Bohnen, Kürbissen, Tomaten, Paprika und Koka. Aber diese Flächen reichten bei weitem nicht aus, Lebensmittel für alle zu erzeugen. Deshalb legten sie an den Berghängen Terrassen an, die sie mit Mauern abstützten. So entstanden ebene Flächen, auf denen Felder angelegt werden konnten. Über ein ausgeklügeltes Bewässerungssystem bekamen die Pflanzen genug Wasser. Um Missernten oder Notzeiten überbrücken zu können, wurden Vorratsspeicher gebaut und mit Lebensmitteln gefüllt.

Die langen Grenzen und das gebirgige Gelände machten es nicht möglich, an den Grenzen ihres Reiches überall Grenzwächter aufzustellen. Deshalb befestigten die Inka vor allem ihre Städte. So thronte über Cuzco eine mächtige Burg mit einer Mauer aus großen, unregelmäßig geschnittenen Steinblöcken. Der größte wiegt 200 t. Ohne Mörtel wurden die Steine so dicht aneinander gefügt, dass nicht einmal eine Messerklinge dazwischenpasst. 70 Jahre dauerten die Bauarbeiten hier, an denen insgesamt über 20 000 Menschen arbeiteten.

Auch ein Teil der Häuser wurde mit starken Mauern gebaut. Sie haben sogar die häufigen Erdbeben in den Anden überstanden. Als Meisterwerk der Inka-Architektur gilt Machu Picchu. 2 430 m über dem Meeresspiegel gelegen und rings herum von tiefen Abgründen umgeben, führte nur ein einziger Weg in die „Stadt in den Wolken".

Die Inka schufen zudem ein ausgedehntes Straßennetz, das insgesamt etwa 40 000 km umfasste. Gut organisierte Stafettenläufer brachten Botschaften und Nachrichten innerhalb einer Woche rund 2 000 km weit.

Der Inkastaat war kein reines Agrarland. Es gab auch geschickte Künstler und Handwerker. Sie fertigten kunstvoll gewebte Stoffe, Tongeschirr und Keramikwaren an, sie verarbeiteten Kupfer, Silber und Gold zu Gefäßen und Schmuck. Gold wurde mit der Sonne in Verbindung gebracht. Deshalb wurden die Wände des Herrscherpalastes und der Tempel mit Goldplatten belegt. Ein Großteil der kostbaren Gold- und Silberschätze ist allerdings verloren gegangen. Die spanischen Eroberer, die die Hochkultur der Inka zerstörten, ließen sie einschmelzen.

AUFGABEN

1. *Beschreibe Lage, Ausdehnung und Landschaft des Inkareiches (M1, Atlas).*
2. *Erkläre, wie es die Inka schafften, ihr riesiges Reich zu organisieren.*
3. * *Stelle die Leistungen zusammen, die das Reich der Inka zu einer Hochkultur machten.*

M1 Zeichnung von Ureinwohnern (aus dem 16. Jahrhundert)

Eroberer folgen den Entdeckern

Nach der Entdeckung Amerikas verbreitete sich in Europa schnell die Nachricht, dass man in den neu entdeckten Ländern große Reichtümer erwerben könne. So folgten den Entdeckern bald die Eroberer.

Pizarro erobert das Reich der Inka

Der Spanier Francisco Pizarro hatte Kaiser Karl V. von seiner ersten Erkundungsfahrt entlang Südamerikas berichtet. Der Kaiser beauftragte ihn, die Entdeckung, Eroberung und Besiedlung Perus fortzuführen. 1531 segelte Pizarro von Panama aus nach Süden. Mit nur 177 Mann und 67 Pferden gelang es ihm, das riesige Inkareich mit seinen etwa 6 Mio. Einwohnern zu erobern. Aber wie? Auf den gut ausgebauten Straßen zogen die Eroberer von der Küste aus ins Hochland hinauf. Die Eingeborenen nahmen die hellhäutigen, bärtigen Männer freundlich auf. Stafettenläufer brachten dem damaligen Inkakönig Atahualpa schnell die Nachricht, dass ein weißer Fremder ihn in der Stadt Cajamarca sprechen wolle. Über den Einzug des Königs berichtet ein spanischer Chronist:

„Und dann wurde der Inka Atahualpa sichtbar. Er saß in einer Sänfte, in der sich ein Thron aus gediegenem Gold befand. Der Thron war mit den bunten Federn tropischer Vögel geschmückt. Der Herrscher trug ein Smaragdhalsband von außerordentlicher Schönheit ... Seine Haltung war die eines Menschen, der es gewohnt ist, Befehle zu erteilen, welchen sich niemand widersetzt. Auf der Plaza hielt der Zug an. Das Gefolge, etwa 6 000 Mann, stellte sich links und rechts auf. Atahualpa verließ die Sänfte und fragte: ‚Wo sind die Fremden?' Es war nämlich nur ein einziger Spanier zu sehen."

(Aus dem Tagebuch des Fray Celso Gargia. In: Grün, F.: Die Eroberung von Peru. Tübingen 1973, S. 49/50)

Dieser einzige Spanier war ein Mönch. Er erklärte dem Inkaherrscher, dass er Christ und Untertan des spanischen Königs werden müsse. Als Atahualpa dies verweigerte, gab Pizarro das Zeichen zum Angriff. Aus allen Ecken kamen die versteckten Spanier mit ihren Feuerwaffen hervor: Überrascht und erschreckt durch das Donnern der Geschütze, dachten die Inka nicht an Widerstand, sondern nur an Flucht. Doch sie wussten nicht, wohin sie fliehen sollten. Einer nach dem anderen fiel. Atahualpa selbst wurde von Pizarro gefangen genommen.

Für seine Freilassung bot Atahualpa ein ungeheueres Lösegeld an: Ein Raum von 7 x 15 x 2 m sollte mit Gold aufgefüllt werden. Aus dem ganzen Reich trugen die Inka Goldschätze zusammen, die eingeschmolzen wurden. Pizarro nahm das Lösegeld entgegen, an sein Wort hielt er sich nicht. Den Herrscher ließ er nicht frei, sondern ließ ihn heimtückisch umbringen.

Mit dem Tod des Herrschers verlor das Reich der Inka seinen Zusammenhalt. Die Inka leisteten zwar den Eroberern noch jahrelang Widerstand, mussten sich dann aber doch den Spaniern ergeben.

M2 Des Pedro de Calyce – Grausamkeit gegen die Indianer; kolorierter Kupferstich von Theodor de Bry, 1594

M3 Bartolomé de Las Casas

Die Eroberer zerstören die Hochkultur der Inka

Nach der Unterwerfung der Inka fühlten sich die spanischen Eroberer als die Herren des Landes. Der Augenzeuge Bartolomé de Las Casas, ein Dominikanermönch, berichtet an den Kaiser Karl V.:

„Berauscht von ihrer Macht und ohne Verantwortungsgefühl, frönen die neuen Herren des Pflanzstaates nur der Befriedigung ihrer Launen. Es ist mir zu Ohren gekommen, dass Spanier Bluthunde auf die Indianer hetzen, teils weil ihnen diese Jagd Vergnügen bereitet …

Die Indianer wurden von den Spaniern zu Sklaven erniedrigt. In den Metallgruben sterben Tausende. Man verscharrt ihre Leichen, und niemand kümmert sich um ihre Familien. Längst kümmert sich auch keiner mehr darum, den Indianern das Heil des Christentums zu bringen …

Die Kornspeicher sind geleert, die Herden des indianischen Kamels wurden vernichtet. Tausende dieser Kamele wurden geschlachtet, um die üppigen Gelüste von Feinschmeckern zu befriedigen. Manche Spanier essen nur das Gehirn dieses Tieres … Aber sie denken nicht daran, das Fleisch den Indianern zu überlassen, sie werfen es vielmehr den Hunden vor … Nun ziehen die Indianer ohne Nahrung, ohne das warme Vlies, das ihnen Schutz gegen die Kälte gewährte, über die Hochebenen … So mancher Inkaedelmann schleppt sich nun als Bettler durch das Land, in dem er einst geherrscht hat, und wenn ihn der Hunger dazu zwingt, etwas von dem Überfluss der Eroberer zu stehlen, muss er dies, wird er ertappt, damit bezahlen, dass man ihn zu Tode prügelt.“

(Quelle: Grün, R.: Die Eroberung von Peru. Tübingen 1973, S. 167 f)

Ihre Götter und Herrscher hatten den Inka Zusammenhalt gegeben. Mit den neuen Herren zerfiel diese Ordnung; Städte und Dörfer wurden verwüstet, Straßen, Brücken und Bewässerungsanlagen verkamen. Die Ureinwohner wurden gezwungen, den christlichen Glauben anzunehmen, sie wurden zu Arbeitssklaven für die Eroberer. Hunderttausende starben vor Erschöpfung. Auch die von den Spaniern eingeschleppten Krankheiten, wie Pocken, Typhus, Masern, Scharlach und Grippe, rafften die ursprüngliche Bevölkerung dahin.

Ähnlich wie die Inka wurden in Mittelamerika die indianischen Hochkulturen der Maya und Azteken von den Europäern vernichtet. Es kam zu einer drastischen Reduzierung der einheimischen Bevölkerung: Lebten 1519 noch 25 Mio. Ureinwohner in Mittelamerika, so waren es 1605 gerade noch eine Million.

AUFGABEN

1. *Nenne Gründe, warum es den zahlenmäßig unterlegenen Spaniern gelingen konnte, das Inkareich zu erobern.*
2. *Recherchiere zur Biografie von Las Casas.*
3. *Fasse zusammen, was er dem Kaiser nach Europa berichtet. Was will er mit seinen Anklagen erreichen?*
4. *Beschreibe die Zerstörung der Inka-Hochkultur. Lies dazu noch einmal die S. 256/257 nach.*
5. *Beschreibe M1. Unterscheide zwischen Spaniern und Ureinwohnern. Was tragen die Ureinwohner den Berg hinauf? Wie sind die Spanier dargestellt?*

Menschen als Handelsware

KLEINANZEIGEN

Verkaufe Motorrad Honda
125 ccm, 4 Jahre alt, wie neu, 21 000 km, VHB € 1600,–
Unter wk31/322004 an diese Zeitung

Mensch zu verkaufen
Mensch, männlich, 23 Jahre, gesund und kräftig, spricht deutsch, zu verkaufen, VHB € 1000,–
Unter wk56/122004 an diese Zeitung

Katze entlaufen – Oststadt –
seit 12.07. vermissen wir unsere schwarze Katze

M1

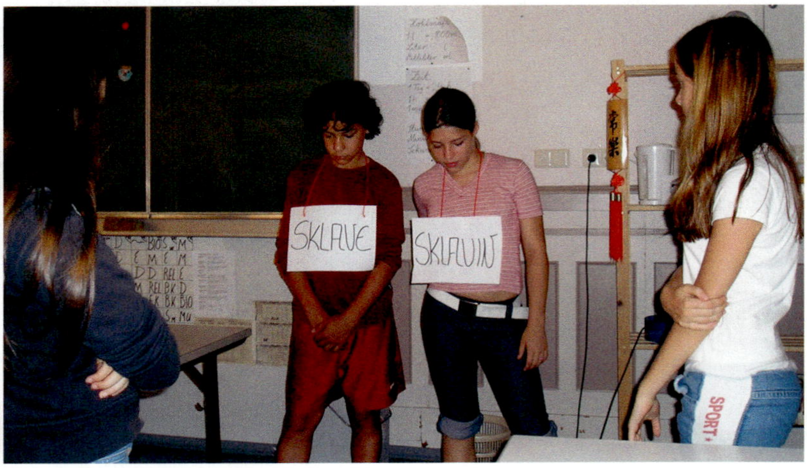

M2 Rollenspiel zum Thema Sklaverei

Sklaverei – eine unendliche Geschichte?

Eine Anzeige wie in M1 bei uns in der Zeitung? Undenkbar! Doch ihr wisst: Im alten Griechenland und in Rom gab es Sklaverei. Dort galt es als normal, Menschen als Besitz zu betrachten und auf Sklavenmärkten zu handeln. Diese Menschen wurden wie „Dinge" behandelt. Ihre Arbeit war erzwungen, man gestand ihnen keinen freien Willen zu, ihre Besitzer konnten mit ihnen machen, was sie wollten. Und wie sah es in späteren Zeiten aus?

Im Mittelalter mussten unfreie Bauern für ihre Herren arbeiten und galten als ihr Besitz. Sicher habt ihr auch schon von der Sklaverei in Amerika gehört.

Sogar heute noch leben Menschen unter sklavenähnlichen Bedingungen. Meist sind es Kinder und Frauen, die gegen ihren Willen als Handelsware missbraucht werden.

Menschenhändler bringen Afrikaner als Sklaven nach Amerika

Seit dem 15. Jahrhundert erkundeten europäische Seefahrer die afrikanischen Küsten. Etwa zur gleichen Zeit begannen portugiesische Entdeckungsreisende auch damit, Afrikaner zu verschleppen. Zuerst wurden diese in Portugal als Diener verkauft. Später machten die Sklavenhändler jedoch weit bessere Geschäfte mit **Sklaven**, die sie über den Atlantik nach Amerika in die **Kolonien** verkauften. Denn dort wurden für den großflächigen Anbau und die Verarbeitung von Zuckerrohr, Kaffee und Baumwolle viele Arbeitskräfte benötigt. Da es dort zu einem Mangel an einheimischen Arbeitskräften gekommen war, bot sich den Kolonialherren als „Ersatzlösung" der Einsatz von Sklaven an. So entwickelte sich ein reger **Dreieckshandel.**

Der Sklavenhandel störte die Beziehungen zwischen den afrikanischen Völkern dauerhaft. Es wurden Kriege

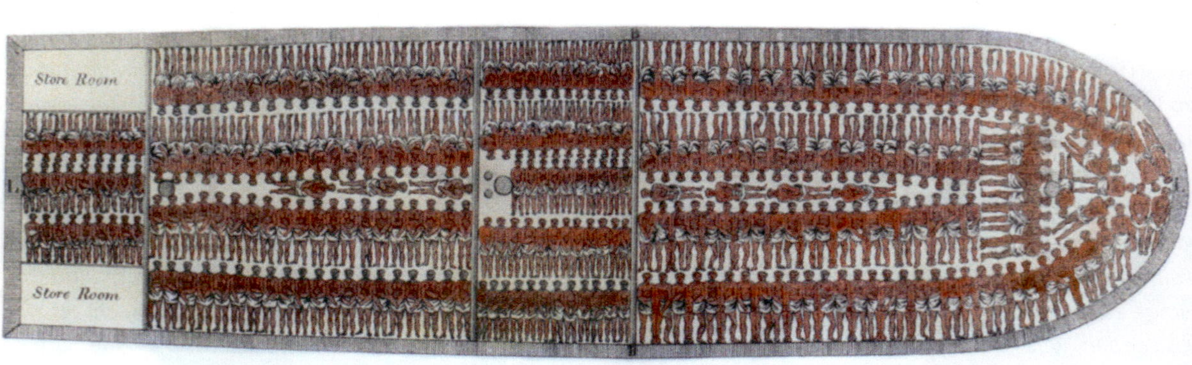

M3 Laderaum eines Sklavenschiffes

M4 Auf dem Weg in die Sklaverei

geführt, um Gefangene zu machen. Diese wurden dann in Schiffe gepfercht und nach Amerika geschafft. Die Enge und die hygienischen Verhältnisse auf den Sklavenschiffen führten dazu, dass teilweise die Hälfte der entführten Afrikaner auf der Überfahrt starb. Nach Schätzungen wurden zwischen dem 16. und 18. Jahrhundert 25 – 30 Mio. Afrikaner verschleppt.

Ist das Sklaverei?
- das Erteilen von Hausarrest
- das Einsperren von verurteilten Straftätern
- die Verheiratung von Frauen ohne ihre Zustimmung
- die Freigabe von Kindern zur Adoption
- Zwangsprostitution

Sklaverei heute?
Der Weltfußballverband gerät unter Druck: Nach den Berichten über 44 tote Arbeiter und unwürdige Bedingungen auf den Baustellen der Fußball-WM 2022 in Katar fordert die Menschenrechtsorganisation Amnesty International die FIFA zum Handeln auf. Der Internationale Gewerkschaftsbund warnt vor bis zu 4 000 Toten bis zum WM-Start.

M5 Pressemeldung über Sklaverei heute

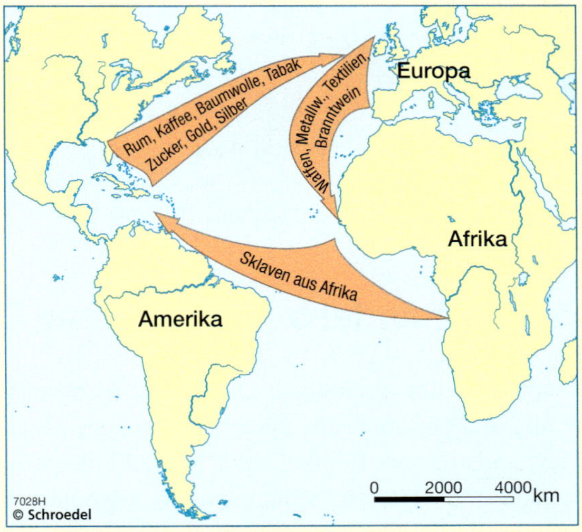

Ab 1600 entwickelte sich zwischen Europa, Afrika und Amerika ein schwunghafter Dreieckshandel: In Europa starteten Schiffe, beladen mit billigen Tauschmitteln, z. B. Glasperlen. In Afrika tauschte man diese Waren gegen Sklaven. Diese wurden wie Vieh per Schiff nach Amerika gebracht und mit riesigen Gewinnen auf Sklavenmärkten verkauft. Von dem Geld konnten die Kapitäne ihre Schiffe mit Baumwolle, Zucker und anderen Rohstoffen neu beladen, die meist auch von Sklaven in Amerika geerntet worden waren. Zurück in Europa, brachte der Verkauf dieser Waren erneut große Gewinne.
Nur wenige störten sich damals am Sklavenhandel. Denn viele Menschen in Amerika und Europa verdienten gut daran.

M6 Der Dreieckshandel

AUFGABEN

1 *Erläutere den Dreieckshandel (M6). Ermittle, welche Entfernung ein Schiff dabei etwa zurücklegte.*

2 *Die Schüler in M2 haben ein Rollenspiel zum Thema „Sklavenmarkt in Amerika" entworfen. Versucht, das ebenfalls nachzuspielen.*

3 *Versetze dich in die Lage eines Sklaven in Amerika und erzähle dessen Geschichte.*

4 * *Diskutiert die Beispiele M5. Recherchiere zur Situation von Bauarbeitern der Fußballstadien in Katar. (Suchbegriffe: Sklaverei – Fußball– Katar).*

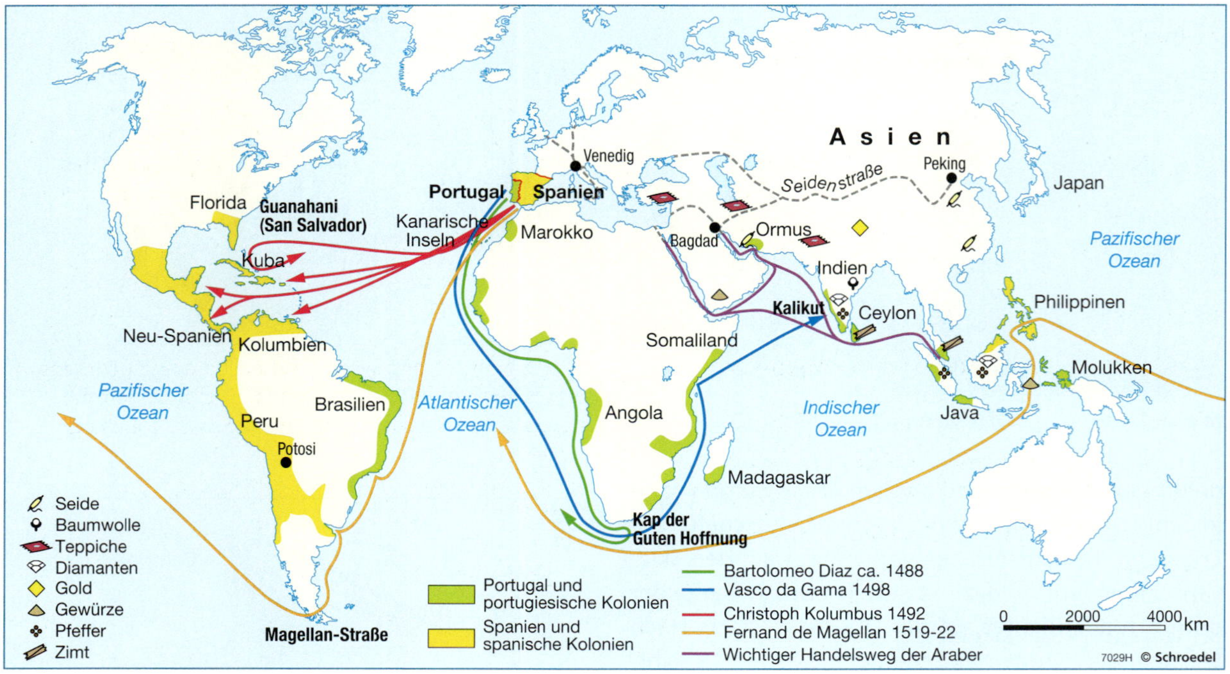

M1 Entdeckungsfahrten im 15. und 16. Jahrhundert

Der Welthandel bekommt neue Dimensionen

Einen weltweiten Handelsaustausch gab es bereits in der Antike. Die Römer bezogen Waren aus Afrika, dem Orient und aus dem fernen Osten. Mit der Entdeckung Amerikas und weiteren Entdeckungsfahrten bekam der Welthandel neue Impulse. Die globale Vernetzung wurde dichter und intensiver. Entwicklungen in einem Kontinent hatten nun auch Folgen für andere Kontinente. In den Anden in Südamerika wurde in der unwirtlichen, lebensfeindlichen Höhe von 4800 m eine äußerst ertragreiche Silbermine entdeckt, hier entstand rasch die größte Stadt Amerikas: Potosi. In dieser Metropole lebten um 1650 160000 Menschen, die alle an der Ausbeutung dieser Mine beteiligt waren. Tausende von Ureinwohnern waren hier zu einer äußerst gefährlichen Arbeit zwangsverpflichtet worden, sehr viele verloren dabei ihr Leben. Zur Silbergewinnung wurde auch das hochgiftige Quecksilber eingesetzt. Auch Händler suchten in Potosi ihr Glück und profitierten von der hemmungslosen Ausbeutung der angestammten Bevölkerung. Die Spanier machten in Potosi große Geschäfte. Tonnen von Silber gelangten von Potosi auf legale und illegale Weise nach Spanien und von dort in den Orient und bis ins ferne Indien und China. Das hatte Folgen für Spanien, für Europa und auch für den fernen Osten.

M2 Kupferstich von Theodor de Bry (1528 – 1598) über die Arbeit in den Minen bei Potosi

Zeitraum	An die spanische Krone	Privat (auch illegal)
1503–1505	97 000	274 000
1511–1515	313 000	882 000
1536–1540	1 351 000	2 587 000
1551–1555	3 629 000	6 237 000
1576–1580	6 297 000	10 122 000
1641–1645	4 644 000	9 120 000
1656–1660	607 000	2 755 000

Angaben in Rechenpesos. Ein Rechenpeso entsprach 450 Maravedis. Ein Marevedis entsprach damals etwa dem deutschen Groschen.

M3 Edelmetalleinfuhr nach Spanien (ausgewählte Zeiträume)

Die erste wahrhaft erdumspannende Handelsvernetzung erfolgte über das in Spanisch-Amerika gewonnene Silber. Es floss zunächst in spanische Kassen und von dort aus an alle, Europäer wie Orientalen, mit denen Spanien Geschäftsbeziehungen unterhielt. Ein zweiter Weg führte [...] von Mexiko und Peru zu den spanisch kolonisierten Philippinen. Von dort aus wurden Seideneinkäufe in China getätigt.
Die Silberzuflüsse in die [...] chinesische Wirtschaft waren vor allem im 18. Jahrhundert so umfangreich, dass sie eine lang anhaltende Förderung der Geldwirtschaft, Kommerzialisierung und allgemeine Belebung im chinesischen Reich förderten. Edelmetallströme waren die ersten Kapitalströme, die den Globus umzirkelten.

(Quelle: Osterhammel, J; Petersson, N. P.: Geschichte der Globalisierung. Dimensionen, Prozesse, Epochen, München 2007, S. 40 f)

M4 Die globale Handelsvernetzung

Folgen des Silberstrebens

Obgleich sich im 16. und 17. Jahrhundert ein gewaltiger Strom zunächst aus Gold, dann aus Silber über Spanien ergoss, floss das Geld letztlich in andere Hände.
Die Reichtümer aus Lateinamerika förderten die ökonomische Entwicklung in den entwickelteren Teilen von Europa, nicht aber in Spanien. Die spanische Krone war infolge ihrer zahlreichen Religionskriege völlig überschuldet. Die Silbereinfuhren dienten zunächst dazu, die Schulden und Zinsen zu bedienen. Die Edelmetalle wurden ferner dazu eingesetzt, um die Exporte von nichtspanischen Waren aus Spanien nach Amerika zu finanzieren. Die spanische Industrie profitierte also nicht vom Handel mit Lateinamerika, der darüber hinaus zum größten Teil in den Händen Englands, Frankreichs oder Hollands lag.

Die spanischen Adeligen investierten in luxuriöse Paläste, während die spanischen Manufakturen kaum in der Lage waren, den eigenen Markt zu versorgen. Die Zahl der spanischen Webstühle sank dramatisch, die spanische Landwirtschaft verkümmerte.

Es schien, als hätte Spanien die Lösung für alle seine wirtschaftlichen Probleme gefunden. Durch die Plünderung südamerikanischer Bodenschätze im 16. und 17. Jahrhundert strömten Gold und Silber in umfangreichen Mengen nach Europa. Importierte etwa Spanien zwischen 1521 und 1530 rund 149 Kilogramm Silber nach Europa, waren es im letzten Jahrzehnt (1591–1600) bereits 2708 Tonnen. Auch der Goldimport aus der Neuen Welt verachtfachte sich innerhalb eines halben Jahrhunderts. Mehr als die Hälfte des geförderten Silbers stammte aus einem einzigen Berg, dem Cerro Rico („Reicher Berg") ... Doch der plötzliche Reichtum war ein trügerischer [...]. Waren des täglichen Gebrauchs wurden empfindlich teurer, ihr Preis stieg um das Drei- bis Vierfache. [...] Tatsächlich zeigte sich ein ökonomisches Phänomen, das damals noch weitgehend unbekannt war: Inflation. Denn dank der Bergwerke in Südamerika ist auf einmal mehr Geld in der Welt. Es gibt aber deshalb nicht mehr Weizen, mehr Rinder oder mehr Bäume.

(Quelle: http://diepresse.com/home/wirtschaft/hobbyoekonom/641144/Die-erste-Inflation-der-Weltgeschichte; 07.06.2011)

M5 Die erste Inflation der Weltgeschichte

AUFGABEN

1. *Beschreibe die Reiserouten der Seefahrer.*
2. *Stelle in einer Liste zusammen, mit welchen Ländern die Europäer Handel mit welchen Produkten betrieben.*
3. *Untersuche die Entwicklung der Edelmetalleinfuhr nach Spanien.*
4. *Erkläre, warum Spanien von diesen Edelmetalleinfuhren nicht profitierte.*
5. *Stelle in einer Tabelle gegenüber, wer von der Silberproduktion profitierte, wer nicht.*

Wiederholen und Üben

Buchstabenrätsel

1	☐	☐	?	☐	☐					
2		☐	?	☐	☐	☐	☐	☐	☐	
3		☐	?	☐	☐	☐				
4		☐	?	☐	☐	☐	☐	☐	☐	☐
5			?	☐	☐	☐				
6			?	☐	☐	☐	☐	☐		
7			?	☐	☐	☐	☐	☐	☐	
8			?	☐	☐	☐	☐			
9		☐	?	☐	☐	☐	☐			
10			?	☐	☐	☐	☐			
11	☐	☐	?	☐	☐	☐	☐			

1. berühmter deutscher Maler: Albrecht ...
2. Vorname eines italienischen Malers und Ingenieurs
3. Epoche/Zeitalter mit Vorbildcharakter
4. neuer Schiffstyp
5. frühere Ureinwohner Südamerikas
6. wurde in Potosi abgebaut
7. wurden von Afrika aus nach Amerika verkauft
8. In diesem Gebirgszug liegt Potosi.
9. Kolumbus dachte, er hätte den Seeweg nach ... entdeckt.
10. großes, damals wenig bekanntes Land im Osten
11. neu entdeckter Kontinent

LÖSUNGSWORT:

Die Ankunft des Kolumbus

Vergleiche die zeitgenössische Abbildung mit dem 1594 erschienenen Kupferstich. Beschreibe die Unterschiede. Wie lassen sich diese erklären?

M 1 Kolumbus' Ankunft – Kupferstich von 1594

M 2 Kolumbus' Ankunft – zeitgenössischer Holzschnitt

Neues Menschenbild

Lies noch einmal, welches neue Bild Pico von Mirandola (S. 249) vom Menschen entwickelt. Entwickle ein Schaubild, in dem Aspekte dieses neuen Menschenbilds in eine Beziehung zu anderen Veränderungen in der Frühen Neuzeit gesetzt werden.

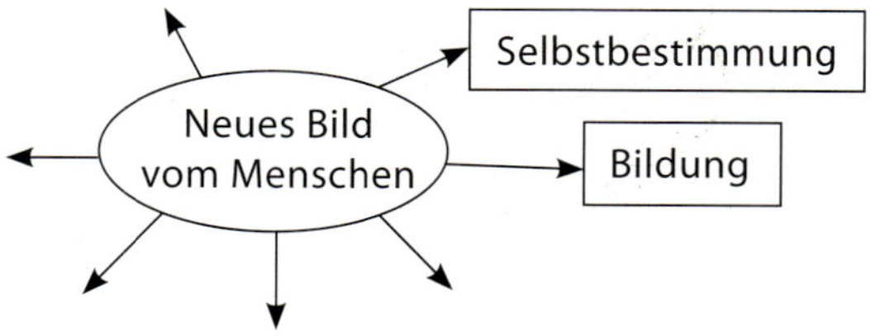

Die Reise des Kolumbus

Die erste Reise des Kolumbus dauerte bis zur Landung auf einer Insel der Bahamas vom 3. August 1492 bis zum 12. Oktober. Sein Ziel war jedoch nicht Amerika, sondern Asien.

a) Beschreibe mithilfe des Atlas seine tatsächliche Reiseroute.

b) Hätte er tatsächlich den Seeweg nach Asien entdeckt, wären alle Menschen auf den drei Schiffen verhungert und verdurstet. Erkläre.

c) Erkläre, warum Kolumbus fest davon überzeugt war, einen Weg nach Indien gefunden zu haben.

Textanalyse

1. Untersuche, wie Kolumbus die fremden Menschen wahrnimmt.
2. Stelle heraus, was ihm dabei besonders wichtig erscheint.

Kolumbus schrieb am 12. Oktober 1492 in seinem Bordbuch über die fremden Inselbewohner:
„Da sie uns große Freundschaft erwiesen und ich erkannte, dass es Leute waren, die sich besser mit Liebe zu unserem heiligen Glauben befreien und bekehren würden als mit Gewalt, gab ich einigen von ihnen ein paar bunte Mützen und etliche Glaskugeln, die sie sich um den Hals hängten, und allerhand andere Dinge von geringem Wert, an denen sie großes Vergnügen fanden, und sie waren uns derart zugetan, dass es ein Wunder war. Hernach kamen sie zu den Booten geschwommen, in denen wir saßen, und brachten uns Papageien und Knäuel mit Baumwollfäden, Wurfspieße und viele andere Dinge und tauschten sie gegen Dinge ein, die wir ihnen gaben, zum Beispiel Glaskügelchen und Glöckchen. Kurz gesagt, sie nahmen alles und gaben sehr bereitwillig von dem, was sie hatten. Aber mir schien, als seien die Leute sehr arm an allem. Sie gehen allesamt nackt herum, wie sie ihre Mutter zur Welt gebracht hat […]. Sie tragen keine Waffen und kennen sie auch nicht. […] Sie müssen treffliche Diener sein und von gutem Verstand, denn ich sah, dass sie sehr schnell alles nachsagen konnten, was ich ihnen vorsprach und ich glaube, man könnte sie leicht zum Christentum bekehren."

(Christoph Columbus Schiffstagebuch, Köln (Röderberg) 1989, S. 23)

Prüfe dich nun selbst! Du kannst …

- ✓ … mindestens drei Künstler oder Wissenschaftler der Frühen Neuzeit nennen (> S. 248 – 250);
- ✓ … mindestens fünf Entdeckungen oder Erfindungen dieser Epoche nennen (> S. 248 – 253);
- ✓ … mindestens drei Motive nennen, die die damaligen Seefahrer zu ihren Reisen veranlassten (> S. 251);
- ✓ … die Begriffe „geozentrisches" und „heliozentrisches Weltbild" erklären (> S. 248);
- ✓ … mindestens fünf begehrte Fernhandelsgüter dieser Epoche benennen (> S. 254/255, 261);
- ✓ … erklären, warum die Menschen der Renaissance ihre Zeit als Aufbruch verstanden (> S. 248 – 251);
- ✓ … erläutern, warum es den Europäern mit geringem Aufwand gelang, andere Völker zu unterdrücken;
- ✓ … den Dreieckshandel erklären (> S. 260/261).

8 Herr-liche Zeiten – heute vorbei?

M 1 Frauen demonstrieren für Gleichberechtigung.

M 2 Die Rollen waren früher klar verteilt.

M 3 Hat sich etwas geändert?

M 4 Nach Schätzungen werden immer mehr Menschen im Alter unter Armut leiden.

- **Rollenmodell – was ist typisch Mann, was ist typisch Frau?**
- **Gleichberechtigung – bei uns immer selbstverständlich?**
- **Sozialstaat – wie fängt uns das soziale Netz bei Alter und Krankheit auf?**

Frauenbilder – Männerbilder

Jungen raufen auf dem Schulhof, die ganze Zeit.

Eine Frau kann genauso Karriere machen wie ein Mann.

Eine richtige Familie besteht aus Vater, Mutter und den Kindern.

Ein Mann muss seine Familie ernähren können.

Frauen gehören nach Hause zu den Kindern.

Eine Frau als Chefin bringt nur Streit.

Das ist doch kein Mann, das ist ein Warmduscher.

Mädchen spielen mit Puppen, heulen bei jeder Gelegenheit und petzen alles der Lehrerin.

Männer sind schlechter bei der Hausarbeit.

M1

M2 Der feine Unterschied

Geschlechtervorstellungen

Jeder Mensch hat andere Vorstellungen vom eigenen oder anderen Geschlecht. Diese Vorstellungen entstehen durch Erfahrungen, die man in der Vergangenheit gemacht hat. Sie prägen die Erinnerungen. Ein 80-jähriger Mann stellt sich unter einer guten Ehefrau wahrscheinlich eine Frau vor, die ihn umsorgt, ihm eine gute Hausfrau ist und sich bei Entscheidungen auf ihn verlässt. Eine junge Frau dagegen stellt sich unter einer erfolgreichen Ehe wohl eine gleichberechtigte Partnerschaft vor.

Vorstellungen sind individuell und werden auch durch das Umfeld geprägt. Unsere Vorstellungen vom anderen Geschlecht werden auch von Klischees (frz.: clicher = einen Abzug herstellen, Nachahmung ohne Eigenwert) geprägt. Ein typisches **Geschlechterklischee** für kleine Jungen und Mädchen ist, dass Mädchen in rosa, Jungen in hellblau gekleidet werden sollten – oder dass Jungen keinen Schmerz kennen, Mädchen aber oft die Heulsusen sind. Männer fahren teure Autos und Frauen kochen besser. Klischees sind häufig gesellschaftsabhängig und werden häufig nicht akzeptiert.

AUFGABEN

1 *Erstelle zwei Mindmaps zu den Vorstellungen von Mädchen und Jungen.*

2* *Lies die Aussagen in den Sprechblasen (M1). Erkläre, von wem die Aussagen stammen könnten.*

3 *Überprüfe, ob es sich bei den Aussagen M1 und dem Bild M2 um Vorstellungen oder um Klischees handelt.*

Erwartungen prägen unser Verhalten

Die Vorstellungen, die wir vom anderen haben, sind nicht nur durch unsere Erinnerungen geprägt, sondern auch durch Erwartungen. Erwartungen beschreiben die Annahme eines Handelnden darüber, was ein anderer oder mehrere andere tun würden bzw. was er oder andere tun sollten. Sie bestimmen also unser Verhalten. Das Verhalten in bestimmten Situationen bezeichnet man als **Rolle**. Eine Rolle spielen wir immer im Austausch mit unseren Mitmenschen, die ein ganz bestimmtes Verhalten von uns erwarten. Wir erwerben unser Verhalten unter anderem durch unsere Erziehung in der Familie, in der Schule und durch unser soziales Umfeld.

Die Erwartungen an eine Person können ganz unterschiedlich sein. Hat der Vater die Erwartung, dass sein Kind möglichst schnell Geld verdient und sofort einen Beruf ergreift? Der Sohn z. B. den Beruf des Polizisten erlernt oder ins eigene Unternehmen einsteigt? Die Tochter in der Bäckerei arbeitet oder die Kindererziehung übernimmt? Oder vertritt der Vater den Standpunkt, dass sein Kind eine möglichst lange Schulbildung erhält, damit es den Beruf seiner Wahl ergreifen kann?
Die Erwartungen des Vaters an sein Kind prägen auch sein Verhalten dem Kind und anderen Menschen gegenüber.
Unser Rollenverhalten ist somit von den Erwartungen anderer abhängig.

Der Einfluss der Gesellschaft

Unser Verhalten wird bestimmt durch die Gesellschaft, in der wir leben. Dabei spielen Wirtschaft, Kultur und Religion, Politik und soziale Stellung eine Rolle. Es bilden sich bestimmte Verhaltensmuster heraus, die typisch für eine bestimmte Zeit sind. Es kommen aber auch neue Strömungen oder Trends hinzu, die auf Veränderungen im allgemeinen Verhalten in gesellschaftlichen Gruppen hinweisen.

Ein weiterer entscheidender Faktor, der unser Verhalten prägt, ist das Geschlecht. Es gibt deutliche Unterschiede im Verhalten, je nachdem, ob man als Mädchen oder als Junge aufwächst. Unser Verhalten ist zwar von unserem Geschlecht und unserer gesellschaftlichen Stellung abhängig, wir können es dennoch aktiv selbst steuern.

M 3 Rollenset: Rollen werden geprägt durch…

Menschliches Rollenverhalten wird geprägt durch:

- **Erziehung**
- **Geschlecht**
- **gesellschaftliche Faktoren**
  - Kultur
  - Religion
  - soziale Stellung
  - Wirtschaft
  - Politik

M 4

AUFGABEN

1 *Formuliere mit eigenen Worten, was man unter Erwartung, Verhalten und Rolle versteht.*

2 *Nenne und erläutere die Einflussfaktoren auf unser Verhalten. Beziehe M4 in deine Erläuterungen mit ein.*

3 *a) Erstelle ein Rollenset (M3). Beschreibe deine Rollen, die du als Tochter, Sohn, Freund/in, Schüler/in oder Vereinsmitglied etc. spielst.*
b) Ordne jeder Rolle zu, welche Person dabei von dir was erwartet.
c) Vergleicht eure Rollensets. Stellt z. B. Unterschiede zwischen männlichen und weiblichen Rollensets heraus.

Der Weg zur Gleichberechtigung

Folgender Spottvers wurde zu dieser Karikatur veröffentlicht:
*„Du willst mich also immer grämen,
Heimtückisch und gefährlich Biest,
Und glaubst, mein Arm, um Dich zu zähmen,
Wohl weniger vermag als Deine List!"*

*„Weh mir! Am ganzen Körper bin ich lahm,
Und zur Entschuldigung will ich Euch sagen:
Verzeiht mir die Beleidigung!
Denn niemals wieder werd' ich's wagen…
So habt Mitleid doch mit Euren Kindern,
bleibt gegen derer Mutter Ihr auch hart."*

M 1 Französische Karikatur, Ende des 18. Jahrhunderts

Bestrebungen nach Gleichberechtigung in Frankreich

Im 18. Jahrhundert litten vor allem Frauen der unteren sozialen Schichten unter der schlechten Lebensmittelversorgung. Zu ihren Aufgaben gehörte es, für den Haushalt zu sorgen und die Familie satt zu bekommen. Reichte das Geld nicht, mussten sie dazuverdienen. Als einfache Arbeiterinnen wurden sie häufig schlechter bezahlt als die Männer. In Beschwerdebriefen wiesen sie auf ihre soziale Not und die rechtliche Ungleichheit hin. Auch ihre mangelhafte Ausbildung beklagten sie.

M 2 Olympe de Gouges (1748 – 1793), Schriftstellerin und engagierte Kämpferin für die Gleichberechtigung der Frau. Als sie 1793 öffentlich die Regierung kritisierte, wurde sie verurteilt und mit der Guillotine hingerichtet.

Besonders engagiert kämpfte die Schriftstellerin Olympe de Gouges für die Gleichstellung der Frau. In ihrer „Erklärung der Rechte der Frau und Bürgerin" heißt es: *„Frau erwache! … erkenne deine Rechte! All seine Kräfte aufbietend, vermochte der versklavte Mann nicht ohne deine Hilfe seine Ketten zu sprengen.*
Artikel 1: Die Frau wird frei geboren und bleibt dem Manne ebenbürtig in allen Rechten.
Artikel 10: Die Frau hat das Recht, das Schafott zu besteigen, gleichermaßen muss ihr das Recht zugestanden werden, eine Rednertribüne zu besteigen, sofern sie nicht in Wort und Tat die vom Gesetz garantierte öffentliche Ordnung stört."
Die Verfassung von 1791 bezeichnete die Menschenrechte ausschließlich als Männerrechte. In den zahlreichen Frauenclubs, die in dieser Zeit entstanden, forderten Frauen auch politische Rechte, z. B. das Wahlrecht. In bestimmten Bereichen erreichten sie auch eine Verbesserung. So erkämpften sie das Recht auf Ehescheidung, einen Pflichtteil am Familieneigentum sowie die Schulpflicht für Mädchen.
Von einer rechtlichen Gleichstellung waren sie jedoch immer noch weit entfernt. Im Oktober 1793 verbot die Nationalversammlung alle Frauenvereinigungen. Dies bedeutete das Ende der Frauenbewegung in Frankreich.

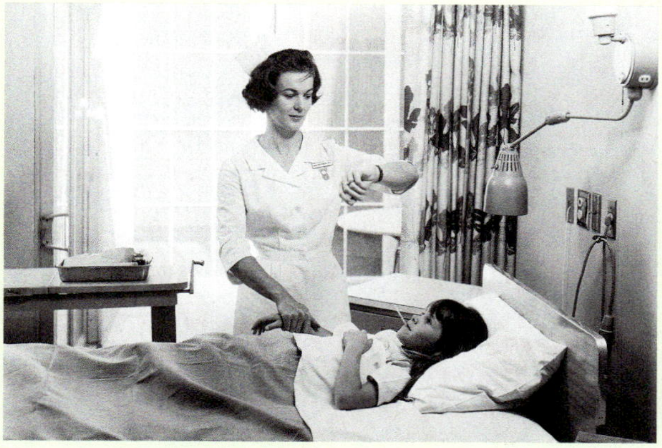

M3 Frauenarbeit früher

M4 Frauenarbeit heute?

Anfänge der deutschen Frauenbewegung

In Deutschland entsprachen jene Frauen dem Idealbild des 19. Jahrhunderts, die in ihrer Rolle als fleißige Hausfrau und als kinderliebe Mutter aufgingen. Bereits 1814 prangerte die Schriftstellerin Betty Klein an, dass Mädchen einseitig erzogen und ausschließlich auf ihr späteres Hausfrauendasein vorbereitet werden. Der Vater von Lily Braun, einer späteren Sozialistin, rechtfertigte dies so:

„Wie ein Vorwurf ist das für mich, dass ich nicht besser für dich sorgte! Wärst du ein Mann, so hätte ich dich schon auf Wege geführt, die einen Lebensinhalt gewährleisten. Aber so bist du nur ein Mädchen – nur für einen einzigen Beruf bestimmt – alle anderen Berufe wären doch nichts als traurige Lückenbilder."

(Quelle: Braun, L.: Memoiren einer Sozialistin, München 1909, S. 374)

Im März 1848 druckte Louise Otto-Peters, sie war Herausgeberin einer Zeitung, folgende Forderungen ab: das Recht der Frauen auf Arbeit, auf freie Berufswahl und auf Bildung. Neben der politischen Rechtlosigkeit erschwerte auch die finanzielle Abhängigkeit vom Ehemann den Weg der Frauen zu einem eigenverantwortlichen Leben. Schließlich bestimmte der Ehemann über das Vermögen und das Einkommen.

Frauenbewegung im 20. Jahrhundert

In der Zeit vor und während des Zweiten Weltkrieges (1939 – 1945) verloren die Frauen viele Rechte, die sie in der Weimarer Verfassung (1919) errungen hatten. So wurde der Grundsatz gleicher Lohnhöhe aufgehoben, sie konnten sich nicht zur Wahl stellen und der Weg zu bestimmten Berufen wurde ihnen verwehrt. In erster Linie sollten Frauen Kinder gebären. Mit Ausbruch des Zweiten Weltkriegs wurden immer mehr Frauen als Arbeiterinnen, z. B. in den Rüstungsbetrieben, eingesetzt. Jetzt galt das Bild „der tapferen Kameradin".

Nach dem Zweiten Weltkrieg lag Deutschland in Schutt und Asche. Bei den Aufräumungsarbeiten leisteten viele Frauen harte Arbeit. Die „Trümmerfrauen" prägten zeitweise die Stadtbilder.

1949 trat das Grundgesetz in Kraft. In ihm wurde die **Gleichberechtigung** verankert.

In den 1960er-Jahren stieg die Berufstätigkeit der Frauen. Waren 1925 nur 23 Prozent der Arbeiterehefrauen berufstätig, so waren es 1966 schon 46 Prozent. Heute setzen sich viele Organisationen für die Durchsetzung von Fraueninteressen durch gesetzliche Gleichstellung ein und für praktische Hilfestellung für Frauen zwischen Familie und Beruf. Dazu gibt es immer mehr Angebote von Frauenberatungsstellen bis hin zu Frauenhäusern.

AUFGABEN

1 *Erkläre, was der Zeichner der Karikatur über die Stellung der Frau (Ende des 18. Jahrhunderts) zum Ausdruck bringen möchte (M1).*

2 *Nenne Rechte, die sich die Frauen in der Französischen Revolution erkämpft haben.*

3 *Nenne die Forderungen, die Frauen in Deutschland um 1850 an die Politiker stellten.*

M 1 Karikatur

Benachteiligung durch Rollenmodelle?

Zum Stand der Gleichstellung in Deutschland

Männer und Frauen sind verschieden. Das bedeutete lange, dass sie auch verschiedene Rechte hatten und ungleich behandelt wurden. Nach dem Grundgesetz sind Männer und Frauen gleichgestellt. Doch zwischen rechtlicher und tatsächlicher Gleichstellung gibt es noch Unterschiede.

- So bekommen nach wie vor Frauen nicht den gleichen Lohn für die gleiche Arbeit. Auch als Vollzeitbeschäftigte verdienen Frauen in Deutschland bis zu einem Viertel weniger als Männer – obwohl sie inzwischen die Männer im Bildungsniveau überholt haben.
- In der Wissenschaft werden nur 15 Prozent und in der Wirtschaft zehn Prozent der Spitzenpositionen von Frauen bekleidet. Für viele Frauen ist nach wie vor die Vereinbarkeit von Familie und Beruf schwieriger als für Männer.

In bestimmten Bereichen besteht also noch Handlungsbedarf: beim gleichberechtigten Zugang von Frauen zu Entscheidungspositionen in unserer Gesellschaft, bei den Führungspositionen in der Wirtschaft und der Beseitigung von Gewalt gegen Frauen und Mädchen.

Wandel der Geschlechterbeziehungen

„Frauen und Männer sind gleichberechtigt", heißt es im Grundgesetz. So sind Frauen heute erbberechtigt und dürfen ihr selbst verdientes Geld für sich beanspruchen. *„Die Ehegatten regeln die Haushaltsführung im eigenen Einvernehmen. Beide Ehegatten sind berechtigt, erwerbstätig zu sein"*, steht im bürgerlichen Gesetzbuch von 1977.

Erziehungsurlaub kann vom Vater wie von der Mutter genommen werden. Die Erziehungszeit wird auf die Rente angerechnet. Im Arbeitsrecht gilt der Grundsatz „gleiches Geld für gleiche Arbeit". Der Anspruch auf einen Kindergartenplatz ab dem 3. Lebensjahr unterstützt Eltern dabei, Kindererziehung und Berufstätigkeit zu vereinbaren.

Die Rolle als Ehefrau und Mutter ist lange nicht mehr die einzig erstrebenswerte Lebensform. Frauen erlernen Berufe oder studieren, sie sind berufstätig oder nicht, sie haben Kinder oder nicht, sind verheiratet oder nicht, leben allein oder mit Partner. Sie sind politisch engagiert oder nicht. Die alte Rollenteilung des Mannes als Alleinverdiener und Ernährer, der Frau als Hausfrau und Mutter ist längst nicht mehr der Normalfall.

AUFGABEN

1 *Nenne Aussagen aus der Zeichnung M1, die auf Vorurteile und die, die auf Rollenerwartungen hinweisen. Begründe deine Zuordnung.*

2 *Erkläre den Unterschied zwischen gleichberechtigt und gleichgestellt.*

3 *Diskutiert über Benachteiligungen von Männern und Frauen in der Gesellschaft.*

M2 Karikatur

M3 Frau in einer Führungsposition

Frauen in Führungspositionen

Die Frauenquote

Das Thema „Frauen in Führungspositionen" ist ein heiß diskutiertes und aktuelles Problem in unserer Gesellschaft. Die Bundesregierung verabschiedete 2014 einen Gesetzentwurf, der ab 2016 für die Aufsichtsräte von 108 Großunternehmen mit Börsennotierung eine Frauenquote von 30 Prozent vorschreibt. Somit ist der Weg für mehr Frauen in den Aufsichtsräten großer Unternehmen geebnet.
Familienministerin Manuela Schwesig nannte das Gesetz einen „Meilenstein auf dem Weg zu mehr Gleichberechtigung". Die gesetzliche Regelung soll mehr Gerechtigkeit zwischen den Geschlechtern im Berufsleben herstellen.

Eine Frauenquote ist eine geschlechterbezogene Regelung, die in der Regel einen Mindestanteil an Frauen bei der Besetzung von Gremien oder Stellen vorgibt.
Auch europaweit ist die Frauenquote in der Diskussion. Die EU-Justizkommissarin Viviane Reding legte einen Entwurf vor, wonach bis zum Jahr 2020 mindestens zwei von fünf Aufsichtsratsposten in börsennotierten Unternehmen von Frauen besetzt werden sollen. Sie hält eine gesetzliche Quote für unerlässlich, da Frauen in Führungspositionen noch immer stark unterrepräsentiert sind.
Sollten sich die Großunternehmen nicht an die Quote halten, müssen Aufsichtsratsposten zur Strafe unbesetzt bleiben.

Grundgesetz – Artikel 3
[Gleichheit, Gleichberechtigung von Mann und Frau]

(1) Alle Menschen sind vor dem Gesetz gleich.

(2) Männer und Frauen sind gleichberechtigt. Der Staat fördert die tatsächliche Durchsetzung der Gleichberechtigung von Frauen und Männern und wirkt auf die Beseitigung bestehender Nachteile hin.

(3) Niemand darf wegen seines Geschlechts, seiner Abstammung, seiner Rasse, seiner Sprache, seiner Heimat und Herkunft, seines Glaubens, seiner religiösen oder politischen Anschauungen benachteiligt oder bevorzugt werden. Niemand darf wegen seiner Behinderung benachteiligt werden.

M4 Gesetzesauszug

AUFGABEN

1 *Verfasse einen kurzen Lexikoneintrag zum Begriff „Frauenquote".*

2 *Beschreibe die Karikatur M2 und erkläre deren Aussage. Stelle die Kritik der Karikaturistin in Bezug auf die dargestellte Situation dar.*

3* *In der Diskussion um die Frauenquote wird der Grundgesetzartikel 3 berührt. Erläutere, welches Prinzip hier verletzt wird.*

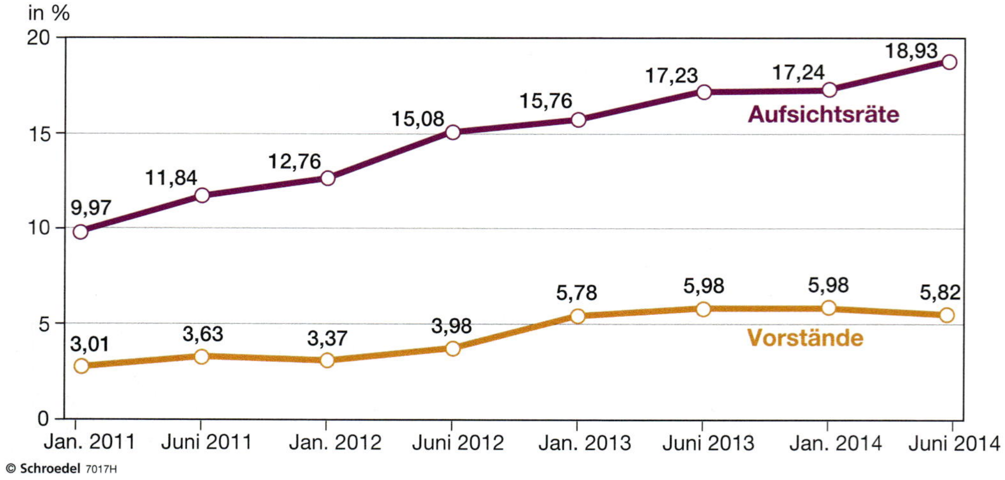

M 1
Entwicklung des Frauenanteils in Aufsichtsräten und Vorständen von 160 börsennotierten Unternehmen

Frauenquote in anderen Ländern

In den europäischen Staaten gibt es Unterschiede beim Frauenanteil in den Führungspositionen großer Unternehmen. Die Ursache liegt darin, dass einzelne Länder bereits vor einigen Jahren eine verbindliche Frauenquote eingeführt haben. Hier liegt der Frauenanteil über dem in Ländern ohne diese Quotenregelung.

Es geht auch anders!

In Sachen Frauenförderung liegen die USA an der Spitze. Die Behörde „Equal Employment Opportunity Commission" sorgt bereits seit 1964 dafür, dass die soziale Diskriminierung von Frauen am Arbeitsplatz bekämpft wird. Die Strafen sind hier sehr hoch bei der Nichteinhaltung der Vorgaben. Frauen haben es so leichter, ins Topmanagement aufzusteigen.
Frankreich führte 2011 eine gesetzliche Frauenquote ein. Mit Erfolg stieg der Anteil der weiblichen Führungskräfte um mehr als zehn Prozent nach oben an. Auch hier drohen hohe Geldstrafen oder das Aussetzen von Sitzungsgeldern bei der Nichteinhaltung.
In Finnland gibt es eine gesetzliche Frauenquote seit 2005. Für Firmen, die in staatlicher Hand sind, beträgt die Quote 40 Prozent. Rund 40 Prozent der Verwaltungsräte in der freien Wirtschaft sind bereits weiblich. Die Zeitungen hatten viel darüber berichtet und dort für eine Veränderung des öffentlichen Bewusstseins gesorgt. Die Unternehmen änderten auch ihre Einstellung und haben seit Anfang 2010 zusätzlich zum Gesetz eine freiwillige Selbstverpflichtung eingeführt.

Andere europäische Staaten wie Spanien, Italien, Österreich, die Niederlande und Belgien haben mittlerweile eine verbindliche Frauenquote verabschiedet.

Das erste Land in Europa, das 2003 eine Frauenquote einführte, war Norwegen. Der Anteil der Frauen stieg rasch an. Die erfolgreiche Umsetzung des Quotengesetzes war vor allem auf die Androhung harter Strafen zurückzuführen. Dazu zählten z. B. die Zwangsauflösung des Unternehmens, Verweigerung der Aufnahme ins Unternehmensregister und Geldstrafen. Erst nach der verbindlichen Einführung der 40-Prozent-Quote und als den Unternehmen die Auflösung drohte, veränderte sich die Situation.

AUFGABEN

1 * *In der EU wird über eine verbindliche Frauenquote für alle Mitgliedstaaten diskutiert. Erkläre, weshalb.*
2 *Werte das Diagramm M2 aus.*
3 *Beschreibe die Entwicklung des Frauenanteils in den Aufsichtsräten und Vorständen (M1).*
4 *Erkläre, warum eine Frauenquote für viele so wichtig ist (M3).*
5 *Diskutiert möglich Gründe, warum sie sowohl bei Männern als auch bei einigen Frauen umstritten ist (M5).*

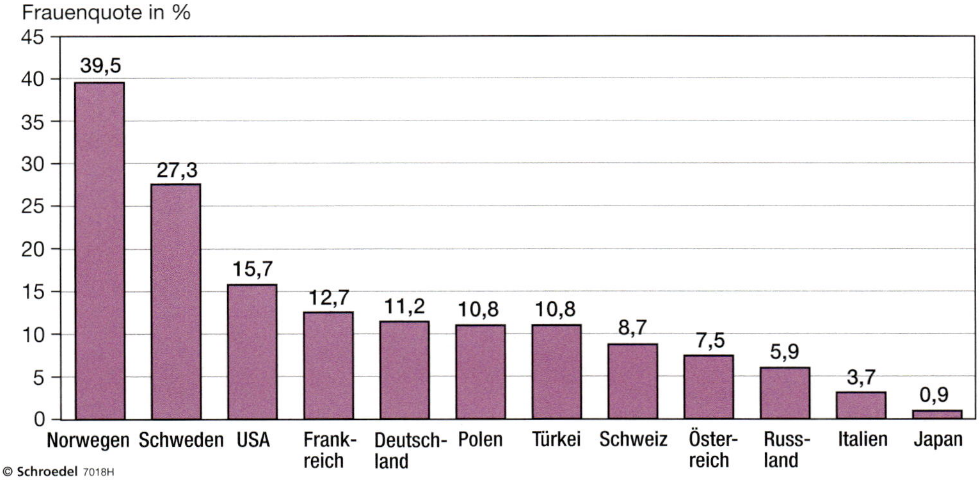

M 2 Frauenquote in Unternehmen in ausgewählten Ländern

Finnland, Lettland und Schweden liegen weit vor Deutschland. In Norwegen, der Nation mit dem größten Frauenanteil in den Top-Etagen, ist die Frauenquote sogar fast dreimal so hoch wie in der Bundesrepublik.
[Die Wirtschaftswissenschaftlerin Elke] Holst ist überzeugt: Damit mehr Frauen es ganz nach oben schaffen, muss sich die Kultur in den Unternehmen ändern. „Im Moment treffen Frauen auf die Standards und Normen männlicher Lebensrealitäten – wie sehr lange Arbeitszeiten." Männer hätten häufig eine Partnerin zu Hause, die die familiäre Arbeit übernimmt. Umgekehrt sei das bei den Frauen nicht der Fall. Mittlerweile wollten aber junge Männer mehr von ihren Kindern haben. „Insofern gibt es ein Interesse von Männern und Frauen, die Karrierewege und den Alltag in Führungspositionen so zu ändern, dass sie stärker mit Familie und Beruf zu vereinbaren sind", hofft Holst.

(Quelle: Öchsner, T., sueddeutsche.de, 16.01.2013)

M 3 Frauen in Spitzenposition bleiben die Ausnahme?

Land	Rang 2009	Rang 2011	Rang 2013
Island	1	1	1
Finnland	2	3	2
Norwegen	3	2	3
Schweden	4	4	4
Philippinen	9	8	5
Irland	8	5	6
Neuseeland	5	6	7
Dänemark	7	7	8
Schweiz	13	10	9
Deutschland	12	11	14
Lesotho	10	9	16

M 4 Gleichberechtigung im Ländervergleich nach dem Global Gender Gap Index

INFO

Global Gender Gap Index erfasst die Verteilung von Ressourcen und Chancen zwischen Männern und Frauen. Die Bewertung erfolgt in folgenden Bereichen:
- wirtschaftliche Chancen und Teilhabe (Gehalt, Zugang zu hoch qualifizierten Berufen)
- Bildung (Zugang zu Grundschulen und höhere Bildung)
- politische Teilhabe (Mitwirken in Politik)
- Gesundheit und Überlebenschancen (z. B. Lebenserwartung)

M 5 Abgestempelt?

Jungen als Verlierer der weiblichen Emanzipation?

Werden Mädchen stärker und besser gefördert als Jungen?

Die Emanzipation hat es ermöglicht: Es gibt Parkplätze für Frauen, die Frauenquote, Frauenhäuser und sogar unzählige Frauenbeauftragte, die sich für die Einhaltung der Rechte für Frauen einsetzen.

Doch was ist mit dem anderen Geschlecht? Sind es etwa die Männer, die in unserer Gesellschaft nicht gleichberechtigt behandelt werden?

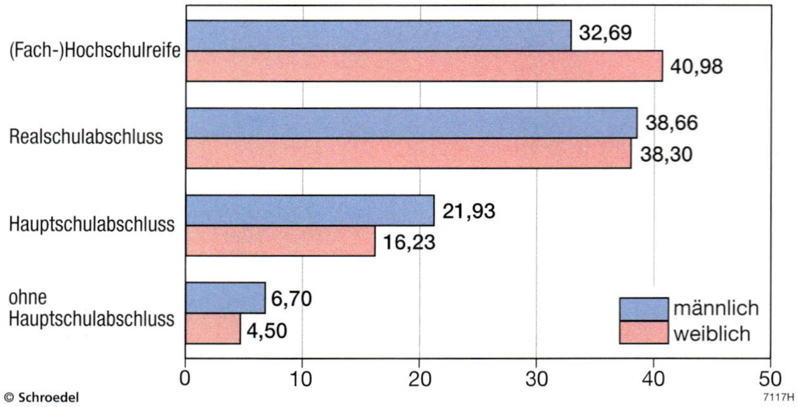

M 1 Anteil der männlichen und weiblichen deutschen Schulabsolventen an den jeweiligen Abschlussarten 2012

Geschlechter-Studie: Schulen benachteiligen Jungen massiv

Das Schulsystem produziert haufenweise Verlierer – die Mehrheit ist männlich. Schon im Kindergarten werden Mädchen deutlich bevorzugt, auch in der Schule müssen Jungs um Aufmerksamkeit und gute Noten kämpfen.

Ursache des Problems: Kitas und Grundschulen sind fest in weiblicher Hand. Dumme Jungen, schlaue Mädchen? Der oberflächliche Blick auf die Schulnoten führte zu diesem lange gepflegten Vorurteil. Eine neue Studie des Aktionsrates Bildung bestätigt aber, dass der Grund für die Zensurenlücke ein anderer ist: Jungen werden in Kindergarten und Schule massiv benachteiligt. Nicht mehr die Mädchen, sondern die „Jungen sind die Verlierer im deutschen Bildungssystem“ [...] Statt auszugleichen, verstärke die Schule den Bildungs- und Leistungsrückstand der Jungen. Am schlimmsten sei die Benachteiligung in den ostdeutschen Ländern. „Beim Übergang auf das Gymnasium müssen Jungen eine deutlich höhere Leistung erbringen. Der Weg in die Berufsausbildung ist für Jungen erschwert“ [...] „Von allen Schulabgängern ohne Abschluss sind 62 Prozent Jungen.“ Bei den Abiturienten seien die Mädchen wiederum klar in der Mehrheit. [...] In der Grundschule sehen sich Jungen einer weiblichen Übermacht an Lehrkräften gegenüber – und werden von den Lehrerinnen häufig benachteiligt. [...] Jungen [kriegen] in allen Fächern bei gleicher Kompetenz schlechtere Noten als ihre Mitschülerinnen. Selbst wenn sie die gleichen Noten haben wie Mädchen, empfehlen die Lehrer ihnen seltener das Gymnasium. Kurzum, Jungs werden bei gleicher Leistung schlechter behandelt. Weil der Schulabschluss die gesamte Erwerbsbiografie beeinflusst, sind junge Männer deutlich häufiger arbeitslos als junge Frauen – damit wird aus einem individuellen Problem auch ein gesellschaftlicher Missstand. [...] „Männer sind nicht per se dümmer. Wir werden nur nicht so gefördert.“ [...]

Dürfen Jungen nicht mehr Jungen sein? Jungen haben [...] oftmals gar nicht die Chance, eine ausgereifte Geschlechtsidentität zu bilden, da sie im Kindergarten und in der Grundschule meist mit Erzieherinnen und Lehrerinnen konfrontiert seien. In keinem Bundesland liegt der Anteil männlicher Erzieher in den Kindertagesstätten bei mehr als zehn Prozent. [...] Das zunehmende Verschwinden von Männern aus den Schulen erschwere gerade den Jungen die Auseinandersetzung mit der eigenen Rollenidentität. [...] man könne es sich nicht leisten, so viele junge Männer auf dem Bildungsweg zu verlieren. Langfristig steuere Deutschland auf einen Arbeitskräftemangel zu, der durch die aktuelle wirtschaftliche Lage nur verzögert werde. [...]

(Quelle: cht, AP/ddp, 12.03.2009, unter: www.spiegel.de/schulspiegel/wissen/geschlechter-studie-schulen-benachteiligen-jungen-massiv-a-612997.html, Zugriff 06.01.2015)

M 2 Benachteiligung an deutschen Schulen

Sind Jungen wirklich die Verlierer?

Sind nicht eigentlich die Jungen die Benachteiligten in unserer Gesellschaft? Zunehmend übernehmen Frauen männliche Pflichten und begraben traditionelle Rollenbilder. Aber sind Jungen wirklich die Verlierer?
Ein Beispiel aus dem Schulalltag: Die Lehrerin gibt die Arbeiten zurück und sagt: „Und wieder haben die besten Klausuren Marie, Lara und Anna geschrieben – sehr gut!" Daraufhin meldet sich Lennard zu Wort und sagt: „Das ist doch klar, sie sind ja auch Mädchen!"
So oder so ähnlich scheint es an deutschen Schulen eine alltägliche Szene zu sein. Mädchen verdienen sich häufig Extrapunkte durch ihre ordentliche Heftführung und in Vokabeltests. In der Oberstufe sieht das Ganze etwas anders aus. Genauso auch nach der Schule, denn hier bekommen die jungen Männer meist trotz schlechterer Noten die besseren Arbeitsplätze.

Die Benachteiligung am Arbeitsmarkt ist offensichtlich. Noch immer bekommen Frauen durchschnittlich 23 Prozent weniger Gehalt als Männer in gleicher Position. Seit den 1960er-Jahren haben Frauen ein immer stärkeres Streben nach Gleichberechtigung in der Gesellschaft und im Beruf.
Jedoch werden Mädchen und Jungen noch immer unterschiedlich erzogen. Mit der Erziehung prägt sich bereits bei Kindern eine bestimmte Sichtweise, die noch immer Grund für viele allgegenwärtige Vorurteile in der Gesellschaft ist. Während Jungen sich beispielsweise auf dem Spielplatz auch mal mit anderen raufen dürfen, wird von Mädchen erwartet, dass sie stets nett und friedlich sind. Viele Männer unterstellen Frauen damit, dass sie dadurch nicht geeignet sind für hohe Posten im Management. Sie hätten kein Durchsetzungsvermögen und würden oft zu emotional handeln.

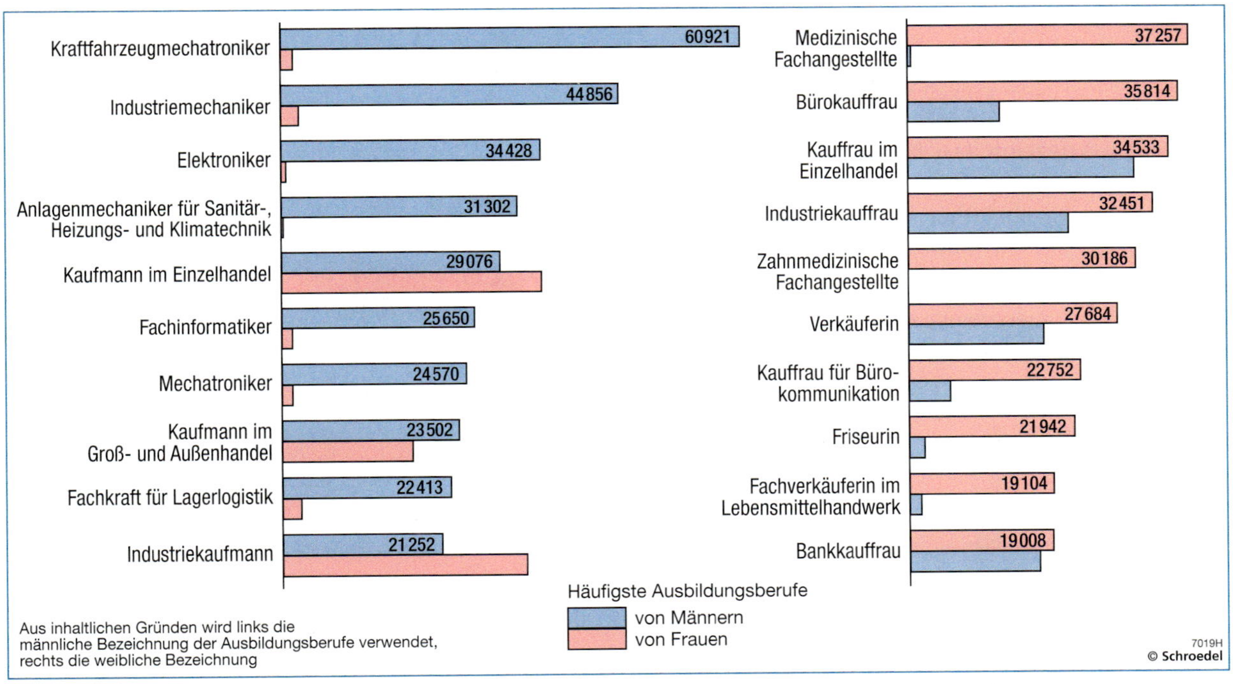

M3 Anteil der männlichen und weiblichen Jugendlichen bei den häufigsten Ausbildungsberufen 2013

AUFGABEN

1 *Erkläre, was gerade den Jungen die Auseinandersetzung mit der eigenen Rollenidentität erschwert (M1).*
2 *Werte die Statistik M3 aus.*
3 *a) Führt in der Klasse eine Umfrage zu euren Traumberufen durch. Unterscheidet dabei zwischen Jungen und Mädchen.*
b) Vergleicht eure Umfrageergebnisse mit M3.
c) Diskutiert mögliche Gründe für die Verteilung.
4 *Nimm Stellung zur Aussage „Jungen sind die Verlierer der weiblichen Emanzipation".*

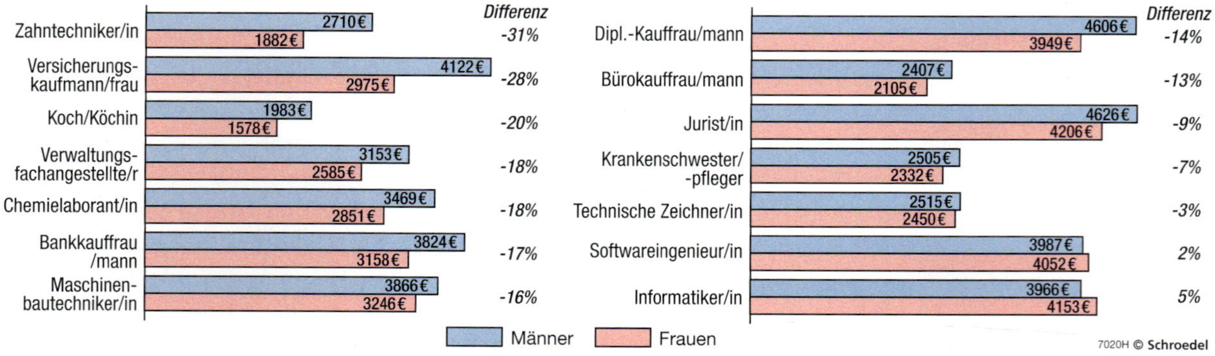

M1 Gleiches Geld für gleiche Arbeit? Vergleich des monatlichen Bruttoverdienstes 2013

Frauen und der Arbeitsmarkt

Frauen, Männer und Kinderversorgung

Gleiches Geld für gleiche Arbeit ist in Deutschland noch immer nicht selbstverständlich. Betrachtet man den Durchschnittslohn in Deutschland, so verdienen Frauen laut dem Statistischen Bundesamt heute immer noch 22 Prozent weniger als ihre männlichen Kollegen.
Studien habe gezeigt, dass Mädchen eine bessere Bildung als ihre männlichen Konkurrenten benötigen, um auf dem Arbeitsmarkt annähernd gleiche Chancen zu haben. Gerade bei jüngeren Frauen haben manche Arbeitergeber Bedenken bei der Einstellung. Sie befürchten, dass Frauen länger wegen der Versorgung der Kinder nicht dem Unternehmen zur Verfügung stehen.

M3 Karikatur

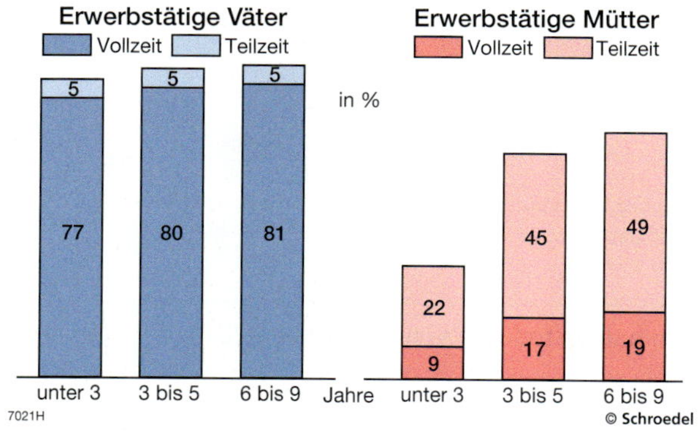

M2 Beschäftigungsverhältnis von Müttern und Vätern

Die meisten Frauen reduzieren mit der Geburt von Kindern ihr berufliches Engagement zugunsten der Familie. Dazu kommt: Traditionell förderte die Familienpolitik in Deutschland das Fernbleiben von Müttern aus der Arbeitswelt. [...]
Frauen sind stärker als Männer auf die Familie fokussiert und planen dementsprechend einen weniger geradlinigen Berufsweg. Das heißt, sie wählen bewusst oder unbewusst Berufe und bewerben sich auf Positionen, die mit der Familie gut zu vereinbaren sind. Aber diese sind in der Regel schlechter bezahlt und weniger zum beruflichen Aufstieg geeignet als andere. Die „Opportunitätskosten", die Frauen im Dienste der Familie für entgangene Chancen im Beruf zahlen, sind umso größer, je größer die Chancen wären.

(Quelle: Knauß, F.: Warum Frauen weniger verdienen als Männer, www.karriere.de/karriere/warum-frauen-weniger-verdienen-als-maenner-165220/, Zugriff: 05.03.2015)

M4 Warum Frauen weniger verdienen als Männer

AUFGABEN

1 * *Erläutere die Stellung der Frau auf dem Arbeitsmarkt (M1 – M4).*

2 *Diskutiert mögliche Gründe, warum mehr Frauen als Männer die Versorgung der Familie übernehmen.*

Frauen bei der Bundeswehr

Nur ein weiblicher General im Dienst

In Deutschland zählt die Bundeswehr mit zu den größten Arbeitgebern. Aber auch hier sind Frauen in militärischen Führungspositionen die Ausnahme. Lediglich ein weiblicher General führt ihren Dienst im klassischen Frauenbereich, dem Sanitätsdienst. Damit liegt die Bundeswehr mit ihrem Frauenanteil unter den Soldaten von zehn Prozent noch weit hinter ihrer selbstgesetzten Frauenquote von 15 Prozent.

M 5 Eine Rekrutin sichert auf dem Truppenübungsplatz eine Patrouille.

Die neue Bundeswehrstudie

Die Bundeswehr zählt zu den größten Arbeitgebern Deutschlands. Dennoch gibt es nur einen weiblichen General und noch dazu im klassischen Frauenbereich, dem Sanitätsdienst.
Frauen sind in militärischen Führungspositionen immer noch die Ausnahme. Die Bundeswehr liegt mit ihrem Frauenanteil (rund 19 000 von 178 636 [Stand Juli 2015]) unter den Soldaten von 10 Prozent noch weit hinter ihrer selbstgesetzten Frauenquote von 15 Prozent.

Die Bundeswehrstudie, die am 24.01.2014 publiziert wurde, basiert auf einer standardisierten Befragung von rund 5 000 Soldatinnen und Soldaten der Bundeswehr, die im Zeitraum von September bis Oktober 2011 durchgeführt wurde. Für Vizeadmiral Heinrich Lange weisen die Ergebnisse diese Studie auf deutlichen Handlungsbedarf hin:
Fast die Hälfte aller Befragten der neuen Studie würde sich nicht noch einmal dafür entscheiden, zur Bundeswehr zu gehen. In der neuen Analyse sollten die Ursachen für diese teils besorgniserregenden Ergebnisse erfasst werden. Dabei glauben rund 34 Prozent der Frauen, sie seien den harten Anforderungen im Feld nicht gewachsen. Mehr als die Hälfte der befragten Männer gaben an, die Bundeswehr verändere sich aufgrund der zunehmenden Integration von Frauen zum Schlechteren. Dabei wurde die Einschätzung geäußert, dass mit Frauen die Kampfkraft der Truppe leide. Auch glauben 52 Prozent der Befragten, Frauen seien den körperlich anspruchsvollen Aufgaben nicht gewachsen.
Gleichzeitig hebt die Studie jedoch eines positiv hervor: Die Integration von Frauen in die Bundeswehr hat seit der vollständigen Öffnung der Streitkräfte für Frauen im Jahr 2000 deutliche Fortschritte gemacht. Dennoch wird weiblichen Soldaten in Deutschland immer wieder Ablehnung entgegengebracht. Nach Meinung der Forscher sorge dies für eine weitere Eintrübung des Integrationsklimas.

Um die Bundeswehr für Frauen attraktiver zu machen, will Bundesverteidigungsministerin Ursula von der Leyen (CDU) die Karrierepfade für Frauen gangbarer machen, die Vereinbarkeit von Dienst und Familie vorantreiben. Dazu muss besser herausgestellt werden, wie sehr die Bundeswehr von der wachsenden Zahl Frauen in der Truppe profitiere.

M 6

AUFGABEN

1 *Fasse kurz die Ergebnisse der Studie zusammen (M6).*

2 *Recherchiere zu möglichen Laufbahnen für Frauen bei der Bundeswehr.*

M1 Nico bei der Arbeit

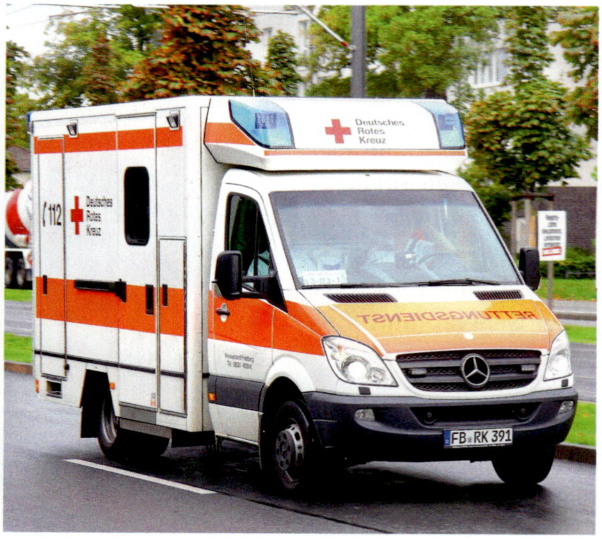

M2 Nico auf dem Weg ins Krankenhaus

Sozialstaat – wie fängt uns das soziale Netz auf?

Wer sorgt für uns, wenn wir krank sind oder einen Unfall haben? Woher kommt Geld, wenn wir arbeitslos sind? Wer kümmert sich um uns im Alter?
Früher war die Familie dafür zuständig. Heute sorgt der moderne **Sozialstaat** mit seinem Sicherungssystem für die Absicherung von solchen Lebensrisiken. Seine Grundlage ist die Solidarität zwischen den Bevölkerungsgruppen und den Generationen. Das heißt: Alle tragen mit ihren Beiträgen dazu bei und helfen damit im Notfall dem Einzelnen und im Ernstfall auch sich selbst. Wie dies funktionieren kann, zeigt das Beispiel des verunglückten Nico Meyer.

Das Sozialstaatsgebot

Das Grundgesetz legt in Artikel 20 fest, dass die Bundesrepublik Deutschland ein „demokratischer und sozialer Bundesstaat" sein soll. Dieses Sozialstaatsgebot verpflichtet den Staat dazu, für einen Ausgleich zwischen den sozial Schwachen, die wenig haben, und den sozial Starken, die finanziell gut gestellt sind, zu sorgen. Außerdem soll er die Existenzgrundlagen seiner Bürger sichern.
Bereits Ende des 19. Jahrhunderts wurde in Deutschland ein Sozialversicherungssystem mit Krankenkassen, Rentenversicherung und gesetzlicher Unfallversicherung geschaffen. Später wurde das soziale Netz durch die Arbeitslosen- und Pflegeversicherung ergänzt.

Nico hat einen Unfall

Wie es genau passiert ist, daran kann sich Nico, 18 Jahre, heute nicht mehr erinnern. An jenem Montagmorgen musste auf der Baustelle alles schnell gehen. Er war nicht ganz fit: Am Sonntagabend hatte er mit Freunden den Sieg ihrer Fußballmannschaft mit ein paar Bier gefeiert. Er erinnert sich noch, dass er in sieben Meter Höhe auf einem Gerüst gearbeitet hat. Danach setzt seine Erinnerung aus. Erst im Krankenhaus ist er wieder aufgewacht. Er muss das Gleichgewicht verloren haben und von der Plattform gestürzt sein. Nico hat Knochenbrüche davongetragen, die mehrere Operationen erforderlich machen werden. Er wird Wochen im Krankenhaus verbringen müssen. Aber noch mehr belastet ihn, wie es weitergehen wird:

- Wer bezahlt die Kosten für den Krankenhausaufenthalt?
- Er ist erst im 2. Ausbildungsjahr als Gerüstbauer und hat noch nicht viel in die Krankenversicherung eingezahlt. Kommt die Krankenkasse trotzdem für alles auf?
- Er war – zugegeben – nicht so gut drauf an diesem Morgen. Hat dies Einfluss auf die Bezahlung der Krankenkosten? Trägt er Mitschuld an dem Unfall?
- Während der Arbeit hat er nicht den vorgeschriebenen Helm getragen. Hat das Einfluss auf die Begleichung der Kosten?
- Er wird wochenlang nicht arbeiten können. Muss er jetzt um seinen Ausbildungsplatz fürchten?
- Bekommt er sein Ausbildungsgehalt weiter, obwohl er längere Zeit nicht arbeitet?
- Was wird sein, wenn er in seinem Beruf nicht weiterarbeiten kann?

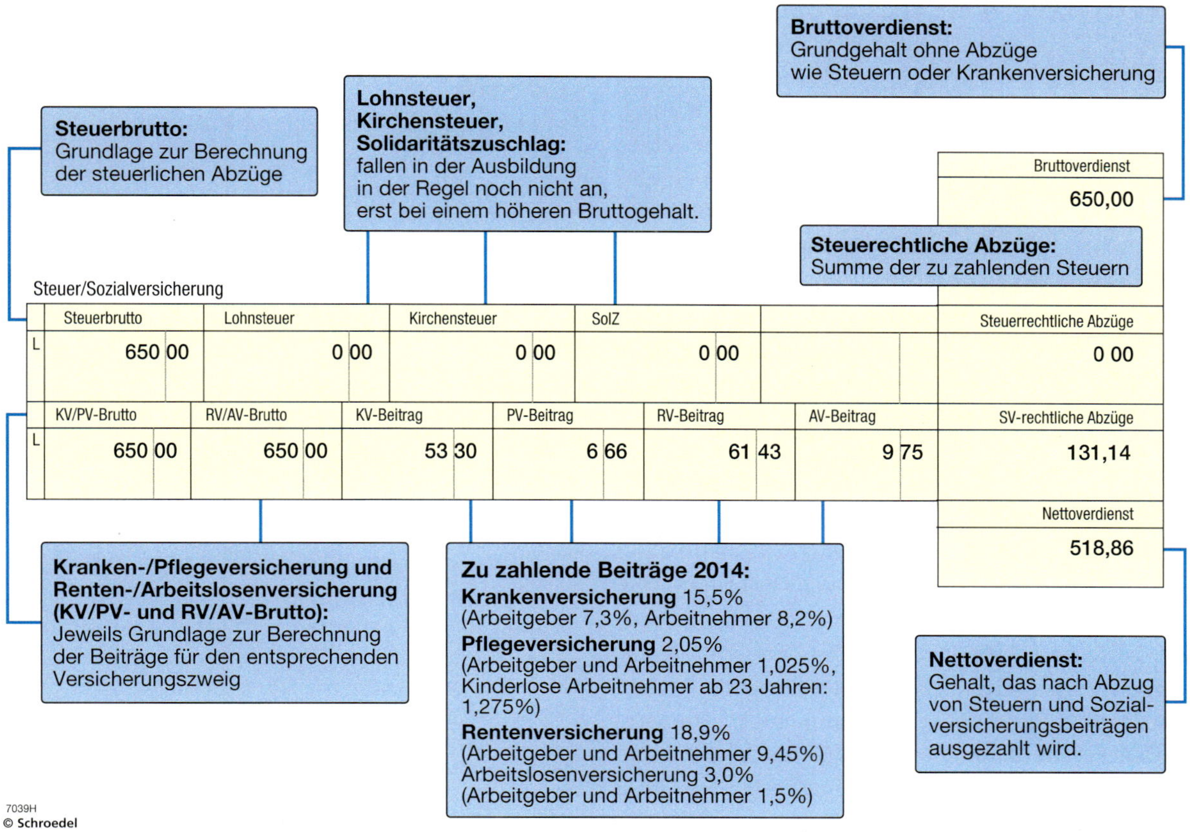

M3 Gehaltsabrechnung (Lohnzettel)

Grundprinzipien der Sozialversicherung

▶ **Prinzip der Versicherungspflicht:** Wer abhängig beschäftigt ist oder eine Ausbildung macht, ist in der Regel automatisch Mitglied der Sozialversicherung und zahlt Beiträge. Dies sind nahezu 90 Prozent der arbeitenden Bevölkerung.

▶ **Prinzip der Beitragsfinanzierung:** Arbeitgeber und Arbeitnehmer teilen sich die Beiträge zur Sozialversicherung, deren Höhe sich nach dem Bruttolohn richtet.

▶ **Prinzip der Solidarität**, das bei der Krankenversicherung gilt: Zum einen ist die Höhe der Sozialbeiträge abhängig davon, wie viel man verdient, zum anderen erhält man Leistungen, unabhängig von der Höhe der eingezahlten Beiträge.

▶ **Prinzip der Äquivalenz** (Gleichwertigkeit): Dieses Prinzip gilt nur für die Rente und bedingt auch für das Arbeitslosengeld: Die Höhe der Leistungen richtet sich nach der Höhe und Dauer der Einzahlungen.

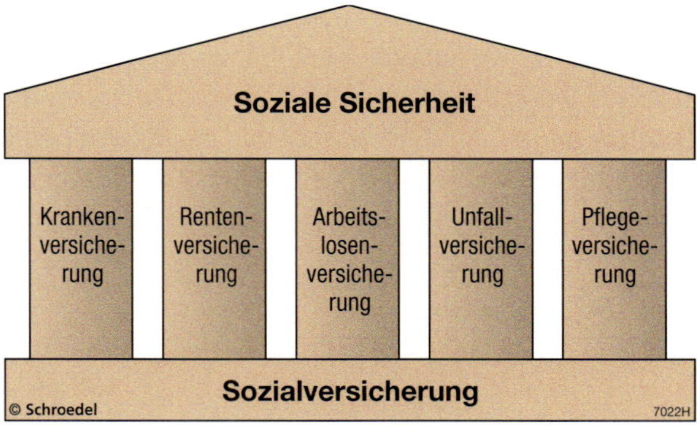

M4 Die Säulen unseres sozialen Netzes

AUFGABEN

1 *Informiere dich anhand des Textes über die allgemeinen Grundlagen des sozialen Sicherungssystems in Deutschland.*

2* *Mache dich mit Nicos Schicksal und seinem Krankheitsfall genau vertraut. Kannst du Fragen, die Nico sich nach seinem Unfall stellt, bereits beantworten?*

Wie funktioniert das Gesundheitssystem?

Vom ersten Tag an krankenversichert

Jeder Auszubildende ist vom ersten Tag der Ausbildung bei einer Krankenkasse pflichtversichert – so wie Arbeiter und Angestellte, Arbeitslose, Sozialhilfeempfänger, Rentner und Studenten. Auch Ehepartner und Kinder sind (familien-)versichert, wenn sie selbst nicht arbeiten oder nur geringfügig beschäftigt sind.
Nur wer drei Jahre hintereinander die sogenannte Jahresentgeltgrenze (im Jahr 2015: 54 900 Euro) überschreitet, scheidet aus der Krankenversicherungspflicht aus. Er kann entweder freiwillig zu einer gesetzlichen Krankenkasse gehen oder sich privat versichern.

Die Stärkeren schützen die Schwächeren

Die gesetzliche Krankenversicherung (GKV) wird ganz besonders vom Solidaritätsgedanken getragen. Das heißt: Ihre Sachleistungen bekommen alle im gleichen, jeweils erforderlichen Umfang, ohne Rücksicht darauf, wie hoch der eingezahlte Beitrag des Einzelnen ist. Die Höhe der Beiträge hängt vom Einkommen ab. Ehepartner ohne eigenes Einkommen und Kinder sind mitversichert und müssen keine Beiträge zahlen.
Das ist in der privaten Krankenversicherung (PKV) anders: Hier muss jeder Versicherte eine Prämie zahlen, die sich nach Krankheitsrisiko (Gesundheitsprüfung), Geschlecht und Alter errechnet. Alte und kranke Menschen zahlen in der PKV daher höhere Prämien als junge und gesunde Versicherte. In der GKV werden lediglich die Geldleistungen – also in erster Linie das Krankengeld – nach dem Einkommen des einzelnen Arbeitnehmers bemessen.

M 1 Leistungsausgaben der gesetzlichen Krankenversicherung

INFO

Was bietet die gesetzliche Krankenversicherung?

Vorsorge: Hierzu zählen z. B. die kostenfreien Untersuchungen im Kindes- und Jugendalter oder Früherkennungsuntersuchungen auf etwaige Krebserkrankungen.
Sachkosten: Die GKV übernimmt die ärztliche und zahnärztliche Behandlung, die Arzneimittelversorgung und die Krankenhauspflege. Aber bei bestimmten Leistungen, beispielsweise beim Zahnersatz (z. B. Zahnkronen) oder bei Brillen, müssen die Beitragszahler für einen Teil der Kosten aufkommen.
Finanzielle Absicherung: Bei langwierigen Krankheitsfällen bekommt der Arbeitnehmer in der Regel sechs Wochen lang seinen Lohn weitergezahlt, danach zahlen die Krankenkassen Krankengeld. Dieses beträgt 70 Prozent des regelmäßig erzielten Bruttoarbeitslohns und wird bis zu 78 Wochen innerhalb eines Zeitraums von drei Jahren gezahlt.
Bei Krankheit von Kindern, die der Pflege bedürfen, wird in gleichem Umfang bis zu zehn Arbeitstage pro Jahr Kinderkrankengeld gezahlt. Bei Alleinerziehenden erhöht sich diese Zahl auf 20 Tage, bei mehreren Kindern auf maximal 50 Tage. Auch während des Bezuges von Krankengeld endet der soziale Schutz nicht. Wie dem Arbeitnehmer wird auch dem Krankengeldbezieher sein Anteil an den Beiträgen zur Renten- und Arbeitslosenversicherung abgezogen.

Die Bürgerversicherung – eine Alternative?

Gesetzlich und privat Versicherte werden in manchen Arztpraxen und Krankenhäusern unterschiedlich behandelt. So erhalten Privatpatienten einer Studie von 2014 zufolge deutlich schneller einen Arzttermin als gesetzlich Versicherte. Um diese Unterschiede zu beseitigen und das Problem der Finanzierbarkeit der GKV zu lösen, wird immer wieder die Idee einer Bürgerversicherung diskutiert. Ihr Kerngedanke für die Solidargemeinschaft: Alle Bürger zahlen in die gesetzliche Krankenversicherung ein. Würden alle, auch die Einkommensstärkeren, in einen gemeinsamen Topf einzahlen, könnten, so die Befürworter, die Beiträge für alle Versicherten sinken und Mitbürger ohne eigenes Einkommen kostenlos mitversichert werden. Gegner befürchten, die Qualität des Gesundheitssystems könnte leiden und die Krankenkassen könnten weniger Leistungen erbringen.

M 2 Geht es auch anders?

Für den Fall der (Un-)Fälle: Die Unfallversicherung

Bei Arbeitsunfällen oder Berufskrankheiten tritt die gesetzliche Unfallversicherung, eine Art Haftpflichtversicherung der Unternehmen, ein. Sie sichert diejenigen gegen die Folgen von Arbeitsunfällen, Wegeunfällen und Berufskrankheiten ab, die in einem Arbeits-, Dienst- oder Ausbildungsverhältnis stehen – unabhängig von Alter, Geschlecht, Familienstand, Nationalität, Religion oder Höhe des Einkommens. Dabei spielt keine Rolle, wer an dem Unfall schuld ist – die gesetzliche Unfallversicherung erbringt ihre Leistungen auf jeden Fall.

Im Gegensatz zu allen anderen Zweigen der Sozialversicherung brauchen die Arbeitnehmer keinen Cent zur gesetzlichen Unfallversicherung beizusteuern. Sie wird ausschließlich aus den Beiträgen der Unternehmen der jeweiligen Branche finanziert. Das heißt: Das Unternehmen zahlt an die Berufsgenossenschaft oder die Unfallkasse, und diese wiederum übernimmt die Kosten für den Versicherten.

M3 Arbeitsunfall

Die gesetzliche Unfallversicherung tritt bei Arbeitsunfällen und bei Unfällen auf dem Weg zur Arbeit ein, aber auch bei anerkannten Berufskrankheiten wie Allergien. Sie übernimmt die Kosten für die Heilbehandlung und unterstützt Verletzte oder Kranke bei der Arbeitsplatzsuche, bei der Berufsfindung und bei der Fortbildung, um sie wieder beruflich einzugliedern. Außerdem erhält der Versicherte für die Dauer der Arbeitsunfähigkeit ein Verletztengeld.

Auch in der Schule versichert

Gesetzlich unfallversichert sind auch Schüler und Studierende über die Schüler-Unfallversicherung. Neben dem Schulunterricht und dem Schulweg stehen auch Schulausflüge, Schulreisen, Sport- und andere schulische Veranstaltungen unter Versicherungsschutz. Die Leistungen reichen von Heilbehandlungen über schulisch-berufliche Rehabilitationen. Zuständig für die Schüler-Unfallversicherung sind die Gemeindeunfallversicherungsverbände und Unfallkassen. Auch die Schüler-Unfallversicherung kostet die Versicherten keinen Cent; die Beiträge für öffentliche Schulen trägt der Schulträger, für private Schulen das Land.

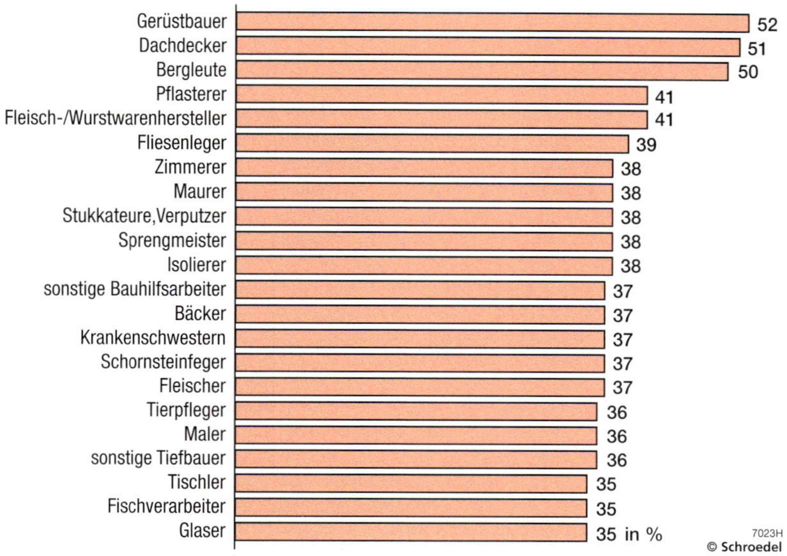

M4 Berufe, die von den Versicherungen als riskant eingestuft werden

AUFGABEN

1 *Beantworte die Fragen von Nico zur Kostenübernahme des Krankenhausaufenthaltes von S. 280.*

2* *Erläutere am Beispiel der GKV den Solidaritätsgedanken, der dem Sozialversicherungssystem zugrunde liegt.*

3 *a) Beschreibe die Entwicklung der Gesundheitsausgaben (M1).*
b) Nenne mögliche Folgen und Probleme, die sich aus dieser Entwicklung ergeben.

4 *Diskutiert, ob die Bürgerversicherung eine sinnvolle Alternative ist (M2).*

M1 Agentur für Arbeit

Arbeitslos – und dann ?

Nico wird in nächster Zeit nicht arbeiten können, seine Verletzungen sind zu schwer. Unter diesen Bedingungen wird seine Firma ihn auch nicht weiterbeschäftigen können. Nico muss sich mit dem Gedanken vertraut machen, arbeitslos zu werden. Ihn bewegt natürlich, ob er in seiner Lage abgesichert ist, ob er finanzielle Unterstützungen erhalten kann.

Arbeitslosigkeit kann jeden treffen

Die Zahl der Arbeitslosen stieg in den 1970er-Jahren stark an und erreichte schließlich 2005 mehr als fünf Millionen. Seitdem sanken die Arbeitslosenzahlen kontinuierlich. Gleichwohl sind immer noch rund drei Millionen Menschen arbeitslos gemeldet. Arbeitslosigkeit ist keine Randerscheinung, sie ist ein Massenphänomen, das jeden treffen kann.

Arbeitslosengeld I und II

Wer arbeitslos wird und trotz aller Bemühungen keinen neuen Arbeitsplatz findet, bekommt Geldleistungen vom Staat. Das **Arbeitslosengeld I** errechnet sich aus dem Nettolohn des Arbeitnehmers. Leistungsbezieher ohne Kind erhalten 60 Prozent, Arbeitnehmer mit Kind 67 Prozent des Nettolohnes. Arbeitnehmer unter 50 Jahren bekommen bis zu zwölf Monate das Arbeitslosengeld I, für ältere Arbeitslose gilt eine Bezugsdauer von bis zu 24 Monaten.
Danach hat der Arbeitslose Anspruch auf das **Arbeitslosengeld II** als Grundsicherung (**Hartz IV**). Es wird so lange gezahlt, wie die Arbeitslosigkeit dauert, und beträgt 391 Euro für Alleinstehende (Stand 2014). Der volljährige Partner erhält 353 €, Kinder unter 6 Jahren 229 Euro und von 6 bis einschließlich 13 Jahren 261 Euro. Kinder bzw. Jugendliche zwischen 14 und 17 Jahren bekommen 296 Euro, junge Erwachsene zwischen 18 und 25 Jahren, die bei ihren Eltern wohnen, 313 Euro. Zusätzlich zum Arbeitslosengeld II als Grundsicherung übernimmt der Staat die Kosten der Unterkunft (Miete und Heizkosten) – allerdings nur bis zu einer angemessenen Höhe. Vorhandenes Einkommen (z. B. Mieteinnahmen, Unterhalt oder Kindergeld) wird auf den Arbeitslosengeld-II-Anspruch angerechnet – verringert also seine Höhe. Dasselbe gilt für Vermögen.
Während das Arbeitslosengeld I durch die Sozialversicherungsbeiträge der Beschäftigten finanziert wird, wird das Arbeitslosengeld II vom Staat ausgezahlt. Deshalb können es auch Bedürftige beziehen, die vorher keine versicherungspflichtige Beschäftigung ausgeübt haben.

M2 Arbeitslosengeld

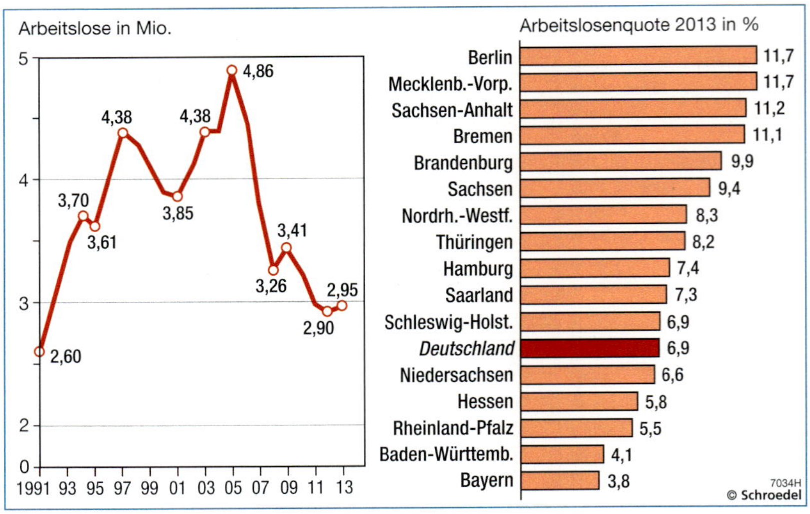

M3 Entwicklung der Arbeitslosigkeit in Deutschland

Bedarf für	Kinder und Jugendliche in der Altersgruppe					
	0 – 5 Jahre		6 – 13 Jahre		14 – 17 Jahre	
Nahrungsmittel, alkoholfreie Getränke	85,10 €	37,16 %	104,87 €	40,18 %	134,18 €	45,33 %
Bekleidung und Schuhe	33,73 €	14,73 %	36,17 €	13,86 %	40,26 €	13,60 %
Wohnen, Energie u. Wohnungsinstandhaltung	7,63 €	3,33 %	12,03 €	4,61 %	16,61 €	5,61 %
Innenausstattung und Haushaltsgegenstände	14,75 €	6,44 %	12,79 €	4,90 %	15,92 €	5,38 %
Gesundheitspflege	6,60 €	2,88 %	5,38 €	2,06 %	7,10 €	2,40 %
Verkehr	12,76 €	5,57 %	15,22 €	5,83 %	13,65 €	4,61 %
Nachrichtenübermittlung	17,04 €	7,44 %	16,68 €	6,39 %	17,08 €	5,77 %
Freizeit, Unterhaltung, Kultur	38,86 €	16,97 %	44,89 €	17,20 %	33,98 €	11,48 %
Bildung	1,05 €	0,46 %	1,25 €	0,48 %	0,33 €	0,11 %
Beherbergungs- u. Gaststättendienstleistungen	1,56 €	0,68 %	3,81 €	1,46 %	5,18 €	1,75 %
andere Waren und Dienstleistungen	10,03 €	4,38 %	7,93 €	3,04 %	11,78 €	3,98 %
Gesamt	**229 €**	**100 %**	**261 €**	**100 %**	**296 €**	**100 %**

M4 Monatlicher Hartz-IV-Regelsatz für Kinder ab 2014 – Übersicht

Wiedereingliederung

Die Beeinträchtigungen können so stark sein, dass der Betroffene seinen Alltag nicht mehr selbst gestalten kann und eine Rückkehr an den bisherigen Arbeitsplatz nicht oder nicht mehr ohne Weiteres möglich ist. Dann greifen Maßnahmen der sozialen und beruflichen Wiedereingliederung (Rehabilitation). Ziel all dieser Maßnahmen ist es, dass der Erwerbstätige wieder am Alltag und Berufsleben teilnehmen kann, sei es am alten Arbeitsplatz oder einer anderen Stelle. Hierbei werden Leistungen erbracht von der Krankenversicherung, der Rentenversicherung und von den Arbeitsagenturen, aber auch von der Unfallversicherung.
An Leistungen im Bereich der sozialen und beruflichen Wiedereingliederung stehen zur Verfügung:

- Leistungen zur Erhaltung oder Erlangung eines Arbeitsplatzes
- Berufsvorbereitung
- Berufliche Anpassung, Fortbildung, Ausbildung, Umschulung
- Hilfen zu einer angemessenen Schulbildung
- Leistungen an Arbeitgeber
- Kraftfahrzeughilfe
- Wohnungshilfe

Um die Teilnahme an einer berufsfördernden Maßnahme zu ermöglichen, wird durch die Unfallversicherung ein Übergangsgeld gezahlt. Seine Höhe richtet sich nach dem Einkommen des Verletzten vor Beginn der Arbeitsunfähigkeit (bei Alleinstehenden 68 Prozent, bei Versicherten mit Kindern 75 Prozent).

M5 Leistungen zur Rückkehr in die Arbeitswelt

AUFGABEN

1 *Beantworte anhand der Informationen über das Arbeitslosengeld I und II sowie über die Rehabilitation die Fragen von Nico aus dem Einleitungstext.*

2* *Diskutiert, ob das – in seiner Höhe umstrittene – Arbeitslosengeld II zu hoch oder zu niedrig ist. Zieht hierzu die Angaben zum Bedarf eurer Altersgruppe heran (M4).*

3 *Beschreibe die Entwicklung der Arbeitslosigkeit in Deutschland (M3).*

4 *Recherchiere, wie hoch die Zahl der Arbeitslosen in deiner Region/Stadt ist und welchen Anteil Jugendliche daran haben.*

M1 Rentner

M2 Monika ist durch einen Bandscheibenvorfall nicht mehr erwerbsfähig und erhält Erwerbsminderungsrente.

Wer kann eine Rente erhalten?

Nico hat die ersten Operationen hinter sich. Er ist sehr niedergeschlagen und fragt sich, ob er in seinem Beruf jemals wieder wird arbeiten können. Aber nicht nur das. Fraglich ist, ob er jemals wieder körperlich arbeiten kann.

Begriffe wie „Erwerbsunfähigkeit“, „Berufsunfähigkeit“ und „Rente“, mit denen er sich bislang nie beschäftigt hatte, gehen ihm durch den Kopf – und das mit 18 Jahren.

- Ist Nico versorgt, wenn er nicht voll wiederhergestellt werden kann?
- Kann Nico eine Rente beziehen, obwohl er noch nicht lange gearbeitet hat?
- Wie hoch würde eine Rente für ihn sein?

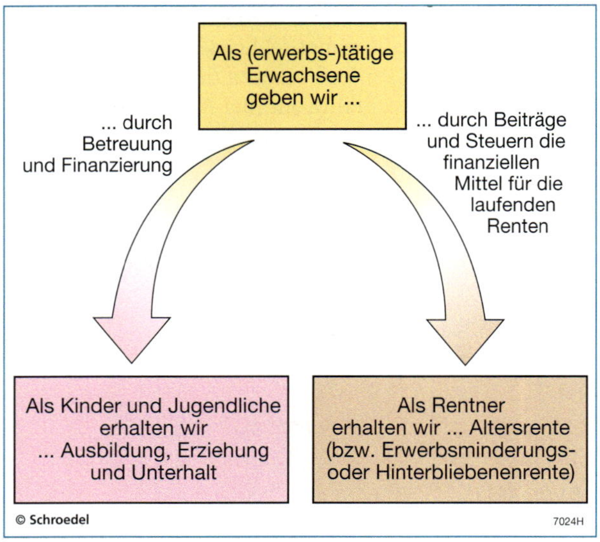

M3 Das Prinzip des Generationenvertrages

Heute geben, morgen nehmen – Wie funktioniert unser Rentensystem?

Bis auf wenige Ausnahmen sind alle Angestellten und Arbeiter, aber auch Auszubildende in der gesetzlichen Rentenversicherung pflichtversichert.

Die gesetzliche Rentenversicherung wird über das sogenannte Umlageverfahren finanziert. Dabei werden die Einnahmen des laufenden Monats für die Rentenzahlungen des nächsten Monats herangezogen. Das heißt, ein Rentner erhält sein Altersgeld aus den Beiträgen, die im Vormonat von Erwerbstätigen und Arbeitgebern – je zur Hälfte – entrichtet wurden.

Die arbeitende Generation kommt somit für die Ruhegelder der älteren Generation auf. Dieses solidarische Prinzip wird **Generationenvertrag** genannt. Hinzu kommt ein jährlicher Zuschuss des Bundes, der seit 1992 von 32 auf 83,6 Mrd. Euro im Jahr 2014 gestiegen ist.

Mit den Beiträgen, die ein Arbeitnehmer in die gesetzliche Rentenversicherung zahlt, erwirbt er Ansprüche darauf, später selbst eine Rente zu bekommen. Die Höhe dieser Ansprüche hängt in erster Linie davon ab, wie lange jemand berufstätig war, wie viel er verdient hat und in welchem Alter er in Rente geht.

Die Ausgaben der Rentenversicherung sind in den letzten Jahren ständig angestiegen. Viele Menschen und Wissenschaftler sehen den Generationenvertrag in einer Krise.

So hoch ist der Monatsverdienst im Durchschnitt	
	2 839 € brutto
abzüglich:	
Lohnsteuer (Klasse I)	425,08 €
Solidaritätszuschlag	23,37 €
Rentenversicherung	268,29 €
Krankenversicherung	232,80 €
Arbeitslosenversicherung	42,58 €
Pflegeversicherung	32,65 €
	1 814,23 € netto

So viel Altersrente erhält ein Rentner im Durchschnitt	
abzüglich: Kranken- und Pflegeversicherung für Rentner	
Männer / West	964 €
Männer / Ost	1 008 €
Frauen / West	507 €
Frauen / Ost	709 €

M 4 Monatsverdienst und gesetzliche Altersrente im Durchschnitt im Vergleich 2013

Es gibt verschiedene Rentenansprüche

Altersrenten: Die sogenannte Regelaltersrente erhält, wer mindestens fünf Rentenversicherungsjahre nachweisen kann und das gesetzliche Renteneintrittsalter erreicht hat. Bis 2011 lag die Regelaltersgrenze bei 65 Jahren. 2012 wurde sie schrittweise auf 67 Jahre angehoben. Wenn Rentenversicherte nicht so lange arbeiten können oder wollen, besteht die Möglichkeit, frühzeitig in Rente zu gehen. Sie müssen dann aber lebenslange Abschläge auf die bis dahin erreichte Rente hinnehmen. Seit Juli 2014 ist ein neues Rentenpaket in Kraft: Derjenige, der 45 Jahre lang Rentenbeiträge gezahlt hat, kann mit 63 Jahren in Rente gehen, ohne dass die Rentenzahlungen gekürzt werden. Die Rente ab 63 wird aber auch schrittweise auf 65 Jahre angehoben.

Renten wegen verminderter Erwerbsfähigkeit: Jedes Jahr müssen rund 170 000 Menschen aus gesundheitlichen Gründen ihren Job vor Erreichen des Rentenalters aufgeben. Wenn man in die Rentenversicherung eingezahlt hat, hat man das Recht auf Erwerbsminderungsrente. Voraussetzung ist, dass derjenige mindestens fünf Jahre versichert war, davon drei in den letzten fünf Jahren vor Eintritt der Erwerbsminderung. Als Leistungsarten unterschieden werden:

1. Renten wegen teilweiser Erwerbsminderung: Wenn Versicherte wegen Krankheit oder Behinderung auf nicht absehbare Zeit nur noch drei bis unter sechs Stunden täglich erwerbstätig sein können.
2. Renten wegen voller Erwerbsminderung: Eine volle Erwerbsminderung liegt vor, wenn Versicherte wegen Krankheit oder Behinderung auf nicht absehbare Zeit nur noch weniger als drei Stunden täglich erwerbstätig sein können.

Verletztenrenten: Die gesetzliche Unfallversicherung gewährt eine Verletztenrente, wenn Erwerbstätige durch einen Arbeitsunfall oder eine Berufskrankheit in ihrer Erwerbsfähigkeit um mindestens 20 Prozent eingeschränkt sind und die Erwerbsminderung länger als 26 Wochen andauert. Für Schwerverletzte (Minderung der Erwerbsfähigkeit um 50 Prozent oder mehr) wird zur Verletztenrente eine Zulage in Höhe von zehn Prozent gewährt, wenn wegen des Arbeitsunfalls oder der Berufskrankheit keine Erwerbstätigkeit mehr ausgeübt werden kann.
Die Höhe der Verletztenrente ist abhängig vom Jahreseinkommen des Verletzten vor dem Arbeitsunfall sowie vom Grad der Minderung der Erwerbsfähigkeit.

AUFGABEN

1 *Beantworte anhand der Materialien die Fragen von Nico auf der Seite 280.*

2 *Beurteile abschließend den Fall Nico: Fängt das soziale Sicherungssystem ihn auf?*

3* *Informiert euch bei einer Verbraucherschutzzentrale oder in einem „Fairsicherungsladen“ über Möglichkeiten, sich privat gegen einen Unfall oder gegen Berufsunfähigkeit versichern zu lassen. Informiert euch dabei auch über die Kosten einer derartigen Versicherung sowie über eine mögliche Rentenhöhe.*

M1 Karikatur

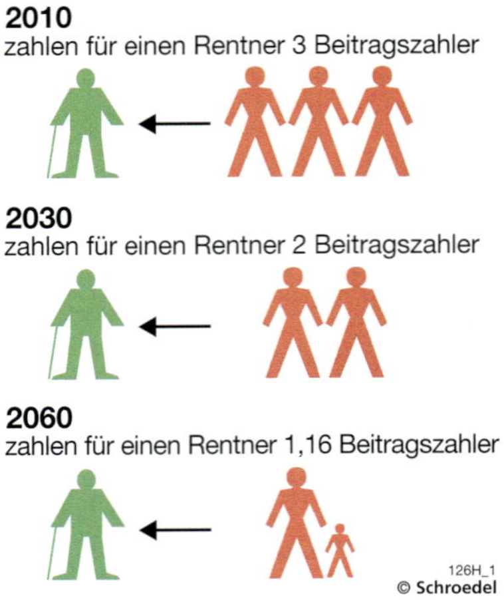

M2 Das Verhältnis Rentner zu Beitragszahlern – Prognose

Probleme des Sozialstaates heute

Im Zusammenhang mit dem Fall Nico wurde bereits angesprochen, dass die Leistungen, die der Sozialstaat erbringt, in den letzten Jahren eingeschränkt wurden, z. B. bei der Krankenversicherung (Zuzahlungen der Versicherten) oder bei der Rentenversicherung (Erhöhung des Renteneintrittsalters).

Der Sozialstaat, so sagen viele, ist in eine Krise geraten und muss daher „umgebaut" werden. Als verantwortlich dafür wird die Bevölkerungsentwicklung in Deutschland, der **demografische Wandel,** angeführt: Es werden immer weniger Kinder geboren, während der Anteil der alten Generation – auch aufgrund einer längeren Lebenserwartung – wächst. Damit steigen die Ausgaben für den Sozialstaat: mehr Renten, höhere Kosten im Gesundheitssystem und in der Pflege. Gleichzeitig gibt es immer weniger Beitragszahler, die die sozialen Versicherungssysteme finanzieren. Die Ausgaben der Sozialversicherung sind deshalb in den letzten Jahren stark angestiegen.

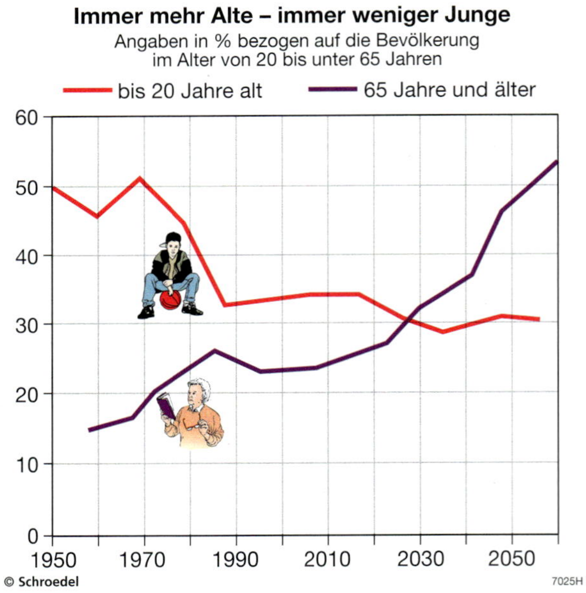

M3 Immer mehr Alte – immer weniger Junge

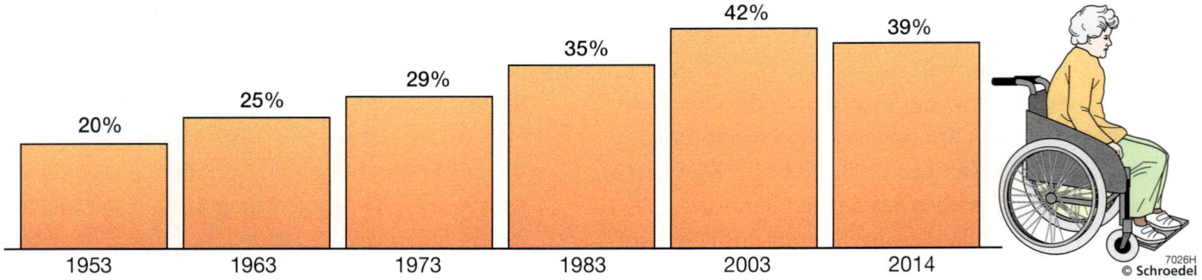

M4 Anstieg der Sozialbeiträge: Dieser Anteil des Verdienstes musste an die Sozialversicherungen abgeführt werden.

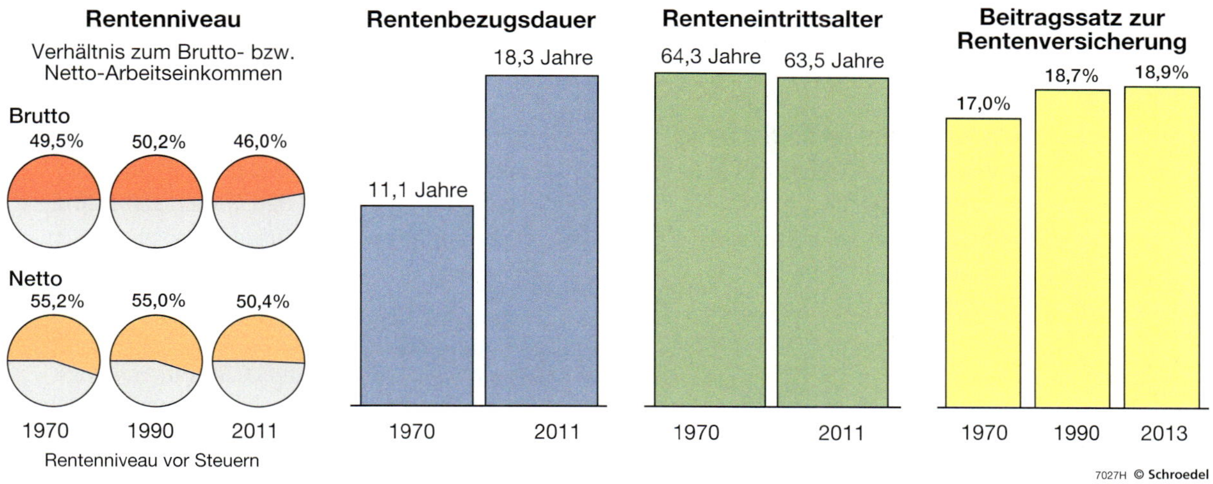

M5 Probleme der Rentenversicherung

Deutschland wird älter

Auf 100 Bundesbürger im erwerbsfähigen Alter kamen im Jahr 2000 rund 43 Rentner. Das Statistische Bundesamt rechnet damit, dass es 2050 78 Rentner sein werden. Während im Jahr 1965 7,4 Arbeitnehmer Versicherungsbeiträge für einen Rentner bezahlen mussten, so werden 2030 1,7 Arbeitnehmer für einen Rentner zahlen müssen. Wie kommt es zu dieser Entwicklung?
Bringt jede Frau weiterhin im Durchschnitt 1,4 Kinder zur Welt, dann wird nach Berechnungen die jährliche Geburtenzahl von 673 000 (2006) auf 500 000 (2050) sinken. Gleichzeitig nimmt in dieser Zeit die Lebenserwartung der 65-Jährigen um 4,5 Jahre zu. Dadurch steigt auch die durchschnittliche Rentenbezugsdauer.

Zur Bevölkerung im Erwerbsalter von 20 bis 64 Jahren gehören heute etwa 50 Mio. Menschen in Deutschland. Im Jahr 2050 werden es den Schätzungen zufolge jedoch nur noch 39 Mio. sein. Die Zahl der Menschen ab 80 Jahre wird sich dagegen von vier auf zehn Millionen mehr als verdoppeln. In wenigen Jahren wird deshalb in Deutschland die Zahl der über 65-Jährigen bereits höher sein als die der unter 20-Jährigen.

AUFGABEN

1 *Beschreibe und werte die Karikatur M1 aus: Auf welches Problem verweist sie?*

2* *a) Beschreibe die Entwicklung des Verhältnisses zwischen Jung und Alt und wie es sich – den Prognosen nach – weiter entwickeln wird (M3).*
b) Erläutere die Auswirkungen dieser Entwicklung für die Rentenversicherung.

3 *Werte die Grafiken M2 und M3 im Hinblick auf den Generationenvertrag aus.*

4 *a) Beschreibe die Entwicklung der Beitragssätze zur Sozialversicherung (M4).*
b) Beurteile diese Entwicklung.

5 *Diskutiert, ob die Leistungen des Sozialstaates weiter eingeschränkt werden sollten. Bezieht hierbei den Fall Nico ein.*

M6 Die Zahl der älteren Menschen wächst.

W

Wiederholen und Üben

Geschlechtervorstellungen und Klischees

a) Nenne weitere Vorurteile und Klischees in Bezug auf Männer und Frauen.

b) Tausche deine Aussagen mit deinem Banknachbarn aus. Überlege, von wem sie stammen könnten. Nimm Stellung zu den Aussagen.

Gleichberechtigung

Erstelle eine Mindmap zum Thema Gleichberechtigung.

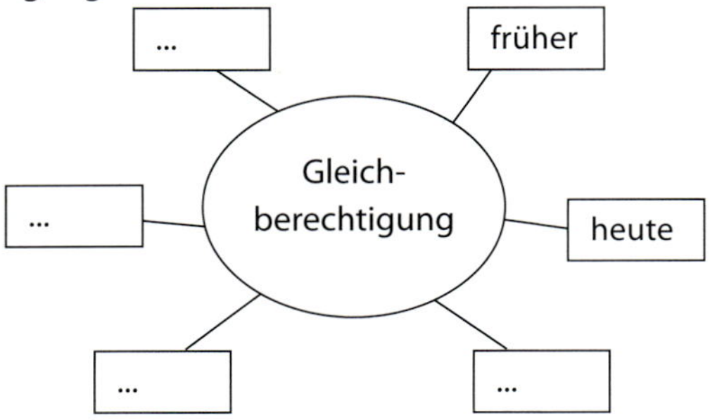

Karikatur

Werte die Karikatur aus.

Gleichberechtigung = Chancengleichheit?

1 Erkläre, was sich in der Gesellschaft, in den Unternehmen und bei den Frauen selbst ändern muss, damit Frauen in Führungspositionen in Zukunft in Deutschland selbstverständlich sind.

Deutschland liegt beim Vergleich mit anderen Ländern bei der Gleichstellung der Frauen weit zurück. Zwar arbeiten viele Frauen mit 68 Prozent im Jahr 2011 über dem Durchschnitt, aber fast die Hälfte davon arbeitet in Teilzeit.
Die Lohnlücke zwischen Frauen und Männern beträgt in Deutschland 22 Prozent. In Führungspositionen der deutschen Wirtschaft waren im Jahr 2012 nur 18 Prozent mit Frauen besetzt, in Norwegen waren es 44 Prozent und in Frankreich 25 Prozent. Familie und Beruf sind in Deutschland nicht so leicht vereinbar.
Junge Frauen sind in der Ausbildung sehr erfolgreich und somit sehr gut qualifiziert. Sie erlangen höhere Schulabschlüsse, auch im Bereich der beruflichen Bildung und Weiterbildung. Tendenziell sind sie erfolgreicher als ihre männlichen Kollegen, aber in der Altersgruppe von 25 bis 30 Jahren haben auffällig viele Frauen keinen Berufsabschluss. Vielleicht sind Ausbildungen wegen Familiengründung nicht zu Ende geführt worden. In technischen und naturwissenschaftlichen Berufen sind Frauen stark unterrepräsentiert. Mädchen konzentrieren sich hauptsächlich auf Berufe aus dem sozialen und Dienstleistungsbereich.

Kranken- und Arbeitslosenversicherung

a) Nenne Unterschiede zwischen der gesetzlichen und der privaten Krankenversicherung in Deutschland.

b) Erläutere das Solidaritätsprinzip, das der gesetzlichen Krankenversicherung zugrunde liegt.

c) Timo ist nach seiner Ausbildung als Mechatroniker von seinem Ausbildungsbetrieb nicht übernommen worden und macht sich große Sorgen über seine Zukunft. Schreibe ihm einen Brief, in dem du ihm erklärst, wie er in Deutschland abgesichert ist.

Kreuzworträtsel: Soziale Sicherheit

1 Suche in dem Buchstabenrätsel drei Lebensrisiken, bei denen der Sozialstaat unterstützt.
2 Nenne die dazugehörigen Versicherungen.

K	Y	F	Y	L	R	R	O	S	N	P	Z	W	K	Y	V	X	B
M	J	Z	A	T	G	B	Q	Z	U	N	F	A	L	L	Z	I	L
I	F	S	V	L	V	S	W	Y	L	X	U	L	W	Q	X	H	K
A	R	B	E	I	T	S	L	O	S	I	G	K	E	I	T	Q	Z
Y	D	H	X	F	J	E	L	Y	C	X	Q	W	Z	G	F	V	B
U	L	B	H	Q	C	T	R	J	K	R	A	N	K	H	E	I	T

Sozialstaat

a) Ergänze das Schaubild zum Generationenvertrag.

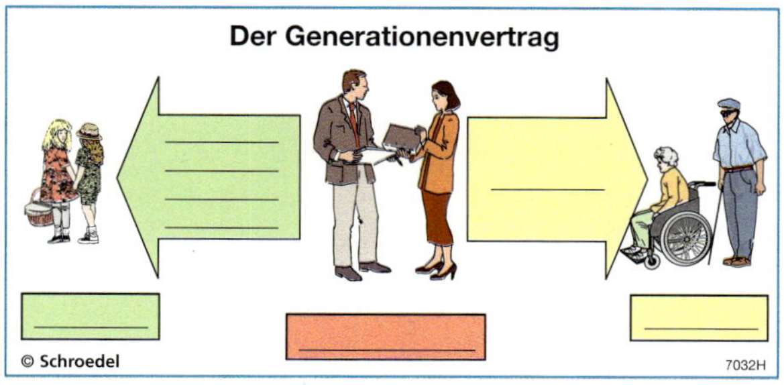

b) Werte die nebenstehende Karikatur aus.

c) Erläutere anhand der Karikatur die Probleme, die für das System der sozialen Sicherheit durch das veränderte Verhältnis von Jung und Alt entstehen.

Prüfe dich nun selbst! Du kannst...

- ✓ ... erklären, was man unter Erwartung, Verhalten und Rolle versteht (> S. 268/269);
- ✓ ... Rechte nennen, die sich die Frauen im 18. Jahrhundert erkämpft haben (> S. 270/271);
- ✓ ... den aktuellen Stand der Gleichstellung der Geschlechter in Deutschland beschreiben (> S. 272);
- ✓ ... den Begriff „Frauenquote“ erklären (> S. 273);
- ✓ ... die gesetzlichen Versicherungen, die der sozialen Sicherheit dienen, nennen und die zugrunde liegenden Prinzipien erklären (> S. 280/281);
- ✓ ... zwischen Brutto- und Nettogehalt unterscheiden (> S. 287);
- ✓ ... erklären, worin sich die gesetzliche und die private Krankenversicherung unterscheiden (> S. 282);
- ✓ ... die Leistungen der Arbeitslosenversicherung nennen und erklären (> S. 284);
- ✓ ... die Höhe der Regelsätze beim Arbeitslosengeld II/bei Hartz IV beurteilen (> S. 284/285);
- ✓ ... den Generationenvertrag als Grundlage der Alterssicherung darstellen (> S. 286);
- ✓ ... verschiedene Rentenansprüche nennen und erklären (> S. 287);
- ✓ ... den Erfolg des sozialen Sicherungssystems einschätzen (> S. 281 – 287);
- ✓ ... die Probleme des Sozialstaates durch die Bevölkerungsentwicklung (Altersaufbau) erklären und in ihrer Tragweite beurteilen (> S. 288/289).

9 Unberechenbarer Planet Erde?

M 1 Leben am Vulkan Ätna

M2 Verlassenes Haus nach einem Vulkanausbruch

M3 Folge der gewaltigen Kräfte eines Tsunamis

M4 Nach einem Erdbeben

- **Beschreibe die unterschiedlichen Situationen im Vordergrund und Hintergrund des Bildes.**
- **Würdest du dein Auto auch dort abstellen? Begründe.**

M1 Ausbruch des Ätnas bei Nacht

M2 Anlegen von Kanälen zur Umleitung der Lava

693 v. Chr.	erster bekannter Ausbruch
1169 n. Chr.	1 500 Menschen sterben
1669	größter bekannter Ausbruch
1928, 1942, 1971, 1981, 1991, 2001, 2002, 2004, 2008, 2012	schwere Ausbrüche
2013	16-mal ausgebrochen
2014	18 mittelschwere Ausbrüche
2015	2. Februar, 6. Februar, ...

M3 Ausbrüche des Ätnas

Der Ätna – Freund und Feind

Der Ätna auf Sizilien ist mit über 3 300 m Höhe der größte und aktivste Vulkan Europas. Er stieg vor ca. 600 000 Jahren durch unterseeische vulkanische Tätigkeiten an der Ostküste Siziliens aus einer Bucht auf. Seine zahlreichen Ausbrüche haben ihn im Laufe der Jahrhunderte ständig wachsen lassen. Auch heute ist der Ätna noch sehr aktiv.

Antonio Pucchini baut am Fuße des Ätnas Obst und Wein an. Er berichtet:

„Im Oktober haben wir beim Ausbruch des Ätnas wieder seinen gefährlichen Atem gespürt. Ein Regen aus Asche und Lavabrocken hat viele Felder und Plantagen zerstört. Ich konnte beobachten, wie sich der Lavastrom langsam, aber unaufhaltsam in Richtung meiner Weinberge wälzte. Tun konnte ich dagegen nichts. Zum Glück konnten die Soldaten die Lava rechtzeitig aufhalten.

Wissenschaftler überwachen den Vulkan rund um die Uhr. Der Lavastrom kann nämlich nicht nur aus dem Krater am Berggipfel kommen, sondern auch aus kleineren Nebenkratern an den Seiten des Bergs austreten. Deshalb ist der Vulkan unberechenbar."

AUFGABEN

1 *Beschreibe die Gefahren, die vom Ätna ausgehen.*

2 *Die Tabelle M3 zeigt deutlich, wie aktiv der Ätna ist. Erläutere und vervollständige sie.*

3 *Würdest du in der Nähe des Ätnas wohnen wollen? Begründe deine Antwort.*

M4 Touristen am Lavastrom des Ätnas

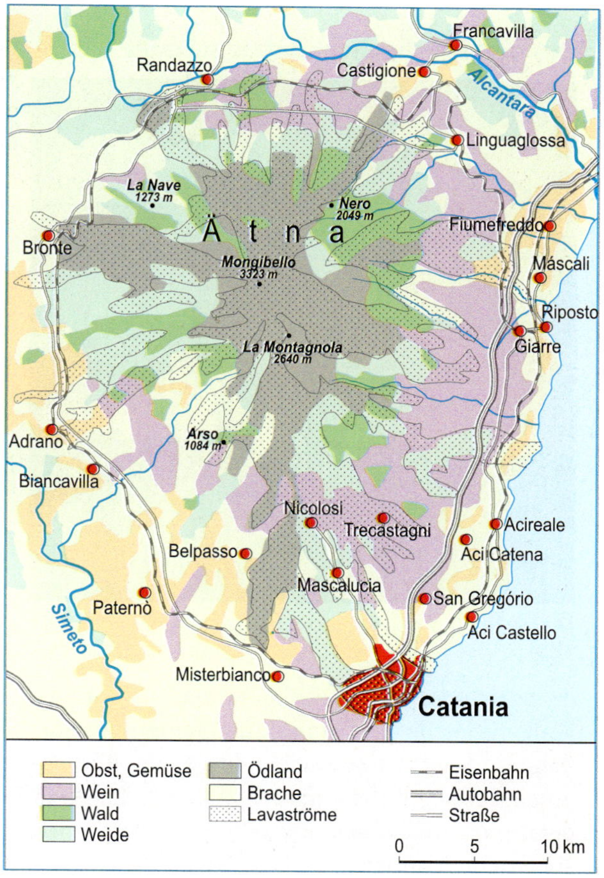

M5 Landnutzung am Ätna

Herr Pucchini berichtet weiter:

„Die Schäden in Millionenhöhe haben uns schon schwer getroffen. Doch wegziehen? Undenkbar! Obwohl so etwas immer wieder passiert, würden wir unsere Heimat am Ätna niemals verlassen. Es ist nicht nur das gute Klima hier im Süden Italiens. Der Ätna zerstört unsere Lebensgrundlage nicht nur – er ist es auch, der sie schafft. Schließlich nutzen wir auch das, was er „ausspuckt". Ohne die fruchtbare Vulkanasche würden unsere Pflanzen bei Weitem nicht so gut wachsen. Außerdem speichert der vulkanische Boden ganz hervorragend Wasser, was gut für die Pflanzen ist. Die Erträge beim Wein-, Obst- und Gemüseanbau sind sehr gut. Deswegen können wir die Produkte, die am Ätna wachsen, sogar in andere Länder verkaufen. Und dann sind da auch noch die Touristen. Ohne unseren Vulkan würden sicher weniger zu uns kommen."

AUFGABEN

1 Erläutere, warum der Ätna auch als „Freund" der Sizilianer bezeichnet wird.

2 Beschreibe die Landnutzung am Ätna mithilfe der Karte M5.

3 Nenne weitere Vulkane in Europa (Atlas).

M6 Die Gefahr ist allgegenwärtig.

M7 Weinanbau am Ätna

Das gefährliche Spiel mit dem Feuer

M 1 Vulkanologen bei der Arbeit vor Ort

Ihr Beruf wird oft als der „gefährlichste Job der Welt" bezeichnet. Vulkanologen haben die Aufgabe, Vulkane zu überwachen und Neues über sie herauszufinden. Nicht immer ist ihre Aufgabe so gefährlich wie auf dem Bild. Oft begeben sie sich auch ohne feuerfesten Asbest-Anzug in die Nähe der Feuer speienden Berge. Aufgrund der Vorhersagen der Wissenschaftler konnten schon Tausende Menschen vor Vulkanausbrüchen gerettet werden.

Entstehung und Aufbau eines Schichtvulkans

An Stellen, an denen die Erdkruste dünn und brüchig ist, kann Magma durch Risse und Spalten nach oben gelangen. Dort sammelt es sich in der Magmakammer und steigt durch den Vulkanschlot nach oben. Über den Krater oder einen Nebenkrater fließt es an den Hängen des Berges ab. Ausgetretenes Magma nennt man Lava. Beim Ausbruch eines Vulkans werden Gesteinsbrocken (Bomben) und Asche herausgeschleudert. Die Asche lagert sich im Wechsel mit der Lava ab. Aufgrund dieser Asche- und Lavaschichten spricht man von **Schichtvulkanen**. Je nachdem, wie dickflüssig das Magma ist und wie hoch sein Gasgehalt ist, gelangt es mit unterschiedlich heftigen Explosionen an die Oberfläche.
Bei manchen Vulkanen verstopft erstarrte Lava den Weg durch den Schlot (z. B. beim Pinatubo auf den Philippinen oder beim Mount St. Helens in den USA). Irgendwann bahnt sich neues Magma dann durch eine heftige Explosion den Weg nach oben.

AUFGABEN

1 *Benenne mithilfe des Textes die Ziffern 1 bis 8 der Abb. M2.*
2 *Erkläre den Aufbau eines Schichtvulkans.*
3 *Manche Vulkane sind gefährlicher als andere. Erkläre.*
4 *Recherchiere Unterschiede zwischen einem Schicht- und einem **Schildvulkan** (Lexikon, Internet).*

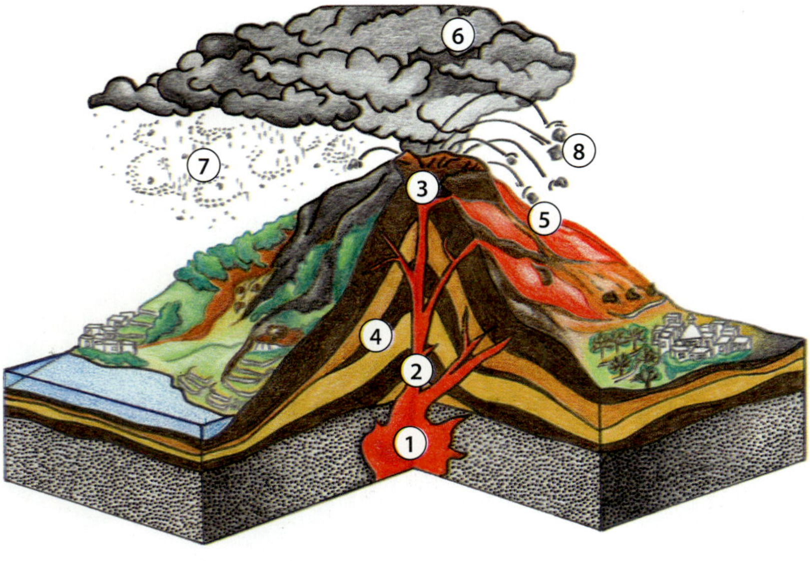

M 2 Schnitt durch einen Schichtvulkan

M 3 Bombe

M 4 Lavabrocken

Z

Vulkanrallye durch Deutschland

M5 Vulkankegel in der Eifel

In Deutschland gibt es viel mehr Vulkangebiete, als du denkst. Allerdings waren die Vulkane vor vielen Tausend Jahren tätig. Heute erinnern nur noch erkaltete Vulkankegel oder vulkanische Gesteine an die frühere Aktivität. Auf unserer Vulkanrallye kommst du durch Gebiete, in denen es vulkanische Erscheinungen gibt. Finde sie mithilfe deines Atlas und der Karte M6. Aus den gesuchten Begriffen brauchst du bestimmte Buchstaben für das Lösungswort. Diese musst du zunächst herausschreiben und anschließend in die richtige Reihenfolge bringen. Dann ergeben sie den Namen eines vulkanisch entstandenen Gewässers in Rheinland-Pfalz.

Die gesuchten Begriffe:

1. Der höchste Berg dieses Mittelgebirges ist mit 950 m die Wasserkuppe. (4/2 = Länge des gesuchten Begriffes: 4 Buchstaben / für das Lösungswort wird der 2. Buchstabe benötigt)
2. 774 m hoher Berg im Hessischen Bergland (10/4)
3. Mittelgebirge im Nordosten von Koblenz (10/6)
4. Hier findest du die berühmten Maare. (5/5)
5. Berg nordöstlich der Stadt der „Roten Teufel" (11/5 und 9)
6. Dieser Vulkanberg ist bekannt als Weinanbaugebiet. Sein Name ist eine andere Bezeichnung für „Thron". (11/4)
7. Landschaft im Dreieck Donaueschingen, Tuttlingen und Singen (5/4)
8. Mittelgebirge südöstlich der Landeshauptstadt von Baden-Württemberg (14/2 und 12)

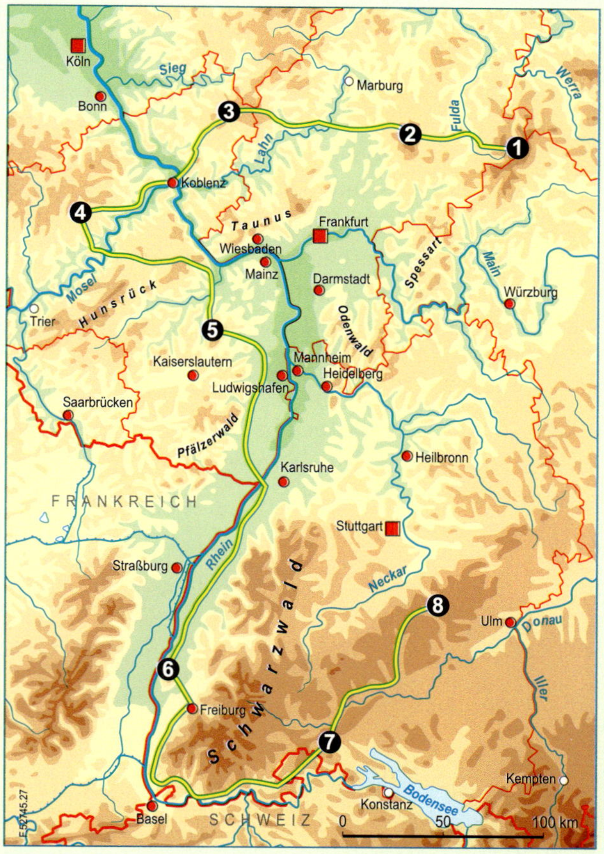

M6 Strecke der Vulkanrallye

Das Lösungswort lautet ...

?	?	?	?	?	?	?

?	?	?

Erdbeben – Warten auf „the big one“

„The big one“ nennen die Kalifornier das große Erdbeben, das irgendwann ihren Staat erschüttern wird. Zum letzten Mal gab es ein derart großes Erdbeben im Jahr 1906. Damals wurden 80 Prozent von San Francisco zerstört und mehr als 3 000 Tote waren zu beklagen. Dabei wurde der Großteil der Zerstörungen durch Feuer verursacht, das durch gebrochene Gasleitungen entstand. Da auch zahlreiche Wasserleitungen beschädigt wurden, gingen die Löscharbeiten nur schleppend voran.

M 1 Der Financial District von San Francisco nach dem Erdbeben von 1906

1906 erschütterte Kalifornien ein **Erdbeben** der Stärke 7,8 auf der nach oben offenen **Richterskala**. Ein derartig starkes Beben gab es seitdem dort nicht mehr.

Dass irgendwann wieder ein Beben, vielleicht „the big one“, kommen wird, bezweifelt aber niemand. Schließlich bewegen sich in Kalifornien zwei Erdplatten mit einer Geschwindigkeit von durchschnittlich sechs Zentimetern im Jahr aneinander vorbei. Weil diese Platten nicht glatt sind, sondern Vorsprünge und Risse haben, verhaken und verklemmen sie sich. Irgendwann wird die Spannung zu groß und die Platten verschieben sich ruckartig: Es kommt zu einem Erdbeben.

In Kalifornien kann man diese Bruchlinie, den San-Andreas-Graben, gut erkennen. An diesem Graben beobachten Wissenschaftler die Platten ohne Unterbrechung. Eine genaue Vorhersage des nächsten Bebens ist trotzdem nicht möglich.

AUFGABEN

1. *Nenne Gefahren, die von einem Erdbeben ausgehen.*
2. *Erkläre, wie es in Kalifornien zu einem Erdbeben kommt.*
3. *Erdbeben werden mit Seismografen gemessen. Recherchiere zu deren Funktionsweise und Einsatzbereich.*
4. *Informiere dich im Internet, welche Regionen in Deutschland erdbebengefährdet sind.*

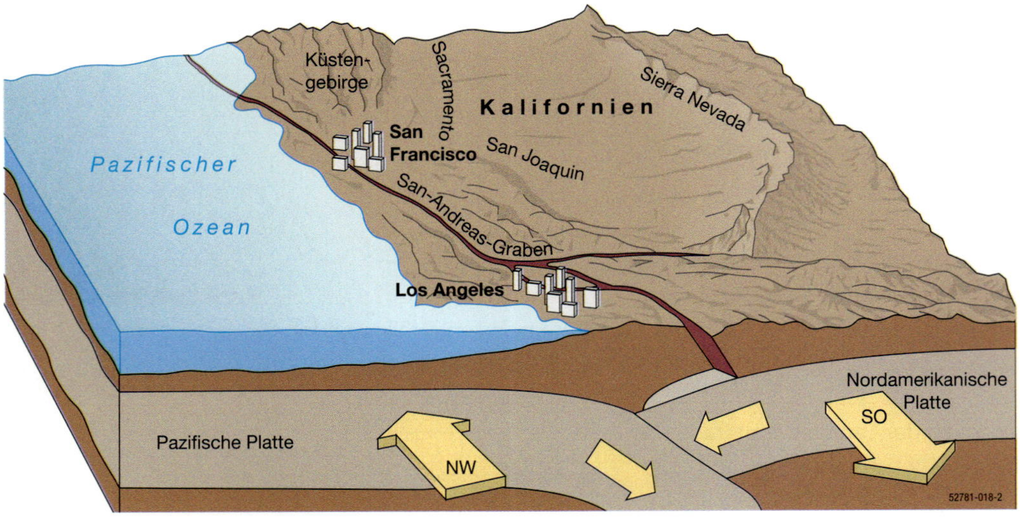

M 2 Der San-Andreas-Graben in Kalifornien

Schutz vor Erdbeben

Die Zeit bei einem Erdbeben ist zu kurz, um die Bevölkerung rechtzeitig informieren zu können. Die Vorhersagen sind oft nicht genau genug. Es ist für die Menschen lebenswichtig, auf ein Erdbeben vorbereitet zu sein. Durch regelmäßige Schutzübungen erlernen z. B. in Japan bereits die Schulkinder, wie sie sich bei einem Erdbeben zu verhalten haben.

Andere Menschen haben in erdbebengefährdeten Gebieten immer ein „survival kit" in ihrer Nähe. Damit wollen sie ihre Überlebenschancen während und nach einem Beben erhöhen.

Für die meisten Opfer sind die Trümmer einstürzender Häuser verantwortlich. Der wirksamste Schutz ist daher eine erdbebensichere Bauweise. Dann können selbst Hochhäuser ein Erdbeben überstehen.

M3 Schutzübung von Schulkindern in San Francisco

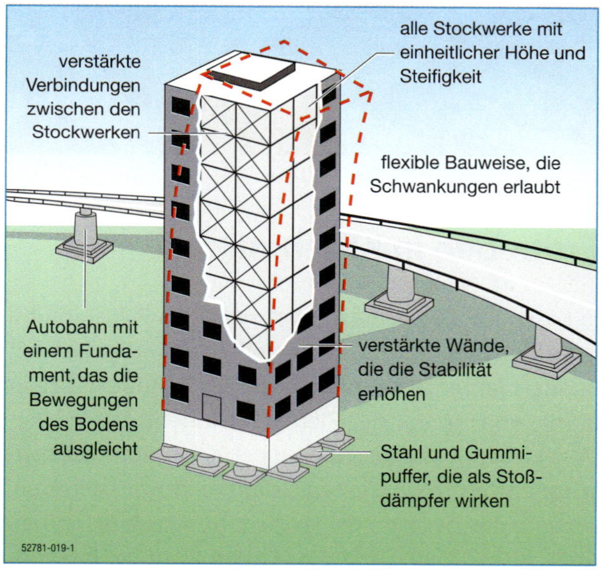

M4 Erdbebensicheres Bauen

M5 Survival Kit (Überlebensausrüstung)

AUFGABEN

1 *Recherchiere, wie sich Menschen während und nach einem Erdbeben verhalten sollten.*

2 *Welche Gegenstände würdest du in deine Überlebensausrüstung für Erdbeben packen?*

3 *Beschreibe erdbebensichere Bauweisen (M4).*

Z

Versuch: Erdplattenbewegungen in Kalifornien

Wie die Erdplatten langsam aneinander vorbeidriften, könnt ihr in einem Modell selbst nachstellen.

Nehmt dazu einen großen, etwa 50 cm dicken Styroporblock und halbiert diesen diagonal. Stellt nun entlang der Schnittlinie einige Häuschen auf und bewegt beide Blockhälften in entgegengesetzter Richtung aneinander vorbei.

Was geschieht, wenn ihr die Hälften langsam, schnell oder mit seitlichem Druck aneinander vorbeigleiten lasst? Notiert eure Ergebnisse.

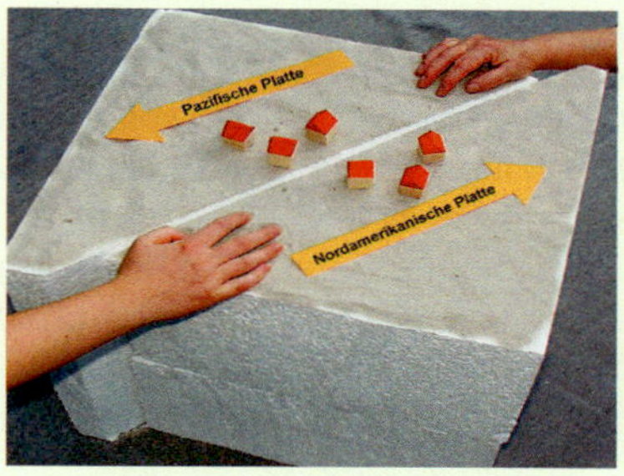

M6 Versuchsdurchführung

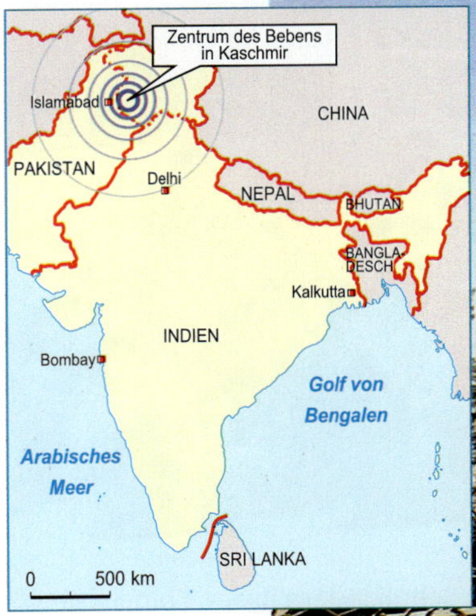

M1 Das Erdbebengebiet

M2 Erdbebenopfer vor ihren zerstörten Häusern

Erdbeben in Kaschmir

In Kaschmir, dem Grenzgebiet zwischen Pakistan und Indien, ereignete sich 2005 das schwerste Erdbeben seit hundert Jahren in dieser Region. Die Erdstöße mit einer Stärke von 7,6 auf der Richterskala richteten schwere Verwüstungen an. Auch die 100 km vom **Epizentrum** entfernte Hauptstadt Islamabad war betroffen. Obwohl das Gebiet nicht so dicht besiedelt ist, kamen über 70 000 Menschen ums Leben. 3,3 Mio. Einwohner verloren ihr Zuhause. In manchen Orten wurden 90 Prozent aller Häuser zerstört. Die Gebäude fielen wie Kartenhäuser zusammen, denn nur wenige waren erdbebensicher gebaut.

Weite Teile der Region waren nach dem Beben von der Außenwelt abgeschnitten, weil Eisenbahnstrecken, Brücken und Straßen zerstört waren. Die meisten Überlebenden konnten nichts von ihrem Besitz retten. Sie mussten im Freien schlafen, es fehlte ihnen an Wasser, Strom und Nahrungsmitteln. Außerdem konnten die Verletzten medizinisch nicht ausreichend versorgt werden, da viele der einheimischen Ärzte und Krankenschwestern ebenfalls unter den Opfern waren.

Baumängel verschärften Folgen des Bebens

Obwohl der Norden Indiens und Pakistans stark erdbebengefährdet ist, sind Privatleute nicht verpflichtet, erdbebensicher zu bauen. Es fehlen Gesetze, die die Bauherren dazu zwingen, Vorsichtsmaßnahmen einzuplanen.

Empfehlungen werden oft nicht beachtet, weil viele Familien kein Geld für Schutzmaßnahmen haben. Sie bauen ihre Häuser in traditioneller Weise selbst. Die Decken z. B. bestehen meist aus Balken, deren Zwischenräume mit Steinen ausgelegt sind. Solche Konstruktionen fallen bei einem Beben sehr schnell zusammen.

Auch mehrstöckige Mietshäuser sind häufig nicht erdbebensicher. Um Geld zu sparen, missachten skrupellose Bauunternehmer alle Sicherheitsmaßnahmen. So stürzten in den Städten des Erdbebengebietes auch Neubauten ein und begruben Tausende Bewohner unter sich. Besonders viele Todesopfer gab es unter Schulkindern, da auch die Schulgebäude nicht den Vorschriften entsprachen.

M3 Aus einem Zeitungsbericht zum Erdbeben in Kaschmir

Keine Ruhe im Land der Mitte – schon wieder Erdbeben

Ludian (China), 03.08.2014
Nach offiziellen Verlautbarungen kamen „nur“ 617 Menschen ums Leben. Es sollen jedoch 80 000 Häuser eingestürzt und 2 400 Menschen verletzt worden sein.

87 000 Tote nach Erdbeben

Tausende Dörfer und Städte wurden dem Erdboden gleichgemacht...

M4 Immer wieder erreichen uns Nachrichten von Erdbeben aus vielen Teilen der Welt.

M5 Ausrüstung von Katastrophenhelfern

M6 Trinkwasser für Erdbebenopfer

Internationale Hilfsmaßnahmen

Eine Katastrophe von diesem Ausmaß konnte Pakistan nicht alleine bewältigen, zumal auch noch der Winter kurz bevorstand. Rotes Kreuz, Johanniter-Unfall-Hilfe, Malteser Hilfsdienst mit ihren Ärzten und Sanitätern und das Technische Hilfswerk der Bundesrepublik unterstützten die Retter vor Ort. Sie sorgten für sauberes Wasser, Wärme und Strom und entsorgten das Abwasser. Auch andere Maßnahmen wurden in Angriff genommen: Tote mussten beerdigt und Tierkadaver mussten beseitigt werden, damit sich keine Seuchen ausbreiten konnten. Rettungsteams mit Spürhunden, Ortungsgeräten und Hebemaschinen waren im Einsatz und konnten sogar vier Tage nach dem Beben noch Menschen aus den Trümmern bergen. Stürme und heftiger Regen erschwerten die Rettungsaktionen.

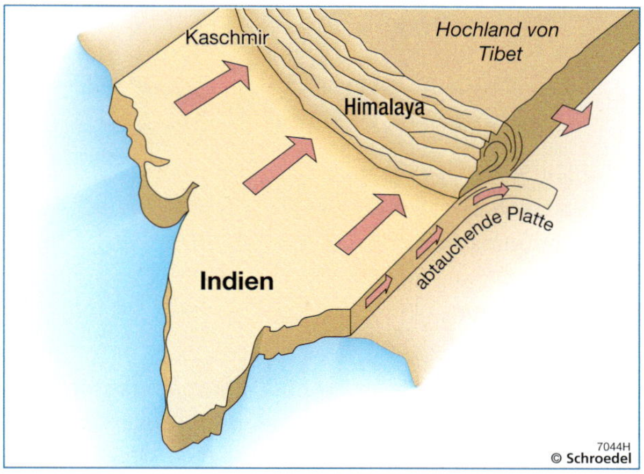

M7 Warum kommt es zu Erdbeben in der Region?

AUFGABEN

1 *Trage in eine Tabelle die Zerstörungen durch starke Erdbeben ein. Ergänze jeweils die Folgen für die Menschen.*

2 *Stelle dir vor, du fliegst als Helfer in das Erdbebengebiet (M5). Welche Ausrüstung musst du mitnehmen?*

3 *Erläutere, warum es bei dem Erdbeben in Kaschmir so viele Tote gab.*

4 *Recherchiere zur Richterskala und den einzelnen Kategorien von Erdbeben.*

5* *Indien bewegt sich in Richtung Nordosten und taucht scheinbar unter den Himalaya. Beschreibe diesen Prozess mithilfe von M7.*

Tsunamis – die langen Arme ferner Beben

M 1 Wie Touristen den Tsunami erlebten

Am 26.12.2004 ereignete sich vor der Westküste von Nordsumatra (Indonesien) um 7:58 Uhr in 10 km Tiefe ein Seebeben der Stärke 9,3 auf der Richterskala. Es war das zweitstärkste Beben seit Beginn der Aufzeichnungen. Das Beben löste einen Tsunami aus. Mehr als 220 000 Menschen sind an diesem Tag dem Tsunami zum Opfer gefallen.
Bereits kurz nach 8:00 Uhr morgens überraschte der Tsunami die Bewohner der Provinz Aceh an der Nordspitze Sumatras. Etwa 30 min später erreichte der Tsunami die Westküste von Phuket (Thailand). Rund 100 min nach dem Beben türmte sich der Tsunami an der Süd- und Ostküste Sri Lankas und an der Ostküste Indiens auf. Betroffen waren auch die Malediven und Penang (Malaysia). Selbst die Ostküste Afrikas wurde sieben Stunden nach dem Beben von einer Flutwelle getroffen.

M 2 Zeitungsmeldung

Was bedeutet „Tsunami"

Der Begriff „**Tsunami**" kommt aus dem Japanischen und bedeutet so viel wie „große Hafenwelle". Er wurde von japanischen Fischern geprägt, die abends vom Fischfang zurückkehrten und ihren Hafen, aber auch Dörfer weiter im Landesinneren, zerstört vorfanden. Während des Fangs auf offener See hatten sie weder einen Sturm noch größere Wellen bemerkt.

AUFGABEN

1 *Nenne Länder, die im Jahr 2004 besonders stark vom Tsunami betroffen waren (M5, Atlas).*
2* *Beschreibe die Entstehung eines Tsunamis (M4).*
3 *Erkläre, warum ein Tsunami auf offener See relativ ungefährlich ist.*
4 *Beschreibe Anzeichen eines bevorstehenden Tsunamis (M3). Wie sollte man sich dann verhalten?*

Wie Tilly Smith (15) die Welle vorhersah

„Ich war am Strand, als das Wasser anfing, seltsame Dinge zu machen", sagte Tilly der Zeitung „Sun". „Da ist das Wasser auf einmal zurückgegangen. Ich hatte das Gefühl, dass da ein Tsunami kommt."

Während viele Urlauber neugierig zuschauten, wie sich das Wasser zurückzog und Boote und Fische auf dem trocken gefallenen Meeresboden zurückließ, deutete Tilly das Phänomen richtig als Vorbote einer riesigen Welle. Tillys Mutter sorgte dann gemeinsam mit Hotelangestellten für die Räumung des Maikhao-Strandes – Minuten vor dem Hereinbrechen der Wassermassen. Das Gebiet war einer der wenigen Strände Phukets, an denen es keine Todesopfer gab.

Die 15-jährige Tilly Smith hatte kurz vor dem Thailand-Urlaub ihrer Familie in der Schule an einem Erdkundeprojekt zur Entstehung von Tsunamis teilgenommen.

(Quelle: www.n-tv.de, 03.01.2005)

M3 Pressemeldung einige Tage nach dem Tsunami

Wie entsteht ein Tsunami?

Ein Tsunami unterscheidet sich wesentlich von Wellen am Meer, wie wir sie kennen. Die gewöhnlichen Wasserwellen entstehen durch die Kraft des Windes. Ein Tsunami hingegen wird durch ein Seebeben ausgelöst, das auf der Richterskala einen Wert von mindestens 7 erreicht. Ein solches Seebeben hat zur Folge, dass gewaltige Wassermassen in Bewegung geraten. Anders als normale Wasserwellen, die sich hauptsächlich an der Oberfläche bewegen, bemerkt man diesen Vorgang auf offener See nicht.

Erst wenn der Tsunami einen Bereich mit flacherem Wasser nahe der Küste erreicht, türmen sich plötzlich Wellen von zwanzig und mehr Metern auf. Diese Wellen können weit landeinwärts vordringen.

Bevor die Wellen jedoch an der Küste eintreffen, weicht das Meer um mehrere hundert Meter zurück. Das Wasser wird mit einem gewaltigen Sog ins Meer hinausgezogen. Dieses Warnsignal gibt den Menschen die Chance, sich bis zum Eintreffen der Flutwelle so weit wie möglich ins Landesinnere bzw. auf höher gelegene Punkte zu begeben.

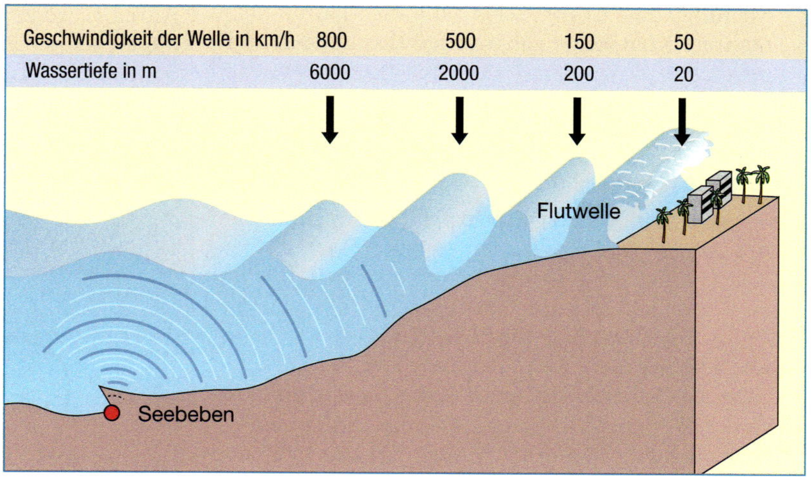

M4 Entstehung eines Tsunamis

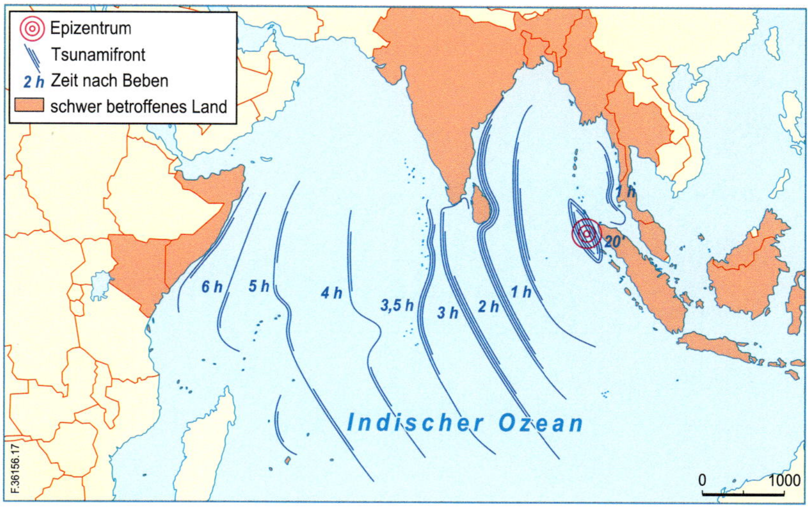

M5 Seebeben und Tsunami vom 26.12.2004

Und sie bewegen sich doch!

NEUE FRANKFURTER ZEITUNG

Montag, 8. Januar 1912

Tollkühne Theorie veröffentlicht: Geophysiker glaubt an „Urkontinent" !

FRANKFURT/Main. Am Samstag, dem 06.01.1912, fand in Frankfurt die Hauptversammlung der Geologischen Vereinigung statt. Das Treffen wurde geprägt von der Theorie des Geophysikers Alfred Wegener. Er vertritt die Meinung, dass es vor vielen Millionen Jahren nicht mehrere Kontinente gab, sondern nur eine zusammenhängende Landmasse. Diesen Urkontinent nennt der Forscher „Pangäa", was so viel bedeutet wie „sämtliche Erde vereint". Er behauptet, dass dieser Urkontinent zerbrochen sei und die Bruchstücke seitdem als mehrere Kontinente umherschwämmen.

Alfred Wegener wurde 1880 in Berlin geboren. Er studierte Physik, Meteorologie und Astronomie in Berlin. Seit der Teilnahme an einer Grönland-Expedition lehrt Wegener in Marburg. Viele Geologen sehen die neue Theorie sehr kritisch und merken an, dass es keine Beweise für die Verschiebung gäbe. Zwar ist Alfred Wegener nicht der erste Wissenschaftler, der diese Theorie vertritt, jedoch möchte er sie als Erster beweisen.

Wegeners Beweise

Bei seiner dritten Grönland-Expedition im Jahr 1930 starb Alfred Wegener im Alter von nur 50 Jahren. Danach geriet seine Theorie in Vergessenheit. Erst in den 1960er-Jahren wurde nachgewiesen, dass sich die Kontinente wirklich bewegen. Alfred Wegener durfte diese Anerkennung nicht mehr erleben.
„Passt die Ostküste Südamerikas nicht genau an die Westküste Afrikas, so, als ob die früher zusammengehangen hätten?", schrieb Wegener im Jahr 1911 an seine Frau.
Dies war aber nur eines der Argumente des Forschers. Neben diesem offensichtlichen „Beweis" argumentierte er auch mit der Verbreitung von Gebirgen, Bodenschätzen, Pflanzen- und Tierarten sowie mit Gletscherspuren.

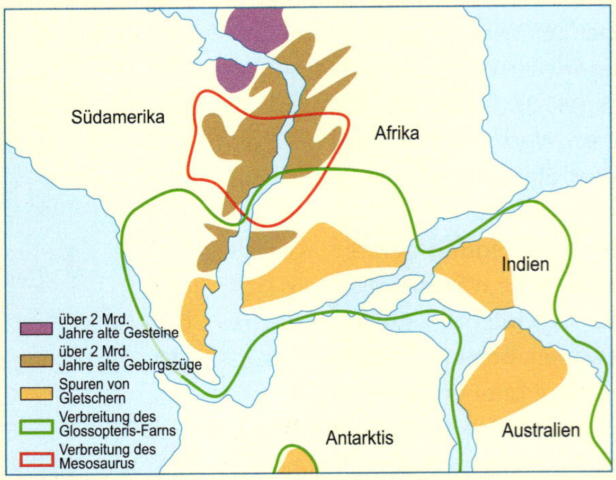

M1

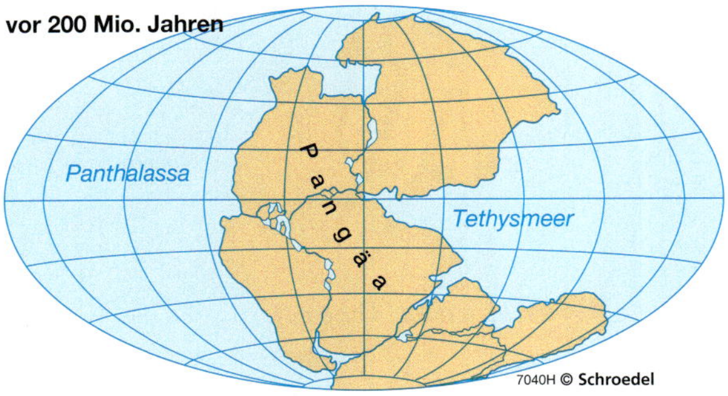

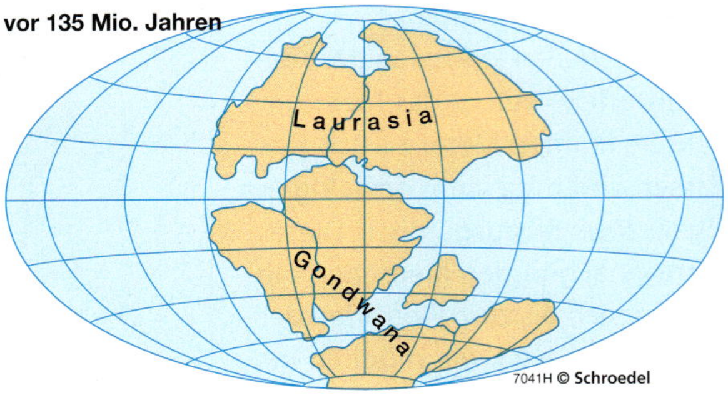

M2 Die Verschiebung der Kontinente im Laufe der Zeit

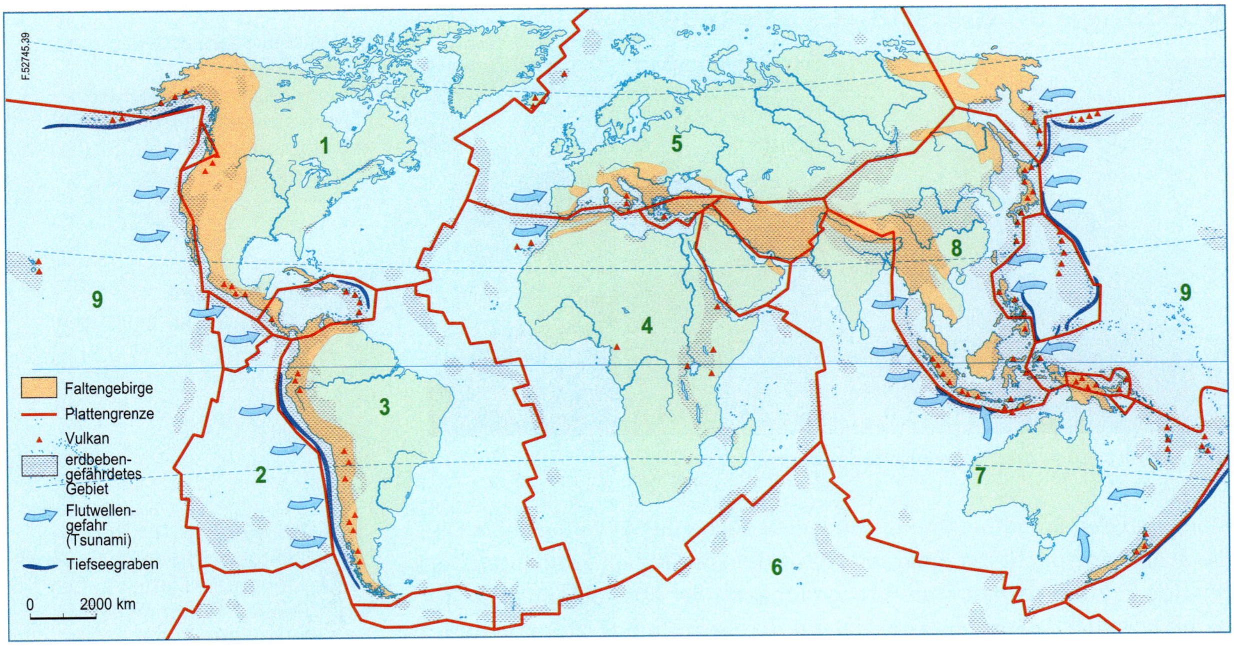

M 3 Die Kontinentalplatten der Erde

Bei der Erforschung der Ozeanböden entdeckten Wissenschaftler lange Gebirge mit tiefen Gräben in der Mitte. Sie stellten fest, dass aus diesen Gräben Magma empordringt und erkaltet. Dabei wird ständig neuer Meeresboden gebildet. Da der neue Meeresboden Platz braucht, drückt er die älteren Gesteine nach außen weg. Eines dieser Gebirge auf dem Meeresgrund ist der Mittelatlantische Rücken. Er verläuft mitten durch den Atlantischen Ozean. Daraus lässt sich schließen, dass – wie bereits Wegener vermutete – die beiden Kontinente einst zusammenhingen. Durch Erdbohrungen wurde bewiesen, dass die Gesteine vom Mittelatlantischen Rücken hin zu den Kontinenten immer älter werden. Die Suche nach der Antriebskraft der Kontinente war somit erfolgreich. Die Verschiebung der Kontinente ist seitdem in der Wissenschaft unumstritten.

AUFGABEN

1 *Erstelle einen Steckbrief zu Alfred Wegener.*
2 *Beschreibe Wegeners Theorie.*
3 *„Beweise" anhand der Karte M1 Wegeners Theorie.*
4 *Benenne mithilfe des Atlas die neun größten Erdplatten (M3).*
5 *Kolumbus landete 1492 in San Salvador. Um heute Amerika zu entdecken, müsste er circa 15 m weiter segeln. Erkläre: „Pro Jahr … ."*
6* *Verfasse mithilfe von M2 einen Bericht zur Verschiebung der Kontinente im Laufe von 200 Mio. Jahren.*
7* *Benenne die Plattengrenzen, die durch die jeweiligen im Kapitel 9 genannten gefährdeten Gebiete verlaufen.*

vor 65 Mio. Jahren

heute

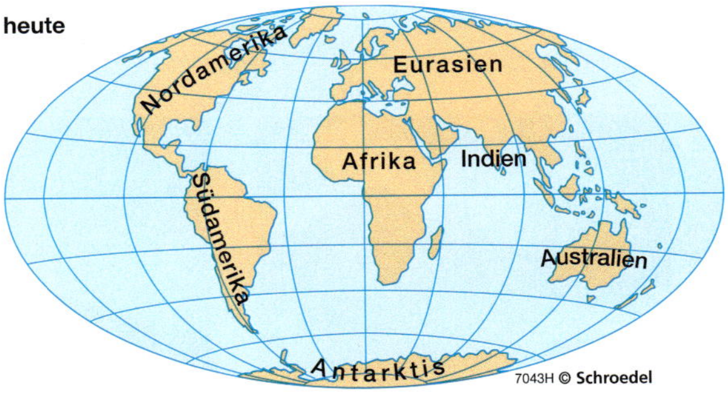

Vorgänge an den Plattengrenzen

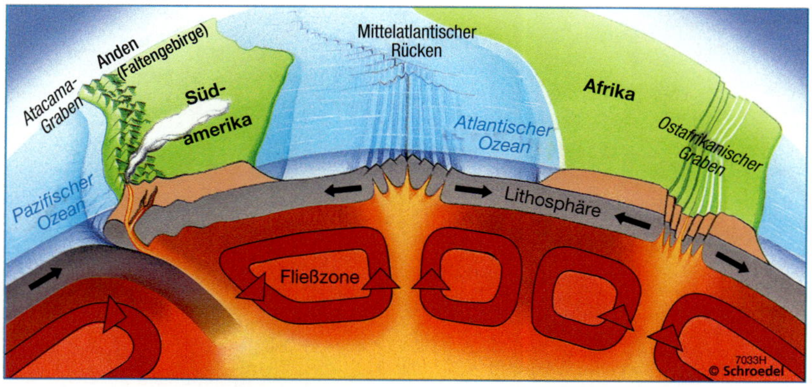

M 1 Schnitt durch die Erde zwischen Südamerika und Afrika

Man kann den Erdaufbau mit einem weich gekochten Ei vergleichen. Die Eierschale entspricht der Erdkruste, das feste Eiweiß dem Erdmantel. Der flüssige Eidotter ist dann der flüssige Erdkern, der aber einen festen inneren Kern hat. Dieser innere Kern ist durch seine Temperatur von mehr als 4 000° C der Motor für die Bewegung der **Erdplatten**. Magma wird erhitzt und steigt nach oben. Dort stößt es an die Erdkruste und sinkt nach Abkühlung seitlich wieder nach unten. Durch diese Ströme werden die Erdplatten der festen Erdkruste, die auf dem zähflüssigen oberen Mantel schwimmen, bewegt.

Eigentlich müsste das Entstehen von neuer Erdkruste an den **mittelozeanischen Rücken** (a) zu einer ständigen Vergrößerung der Ozeane und damit auch der Erdoberfläche führen. Dies wird jedoch durch das „Abtauchen" der Erdkruste an anderen Stellen verhindert. Es gibt ozeanische und kontinentale Platten. Da die Kontinentalplatten schwerer sind, taucht beim Aufeinanderzubewegen die ozeanische Platte unter die kontinentale (e).

AUFGABEN

1 *Der Aufbau der Erde wird mit einem weich gekochten Ei verglichen. Erkläre.*

2 *Erkläre mithilfe von M1, wie der „Antrieb" der Erdplatten funktioniert.*

3 *Erstelle eine Skizze zum Aufbau der Erde und beschreibe sie.*

4 *Erkläre, was passiert, wenn eine ozeanische Platte auf eine kontinentale Platte trifft (> M2, S. 298).*

5 *Ordne den Bildern A – F die Textbausteine a – f und Zeichnungen 1 – 6 zu.*

(a) Mittelozeanische Rücken (Vulkane)
Bewegen sich zwei ozeanische Platten auseinander, entstehen mittelozeanische Rücken. Vulkanische Inseln bilden sich.

(b) Tiefseegraben
Treffen zwei ozeanische Platten aufeinander, entsteht ein Tiefseegraben mit unterseeischen Vulkanen.

(c) Faltengebirge (Erdbeben)
Faltengebirge entstehen dort, wo zwei kontinentale Platten aufeinandertreffen. Oft kommt es hier auch zu Erdbeben.

(d) Grabenbruch
Bewegen sich zwei kontinentale Platten auseinander, entsteht ein Graben.

(e) Subduktion
Trifft eine ozeanische auf eine kontinentale Platte, entsteht ein Tiefseegraben und ein Faltengebirge.

(f) Neues Meer
Entfernen sich zwei kontinentale Platten voneinander und dringt Wasser ein, kann ein neues Meer entstehen.

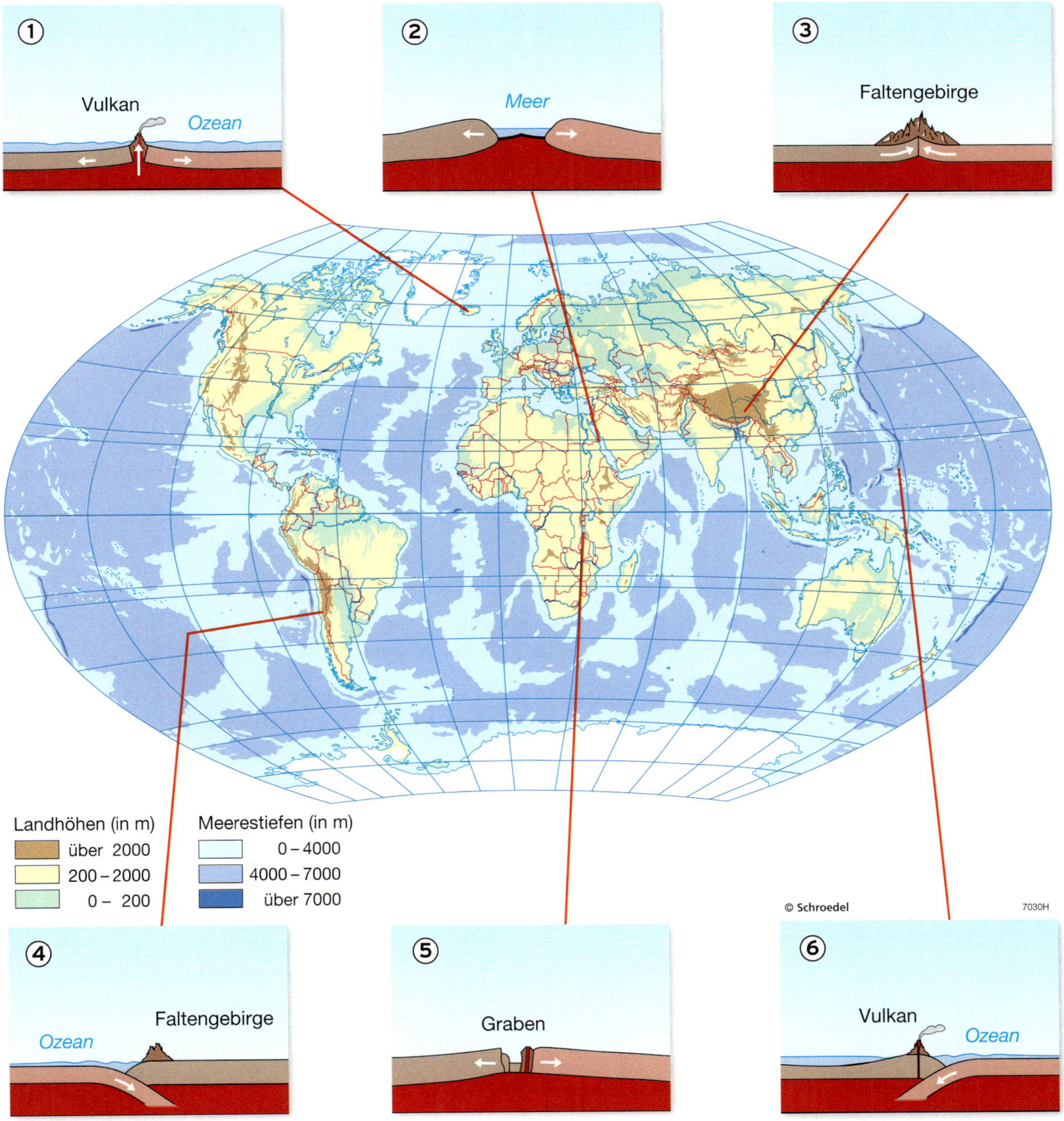
①
Vulkan
Ozean
②
Meer
③
Faltengebirge
Landhöhen (in m)
über 2000
200 – 2000
0 – 200
Meerestiefen (in m)
0 – 4000
4000 – 7000
über 7000
© Schroedel
7030H
④
Ozean
Faltengebirge
⑤
Graben
⑥
Vulkan
Ozean

D

E

F

Wiederholen und Üben

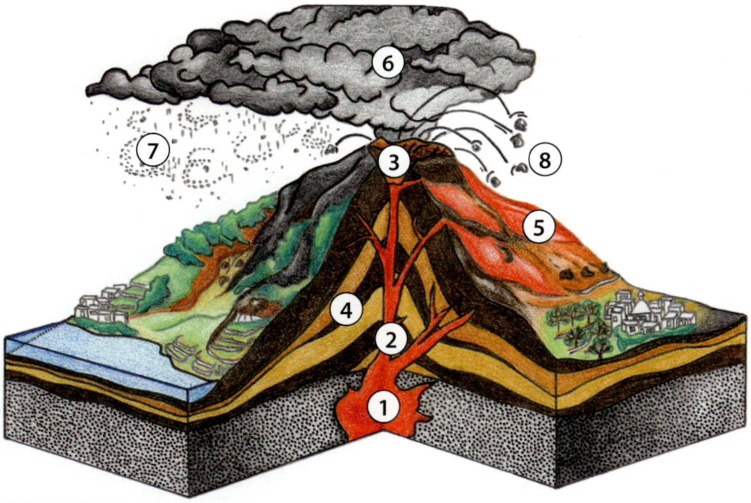

Aufbau eines Schichtvulkans

Ordne die Begriffe zum Aufbau eines Vulkans den Zahlen in der Zeichnung zu.
Beschreibe nun den Aufbau eines Schichtvulkans.

Vulkanschlot – Lava – Bomben – Asche – Krater – Aschewolke – Asche- und Lavaschichten – Magmaherd

Die Theorie der Plattentektonik

Vervollständige die Aussagen Alfred Wegeners. Erstelle eigene Aussagen mit diesen Begriffen:

Erdplatten – Mittelozeanischer Rücken – Pangäa – Himalaya

Ich behaupte, ...

Meine Widersacher ...

Meine Beweise ...

Meine Theorie ...

Alfred Wegener

V	K	X	T	B	W	Q	Y	B	V	F	L	N	L	E
B	O	A	O	Q	W	W	T	R	L	J	Y	M	H	P
D	O	V	I	V	X	P	H	P	M	U	X	V	U	W
N	H	D	G	S	T	O	F	V	F	F	O	A	K	F
J	I	P	O	U	E	N	C	P	Z	G	X	D	J	M
R	V	Y	V	N	R	R	J	X	E	X	H	C	E	Z
Y	J	T	Z	M	N	P	S	L	T	Z	T	Q	V	O
Z	L	Q	E	C	W	E	S	T	E	R	W	A	L	D
Z	D	B	O	H	D	B	R	C	U	W	C	H	U	I
S	C	H	W	A	E	B	I	S	C	H	E	A	L	B
S	A	J	A	R	I	X	X	N	B	G	L	H	Y	B
M	N	R	G	H	F	L	W	U	A	E	E	W	G	T
N	W	B	S	V	E	E	M	U	F	A	R	B	S	C
D	X	Z	Q	B	L	K	U	N	K	C	X	G	H	O

Vulkanquiz

a) Arbeite mit dem Atlas. Ordne die folgenden Vulkane den richtigen Kontinenten und Ländern zu:

Stromboli – Krakatau – Pinatubo – Ruapehu – Ätna – Fujisan – Vesuv – Mount Rainier – Mauna Kea

b) Finde im Wortgitter acht vulkanische Gebiete in Deutschland. Nenne das entsprechende Bundesland.

Die Katastrophe von Fukushima

1 Beschreibe die Folgen des Tsunamis in Japan vom März 2011.

2 Informiere dich, welche Fakten erst später bekannt wurden und nicht im Text genannt werden. Nutze dazu: http://fukushima.grs.de und www.bfs.de/de/kerntechnik/unfaelle/fukushima

Zehn Meter hohe Tsunamiwelle überflutet Japan

Ein schweres Erdbeben der Stärke 8,9 hat den Nordosten Japans erschüttert. Eine zehn Meter hohe Tsunami-Welle traf die Küste. Nach Angaben der Polizei und lokaler Behörden gibt es Dutzende Tote. Medien berichten von Hunderten Toten. Zahlreiche Menschen in weiten Gebieten im Osten des Landes seien verletzt. Die US-Erdbebenwarte zählte mindestens 23 größere Nachbeben. Das schwerste erreichte 40 min nach dem ersten Erdstoß einen Wert von 7,1.

Zahlreiche Häuser seien eingestürzt. Mehrere Kinder sollen ins Meer gespült worden sein. Das Erdbeben ereignete sich gegen 14:45 Uhr Ortszeit (6:45 Uhr MEZ). Das japanische Meteorologieamt erklärte, das Beben sei das stärkste, das je in Japan gemessen worden sei.

Fernsehbilder zeigten eine gewaltige Flutwelle, die auf die Ostküste traf. Boote wurden gegen die Küste geschleudert und Autos ins Meer gespült.

Die japanischen Behörden riefen die Menschen an der Küste auf, sich in höher gelegene Gebiete oder in ihren Häusern in die oberen Stockwerke zu begeben. Es drohten weitere Tsunamis. Auch könne es weitere starke Nachbeben geben.

Flug- und Zugverkehr eingestellt

Das Epizentrum lag 130 km östlich der Stadt Sendai und knapp 400 km nordöstlich der Hauptstadt Tokio. In weiten Teilen des Landes wurde der Flug- und Zugverkehr eingestellt, so auch am Hauptstadtflughafen Narita. In Tokio gerieten zahlreiche Hochhäuser ins Wanken. Gebäude seien in Brand geraten, berichtete der Rundfunksender NHK.

Die japanische Millionenmetropole war praktisch lahmgelegt. Der öffentliche Nahverkehr war zusammengebrochen. Die Menschen harrten meist auf den Straßen aus, weil keine Züge fuhren. Beim Einsturz eines Daches während einer Zeugnisübergabe mit 600 Teilnehmern wurden in Tokio mehrere Menschen verletzt, wie die Feuerwehr mitteilte.

Feuer in Ölraffinerie und Atomkraftwerk

Eine Ölraffinerie in Chiba nördlich von Tokio ging in Flammen auf. Atomkraftwerke an der Pazifikküste in den Präfekturen Miyagi und Fukushima schalteten sich bei dem Erdbeben automatisch ab. An einem Turbinengebäude eines Atomkraftwerks im Nordosten des Landes ist ein Feuer ausgebrochen. Dies sagte der Betreiber der Anlage, Tohoku Electric Power. Demnach trat aus dem Gebäude Rauch aus, die Ursache werde untersucht. Berichte über einen Austritt von Radioaktivität oder Verletzte lägen nicht vor. Das vom Brand betroffene Gebäude ist vom Reaktorgebäude getrennt.

(Quelle: www.welt.de/vermischtes/weltgeschehen/article12770398/Zehn-Meter-hohe-Tsunamiwelle-ueberflutet-Japan.html, 11.03.2011)

Prüfe dich nun selbst! Du kannst ...

✓ ... Erdbebenregionen benennen (> S. 298 – 303, 307);
✓ ... die Entstehung und die Folgen eines Erdbebens beschreiben (> S. 298, 300);
✓ ... Schutzmöglichkeiten vor Erdbeben und Vulkanausbrüchen beschreiben (> S. 294, 299, 303);
✓ ... den Aufbau von Schichtvulkanen erläutern (> S. 296);
✓ ... Vulkane und Vulkanregionen der Erde benennen (> S. 294, 297);
✓ ... Bruchzonen der Erde lokalisieren (> S. 298/299, 305 – 307);
✓ ... die Theorie der Kontinentalverschiebung erklären (> S. 304/305);
✓ ... den Aufbau der Erdkruste beschreiben (> S. 306).

1 Das römische Weltreich und seine Einflüsse auf die Anfänge Europas

Seite 10, Aufgabe 3:
Sagen wollen etwas erklären, sie nennen – angebliche – Ursachen für eine Entwicklung, z. B. die Gründung einer Stadt oder eines Reichs. Sagen entstehen im Rückblick.
Überlege, warum die Erfinder der Romulus-Sage eine (gefährliche) Wölfin in den Mittelpunkt des Geschehens stellten? Was bedeutet es, wenn die Stadt Rom mit einer Wölfin in Verbindung gebracht wird?

Seite 12, Aufgabe 3:
Nenne dazu z. B. Gebäude, Orte und Personen, durch die sich die Stadt als politisches Zentrum und als kulturelles Zentrum des Landes auszeichnete.

Seite 17, Aufgabe 2:
- Der Großteil der Römer hatte wenig Geld und arbeitete jeden Tag hart. Überlege, was an den Wettkämpfen besonders für sie war.
- Vergleiche auch mit der heutigen Zeit. Warum schauen viele Menschen gerne Sportwettkämpfe?

Seite 21, Aufgabe 5:
Konnte ein Legionär, der z. B. in Spanien ausgebildet worden war, auch in Germanien unter einem anderen Offizier eingesetzt werden?
Bedenke: Überall im Römischen Reich waren die Ausbildung und Ausrüstung der Legionäre, die Befehle der Offiziere und die Taktik der Armee gleich. Wo und wie konnten diese Soldaten und Armeen dann eingesetzt werden?

Seite 24, Aufgabe 4:
- Schau dir Anfang und Ende des Limesverlaufs in M1 genauer an.
- Berücksichtige: Die Römer nutzten für die Sicherung ihres Imperiums auch natürliche Grenzen, wie z. B. Gebirgszüge oder breite Flüsse. Ermittle mithilfe der Karte, welche natürlichen Grenzen genutzt wurden. Dann wird klar, an welchen Stellen der Limes gebaut wurde.

Seite 29, Aufgabe 4:
- Nenne dazu Beispiele, worin sich die Religionen und das religiöse Leben von Römern und Christen unterschieden, z. B. Anzahl der Götter, Rituale bei Festen, Regeln und Gebote, Lebensweise.
- Berücksichtige auch, dass die römischen Kaiser von den Römern wie ein Gott verehrt wurden. Konnten das die Christen auch? Was bedeutete es für römische Kaiser, wenn ihre Untertanen das nicht taten?

2 Wir in der Welt – die Welt bei uns

Seite 42, Aufgabe 2:
Berücksichtige in deinen Überlegungen z. B. Folgendes:
- Auswirkungen auf die Standortfaktoren der Region (Welche Chancen und Risiken ergeben sich z. B. für umliegende Unternehmen?)
- Auswirkungen auf den Ort (z. B. Höhe der Gewerbeeinnahmen, Einwohnerzahl, Arbeitslosenzahl)
- Auswirkungen auf den Einzelhandel (z. B. Kundenanzahl, Einnahmen)
- Auswirkungen auf die Mitarbeiter
- …

Seite 43, Aufgabe 1:
Beginne so: Bisher war Rüsselsheim ein Ort für Unternehmen der Automobilindustrie. In den letzten Jahren sind die Absatzzahlen vieler Automobilunternehmen ... Viele Mitarbeiter mussten .... Aber durch die Ansiedlung von neuen Branchen ergeben sich viele Vorteile für den Ort und die Menschen …
Berücksichtige z. B.:
- Vielseitigkeit der Branchen
- Anzahl und Vielseitigkeit der neuen Arbeitsplätze
- Risiko bei schlechter Wirtschaftslage einer Branche
- …

Seite 46, Aufgabe 3:
Beschreibe zuerst kurz die aktuelle Situation. Beziehe dabei auch M1 und M4 mit ein. Nenne dabei die Dinge, die verbessert werden sollten. Erkläre, was sich genau ändern müsste, um die Situation zu verbessern (z. B. für Bewohner, Pendler, Umwelt, Stadt, Unternehmen, ÖPNV). Berücksichtige in deinen Überlegungen z. B.: Fahrkartenpreise, Neue Haltestellen des ÖPNV, Park-and-ride-System, Anzahl der Parkplätze ...

Seite 55, Aufgabe 5:
Für jeden von uns hat Freundschaft einen anderen Stellenwert. Was macht eine Freundschaft wichtig für dich? Berücksichtige in deinen Überlegungen z. B.: gemeinsame Hobbys, gemeinsame Erlebnisse, Vertrauen und Geheimnisse …
Wenn du ein Mitglied in einem sozialen Netzwerk bist, prüfe, wie viele von deinen „Freunden" diese Anforderungen erfüllen.

Seite 59, Aufgabe 4:
- Überlege, was dir besonders wichtig an einem Smartphone ist. Erstelle z. B. eine Liste.
- Nun überprüfe, ob die aufgelisteten Punkte nur erfüllt werden können, wenn du dir immer das neueste Modell kaufst.

- Stelle die Informationen, die du zu den Folgen der Smartphoneherstellung (z. B. Arbeitsbedingungen, Rohstoffnutzung, Umweltzerstörung) erfahren hast, gegenüber.

Seite 61, Aufgabe 2:
- Schau dir den Infokasten mit den Kritikpunkten der Globalisierung an. Schreibe die einzelnen Kritikpunkte in eigenen Worten auf.
- Beispiel: „Die Globalisierung führt zu einer Einheitskultur." Darunter versteht man die weltweite Ausbreitung westlicher Wertvorstellungen, Mode, Musik und Lebensstile. Umschrieben wird dies mit den Begriffen der McDonaldisierung oder Cocacolisierung.

3 Mittelalterliche Lebenswelten

Seite 75, Aufgabe 3:
Ermittle, wer auf dem Bild die Anweisungen an die drei Gruppen gibt. Wer hat demzufolge die Ständeordnung geschaffen? Was kann der Bischof also zu jemandem sagen, der sich gegen die Ständeordnung erhebt? Berücksichtige, dass im Mittelalter die Menschen sehr religiös waren.

Seite 83, Aufgabe 4:
Bedenke dabei, dass durch die Dreifelderwirtschaft die Anbauflächen häufiger genutzt wurden und damit die landwirtschaftliche Produktion stieg.
- Was bedeutete dies für die Ernährungslage insgesamt?
- Was konnten die Bauern mit ihren Produkten machen, die sie nicht für die eigene Ernährung benötigten?
- Was bedeutete dies für die Entwicklung der Bevölkerungszahl und die Versorgung der Städte?

Seite 87, Aufgabe 4:
- Bedenke dabei die Verpflichtungen der Bauern gegenüber der Kirche und ihren Grundherren. Gab es in der Stadt ähnliche Verpflichtungen?
- Denke auch an das Warenangebot in der Stadt und in Dörfern.
- Wem ging es in der Stadt besser, wem wohl eher nicht?
- Berücksichtige auch, wie sich die Wohnverhältnisse in der Stadt unterschieden.

Seite 99, Aufgabe 3:
Das Judentum, Christentum und der Islam kennen ein Bilderverbot, es wird von den Muslimen ernster genommen als von Christen. Man sollte sich kein Bild von Gott machen. Überlege, welche Stellung eine Person gegenüber Gott einnimmt, wenn sie ihm ein bestimmtes Aussehen und bestimmte Eigenschaften zuteilt.

Seite 103, Aufgabe 2:
- Berechne die Entfernungen mithilfe der Maßstabsleiste in M3. Einige Kreuzfahrer wählten den langen und mühsamen Landweg, andere fuhren mit dem Schiff (siehe M3).
- Was hatten die Schiffseigner etwa in Genua oder in Venedig davon, wenn tausende adlige Herren eine weite Fahrt unternehmen wollten?
- Denke auch daran, dass viele Kreuzritter nicht mehr in ihre Heimat zurückkamen, wer konnte einen Vorteil davon haben?

Seite 107, Aufgabe 2:
Die ewige Seligkeit konnte man nach katholischer Überzeugung dadurch erlangen, dass man von einem Priester die Sakramente gespendet bekam, also z. B. das Sakrament der Taufe, Ehe, Abendmahl, letzte Ölung beim Sterben. Was bedeutete es, wenn dabei die Sakramente von einem „unwürdigen", sündhaft lebenden Priester gespendet wurden?

Seite 109, Aufgabe 3:
Gehe auf Unterschiede zwischen Katholiken und Protestanten ein, z. B.:
- Auf welche Weise konnte man die ewige Seligkeit erlangen?
- Welche Rechte hatten die Gläubigen gegenüber ihrer Kirche und in ihrer Gemeinde?
- Wer konnte und durfte die Bibel lesen?
- Welche Folgen hatte es, wenn im Gottesdienst nicht Latein, sondern die Landessprache gesprochen wird?

Du kannst auch im Internet recherchieren.

Seite 115, Aufgabe 5:
- Vergleiche zunächst die Zahl der Verurteilungen und der Hinrichtungen. Bei wie vielen Verurteilungen lautete das Urteil „Hinrichtung"?
- Berücksichtige, dass manche Landesherren von der Existenz von Hexen nicht überzeugt waren. Wie kamen die Geständnisse zustande?
- Hexenprozesse und Hinrichtungen kosteten viel Geld. Dies musste – wenn die angeschuldigten Menschen arm waren – die Städte und Gemeinden selbst aufbringen.

4 Jugend und Recht

Seite 125, Aufgabe 3:
Überlege zunächst, worin der Unterschied bei den beiden Rechtsbereichen Öffentliches Recht und Privates Recht liegt. Die Rechtsbeziehung zwischen welchen

beiden Parteien wird jeweils geregelt? Erarbeite nun für jeden der drei Fälle, wer die betroffenen Parteien sind.

Seite 126, Aufgabe 2:

Beginn z. B. so: Gehen zwei Personen (Verkäufer und Käufer) einen Kauf ein, entsteht ein Kaufvertrag zwischen beiden. Der Verkäufer muss die Ware, z. B. ..., ohne Mängel übergeben. Der Käufer hat die Pflicht...

Hat der Verkäufer seine Pflicht nicht erfüllt ... dann hat der Käufer das Recht ...

Seite 131, Aufgabe 3:

Um die Ausführungen des Jugendschutzgesetzes besser verstehen zu können, nutze die Schrittfolge der Methode „Umgang mit Gesetzestexten" von S. 128.

Seite 137, Aufgabe 1:

Gehe dabei z. B. ein auf die Familiengeschichte und -situation, Anerkennung und Wertschätzung von seinen Eltern, die finanzielle Situation, den Wohnort, die Schulsituation.

Seite 138, Aufgabe 2:

Nutze dazu auch die Abbildung M1.

Seite 146, Aufgabe 1:

Lies dir den Text durch. Dort wird beschrieben, was Sucht ist und wovon der Mensch abhängig werden kann. Was wird durch die Sucht ausgelöst bzw. was lindert sie?

Seite 154, Aufgabe 2:

Schau dir zur Lösung der Aufgabe die S. 153 an. Hier findest du verschiedene Hilfsangebote und Beratungsstellen, die vielleicht auch für Leon infrage kommen können. Überlege, ob Leon selbst in der Lage ist, solch eine Stelle anzurufen.

Seite 155, Aufgabe 3:

Nutze von S. 137 M3 und deine Lösung zur Aufgabe 3.

5 Menschen verändern die Umwelt

Seite 160, Aufgabe 3:

Beginne so: So wie in einer Küche verschiedene Zutaten einer Mahlzeit zubereitet werden, so spielen in der Atmosphäre, der Lufthülle der Erde, ebenfalls verschiedene Wetterelemente eine Rolle ...

Seite 165, Aufgabe 2:

Gehe bei deinem Vergleich unter anderem ein auf:

- Höhe der Jahresdurchschnittstemperatur
- Menge des Jahresniederschlages
- Höchste und niedrigste Temperatur im Jahr
- Höchste und niedrigste Niederschlagsmenge im Jahr
- ...

Seite 168, Aufgabe 1:

Beschreibe zunächst die Bilder in M1. Nenne den Teil der Natur, der von der Umweltbelastung besonders betroffen ist (z. B. Luft, Boden, Tierwelt, Vegetation, Gewässer). Erläutere dann, wie und womit der Mensch die Umwelt belastet.

Nenne weitere dir bekannte vom Menschen verursachte Umweltbelastungen.

Seite 171, Aufgabe 2:

- Nenne und erkläre die Folgen des künstlichen Treibhauseffekts, gehe dabei vor allem auf die Temperatur in der Atmosphäre ein.
- Überlege, wie sich die Klimaveränderung auf das Gletschereis auswirken. Lies dazu den Text in M2.
- Beschreibe die Auswirkungen und erkläre, wie dies mit den Malediven (M1) zusammenhängt.

Seite 174, Aufgabe 1:

- Beschreibe zunächst die beiden Bilder in M1. Erkläre, was sich wie verändert hat.
- Betrachte nun M2. Beschreibe die Gebiete in Grönland, an denen es zum Schmelzen des Eises kommt.
- Nutze nun den Text und schätze die Folgen der in M1 und M2 dargestellten Phänomene ein.

Seite 180, Aufgabe 5:

Ermittle zunächst die genaue Lage der Wendekreise (z. B mithilfe des Atlas).

Beziehe in deine Überlegungen auch die Abbildung M5 und M6 von S. 181 mit ein.

Hinweis: Durch die Schiefstellung der Erdachse um 23,5° steht die Sonne einmal im Jahr sowohl über dem nördlichen (am 21. Juni) als auch dem südlichen Wendekreis (am 21. Dezember) im Zenit. In der Zwischenzeit wandert der Zenitstand der Sonne scheinbar zwischen den beiden Wendekreisen. Nun überlege, wie oft dabei die Sonne über einem Ort zwischen den beiden Wendekreisen im Zenit steht (z. B. dem Äquator).

Seite 185, Aufgabe 3:

Gehe dabei z. B. ein auf:

- Art der Vegetation (z. B. Gras, Sträucher, Bäume ...)
- Höhe des Bewuchses
- Dichte der Vegetationsdecke
- ...

Überlege, wie die Pflanzen sich an das Klima der Zone angepasst haben (z. B. Frost- oder Hitzebeständigkeit). Du kannst dazu auch noch einmal die S. 182/183 nutzen.

Seite 189, Aufgabe 3:

- Erarbeite zunächst aus dem Text, welche Anforderung Wein an das Klima hat.
- Ziehe die beiden Klimadiagramme heran und überprüfe, inwieweit die klimatischen Anforderungen erfüllt werden können.
- Nutze auch den Atlas.

Seite 195, Aufgabe 5:
Denke dabei an folgende Kriterien und vergleiche: die Größe der Flächen, die Bedürfnisse der Besitzer, die Bestimmung der Produkte, die Gewinne der Besitzer, die Vernichtung des Regenwaldes.
Seite 197, Aufgabe 5:
Erstelle zunächst eine Skizze zu M4 in deinem Heft mit Höhenangaben und Vegetation.
Erstelle nun ein Höhenprofil zu den Alpen mithilfe des Atlas und Millimeterpapier. Die Methode Profilzeichnen hast du bereits in Klasse 5 gelernt. Beschrifte anschließend die Höhenschichten mit der dortigen Vegetation. Beim Vergleich gehe dabei z. B. auf Art, Höhe und Dichte der Vegetation ein.
Seite 201, Aufgabe 5:
Gehe von deinem Heimatort aus: Welche Folgen hätte es, wenn die Einwohnerzahl fortlaufend sinkt und es immer mehr alte und immer weniger junge Menschen gibt: Wie würde sich die Stadt/das Dorf verändern?
Seite 205, Aufgabe 3:
In einem Teufelskreis verstärken sich mehrere Faktoren gegenseitig so, dass sich die Ausgangssituation immer weiter verschlechtert. Verdeutliche dies an dem vorgegebenen Teufelskreis.
Seite 207, Aufgabe 3 (Gruppenarbeit):
Bei der These liegt die Betonung auf „lösbar". Diskutiert in der Gruppe, ob – bezogen auf euer Thema – der Welthunger durch politische Maßnahmen und persönliche Verhaltensänderungen verringert oder überwunden werden kann: Was könnte der Staat, was könnten wir tun?
Seite 207, Aufgabe 5 (Gruppenarbeit):
Ihr könntet z. B.
- auf dem Elternabend eure Ergebnisse präsentieren,
- andere Klassen über das Problem informieren,
- eine Ausstellung in der Schule organisieren, zu der ihr auch die Lokalpresse einladet,
- eine Flugblatt-Aktion in der Schule zum „Welthungertag" starten (jährlich am 16. Oktober).

6 Demokratie
Seite 216, Aufgabe 3:
Teil euch die Arbeit auf und führt in der Klasse das Projekt „Wir erkunden unsere Gemeinde" durch.
Seite 219, Aufgabe 4:
Erkläre den Unterschied zwischen Pflichtaufgaben und freiwilligen Aufgaben und nenne jeweils Beispiele dafür. Nun erkläre mithilfe deiner Beispiele und M4, ob und wie eine Gemeinde diese Aufgaben erfüllt.
Seite 223, Aufgabe 1:
Beginne so: Die Gemeindebürger wählen den Bürgermeister. Er ist Leiter der ... Die Gemeindebürger wählen auch die Mitglieder der ...
Seite 226, Aufgabe 2:
Denke daran, dass du die fett gedruckten Begriffe auch im Trio-Lexikon ab S. 315 nachschlagen kannst. Erkläre sie mit eigenen Worten mithilfe des Textes.
Seite 229, Aufgabe 3:
Richter urteilen immer auf Grundlage von Gesetzen. Ziehe für deine Urteilsbegründung die Gesetze heran, die in dem Fall berührt werden.
Seite 231, Aufgabe 2:
Beginne so: Jeder Wähler hat bei der Wahl des Bundestages zwei Stimmen. Mit der Erststimme wird...
Seite 233, Aufgabe 2:
Beginne so: Der Bundestag hat Wahl-, Gesetzgebungs- und Kontrollfunktion...
Seite 243, Aufgabe 3:
Bedenke, dass die NPD Zuwanderungen und Asylbewerber ablehnt und daher auf dem Plakat steht „Grenzen sichern!". Damit sind die Staatsgrenzen der Bundesrepublik gemeint. Mit welchem Argument begründet die NPD diese Forderung. Überlege für deine Stellungnahme auch, ob das Argument schlüssig und fundiert ist.

7 Zeitenwende
Seite 250, Aufgabe 1:
Stelle hierzu die im Text genannten Merkmale des Renaissance-Stils zusammen. Ermittle die Entsprechungen in dem Renaissanceschloss und in dem Gemälde. Bedenke dabei auch, dass die Künstler nicht mehr – wie im Mittelalter – anonym (unbekannt) bleiben, sondern selbstbewusst als Künstler auftreten.
Seite 252, Aufgabe 2:
Überlege, welche neuen Möglichkeiten sich für die Menschen ergaben. Bedenke, dass viele bis dahin nicht oder nur schlecht lesen und schreiben konnten.
Seite 255, Aufgabe 5:
- Bedenkt, dass der Künstler de Bry in seinem Kupferstich verschiedene Vorgänge, die sich nicht gleichzeitig abgespielt hatten, als gleichzeitige darstellt.
- Beachtet z. B. das Aufstellen des Kreuzes oder den im Bordbuch dargestellten Austausch von Geschenken.
- Vergleicht auch das Verhalten der Ureinwohner im Vorder- und Hintergrund.
- Beachtet auch, dass die Ureinwohner Kolumbus Geschenke überreichen, die europäischen Gold- und Silberarbeiten ähneln.

Seite 257, Aufgabe 3:
Merkmale einer Hochkultur sind unter anderem: besondere künstlerische Leistungen, Ausbildung eines Staates, Bewässerungstechnik, Entwicklung eines Kalenders, Gesetze, Vorratswirtschaft.

Seite 261, Aufgabe 4:
Überlege, inwiefern hier die Rede von Sklaverei angemessen erscheint. Was unterscheidet einen schlecht bezahlten und unwürdig untergebrachten Bauarbeiter von einem Sklaven? Es ist hilfreich, wenn ihr gemeinsam eine Definition des Begriffs „Sklaverei" erarbeitet.

8 Herr-liche Zeiten – heute vorbei?

Seite 268, Aufgabe 2:
Berücksichtige bei deiner Zuordnung z. B. das Geschlecht von der Person, das Alter (ob Kind, Rentner etc.), den Beruf (ob Karrierefrau, Geschäftsmann etc.), Rolle in der Familie (ob Mutter, Vater, Großvater etc.), Bildungsstand.

Seite 273, Aufgabe 3:
- Überlege, welche Auswirkung eine Frauenquote auf die Auswahl von männlichen Bewerbern hat, die sich für die gleiche Stelle bewerben.
- Überprüfe anhand des Grundgesetzartikels, ob dies zulässig ist.
- Formuliere das Problem, das dadurch entsteht.

Seite 274, Aufgabe 1:
Wie sind Frauen in Führungspositionen vertreten? Beschreibe und erkläre die Situation in den einzelnen europäischen Staaten? Erkläre, warum es so große Unterschiede zwischen den Ländern gibt.

Seite 278, Aufgabe 1:
Beschreibe zunächst die aktuelle Stellung von Frauen auf dem Arbeitsmarkt. Nutze dabei die Grafik M1. Gehe im Anschluss auf die Gründe für diese Situation ein. Nutze den Text M4. Die Grafik M2 hilft dir ebenfalls.

Seite 281, Aufgabe 2:
Lege eine Tabelle mit zwei Spalten an für die Fragen von Nico und die Antworten, die sich aus der Bearbeitung der Folgeseiten (> S. 282 – 287) ergeben. Beachte, dass du für die Antworten mehr Platz als für die Fragen brauchst.

Fragen von Nico	meine Antworten
Wer bezahlt meinen Krankenhausaufenthalt? Zahlt die Krankenkasse alles? …	… …

Seite 283, Aufgabe 2:
Beziehe den Fall Nico ein, der bis zu seinem Unfall nur sehr geringe Krankenkassenbeiträge entrichtet hat.

Seite 285, Aufgabe 2:
Befrage auch deine Eltern, welche finanziellen Aufwendungen sie bei den in der Tabelle angeführten Posten für dich erbringen und ob zusätzliche Kosten anfallen, die in der Bedarfsliste nicht berücksichtigt sind.

Seite 287, Aufgabe 3:
Wenn keine Möglichkeit besteht, eine Verbraucherschutzzentrale oder einen „Fairsicherungsladen" zu besuchen, informiere dich im Internet: www.unfallversicherungen.com/private oder www.fairsicherungs-laden.de/-unfallversicherung/verbaende-organisationen/

Seite 289, Aufgabe 2:
Überlege, wie sich die Einnahmen und Ausgaben der Rentenversicherung verändern.

9 Unberechenbarer Planet Erde?

Seite 301, Aufgabe 5:
Beginne so: In M7 sieht man zwei Landplatten. Die Platte, auf der sich Indien befindet, ist eine abtauchende Platte, das heißt, sie…

Seite 302, Aufgabe 2:
Beginne so: Ein Tsunami entsteht durch ein ... am Meeresboden. Das Wasser über dem Zentrum des Bebens wird angehoben. Von dort breiten sich die …

Seite 305, Aufgabe 6:
Beschreibe Bild für Bild die Lage und Form der Erdplatten. Gehe darauf ein, wie sie ihre Position verändert haben und nenne die Himmelsrichtung, in die sie sich bewegt haben. Versuche, bereits die Umrisse der heutigen Kontinente zu erkennen, damit du genauer beschreiben kannst.

Seite 305, Aufgabe 7:
Erstelle dazu eine Tabelle:

Ort		Platte 1		Platte 2
Beim Ätna	–	Eurasische Platte	und	Afrikanische Platte
In Kalifornien	–	Pazifische Platte	und	....
In Japan	–	....	und	....
In	–	....	und	....

Ablass (S. 106): Im 15./16. Jahrhundert kauften die Menschen von der Kirche päpstliche Ablassbriefe, um sich von ihren Sünden zu befreien und dem Fegefeuer zu entgehen. Die Kirche finanzierte mit diesem Geld das aufwendige Leben der Bischöfe und Kardinäle und baute neue, prunkvolle Kirchen.
Arbeitslosengeld (S. 284): Wird an Menschen gezahlt, die in die Arbeitslosenversicherung eingezahlt haben und erwerbslos geworden sind.
arid (S. 165): Klima, in dem mehr Wasser verdunstet als Niederschlag fällt. Im Diagramm liegt die Temperaturkurve über der Niederschlagskurve. Gegensatz: → humid
Atmosphäre (S. 160): Gasförmige, mehrschichtige Lufthülle der Erde (bis zu 1 000 km hoch), die uns vor gefährlichen Strahlungen aus dem Weltall schützt. In der untersten Schicht (Troposphäre, 0 – 10 km Höhe) spielen sich die Wettervorgänge ab. Ihre Hauptbestandteile sind Stickstoff (77 Prozent), Sauerstoff (20,7 Prozent) und Wasserdampf.
Ausgleichsmandate (S. 231): Zu einem Ausgleichsmandat kommt es im → Bundestag, wenn eine → Partei durch die Anzahl der gewonnenen Direktmandate mehr Sitze erhält, als ihr aufgrund der Sitzverteilung durch die Zweitstimme eigentlich zustehen würden.
Ballungsraum (S. 46): Ein Gebiet, in dem Arbeitsstätten, Siedlungen und Verkehrswege dicht beieinander liegen und in dem viele Menschen auf engem Raum zusammenleben. Beispiele für Ballungsräume in Deutschland sind das Ruhrgebiet und der Rhein-Main-Neckar-Raum.
Bauernkrieg (S. 111): Bauernaufstände in Mitteleuropa (1524/1525). Die Bauern lehnten sich vergeblich gegen die Unterdrückung durch die Grundherren auf.
Bevölkerungsdiagramm (S. 202): Grafische Darstellung der Altersstruktur einer Bevölkerung. Auf der Hochachse sind die Altersgruppen, auf der Querachse ist die Anzahl der Menschen in diesen Altersgruppen eingetragen. Die Frauen stehen normalerweise rechts von der Hochachse, die Männer links.
Bewässerungsfeldbau (S. 190): Form der landwirtschaftlichen Nutzung, bei der fehlende Niederschläge in der Wachstumsphase durch künstliche Wasserzufuhr ausgeglichen werden.
Bundesrat (S. 234): Organ, durch das die Bundesländer bei der Gesetzgebung und Verwaltung des Bundes mitwirken.
Bundestag (S. 232): → Parlament der Bundesrepublik Deutschland.
Bürgerentscheid (S. 225): Möglichkeit der Bürgerinnen und Bürger, bei Gemeindeangelegenheiten selbst zu entscheiden. Der Bürgerentscheid ist erfolgreich, wenn eine Mehrheit dafür stimmt und sich mindestens 25 Prozent der Wahlberechtigten an der Abstimmung beteiligen.
Bürgerinitiative (S. 225): Zusammenschluss gleichgesinnter Bürger, um Interessen ihrer Mitglieder oder bestimmter Bevölkerungsgruppen zu vertreten. Anstoß zur Gründung geben Missstände bzw. die Unzufriedenheit mit politischen, sozialen oder ökologischen Entscheidungen und Entwicklungen. Mit ihrer Arbeit nehmen Bürgerinitiativen Einfluss auf die öffentliche Meinung und auf staatliche Einrichtungen oder Parteien.
Bürgermeister(in) (S. 222): Der Bürgermeister ist Leiter der Gemeindeverwaltung und Vorsitzender des Magistrats. Er wird von den Bürgern gewählt.
demografischer Wandel (S. 288): Die Veränderung in der Zusammensetzung der Altersstruktur einer Gesellschaft. Der demografische Wandel wird von der → Geburtenrate und Sterberate, der Lebenserwartung und dem Wanderungssaldo beeinflusst.
Demokratie (S. 226): (griech. Herrschaft des Volkes) Als Demokratie bezeichnet man eine Staatsform, in der die Staatsbürger an wichtigen politischen Entscheidungen mitwirken können. Das geschieht entweder direkt in einer Volksversammlung (z. B. im antiken Athen) oder indirekt über eine Versammlung gewählter Vertreter.
Dreieckshandel (S. 260): Form des Handels zwischen dem 17. und 19. Jahrhundert. Europäische Schiffe lieferten z. B. Stoffe, Feuerwaffen nach Afrika und erhielten von afrikanischen Häuptlingen und Sklavenjägern Sklaven. In Amerika wurden die Sklaven z. B. gegen Baumwolle, Tabak eingetauscht. Mit diesen Rohstoffen beladen kehrten die Schiffe nach Europa zurück.
Dreifelderwirtschaft (S. 83): Im → Mittelalter entwickelte Form der Landwirtschaft, bei der im jährlichen Wechsel ein Drittel des Bodens mit Wintergetreide, ein Drittel mit Sommergetreide bepflanzt und ein Drittel unbebaut (Brache) blieb oder als Weide genutzt wurde.
Dreißigjähriger Krieg (S. 116): Krieg, der 1618 als Streit zwischen dem katholischen Kaiser und dem protestantischen Adel in Böhmen begann und sich zu einem europäischen Krieg ausweitete. Ursachen waren religiöse Meinungsverschiedenheiten, aber auch das Streben der beteiligten Fürsten nach Geld und Macht. Der Krieg endete 1648 mit dem Westfälischen Frieden.
Emission (S. 171): Abgabe von festen, flüssigen oder gasförmigen Stoffen, die die Luft und die Umwelt verunreinigen, sowie Lärm.
Entwicklungsland (S. 51): Land, das wirtschaftlich weniger entwickelt ist. Merkmale sind unzureichende

Nahrungsmittelversorgung, hohe Analphabetenquote, hohes Bevölkerungswachstum, niedriges Einkommen, schlechte ärztliche Versorgung. Der Begriff ist heute umstritten, da die Einteilung der Länder auf den Wertvorstellungen der → Industrieländer beruht.

Epizentrum (S. 300): Der Ort an der Erdoberfläche, der sich direkt über dem Erdbebenherd im Untergrund befindet. Dort werden die stärksten Erschütterungen verzeichnet.

Erdbeben (S. 298): Die → Erdplatten sind ständig in Bewegung. Dabei entstehen Spannungen, wenn die Erdplatten aneinander reiben oder sich verhaken. Löst sich die Spannung, entsteht ein Beben.

Erdplatten (S. 306): Bilden die Erdkruste. Kontinente sind Teile von Erdplatten.

Föderalismus (S. 234): Organisationsprinzip eines Staates, bei dem die einzelnen Bundesländer (z. B. Hessen) über eine gewisse Eigenständigkeit verfügen, aber zu einer übergreifenden Gesamtheit (z. B. Bundesrepublik Deutschland) zusammengeschlossen sind.

Fraktion (S. 223): Zusammenschluss von Mitgliedern eines → Parlaments oder einer Gemeindevertretung, die einer Partei oder befreundeten Parteien angehören.

Geburtenrate (S. 202): Zahl der Geburten pro 1 000 Einwohner innerhalb eines bestimmten Zeitraumes. Die Geburtenrate hängt von verschiedenen Faktoren wie Heiratsalter, Altersversorgung und Familienplanungsprogrammen ab. Sie ist eine wichtige Größe bei der Prognose von Bevölkerungsentwicklungen.

Gegenreformation (S. 113): Re-Katholisierung der im Zuge der → Reformation protestantisch gewordenen Gebiete.

Gemeindevertretung (S. 222): Gewählte Vertretung der Gemeinde. Die Gemeindevertretung entscheidet über alle wichtigen Angelegenheiten der Gemeinde.

Generationenvertrag (S. 286): Prinzip der Alterssicherung in Deutschland. Die auszuzahlenden Renten werden durch die Beiträge der gesetzlichen Rentenversicherung finanziert. Diese Beiträge bezahlt die im Erwerbsleben stehende jüngere Generation und erwirbt damit selbst einen gesetzlichen Rentenanspruch im Alter.

Geschlechterklischee (S. 268): Eingefahrene Vorstellung, Denkschema oder auch Vorurteil gegenüber einer Geschlechtergruppe (Frauen oder Männern).

Gewaltenteilung (S. 228): Der Staat hat drei Aufgaben: Exekutive (ausführende Gewalt, Bundesregierung), Legislative (gesetzgebende Gewalt, Bundestag) und Judikative (Gesetzgebung, Bundesverfassungsgerichte). Das Ziel ist die gegenseitige Kontrolle. Dieses System soll die Demokratie schützen.

Gleichberechtigung (S. 271): Jeder Mensch, ungeachtet seines Geschlechts, seiner Herkunft, seines Aussehens oder seiner Religion, hat die gleichen Rechte und Pflichten innerhalb einer Gesellschaft.

Globalisierung (S. 52): Bezeichnung für die weltweite Durchdringung von Märkten. Sie wird vor allem bewirkt durch die zunehmende Bedeutung der internationalen Finanzmärkte, den Welthandel sowie die internationale Ausrichtung von Unternehmen und wird begünstigt durch neue Kommunikationstechniken.

Grundgesetz (S. 234): Verfassung der Bundesrepublik Deutschland. Es enthält in den Artikeln 1 – 19 die Grundrechte der Menschen.

Haushaltsplan (S. 221): Plan, der von einer Gemeinde aufgestellt wird, in dem die geplanten Ausgaben den zu erwartenden Einnahmen gegenübergestellt werden.

heliozentrisches Weltbild (S. 248): Weltbild, bei dem nicht die Erde, sondern die Sonne im Zentrum des Planetensystems steht (Helios = griechischer Sonnengott).

Humanismus (S. 249): Weltbild, das auf die abendländische Philosophie der Antike zurückgreift. Es orientiert sich an den Werten und der Würde des einzelnen Menschen.

Höhenstufe (S. 196): Mit zunehmender Höhe ändern sich im Gebirge Klima, Boden und Pflanzendecken. Diese unterschiedlichen Stufen nennt man Höhenstufen.

Höriger (S. 88): Vom Grundherrn abhängiger Bauer. Hörige erhielten vom Herrn Land zur Bewirtschaftung. Dafür mussten sie Abgaben entrichten und Dienste leisten. Die Abhängigkeit wurde von den Eltern auf die Kinder vererbt.

humid (S. 165): Klima, in dem mehr Niederschlag fällt, als verdunsten kann. Im Klimadiagramm liegt die Niederschlagskurve über der Temperaturkurve. Gegensatz: → arid

Industrialisierung (S. 170): Aufkommen und Ausbreitung der Industrie, besonders durch technische Neuerungen und Erfindungen.

Industrieland (S. 51): Ein hoch entwickelter Staat, dessen Bevölkerung überwiegend in der Industrie, im verarbeitenden Gewerbe, im Handel oder Dienstleistungsbereich tätig ist. Das Pro-Kopf-Einkommen liegt meist über 15 000 US-Dollar pro Jahr.

Infrastruktur (S. 51): Ausstattung eines Gebietes mit Einrichtungen wie Verkehrsnetz, Wasser- und Stromversorgung, Müllabfuhr, Krankenhäusern und kulturellen Einrichtungen.

Investitur (S. 77): Einweisung in ein Kirchenamt.

Jugendschutzgesetz (S. 131): Vorschriften in verschiedenen Gesetzen sollen Kinder und Jugendliche vor Einflüssen und Gefahren schützen, die eine gesunde Entfaltung ihrer körperlichen, seelischen und geistigen Anlagen gefährdet.

Jugendstrafrecht (S. 138): Strafrecht, das Jugendliche und junge Erwachsene bis maximal 20 Jahre anders behandelt als Erwachsene. Die Strafen sind dem Entwicklungsstand der Betroffenen angepasst und sollen eine Wiedereingliederung in die Gesellschaft ermöglichen.

Kastell (S. 20): Ein durch Mauern oder Holzzäune gesichertes Militärlager der Römer. Ein Kastell hatte meist verschiedene Gebäude zur Unterbringung und Versorgung der Soldaten.

Klima (S. 164): Als Klima wird das über Jahre gemessene Wetter an einem Ort oder in einem Gebiet bezeichnet. Durch die jahrelange Messung und Aufzeichnung der Wettererscheinungen Temperatur und Niederschlag können Klimadiagramme erstellt werden.

Klimadiagramm (S. 164): Stellt die wichtigsten Klimaelemente, Temperatur und Niederschlag, im Verlauf eines Jahres übersichtlich dar. Ein Vergleich der Messwerte unterschiedlicher Klimastationen ist leicht möglich.

Klimazone (S. 182): In der Regel breitenkreisparallel angeordnete Zonen mit typischen allgemeinen Klimavoraussetzungen, die im Wesentlichen durch die unterschiedlichen Einstrahlungsverhältnisse der Sonne bedingt sind.

Kohlendioxid (CO_2) (S. 168): Farbloses, geruchloses und nicht brennbares Gas in der Atmosphäre. Es entsteht bei Verbrennung von kohlenstoffhaltigen Materialien wie Holz, Kohle oder Öl. Pflanzen wandeln CO_2 in Sauerstoff um. Eine Erhöhung des Kohlendioxids in der Erdatmosphäre gilt als Ursache des → Treibhauseffekts und der damit verbundenen Erwärmung der Erdatmosphäre.

Kolonie (S. 260): Auswärtiges abhängiges Gebiet eines Staates ohne eigene politische und wirtschaftliche Macht. Die Bildung von Kolonien war ein wesentliches Instrument der Machtausdehnung imperialistischer Staaten.

Kondensation (S. 162): Wenn Wasserdampf abkühlt, wird er wieder zu Wasser; er kondensiert. Übergang vom gasförmigen in den flüssigen Zustand.

Konfession (S. 112): Der Begriff stammt aus dem Lateinischen „confessio": „Bekenntnis". Er ist eine Bezeichnung für eine christliche Glaubensrichtung.

kontinentales Klima (S. 186): Durch heiße Sommer und kalte Winter geprägt, mit starken Unterschieden der Jahreszeiten und nur geringem Niederschlag.

Kulturland (S. 188): Die vom Menschen geprägte Landschaft: durch seine wirtschaftliche Tätigkeit, Siedlungen und Verkehrsentwicklungen.

Kurfürst (S. 76): Fürsten bzw. Bischöfe, die im Heiligen Römischen Reich das Recht hatten, den König zu wählen.

Lehen (S. 75): Grundlage der gesellschaftlichen Ordnung des Mittelalters. Im Lehnssystem verlieh der Lehnsherr (z. B. der König) seinen Gefolgsmännern Grundbesitz und Ämter als Lehen. Dafür schuldeten diese ihrem Lehnsherrn lebenslange Treue und Gefolgschaft im Kriegsfall.

Limes (S. 24): Befestigte römische Grenze, die aus Wall, Graben und oben zugespitzten Holzpfählen (Palisaden) bzw. aus Steinmauern bestand.

Luftdruck (S. 163): Als Luftdruck bezeichnet man das Gewicht, das eine Luftsäule vom Erdboden bis zur Obergrenze der → Atmosphäre auf eine bestimmte Fläche ausübt. Der Luftdruck nimmt mit der Höhe ab. Er wird mit dem Barometer in der Einheit Hektopascal (hPa) gemessen.

Mehrheitsprinzip (S. 226): Prinzip, nach dem der Wille der Mehrheit des Volkes ausschlaggebend ist.

Minderheitenschutz (S. 226): Prinzip, nach dem kleinere Gruppierungen von der politischen Willensbildung nicht ausgeschlossen werden können. Nach dem Grundgesetz sind Mehrheitsentscheidungen nur dann akzeptabel, wenn das Recht der politischen Minderheit geschützt ist.

Mittelalter (S. 75): Die Zeit zwischen Altertum und Neuzeit. Das Mittelalter beginnt um 400 (→ Völkerwanderungen, Teilung des Römischen Reiches) und endet mit den Entdeckungen und der → Reformation (um 1500).

mittelozeanischer Rücken (S. 306): Untermeerisches Gebirge, das durch aufsteigendes Magma und durch das damit einhergehende Aufspreizen des Tiefseebodens entsteht.

Monokultur (S. 195): Anpflanzung einer bestimmten Nutzpflanze über einen langen Zeitraum. Durch die einseitige Beanspruchung laugt der Boden schnell aus. Zudem sind die Pflanzen gegen Schädlinge besonders anfällig.

Öffentliches Recht (S. 125): Regelt die Rechtsbeziehungen zwischen Bürger und Staat (z. B. Verkehrsrecht, Steuerrecht, Strafrecht).

ökologischer Fußabdruck (S. 199): Symbol dafür, welche Spuren man auf der Erde in Bezug auf Ressourcenverbrauch und Umweltverschmutzung hinterlässt.

Ökosystem (S. 174): System, in dem die Umweltbereiche Klima, Tiere, Pflanzen, Wasser, Boden und Menschen in enger Wechselwirkung stehen.

Outsourcing (S. 58): Auslagerung von bisher in einem Unternehmen selbst erbrachten Leistungen an externe Auftragnehmer.

ozeanisches Klima (S. 186): Klima, das durch die Nähe zum Meer beeinflusst wird und durch kühle Sommer und milde Winter sowie ganzjährig hohe Niederschläge gekennzeichnet ist.

Ozonloch (S. 172): Ungewöhnlich starke, geografisch abgegrenzte Abnahme der Ozonschicht, die auf chemischen Abbauprozessen beruht. Der Abbau des Ozons wird durch gasförmige chemische Verbindungen verursacht, vor allem durch die vom Menschen zusätzlich in die → Atmosphäre gebrachten Fluorchlorkohlenwasserstoffe (FCKW).

Park-and-ride-System (S. 46): Regelung zur Entlastung der Innenstädte vom Autoverkehr. Kraftfahrzeuge werden auf Parkplätzen an Haltestellen und in der Nähe öffentlicher Verkehrsmittel abgestellt und die Weiterfahrt in die City erfolgt z. B. mit Bussen und Bahnen.

Parlament (S. 232): Gewählte Volksvertretung, bei uns der Bundestag.

Partei (S. 230): Parteien haben den Auftrag, bei der politischen Willensbildung des Volkes mitzuwirken. Sie legen ihre politischen Zielsetzungen in Programmen fest.

Patrizier (S. 14): Im alten Rom adelige Landbesitzer. Davon abgeleitet wird auch die Oberschicht in vielen mittelalterlichen Städten als Patriziat bezeichnet.

Peer Group (S. 145): Gruppe von Gleichaltrigen, meist auch ähnlicher sozialer Herkunft und gleichen Geschlechts.

Pflichtaufgaben (S. 218): Die Gemeindeordnung schreibt der Gemeinde die Aufgabenbereiche vor, die sie zum Wohlergehen aller Einwohner erledigen muss. Dazu gehören vor allem die Versorgung und Entsorgung, die Erschließung von Grundstücken und die Bebauung sowie die Verwaltung und die Sicherheit.

Plantage (S. 194): Landwirtschaftlicher Großbetrieb, der auf riesigen Flächen v. a. im Bereich der Tropen zumeist nur ein landwirtschaftliches Produkt (z. B. Bananen, Kaffee, Kautschuk) für den Weltmarkt anbaut. Die Weiterverarbeitung des Produktes erfolgt meist auf der Plantage.

Plattentektonik (S. 306): Theorie von der Entwicklung der Erdkruste: Diese besteht aus mehreren Platten. Sie bewegen sich durch aus dem Erdmantel auf- und absteigenden Wärmeströmungen aus-, gegen- oder aneinander vorbei, drücken sie in die Höhe und ziehen sie in die Tiefe.

Plebejer (S. 14): (lat. plebs = Menge, Volk), alle römischen Bürger, die keine Patrizier waren.

Privatrecht (S. 125): Regelt die Rechtsbeziehungen einzelner Bürger zueinander.

Rechtsstaat (S. 123): Der Rechtsstaat schafft auf demokratische Weise Gesetze, die das Zusammenleben der Bürger regeln. Er muss dafür sorgen, dass jeder Bürger seine Rechte wahrnehmen kann, gegebenenfalls auch gegenüber dem Staat.

Reformation (S. 108): (von lat. reformatio „Wiederherstellung, Erneuerung") beschreibt die kirchliche Erneuerungsbewegung zwischen 1517 und 1648, die zur Spaltung des westlichen Christentums in verschiedene → Konfessionen (katholisch, lutherisch, reformiert) führte.

Renaissance (S. 250): (französisch = Wiedergeburt), Kulturepoche um 1500, in der sich die Menschen wieder auf die klassische griechische und römische Kunst besannen und sich von der kirchlich-religiösen Bevormundung zu lösen begannen.

repräsentative Demokratie (S. 226): Politische Entscheidungen werden nicht direkt von den Bürgern durch Abstimmung entschieden, sondern es werden Repräsentanten gewählt, die die Interessen ihrer Wähler im Parlament vertreten.

Republik (S. 14): (lat. res publica = öffentliche Angelegenheit), Staatsform, die sich am Gemeinwohl orientiert und als Gegenmodell zur Monarchie (= Königsherrschaft) verstanden wird.

Resozialisierung (S. 138): Wiedereingliederung eines Straftäters in die Gesellschaft.

Richterskala (S. 298): Ermöglicht die einheitliche Bestimmung der Stärke eines → Erdbebens. Der angegebene Wert gilt als Maß für die Bodenbewegung im Erdbebenzentrum.

Rohstoff (S. 39): Ausgangsmaterial, das zur Herstellung von Gütern benötigt wird. Je nach Herkunft wird in pflanzliche oder tierische Rohstoffe und Bodenschätze (z. B. Erze, Mineralien, Erdöl, Erdgas) unterschieden.

Rolle (S. 269): Erwartungen, die an das Verhalten einer Person in einer bestimmten Situation gerichtet werden.

Romanisierung (S. 26): In der Römerzeit die sprachliche und kulturelle Anpassung der Menschen unter Aufgabe oder Umgestaltung eigener Kulturformen.

Schichtvulkan (S. 296): Ein durch wechselhafte Ausbruchstätigkeit von ausgeworfenen Aschen bzw. Schlacken und ausfließenden Lavaströmen entstandener Vulkan. Dabei entstehen typische Vulkankegel.

Schildvulkan (S. 296): Flacher, schildförmiger Vulkan, der durch das gleichmäßige und weitflächige Abfließen dünnflüssiger Lavaströme entsteht.

Sklave (S. 260): (griech. = Unfreier), rechtlich und wirtschaftlich abhängiger Mensch, der Eigentum eines anderen ist.

soziales Netzwerk (social network) (S. 55): Soziale Netzwerke sind ein Teil der social media. Sie sind die Plattformen, auf denen sich die Nutzer treffen. Um eine solche Plattform nutzen zu können, muss man fast immer Mitglied sein, ein Profil erstellen und persönliche Daten preisgeben. Diese Daten sind der „Mitgliedsbeitrag".

Sozialstaat (S. 14, S. 280): Der Sozialstaat ist verpflichtet, für soziale Gerechtigkeit zu sorgen. Bei staatlichen Entscheidungen müssen also auch soziale Aspekte berücksichtigt werden.

Standortfaktor (S. 41): Einflussgrößen, die bei der Auswahl eines Standortes für Unternehmen eine wichtige Rolle spielen. Aufgrund der Bewertung der Standortfaktoren wird die Entscheidung über den Standort getroffen. Zu ihnen zählen die Verkehrslage, das Lohnniveau, das Angebot an Fachkräften oder die Nähe zum Absatzmarkt.

Steigungsregen (S. 166): Niederschläge an Gebirgen, die durch aufsteigende feuchte Luftmassen verursacht werden. Die im Luv (= dem Wind zugewandte Seite) von Gebirgen zum Aufsteigen gezwungenen Luftmassen kühlen ab, der Wasserdampf kondensiert und geht dann als Regen oder Schnee nieder.

Subsistenzwirtschaft (S. 195): Die Subsistenzwirtschaft ist eine Wirtschaftsform, bei der die Menschen alles selbst erjagen, anbauen oder herstellen, was sie zum Lebensunterhalt brauchen. Die landwirtschaftliche Produktion dient vor allem der Deckung des Eigenbedarfs.

Suchtmittel (S. 146): Drogen wie Alkohol, Rauschgift oder Arzneimittel, die körperlich abhängig machen. Im weitesten Sinne gehören auch stoffungebundene Suchtmittel wie Computerspiele dazu, denn auch sie verändern das Bewusstsein, das Erleben und die Gefühle der Betroffenen.

Temperaturzone (S. 180): Zonen auf der Erde mit ähnlichen Temperaturen, die sich aus dem unterschiedlichen Einfall der Sonnenstrahlen ergeben.

Treibhauseffekt (S. 170): Durch die Lufthülle kann die Sonnenstrahlung bis zur Erdoberfläche vordringen, diese aufheizen und von dort reflektiert werden. Als Wärmestrahlung der Erdoberfläche dringt sie nicht mehr durch die mit → Kohlendioxid, Wasserdampf und Ozon angereicherte → Atmosphäre und sorgt dadurch für eine allmähliche Erwärmung der Erdatmosphäre. Dieser Vorgang ist mit der Erwärmung unter einem Glasdach vergleichbar.

Treibhausgas (S. 170): Gas in der Erdatmosphäre, das die Wärmestrahlung der Erde aufnimmt und wieder abstrahlt und so die Atmosphäre und die Erdoberfläche erwärmt.

Tsunami (S. 302): Meereswoge, die meist durch → Erdbeben am Meeresgrund (Seebeben) ausgelöst wird und in Ufernähe katastrophale Schäden verursachen und ganze Landstriche verwüsten kann.

Vegetation (S. 184): Alle Pflanzen, die in einem bestimmten Gebiet der Erde wachsen.

Vegetationszone (S. 184): Region mit einheitlichen Pflanzengesellschaften. Die Vegetationszonen sind von den klimatischen Bedingungen abhängig und können daher entsprechenden Klimazonen zugeordnet werden.

Verfassung (S. 232): Politische Grundordnung eines Staates. Die deutsche Verfassung heißt Grundgesetz.

virtuelles Wasser (S. 199): Die Menge an Wasser, die zur Herstellung eines Produktes verbraucht wird. Da der virtuelle Wasserverbrauch nicht direkt sichtbar ist (z. B. Verbrauch durch Bewässerung und Transport bei der Herstellung von Kleidung), wird er als virtuell bezeichnet.

Völkerwanderung (S. 30): Abwanderung einer Volksgruppe in ein anderes Gebiet aufgrund verschlechterter Lebensbedingungen durch Naturkatastrophen oder politische Ereignisse, Krankheiten oder Überbevölkerung.

Volkssouveränität (S. 226): Das Prinzip der Volkssouveränität bestimmt das Volk zum Träger der Staatsgewalt.

Volksvertreter (S. 226): Abgeordneter in einem → Parlament.

Wachstumszeit (S. 188): Die Zeitdauer im Verlauf eines Jahres, in der es so warm ist, dass Pflanzen wachsen können. Auch Trockenheit kann die Vegetationszeit eingrenzen.

Welthandel (S. 64): Beinhaltet alle Importe und Exporte der Länder der Erde, d. h. den Austausch von Gütern und Dienstleistungen über die jeweilige Staatsgrenze hinweg.

Wendekreis (S. 180): Die beiden Breitenkreise, über denen die Sonne einmal im Jahr senkrecht steht (am 21. Juni über dem nördlichen Wendekreis und am 21. Dezember über dem südlichen Wendekreis). Die Sonne kommt vom Äquator, „wendet" und „wandert" wieder zum Äquator. Die beiden Wendekreise liegen bei 23,5° nördlicher und südlicher Breite.

Zensur (S. 241, 252): Überwachung und Kontrolle von Äußerungen mit dem Ziel, unerwünschte Äußerungsinhalte zu verändern oder zu verhindern.

123RF.com, Hong Kong: 116 M1 Abb. 3 (Georgios Kollidas), 124 M2 (Cathy Yeulet), 124 M3 (Simone Van Den Berg), 124 M4 (Pavel Losevsky), 126 M1 (Stanislav Komogorov), 137 M3 (Cathy Yeulet), 180 M1 (Iryna Rasko), 208 M1 (cylonphoto), 295 M4 (maridav); Adam Opel GmbH, Rüsselsheim: 42 M1 u. M2 (Opel Classic Archiv); adidas AG, Herzogenaurach: 54 M1 Abb. 10; akg-images, Berlin: 28 M1 (Erich Lessing), 69 M3 (Lessing), 75 M2, 76 M1, 77 M3, 79 M2 (Album/Prisma), 79 M3, 81 M2, 84 M2, 92 M2 (British Library), 102 M1, 102 M2, 107 M3 (Jakob Binck), 107 M5, 108 M1 (Hugo Vogel), 108 M3 (Anton von Werner), 109 M4 (Lucas Cranach der Ältere), 109 M5, 109 M6 (Lucas Cranach der Ältere, Lucas Cranach der Jüngere), 114 M1, 118 M3, 248 M1, 249 M4 (Cameraphoto), 250 M2 (Lessing), 252 M1 (J. Kern), 255 M3, 270 M2 (Pierre Vidal), 298 M1; altro - die fotoagentur, Regensburg: 94 M1; Appenzeller, H., Stuttgart: 227 M3; Arend, J., Wedel: 40 M1 Abb. B; Baaske Cartoons, Müllheim: 60 M1 (Mester), 244 M1 (Tomaschoff), 244 M2 (Mester), 290 M1 (Plassmann); Bayerisches Nationalmuseum, München: 90 M1; Bergmoser + Höller Verlag, Aachen: 235 M4; Bibliothèque nationale de France, Paris: 103 M4; Bilderberg, Hamburg: 45 M3 (POPPERFOTO/BTS); bpk - Bildagentur für Kunst, Kultur und Geschichte, Berlin: 13 M2, 28 M2, 29 M4, 81 M4, 106 M2 (Kupferstichkabinett, SMB/Jörg P. Anders), 111 M3, 256 M3, 261 M4; Bundesanstalt für Geowissenschaft und Rohstoffe (BGR), Hannover: 58 Abb. 2; Bundesanstalt Technisches Hilfswerk, Bonn: 301 M6; Caro, Berlin: 230 M2.2 (Ruffer); CDU-Deutschlands, Berlin: 230 M2.3; Colourbox.com, Odense: 9 M3 (Alex Grichenko), 44 M2 (Andrey Omelyanchuk), 124 M6; Corbis, Berlin: 302 M1.3 (Slivar/Reuters); Deiseroth, D., Niederaula: 134 M1 Abb. 1; Demmrich, Berlin: 51 M5; Dillenburger Museumsverein, Dillenburg: 95 M3 (Katrin Weber); dreamstime.com, Brentwood: 38 M1.7 (Konstantinos Moraitis); Eling, S., Köln: 199 M1 (www.HanisauLand.de, bpb); Englert, W., Freiburg: 40 M1 Abb. 5; Fabian, M., Hannover: 136 M1; FDP-Bundespartei, Berlin: 230 M2 Abb. 4; Ford-Werke GmbH, Köln: 54 M1 Abb. 12; Fotohaus Hirsch, Nördlingen: 115 M2 (Wagner); fotolia.com, New York: 11 M2 (borzywoj), 26 M2 (cut), 31 M2.2 (scaliger), 38 M1.1 (siimsepp), 38 M1 Abb. 2 (fotomaster), 38 M1. Abb. 4 (Frank-Peter Funke), 38 M1 Abb. 5 (anna k.), 44 M1 (lornet), 45 M1 (Pavel Losevsky), 46 M1 (Jürgen Fälchle), 46 M4 (FotolEdhar), 56 M2 (M. Johannsen), 98 M1 (desaif), 99 M2 (vogelstock), 106 M1 (salajean), 121 M2 (pix4U), 121 M3 (Monkey Business), 124 M5 (ehrenberg-bilder), 128 M1 (kwarner), 130 M1 (Syda Productions), 131 M4 (patrickjohn71), 135 M1 (albert schleich), 136 M2 (celeste clochard), 141 M4 (micromonkey), 145 M4 Abb. 1 (Monkey Business), 145 M4 Abb. 4 (Monkey Business), 146 M1 (kitharaa), 147 M3 (Kadmy), 147 M4 (runzelkorn), 148 M3 (eyetronic), 152 M2 Abb. 2 (Elenathewise), 153 M3 (goodluz), 154 M1 (pressmaster), 154 M2 (Monkey Business), 160.1 (Andreas Blakkolb), 160 M3 (ViewApart), 162 M2 Abb. 3 (reinhard sester), 168 M1 Abb. 1 (industrieblick), 170 M1 (forcdan), 170 M2 (ykumsri), 184 M1 (Christian Pedant), 186 M1 Abb. 1 (Gina Sanders), 186 M1 Abb. 2 (thomasp24), 189 M4 (FreeProd), 189 M5 (Gina Sanders), 190 M1 (helenedevun), 190 M3 (GVictoria), 191 M8 (Rui Vale de Sousa), 194 M1 Abb. 3 (wuttichok), 197 A (Julie Favreau), 207 M1 Abb. 6 (xuanhuongho), 207 M1 Abb. 7 (cronopio), 210 M1 (vom), 212 M1 (Zechal), 212 M2 (icarmen13), 216 M1.1 (Siegmar), 216 M1 Abb. 2 (Sergii Figurnyi), 218 M1 (Kara), 219 M5 (Kara), 219 M6 (Sergey Furtaev), 235 M3 (Kristan), 251 M3 (Juulijs), 257 M4 (Light Impression), 268 M1 (aleutie), 275 M5 (Wolfisch), 286 M1 (Ingo Bartussek), 286 M3 (Tatyana Gladskih), 299 M5 (photka), 306 D (Daniel Prudek), 307 D (Kushnirov Avraham); Fraport AG, Frankfurt/Main: 48 M1, 48 M2; Gehrke, Mahlberg: 162 M2 Abb. 2, 162 M2 Abb. 4; Germanisches Nationalmuseum, Nürnberg: 80 M1, 248 M3, 251 M4; Gerung, M.: 108 M2; Gesellschaft für ökologische Forschung, München: 174 M1; Getty Images, München: 55 M3 (AFP/Karen Bleier), 59 M2 (Forbes Conrad/Bloomberg), 61 M4 (Munir uz Zaman/AFP), 292 M1 (Cipollini), 302 M1 Abb. 1 (Stringer/AFP), 302 M1 Abb. 2 (Stringer/AFP); Glow Images, München: 101 M4 (Ann Ronan Pictures); Google Germany GmbH - a + o Ges. f. Kommunikationsberatung, Hamburg: 54 M1 Abb. 1; Greser & Lenz, Aschaffenburg: 66 E; Griese, D., Laatzen: 16 M2; Gutenberg-Museum, Mainz: 253 M3; Haitzinger, München: 67 Abb. 2; Härle, J., Stade: 192 M1 Abb. 4; Hellige, Iserlohn: 256 M2; Hewlett-Packard GmbH, Böblingen: 54 M1 Abb. 14; Historischer Verein Eichstätt, Eichstätt: 21 M3; INTERFOTO, München: 270 M1 (Bildarchiv Hansmann); iStockphoto.com, Calgary: 3 M1 (chuyu), 10 M2 (frankix), 10 M3 (coverdale84), 12 M1 (ZU_09), 27 M2 (Karisssa), 27 M5 (jhayes44), 29 M5 (mathess), 31 M2 Abb. 1 (prmustafa), 32 M2 (zodebala), 38 M1 Abb. 3 (hudiemm), 50 M4 (travelif), 60 M1 (ollo), 69 M2 (duncan1890), 71 M2 (duncan1890), 72 M1 (wynnter), 72 M2 (justhavealook), 86 M1 (wakila), 88 M1 (duncan1890), 89 M4 (duncan1890), 93 M4 (delectus), 95 M4 (Tokle), 100 M1 (Perseomed), 100 M2 (jodiecoston), 115 M4 (ZU_09), 119 M5 (duncan1890), 124 M1 (monkeybusinessimages), 129 M1 (ruizluquepaz), 132 M3 (chrisboy2004), 141 M5 (YinYang), 149 M5 (monkeybusinessimages), 168 M1 Abb. 2 (oticki), 168 M1 Abb. 3 (davemantel), 169 M5 (InkkStudios), 173 M7 (Jan-Otto), 175 M1 (DonKurto), 175 M3 (jormala), 181 M4 Abb. 2 (KonArt), 188 M3 (Rafael_Wiedenmeier), 192 M1 Abb. 2 (Lingbeek), 194 M1. Abb. 2 (aprott), 200 M1 (rchphoto), 206 M1 Abb. 3 (generacionx), 207 M1 Abb. 8 (Eivaisla), 209 M4 (Wallentine), 211 M1 (bo1982), 213 M2 Abb. 1 (mason01), 213 M2 Abb. 2 (lucentius), 213 M2 Abb. 3 (africa924), 215 M2 (EdStock), 215 M3 (Ed Stock), 215 M4 (ollo), 224 M1 (Cimmerian), 226 M1 (EdStock), 232 M1 (EdStock), 237 M3 (EdStock), 240 M1 (Rd Stock), 243 M5 (ollo), 246 M1 (duncan1890), 267 M2 (Hulton Archive), 267 M4 (AnnettVauteck), 271 M3 (Hulton Archive), 271 M4 (elenaleonova), 273 M4 (People Images), 280 M1 (sturti), 280 M2 (DarthArt), 289 M6 (Michael Luhrenberg), 293 M2 (EdStock), 293 M3 (winhorse), 293 M4 (hepatus), 295 M4 b (titine974), 296 M1 (Guenter Guni), 306 C (Guenter Guni); Jenni Energietechnik AG, Oberburg: 64 M3 (Orlando Eisenmann); laif, Köln: 3 (Paul Langrock/Zenit), 63 M6 (Michael Wolf), 85 M5 (Samuel Zuder); Landeshauptarchiv Koblenz: 76 M2 (Az. 3361-Westermann), 297 M5 (Gustav Rittstieg); Lineair Fotoarchief, Berlin: 50 M3 (Ron Giling/Lineair); Magazin Verlagsgesellschaft, Süddeutsche Zeitung GmbH, München: 241 M6 (Ausg. vom 13.09.2013); Mager, F.-P., Gengenbach: 192 M1 Abb. 3; Mauritius, Mittenwald: 117 M3 (United Archives); McDonald's Deutschland Inc., München: 54 M1.2; Mertins, H., Vollbüttel: 176 M1; Microsoft Deutschland GmbH, Unterschleißheim: 54 M1 Abb. 9; Mohr, B., Königswinter: 240 M3; Müller, B., Bartensleben: 10 M1, 17 M3, 17 M4, 21 M4, 25 M3, 53 M2, 74 M1, 78 M1, 81 M3, 269 M3, 272 M1; NASA, Houston/Texas: 158 M1, 307 F; Nike Deutschland GmbH, Frankfurt/Main: 54 M1 Abb. 6; Ochsenwadel, B., Möckmühl: 299 M6; Österreichische Nationalbibliothek, Wien: 92 M1; Ötjen, B., Bad Zwischenahn: 291 M6; Panther Media (panthermedia.net), München: 116 M1 Abb. 2 (Georgios Kollidas), 250 M1 (Peter Meurer); Picture-Alliance, Frankfurt/M.: 3 M1 (akg-images), 4 (Vennenbernd), 9 M2 (Dedert), 43 M3 (euroluftbild.de), 63 M7 (Langenstrassen), 71 M3 (akg-images), 113 M3 (IMAGNO/Anonym), 134 M1.2 (Christoph Schmidt), 139 M2 (Tagesspiegel/Mike Wolff), 140 M1 (Carsten Rehder), 142 M1 (Maren Hennemuth), 161 M4 (Andreas Hultsch), 206 M1 Abb. 2, 222 M1 (GES-Sportfoto/Markus Gilliar), 224 M3 (Erich Ruhl), 229 M5, 230 M2 Abb. 6 (Klaus-Dietmar Gabbert), 233 M3 (Wolfgang Kumm), 233 M4 (AAPimages/Kuhlmey), 236 M2 (Steffen Kugler), 237 M4 (Uli Deck), 242 M3 (Matthias Hiekel), 259 M2 (akg-images), 279 M6 (Oliver Berg), 284 M1 (Jochen Eckel), 294 M2 (ANSA), 300 M2, 303 M3 (Edmond Terakopian/empics), 304 Abb. 1 (DB Awi); Plaßmann, T., Essen: 288 M1; Rahn, Johann Rudolf: Geschichte der Bildenden Künste in der Schweiz, Zürich 1876 / wikimedio.commens: 84 M1; Ruckenbrod, J., Ettlingen: 181 M5; Scala Archives, Bagno a Ripoli/Firenze: 15 M2, 16 M1; Schlegel, M., Budenheim: 273 M2; Schlußnus, H., Gilserberg: 47 M3; Schmidt, M., Teningen: 296 M2 – M4; ; Schmidt, R., Brunsbüttel: 177 M3 (Karikatur); Schmidtke, Kurt-Dietmar, Melsdorf: 187 M1 Abb. 4; Schroedel Archiv: 91 M3, 110 M2, 258 M1; Shutterstock.com, New York: 3 M1 (Everett Historical), 11 M1 (SF photo), 17 M5 (PhotoStock10), 20 M1 (Kevin H. Knuth), 23 M2 (Antonio Abrignani), 32 M1 (antb), 38 M1 Abb. 6 (hans.slegers), 40 M1 Abb. A (jordache), 45 M1 Abb. 5 (verOnicka), 45 M3 (Jule_Berlin), 46 M3 (360b), 50 M1 (OlegDoroshin), 50 M3 (Testing), 51 M5 (Kanokratnok), 51 M6 (meunierd), 62 M2 (BartlomiejMagierowski), 66 M6 (dailin), 116 M1 Abb. 1 (Nicku), 121 M4 (SpeedKingz), 122 M1 (Oleg GawsiloFF), 127 M3 (JNP), 144 M1 (12_Tribes), 145 M4 Abb. 2 (Tumarkin Igor-ITPS), 145 M4 Abb. 3 (Conny Sjostrom), 148 M1 (Monkey Business Images), 150 M1 (Gemenacom), 152 M2 Abb. 1 (Jochen Schoenfeld), 173 M4 (australis Photography), 175 M2 (Florida Stock), 175 M4 (Kletr), 179 M1 (Vladimir Melnik), 184 M2 (Innervision Art), 184 M3 (Tokelan), 184 M4 (gregory A. Pozhavanov), 187 M1.3 (Kletr), 188 M1 (Elzbieta Sebowska), 194 M1 Abb. 1 (ChaiysonS021), 196 M2 (Graeme Shannon), 197 B (Oleg Znamenskiy), 197 C (Aleksandr Sadkov), 197 D (UbjsP), 201 M4 (Monkey Business Images), 206 M1 Abb. 1 (Paisam Praha), 206 M1 Abb. 4 (Stuart Monk), 207 M1 Abb. 5 (Irinak), 213 M2 Abb. 4 (nomad Fra), 218 M3 (Sanchai Khudpin), 219 M6 (FreeProd33), 226 M2 (robert Kneschke), 237 M5 (360b), 242 M1 (360b), 246 M2 (Everett Historical), 246 M3 (Everett Historical), 247 M4 (Morphart Creation), 254 M2 (Everett Historical), 257 M5 (Eduardo Rivero), 260 M3 (Everett Historical), 264 M1 (Everett Historical), 267 M3 (Zurijeta), 283 M1 (Wavebreakmedia), 294 M1 (RZ Design), 295 M5 (vvoe), 299 M4 (Ververidis Vasilis), 306 B (Ammit Jack); SPD-Parteivorstand, Berlin: 230 M2 Abb. 1; Stadt Friedberg: 25 M4 (Peter Kynast); Stadtarchiv Würzburg: 91 M2; Stadtbibliothek Nürnberg: 88 M2; Steffens Bildarchiv, Mainz: 98 M2 (Henri Stierlin); stockmaritime.com, Hamburg: 307 E (Manfred Bai); Striepecke, K. G., Varenholz: 205 M5; Sutor, Karlsruhe: 260 M2; The Walt Disney Company (Germany) GmbH, München: 54 M1.7; ThyssenKrupp Steel AG, Duisburg: 40 M1.6; Tönnies, U., Laatzen: 162 M2 Abb. 1, 181 M4 Abb. 1; Triplemind GmbH, Offenbach: 61 M3; ullstein bild, Berlin: 32 M3 (Gerstenberg Archiv), 89 M3 (Granger, NYC), 101 M1 (IBERFOTO), 105 M3 (Archiv Gerstenberg), 117 M3 (Archiv Gerstenberg), 259 M3 (Gerstenberg Archiv), 262 M2 (Archiv Gerstenberg), 266 M1 (snapshot-photography/K.C.Kompe); Universitäts- und Landesbibliothek Darmstadt: 104 M1; Universitätsbibliothek Heidelberg: 82 M1; Visum, Hannover: 46 M2 (Frank Aussieker); Volkswagen AG, Wolfsburg: 54 M1.5; Weisflog, R., Cottbus: 214 M1; wikimedia.commons: 264 M2; Wirtschaftsvereinigung Stahl, Düsseldorf: 40 M1 Abb. C (ThyssenKrupp Steel); Wrba, Ernst - Foto-Design, Wiesbaden: 94 M2; www.gutenbergdigital.de: 252 M2; Zoonar.com, Hamburg: 230 M2 Abb. 5 (Probst).

Staatenkarte